Martin Gorke

Artensterben

Von der ökologischen Theorie
zum Eigenwert der Natur

Unveränderter Nachdruck der Originalausgabe, die 1999 im Verlag Klett-Cotta, Stuttgart, erschienen ist.

© 1999 Martin Gorke

Bibliografische Information der deutschen Nationalbibliothek:
Die Deutsche Nationalbibliothek verzeichnet diese Publikation in der Deutschen Nationalbibliografie. Detaillierte bibliografische Daten sind im Internet über *http://dnb.d-nb.de* abrufbar.

ISBN: 978-3-8423-4931-5

Das Werk einschließlich aller seiner Teile ist urheberrechtlich geschützt. Jede Verwertung ist ohne Zustimmung des Autors unzulässig. Das gilt insbesondere für Vervielfältigungen, Übersetzungen, Mikroverfilmungen und die Einspeicherung und Verarbeitung in elektronischen Systemen.

Herstellung und Verlag: Books on Demand GmbH, Norderstedt
Umschlaggestaltung: Heffedesign, Rodgau
Gedruckt auf säurefreiem, PCFC-zertifiziertem und alterungsbeständigem Papier

Printed in Germany

Inhalt

Vorwort 7
1. Einleitung: Problemstellung und Lösungsansätze . . . 11

A. Die Hoffnungen auf eine „ökologische Lösung". . . 21

I. Ökologie als Vollendung der Naturbeherrschung? 23
   2. Der technische Optimismus 23
   3. Vermeintliche und vorläufige Grenzen 25
   4. Prinzipielle Grenzen der Ökologie 27
      a. Komplexität 27
      b. Nichtlinearität 31
      c. Abgrenzung 34
      d. Störung und Meßwertverfälschung 35
      e. Einzigartigkeit und Verallgemeinerung 37
      f. Qualität und Quantität. 41
   5. Erkenntnis- und wissenschaftstheoretische Grenzen 45
   6. Alternative Naturwissenschaften? 48
   7. Wissenschaft und Weltanschauung. 50

II. Ökologie als Wissenschaft zur Orientierung an der Natur? . . 56
   8. Der naturalistische Fehlschluß 56
   9. Folgen des Naturalismus 58
      a. „Ermittlung" von Umweltstandards? 58
      b. „Ermittlung" der Schutzwürdigkeit? 59
  10. Was heißt „ökologisch"? 61
  11. Kritik ökologischer Leitbegriffe 64
      a. Das ökologische Gleichgewicht 64
      b. Ökologische Stabilität 70
      c. Artenvielfalt 76
      d. Geschlossener Kreislauf 85
  12. Ökologische Gesundheit? 91
  13. Ökologismus 98

III. Die Chancen der Ökologie 103
  14. Der normativistische Fehlschluß 103
  15. „Ökologisches Denken" 106
  16. Prinzipien eines Einstellungswandels 109
  17. Rückfragen von der Ökologie an die Ethik 113

Inhalt

B. Die Auseinandersetzungen um eine ethische Lösung 117
    18. Grundtypen der Umweltethik. 119
    19. Der Horizont der Diskussion 121

I. Pragmatischer Ansatz: Ist Anthropozentrik ausreichend? . . 124
    20. Artenschutz als intuitiv verankertes Postulat 124
    21. Anthropozentrische Begründungen des Artenschutzes . . . 128
    22. Grenzen der Nutzenargumentation. 130
        a. Die ökonomische Argumentation 130
        b. Die ökologische Argumentation 139
        c. Die ästhetische Argumentation 158
    23. Psychische und sozialpsychologische Gesichtspunkte. . . . 172
        a. Prägung der Einstellung gegenüber der Natur. 172
        b. Aspekte der Motivation 179
        c. Die naturschützerische Intuition 182
    24. Die Erweiterung des Verantwortungskreises 186
        a. Abkehr von der Anthropozentrik 186
        b. Berücksichtigung nichtmenschlicher Interessen 190
        c. Ethik jenseits von Interessen 193

II. Theoretischer Ansatz: Ist Holismus begründbar? 199
    25. Grundsätzliche Einwände gegen eine Erweiterung. 199
        a. Theoriepragmatismus?. 199
        b. Ist Anthropozentrik hintergehbar? 203
        c. Geläuterte Anthropozentrik? 211
    26. Zu Art, Anspruch und Voraussetzungen der Begründung . . 218
    27. Vom anthropozentrischen zum holistischen Weltbild 229
    28. Begründung der holistischen Ethik. 247
        a. Der universale Charakter des moralischen Standpunktes . 247
        b. Die Grenze der Begründbarkeit 255
    29. Inhaltliche Einwände bei Umkehr der Beweislast. 257
        a. Fehlende Wechselseitigkeit? 259
        b. Fehlende Innenperspektive? 261
        c. Fehlende Zielgerichtetheit? 269
    30. Artenschutz als Paradigma des pluralistischen Holismus . . 276
    31. Güterabwägungen und Pflichtenkollisionen 287

32. Schluß und Ausblick 304
33. Anmerkungen 313
34. Literatur 333
35. Personenregister 365
36. Sachregister 371

Vorwort

Auch wenn das vom Menschen verursachte Artensterben, verglichen mit anderen Themen in Gesellschaft und Politik, auf der Skala der Aufmerksamkeiten derzeit wenig Konjunktur zu haben scheint, seiner herausragenden erdgeschichtlichen Bedeutung und ökologischen Tragweite tut dies keinen Abbruch. Man muß es sich immer wieder klar machen: Wenn die derzeitigen Trends anhalten, wird innerhalb der nächsten hundert Jahre wahrscheinlich die Hälfte aller Arten auf diesem Planeten ausgestorben sein. Die heute lebenden Generationen sind somit Zeugen, aber auch Mitverursacher der größten Katastrophe in der Geschichte des Lebens seit dem Aussterben der Saurier vor 65 Millionen Jahren.

Als das wohl beunruhigendste Symptom der ökologischen Krise ist das Artensterben nicht nur eine Herausforderung für die Ökologie, für Politik, Ökonomie, Recht und Naturschutzpraxis. Es ist nicht minder eine Herausforderung für die *Ethik*. Nach wie vor ist unter Ethikern nämlich umstritten, warum die Auslöschung einer Art überhaupt ein moralisches Übel darstellt. Das vorliegende Buch will auf diese Frage eine Antwort geben. Es stellt damit kein weiteres Exemplar in der Sammlung der Publikationen dar, die die besorgniserregenden Fakten über das Artensterben *dokumentieren*, sondern es versteht sich als philosophisches Grundlagenwerk, das es allen am Naturschutz Interessierten möglich machen soll, diese Fakten zu *bewerten*. Sein Ziel ist es, die *ethische Dimension* des Artensterbens aufzuzeigen.

Dies geschieht in zwei Schritten: In einem *ersten* Schritt wird zunächst deutlich gemacht, daß die ökologische Krise und mit ihr das Artensterben überhaupt ein ethisches Problem darstellen und daß dieses Problem nicht allein mit wissenschaftlich-technischen Mitteln gelöst werden kann. Einer solch „ökologischen Lösung" stehen sowohl prinzipielle Grenzen ökologischer Erkenntnis als auch die Tatsache entgegen, daß es logisch wie sachlich verfehlt ist, Normen für den „richtigen" Umgang mit der Natur *unmittelbar* aus der ökologischen Theorie abzuleiten. In einem *zweiten* Schritt wird sodann die These entwickelt, daß die ethische Dimension von Artenauslöschungen nicht *allein* darin besteht, daß dadurch die Interessen zukünftiger Generationen beeinträchtigt werden. Gewichtigstes Argument für den Schutz von Arten ist vielmehr deren *Eigenwert*.

Nun ist es ziemlich leicht, einen Eigenwert der Natur zu postulieren, doch ungleich schwieriger, ihn auch zu begründen. Im Rahmen der traditionellen ethischen Theorien, die im Kern alle mehr oder minder *anthropozentrisch* sind, ist dies nicht möglich. Eine Begründung des Artenschutzes, die sich auf den Eigenwert der Natur bezieht, setzt ein erweitertes Verständnis von Ethik voraus. Sie bedarf einer Fortentwicklung der ethischen Theorie von der Anthropozentrik zum *pluralistischen Holismus*. Dieses Buch legt eine Begründung für diese Konzeption von Ethik vor, die nicht nur dem Menschen, sondern allen Naturwesen und Gesamtsystemen – also auch den Arten – einen Eigenwert zukommen läßt.

Es ist damit zum *einen* an all jene gerichtet, die die hartnäckige Überzeugung mit sich herumtragen, wir Menschen hätten grundsätzlich kein Recht, andere Arten zu vernichten, die aber nicht so recht wissen, *warum*. Ihnen, insbesondere den Naturschutzpraktikern, soll dieses Buch die ethische Argumentationsgrundlage liefern, mit deren Hilfe sie diese Intuition vor sich selber und anderen rational rechtfertigen können. Es ist zum *anderen* an jene gerichtet, die die These vom Eigenwert der Natur nach wie vor als „irrationales Konstrukt" ablehnen. Ihnen gegenüber, insbesondere den Philosophen und Ethikern, hoffe ich zeigen zu können, daß es im Gegenteil mehr Vernunftgründe *für* als gegen diese These und die ihr zugrundeliegende Ethik gibt.

Ein Buch, das mit Philosophen, Biologen, Naturschützern und interessierten Laien ein doch recht unterschiedliches Publikum ansprechen möchte und sich zudem noch inmitten des verminten Grenzgebietes zwischen Natur- und Geisteswissenschaften bewegt, ist einem besonderen Risiko ausgesetzt: Je nach Vorwissen und Interessenlage mögen manche seiner Leser bestimmte der hier vorgenommenen Argumentationsschritte für entbehrlich halten. Ein Artenschützer beispielsweise wird in erster Linie an der Begründung der holistischen Ethik, den Grenzen der Nutzenargumentation und an den sozialpsychologischen Erwägungen interessiert sein, sich mit den ökologischen und philosophischen Theoriediskussionen aber vielleicht nicht eingehender befassen wollen. Umgekehrt werden dem Philosophen gerade diese Auseinandersetzungen auf den Nägeln brennen, während er die pragmatische Frage nach der für den Artenschutz „leistungsfähigsten" Ethik für eher zweitrangig hält. Beiden Lesergruppen sei hier folgende Lesehilfe angeboten: Zwar ist es für ein vertieftes Verständnis der Thematik zweifellos von Nutzen, das Buch ganz und in der vorgegebenen Reihenfolge durchzuarbeiten, doch sind viele der Kapitel so weit in sich geschlossen, daß sie auch einzeln mit Gewinn gelesen werden können. Insbesondere die beiden großen Teile A und B können unabhängig voneinander verstanden werden. Wer mit der ökologischen Theorie vertraut ist, ihre Grenzen und Chancen kennt und möglichst rasch zur ethischen Dimension des Artensterbens kommen will, der kann nach der Einleitung also sogleich bei Teil B einsteigen. Ebenso können die Kapitel 25 und 29, in denen die verschiedenen Einwände gegen den Holismus diskutiert werden, von philosophischen Laien übersprungen bzw. bei Bedarf später nachgelesen werden.

Kritische Leser werden es sich freilich nicht nehmen lassen, dem Gedankengang des Buches von Anfang bis Ende zu folgen und damit auch diejenigen Teile zu lesen, die ihnen „schwierig" erscheinen. Erwarten sie von einer *philosophischen* Untersuchung doch zu Recht, daß diese ihre Thesen nicht einfach nur in den Raum stellt, sondern so „wasserdicht" wie möglich begründet. Daß dies nicht ohne einen gewissen argumentativen Aufwand möglich ist, liegt auf der Hand. Oder um mit KANT (1783, S. 6) zu sprechen: „Meißel und Schlägel können ganz wohl dazu dienen, ein Stück Zimmerholz zu bearbeiten, aber zum Kupferstechen muß man die Radiernadel brauchen".

Mein Dank gilt an erster Stelle Prof. Dr. Wilhelm Vossenkuhl, der diese Arbeit als Dissertation betreut und in vielfältiger Weise unterstützt hat. Seine große Aufgeschlossenheit gegenüber dem interdisziplinären Thema, seine konstruktive Kritik und sein moralischer Zuspruch haben zu ihrem Gelingen entscheidend beigetragen.

Zahlreiche weitere Personen haben dieses Unternehmen mit ihren Ermutigungen begleitet, Auszüge der Arbeit kommentiert oder mir wertvolle Literaturhinweise gegeben. Ihnen möchte ich meinen herzlichen Dank aussprechen, insbesondere Prof. Dr. Helmut Zwölfer, Dr. Jürgen Gerdes, Norbert Niclauss, Kai Grosch, Dr. Wolfgang Völkl, Dr. Mark Frenzel, Dr. Eike Hartwig, Prof. Dr. Ludwig Trepl und nicht zuletzt meiner Mutter Hanna Gorke.

Uli Seizinger und Gerhard Dörfler von der Teilbibliothek Naturwissenschaften I der Universität Bayreuth danke ich für ihre freundliche Hilfe bei der Beschaffung vieler wichtiger Bücher und Zeitschriftenartikel.

Greifswald, im September 1998

1. Einleitung: Problemstellung und Lösungsansätze

Nahezu lautlos, doch um nichts weniger real, findet derzeit ein Prozeß der Lebensvernichtung statt, wie er in der Geschichte der Menschheit ohne Beispiel ist. Ein großer Teil der biologischen Vielfalt des Planeten steht kurz vor der endgültigen Auslöschung. Nach den Schätzungen des Evolutionsbiologen WILSON (1995, S. 33) sterben weltweit stündlich drei Arten aus – über 70 am Tag, 27 000 im Jahr, jede einzelne ein in Hunderttausenden von Jahren gereiftes Unikat des Lebens. Hochrechnungen der gegenwärtigen Trends lassen dabei vermuten, daß der Artenverlust noch weiter zunehmen wird: Auf über 50 000 Arten jährlich veranschlagt ERNST ULRICH VON WEIZSÄCKER (1992, S. 128) die voraussichtliche Aussterberate für das Jahr 2000. Geht man davon aus, daß vor Heraufkunft des Menschen in etwa eine Art pro Jahr ausstarb (MARKL, 1989, S. 31), so bedeutet dies mehr als eine Vertausendfachung der „natürlichen" Aussterbegeschwindigkeit.

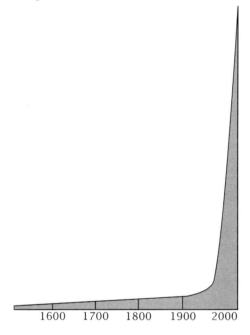

Abb. 1: Der Anstieg des Artensterbens. Die Graphik gibt die geschätzten jährlichen Ausrottungsraten wieder, die sich aus aktuellen Untersuchungen über heutige Lebensräume sowie ihr Zerstörungs- und Bedrohungspotential ergeben. (Nach DURRELL, 1987, S. 29).

Wie viele Arten damit bereits verloren sind und wie viele bei Fortdauer der globalen Trends noch ausgelöscht werden würden, läßt sich nicht exakt angeben. Nach wie vor ist die genaue Zahl der auf der Erde lebenden Arten unbekannt (WILSON, 1985, S. 700; MAY, 1988, S. 1448). Bisher sind etwa 1,7 Millionen Tier- und Pflanzenarten wissenschaftlich erfaßt und beschrieben worden, doch schwanken die Hochrechnungen der Gesamtartenzahl, je nachdem wie die noch unbekannte Artenvielfalt wirbelloser Organismen in den tropischen Regenwäldern veranschlagt wird, innerhalb der enormen Spanne von 2 bis 50 Millionen (vereinzelt sogar bis 100 Millionen) Arten (MAY, 1988, S. 1441; ADIS, 1990, S. 115). Die meisten Biologen halten einen Wert zwischen 5 und 15 Millionen für realistisch, räumen dabei aber ein, daß diese Schätzung in absehbarer Zeit nicht verifiziert werden kann (STORK, 1993, S. 218/228).[1]

Obwohl sichere absolute Zahlen zur biologischen Vielfalt und ihrer gegenwärtigen Gefährdung also nicht angegeben werden können, scheint unter Biologen und Paläontologen doch weitgehend Einigkeit zu herrschen, daß der derzeit zu verzeichnende Artenverlust – bei Fortführung der gegenwärtigen Trends – von der Größenordnung her an die fünf größten Massensterben heranreichen könnte, die das Leben im Laufe seiner 3,5 Milliarden Jahre langen Geschichte zu überstehen hatte. Seit sich vor rund 670 Millionen Jahren die ersten mehrzelligen Organismen zu entwickeln begannen, wuchs die Anzahl der Arten kontinuierlich an; der Vorgang der Neubildung von Arten (Speziation) überwog auf lange Sicht stets den Vorgang des sogenannten Hintergrundaussterbens. Fünfmal wurde dieser Prozeß zunehmender Vielfalt allerdings von dramatischen Massenvernichtungen unterbrochen, die durch Meteoriteneinschläge und/oder Klimaveränderungen ausgelöst worden waren (BENTON, 1986; JABLONSKI, 1991; ELDREDGE, 1994). Jedesmal ist die „evolutionäre Uhr" gewissermaßen neu eingestellt worden (ELDREDGE, 1994, S. 275). Die verheerendste aller „Rückstellungen" ereignete sich dabei am Ende des Perm vor 245 Millionen Jahren, als möglicherweise 96 Prozent aller damals lebenden Arten ausstarben und das Leben nur knapp seiner endgültigen Vernichtung entging (ERWIN, 1989, S. 225). Während die Ursachen dieses größten aller Massensterben noch wenig verstanden sind, scheint es am Erklärungsmodell für die fünfte und bisher letzte große Auslöschung vor 65 Millionen Jahren kaum mehr Zweifel zu geben: Ein Meteorit mit einem Durchmesser von 10 Kilometern war damals an der Nordküste der heutigen Halbinsel Yucatán in Mexiko niedergegangen und hatte mit seinem Explosionsfeuerball katastrophale atmosphärische Verwüstungen und weltweite Klimaschwankungen hervorgerufen (ALVAREZ et al., 1980; KELLER, 1992, S. 108). Etwa die Hälfte aller Arten, darunter die Dinosaurier, starben in der Folge einer komplexen geochemischen und biologischen Kettenreaktion innerhalb der darauffolgenden 50 000 Jahre aus (HSÜ et al., 1982, S. 255).

Nun kündigt sich ein ähnlich gravierendes Ereignis an, das sich zum sechsten großen Massensterben der Erdgeschichte auswachsen könnte. In der geologisch gesehen aberwitzig kurzen Zeitspanne von kaum 100 Jahren droht erneut ein Viertel bis die Hälfte aller biologischen Arten zerstört zu werden (vgl. GLOBAL 2000, 1980, S. 86; ROBERTS, 1988, S. 1759; SMITH et al., 1993, S. 375). Hauptursache ist diesmal – ein einzigartiger Tatbestand in der Erdgeschichte – eine einzelne Art: Homo sapiens. Seit vor etwas mehr als 2 Millionen Jahren die erste kleine Population des Menschen in Afrika entstand, hat sich diese erfolgreiche Spezies über alle Kontinente des Planeten ausgebreitet. Sie nutzt heute 40 Prozent seiner festen Oberfläche und hat die Landvegetation um ein Drittel verringert (EHRLICH et al., 1975, S. 4). Die Bevölkerungszahl des Menschen hat seit 1850 von einer Milliarde auf knapp sechs Milliarden zugenommen. Sowohl diese große Zahl als auch die vielfältigen Errungenschaften von Wissenschaft und Technik brachten es mit sich, daß der Mensch heute „mehr Macht und mehr Gewalt auf das natürliche System gewonnen [hat] als jeder andere Einfluß vor ihm" (EHRLICH et al., 1975, S. 4) – ohne Zweifel zunehmend zu Lasten der anderen Arten.

Die verschiedenen Weisen, in denen das Wirken des Menschen direkt oder indirekt zur Gefährdung oder Ausrottung anderer Arten geführt hat und weiterhin führt, sind so vielschichtig und komplex, daß es zu weit führen würde, sie hier im Detail zu schildern. Hierzu gibt es zahlreiche Fachpublikationen.[2] Deren Darstellungen läßt sich entnehmen, daß das Artensterben im wesentlichen auf acht Ursachenkomplexe zurückgeführt werden kann: 1) Auf direkte Verfolgung, 2) Übernutzung der Bestände, 3) Einschleppung von Exoten, 4) chemische Belastung, 5) intensive Landwirtschaft, 6) Lebensraumverlust (insbesondere Zerstörung der tropischen Regenwälder) 7) Massentourismus und 8) Treibhauseffekt. Dabei zeigt WEHNERT (1988, S. 75), daß sich das Gewicht der jeweiligen Einzelursachen in den letzten hundert Jahren grundlegend verschoben hat: Während früher die direkte Verfolgung (Jagd, Fallenstellen) und die Einschleppung von Exoten an erster Stelle der Gründe für das Aussterben standen, sind es heute vor allem Lebensraumzerstörung und die intensive Landwirtschaft, die den Arten den Garaus machen. In der Folge dieser Faktoren sind in Deutschland heute ein Drittel aller Farn- und Blütenpflanzen sowie die Hälfte der ca. 500 heimischen Wirbeltierarten entweder bereits ausgerottet oder vom Aussterben bedroht (MARKL, 1989, S. 32). Indes wird zukünftig ein weiterer Faktor zu den Hauptgefährdungsursachen der Artenvielfalt aufrücken: der Treibhauseffekt. Wenn es, wie vielfach erwartet, wirklich zu einem Anstieg der globalen Temperatur um 3 Grad Celsius kommt, so dürften sich dadurch die Klimazonen so schnell verschieben, daß viele Pflanzen- und Tierarten sich nicht mehr anpassen können und in der Folge aussterben werden (MCKIBBEN, 1992, S. 44 f.). Wie der Paläontologe ELDREDGE (1994, S. 272) betont, waren es in der Vergangenheit meistens Veränderungen in der Größe und Lage von Lebensräumen, die zu Aussterbevorgängen führten. Doch die Geschwindigkeit der vom Menschen verursachten Veränderungen übertrifft nun alles, was wir aus der Erdgeschichte kennen: „Wir scheinen in der Lage zu sein, mehr Umweltveränderungen pro Zeiteinheit zu verursachen als irgendein anderer Faktor, der jemals als Ursache einer Aussterbewelle vorgeschlagen wurde – mit der einzigen Ausnahme der katastrophalsten Szenarien der Folgen des Einschlags von Himmelskörpern" (ELDREDGE, 1994, S. 274). Diesen Veränderungen ist ein großer Teil der Arten nun nicht mehr gewachsen.

Die zentrale Frage, die sich im Rahmen der vorliegenden Arbeit stellt, lautet nun: *Warum sollte uns dies alles kümmern?* Was ist am gegenwärtigen Artensterben und der Reduzierung der Biodiversität grundsätzlich zu beklagen, wenn Aussterbevorgänge und Verdrängungen von Arten doch offenbar ein grundlegendes Merkmal des Naturgeschehens sind?

Um diese Frage besser einschätzen zu können, ist es notwendig, sich zunächst zwei Dinge klar zu machen: Zum *ersten,* daß diesmal – im Gegensatz etwa zum Meteoriteneinschlag am Ende der Kreidezeit – kein schicksalhaftes *Naturereignis,* sondern ein komplexes Netzwerk *menschlicher Handlungen* vorliegt, für das Menschen kollektiv und (in gewissen Grenzen) auch einzeln verantwortlich sind. Grundlage dieser Handlungen sind menschliche Wünsche, Motive, Überzeugungen, Einstellungen und Weltbilder, die sowohl einer sachlichen als auch einer ethischen Kritik unterzogen werden können. Damit ist von vornherein eine ethische Dimension gegeben. Zum *zweiten* ist zu berücksichtigen, daß die betreffenden Überzeugungen, Einstellungen und Weltbilder nicht nur Handlungen bestimmen, die zum Aussterben von Arten geführt haben, sondern daß sie auch zahlreiche andere Bereiche des Umgangs mit der Natur und mit anderen Menschen prägen. Insofern ist es nicht überraschend, daß das derzeitige Artensterben kein isoliertes Einzelphänomen ist, sondern sich als eines von vielen Symptomen eines umfassenderen Kontextes der Lebensbedrohung darstellt: der sogenannten *ökologischen Krise.* Mit diesem Begriff werden gemeinhin all jene ökologischen Folgewirkungen des menschlichen Handelns zusammengefaßt, die seit den siebziger Jahren als „Gefährdung der Lebensgrundlagen" begriffen werden (wobei hier noch offenbleiben kann, wie diese Kennzeichnung näher zu bestimmen ist). Da die zahlreichen Symptome der ökologischen Krise inzwischen weitgehend bekannt und auch detailliert publiziert sind (GLOBAL 2000, 1980; E. U. VON WEIZSÄCKER, 1992), brauchen sie hier nicht eigens dargestellt zu werden. Stichworte wie Treibhauseffekt, Ozonloch, Bevölkerungsexplosion, Bodenerosion, Waldsterben, Müllnotstand, DDT in der Muttermilch (und sogar in den Pinguinen der Antarktis) mögen genügen, um daran zu erinnern, wie umfassend und vielschichtig die Bedrohung des Lebens durch die Handlungsmacht des Menschen inzwischen geworden ist. Daß das Artensterben neben dem Treibhauseffekt und dem Ozonloch dabei vielfach als das beunruhigendste all dieser Symptome verstanden wird, ist nicht verwunderlich: Es ist *irreversibel* und es deutet darauf hin, daß bei Fortsetzung der Naturzerstörung irgendwann einmal der Punkt erreicht sein könnte, an dem auch der eigenen Art unversehens die Grundlage des Lebens, zumindest aber des *guten* Lebens, definitiv entzogen wäre.

Während vor dem Hintergrund dieses Gesamtbildes heute nur noch selten ausdrücklich bestritten wird, daß die wissenschaftlich-technische Zivilisation sich in einer Krise befindet, gehen die Meinungen über die erforderlichen Maßnahmen zu ihrer Bewältigung weit auseinander. Unter den verschiedenen Lösungsansätzen, die als Auswege aus der Krise diskutiert werden, ist dabei zunächst zu unterscheiden zwischen *konkreten* Vorschlägen, die einzelne Teilbereiche betreffen, und *grundsätzlichen* Vorschlägen, die eine veränderte philosophische Sichtweise bzw. ethische Bewertung des Gesamtproblems nahelegen. Die vorliegende Untersuchung wird sich vorwiegend mit letzteren beschäftigen, d.h. es geht ihr in erster Linie um die Erörterung von *Grundsatzfragen*, die im Zusammenhang mit der ökologischen Krise und dem Artensterben aufgeworfen worden sind. Eine darüber hinausgehende Diskussion naturschutzfachlicher oder gar politischer Lösungsvorschläge wäre zwar interessant und wichtig, würde den Rahmen der Arbeit aber bei weitem sprengen. Indes bin ich der Meinung, daß es den aktuellen Auseinandersetzungen im Natur- und Artenschutz ohnehin weniger an detaillierten Sachanalysen als gerade an grundsätzlichen normativen Klärungen mangelt. Dieser Eindruck hat sich mir sowohl bei der Lektüre naturschutzfachlicher Publikationen[3] als auch in zahlreichen Gesprächen mit Naturschützern aufgedrängt, in denen wiederholt Defizite in Fragen der Begründung und Bewertung beklagt bzw. der Aufweis eines überzeugenden ethischen Fundaments für die eigene Tätigkeit vermißt wurde. Viele Natur- und Umweltschützer fühlen sich von der akademischen Philosophie diesbezüglich weitgehend im Stich gelassen (vgl. HARTKOPF & BOHNE, 1983, S. 64). Und in der Tat, sucht man nach systematischen philosophischen Abhandlungen zur Begründung des Natur- und Artenschutzes, so wird man – von einigen beachtenswerten amerikanischen Studien (z.B. NORTON, 1986, 1987; TAYLOR, 1986; ROLSTON, 1985, 1988) und vereinzelten deutschen Arbeiten abgesehen (z.B. V.D. PFORDTEN, 1996) – nicht viel finden. Da man jedoch davon ausgehen muß, daß die Angemessenheit konkreter Lösungsvorschläge immer auch von der Angemessenheit der normativen Basisprämissen und der davon bestimmten Sicht der Natur abhängt, ist die Tragweite dieses Mangels nicht zu unterschätzen. Ihm scheint es zuzuschreiben zu sein, daß heutzutage – meines Erachtens zu Unrecht – meistens zwei Bewertungen der ökologischen Krise und des Artensterbens für selbstverständlich gehalten werden und deshalb oft die unhinterfragte Ausgangsbasis für den Natur- und Artenschutz abgeben: (1) die Position des ökologischen Szientismus und (2) die Position des ethischen Anthropozentrismus. Sie sollen im folgenden kurz skizziert werden.

(1) Die Position des *ökologischen Szientismus* ist dadurch charakterisiert, daß sie die ökologische Krise nicht als ethische Krise, sondern ausschließlich als Sachproblem versteht. Damit einher geht die Überzeugung, daß die Probleme auch auf *rein wissenschaftlich-technische Art und Weise* wieder ins Lot zu bringen sind. Symptome wie das Artensterben werden zwar für bedauerlich gehalten, doch sind sie dies eigentlich nur insofern, als sie Unkenntnis und Kurzsichtigkeit im Umgang mit der Natur signalisieren. Um in Zukunft derlei „Betriebsunfälle" und andere ökologische Probleme zu vermeiden und die Funktionstüchtigkeit des Raumschiffs Erde zu sichern, muß der bisher verfolgte Weg wissenschaftlich-technischer Naturbeherrschung konsequent fortgesetzt werden. Die begonnene Technologisierung der Natur ist dadurch zu vollenden, daß ihre bisher unberücksichtigten ökologischen Folgewirkungen in die technologische Planung miteinbezogen werden. Vor allem muß die ökologische Forschung vorangetrieben werden, um ökologische Risiken besser abschätzen und die Grenzen des Machbaren ausloten zu können. Sollten sich Kurskorrekturen als notwendig erweisen, sind diese im Rahmen des bestehenden ökonomisch-industriellen Systems und der ihm zugrundeliegenden Rationalität noch am ehesten zu leisten. „Umweltschutz" ist damit – wie beispielsweise einer Broschüre des Bundesinnenministeriums aus dem Jahre 1985 zu entnehmen ist – vor allem eine „Sachaufgabe", die keine neue „Ideologie", sondern „rationales Vorgehen, Tatkraft und Durchhaltevermögen" erforderlich mache (Bundesminister des Inneren, 1985, S. 7).

(2) Die Position des *ethischen Anthropozentrismus*[4] versteht die ökologische Krise und das Artensterben, im Gegensatz zum ökologischen Szientismus, nicht nur als Sachproblem, sondern durchaus auch als *ethisches* Problem. Die moralische Problematik des Artensterbens besteht dabei aber einzig und allein darin, daß den heute lebenden Menschen und späteren Generationen durch die Reduzierung der Biodiversität nutzbare Ressourcen genommen und eventuell sogar nicht behebbare Schäden zugefügt werden. Eine direkte ethische Verantwortlichkeit gegenüber der Natur und ein Schutz der Arten um ihrer selbst willen wird entweder nicht in Betracht gezogen oder ausdrücklich abgelehnt. Exemplarisch zum Ausdruck kommt diese *strikt anthropozentrische* Sicht der ökologischen Krise in einem wissenschaftlichen Standardwerk zum Arten- und Biotopschutz, wo es im einleitenden Kapitel heißt: „Die Ethik liefert keine zusätzlichen Kriterien, die neben dem Nutzen, der quantitativen Bedeutung von Arten und Ökosystemen im Naturhaushalt, der Schönheit oder der Zukunftsvorsorge weitere zusätzliche Argumente für den Naturschutz darstellen" (Kaule, 1986, S. 16). Wenn wir Arten ausrotten und ihre Verbreitung erheblich einschränken, dann ist

dieser Umgang mit der Natur nach KAULE nur insofern unmoralisch, als wir dann „die Erde in einem reduzierten Zustand weiter[geben], der die Möglichkeiten künftiger Generationen verringert. Wir leben dann vom Kapital und nicht von den Zinsen". MOHR (1987, S. 170) glaubt, daß über einen solchen „Appell an den Generationenvertrag" hinaus „keine stringente Antwort" auf die Frage gegeben werden kann, warum die Artenvielfalt überleben soll: „‚Artenschutz' bleibt ein nicht näher begründbares Postulat".

Beide Einschätzungen halte ich für falsch. Ich werde sie in den beiden Hauptteilen der Arbeit daher einer ausführlichen Analyse und Kritik unterziehen und anschließend eine Gegenposition beziehen, die aus wissenschaftstheoretischen und naturphilosophischen Erwägungen sowie einem erweiterten Moralverständnis heraus entwickelt wird. Im Detail gehe ich dabei in folgender Reihenfolge vor:

In TEIL A, dem wissenschaftstheoretischen Teil der Arbeit, wird zunächst die Behauptung des ökologischen Szientismus geprüft, die ökologische Krise sei ein reines Sachproblem, dessen Lösung von Wissenschaft und Technik zu erwarten sei. Da im Rahmen dieser Einschätzung der wissenschaftlichen Ökologie oft eine Schlüsselstellung zugeschrieben wird, steht im Zentrum die Frage, ob und inwieweit die wissenschaftliche Ökologie tatsächlich in der Lage ist, die vielfach in sie gesetzten Hoffnungen zu erfüllen. Betrachtet man die Erwartungen an die Ökologie etwas genauer, wird man feststellen, daß sie nach Herkunft und Zielsetzung eigentlich zwei verschiedenen Lagern zugeordnet werden müssen. Das *eine* Lager – es besteht vor allem aus Vertretern des Managements in Politik, Wirtschaft und Industrie – sieht in der Gestalt der Ökologie endlich die prognostisch zuverlässige Datenbasis für eine naturverträglichere und damit volkswirtschaftlich effizientere Verwaltung von Lebensräumen und Ressourcen, während das *andere* Lager – in ihm befinden sich vor allem Vertreter der Ökologiebewegung und aktive Naturschützer – den Glauben hegt, die Ökologie sei in der Lage, Normen für das „richtige" Verhalten der Natur gegenüber zu begründen. Mit beiden Erwartungen ist die Ökologie jedoch stark überfordert.

Dies werde ich in TEIL A. I zunächst hinsichtlich des „*technischen Optimismus*" zeigen, der davon ausgeht, die ökologischen Abläufe und Zusammenhänge in der Natur seien hinreichend genau erfaßbar und damit auch beliebig steuerbar (KAPITEL 2/3). Gegen diesen Optimismus werden sowohl erkenntnistheoretische als auch für die Ökologie spezifische Gesichtspunkte angeführt: Komplexität, Nichtlinearität, Probleme der Verallgemeinerung, der Abgrenzung, der Meßwertverfälschung und der Quantifizierung (KAPITEL 4/5). Ihre Analyse mündet dabei in grundsätzliche wissenschaftstheoretische Erörterungen, die sich vor allem um zwei Fragen drehen: die Frage nach der Möglichkeit „alternativer" Naturwissenschaften (KAPITEL 6) und die Frage nach dem Verhältnis zwischen Wissenschaft und Weltanschauung (KAPITEL 7).

In TEIL A. II werde ich anschließend darlegen, daß es aus logischen wie sachlichen Gründen ebenso verfehlt ist, aus den Erkenntnissen der Ökologie unmittelbar ethische Leitsätze (Maximen) ableiten zu wollen (KAPITEL 8–10). Wie anhand einiger „ökologischer Schlagworte" (ökologisches Gleichgewicht, Stabilität, Artenvielfalt, Kreislauf, ökologische Gesundheit und Naturhaushalt) gezeigt werden soll, ist dieser *naturalistische Fehlschluß* gleichwohl weit verbreitet und hat sich vielfach unbemerkt in die ökologische Diskussion eingeschlichen (KAPITEL 11–12). Daraus ist eine Art „Ökologismus" entstanden, der in KAPITEL 13 kritisiert wird.

Die oft übersehene Kehrseite des naturalistischen Fehlschlusses ist der *normativistische Fehlschluß* (KAPITEL 14). Er besteht in der irrigen Annahme, man könne aus rein normativen Erwägungen konkrete Verbindlichkeiten ableiten. Zur ausdrücklichen Abgrenzung gegenüber dieser Position werde ich in TEIL A. III deshalb den zweifachen *positiven* Beitrag herausarbeiten, den die Ökologie zur Lösung der ökologischen Krise leisten kann: Im Bewußtsein ihrer *Grenzen* lassen sich zum einen eine bedachtsamere und bescheidenere Einstellung im Umgang mit der Natur erlangen (KAPITEL 15/16) und zum anderen auf der Grundlage ihrer *Erkenntnisse* Rückfragen an die Ethik formulieren (KAPITEL 17).

Nachdem in TEIL A, dem wissenschaftstheoretischen Teil der Arbeit, die in der umweltethischen Literatur oft vertretene ökologische Metaphysik „dekonstruiert" worden ist, stellt sich das Problem des Verhältnisses zur Natur in TEIL B, dem ethischen Teil, in voller Schärfe. Jetzt ist offensichtlich, daß viele der „ökologischen Probleme" im Kern ethische Probleme sind. Zu ihrer Lösung gilt es somit, die ökologische Ethik zu Rate zu ziehen. Da diese junge philosophische Disziplin freilich noch ein ausgesprochen heterogenes Bild abgibt, werden in KAPITEL 18 zunächst die vier Grundtypen vorgestellt, die sich im Laufe der letzten Jahrzehnte in ihr herausgebildet haben. Es folgt ein kurzer Überblick über die Geschichte und den derzeitigen Stand der Diskussion (KAPITEL 19). In diese Diskussion versucht sich die vorliegende Untersuchung einzuschalten, indem sie die vorgestellten Konzepte mit dem zentralen Thema dieser Arbeit konfrontiert: dem Artensterben. Die Suche nach der „richtigen" ethischen Antwort auf diese Herausforderung wird dabei auf zwei Ebenen erfolgen: In einem *pragmatischen* Ansatz (B. I) wird die Reichweite und die motivierende Kraft der verschiedenen Ethiktypen untersucht, in einem *theoretischen* Ansatz (B. II) ihre begründungstheoretische Schlüssigkeit.

Da Artenschutz, unabhängig von der Art seiner Begründung, ein weitgehend unbestrittenes, intuitiv verankertes Postulat zu sein scheint (KAPITEL 20), gehe ich in TEIL B. I als erstes der *praktischen* Frage nach, welcher der umweltethischen Ansätze dieser Zielvorgabe am besten gerecht wird. Im Rahmen einer detaillierten Analyse der gängigen ökonomischen, ökologischen und ästhetischen Begründungen des Artenschutzes (KAPITEL 21/22) wird sich dabei herausstellen, daß die sogenannte *Konvergenzhypothese* nicht haltbar ist. Diese behauptet, anthropozentrische und nicht-anthropozentrische Ethikentwürfe seien praktisch wirkungsgleich. Im Gegensatz hierzu vertrete ich die These, daß sich ein allgemeiner (d. h. prinzipiell *alle* Arten umfassender) Artenschutz lediglich im Rahmen einer holistischen Ethik sachlich überzeugend und psychologisch kohärent begründen läßt (KAPITEL 23/24).

In TEIL B. II werde ich anschließend eine *theoretische* Rechtfertigung für ein pluralistisch-holistisches Moralkonzept vorlegen und drei grundsätzliche Einwände prüfen, die in der Literatur gegen diese erweiterte Form menschlicher Verantwortung ins Feld geführt werden (KAPITEL 25). Nach einigen allgemeinen Überlegungen zu Fragen der Begründung (KAPITEL 26) wird die Diskussion dabei zu einer Erörterung unterschiedlicher Welt- und Menschenbilder führen, in deren Verlauf ich zugunsten einer weltanschaulichen Basis plädiere, die sowohl der ökologischen und evolutionsbiologischen Eingebundenheit des Menschen als auch seiner Sonderstellung in der Natur gleichermaßen Rechnung trägt (KAPITEL 27). Das Kernstück der theoretischen Argumentation, die *formale* Begründung, erfolgt in KAPITEL 28, gefolgt von einer Diskussion *inhaltlicher* Einwände (KAPITEL 29). Im Anschluß an den Begründungsteil geht es in KAPITEL 30 schließlich um einige theoretische wie praktische Konsequenzen einer holistischen Umweltethik für den Artenschutz. Sie führen zu der für jede Ethik zentralen Frage der Güterabwägung und zum Problem moralischer Dilemmata (KAPITEL 31). Ein kurzes Resümee und ein Ausblick, in dem noch einige offene Fragen skizziert werden, runden die Untersuchung ab (KAPITEL 32).

Im Laufe der Auseinandersetzungen mit den in Teil A und B dargestellten Positionen wird sich somit folgende These der Arbeit herauskristallisieren: Die ökologische Krise ist kein reines Sachproblem und somit auch nicht auf rein wissenschaftlich-technische Weise zu bewältigen. Zwar sind die Erkenntnisse der Ökologie für eine Lösung zweifellos unverzichtbar, doch ist diese Wissenschaft weder in der Lage, aus sich heraus ein „umweltgerechtes" Verhalten zu begründen, noch gewissermaßen die Gebrauchsanweisung für ein zukünftiges „Management der Biosphäre" abzugeben. Die Hoffnung auf eine Vollendung der Naturbeherrschung durch die Ökologie ist nicht einlösbar. Indes ist ein Umgang mit der Natur, der seine Maßstäbe ausschließlich aus menschlichen Wünschen und Interessen ableitet, nicht nur unvernünftig (im Sinne einer Wahrnehmung von Gesamtzusammenhängen) sondern auch ethisch unangemessen. Eine ökologische Ethik, die sowohl das derzeitige Wissen über die Stellung des Menschen im Kosmos als auch den universalen Charakter der Moral tatsächlich ernst nimmt, kann nicht umhin, die anthropozentrische Perspektive zu verlassen und auch der natürlichen Mitwelt einen Eigenwert zuzugestehen. Für sie stellt die derzeitige Ausrottung vieler Tier- und Pflanzenarten nicht nur ein Unrecht gegenüber späteren Generationen dar, sondern ist ein moralisches Übel an sich.

Der amerikanische Philosoph ROLSTON (1982, S. 150) ist der Ansicht, daß zukünftigen Historikern bei einer Rückschau auf dieses Jahrhundert eine enorme Breite des Wissens bei gleichzeitiger Enge im Werturteil auffallen wird: „Niemals zuvor haben Menschen so viel über den großen Lebenszusammenhang gewußt und doch so wenig an ihm wertgeschätzt". Insofern, so ROLSTON, sei „die ökologische Krise nicht überraschend". Die vorliegende Untersuchung will dazu beitragen, dieses von ROLSTON beklagte Mißverhältnis ein Stück weit zu korrigieren. Indem sie den ökologischen Szientismus und den ethischen Anthropozentrismus zu dekonstruieren versucht, hofft sie, die Sicht freimachen zu können auf die *ganze ethische* Dimension des Artensterbens, und das heißt letztendlich: auf den *Eigenwert* der Natur.

A. Die Hoffnungen auf eine „ökologische Lösung"

I. Ökologie als Vollendung der Naturbeherrschung?

2. Der technische Optimismus

Angesichts solch eindeutiger Symptome wie Artenschwund, Ozonloch oder Treibhauseffekt ist es zwar kaum mehr möglich, die Existenz der ökologischen Krise zu leugnen, doch ist eine Haltung weit verbreitet, die zumindest ihre Tragweite und grundsätzliche Brisanz bestreitet: die Haltung des *technischen Optimismus*. Etwas zugespitzt formuliert, gibt es nach dieser Einstellung prinzipiell für jedes Problem, also auch für das ökologische, früher oder später eine technische Lösung (RIFKIN, 1982). Neu auftauchende Probleme spiegeln demnach lediglich vorläufige Lücken im Wissen über die Welt und in der Fähigkeit der Naturbeherrschung wider, die aber dereinst durch Wissenschaft und Technik zu beseitigen seien. Mit Hilfe immer leistungsfähigerer Spezialdisziplinen wird es nach Überzeugung des technischen Optimisten nicht nur gelingen, die Ursachen und Zusammenhänge bereits aufgetretener Probleme zu analysieren und anschließend nach Lösungswegen zu suchen, sondern Probleme durch Prognostik und Risikofolgenabschätzung von vorneherein auszuschließen. Was in Fragen der Gesundheit vielfach von der Medizin erwartet wird, soll nun bei Umweltproblemen entsprechend von der wissenschaftlichen Ökologie[5] geleistet werden: Diagnostik, Therapie und Vorsorge.

Auch wenn später noch zu klären sein wird, ob und inwieweit bei der wissenschaftlichen Ökologie eine Analogie mit diesen drei medizinischen Begriffen überhaupt gerechtfertigt ist (Kapitel 12), auf den ersten Blick scheint die vergleichsweise junge Disziplin zumindest in der *Diagnostik* von Umweltgefährdungen schon beachtliche Erfolge aufweisen zu können (HEINRICH & HERGT, 1990). Man kann sagen, daß viele der gewichtigsten globalen ökologischen Probleme wie etwa der Treibhauseffekt wenigstens in ihren Grundzügen inzwischen soweit verstanden sind, daß man eigentlich unverzüglich zur Therapie übergehen könnte. Daß dies nicht oder völlig unzureichend geschieht, hat in der Regel politisch-ökonomische Gründe, wird jedoch gerne mit noch verbliebenen Wissenslücken oder voneinander abweichenden Expertenmeinungen begründet. Dabei tritt ein überholtes, aber in der Öffentlichkeit immer noch weit verbreitetes Wissenschaftsverständnis zutage, nach dem es in den Erfahrungswissenschaften so etwas wie absolut sicheres Wissen oder endgültige Beweise gäbe. Wie verschiedene Studien der Erkenntnis- und Wissenschaftstheorie gezeigt haben, ist ein solch hoher Anspruch an die Sicherheit wissenschaftlicher Erkenntnis aber nicht einlösbar.[6] Alle erfahrungswissenschaftlichen Theorien, alle im logischen Sinne synthetischen Aussagen über die Welt haben vielmehr nur hypothetischen, d.h.

vorläufigen Charakter. Damit stellt sich freilich die Frage, welcher Grad diagnostischer Sicherheit vorliegen muß, um ein ökologisches Problem in seinen wissenschaftlichen Zusammenhängen als *hinreichend* geklärt zu bezeichnen und eine ökonomisch vielleicht „schmerzhafte" Therapie einzuleiten. Im Zusammenhang mit den möglichen ökologischen Folgen eines massiven Rückganges der Artenvielfalt wird sich später zeigen, daß hier neben Risikoabschätzungen und wissenschaftstheoretischen Erwägungen an erster Stelle ethische Aspekte zu berücksichtigen sind (Kapitel 15 bzw. 22.b).

Anders als bei der Diagnose kann die wissenschaftliche Ökologie bei der *Therapie* von Umweltproblemen nicht die fundamentale Rolle spielen, die ihr häufig zugeschrieben wird. Die zentrale Frage, welche unter allen möglichen Arten von Therapie denn nun auszuwählen sei, läßt sich mit ihrem Instrumentarium allein nicht beantworten. Grundsätzlich sind beliebig viele Therapieformen denkbar, die nach ihrer Ausrichtung und dem Ausmaß der Naturbeherrschung zwischen zwei Extrempositionen eingeordnet werden können: Auf der einen Seite steht die Therapie der *Umkehr*. Nachdem Eingriffe in die Natur in ihren Folgewirkungen als verhängnisvoll erkannt und die wichtigsten Ursache-Wirkungs-Beziehungen aufgedeckt sind, werden sie eingestellt oder zumindest reduziert. Auf der anderen Seite steht die Therapie der *technischen Korrektur*. Hierbei werden lediglich die unerwünschten Folgewirkungen bekämpft, während der Eingriff als solcher möglichst beibehalten wird. Am Beispiel des Waldsterbens lassen sich die verschiedenen Positionen veranschaulichen: Nachdem die Abgase aus Verkehr, Haushalt und Industrie inzwischen mit sehr hoher Wahrscheinlichkeit als Hauptverursacher identifiziert worden sind, würde eine Therapie der Umkehr bedeuten, den Einsatz fossiler Brennstoffe so weit wie möglich zu reduzieren. Ein Beispiel eher technischer Korrektur stellt dagegen der Katalysator dar, der zwar einige der als besonders problematisch eingeschätzten Abgasarten reduziert, an der Tatsache der Verbrennung fossiler Energieträger jedoch nichts ändert. Noch ein Stück weiter auf der Leiter in Richtung technischer Korrektur wäre das Kalken der durch sauren Regen besonders belasteten Böden anzusiedeln. Diese Maßnahme lindert zwar zeitweilig die schlimmsten Symptome, läßt jedoch das Abgasproblem gänzlich unangetastet. Als extremste Variante eines technischen Ansatzes ist schließlich der Versuch zu sehen, die betroffenen Baumarten gentechnisch so „umzubauen", daß sie weniger empfindlich gegenüber Schadstoffen werden. Hier erreicht der technische Optimismus, nach dem die Natur den Interessen des Menschen beliebig angepaßt werden könne, seinen bizarren Höhepunkt.

Auch wenn der Glaube an die Möglichkeiten technischer Korrektur nahezu unbegrenzt zu sein scheint, wird doch selbst der technische Optimist dem medizinischen Grundsatz zustimmen, daß Vorbeugen besser als Heilen ist. So zielen denn auch die größten Hoffnungen, die mit der wissenschaftlichen

Ökologie verbunden werden, auf ihre vermeintliche Fähigkeit zur Vorhersage von Umweltproblemen und damit auf die *Vorsorge*: Wenn die ökologischen Gesetzmäßigkeiten und Zusammenhänge in der Natur alle hinreichend genau analysiert und quantifiziert wären, ließen sich nach den Erwartungen des technischen Optimisten schwerwiegende Schäden an der Umwelt von vornherein vermeiden. Mit Hilfe von theoretischen Modellen und Computersimulationen könnten alle Eingriffe in die Natur auf ihre Folgewirkungen hin durchgerechnet und die jeweiligen Prognosen in die technologische Planung miteinbezogen werden. Die für Planung und Umweltverträglichkeitsprüfungen zuständigen Verwaltungen sowie Politik und Justiz sind hier vor allem an der Definition verbindlicher *Grenzwerte* interessiert, unterhalb derer schwerwiegende Schäden bei Mensch und Umwelt weitgehend ausgeschlossen werden könnten (vgl. PEINE, 1990). Aufgabe der wissenschaftlichen Ökologie soll es demnach sein, durch eine Gesamtanalyse von Ökosystemen deren Belastbarkeit bei menschlichen Eingriffen zu ermitteln.[7]

Doch wie realistisch sind diese z. T. sehr weit gespannten Erwartungen an die wissenschaftliche Ökologie und damit die Hoffnung, alle ökologischen Probleme mit Hilfe der Wissenschaft letztendlich in den Griff zu bekommen? Halten die Voraussetzungen des technischen Optimismus einer genaueren Prüfung stand?

3. Vermeintliche und vorläufige Grenzen

Konfrontiert man den technischen Optimisten mit möglichen Grenzen wissenschaftlichen Erkennens und Prognostizierens, verweist er nicht selten auf historische Fehlurteile, die klar zeigen, wie sich vermeintliche Grenzen der Wissenschaft eines Tages in Luft aufgelöst haben. So war beispielsweise COMTE (1798–1857) davon überzeugt, man werde niemals die chemische Zusammensetzung der Sterne ergründen und hielt es entsprechend seiner positivistischen Philosophie für sinnlos, überhaupt darüber nachzudenken. Doch bereits 1863 hatte HUGGINS dieses Problem mit Hilfe der Spektralanalyse gelöst und entdeckte in den Sternen die gleichen Elemente wie auf der Erde. Ähnliche Beispiele für die Vorläufigkeit vermeintlich absoluter Grenzen sind in der Geschichte der Wissenschaft immer wieder zu finden (VOLLMER, 1989, S. 387).

Innerhalb der Ökologie und ihrer hochkomplexen Systeme waren es zunächst die enorme Datenfülle und die Probleme der rechnerischen Verarbeitung, die dieser Wissenschaft ihre Grenzen aufzeigten und lange Zeit einen quantitativen Ansatz verhinderten. Doch seit der Erfindung des Computers und der Entwicklung immer schnellerer Prozessoren und größerer Speicherkapazitäten hat diese Barriere ihren prinzipiellen Charakter verloren. So sind heute mit Hilfe mathematischer Modelle und elektronischer Datenverarbeitung so komplexe Systemzusammenhänge wie die Auswirkungen der Hochseefischerei auf verschiedene Nutzfische rechnerischen Analysen zugänglich geworden (MAY et al., 1978).

Nachdem in der Geschichte von Wissenschaft und Technik so viele vermeintliche Grenzen gefallen waren, ist es nicht verwunderlich, daß sich daraus ein grenzen-loser Optimismus entwickeln konnte, der nahezu alles für wissenschaftlich erfaßbar und technisch beherrschbar ansah. Warum sollte man also nicht auch die ökologischen Probleme eines Tages in ihren Ursache-Wirkungs-Beziehungen verstehen, die Natur in die technologische Entwicklung miteinbeziehen und die „Grenzen des Wachstums" (MEADOWS et al., 1972) nur als vorläufige Grenzen betrachten können?

Es ist wichtig, bereits an dieser Stelle zu betonen, daß ein solcher Optimismus rational nicht vollständig zu widerlegen ist. Denn von der jeweiligen Gegenposition aus, dem Standpunkt etwa des hypothetischen Realisten, des Skeptikers oder gar des erkenntnistheoretischen Pessimisten, würde man sich selbst widersprechen, wollte man behaupten, absolut sichere Prognosen über die Unmöglichkeit zukünftiger Entdeckungen und Erfindungen machen zu können. Umgekehrt freilich ist die Schlußfolgerung des technischen Optimisten aus den Fehlprognosen in der Wissenschaftsgeschichte ebensowenig zwingend: Aus der Erfahrungstatsache, daß *viele* vermeintliche Grenzen keine wirklichen Grenzen waren, folgt nicht, daß es *überhaupt keine* wirklichen Grenzen gäbe. Es kann in der Auseinandersetzung zwischen Optimisten und Skeptikern also – wie übrigens überall außerhalb der Mathematik – nicht um absolut sichere Beweise, wohl aber um Plausibilitäten und Wahrscheinlichkeiten gehen. Dabei ist es im Kontext der ökologischen Krise unerheblich, ob sich eine vermeintlich prinzipielle Grenze eines fernen Tages als lediglich vorläufige erweisen könnte. Da die Zeit drängt, wäre es unverantwortlich, auf diesen fernen Tag zu setzen, anstatt jene vermeintlich prinzipielle Grenze zumindest als *derzeit faktische* in Rechnung zu stellen.

Ebenso unvernünftig wäre es, von Voraussetzungen auszugehen, die mit den derzeitig als gültig angesehenen (d. h. noch nicht falsifizierten) Naturgesetzen unvereinbar sind. Selbstverständlich ist es theoretisch denkbar, daß diese Gesetze eines fernen Tages widerlegt werden oder zumindest modifiziert werden müssen, doch ist, wenn es um praktische Belange geht, die *praktische Wirklichkeit* bisheriger Bewährung einer wissenschaftlichen Theorie immer noch eine bessere Argumentationsbasis als die *theoretische Möglichkeit* ihrer zukünftigen Widerlegung. Demnach wäre beispielsweise ein Standpunkt unakzeptabel, der – wie faktisch die meisten gängigen Wirtschaftstheorien – den Entropiesatz ignoriert, in der Hoffnung, dieses fundamentale Gesetz der Thermodynamik würde sich dereinst als falsch erweisen.[8] Ein solcher Grundsatz vom Vorrang bewährter empirischer Erkenntnisse vor vagem Optimismus scheint um so überzeugender zu sein, je mehr eine praktische Entscheidung mit großen oder schwierig zu kalkulierenden Risiken verbunden ist.

Im folgenden soll nun gezeigt werden, daß dem Problemlösungspotential der wissenschaftlichen Ökologie neben vorläufigen bzw. faktischen auch prinzipielle Grenzen gesetzt sind, die viele Erwartungen des technischen Optimismus als illusionär erscheinen lassen. Die Behauptung, daß es sich dabei tatsächlich um *prinzipielle* Grenzen handelt, stützt sich zum einen auf erkenntnis- und wissenschaftstheoretische Argumente, zum anderen aber auch auf empirische Erkenntnisse, die die Naturwissenschaften selber in den letzten Jahren zutage gefördert haben. In Anbetracht der angeführten Erwägungen dürften diese Befunde als ausreichend abgesicherte Diskussionsgrundlage angesehen werden.[9]

4. Prinzipielle Grenzen der Ökologie

a. Komplexität

Eines der Kennzeichen des Lebens ist seine ungeheure Mannigfaltigkeit und Komplexität. „Wie immer man den Komplexitätsbegriff faßt, in jedem Falle sind alle belebten Systeme erheblich komplexer als alle unbelebten (allerdings nicht als alle von Menschen hergestellten Objekte)" (VOLLMER, 1990, S. 3). Um die Bedeutung von Komplexität für die Frage der Beschreibbarkeit und Steuerbarkeit lebender Systeme ermessen zu können, ist es notwendig, den Begriff des *Systems* kurz zu erläutern. Dabei stößt man auf die Schwierigkeit, daß trotz des bereits in den sechziger Jahren begonnenen Versuchs, diesen Begriff in einer allgemeinen Systemtheorie zu fassen (vgl. BERTALANFFY, 1973), in der Literatur immer noch „sehr viele Definitionen" parallel verwendet werden, „deren spezielle und vielfach eingeschränkte Verwendbarkeit verwirrt". Diesen Definitionen ist indes gemeinsam, daß „ihr Ausgangspunkt im Grunde genommen der ‚naive' Mengenbegriff ist" (KORNWACHS & LUCADOU, 1984, S. 111). So versteht etwa WUKETITS (1981, S. 87/88) ein System im weitesten Sinne als „einen Komplex wechselseitig miteinander verknüpfter Elemente", der sich durch eine „prinzipielle *Invarianz* in Bezug auf Schwankungen seiner Einzelteile" auszeichnet. Als weiteren, für den vorliegenden Zusammenhang wichtigen Grundsatz einer Systembetrachtung führt er die *hierarchische Struktur* von Systemen an: „Jedes System besteht aus ihm untergeordneten Subsystemen und ist seinerseits in ein Supersystem integriert. Ein Komplex ist immer dann ein System, solange er in Teilkomplexe zerlegbar ist, zwischen denen (...) Interaktionen wirksam sind". Interaktionen existieren dabei jedoch nicht nur zwischen den Elementen *einer* Stufe, sondern ebenfalls zwischen den Elementen einer Systemebene und den Elementen höherer und tiefer Systemebenen (vgl. WEISS, 1969).

Betrachtet man den Kosmos aus der Perspektive der Systemtheorie als ein von den Elementarteilchen bis zu den Galaxienhaufen hierarchisch aufgebautes Schichtengefüge, so umspannt der Arbeitsbereich der Ökologie die Stufenfolgen vom Organismus (Einzelindividuum) über die Population, die Lebensgemeinschaft, das Ökosystem, den Ökosystemkomplex, das Gesellschaft-Umwelt-System bis hin zur Ökosphäre (HABER, 1984, S. 193). Anhand der höheren Systemebenen wird dabei besonders deutlich, daß diese Systembegriffe keine „Objekte" bezeichnen, deren äußere Grenzen von vornherein festgelegt wären. Systeme stellen vielmehr „Beschreibungen von Ausschnitten aus der Realität" dar (KORNWACHS & LUCADOU, 1984, S. 112) und sind damit von den speziellen Interessen des Systemautors, dessen wissenschaftlicher Fragestellung und seinen Beschreibungsmitteln abhängig. QUINE (1975, S. 70 f.) spricht im Hinblick auf diese Beziehung zwischen Beschreibung und „Referenzrahmen" von „ontologischer Relativität".

Wieviel Schichten von Untersystemen innerhalb eines solchen Referenzrahmens gleichzeitig erfaßt werden können, hängt letztendlich von der Leistungsfähigkeit des menschlichen Geistes sowie den Möglichkeiten der elektronischen Datenverarbeitung ab. Da die sich von Stufe zu Stufe akkumulierende Komplexität hier prinzipielle Grenzen setzt, müssen die Eigenschaften der untergeordneten Systeme ab einer gewissen Systemebene abwärts als gegebene Voraussetzung angenommen, d. h. als „black boxes" betrachtet werden (OTT, 1985, S. 50). Dabei geht man – zum Teil zu Recht, zum Teil zu Unrecht (siehe Kapitel 4.b) – davon aus, daß infolge der neu auftretenden Systemeigenschaften der Erklärungswert von Eigenschaften der unteren Systemebenen für die Eigenschaften der übergeordneten Systemebenen ab einer bestimmten Stufe aufwärts keine große Rolle mehr spielt.

Wenn hier von „sich akkumulierender Komplexität" die Rede ist, muß eingeräumt werden, daß es nach wie vor kein verbindliches *quantitatives* Maß für Komplexität gibt (vgl. PIPPENGER, 1978). Es gibt allenfalls von mathematischer Seite aus den Vorschlag, Komplexität über die Mindestzahl von Bits zu definieren, die man braucht, um ein System zu beschreiben (CHAITIN, 1975, S. 49). Doch ist eine solche Minimalbeschreibung nicht notwendigerweise eindeutig. So wird der Begriff der Komplexität auch meistens als *komparativer* Begriff verwendet, d. h., „wir einigen uns normalerweise leicht darüber, welches von zwei Systemen das kompliziertere ist" (VOLLMER, 1986a, S. 166). Nach diesem intuitiven Verständnis von Komplexität gibt es kaum Zweifel, daß beispielsweise das menschliche Zentralnervensystem komplizierter ist als eine Amöbe. Entscheidend für die Komplexität dieser Systeme ist dabei weniger die Anzahl der jeweiligen „Bausteine" (d. h. der Atome, Biomoleküle, Organellen und Zellen) als vielmehr die Anzahl und Art der *Beziehungen* zwischen diesen, also der Vernetzungsgrad.

Es ist gänzlich unmöglich, sich eine Vorstellung davon zu machen, wie stark die Anzahl möglicher Beziehungen mit der Anzahl der „Bausteine" ansteigt. Während bei zwei Bausteinen nur zwei (nämlich eine oder keine), bei drei Bausteinen acht, bei vier Bausteinen 64 und bei fünf Bausteinen 1024 Kombinationsmöglichkeiten denkbar sind, beträgt die Anzahl möglicher Beziehungsstrukturen zwischen nur 24 Bausteinen bereits $1{,}2 \times 10^{83}$! Diese „überastronomische" Zahl übertrifft die Gesamtzahl aller Atome des sichtbaren Universums um mehr als das Tausendfache (KAFKA, 1989, S. 23/24).[10] Wenn schon die Zahl möglicher Beziehungsmuster von nur 24 Bausteinen größer ist als die Zahl aller Teilchen in der Welt, wie groß mag dann erst die Zahl möglicher Wechselwirkungen innerhalb einer der umfassendsten Systemeinheiten, dem Ökosystem, mit seinen vielfältigen Lebensgemeinschaften, Hunderten von Tier- und Pflanzenarten, Tausenden von Populationen, Milliarden von höherorganisierten Individuen und Abermilliarden von Mikroorganismen – die abiotischen Einflüsse (Klima, Wetter, Bodenbeschaffenheit etc.) nicht mitberücksichtigt! – sein? Auch wenn nicht alle möglichen Kombinationen von Wechselwirkungen auch tatsächlich realisiert sind, scheint es auf der Hand zu liegen, daß es prinzipiell unmöglich ist, mehr als einen Bruchteil all dieser Beziehungsstrukturen zu erfassen, geschweige denn ein Ökosystem wirklich „durchrechnen" zu können. An dieser grundsätzlichen Tatsache kann auch kein irgendwie gearteter Fortschritt in der elektronischen Datenverarbeitung etwas ändern. Schließlich ist das Ergebnis eines jeden Rechenvorgangs an die zwangsläufig lückenhaften Datenkenntnisse des Programmierers gebunden. Ökologen, die ansonsten die durch den Computer eröffneten neuen Möglichkeiten quantitativer Analysen dankbar aufnehmen, machen sich hierüber wenig Illusionen: „Eine vollständige Ökosystemanalyse, die alle vorhandenen Funktionen aufdecken sollte, wird es nie geben" (KREEB, 1979, S. 127).

Darauf ließe sich freilich erwidern, daß eine *vollständige* Ökosystemanalyse für bestimmte Fragestellungen gar nicht erforderlich sei, sondern daß man sich für praktische Zwecke durchaus mit geeigneten Vereinfachungen zufriedengeben könne. Zwei komplexe Systeme mit jeweils 1000 Elementen, die zusammen ein System höherer Ordnung bilden, könnten beispielsweise als sehr einfaches System mit nur 2 Elementen betrachtet werden. Dieser Einwand verweist auf ein gängiges und für die Wissenschaft sogar grundlegendes Verfahren: die Reduktion von Komplexität durch gezielte Ausblendung höherer oder tieferer Systemebenen aus der Kausalanalyse.[11] So rät bereits DESCARTES (1637, S. 31) in seinen *Discours de la Méthode*, man solle ein Problem, das zu kompliziert sei, um es auf einen Schlag lösen zu können, „in so viele Teile teilen, wie es angeht und wie es nötig ist, um es leichter zu lösen". OTT (1985, S. 50) vergleicht dieses *analytische* Verfahren des Naturwissenschaftlers mit einer „Lupe, die auf einem Maßstab auf- und abgeschoben werden kann, um jeweils einen Bereich zu vergrößern, an dem abgelesen werden soll". Es läßt sich nicht bestreiten, daß sich auf diese Weise bei bestimmten ökologischen Fragestellungen, die sich nur auf wenige Parameter beziehen, eindrucksvolle Ergebnisse gewinnen lassen. Jedes Ökologie-Lehrbuch gibt hierfür zahlreiche Beispiele. Im Hinblick auf anspruchsvollere Fragestellungen oder gar ein umfassendes ökologisches „Management", wie es dem technischen Optimisten vorschwebt, ist jedoch Skepsis angebracht: Je mehr Systemebenen und Parameter aus der Komplexität des Gesamtsystems ausgeblendet werden, desto geringer wird die Gewähr, dieses System auch wirklich hinreichend zu verstehen.

Mit Fehleinschätzungen muß dabei sowohl bei einer „äußeren Reduktion" als auch bei einer „inneren Reduktion" gerechnet werden. So geht der *innere* Reduktionismus (der die oberen Systemebenen ausblendet) stillschweigend davon aus, daß man nach Lösung sämtlicher Einzelprobleme auf niederen Systemebenen diese Lösungen nur wieder als Mosaiksteinchen in das Gesamtbild einzusetzen bräuchte, um zum Schluß zu einem Verständnis des ganzen, großen, komplexen Systems zu gelangen. „Diese Annahme, oder besser gesagt Hoffnung", hat sich bei hochkomplexen Systemen inzwischen als „grundsätzlich falsch" erwiesen (CRAMER, 1986, S. 1153). Bei diesen Systemen kommt die bekannte These zum Tragen, nach der das Ganze mehr ist als die Summe seiner Teile. CRAMER (1979) nennt solche Systeme, die sich nicht mehr sinnvoll in Einzelprozesse gliedern lassen und damit einer Analyse nicht vollständig zugänglich sind, *fundamental-komplexe* Systeme.

Der *äußere* Reduktionismus, der wie beim obigen Beispiel die Untersysteme aus der Betrachtung herausnimmt und nur die Gesetzmäßigkeiten der obersten Systemebenen untersucht, unterliegt einer anderen Gefahr: der Unterschätzung „durchschlagender Effekte" von niederen auf höhere Systemebenen. Bei Ökosystemen wirken aber nicht nur die Systemeigenschaften des übergeordneten Systems als äußere Umwelt auf den Organismus, sondern umgekehrt können auch wenige Individuen einer Art über mehrere Systemebenen hinweg einen überraschenden Einfluß auf das Ökosystem als Ganzes ausüben. Beispiele hierfür sind die Ausbreitung von Seuchen, die Auswilderung von Raubsäugern auf Inseln oder die Einführung neuer Pflanzenarten in ein fremdes Ökosystem.[12] Solche Ereignisse machen deutlich, wie sehr sich Struktur und Funktion von Ökosystemen durch unvorhersagbare äußere oder innere Randbedingungen ändern können.

Mit der Änderung der Struktur von Ökosystemen ist in der Regel auch eine Änderung des *Komplexitätsgrades* verbunden. Dabei zeigen KORNWACHS & LUCADOU (1984, S. 127), daß „Systeme, die einen veränderlichen Komplexitätsgrad aufweisen (...) unter Umständen nicht vollständig beschreibbar [sind] im Sinne der Determiniertheit". Ein System, das nicht vollständig beschreibbar ist, ist jedoch auch nicht vollständig beherrschbar. Die Autoren leiten daraus die Empfehlung ab, ökologische Systeme nicht wie „zuverlässig" beeinflußbare Gebilde zu behandeln, sondern immer eine gewisse Autonomie in Rechnung zu stellen. Komplexität des Lebendigen stellt demnach eine *prinzipielle* Grenze ökologischer Wissens- und Gestaltungsmöglichkeiten dar. Diese läßt sich auch durch Reduktion von Komplexität nicht einfach aus der Welt schaffen.

Wenn ungeachtet dessen immer wieder völlig überzogene Erwartungen von außen an die Ökologie herangetragen und von politischer Seite „Gesamtanalysen von Ökosystemen" gefordert werden (BORCHARDT et al., 1989), so mag eine psychologische Erklärung hierfür darin bestehen, daß das im „Mesokosmos", d. h. der Welt der mittleren Dimensionen, evolvierte Vorstellungsvermögen des Menschen mit dem überexponentiellen Charakter der Komplexität ganz einfach überfordert ist (vgl. VOLLMER, 1986c, S. 161). Verschärfend kommt hinzu, daß die überwiegend vom Umgang mit technischen Gegenständen geprägte Alltagserfahrung ein lineares Denken fördert und die kettenartige Kausalität der technischen Welt unreflektiert auf das Wirkungsgefüge des Lebendigen übertragen wird. Wie DÖRNER (1993, S. 137) zeigt, ist der Alltag meist ein „schlechter Lehrmeister für den Umgang mit komplexen, dynamischen Systemen". Während es für den Alltag beispielsweise meistens richtig ist, Ähnliches ähnlich zu behandeln und die nächste Zukunft „linear" zu prognostizieren, erweist sich dies für das Handeln in komplexen ökologischen Realitäten oft als falsch. Wie erst in jüngster Zeit deutlich geworden ist, verlaufen nämlich viele für das Leben wichtige quantifizierbare Vorgänge *nichtlinear* (EILENBERGER, 1989).

b. Nichtlinearität

Ein *linearer* Zusammenhang zwischen Ursache und Wirkung ist dadurch charakterisiert, daß – bei entsprechend geschickter Wahl der zu messenden Größen – eine doppelt so große Ursache eine doppelt so große Wirkung nach sich zieht. Lineare Ursache-Wirkungs-Beziehungen lassen sich dabei mathematisch durch Differentialgleichungen darstellen, die auch mit beliebig vielen gekoppelten Komponenten stets explizit lösbar sind. Berühmte Beispiele für solch lineare Zusammenhänge sind die Newtonschen Bewegungsgleichungen und die Keplerschen Gesetze der Planetenbewegungen, die die naturwissenschaftliche Revolution der Neuzeit ausgelöst hatten. Seither ließen sich die verschiedensten Phänomene, vom Flug einer Kanonenkugel bis zur Verbrennung von Kohle, in besonderem Maße aber die Funktionen aller Arten von Maschinen, durch lineare Differentialgleichungen beschreiben. Während *kleine* Veränderungen hierbei stets *kleine* Wirkungen hervorrufen, kommen *große* Wirkungen entweder durch *große* Änderungen zustande oder dadurch, daß sich viele kleine Änderungen summieren.

Bereits vor dem 19. Jahrhundert war freilich bekannt, daß es physikalische Systeme gibt (z. B. unstetige Vorgänge wie Explosionen, plötzliche Materialbrüche oder hohe Windgeschwindigkeiten), die sich auch durch noch so geschickte Darstellung nicht auf einen linearen Zusammenhang reduzieren lassen und deren mathematische Beschreibung *nichtlineare* Gleichungen erfordert. Die mathematischen Techniken zum Umgang mit diesen Gleichungen standen damals zwar noch nicht zur Verfügung, doch war man bis in die sechziger Jahre dieses Jahrhunderts davon ausgegangen, daß das *qualitative* Verhalten nichtlinearer Systeme sich von dem linearer Systeme nicht wesentlich unterscheidet. Erst durch den Einsatz schneller Computer, mit deren Hilfe die Dynamik nichtlinearer Systeme numerisch verfolgt werden konnte, zeigte sich, daß es einen grundlegenden Unterschied zwischen linearen und nichtlinearen Systemen gibt: das Phänomen der „Anfangswertempfindlichkeit" (EILENBERGER, 1989, S. 98).

Ein *nichtlinearer* Zusammenhang zwischen Ursache und Wirkung ist im Gegensatz zu einem linearen dadurch charakterisiert, daß *kleinste* Änderungen der Anfangsbedingungen eine unverhältnismäßig *große* Wirkung auf den Endzustand eines Systems haben können. Verantwortlich für solche Unverhältnismäßigkeiten können Rückkoppelungen sein, wie sie für komplexe physikalische und die vielfach vernetzten biologischen Systeme typisch sind. Mathematisch gesehen treten dabei Terme auf, die wiederholt mit sich selbst multipliziert so stark anwachsen, daß die beschreibende Gleichung ab einem kritischen Punkt ein völlig neuartiges Verhalten einnehmen kann (BRIGGS & PEAT, 1990, S. 29f.).

Hieraus ergeben sich grundlegende Folgerungen hinsichtlich der *Berechenbarkeit* nichtlinearer Systeme. Indem winzig kleine Ungenauigkeiten im Anfangswert sich lawinenartig verstärken, können beliebig ähnliche Anfangszustände zu völlig unterschiedlichen Endzuständen führen. Da die Anfangswerte grundsätzlich nur mit einer endlichen Genauigkeit bestimmt werden können, ist eine präzise Vorhersage des Endzustandes prinzipiell unmöglich. Solche im Sinne traditioneller Physik unberechenbaren Wirkungszusammenhänge wurden gelegentlich als „chaotische Systeme" bezeichnet. „Chaos" bedeutet dabei nichts anderes als „Unberechenbarkeit", denn auch die „chaotischsten" nichtlinearen Systeme gehorchen durchweg deterministischen und oft überraschend einfachen Gesetzen (BACHMANN, 1990).

Die Entdeckung, daß bestimmte Bereiche des Naturgeschehens aus *prinzipiellen* Gründen weder berechenbar noch vorhersagbar sind, hat erhebliche, in der Öffentlichkeit jedoch noch kaum wahrgenommene Konsequenzen für das heutige wissenschaftliche Weltbild. Zwar hatte bereits die Quantenmechanik in den zwanziger Jahren dieses Jahrhunderts prinzipielle Grenzen der Berechenbarkeit aufgezeigt, indem sie nachwies, daß Ort und Impuls eines Elementarteilchens grundsätzlich nicht gleichzeitig und beliebig genau gemessen werden können, doch schien diese Einschränkung wissenschaftlicher Erkenntnis zunächst ausschließlich im subatomaren Bereich relevant zu sein. Im makroskopischen Bereich herrschte weiterhin das mechanistische Weltbild des französischen Mathematikers Pierre Simon De Laplace vor, der 1776 in radikaler Konsequenz des Determinismus postuliert hatte, aus der Kenntnis von Ort und Geschwindigkeit aller Materieteilchen ließe sich die Zukunft und Vergangenheit des Universums mit beliebiger Genauigkeit berechnen. Komplexität schien demnach kein prinzipielles, sondern lediglich ein praktisches Problem zu sein, das durch stetige Verbesserung des wissenschaftlichen Werkzeugs eines Tages auf ein einfaches, wohlgeordnetes Fundament zu reduzieren sei. Mit der Entdeckung der Nichtlinearität komplexer Systeme ist diese Hoffnung zerstört worden und das mechanistisch-reduktionistische Weltbild endgültig in sich zusammengebrochen.

Diese Einsicht betrifft in besonderem Maße den Bereich des Lebendigen. Wie sich immer mehr abzeichnet, folgen viele biologischen Systeme *nichtlinearen* Gesetzmäßigkeiten und verhalten sich bisweilen unstetig, inhomogen und unregelmäßig.[13] Selbst ökologische Entwicklungen, die mit einfachsten mathematischen Gleichungen beschreibbar sind, können im „deterministischen Chaos" enden und damit unvorhersehbar werden (Bachmann, 1990, S. 88). Konstante und stabile Zustände, wie sie eine gewisse „Populärökologie" der vom Menschen unberührten Natur gerne verallgemeinernd unterstellt, müssen nach solchen Überlegungen eher als die Ausnahme angesehen werden (Bachmann, 1990, S. 92; Worster, 1993).

Zum jetzigen Zeitpunkt ist freilich noch nicht abzuschätzen, in welchem Umfang die erst in ihren Anfängen stehende Chaos-Theorie zum Verständnis von Ökosystemen beitragen kann. Es gibt Biologen, die die ökologische Bedeutung dieser Forschungsrichtung mit Skepsis betrachten. Sie sehen durch den formalen Ansatz die Gefahr, daß „Phänomene, die ganz verschiedene Ursachen haben, (...) unter der gleichen mathematischen Beschreibung subsummiert" werden und daß dadurch der Bezug zum jeweiligen biologischen Mechanismus verlorengeht (Remmert, zit. in Bachmann, 1990, S. 96). Wenn auch das *erklärende* Potential des Chaos-Konzepts innerhalb der Ökologie noch umstritten ist, so sollte doch die Einsicht, daß möglicherweise die meisten ihrer Systeme nichtlinearen Gesetzen gehorchen, Anlaß genug sein, den *Umgang* mit Natur erneut zu überdenken. Da in einer „nichtlinearen Natur" kleine Ursachen große Wirkungen nach sich ziehen können, sind die Folgen von Manipulationen im Zweifelsfall nicht hinreichend voraussagbar. Insbesondere bei den überaus komplexen Ökosystemen ist die weitverbreitete Vorstellung, sie seien eines Tages genau berechenbar und Eingriffe damit kalkulierbar, unhaltbar. Entsprechend sollte die von Technikkritikern gerne propagierte „Risikofolgenabschätzung", so wichtig sie angesichts des ständig wachsenden Gefahrenpotentials neuer Technologien auch sein kann, nicht überschätzt und zum *Allheilmittel* zur Lösung der ökologischen Krise stilisiert werden. Eingriffe in die Natur werden stets dadurch charakterisiert sein, daß wir nicht genau wissen, was wir tun und daß wir deshalb die Folgen unseres Tuns nur sehr begrenzt vorhersagen können.[14] In einem späteren Zusammenhang wird noch der Frage nachzugehen sein, welche Konsequenzen die praktische Vernunft aus diesem „Wissen um das Nichtwissen" zu ziehen hätte.

c. Abgrenzung

Das nächste Problem, das einer beliebig exakten Mathematisierung der Ökologie im Wege steht, liegt in der Schwierigkeit begründet, eindeutige Systemgrenzen der jeweiligen Struktureinheiten festzulegen. Wenn im Zusammenhang mit dem Phänomen der Komplexität metaphorisch von den Beziehungsstrukturen zwischen „Bauteilchen" auf verschiedenen Systemebenen die Rede war (Kapitel 4.a), so unterstellt diese Formulierung in gewisser Hinsicht, jene „Teile" seien abgeschlossene, von der übergeordneten Systemebene prinzipiell isolierbare Einheiten, deren raumzeitliche Ausdehnung immer klar zu fassen wäre.

Daß diese Annahme eine Abstraktion darstellt, wird sofort deutlich, wenn „Teile" höherrangiger Systemebenen untersucht werden. Lebensräume (Biome) beispielsweise sind weder von der Artenzusammensetzung her abgeschlossen noch energetisch oder stofflich autark. Zwar können abiotische Gegebenheiten (wie Boden oder Kleinklima) in einem engeren geographischen Bereich Strukturierungen der Landschaft hervorrufen, die mit scharfen Verbreitungsgrenzen vieler Organismen einhergehen, doch lassen sich über größere Lebensregionen hinweg meistens mehr oder weniger *kontinuierliche* Veränderungen des Artenspektrums erkennen. Bisweilen fallen die Übergangsbereiche zwischen zwei ökologischen Einheiten so breit aus, daß sie ihrerseits wiederum als eigene ökologische Einheiten gelten können, wie beispielsweise die Waldtundra zwischen Tundra und Taiga. Solche Differenzierungen dürfen freilich nicht darüber hinwegtäuschen, daß die jeweiligen Grenzziehungen immer mehr oder weniger willkürlich bleiben (TISCHLER, 1976, S. 102–104).

Mit der Entdeckung der Nichtlinearität komplexer Systeme hat sich gezeigt, daß das „Bausteinmodell" aber auch auf niederrangigeren Systemebenen (wie der Ebene der Individuen und Arten) unzulänglich ist, insofern es von dem Ideal klar abgrenzbarer Teilchen ausgeht. Da alle realen Systeme dem übrigen Universum gegenüber offen sind und bereits kleinste Schwankungen in der Umwelt eines Systems unverhältnismäßig große Auswirkungen auf dieses selbst haben können, läßt sich das Teilsystem im Grunde genommen nicht mehr „de-finieren", d.h. gegen das Ganze abgrenzen. Die dem Naturwissenschaftler fast selbstverständliche Vorstellung, man könne zwei Bausteine gleichsam in eine Schachtel einschweißen und ihre Wechselwirkungen dann isoliert vom gesamten restlichen Universum betrachten, erscheint unter diesem Gesichtspunkt als Illusion. Eine *genaue* Kontrolle solcherart isoliert betrachteter nichtlinearer Wechselwirkungen muß scheitern, denn das „Äußere", das Ganze wird sich bei offenen Systemen schließlich doch immer wieder „hereinschmuggeln". BRIGGS & PEAT (1990, S. 222) nennen diese Unabwägbarkeit, die durch unvorhersehbare Randbedingungen und das unvermeidliche Auf- und Abrunden bei der Erhebung der Meßwerte bedingt ist, die „Informationslücke". Komplexe Systeme sind, da sie sich nicht auf klar abgrenzbare Teile reduzieren lassen, nicht beliebig genau analysierbar.

d. Störung und Meßwertverfälschung
Zu dem mehr theoretischen Problem der Abgrenzung kommt ein praktisch-experimentelles hinzu, das ebenfalls prinzipiellen Charakter hat: Jede Analyse eines lebendigen Systems ist zwangsläufig mit einem mehr oder weniger starken Eingriff in das System verbunden, durch den das Ergebnis der Analyse verfälscht werden kann. Der Störeffekt fällt dabei in der Regel um so größer aus, je genauer und vollständiger die Analyse sein soll. Wollte man beispielsweise versuchen, das Nahrungsnetz einer einfachen mitteleuropäischen Hecke mit ihren mehreren tausend Arten völlig exakt nachzuzeichnen, so wäre allein die hierfür notwendige flächendeckende Erfassung des Individuenbestandes nicht nur mit kaum überwindbaren methodischen Schwierigkeiten verbunden, sondern würde darüber hinaus die ursprüngliche Lebensgemeinschaft bis zur Unkenntlichkeit „zerfleddern". Das Bild vom „ökologischen Netz" ist dabei insofern irreführend, als es unterstellt, man könne Abschnitt für Abschnitt die Maschen zählen, die Knoten fixieren und die Fäden untersuchen, ohne das Netz als Ganzes in Mitleidenschaft zu ziehen (DAHL, 1989a, S. 67).

Der Tierbestand ließe sich zwar *theoretisch* recht zuverlässig über die Fund-Wiederfund-Methode bestimmen, bei der möglichst viele Individuen einer Art gefangen, markiert und dann wieder freigelassen werden. Diese Methode erlaubt es bei neuerlichen Fängen, aus dem Verhältnis zwischen markierten und nichtmarkierten Tieren den Gesamtbestand hochzurechnen, ohne daß vorher alle Individuen erfaßt worden sein müßten. *Praktisch* sind mit diesem Verfahren jedoch mehrere Probleme verbunden, deren Auswirkungen auf das Ergebnis der Hochrechnung kaum kalkulierbar sind: Zum einen können nicht alle Tiere (z. B. Amphibien oder Insekten) auf eine Art und Weise markiert werden, die für sie kein zusätzliches Risiko darstellt. Zum anderen lassen sich nicht alle Tiere so ohne weiteres ein zweites Mal fangen. Bei störungsempfindlichen Wirbeltieren muß vielmehr damit gerechnet werden, daß sie in der Folge der Untersuchung ihr Verhalten ändern oder gar abwandern. Schließlich ergeben sich Ungenauigkeiten, wenn die Tiere territorial sind, geklumpt vorkommen oder zufällig verteilt auftreten, was in der Natur eher die Regel als die Ausnahme darstellt.

Es scheint somit trotz aller Versuche keine Methode in Sicht zu sein, die auch hinsichtlich der praktischen Durchführung in der Lage wäre, Tiere an Land einigermaßen genau zu erfassen. „Die hier auftretenden Fehler sind ungeheuer" (REMMERT, 1984, S. 224). Nach REMMERT müßten wir jedoch die genaue Anzahl der Tiere pro Fläche wissen, wenn wir quantitative Aussagen in Ökosystemen machen wollen. Außerdem bräuchten wir sowohl die Zahl der Nachkommen, die diese Tiere pro Zeiteinheit im System hervorbringen, als auch die Mortalität dieser Nachkommen, doch sei diese Forderung fast nirgendwo erfüllt. „Schon die Beschaffung einer einfachen Bestandszahl der adulten Tiere ist selbst bei großen, relativ gut sichtbaren Tieren kaum möglich" (REMMERT, 1984, S. 224).

Bei der Erfassung des Individuenbestandes der *Pflanzen* sieht es kaum besser aus, zumal nicht ohne weiteres klar ist, was bei ihnen unter „*Individuum*" zu verstehen ist. Zwar ist der Individuenbegriff auch beim Menschen keineswegs unumstritten (z. B. hinsichtlich der Identität des Selbst), doch tritt bei Pflanzen das ungleich gravierendere Problem der räumlichen wie zeitlichen Abgrenzung auf. Phänomene wie das Auswachsen neuer Bäume aus einem alten Wurzelstock oder die Vermehrung durch Stecklinge und Ausläufer machen deutlich, daß dieses Problem nicht befriedigend lösbar ist. Pflanzen scheinen erst im Übergangsbereich zur Individualität angekommen zu sein. Damit müssen freilich viele Berechnungen von Pflanzenökologen, die auf dem Glauben beruhen, daß das Individuum auch bei Pflanzen etwas natürlich Vorgegebenes sei, mit Skepsis betrachtet werden. Unter Umständen beziehen sich ihre Angaben nämlich auf völlig unbrauchbare Einheiten.

Über dieses Problem hinaus macht bei Pflanzen vor allem die Bestimmung der Wurzelmasse Schwierigkeiten, die für viele quantitative Erhebungen erforderlich ist. Da die gleiche Pflanze unter verschiedenen Bedingungen ganz verschieden große Wurzelsysteme im Verhältnis zur oberirdischen Phytomasse haben kann, sind Schätzwerte oft unzuverlässig. Wollte man Schätzfehler gänzlich ausschließen, bliebe nur die Möglichkeit, jede Wurzel einzeln zu vermessen. Dies würden jedoch weder das Wurzelwerk, die Bodenfauna noch die Hecke insgesamt heil überstehen.

Wie aus den Überlegungen im Zusammenhang mit dem Problem der Abgrenzung hervorgeht (4.c), ist mit der Erfassung des Individuenbestandes (also der „Bausteine") für das Verständnis des Gesamtsystems noch wenig gewonnen. Um zu einer Gesamtanalyse des Systems „Hecke" zu kommen, müßten alle kausalen Wirkketten zwischen den Bausteinen freigelegt und in Meßzahlen dargestellt werden. Hierzu müßten alle Ursachen und Wirkungen als solche identifiziert und richtig aufeinander bezogen werden.[15] Abgesehen davon, daß dieser Versuch schon wegen der überastronomischen Zahl der Beziehungen zum Scheitern verurteilt wäre (siehe 4.a), braucht man wenig Phantasie, um zu erkennen, daß ein solches Unterfangen nicht ohne Störung der zu untersuchenden Funktionsabläufe oder gar der Zerstörung des Gesamtsystems durchzuführen wäre.

Wie KORNWACHS & LUCADOU (1984, S. 132) zeigen, betrifft das Prinzip der Störung komplexer Systeme durch den Meßvorgang dabei nicht nur das anspruchsvolle Ziel einer Gesamtanalyse des „Realsystems". Dieses Prinzip muß vielmehr selbst bei einem pragmatisch verstandenen Systembegriff in Rechnung gestellt werden, der nur Eigenschaften umfaßt, die einer speziellen Fragestellung entsprechen. Das bedeutet, daß wegen des Störeffektes durch den Meßvorgang unter Umständen Informationen unverfügbar bleiben, die für die Lösung eines bestimmten ökologischen Problems benötigt würden. Das Prinzip der Störung erlaubt dabei „keine vollständige Eliminierung des durch die Störung entstandenen Fehlers, da die angesetzten Korrekturen Approximationen sind, die mit Grenzübergängen arbeiten". Wie die beiden Autoren betonen, setzt *Beherrschbarkeit* eines Systems aber ein möglichst umfassendes Verstehen seiner „Mechanismen" voraus. „Wenn nun gerade der Versuch, ein System zu beherrschen und zu steuern, dazu führt, daß dieses System sein Verhalten in einer nicht zu klärenden Weise ändert, ist die Verstehensbasis, die sich auf den ‚Mechanismus' des Systems bezieht, obsolet geworden" (KORNWACHS & LUCADOU, 1984, S. 113). Je vollständiger und genauer ein System also beschrieben werden soll, um es sicher beherrschen zu können, desto mehr scheint der Forscher damit rechnen zu müssen, daß das System sich gerade dadurch seinem Zugriff entzieht.

Das Dilemma, entweder um den Preis der Meßwertverfälschung bzw. Systembeeinträchtigung *genau* und *vollständig* oder um den Preis der Ungenauigkeit und Unvollständigkeit (relativ) *unverfälscht* zu messen, erinnert an die Heisenbergsche Unschärferelation, nach der Ort und Impuls eines jeden Körpers nicht gleichzeitig beliebig genau gemessen werden können (HEISENBERG, 1969, S. 144). Indem der Meßvorgang das Meßergebnis *grundsätzlich* beeinflußt, löst sich der für die wissenschaftliche Methode konstitutive Subjekt-Objekt-Dualismus auf. Für beide Wissenschaften, die Physik wie die Ökologie, sind damit prinzipielle Grenzen möglichen Wissens gesetzt.

e. Einzigartigkeit und Verallgemeinerung
Gegen die Schlußfolgerungen im Zusammenhang mit den Problemen Komplexität und Meßwertverfälschung ist folgender Einwand denkbar: Auch wenn ökologische Systeme tatsächlich zu komplex und verletzlich seien, um alle ihre Bestandteile und funktionalen Zusammenhänge bis ins Detail hinein zu erfassen, wäre ein solch perfektionistischer Ansatz für ein hinreichendes Verständnis und für praktische Zwecke möglicherweise gar nicht *notwendig*. Wie es ja auch für die Reparatur einer defekten Uhr nicht erforderlich ist, diese vollständig zu zerlegen und alle Funktionsweisen des speziellen Exemplars von Grund auf neu zu analysieren. Da das defekte Exemplar nach einem all-

gemeinen Konstruktionsplan gefertigt worden ist, kann der Uhrmacher vielmehr prinzipiell alle zugänglichen Erfahrungen, die mit diesem *Konstruktionstyp* und dessen Defekten jemals gemacht worden sind, für die Schadensanalyse heranziehen und bei der Reparatur auf diesen Kenntnissen aufbauen. Übertragen auf das Verständnis ökologischer Systeme würde das bedeuten, daß es an Stelle einer Totalanalyse in mancher Hinsicht ausreichen könnte zu wissen, aus welchen *Typen* von Teilsystemen ein System aufgebaut ist. Man brauchte dann diejenigen Aspekte von Untersystemen, über deren *allgemeine* Gesetzmäßigkeiten bereits in anderem Zusammenhang Kenntnisse erworben werden konnten, nicht noch einmal von neuem zu untersuchen.

Wie das Beispiel der defekten Uhr deutlich machen sollte, wird bei diesem Einwand vor dem Hintergrund von Alltagserfahrungen argumentiert, die heutzutage überwiegend vom Umgang mit technischen Gegenständen geprägt sind. Da in Serie hergestellte technische Gegenstände aus normierten, nahezu identischen Einzelteilen zusammengesetzt sind, wird vielfach angenommen, auch ökologische Systeme bestünden wie physikalisch-chemische oder technische aus eindeutig klassifizierbaren Teilsystemen, wobei Teilsysteme einer Klasse als *praktisch gleich* betrachtet werden könnten. Der Aufbau, die funktionalen Zusammenhänge und Wechselwirkungen der Lebensgemeinschaft einer Austernbank etwa würden nach dieser Vorstellung allgemeinen Gesetzmäßigkeiten gehorchen, die zumindest auf alle Austernbänke innerhalb desselben Ökosystems, gegebenenfalls sogar auf Austernbänke anderer Ökosysteme übertragbar wären.

Sicherlich ist es richtig, daß für viele biologischen Systeme von den Zellen über die Organe bis zu den Individuen verschiedener Arten und Artengruppen durchaus einheitliche, morphologische und funktionelle „Baupläne" existieren, die verallgemeinerbaren Gesetzmäßigkeiten gehorchen. Wäre die Vielfalt des Lebendigen nicht bis zu einem gewissen Grad systematisierbar und klassifizierbar, gäbe es weder eine Wissenschaft Biologie noch solch erfolgreiche Anwendungen dieser Wissenschaft wie etwa in der Medizin. Dennoch zeigen gerade Beispiele aus der Medizin, daß Teilsysteme höherer Systemebenen trotz eines gemeinsamen morphologischen und funktionellen Bauplanes nicht unbedingt als identisch angesehen und nach einem einheitlichen Muster therapiert werden können. Bereits auf der Systemebene der Organe weichen die konkreten Verkörperungen biologischer Baupläne in weit stärkerem Maße voneinander ab, als man dies von technischen Gegenständen her gewohnt ist. Diese Verschiedenheit der „Bausteine gleichen Typs" wächst in der Regel mit zunehmender Höhe der Systemebene bzw. mit zunehmender Komplexität an. Besonders augenscheinlich ist die Variabilität biologischer Systeme dabei beim menschlichen Individuum (und der von unzähligen Randbedingungen geprägten Struktur seines Gehirns) sowie bei den Systemen der Ökologie.

In der Ökologie hat die Verschiedenheit der „Bausteine gleichen Typs" ihren wesentlichen Grund freilich darin, daß deren Gegenstände (mit Ausnahme des Individuums) zwar Gesellschaften von Organismen darstellen, aber daß sie selbst keine Organismen sind. Als nicht-organismischen Aggregaten fehlt ihnen die Kohärenz, die für Organismen, Organe oder Zellen typisch ist. Dadurch können sie eine sehr große Mannigfaltigkeit und Verschiedenartigkeit erlangen, so daß sich sinnvollerweise selbst metaphorisch nicht mehr von „Bauplänen" sprechen läßt. Auch wenn Ökosysteme, die von ähnlichen klimatischen Faktoren geprägt sind, Konvergenzen aufweisen und dementsprechend zu denselben Ökosystemtypen (wie beispielsweise den Typen „Wald", „Steppe" oder „Wüste") zusammengefaßt werden können, fallen die Unterschiede im Detail oft beträchtlich aus. Ökosysteme sind in noch stärkerem Maße als Organismen *Unikate* und als solche weder räumlich noch zeitlich wiederholbar.

Hieraus ergibt sich die besondere Schwierigkeit der Ökosystemforschung, allgemeine Regeln und einfache Gesetze aufzustellen. Denn „die Vorgänge, die wir bis ins einzelne in einem System analysiert haben, können im nächsten System, auch wenn dies ganz ähnlich aussieht, ganz anders ablaufen" (REMMERT, 1984, S. 195). Während im Laufe der letzten Jahrzehnte in anderen biologischen Disziplinen wie der Genetik oder der Molekularbiologie immer wieder fundamentale Gesetzmäßigkeiten entdeckt wurden, sind ähnliche Anstrengungen in der Ökologie meist erfolglos geblieben und nach Einschätzung von TISCHLER (1976, S. 133/134) auch zukünftig zum Scheitern verurteilt. Der Versuch, die Ökologie auf ähnlich exakten Kurs wie die Physik oder Chemie zu bringen, beruhe auf einer Verkennung der Gegebenheiten: „Die Natur läßt sich in der höchsten Ebene der Lebensentfaltung nicht in wenige Regeln pressen (...) Zu je größeren Lebenseinheiten man kommt, je mehr man die Manifestierung des Lebens in seiner Vielfalt erforschen will, desto geringer wird die Möglichkeit allgemeingültiger Aussagen." Nach TISCHLER (1976, S. 133) kann die theoretische Basis der Ökologie daher „nie mehr als bestimmte Tendenzen und Prinzipien aufzeigen. Damit sollte sie sich begnügen".

So bleibt dem Ökologen in der Regel wenig anderes übrig, als den *Einzelfall* zu analysieren, und zwar so detailliert wie nur möglich. Auf einige methodische Schwierigkeiten, die einer auch nur annähernd *vollständigen* Analyse entgegenstehen, habe ich bereits in anderem Zusammenhang hingewiesen (vgl. 4.a und 4.d). Hinzu kommt eine weitere Erschwernis: der Faktor *Zeit*. Dabei geht es weniger um den enormen Zeitaufwand, der oft schon für eine einigermaßen genaue *Momentaufnahme* erforderlich wäre, als darum, daß Momentaufnahmen für das Verständnis ökologischer Systeme grundsätzlich unzureichend sind. Entgegen landläufigen Vorstellungen vom „ökologischen Gleichgewicht" sind Ökosysteme ja keine statischen Gebilde, die in ihrer Artenzusammensetzung über Jahre hinweg als konstant angenommen werden könnten. Sie sind vielmehr infolge unterschiedlicher Klimabedingungen zum Teil erheblichen Schwankungen unterworfen. Da das Wetter in keinem Jahr gleich ist, ändern sich auch Tier- und Pflanzenwelt von Jahr zu Jahr in einem vielfach unterschätzten Ausmaß. Wie eine längerfristige Untersuchung eines Trockenrasengebiets in Süddeutschland gezeigt hat, können Tier- wie Pflanzenbestände allein infolge unterschiedlicher klimatischer Bedingungen um den Faktor Zehn oder stärker variieren. REMMERT (1984, S. 257) berichtet: „Nicht nur die pflanzensoziologische Zusammensetzung der Flora änderte sich sehr stark, sondern auch die Gesamtproduktion an oberirdischer Substanz und die Zusammensetzung der Tierwelt. Grillen und Heuschrecken gingen auf knapp $^1/_{10}$ zurück, während Fliegen stark zunahmen. Nach einem ‚günstigen' Sommer waren die ursprünglichen Verhältnisse weitgehend wieder hergestellt". Entsprechende auf Klimaschwankungen und Nahrungsangebot zurückzuführende Variabilitäten sind auch bei den Brutbeständen verschiedener Vogelarten nachgewiesen worden (BERNDT & HENSS, 1967; REMMERT, 1990, S. 139) und stehen möglicherweise sogar mit großräumigen und längerfristigen Arealveränderungen in Zusammenhang (VAUK & PRÜTER, 1987, S. 182).

Schwankungen solchen Ausmaßes stellen den Ökologen vor grundlegende methodische Probleme, denn genau genommen setzen sie die Voraussetzung für eine kausale Analyse, die dauerhafte *Identität der Teile*, außer Kraft. „Das, was makroskopisch als Wirkzusammenhang erscheint, entsteht aus einer Fülle sich verändernder Details, deren Konstanz auf keiner Abstraktionsebene hinreichend analytisch festgelegt werden kann" (BRECKLING et al., 1992, S. 4). Entsprechend der Einsicht des griechischen Philosophen HERAKLIT, daß man nicht zweimal in den selben Fluß steigen könne, lassen sich ökologische Freilandstudien deshalb nur bedingt wiederholen und ihre Ergebnisse nur bis zu einem gewissen Grad überprüfen. „Die Natur zwingt den Betrachter, für Unvorhergesehenes, für Überraschungen, für einmalige Ereignisse immer offen zu sein" (BRECKLING et al., 1992, S. 4). Auch wenn inzwischen kaum mehr bestritten wird, daß auch einmalige Ereignisse Gegenstand von Wissenschaft sein können (VOLLMER, 1986a, S. 53 f.), so ist doch klar, daß der stark historische Charakter ökologischer Phänomene die methodischen Möglichkeiten der Ökologie empfindlich einschränkt: Neben dem Anspruch auf Verallgemeinerungsfähigkeit muß vielfach auch der Anspruch auf Reproduzierbarkeit relativiert werden (vgl. z. B. GORKE, 1990), obwohl beide in den exakten Disziplinen Physik und Chemie oft als unabdingbare Kriterien naturwissenschaftlicher Methodik gelten.

Angesichts der Geschichtlichkeit sowie der starken natürlichen Schwankungen und Systemoszillationen ökologischer Systeme dürfte deutlich geworden sein, daß ein auch nur annäherndes Verständnis ihrer komplexen Zusammenhänge nur durch *längerfristige*, d. h. wenigstens über Jahrzehnte hinweg dauernde Untersuchungen erreicht werden kann. Um einen 10-Jahreszyklus des Lemming in der arktischen Tundra nachzuweisen, sollte man beispielsweise mindestens drei Bestandsmaxima erfaßt und somit über 30 Jahre lang geforscht haben (REMMERT, 1990, S. 99). Dabei muß man sich freilich immer im klaren sein, daß selbst Zeiträume, die nach menschlichen Maßstäben langfristig erscheinen, nicht viel mehr als Augenblicke in der Entwicklungsgeschichte eines Ökosystems darstellen können. Mit großem Aufwand betriebene ökologische Momentaufnahmen, wie sie von Politikern als Sofortmaßnahme nach ökologischen Katastrophen gerne in Auftrag gegeben werden, sollten nach REMMERT (1984, S. 269) erst gar nicht mehr durchgeführt und publiziert werden. Denn „was nutzt die genaueste Bestimmung der Vogeldichte mit wirklich allen zugehörigen Parametern, wenn sie nur die Momentaufnahme eines Jahres ist? Sie bringt nichts außer Verwirrung, denn ohne weiteres kann die Bestandesgröße im nächsten Jahr um fast eine 10er-Potenz vom Erwartungswert entfernt liegen."

Es liegt auf der Hand, daß es angesichts solch *völlig natürlicher* Bestandsschwankungen erst recht schwierig ist, die Wirkungen der durch den Menschen *neu hinzugekommenen* Faktoren wie Umweltgifte, Treibhausgase, Radioaktivität, Tourismus und Bewirtschaftung klar aufzuzeigen. Hier der wissenschaftlichen Ökologie die Beweislast aufzubürden, wie es in der Rechtsprechung nach wie vor üblich ist, heißt Unmögliches von ihr zu fordern. Denn der unabdingbare längerfristige Ansatz ist ihr meistens gleich in zweierlei Hinsicht verbaut: Zum einen fehlen angesichts der Neuartigkeit der Probleme hinreichend langfristige Vergleichsdaten aus der *Vergangenheit*, zum anderen bleibt angesichts der Dringlichkeit keine Zeit für längerfristige Studien in der *Zukunft*. Ob beispielsweise die vergangenen, ungewöhnlich warmen Sommer im Rahmen der üblichen statistischen Schwankungen oder als eine Folge des sich anbahnenden Treibhauseffektes zu werten sind, läßt sich mit wissenschaftlich fundierten Methoden nicht mehr rechtzeitig, d. h. vor Eintritt schwerwiegender klimatischer Veränderungen beantworten. Da die Schwierigkeit, auf den von Randbedingungen dominierten höchsten Systemebenen der Natur räumlich wie zeitlich zu verallgemeinern, dem Wissen offensichtlich prinzipielle Grenzen setzt, kann eine Unterlassung von Sofortmaßnahmen nicht durch den Hinweis gerechtfertigt werden, jenes Wissen lasse noch auf sich warten.

f. Qualität und Quantität
Grundlegend für das methodische Verfahren der modernen Naturwissenschaften seit NEWTON und GALILEI ist die *mathematische Beschreibung* der Naturvorgänge. Auch wenn es in der Wissenschaftsgeschichte immer wieder Ansätze zu einer mehr qualitativen, an den Fähigkeiten der Gestaltwahrnehmung und der Synthese orientierten Naturbetrachtung gab (z. B. bei GOETHE),

hat sich die quantitative, analytische Methode dank ihrer Fähigkeiten zur Formalisierung, Vereinfachung und überprüfbaren Prognose schließlich durchgesetzt. Vor allem in den Basiswissenschaften Physik und Chemie und deren technischen Anwendungsbereichen hat sie sich als so erfolgreich erwiesen, daß sie heute vielfach als die *einzig legitime* naturwissenschaftliche Betrachtungsweise angesehen wird. Unter dem Aspekt des technischen Erfolgs von Physik und Chemie ist es daher verständlich, daß sich andere Wissenschaften, wie etwa Biologie, Medizin und Psychologie, seither stark an diesen „exakten" Disziplinen orientiert haben und versuchen, die Vielfalt der Erscheinungen, wo immer möglich, auf Quantifizierbares und mathematisch Darstellbares zu reduzieren. Auch die noch junge Ökologie sieht sich zunehmend unter diesen Anspruch gestellt, seit von ihr über die theoretische Erkenntnis der Naturzusammenhänge hinaus mehr und mehr praktische Erfolge bei der Bewältigung von Umweltproblemen erwartet werden.

Daß der mit der Erfindung des Computers erstmalig in größerem Stil möglich gewordene quantitative Ansatz der Ökologie in der Tat große Möglichkeiten eröffnet und die Einsicht in komplexe Naturzusammenhänge (z. B. hinsichtlich der Bedeutung von Nichtlinearität und Rückkoppelungen) ein gutes Stück vorangetrieben hat, ist bereits erwähnt worden. Darüber hinaus ist es an dieser Stelle nicht möglich, die Erfolge der quantitativen Ökologie eingehender zu würdigen. Im Zusammenhang mit der ökologischen Krise und in der Auseinandersetzung mit den Erwartungen des technischen Optimismus kommt es eher darauf an, darauf hinzuweisen, daß es *Grenzen* der quantitativen Methode gibt, und zu zeigen, wo diese liegen.

Eine der Grenzen ist bereits im Zusammenhang mit dem Problem der Verallgemeinerung in der Ökologie (siehe 4.e) angesprochen worden: Jede mathematische Beschreibung eines ökologischen Systems unterstellt, daß die in die Formel eingehenden Teilsysteme, insofern sie derselben Variable zugeordnet werden, als praktisch identisch anzusehen sind. Diese Voraussetzung ist jedoch um so weniger erfüllt, je höher und umfassender das zu untersuchende System ist bzw. je mehr die Randbedingungen dominieren. So wird beispielsweise eine Population bei mathematischen Berechnungen als einheitlich angenommen, obwohl die Individuen innerhalb der Population in der Regel genetisch verschieden sind. Gegen diese Kritik ließe sich zwar einwenden, daß solche, vom statistischen Mittel ausgehenden Rechenoperationen genetische Variabilitäten „glätten" und damit die Gesamtaussage eher erleichtern, doch wird dabei übersehen, daß mit dem Wegmitteln genetischer „Ausreißer" unter Umständen die wichtigsten Informationen verlorengehen. „Statistik ermittelt die Lebensäußerungen des Durchschnitts. In der Natur kann aber das aus der Norm fallende Verhalten oder die Durchsetzungskraft von ‚Einzelgängern' für das Überleben einer Population entscheidend sein" (TISCHLER, 1976, S. 134). Dies gilt um so mehr für nichtlineare Systeme, in denen sich *statistisch gesehen* unbedeutende Eigenschaften durch Rückkoppelung hochschaukeln und eine nicht vorhersehbare Bedeutung erlangen können. Die Qualitäten, die den Erfolg dieser Eigenschaften ausmachen, sind dabei zahlenmäßig kaum darstellbar und damit auch nicht berechenbar.

Diese Schwierigkeit wird bei Ökosystemanalysen häufig dadurch umgangen, daß nur quantifizierbare Aspekte überhaupt in Betracht gezogen werden und die Untersuchungen z. B. auf Energiefluß und Stoffkreislauf beschränkt bleiben. Die Versuchung, sich auf diese beiden Bereiche zu beschränken, ist vor allem deshalb groß, weil mit dem großen Rahmen von Stoffkreislauf und Energietransfer „das einzig durchgängige, quantitative Prinzip der Ökologie von Allgemeingültigkeit" vorliegt (Tischler, 1976, S. 134). Eine solche um der wissenschaftlichen Genauigkeit vorgenommene Einseitigkeit ist freilich mit anderweitigen Ungenauigkeiten erkauft und hat oft grundlegende Fehleinschätzungen zur Folge: So werden Tiere in vielen terrestrischen Ökosystemanalysen fälschlicherweise nur am Rande behandelt, da sie bei der Weitergabe der Energie und im Kreislauf der Stoffe *quantitativ betrachtet* nur eine geringe Rolle spielen. Übersehen wird dabei ihr *qualitatives* Potential, die Struktur des Systems, in dem sie leben, zu bestimmen. Man denke etwa an das Reh, das durch Knospenfraß die Produktion eines Waldgebietes drosseln kann, oder an den Biber, dessen Dammbauten zur Entstehung großer Seen führen. Die Wirkung beider Arten in ihrem Ökosystem ist nach einem Bild Remmerts (1984, S. 250) mit Schaltern und Verstärkern in einem technischen System oder mit den Sinnesorganen und dem Nervensystem in einem einzelnen Organismus vergleichbar. Und so wenig die Bedeutung des Gehörsinns für ein einzelnes Individuum zahlenmäßig zu erfassen ist, so wenig läßt sich die Rolle von Tieren als Blütenbestäuber und als Samenverbreiter in all ihren verschiedenen Aspekten quantifizieren. Blütenbestäuber und Samenverbreiter können die Struktur einer Pflanzengemeinschaft entscheidend prägen, ohne daß ihre Funktion z. B. in Berechnungen des Energieflußes oder des Stoffkreislaufs irgendwelchen Niederschlag fände. Der Anspruch, es ließen sich auch in der Ökologie alle Qualitäten in Zahlen und Gleichungen auflösen, zeugt von „Unverständnis biologischen Denkens" (Tischler, 1974, S. 4).

Eine weitere Grenze in dem Bemühen, die Natur bis in ihre höchsten Systemebenen hinein zu quantifizieren, ist (wie in 4.a ebenfalls bereits angesprochen) durch die ungeheure Komplexität in diesen Bereichen gegeben. Während es in einfachen Labor- und Freilandexperimenten noch gelingen mag, durch Isolierung, Defektsetzung, Hinzufügung oder Austausch von Systemteilen eindeutige Ursache-Wirkungs-Beziehungen aufzudecken und diese mit relativ einfachen mathematischen Gleichungen zu beschreiben, ist es viel schwieriger, über Freilandbeobachtungen gewonnene Häufigkeiten verschiedener Merkmale oder Vorgänge richtig zu interpretieren. Zeigt die statistische Analyse, daß diese Merkmale oder Vorgänge signifikant miteinander korrelieren, läßt sich der Zusammenhang im allgemeinen zwar ebenfalls mit relativ einfachen mathematischen Mitteln beschreiben, doch ist damit noch nichts darüber ausgesagt, ob und inwiefern dem *statistischen* Zusammenhang auch ein *kausaler* zugrundeliegt. „Selbst eine verfeinerte mathematische Analyse kann bestenfalls das formale Bestehen, nicht die biologischen Ursachen der Verknüpfungen nachweisen" (TISCHLER, 1976, S. 4). Den überzeugenden Nachweis eines *kausalen* Zusammenhanges zu führen, ist in der Ökologie aus den bereits dargestellten Gründen (Komplexität, Probleme der Verallgemeinerung, der Abgrenzung und der Meßwertverfälschung) grundsätzlich viel schwieriger als in der Physik oder Chemie. Genau genommen gelangt man dabei über mehr oder weniger starke Plausibilitäten nicht hinaus.

Da sich bei den komplexen Verhältnissen in der Natur viele Zusammenhänge weder direkt beobachten noch durch Freilandexperimente klären lassen, werden in der modernen Ökologie in zunehmendem Maße *Modelle* herangezogen, die die Wirkungen zwischen den Organismen und Parametern der Umwelt in vereinfachender bildhafter oder mathematischer Darstellung erhellen sollen. Modelle sind dabei „Analoga bestimmter Aspekte eines natürlichen Systems" (TISCHLER, 1976, S. 12). Indem sie alle anderen Aspekte gezielt ausblenden, lassen sie „Gesetzmäßigkeiten erkennen, die aus rein empirischer Erfassung der wirklichen Gegebenheiten in der Natur kaum überblickbar wären". Als Beispiel sei das Modell eines Räuber-Beute-Systems genannt, mit dessen Hilfe etwa die wechselseitige Dichteregulation von Luchs und Schneehase veranschaulicht werden kann. Die Populationsdynamik dieser Wechselbeziehung läßt sich mathematisch durch die sogenannten Lotka-Volterra-Gleichungen beschreiben (OSCHE, 1978, S. 60/61).[16]

So hilfreich solche Funktionsmodelle sein mögen, um die *formale* Seite eines *speziellen* ökologischen Aspekts verständlich zu machen, so wenig sollten sie in ihren Möglichkeiten überschätzt werden, umfassendere Wirkungen von Eingriffen in die Natur berechnen und damit vorhersagen zu können. Zwar sind verschiedentlich hochkomplexe generalisierende Modelle entwickelt worden, die Großrechenanlagen über Stunden beschäftigen können, doch versagen diese nach REMMERT (1984) allesamt (von wenigen Ausnahmen in Teilbereichen der Autökologie[17] abgesehen) an dem Punkt, an dem naturwissenschaftliche Arbeit sich immer und ausschließlich messen sollte: bei ihrer Anwendung auf die Verhältnisse in der freien Natur. Die dabei auftretenden Schwierigkeiten hängen mit den bereits angesprochenen Problemen der *Komplexität* und der *Verallgemeinerung* zusammen. Wie WISSEL (1992) gezeigt hat, sind nämlich gerade hochkomplexe Modelle, die sich der Realität weitestgehend anzunähern versuchen, ungeeignet, ein Verständnis für die realen Zusammenhänge in der Natur zu vermitteln. „Wenn die Vielzahl der berücksichtigten Einzelheiten zu groß wird, verhindert dies, daß der Einfluß der einzelnen Details auf das Modellverhalten erkannt werden kann" (BRECK-

LING et al., 1992, S. 4). Die Komplexität des *Modells* erschwert dann eine kausale Analyse in ähnlicher Weise, wie dies die Komplexität der *Natur* tut. In ein entsprechendes Dilemma führt der Versuch, Verallgemeinerbarkeit und Anwendbarkeit miteinander in Einklang zu bringen: „Modelle der Populationsökologie oder der Ökosystemforschung sind entweder so speziell, daß sie genau auf vergangene Dinge passen oder so generell, daß sie keine Vorhersage gestatten. So wie es kein generalisierendes Modell des biologisch am meisten analysierten Organismus, des Menschen, gibt, so (meinen heute viele Ökologen) wird es wohl auch kein generalisierendes und Vorhersagen erlaubendes Modell von Populationen und Lebensräumen geben" (REMMERT, 1984, S. 304).

Um dieses Zitat REMMERTs nicht mißzuverstehen: Selbstverständlich gibt es eine Vielzahl von Modellen, Theorien und Verallgemeinerungen, die sich auf *spezielle Aspekte* ökologischer Systeme (oder auch des Menschen) beziehen. Diese Ansätze erbringen hinsichtlich *bestimmter* Fragestellungen beachtliche Leistungen. Die Hoffnungen des technischen Optimisten, die ich hier kritisiere, beschränken sich jedoch nicht auf die Erfüllung *bestimmter* Leistungen, sondern zielen auf die *umfassende* Leistung einer Beherrschung und Steuerung ganzer Ökosysteme. Dem technischen Optimisten geht es ja nicht nur um *kurzfristige* Systemverlaufs*prognosen* (vergleichbar etwa der kurzfristigen Wettervorhersage in der Metereologie), sondern um *langfristiges* System*management* (vergleichbar einer langfristigen Manipulation des Klimas). Die spezifischen Grenzen der wissenschaftlichen Ökologie lassen solche Hoffnungen als trügerisch und letztendlich kontraproduktiv erscheinen: Nur wenn totales (oder hinreichend umfassendes) ökologisches Wissen möglich wäre, wäre die Haltung des technischen Optimismus vertretbar. Da dieses Wissen aber *prinzipiell* nicht verfügbar ist, sollte sich – wie später noch näher auszuführen sein wird – unsere Einstellung der Natur gegenüber weniger an unseren zwangsläufig lückenhaften ökologischen Detailkenntnissen als an unseren Unkenntnissen orientieren.

5. Erkenntnis- und wissenschaftstheoretische Grenzen

Bei mehreren der bisher gegen den technischen Optimismus ins Felde geführten Argumenten hatte sich bereits abgezeichnet, daß die *speziellen* Grenzen der wissenschaftlichen Ökologie vielfach mit *allgemeineren* Grenzen verknüpft sind, nämlich mit den Grenzen des menschlichen Erkenntnisvermögens und der wissenschaftlichen Methode. *Daß* es Grenzen alltäglichen und wissenschaftlichen Erkennens gibt, darüber scheinen in der Geschichte der Philosophie selten Zweifel bestanden zu haben. Die Versuche, diese Grenze zu veranschaulichen bzw. zu bestimmen, reichen von PLATONS berühmten Höhlengleichnis im *Staat* über HUMES *Untersuchung über den menschlichen Verstand* (1748) und KANTS *Kritik der reinen Vernunft* (1787) bis zur modernen Wissenschaftstheorie (SACHSSE, 1967; STEGMÜLLER, 1969a, 1969b; POPPER, 1973; KUHN, 1973), um nur einige wenige zu nennen. Ihnen gemeinsam ist die Einsicht, daß die menschliche Wahrnehmung der Wirklichkeit nicht mit der Wirklichkeit schlechthin gleichzusetzen ist.

Nicht selten wird freilich angenommen, diese Differenz bestünde lediglich für den Augenschein sowie das darauf aufbauende *vor*wissenschaftliche Weltbild und könne mit Hilfe der wissenschaftlichen Methode durchschaut und dadurch schließlich überbrückt werden. Daran ist richtig, daß Quantenphysik und Relativitätstheorie tatsächlich zu zeigen vermochten, daß angeborene Anschauungsformen (wie der dreidimensionale Raum oder die Kategorie der Kausalität) außerhalb des dem Menschen vertrauten Mesokosmos zwar in die Irre führen, in der wissenschaftlichen Reflexion jedoch transzendiert werden können. Aus biologischer Sicht versucht neuerdings die Evolutionäre Erkenntnistheorie den stammesgeschichtlichen Hintergrund jener Grenzen und Fehler aufzuklären (VOLLMER, 1983; RIEDL, 1980, 1985; ENGELS, 1990). Falsch wäre es jedoch anzunehmen, solche Untersuchungen könnten voraussetzungslos, d. h. unter beliebig vollständigem Ausschluß jener Fehler, die es zu untersuchen gilt, vorgenommen werden. Die „Rückseite des Spiegels", wie LORENZ (1973) den menschlichen Erkenntnisapparat genannt hat, ist uns selbst wiederum nur mit Hilfe dieses Apparates, also „gespiegelt", zugänglich (C.F. V. WEIZSÄCKER, 1977, S. 187 f.). Damit ist die wissenschaftliche Erkenntnis über unser Erkenntnisvermögen zwangsläufig begrenzt.

EDDINGTON (1939) hat diese Beziehung zwischen den Erkenntnissen der Naturwissenschaft über die Wirklichkeit und der „eigentlichen" Wirklichkeit mit einer einprägsamen Parabel beschrieben. Darin wird der Naturwissenschaftler mit einem Fischkundigen verglichen, der das Leben im Meer erforschen will und dazu sein Netz auswirft. Nach vielen Fischzügen und gewissenhafter Überprüfung der Fänge gelangt er u. a. zu folgendem Grundgesetz der Fischkunde: „Alle Fische sind größer als fünf Zentimeter." Auf den Einwand eines kritischen Betrachters, daß es doch auch kleinere Fische geben könne, die der Maschenweite seines Netzes entgingen, entgegnet der Fischkundige sinngemäß: „Was ich mit meinem Netz nicht fangen kann, liegt prinzipiell außerhalb fischkundlichen Wissens. Es ist innerhalb der Fischkunde nicht als Objekt definiert und deshalb für mich als Fischkundigen auch kein Fisch."

Auch wenn EDDINGTONs hier nur kurz skizziertes Gleichnis dem methodischen Verfahren des Naturwissenschaftlers und seinem Verhältnis zur Wirklichkeit nicht in jeder Hinsicht gerecht wird, so veranschaulicht es doch einige, für die vorliegende Diskussion bedeutsame erkenntnistheoretische Zusammenhänge (siehe auch DÜRR, 1991). Deutlich wird vor allem der Charakter der Auswahl und Projektion der wissenschaftlichen Methode.[18] So wie der Fischkundige sich nur für fangbare Fische interessiert, so filtert der Naturwissenschaftler aus dem Gesamtspektrum der Natur die nach bestimmten

Regeln von Beobachtung und Experiment objektiv faßbaren und reproduzierbaren Aspekte heraus. Naturwissenschaftliches Wissen ist deshalb immer *eingeschränktes* Wissen von einer metaphysisch vorgestellten, umfassenderen Wirklichkeit.

Vom Standpunkt des erkenntnistheoretischen Positivismus aus ließe sich zwar einwenden, daß es sinnlos sei, mit einer solchen metaphysischen und sprachlich nicht zugänglichen „Welt an sich" zu argumentieren, doch scheint der Naturwissenschaftler in dem Moment, in dem er Naturwissenschaft betreibt, faktisch stets von der Existenz einer „realen", d. h. vom Beobachter unabhängigen Welt auszugehen („Realitätspostulat", Wuketits, 1983, S. 2). Im Sinne des „Hypothetischen Realismus" nimmt er dabei an, daß diese Welt zumindest teilweise bzw. annäherungsweise erkennbar ist (Lorenz, 1973; Vollmer, 1975, 1985; Riedl, 1980). Eine *Annäherung* an die Wirklichkeit soll dadurch erreicht werden, daß – im Sinne der Parabel gesprochen – *verschiedene* Netze unterschiedlicher Maschenweite zum Einsatz kommen und diese ständig verbessert werden. Jedes der Netze ist in Wechselwirkung mit der Wirklichkeit auf ganz bestimmte Zwecke hin entwickelt und ermöglicht damit immer genauere Aussagen über spezielle, mit den jeweiligen Zwecken im Zusammenhang stehende Eigenschaften von Fischen.

Die Schwierigkeiten bei dem Versuch, die mit diesen verschiedenen Netzen gewonnenen Teilaussagen zu einem widerspruchsfreien Gesamtbild zu vereinigen, lassen allerdings erkennen, daß mit jedem Fischzug neben der Wirklichkeitsverengung unweigerlich auch eine *Qualitätsveränderung* verbunden ist. Als Beispiel aus der Physik steht hierfür das Elektron, das je nach Versuchsaufbau das eine Mal als Teilchen, das andere Mal als Welle erscheint und sich damit jeglicher herkömmlichen Objektvorstellung entzieht. Auch in der Ökologie sind viele Phänomene aufgrund des Projektionscharakters der wissenschaftlichen Methode und der Begrenztheit der Sprache nur im Sinne einer solchen Komplementarität beschreibbar. So mag es auf den ersten Blick widersprüchlich erscheinen, im Zusammenhang mit der Komplexität (4.a) mit Begriffen wie „Bausteinen" und „Untersystemen" zu operieren, um hinsichtlich der Abgrenzung (4.c) zu dem Schluß zu kommen, daß solche abgegrenzten Einheiten genau genommen gar nicht existierten. Ebenso wurde auf der einen Seite mit der Nichtlinearität biologischer Systeme argumentiert (4.b), während auf der anderen Seite die beliebige Formalisierbarkeit (4.c) und Quantifizierbarkeit (4.f) ökologischer Systeme in Frage gestellt wurde. In diesen Fällen wird deutlich, daß es zwar möglich ist, mit der *einen* wissenschaftlichen Projektionsmethode eine *andere* zu kritisieren und ihr die Grenzen aufzuzeigen, daß damit jedoch keine die eigentliche Wirklichkeit exakt widerspiegelnde Synthese erlangt werden kann. Die prinzipiellen Mängel der Projektion sind nicht zu umgehen.

Wie sich im Sinne eines umfassenden, den biologischen wie kulturellen

Aspekt umgreifenden Evolutionsgedankens vermuten läßt, sind die Netze bzw. die Projektionsmethoden vorwissenschaftlicher und wissenschaftlicher Erkenntnis keine reinen Produkte des Zufalls, sondern haben sich in der Auseinandersetzung mit der (postulierten) eigentlichen Wirklichkeit in einem Prozeß der Rückkoppelung als für bestimmte Zwecke nicht ungeeignet erwiesen. Insofern ist SCHÖNHERR (1989, S. 28/34) nicht zuzustimmen, wenn er nach seiner ansonsten berechtigten erkenntnistheoretischen Kritik dieser Methoden zu dem Schluß gelangt, die Naturwissenschaften seien „grundlos" und ihre experimentellen Ergebnisse „willkürlich". Wenn es wirklich so wäre, daß das „Bemühen um allgemeingültige, objektive Erkenntnis zu einer Erkenntnisstruktur führte, die wirklich *nichts* mit der Natur gemein haben kann" (SCHÖNHERR, 1989, S. 25; Hervorhebung von mir), wäre das Funktionieren technischer Produkte wie Herzschrittmacher oder Planetensonden äußerst verwunderlich. Solche technischen Erfolge scheinen vielmehr zu zeigen, daß es *bestimmte* Bereiche der Wirklichkeit gibt, denen jene Strukturen zumindest bis zu einem gewissen Grad angemessen sind („partielle Isomorphie"; VOLLMER, 1985, S. 31). Demgegenüber legen die ökologische Krise und andere negativen Folgeerscheinungen von Wissenschaft und Technik die Vermutung nahe, daß einige ihrer Projektionsmethoden in *anderen* Bereichen nur bedingt tauglich oder gar untauglich sind. DÜRR (1991, S. 46) hat darauf aufmerksam gemacht, daß das naturwissenschaftliche Denken dort am erfolgreichsten und damit der Wirklichkeit am angemessensten zu sein scheint, „wo das Ganze sich in guter Näherung als Summe seiner isoliert gedachten Teile auffassen läßt" und wo die „Wirkungsverflechtung der verschiedenen Komponenten schwach" ist. Diese Voraussetzungen sind in idealer Weise bei technischen Systemen gegeben, deren isolierte Teilsysteme nur an wenigen Kreuzungspunkten miteinander in leicht kontrollierbarer Verbindung stehen und die damit ein streng determiniertes Verhalten gewährleisten. Stark vernetzte und komplexe Systeme hingegen, mit denen es die Ökologie und die Sozialwissenschaften zu tun haben, widersetzen sich weitgehend solchen Strukturierungsversuchen nach technisch-deterministischem Vorbild. Ihnen scheinen die vom Maßstab der klassischen Mechanik her bestimmten idealen Abstraktionen naturwissenschaftlichen Denkens nur noch in sehr bedingter Form angemessen zu sein.

6. Alternative Naturwissenschaften?

Vor dem Hintergrund dieser unzureichenden Übereinstimmung zwischen Methode und Objekt ist der in jüngster Zeit häufig zu vernehmende Ruf nach einer *„neuen", „alternativen"* bzw. *„ökologisch orientierten" Wissenschaft* zu verstehen. Mit ihr sollen nicht nur die destruktiven Folgen der real existierenden Wissenschaften vermieden, sondern darüber hinaus deren „soziale

Regeneration" (SCHÄFER, 1982, S. 43) bewirkt werden. „Wenn Wissenschaft die von ihr in Politik und Natur erzeugten Lebensbedingungen kritisch erfassen soll, steht sie vor der Notwendigkeit, zur Beherrschung der von ihr ausgelösten Naturbeherrschung eine andere Wissenschaft werden zu müssen. Die totale Destruktion, aber auch die Perfektionierung des bisherigen Systems führen hier nicht weiter" (ALTNER, 1982, S. 432). Wie hat man sich indes eine „andere" Naturwissenschaft vorzustellen?

BOSSEL (1982, S. 39), der die „etablierte Forschung" als „partikulär" und „ökologisch kontraproduktiv" kritisiert, versteht darunter eine Wissenschaft, deren Forschungsansatz „multidisziplinär und vorwiegend holistisch" ist und die von ihrer Zielsetzung her der Erhaltung und Entfaltung des „ökologischen Gemeinwesens" verpflichtet ist. Was die soziale Verpflichtung betrifft, ist allerdings unklar, inwiefern diese über Veränderungen im *sozialen Kontext* von Wissenschaft hinaus auch deren *methodische Verfahren* bestimmen sollte. Wie HEMMINGER (1986, S. 25) zu Recht betont, können die Regeln naturwissenschaftlicher Erkenntnis nicht nach dem kulturellen Bedarf geändert werden, und sei der Bedarf noch so dringend. „Sie werden von grundlegenden Eigenschaften der Realität bestimmt, und zwar sowohl von der Realität der Natur als auch von der des erkennenden Menschen". Weniger mit den Eigenschaften der Natur als mit denen der derzeitigen (westlichen) Kultur begründet CHARGAFF (1991, S. 356), ansonsten einer der schärfsten Kritiker des modernen Wissenschaftsbetriebs, seine Skepsis hinsichtlich der Möglichkeit alternativer Naturwissenschaften: „Man muß sich vergegenwärtigen, daß eine Abkehr von den heute üblichen Methoden der Naturforschung einen derartigen Riesensprung erfordern würde, daß er ohne eine vorhergehende soziale, moralische und psychologische Revolution von unvorstellbaren Ausmaßen gar nicht gedacht werden kann. (...) Es würde heißen, zu verzichten auf die hauptsächlichen intellektuellen Werkzeuge unserer Zunft, auf die Induktion und den Reduktionismus. Vom Kleinen auf das Große zu schließen, vom Teil auf das Ganze, das ist in unseren Wissenschaften so eingefleischt, daß eine Umgewöhnung einer Schindung gleichkommen müßte." Dabei wäre es mit dem von BOSSEL geforderten multidisziplinären Ansatz allein keineswegs getan, denn auch solch fächerübergreifende Wissenschaften wie Kybernetik, Systemtheorie und Chaostheorie führen nicht unbedingt zu einer „ganzheitlichen" Sicht der Natur. Sie basieren im Grunde genommen immer noch auf der Fiktion einer aus *Teilen* zusammengesetzten Welt, nur daß sie monokausales durch polykausales und lineares durch vernetztes Denken ersetzen. Wie der Ökologe TREPL (1983, S. 10/11) zeigt, macht die moderne Ökosystemforschung hier keine Ausnahme. Nach seinen Worten ist sie im Gegenteil „die Absage an den Versuch, das unverkürzt-konkrete Ganze zu verstehen". Ökologie stehe nicht etwa außerhalb der Logik des Fortschritts, „sondern diese kulminiert in ihr". Wenn die Ökologie somit kaum als Modell für eine alternative Naturwissenschaft dienen kann, so ist es nicht verwunderlich, wenn PRIMAS (1992, S. 6/7) in diesem Zusammenhang nichts weniger als eine „grundlegende Neuorientierung unseres Denkens" fordert, ein Denken, das „die Natur als *Ganzes* wieder zum Gegenstand der Naturwissenschaft macht". Freilich räumt er dabei ein, daß die „Grundlagen einer ganzheitlichen Naturforschung erst neu erarbeitet werden" müßten. Anderen diesbezüglichen Bestrebungen wie der „Suche nach den Subjektseiten von Natur und deren Erschließung" (ALTNER, 1979, S. 123) oder der Suche nach einer „herrschaftsfreien Naturwissenschaft" mangelt es bislang ebenfalls an methodisch praktikablen Konkretisierungen oder gar ausgereiften Lösungsvorschlägen. So dürfte es kaum realistisch sein, von alternativen Naturwissenschaften, wenn es sie je einmal geben sollte, einen *rechtzeitigen* Beitrag zur Bewältigung der ökologischen Krise zu erwarten.

Nichtsdestoweniger sind Überlegungen dieser Art insofern fruchtbar, als sie den Alleinvertretungsanspruch der derzeit vorherrschenden *Methodik* in Frage stellen und den Blick auf bisher vernachlässigte methodische Nebenlinien frei machen. So plädieren v. GLEICH & SCHRAMM (1992) zwar nicht ausdrücklich für eine alternative Naturwissenschaft, aber doch für eine deutliche Verlagerung des methodischen Schwerpunkts innerhalb der Ökologie. Von der auch im vorigen Kapitel dargestellten Einsicht ausgehend, daß der auf DESCARTES und GALILEI zurückgehende mathematische Ansatz den Gegebenheiten in der Ökologie nur sehr bedingt gerecht wird, fordern sie die Rückbesinnung auf eine mehr naturgeschichtlich orientierte, auf Begriff und Erfahrung aufbauende Wissenschaftslinie, wie sie ARISTOTELES begründet hat. Die Abwendung von der modernen mathematischen Wissenschaftslinie sehen sie dabei nicht als Rückschritt, sondern als „wissenschaftstheoretisch eher geboten und forschungspragmatisch für die Weiterentwicklung der Ökologie als Wissenschaft auch fruchtbarer" an. Dieser Einschätzung ist prinzipiell zuzustimmen, doch sollte nach der Verabsolutierung der mathematischen Methode nun nicht umgekehrt der gleiche Fehler begangen werden, zugunsten der offenbar „angemesseneren Theorie" alle übrigen Ansätze auszuschalten. Die „aktuell beste Theorie" sollte selbst immer nur als Durchgangsstadium im Gesamtprozess wissenschaftlichen Fortkommens verstanden werden. „Dieser Gesamtprozess entwickelt sich gerade dann am besten, wenn verschiedenartige und konträre Ansätze auf verschiedenen Ebenen zugelassen, gepflegt und miteinander in Beziehung gesetzt werden" (BRECKLING et al., 1992, S. 8).

7. Wissenschaft und Weltanschauung

Eine genauere Betrachtung der Kritik an den real existierenden Naturwissenschaften macht indes deutlich, daß die meisten Argumente weniger auf die wissenschaftlichen *Erkenntnismethoden* selbst als auf bestimmte wissenschaftliche *Weltbilder* (Paradigmen) sowie von diesen abgeleitete *Weltanschauungen* und deren Folgewirkungen abzielen. Indem diese drei Ebenen nicht immer hinreichend genau voneinander unterschieden werden, entstehen sowohl bei Kritikern als auch bei Vertretern der Naturwissenschaften oft Mißverständnisse und folgenschwere Fehlinterpretationen.

Was die wissenschaftlichen *Erkenntnismethoden* betrifft, so liegt deren Einseitigkeit und Begrenztheit nach den erkenntnistheoretischen Analysen auf der Hand. Dies kann jedoch aus zwei Gründen kein Argument gegen diese Methoden sein. Zum einen ist keine von Begrenzungen und Einseitigkeiten freie Form empirischer Erkenntnis denkbar. Selbst die bloße sinnliche Wahrnehmung stellt ja bereits eine Auswahl aus einem umfassenderen Gesamtspektrum (z. B. an elektromagnetischen Wellen) dar und „färbt" diese ein (z. B. subjektiv als Licht- oder Wärmereiz). Zum anderen ist es wohl gerade die Einseitigkeit der naturwissenschaftlichen Methode – oder positiver formuliert: ihre Selbstbescheidung –, die die unbestreitbare Prägnanz ihrer Aussagen bewirkt. „Eine enge Denkweise erlaubt uns, weder nach links noch nach rechts zu sehen, sondern mit voller Kraft das Ziel anzusteuern" (PRIMAS, 1992, S. 7). Angesichts der verschiedenen Qualitäten in der Natur sollte dies freilich nicht als Rechtfertigung für einen Methodenmonismus mißverstanden werden, der sich darin erschöpft, alle Phänomene über den mathematisch-analytischen Kamm zu scheren. Die wissenschaftstheoretischen Probleme im Zusammenhang mit Komplexität und Nichtlinearität haben vielmehr gezeigt, daß die mechanistisch-reduktionistische Vorgehensweise in der Ökologie enge Grenzen hat. Wo immer sich diese Denkweise dennoch als heuristisch wertvoll erweisen sollte, darf sie „nicht mit der ‚rechten Weise zu denken' identifiziert werden" (PRIMAS, 1992, S. 7), d. h. der *methodische* Reduktionismus darf zu keinem *ontologischen* gerinnen.

Die Methode vom *wissenschaftlichen Weltbild* (Paradigma) klar zu trennen, ist um so wichtiger, je deutlicher sich in den verschiedensten Bereichen der Naturwissenschaften abzeichnet, daß Mechanismus, Determinismus und Reduktionismus keine der naturwissenschaftlichen Wirklichkeit angemessenen Paradigmenelemente mehr darstellen (PRIGOGINE & STENGERS, 1990). „So zeigen uns die besten heute verfügbaren fundamentalen Theorien der Materie, daß die materielle Welt eine Einheit ist, *welche nicht aus Teilen besteht,* sondern lediglich in einem sehr speziellen Kontext durch komplex wechselwirkende fiktive Teilsysteme beschrieben werden kann." Dieses in erster Linie auf die Quantenmechanik bezogene Zitat von PRIMAS (1992, S. 7), läßt sich auch auf die Gegebenheiten in der Ökologie übertragen. Die für deren Systeme typischen Phänomene der *Emergenz* und der *Verursachung nach unten* machen „das vollständige Gelingen eines reduktionistischen Programms zumindest problematisch" (POPPER & ECCLES, 1982, S. 42). Unter Emergenz versteht man das Auftreten neuer Eigenschaften eines *Ganzen*, die sich aus der Kenntnis der *Bestandteile* allein weder ableiten noch vorhersagen lassen. In einer häufig zitierten Formulierung besagt dies, daß das Ganze mehr ist als die Summe seiner Teile. Emergenz ist damit „ein beschreibendes Konzept, das – vor allem in komplexeren Systemen – der Analyse nicht zugänglich zu sein scheint" (MAYR, 1984, S. 53). Eines ihrer wichtigsten Merkmale ist die Verursachung nach unten („downward causation"; CAMPBELL, 1974, S. 180), auch *strukturelle Verursachung* genannt. Während nach reduktionistischer Sicht das Geschehen auf niederen Systemebenen dasjenige auf höheren Systemebenen bestimmt und Ursächlichkeit dabei *nur nach oben* verläuft, zeigen Phänomene wie der Gravitationsdruck in den Sternen oder die Dichteregulation einer Möwenkolonie durch negatives Feedback, daß umgekehrt ebenso die Makrostruktur des Ganzen die Eigenschaften der Bestandteile auf niedrigeren Systemebenen beeinflussen kann.

Wenn in neuerer Zeit von wissenschaftstheoretischer Seite her die Unzulänglichkeit des ontologischen Reduktionismus immer deutlicher herausgestellt wurde (siehe WUKETITS, 1983, S. 129), drängt sich die Frage auf, warum dieser das Naturverständnis vieler Biologen und eines großen Teiles der Öffentlichkeit noch immer in solch starkem Maße prägt. Ein wichtiger Grund hierfür scheint darin zu bestehen, daß der wissenschaftlichen Methode und dem (einstmals reduktionistischen) wissenschaftlichen Weltbild vielfach unreflektiert die Rolle einer alles umfassenden *Weltanschauung* übertragen worden ist. Weltanschauungen stehen angesichts ihres quasireligiösen Charakters jedoch grundsätzlich in der Gefahr, sich von der „äußeren Realität" abzulösen, wenn die Auseinandersetzung mit dieser interne Widersprüche erwarten läßt. Auch die von verschiedenen Autoren mit dem Begriff „*Szientismus*"[19] gekennzeichnete Weltanschauung der „Wissenschaftsgläubigkeit" weist alle Zeichen einer solchen Erstarrung auf. Denn so sehr sie sich offiziell auf „die Wissenschaft" beruft, scheint sie weder die neuerlichen Paradigmenwechsel in den Naturwissenschaften noch die erkenntnistheoretischen Probleme von Wissenschaft überhaupt zur Kenntnis zu nehmen. Insofern sollte man sie eher als „Wissenschaftsaberglauben" bezeichnen, denn mit einem vernünftigen Glauben an die (zwar nur vorläufigen und einseitigen, aber doch immerhin an der Erfahrung geprüften) Erkenntnisse der Wissenschaft hat sie nichts zu tun.

Die Verabsolutierung der wissenschaftlichen Methode durch den Szientismus läßt sich in Form zweier Glaubenssätze zusammenfassen: Der *positivistische* besagt, daß nur das als wirklich anzusehen sei, was wissenschaftlich gemessen, erforscht und vorausgesagt werden kann, der *technokratische* postuliert, daß die Wissenschaft prinzipiell in der Lage sei, alle Probleme zu lösen. Mit Hilfe der vorangegangenen erkenntnistheoretischen Erörterungen und den Einwänden gegen den technischen Optimismus habe ich zu zeigen versucht, daß beide Glaubenssätze nicht überzeugend sind. GARAUDY (1991,

S. 370) bezeichnet sie im Anschluß an JASPERS (1968)[20] als „Aberglaube" und „totalitären Fundamentalismus", da durch sie nicht nur alle „tieferen Dimensionen des Lebens" (wie z. B. Kunst, Religion, schöpferischer Geist und Liebe), sondern auch die wichtigste aller heutigen Fragen, die Frage nach den Zielen und Werten, „ausgeschlossen und zur Seite gedrängt" werden würden. Denn reduziert man, wie der Szientist es tut, die Rolle der Vernunft auf die Untersuchung von Zusammenhängen zwischen einzelnen Phänomenen sowie deren technischer Verwertung, so bedeutet dies, daß sie nur noch für die Frage der *Mittel* zuständig ist. Die *Ziele* und *Werte* ergeben sich nach dieser Auffassung gleichsam von selbst aus dem, was technisch machbar ist und machtpolitisch oder ökonomisch gewinnversprechend erscheint. Eine solchermaßen reduzierte Vernunft wird von GARAUDY (1991, S. 372) mit der eines „Schlafwandlers" verglichen, „der weder weiß noch fragt, wohin er läuft". Als ihre Früchte sind nicht nur die grotesken Erfindungen moderner Kriegsführung (wie etwa die Neutronenbombe) anzusehen, sondern auch die trotz verheerender Folgen für die Umwelt immer schneller vorangetriebenen Konsumspiralen in den modernen Industriegesellschaften, um nur zwei Beispiele zu nennen. Der Szientismus erscheint vor diesem Hintergrund nicht mehr nur als „nachaufklärerische Schwärmerei", sondern stellt sich darüber hinaus als „soziales Übel" dar (VOSSENKUHL, 1992a, S. 98).

Wenn es jene reduzierte Form von Vernunft war, die in die gegenwärtige ökologische Krise geführt hat, stellt sich die Frage, warum bei der Suche nach einem Ausweg noch immer auf sie gesetzt wird. Wie kommt es, daß der Szientismus und seine angewandte Form, der technische Optimismus, nicht nur noch am Leben sind, sondern weiterhin als Wegweiser aus der ökologischen Krise gelten? Es scheint, daß der Erfolg und die ungebrochene Anziehungskraft dieser Ideologien auf wenigstens drei Eigenschaften beruhen: auf ihrer Orientierungsfunktion, ihrem Heilscharakter und ihrer Machtförmigkeit.

Dafür, daß die Aussicht auf vermehrte *Macht* über die Natur hierbei eine zentrale Rolle spielt, spricht das hartnäckige Festhalten des technischen Optimismus am ontologischen Reduktionismus. Denn die Vorstellung, daß jedes System berechenbar sei, aus isolierbaren Teilen bestünde und damit beliebig zerlegt und wieder zusammengesetzt werden könne, ist die Voraussetzung für den Traum von der Vollendung der Naturbeherrschung durch den Menschen. Dieser Traum scheint weder durch wissenschaftstheoretische Argumente noch durch den Verweis auf seine mit Händen zu greifenden verheerenden ökologischen Folgewirkungen zu erschüttern zu sein. Im Gegenteil: Was die reduktionistische Wissenschaft in einer mechanischen Welt verdorben hat, das kann sie auch wieder „reparieren". So kommen beispielsweise angesichts der fortschreitenden Zerstörung der Ozonschicht schon „die Empfehlungen, man solle doch gefrorenes Ozon in die obere Atmosphäre schießen, um den Schaden wiedergutzumachen" (BRIGGS & PEAT,

1990, S. 312). Als Maßnahme gegen den Treibhauseffekt ist von dem Ökonomen SCHELLING (University of Maryland) vorgeschlagen worden, dem Kerosin von Flugzeugen Schwefel zuzusetzen, damit die dann freigesetzten Aerosole für Abkühlung sorgen. Dieses „Geo-Engeneering werde billiger sein als all die ökonomischen Verwerfungen und Handelskonflikte, die mit massiven Reduktionen der Treibhausgasemissionen einhergingen" (SCHUH, 1994, S. 49). Überschätzungen von Wissenschaft und Technik, wie sie in solchen Beispielen zum Ausdruck kommen, weisen für den Sozialpsychologen RICHTER (1988, S. 29) eindeutig pathologische Züge auf. Sie sind für ihn Ausdruck eines „infantilen Größenwahns" der modernen wissenschaftlichen Zivilisation, die nach der Flucht aus mittelalterlicher Ohnmacht und religiöser Bevormundung nun Anspruch auf egozentrische gottgleiche Allmacht anmeldet. Die Ursache für diesen als „Gotteskomplex" bezeichneten Drang nach technischer Allmacht vermutet RICHTER (1988, S. 5) in dem „Entsetzen vor einer unerträglichen Verlorenheit und Ohnmacht in der Welt".

Gegen dieses Gefühl existentieller Halt- und Ziellosigkeit setzt der technische Optimismus die Vision des unbegrenzten technischen Fortschritts, der in einem fortwährenden Aufstieg notwendigerweise immer neue Werte hervorbringe. Während der Fortschritt nach der sozialistischen Utopie eines fernen Tages in eine von allen Übeln befreite Welt einmündet, kennt die kapitalistisch-liberale Version des Fortschrittsgedankens kein Ende, sondern glaubt an immerwährende Innovation. Beide nehmen damit in gewisser Weise den religiösen Gedanken der *Erlösung* und des Weges zum *Heil* auf, verlagern jedoch das unverfügbare Paradies der Religionen aus dem Jenseits in ein vom Menschen selbst zum Paradies umgestaltetes Diesseits.

Das hierbei durchscheinende Bedürfnis nach *Orientierung* wird an der Ehrfurcht deutlich, die wissenschaftliche Gutachten oder Expertenmeinungen häufig hervorrufen. Aus der Exklusivität des szientistischen Wahrheitsbegriffs heraus räumt ihnen der Wissenschaftsgläubige eine Autorität ein, wie sie in früheren Zeiten allenfalls religiöse Funktionsträger und heilige Schriften beanspruchen konnten. So hat die Naturforschung, wie der Biochemiker CHARGAFF (1991, S. 366) dargelegt, „den leeren Raum ausgefüllt, den das Verblassen der Religionen und des menschlichen Gewissens hinterließ. Wenn jedes Zeitalter einer Religion bedarf, so sind die Naturwissenschaften die Religion dieses Jahrhunderts geworden". Dabei beschränkt sich deren Orientierungsfunktion jedoch nicht etwa auf den Bereich wissenschaftlich überprüfbarer Sachzusammenhänge, sondern reicht bis weit in den normativen Bereich hinein. Da Werte und Normen in einer positivistischen Begriffswelt streng genommen gar keinen Platz haben, kann das untilgbare Bedürfnis nach ihnen freilich nur dadurch befriedigt werden, daß der Unterschied zwischen dem, was ist, und dem, was sein soll, verwischt wird. Der Szientismus tut dies, indem er das, was ist, aufwertet zu dem, was sein soll (Reichelt, 1979, S. 4). Wie sehr er dabei dem Bedürfnis nach (angeblich) „wissenschaftlich fundierter" Orientierung entgegenkommt, zeigt die normierende Wirkung statistischer Erhebungen im Bereich der Sozialwissenschaften und der Psychologie. So wird der wissenschaftliche Aufweis, daß ein Verhalten „häufig", „normal" ist oder „im Trend liegt" nicht selten als Ermahnung verstanden, sich dieses Verhalten nun ebenfalls zueigen zu machen (vgl. Postman, 1992, S. 98f./144f.).

Indes, auch bei der Behandlung ökologischer Probleme wird die Grenze zwischen Sein und Sollen gerne verwischt. Der philosophische Hintergrund ist dabei seltener ein szientistisch-technokratischer als ein romantisch-naturalistischer. Er soll im folgenden eingehender untersucht werden.

II. Ökologie als Wissenschaft zur Orientierung an der Natur?

8. Der naturalistische Fehlschluß

Seit DAVID HUME (1711–1776) gilt es als bis heute anerkannter Grundsatz der praktischen Philosophie, daß *Sein* und *Sollen* zwei voneinander verschiedene, logisch nicht überbrückbare Kategorien darstellen. HUME hatte in seinem *Treatise of Human Nature* (1740) gezeigt, daß es unmöglich ist, aus Aussagen, wie etwas *ist*, Aussagen darüber abzuleiten, wie etwas sein *sollte*. Diese *logische* Unmöglichkeit wird auch als „Humesches Gesetz" bezeichnet. Es besagt, daß keine wertende (normative) oder verpflichtende (deontische) Aussage aus einer Prämisse gefolgert werden kann, die nicht ihrerseits wenigstens eine wertende oder verpflichtende Aussage enthält (RICKEN, 1989, S. 44).

Voraussetzung für das Humesche Gesetz ist, daß *wertende* oder *verpflichtende* Eigenschaften nicht durch *beschreibende* Eigenschaften definiert bzw. mit ihnen gleichgesetzt werden können. Definitionen solcher Art sind in der Geschichte der Ethik zwar immer wieder versucht worden (z. B. über die Gleichsetzung des Begriffes „gut" mit Begriffen wie „Glück", „allgemeines Wohl" oder „Arterhaltung"), doch konnte G. E. MOORE (1903) zeigen, daß sie im begriffslogischen Sinne *synthetisch* sind und damit keine wirklichen Definitionen. Die Vorstellung, Definitionen des Begriffes „gut" könnten *analytisch* sein, hat MOORE als sogenannten *naturalistischen Fehlschluß* zurückgewiesen. In der heutigen Diskussion wird der Begriff des naturalistischen Fehlschlußes allerdings meist in einem erweiterten Sinn verwendet und bezeichnet dann ganz allgemein einen Verstoß gegen das Humesche Gesetz. Nach diesem Verständnis des Begriffs liegt ein naturalistischer Fehlschluß vor, wenn praktische Geltungsansprüche und moralische Grundsätze *ausschließlich* unter Berufung auf natürliche Tatsachen (z. B. über wissenschaftliche Erkenntnisse aus der Evolution, der Verhaltensforschung, der Psychologie oder der Ökologie) begründet werden (VOSSENKUHL, 1983; BIRNBACHER, 1991). Unter „Naturalismus" wird die erkenntnistheoretische bzw. ethische Position verstanden, die einer solchen Art von Argumentation zugrunde liegt (vgl. MITTELSTRASS, 1984, S. 964; WIMMER, 1984, S. 965/966).

Obwohl die in der Philosophie sonst selten verwendete Bezeichnung „Gesetz" darauf hinzudeuten scheint, daß der Humesche Grundsatz allgemeine Geltung beanspruchen kann, hat es bis in die jüngste Zeit hinein immer wieder Versuche gegeben, die logische Kluft zwischen Tatsachen und Werten zu bestreiten, zu überbrücken, oder doch wenigstens Ausnahmen von der Humeschen Regel aufzuweisen.[21] Ein bekannt gewordenes Beispiel hierfür stellt der Versuch von JONAS (1973, S. 342) dar, seine Ethik der Verantwortung

„durch ein in der Natur der Dinge entdeckbares Prinzip" zu begründen und damit das „Dogma, daß vom Sein kein Weg zum Sollen führt", zu widerlegen (JONAS, 1979, S. 153). Weder auf die spezielle Argumentation von JONAS noch auf die kontroversen Diskussionen um die anderen Überbrückungsversuche kann ich hier näher eingehen. Statt dessen verweise ich auf die zusammenfassenden Beiträge von SCHURZ (1991), VOSSENKUHL (1993) und ENGELS (1993) zur Sein-Sollen-Problematik. Nach der dort zitierten Literatur muß MOORES Argument (ungeachtet aller Einwände gegen dessen intuitionistische Voraussetzungen) in seiner grundsätzlichen These als nach wie vor unwiderlegt gelten, nämlich daß der Naturalismus „keinen stichhaltigen Grund für irgendein ethisches Prinzip" bietet (MOORE, 1903/1970, S. 52). Wie VOSSENKUHL (1993, S. 137) zeigt, besteht der Fehlschluß des Naturalismus dabei freilich weniger in der ausdrücklichen Ableitung normativer Sätze aus deskriptiven Sätzen als vielmehr darin, daß die normative Bedeutung einer Verpflichtung stillschweigend als bekannt bzw. keiner ausdrücklichen Begründung für bedürftig vorausgesetzt wird.

Dabei kann es nicht verwundern, daß gerade in Diskussionen um die ökologische Krise besonders häufig von einer solchen Selbstverständlichkeit bestimmter normativer Prämissen ausgegangen wird. Denn kaum anderswo ist die Kluft zwischen Sein und Sollen so tief und provozierend wie bei diesem Thema: auf der einen Seite die von der Wissenschaft inzwischen hinlänglich erforschten und beschriebenen „ökologischen Tragödien" wie Artensterben, Klimawandel, Vernichtung der Wälder, auf der anderen Seite die Unmöglichkeit, aus all diesen Tatsachen irgendwelche moralischen Grundsätze oder gar konkrete Handlungsanweisungen logisch zwingend abzuleiten. Vor diesem auf den ersten Blick deprimierend wirkenden Hintergrund muß der Umstand gesehen werden, daß die Sein-Sollen-Problematik, sofern sie außerhalb der akademischen Philosophie überhaupt bekannt ist, in der Umweltdiskussion und im praktischen Naturschutz weitgehend ignoriert wird.

Bemerkenswerter ist es da schon, daß auch auf dem mehr theoretischen Gebiet der ökologischen Ethik immer wieder naturalistische Fehlschlüsse begangen werden, ohne daß die Humesche Regel dabei ausdrücklich in Frage gestellt werden würde. Dies zeigt sich beispielhaft an dem ursprünglich rein *beschreibenden* Begriff des „ökologischen Gleichgewichts", der in der umweltethischen Literatur jedoch fast immer im Sinne eines *anzustrebenden* ökologischen Idealzustandes verwendet wird. Für solche sicherlich nicht absichtlichen Verletzungen der Humeschen Regel sind zwei Erklärungen denkbar: Zum einen scheint der naturalistische Fehlschluß im Verhältnis Mensch zu *Natur* nicht so leicht als Fehlschluß erkannt zu werden wie im Verhältnis Mensch zu *Mensch*. Sich im Umgang mit der Natur an der Natur zu orientieren, liegt offenbar näher als im Umgang mit dem Menschen. Zum anderen werden die Begriffe „Ökologie" und „ökologisch" in der öffentlichen Diskussion so häufig in einem weltanschaulichen, politischen, ja moralischen Sinne gebraucht, daß es nicht verwunderlich erscheint, wenn daraus Mißverständnisse und Fehlinterpretationen erwachsen sind.

Dabei wäre es ein Trugschluß zu glauben, naturalistische Fehlschlüsse seien ein rein akademisches Problem und hätten für die Umweltdiskussion sowie die praktische Umsetzung in Natur- und Artenschutz keinerlei Bedeutung. Eine unkritische Vermischung von Sein und Sollen, von Tatsachen und Werten sorgt vielmehr in den verschiedensten gesellschaftlichen Bereichen immer wieder für beträchtliche Verwirrung und hat darüber hinaus ökologisch verbrämte Ideologien und Illusionen zur Folge.

9. Folgen des Naturalismus

a. „Ermittlung" von Umweltstandards?

In *Politik und Verwaltung* beispielsweise ist es längst gängige Praxis geworden, politische und damit letztendlich normative Entscheidungen als logische Konsequenz wissenschaftlich unbezweifelbarer Tatsachen darzustellen. Unter der Aura der Wissenschaftlichkeit werden auf diese Weise relativ willkürliche Setzungen der kritischen Diskussion entzogen. Einer solchen Strategie muß dabei nicht unbedingt das machtpolitische Motiv zugrundeliegen, sich unliebsamer Gegenpositionen zu entledigen. Genauso häufig ist sie Ausdruck der Überforderung von „Entscheidungsträgern", die angesichts einer kaum mehr durchschaubaren Sach- und Interessenlage bei den „objektiven Wissenschaften" Orientierungshilfe suchen. Daß es hierbei auch um die Entlastung von Verantwortung geht, bestätigt die Einschätzung von ERZ (1986, S. 11), nach der in der Umweltverwaltung die Tendenz zunimmt, „die Risikobeurteilung und überhaupt die politische und administrative Bewertung für den Abwägungsprozeß auf den Forscher oder Gutachter abzuwälzen". Besonders häufig zeigt sich diese Tendenz bei der Festsetzung von Umweltstandards und Grenzwerten. Hier ist die naturalistische Ansicht weit verbreitet, es handle sich bei ihnen um *entdeckungsbedürftige Naturphänomene*, deren Geltung sich unmittelbar aus der statistischen Analyse bzw. ihrer graphischen Darstellung ergäbe. Ihr liegt die Idealvorstellung zugrunde, „daß sich der gesuchte Umweltstandard als morphologische Besonderheit (Schwelle, Sprung etc.) einer Kurve ablesen läßt" (GETHMANN & MITTELSTRASS, 1992, S. 16). Beispielsweise erwartet der Naturalist, daß ihm der Ökologe diejenige Menge an Nährstoffen aufzeigt, die ein Fluß gerade noch vertragen kann, bevor eine bestimmte Fischart verschwindet. Abgesehen davon, daß das Aufzeigen einer solchen *Schwellendosis* die Setzung des späteren Grenzwertes keineswegs zwingend bestimmt (warum Rücksicht nehmen auf *diese eine*, extrem anspruchsvolle Fischart?), hat man es in der Ökologie viel häufiger mit stochastischen (zufallsabhängigen) Effekten zu tun, bei denen es keine Schwellendosis gibt. Für ionisierende Strahlung beispielsweise kann nach heutigem Wissen keine Toleranzdosis angegeben werden, unterhalb derer (statistisch gesehen) keine biologischen Spätschäden zu erwarten wären. Trägt man die Strahlendosis (in rem) gegen die Anzahl der Erkrankungsfälle graphisch auf, verläuft die Kurve durch den Nullpunkt. Damit besagt der in den Strahlenschutzverordnungen verwendete Begriff der „maximal zulässigen Dosis" (MZD) genau genommen nichts anderes, als daß zugunsten eines übergeordneten Zweckes eine bestimmte Anzahl von Todesopfern durch Spätschäden in Kauf genommen wird. Allein die Tatsache, daß es unterschiedliche Verordnungen für Grenzwerte am Arbeitsplatz und an anderer Stelle gibt, macht deutlich, daß solche Umweltstandards „keine Naturphänomene sind, sondern spezielle Regeln, deren Rechtfertigung vom Zweck abhängt, dem sie dienen sollen" (GETHMANN & MITTELSTRASS, 1992, S.18). Wenn hier somit für ein eher „kulturalistisches" Verständnis von Umweltstandards plädiert wird, so ist damit nicht beabsichtigt, die Bedeutung naturwissenschaftlicher Forschung und Faktenermittlung für deren Festsetzung in Abrede zu stellen. Es geht vielmehr darum, „den speziellen Beitrag naturwissenschaftlicher Forschung nicht-naturalistisch zu interpretieren" (GETHMANN & MITTELSTRASS, 1992, S. 18).

Eine solch differenzierte Sicht ist nicht nur von erkenntnistheoretischem Belang. Indem der Naturalismus leugnet, daß Umweltstandards letztendlich *Konventionen* sind, entgeht ihm sowohl die Möglichkeit als auch die Notwendigkeit, diese in einem öffentlichen Diskurs zu rechtfertigen. Eine fortwährend kritische Prüfung und öffentliche Rechtfertigung von Normen ist jedoch um so mehr eine moralische Pflicht, als sie dem Einzelnen, der Mitwelt oder späteren Generationen ein oft unkalkulierbares und möglicherweise existentielles Risiko auferlegen. Vor diesem Hintergrund erscheint die Formulierung, ein Grenzwert werde *ermittelt*, nicht nur mißverständlich, sondern zeugt von Verantwortungslosigkeit, wenn damit nicht ausdrücklich die Frage berücksichtigt ist, was der *Betroffene* denn einzusetzen bereit sei. Mit den Worten von BECK (1988, S. 144/145) ist ein akzep*tables* Risiko letzten Endes nämlich immer ein akzep*tiertes* Risiko. „Weder ist durch Experimente und Modellrechnungen zu ‚beweisen', was die Menschen hinzunehmen haben, noch können überhaupt Risikoberechnungen in technisch-bürokratischer Alleinherrschaft aufgestellt werden. Setzen diese doch voraus, was sie erzeugen sollen: kulturelle Akzeptanz".[22]

b. „Ermittlung" der Schutzwürdigkeit?
Angesichts der problematischen Folgen des Naturalismus in Politik und Verwaltung, wäre zu erwarten, daß deren „kritisches Gegenüber", nämlich der *Natur- und Artenschutz* naturalistische Tendenzen kritisieren oder doch zumindest als kontraproduktiv meiden würde. Davon kann jedoch nicht

so ohne weiteres ausgegangen werden. Wie Publikationen von Naturschützern, von Verbänden und von im Arten- und Naturschutz tätigen Wissenschaftlern zeigen, bedient sich auch die „Lobby der Natur" gerne naturalistischer Begründungen für ihre Anliegen. Als Beispiel sei hier zunächst nur der im Hinblick auf seine normative Geltung durchaus fragwürdige Leitbegriff der „Artenvielfalt" genannt, der in der Landesplanung und bei Umweltverträglichkeitsprüfungen oft als *wissenschaftliches Bewertungskriterium* für die Schutzwürdigkeit eines Gebiets herangezogen wird (z.B. GERSTBERGER, 1991). Dabei scheint dieses Kriterium nur selten einer Begründung für bedürftig erachtet zu werden.[23] Um entsprechend „qualifizierende und wertende Aussagen der Ökologie als Wissenschaft" zu erhalten, genügt es jedoch nicht, wie ERZ (1984, S. 2) es tut, die „Transparenz und Nachvollziehbarkeit der Ermittlung von Daten und Fakten, ihre Aufbereitung und Auswertung" zu fordern, und damit die Hoffnung zu verbinden, „anhand dieses Kriteriums" könne „zwischen Ökologie als Wissenschaft oder nur aus reduzierten ökologischen Denkansätzen entwickelter Ideologie unterschieden werden". Erforderlich wäre vielmehr das Eingeständnis, daß die Ökologie als *deskriptive* Wissenschaft zu einer solchen Bewertung *allein* nicht in der Lage ist, sondern der „Zuarbeit" einer normativen Disziplin (wie etwa der praktischen Philosophie) bedarf. Nach dem Humeschen Gesetz, nach dem keine wertende Aussage aus einer Prämisse gefolgert werden kann, die nicht ihrerseits wenigstens eine wertende Aussage enthält, führt daran kein Weg vorbei (vgl. LEHNES, 1994). Um so verwunderlicher erscheint es, daß ERZ (1986, S. 13, Übersicht 1) in seiner Darstellung der „Differenzierung zwischen wissenschaftlicher Ökologie, Naturschutz und Naturschutzforschung" bei letzterer die geisteswissenschaftlichen und philosophischen Disziplinen ausdrücklich ausklammert. Dies kann dahingehend interpretiert werden, daß er die bereits in den Prämissen enthaltenen wertenden Aussagen keiner weiteren Diskussion und Begründung mehr für bedürftig erachtet. Für diese Vermutung spricht seine These von einer Analogie zwischen Naturschutz und Medizin, die suggeriert, daß das „natürliche Funktionieren" eines Ökosystems deskriptiv genauso leicht faßbar und normativ genauso unbestritten wäre wie die „Gesundheit" beim Menschen. Wie in den nächsten Kapiteln gezeigt werden soll, läßt sich diese Vorstellung jedoch nicht aufrecht erhalten und die normative Geltung angeblich für sich selbst sprechender „ökologischer Leitbegriffe" sowohl logisch als auch sachlich durchaus in Zweifel ziehen.

Durch den Naturalismus erwachsen dem Natur- und Artenschutz damit dieselben Probleme, wie sie bereits für Politik und Verwaltung dargestellt wurden: Indem die in den Prämissen enthaltenen Normen als wissenschaftlich abgesicherte oder in ihrer Geltung evidente Naturphänomene verstanden werden, entheben sie sich sowohl der Möglichkeit als auch der Notwendigkeit kritischer Reflexion und Diskussion. Dadurch entsteht die Gefahr, daß sich unter dem Mantel objektiver Erkenntnis unbemerkt subjektive Bewertungen einschleichen, die dann nicht selten sogar miteinander in Konflikt geraten. So kann der *eine* Naturschützer beispielsweise die Beweidung eines Trockenrasens fordern, weil auf diese Weise die *Artenvielfalt* hoch bleibt, während der *andere* für eine *natürliche* (aber artenärmere) *Sukzession* plädiert, die dem stark bedrohten Auerhuhn vorübergehend das zum Brüten erforderliche niedrige Buschwerk bietet. Das Problem dabei ist nicht der Konflikt als solcher – die Naturschutzdiskussionen sind voll davon! –, sondern das Unverständnis des Naturalismus für dessen *Ursache*, die Bewertungsfrage. Wird diese Frage nicht diskutiert, weil die Natur oder die Wissenschaft sie angeblich schon zugunsten des jeweils eigenen Standpunktes beantwortet haben, gibt es kaum Chancen für eine rationale Lösung des Konflikts. Forschungsergebnis und Meinungsbildung bleiben dann ein undurchschaubares Konglomerat, zu dessen Verteidigung dem Naturalisten im Grunde genommen keine andere Möglichkeit mehr zur Verfügung steht, als der Gegenposition die wissenschaftliche Sachkenntnis zu bestreiten. Damit wird einer unproduktiven Polemik Vorschub geleistet, die nicht nur das Anliegen des Naturschutzes in Mißkredit bringt, sondern darüber hinaus auch dem Ruf der wissenschaftlichen Ökologie schadet. Diese muß sich dann mit dem „oft gehörten Vorwurf" auseinanderzusetzen, sie sei „ideologisiert" bzw. „Wissenschaft und Ideologie ließen sich hier nicht trennen" (ERZ, 1984, S. 2).

10. Was heißt „ökologisch"?

Dem Vorwurf der Ideologisierung liegen freilich nicht zuletzt auch sprachliche Mißverständnisse zugrunde, die mit einer zunehmend unscharfen und bis an einen Bedeutungswandel heranreichenden Verwendung der Begriffe „Ökologie" und „ökologisch" in der öffentlichen Debatte zusammenhängen. Beide Begriffe werden heutzutage in einer Bedeutungsvielfalt verwendet, die vom politischen über den moralischen bis in den weltanschaulichen Bereich hinein reicht und die mit der rein deskriptiven Wissenschaft ERNST HAECKELS kaum noch etwas gemein hat.[24] Versucht man den Sinn von Wortkombinationen wie ökologische Marktwirtschaft, ökologisches Waschmittel oder ökologische Gesinnung zu verstehen, zeigt sich, daß der Begriff „ökologisch" über die bloße Berücksichtigung ökologischer Zusammenhänge hinaus stets auch eine Wertung oder gar Aufforderung zum Ausdruck bringen soll.

Besonders offensichtlich ist dieser normative Anspruch bei dem bekannten Begriffspaar „ökologisch/unökologisch", das auf einer rein deskriptiven Ebene überhaupt keinen Sinn ergibt. Denn in seiner eigentlichen Bedeutung umfaßt der Begriff „ökologisch" *alle* Arten von Wechselbeziehungen zwischen Organismen und ihrer Umwelt, unabhängig davon, ob diese Wechselbeziehungen natürlich sind und bestehen bleiben sollen oder ob sie durch

Eingriffe des Menschen verändert wurden. Unter diesem Blickwinkel sind die Wechselbeziehungen in einem überdüngten Dorfteich nicht weniger ökologisch als diejenigen in einem kristallklaren Gebirgsbach. In beiden Fällen ist die wissenschaftliche Ökologie außerstande zu bewerten, welcher der möglichen ökologischen Zustände erhalten, gefördert oder wiederhergestellt werden soll.[25]

Plausibel wird dies vielleicht durch eine Analogie mit einer anderen Naturwissenschaft, der Physik. So würde man es entsprechend der Begriffsschöpfung „unökologisch" wohl kaum als „unphysikalisch" bezeichnen, wenn jemand seinen Koffer aus dem Hotelfenster wirft, anstatt ihn im Lift nach unten zu fahren. Hier erscheint es einsichtig, daß es nicht Sache der *Physik* sein kann, den Transportweg zu bewerten, sondern allenfalls die damit verbundenen physikalischen Parameter zu berechnen.

Wenn von der Ökologie jedoch immer wieder entsprechend wertende Stellungnahmen erwartet werden, kommt damit die populäre Vorstellung zum Ausdruck, es gäbe in der Natur so etwas wie einen *objektiv feststellbaren ökologischen Idealzustand*. Nach dieser Vorstellung bedeutet „ökologisch" fast so viel wie „paradiesisch" oder soll doch zumindest eine natürliche Ordnung bezeichnen, in der Gleichgewicht, Harmonie und allseitiges Wohlergehen herrschen. Daß dieses Bild ökologischer Wirklichkeit illusionär ist, hat DAHL (1989a, S.57) anhand zweier Beispiele sehr plastisch veranschaulicht: „Gesetzt den Fall, eine Stubenfliege vermöchte sich eine Meinung über ihre Umwelt zu bilden – und wer wollte seine Hand dafür ins Feuer legen, daß sie es nicht kann? –, so würde sie das Fehlen faulenden Fleisches in der Stube als existentielle Zumutung empfinden und von ordentlichen ökologischen Verhältnissen erst wieder reden mögen, wenn sich die Katze unterm Sofa erbricht und damit eine Fülle von Nahrungsressourcen verfügbar macht: Die Vorstellung, wie eine zuträgliche Welt beschaffen sein müßte, sieht bei der Stubenfliege anders aus als bei den Bewohnern der Stube, (…) beim Cholerabazillus anders als bei dem, der an der Cholera erkrankt ist: Während dieser der Welt Ade sagt, jubeln die Bazillenheere über die guten Zeiten, soweit sie nicht von Medikamenten verseucht sind und, sterbend, den unverfrorenen Eingriff in ihre sonst so intakte Ökologie beklagen." Daß ein Lebensraum ökologisch intakt und daß etwas ökologisch richtig oder vertretbar sei, ist also offenbar eine Frage der Perspektive und hängt von den spezifischen Bedürfnissen und Interessen desjenigen ab, der in dieser Ökologie leben will. Welche Lebewesen wo leben *sollen,* darüber kann die wissenschaftliche Ökologie allein keine Auskunft geben.

Wenn es schon nicht gelingen kann, das „ökologisch Gute" in einem *artübergreifenden* Sinne empirisch zu ermitteln, verbleibt freilich immer noch die Möglichkeit, es in einem *anthropozentrischen* Kontext zu versuchen. Innerhalb dessen gäbe es dann zwar kein für *alle* Arten gleichermaßen erstrebenswertes ökologisches Ideal, doch ließe sich dieses immerhin für das *menschliche* Wohlergehen wissenschaftlich-objektiv definieren. Der Rückzug auf die anthropozentrische Perspektive wäre dabei insofern plausibel, als er sowohl der vorherrschenden Rechtspraxis als auch der gängigen Vorstellung Genüge leistet, Ökologie sei im Grunde genommen nur ein anderes Wort für Umweltschutz.

Abgesehen von der *ethischen* Fragwürdigkeit eines Ansatzes, der *nur* menschliche Interessen berücksichtigt, ist ein anthropozentrischer Naturalismus jedoch um nichts weniger illusionär als ein artübergreifender. Denn genauso wie in einem Ökosystem von unterschiedlichen Interessen verschiedener *Arten* ausgegangen werden muß, genauso unterschiedlich werden die Vorstellungen verschiedener *Menschen* darüber ausfallen, wie die ökologischen Verhältnisse auszusehen hätten, in denen sie am liebsten leben würden. Ist es „dem Menschen" am zuträglichsten, in einem naturbelassenen Urwald, einer kleinbäuerlichen Kulturlandschaft, einer flurbereinigten Agrarsteppe oder einer (wie es so schön heißt) „blühenden Industrielandschaft" zu leben? Es erscheint einsichtig, daß es unmöglich ist, diese Frage ausschließlich unter Bezug auf ökologische Zusammenhänge und allgemeinverbindlich zu beantworten.

Für praktische Zwecke wäre auch nicht viel mit dem Versuch gewonnen, die für das Überleben der Menschheit erforderlichen ökologischen *Mindestbedingungen* zu „ermitteln". Denn während der extreme technische Optimist unter Verweis auf die menschliche Erfindungsgabe und Anpassungsfähigkeit jederzeit bestreiten könnte, daß es überhaupt Mindestbedingungen gibt, würde kein Mensch freiwillig unter solchen leben wollen. Fiktive Mindestbedingungen könnten zwar ein kollektives Überleben, aber mit Sicherheit kein menschenwürdiges und moralisch gutes Leben mehr gewährleisten. Wie dieses unter ökologischen Gesichtspunkten inhaltlich zu bestimmen wäre, kann an dieser Stelle nicht weiterverfolgt werden. Im vorliegenden Zusammenhang genügt es festzuhalten, daß diese Frage selbst keine ökologische Frage mehr ist.

Die Einsicht, daß es bei der Bestimmung dessen, was gemeinhin als „ökologisch" gilt, in erster Linie um Interessen und Menschenbilder und erst in zweiter Linie um ökologische Zusammenhänge geht, erscheint verwunderlich. Auch dann, wenn der Begriff „ökologisch" mit Wissenschaft kaum mehr etwas gemein hat, wird ihm offenbar fast automatisch ein wissenschaftlicher Status eingeräumt. Das Problem dabei ist weniger, daß hier normative Kategorien mit wissenschaftlichen vermengt und vertauscht werden, als daß man sich dessen nicht bewußt zu sein scheint. Ein *versteckter Naturalismus* ist gefährlicher als ein offener: Wenn die normative Dimension unbewußt und unbemerkt der ökologischen unterlegt wird, entsteht der Eindruck, es läge ein ausschließlich auf wissenschaftlichen Erkenntnissen beruhendes ökologisches Erfordernis vor, das nur noch Eingang in den praktischen Vollzug finden müsse. Dabei kann der *Sachzusammenhang* tatsächlich wissenschaftlich korrekt ermittelt worden, aber mit unangemessenen *normativen Voraussetzungen* gekoppelt sein. Werden diese nicht als solche erkannt und aus dem Sachzusammenhang „freipräpariert", führen sie trotz wissenschaftlich geklärter Sachlage *insgesamt* zu einer Fehleinschätzung.

Wie wichtig die Unterscheidung zwischen ökologischen Sachzusammenhängen und den mit ihnen verflochtenen normativen Voraussetzungen ist, zeigt die zum Teil leichtfertige Verwendung ökologischer Schlagworte in Diskussionen des Naturschutzes und der Umweltethik. Forderungen wie die nach Artenvielfalt, ökologischer Stabilität, geschlossenen Kreisläufen und Gleichgewichtszuständen sind keineswegs so „ökologisch evident" wie vielfach angenommen. Entgegen der naturalistischen Vorstellung, diese seien *direkt* aus den Erkenntnissen der Ökologie abzuleiten, beruht ihr normativer Anspruch vielmehr stets auf *außerökologischen* Prämissen, auf die freilich nur selten ausdrücklich Bezug genommen wird. Da der Verdacht naheliegt, daß sie den genannten „ökologischen Leitbegriffen" vielfach unbewußt und unhinterfragt unterlegt werden, sollen diese im folgenden etwas genauer betrachtet und vor allem im Hinblick auf ungerechtfertigte Verallgemeinerungen überprüft werden. Das Verhältnis zwischen normativer Reflexion und wissenschaftlicher Ökologie sehe ich dabei als ein wechselseitiges: So wenig es möglich ist, Normen aus Tatsachen direkt *abzuleiten*, so unumgänglich ist es gleichzeitig, Normen auf Tatsachen zu *beziehen*. Nach der Zurückweisung des *naturalistischen* Fehlschlusses soll damit schon jetzt auf die Gefahr des *normativistischen* Fehlschlusses hingewiesen werden, der in der irrigen Annahme besteht, *allein* aus normativen Überlegungen ließen sich spezifische oder gar konkrete Verbindlichkeiten ableiten (vgl. Kapitel 14).

11. Kritik ökologischer Leitbegriffe

a. Das ökologische Gleichgewicht

Der wahrscheinlich bekannteste aller ökologischen Begriffe, der geradezu als die Quintessenz der Ökologie verstanden wird, ist der des ökologischen Gleichgewichts. In ihm verdichten sich in besonderem Maße jene Hoffnungen auf Harmonie und Frieden zwischen Mensch und Natur, wie sie bereits in der wertenden Verwendung des Begriffes „ökologisch" zum Ausdruck kamen. Daß dieses zwar populäre aber gleichwohl illusionäre Ökologieverständnis bis in die zeitgenössische philosophische Literatur hineinragt, zeigt die Auffassung von MAURER (1982, S. 28), nach der die Ökologie „die Wissenschaft von einem Gleichgewicht, einer harmonischen Beziehung zwischen Mensch und außermenschlicher Natur" sei. SCHÖNHERR (1985, S. 22) schreibt dem Gleichgewichtsbegriff gar eine metaphysische Dimension zu, wenn er „das ökologische Gleichgewicht, das auf einer unberührten Natur beruht", als „Sinn der Erde" bezeichnet. „Bruch des ökologischen Gleichgewichts" heißt bei ihm soviel wie „Bruch mit der Natur" bzw. „verloren gegangene Natur" (SCHÖNHERR, 1985, S. 133), wobei man unwillkürlich an den alttestamentarischen Mythos von der Vertreibung aus dem Paradies erinnert ist. Nachdem bei der Analyse des Begriffes „ökologisch" deutlich geworden sein dürfte, daß es dieses ökologische Paradies allseitigen Wohlergehens selbst in einer vom Menschen unberührten Natur nicht gibt, stellt sich die Frage, was der Begriff des ökologischen Gleichgewichts statt dessen zum Ausdruck bringen soll und kann.

Auffällig ist zunächst seine Ähnlichkeit zum Gleichgewichtsbegriff der *Mechanik*. In der Mechanik spricht man von einem Gleichgewichtszustand, wenn die Resultierende zweier Kräfte, die an demselben Punkt angreifen, gleich Null ist. Analog zu diesen physikalischen Kräften lassen sich in einem Ökosystem Arten oder Artengruppen auffassen, die sich mit ihren Populationen gegenseitig „in Schach halten". Wenn sich beispielsweise Schleiereulen und Mäuse im Rahmen einer Lebensgemeinschaft über einen längeren Zeitraum hinweg gleichermaßen behaupten, scheint (physikalisch gesprochen) die Resultierende dieser beiden antagonistischen Kräfte gleich Null zu sein und damit ein sogenanntes biozönotisches Gleichgewicht vorzuliegen. Die durchschnittliche Ausgeglichenheit der Kräfte bzw. Arten wird dabei durch deren Wechselbeziehungen aufrechterhalten, weshalb man von *Selbstregulierung* sprechen kann (OSCHE, 1978, S.57).

Eine genauere Betrachtung der Dynamik von Populationen zeigt freilich einen grundlegenden Unterschied zwischen dem mechanischen und dem ökologischen Gleichgewichtsbegriff: Während in der Mechanik ein System so lange im Gleichgewicht bleibt, wie keine äußeren Kräfte dieses System in Bewegung bringen (statisches Gleichgewicht), ist es geradezu das Kennzeichen einer Lebensgemeinschaft, daß sie sich infolge innerer wie äußerer Einflüsse in ständiger Bewegung und Umwandlung befindet (STUGREN, 1978, S. 128). So pendeln sich die Populationsdichten von Schleiereulen und Mäusen nicht etwa allmählich auf konstante Werte ein, sondern schwanken allein aufgrund interner Rückkoppelungen ständig um einen statistisch definierbaren Mittelwert (OSCHE, 1978, S. 60). Von einem Gleichgewichtszustand zu reden, macht dabei nur unter Bezug auf diesen Mittelwert und unter Ausschluß unregelmäßiger und extremer äußerer Einflüsse Sinn. Wie DAHL (1989a, S. 59) es bildhaft formuliert, gibt es ein ökologisches Gleichgewicht über diese Einschränkungen hinaus genau genommen „so wenig, wie es ein Auto gibt, das geradeaus fährt. Es gibt äußerstenfalls ein beständiges Pendeln um eine Mittellinie, mit tanzendem Waagenzünglein, und meistens tanzt das Zünglein nicht nur, sondern schlägt aprupt nach der einen oder anderen Seite aus und kommt kaum je für eine kurze Zeit zu trügerischer Ruhe".

Was bereits für ein einfaches und im Hinblick auf seine Abgeschlossenheit idealisiertes Räuber-Beute-System gilt,[26] gilt erst recht, wenn man ökologische Systeme als das betrachtet, was sie in der Realität sind, nämlich *offene Systeme*, die fortwährend äußeren Einflüssen und damit auch *Störungen* ausgesetzt sind. Dabei wäre es ein Trugschluß zu glauben, solche Störungen hätten grundsätzlich mit *menschlichen* Eingriffen in die eingespielte Harmonie einer ehemals unberührten Natur zu tun. Häufig ist es vielmehr die *Natur selbst*, die ihre vermeintlichen Gleichgewichtszustände über kurz oder lang aus dem Lot bringt. Daß dies der populären Vorstellung vom ökologischen Gleichgewicht weitgehend verborgen geblieben ist, liegt vermutlich daran, daß solche Störungen aufgrund ihrer für menschliche Maßstäbe extremen räumlichen wie zeitlichen Dimensionen nur selten unmittelbar wahrgenommen werden können.

So bedarf es schon genaueren Hinsehens, natürliche Vorgänge wie das Fallen eines Baumes oder den Uferabbruch am Prallhang eines Baches als kleinräumige Störungen des ökologischen Gleichgewichts zu verstehen. Dabei dürfte solchen Ereignissen für manche der betroffenen Organismen und Kleinsysteme durchaus der Charakter ökologischer Katastrophen zukommen. Andere Arten wiederum profitieren von solch überraschenden Störungen und vermehren sich im Rahmen sogenannter *Folgeserien* kurzfristig stark. Manche dieser als r-Strategen (oder Opportunisten) bezeichneten Arten sind bei minimaler Anpassung an Umweltveränderungen, aber rascher Entwicklung und dichter Generationsfolge, sogar regelrecht auf immer wiederkehrende kleinräumige Störungen angewiesen.

Auffälliger für den Menschen sind indes Störungen, deren räumliche Ausmaße innerhalb seines unmittelbaren Erfahrungshorizontes liegen, wie beispielsweise Waldbrände, Massenvermehrungen von Insekten oder Algen, Dürreperioden, Schneestürme oder Überschwemmungen. Da sie nach menschlichen Zeitmaßstäben vergleichsweise selten sind und zudem unregelmäßig auftreten, werden sie allerdings oft eher als Eingriffe eines zerstörerischen Schicksals *in* die Natur denn als normale Vorgänge *innerhalb* der Natur empfunden.[27] Ihre grundlegende Bedeutung für die Struktur und Entwicklung von Ökosystemen wird damit häufig unterschätzt. So ist Feuer beispielsweise für die Grassavanne ein wichtiger natürlicher Faktor, indem es Holzpflanzen in Masse und Artenzahl regelmäßig reduziert und in der Grasschicht die Samenkeimung induziert. Während Feuer in der Savanne also häufig eine *Sukzession* (d. h. die zeitliche Abfolge von Tier- und Pflanzengemeinschaften in Richtung einer stabilen „Schlußgesellschaft") verhindert, können andere Störfaktoren wie Schneestürme oder Deichbrüche bei Biberseen mosaikartige „im-System-Sukzessionen" (REMMERT, 1984, S. 201) schaffen, auf die viele heute gefährdete Pflanzen- und Tierarten (wie z. B. das Birkhuhn) angewiesen sind. Eines von vielen Beispielen für Störungen durch *natürliche* Massenvermehrung stellen die mindestens seit 1844 bekannten

„roten Tiden" an den Küsten Nordamerikas und am Golf von Mexiko dar. Hierbei löst eine bestimmte Kombination von Umweltbedingungen von Zeit zu Zeit ein explosionsartiges Bestandswachstum einer rötlich gefärbten Planktonart (aus der Gruppe der Dinoflagellaten) aus, deren lähmendem Gift auf einen Schlag Millionen von Fischen und anderen Meerestieren zum Opfer fallen (FARB, 1976, S. 158/159). Nach REICHHOLF (1993, S. 221) sind solche und andere Massenvermehrungen „kein Zeichen dafür, daß irgendein Gleichgewicht gestört wäre, sondern sie sind nichts weiter als der Ausdruck einer günstigen Konstellation" für eine bestimmte Pflanzen- oder Tierart.

Betrachtet man Ökosysteme unter evolutionsgeschichtlichen Aspekten und bezieht dabei großklimatische Störungen mit ein, gerät die landläufige Vorstellung vom ökologischen Gleichgewicht vollends ins Wanken. Gäbe es dieses ökologische Gleichgewicht nämlich im strengen Sinne wirklich, würde dies ein Einfrieren des *Evolutionsprozesses* und damit Stillstand bedeuten (KREEB, 1979, S. 93). In einer völlig ausbalancierten Biosphäre dürften weder Arten ausgestorben sein, wie es bisher das Schicksal von vermutlich 98 Prozent aller jemals existierenden Arten gewesen ist (EHRLICH & EHRLICH, 1983, S. 50), noch dürften neue entstehen, die zu den bereits existierenden in Konkurrenz treten. REMMERT (1984, S. 1) hat auf dieses Mißverständnis hingewiesen, indem er die grünen Pflanzen (Eukaryonten) ironisch als die „ersten großen Umweltverschmutzer" bezeichnete. Denn als diese „durch ihre Photosynthese die heutige Sauerstoffatmosphäre der Erde schufen und die Erdoberfläche oxidierten, mußte die gesamte damalige Lebenswelt zugrunde gehen, die sich an ein Leben ohne Sauerstoff angepaßt hatte". Sauerstoff stellte für die damals dominierenden Blaualgen (Prokaryonten) ja ein Stoffwechselgift dar! Weitere evolutionäre Neuerungen, die in relativ kurzer Zeit alte bestehende und weitgehend balancierte Ökosysteme aus dem Gleichgewicht brachten, waren nach REMMERT (1984, S. 194) u. a. die Rückkehr der Knochenfische aus dem Süßwasser ins Meer, die Erfindung der Warmblütigkeit, die Einwanderung der Säugetiere ins Meer und die Entwicklung der Samenpflanzen. Sie alle zeigen, daß Störungen unter evolutionsgeschichtlichem Blickwinkel nicht nur unvermeidlich sind, sondern sogar als produktiv gelten können, da sie die Anpassungsfähigkeit der Organismen steigern und der Evolution neue Wege eröffnen.

In diesem letzteren Sinne besonders produktiv scheinen paradoxerweise die katastrophalsten aller Störungen im Laufe der Erdgeschichte gewesen zu sein: die *geologischen* und die *extraterrestrischen*. Möglicherweise waren sie für einige der sogenannten Faunenschnitte (d. h. massenhaftes Aussterben von Arten innerhalb relativ kurzer Zeit) und die sich daran anschließenden Evolutionsschübe („adaptive Radiationen") mitverantwortlich. So wird z. B. das Aussterben der Saurier nach einer heute zunehmend erhärteten Theorie auf den Einschlag eines Meteoriten vor 65 Millionen Jahren zurückgeführt, dessen Explosionsfeuerball riesige Mengen an Gestein und Staub in die Atmosphäre geschleudert und dadurch monatelang das Sonnenlicht verdunkelt hatte (ALVAREZ et al., 1980; HSÜ et al., 1982; KELLER, 1992, S. 108). Die dadurch verursachten Klimaänderungen rafften in den darauf folgenden Jahrtausenden einen großen Teil der Saurierarten dahin. Erst dann war der Weg frei für die Säugetiere, die vorher nur eine unbedeutende Rolle gespielt hatten. Einen ähnlichen Einfluß auf Aussterben und Entwicklung von Arten wie dieser „kosmische Treffer" könnten Vulkanausbrüche gehabt haben.

Zwar nicht so schockartig, aber für die betroffenen ökologischen Systeme nicht weniger folgenschwer, wirkten sich *klimatische* Störungen wie die möglicherweise periodisch auftretenden Eis- und Warmzeiten aus (STANLEY, 1988, S. 217 f.). Wenn man sich vor Augen hält, daß einerseits im Alt-Tertiär (vor ca. 60 Millionen Jahren) auf Spitzbergen sommergrüne Laub- und Nadelmischwälder gediehen, während andererseits im Pleistozän (vor ca. 2 Millionen Jahren) in Mitteleuropa fast nur noch Kältesteppen und Zwergstrauchtundren zu existieren vermochten (EHRENDORFER, 1978, S. 950f.), kann man erahnen, welch gewaltigen Umwälzungen Flora und Fauna seither unterworfen waren. Eiskernbohrungen auf Grönland, mit deren Hilfe sich der Temperaturverlauf der letzten 250 000 Jahre rekonstruieren ließ, haben indes gezeigt, daß Klimaschwankungen solchen Ausmaßes keineswegs nur in Abständen von Millionen von Jahren auftraten. Die Untersuchungen ergaben vielmehr, daß Perioden mit gleichmäßig warmem Klima in der Regel höchstens 3000 Jahre anhielten und daß zwischendurch immer wieder katastrophale Kälteeinbrüche auftraten. Relativ stabile Klimaperioden, wie wir sie in den letzten Jahrtausenden gehabt haben, sind damit eher als die Ausnahme anzusehen (GERDES, 1993).

Vor dem Hintergrund dieser Beispiele erscheint die Schlußfolgerung unausweichlich, daß es das vielzitierte ökologische Gleichgewicht *im strengen Sinne* gar nicht gibt. Angesichts der evolutionsgeschichtlichen Dynamik und der „Normalität" von Störungen kann der Begriff allenfalls als eine „für bestimmte Zeitabschnitte und Situationen zulässige Vereinfachung" gelten (KREEB, 1979, S. 91; vgl. CHESSON & CASE, 1986). Er besagt dann, daß die Struktur eines ökologischen Systems *nach menschlichen Zeitmaßstäben* längerfristig erhalten bleibt, auch wenn Artenzusammensetzung und Individuendichten gewissen Schwankungen unterworfen sind. So unterliegt beispielsweise ein Wald ständigen quantitativen wie qualitativen Veränderungen und kann dennoch als Wald jahrhundertelang erhalten bleiben. Diese relative Stabilität der Struktur wird durch Rückkoppelungskreise gewährleistet, die dafür sorgen, daß sich Artenzusammensetzung und Individuenmengen nach Störungen *in etwa* auf die alte Größenordnung einpendeln. Fällt die Störung freilich zu groß aus, so daß die Information im System nicht mehr gespeichert werden kann, vermag das System die Störung nicht mehr abzupuffern.

Da die Rückkehr zum bisherigem Zustand dann nicht mehr möglich ist, heißt es häufig, nun sei „das ökologische Gleichgewicht zusammengebrochen". Diese Formulierung ist insofern mißverständlich, als sie die Vorstellung nahelegt, es gäbe für den betreffenden Lebensraum lediglich einen *einzigen* möglichen Gleichgewichtszustand, der nun einem Zustand des Nichtgleichgewichts gewichen sei. In Wirklichkeit stellt sich jedoch nach jeder Störung entweder der alte Zustand, oder wenn dies nicht mehr möglich ist, ein neuer ein. Es ist nicht zu übersehen, daß der Begriff des ökologischen Gleichgewichts unter diesem Blickwinkel wenig aussagekräftig ist: Wenn jedem alten Gleichgewicht *zwangsläufig* ein neues folgt, läßt sich ihm letztendlich nur entnehmen, ob eine Veränderung eingetreten ist oder nicht.

Entsprechendes gilt übrigens auch für das beliebte Bild vom *ökologischen Netz*, das bereits in einem anderen Zusammenhang als mißverständlich kritisiert worden ist (Kapitel 4.d). Wie dem Begriff des Gleichgewichts liegt ihm ein statischer Systembegriff zugrunde, der dazu neigt, den jeweiligen Ist-Zustand absolut zu setzen. So legt das Bild vom Netz zweifellos den Gedanken nahe, daß das Zerreißen von Verknüpfungen innerhalb eines ökologischen Systems dessen „Funktionieren" ebenso grundlegend beeinträchtigt, wie offene Maschen und gerissene Knoten ein Fischernetz unbrauchbar machen. In Wirklichkeit sind ökologische Netze jedoch weit plastischer als vom Menschen gemachte: „Wenn im ökologischen Netz ein Knoten reißt, dann schließt der Rest des Netzes sich – oft genug unter Opferung weiterer Knoten – wiederum zu einem Netz zusammen, ja, es schlingen sich von außen womöglich neue Fäden hinein, für die zuvor kein Platz war, das Netz wird vielleicht dichter, als es je gewesen ist. In jedem Falle aber bleibt es ein ‚Netz', solange überhaupt noch Leben da ist" (DAHL, 1989a, S. 60). Da jedes Netz auch nach der größten Störung grundsätzlich ein Netz bleibt, muß die häufig gebrauchte Formulierung vom „zerstörten Netz" *unter rein ökologischen Gesichtspunkten* als genauso inhaltsleer betrachtet werden wie die vom „zerstörten Gleichgewicht". Schließlich bringen beide nur die banal erscheinende Feststellung zum Ausdruck, daß sich an den ökologischen Zusammenhängen irgend etwas geändert hat.

Doch warum werden dann beide Begriffskombinationen so häufig zitiert, obwohl sie unter ökologischen Gesichtspunkten kaum etwas „hergeben"? Der Grund hierfür scheint der zu sein, daß sie gar keine ökologische, sondern eine *normative* Botschaft transportieren sollen. Diese lautet: „Der derzeitige als natürlich empfundene ökologische Zustand ist anderen möglichen vorzuziehen; Stabilität ist besser als Wandel!" Nachdem aufgezeigt wurde, daß der Gleichgewichtsbegriff im Sinne einer länger andauernden Stabilität lediglich einen vereinfachenden Grenzfall darstellt und „in der Ökologie durchaus keine eindeutige und annehmbare Definition" besitzt (STUGREN, 1978, S. 128), dürfte klar sein, daß sich diese Forderung schwerlich *ökologisch* begründen läßt. Die Ökologie kann nicht belegen, warum das, was gerade ist, ausgerechnet so erhalten bleiben soll, wie es ist. Freilich ist damit auch der häufig gezogene Umkehrschluß als naturalistischer Fehlschluß zurückzuweisen, der glaubt, allein aus der Tatsache *natürlicher* Störungen nun von der Ökologie einen Freibrief für jeden beliebigen *menschlichen* Eingriff in die Natur zu bekommen. So läßt sich etwa der derzeitige Eingriff des Menschen in den Klimahaushalt der Erde weder ökologisch *rechtfertigen*, indem die *Gemeinsamkeit* mit früheren natürlichen Klimaschwankungen aufgezeigt wird, noch ökologisch *kritisieren*, indem auf irgendwelche inhaltlichen *Besonderheiten* gegenüber diesen früheren Schwankungen hingewiesen wird.[28] Forderungen wie die nach Stabilität und Erhalt des derzeitigen ökologischen Zustandes müssen ihre Begründungen letztlich von außerhalb der Ökologie beziehen: aus Interessenerwägungen und – wie ich in Teil B zeigen werde – aus ethischen Überlegungen. Dabei ist freilich im Auge zu behalten, daß diese Überlegungen nicht unabhängig von den Erkenntnissen der Ökologie zu formulieren sind. Wenn der Erhalt und Schutz der Arten ein ethisches Postulat sein soll, hat die Ökologie die Frage zu beantworten, inwiefern dieses Postulat ökologische Stabilität voraussetzt und wie diese inhaltlich zu bestimmen ist.

b. Ökologische Stabilität
Sieht man von dem normativen und bisweilen nahezu magischen Beiklang des Begriffes „ökologische Stabilität" zunächst einmal ab und versucht, seinen wissenschaftlich-beschreibenden Gehalt zu erfassen, so stößt man auf ähnliche Schwierigkeiten der Begriffsbestimmung, wie sie bereits beim „ökologischen Gleichgewicht" zutage traten. Symptomatisch für diese Schwierigkeiten ist der Umstand, daß der Begriff der Stabilität selbst in der ökologischen Fachliteratur nicht einheitlich definiert ist[29] und dementsprechend oft in widersprüchlichem Sinne verwendet wird. Da gerade auch in der Naturschutzdiskussion hieraus Mißverständnisse erwachsen sind, ist von einigen Ökologen vorgeschlagen worden, zwischen verschiedenen Arten von Stabilität zu unterscheiden. Je nach Herkunft der Störfaktoren (von innen oder von außen) und der Reaktionsweise des Systems werden heute meistens drei Arten von Stabilität voneinander abgegrenzt: 1) Stabilität im engeren Sinne („resistance stability"), 2) Elastizität („resilience stability") und 3) Konstanz („constancy") (PIMM, 1984, S. 322).

REMMERT (1984, S. 260) empfahl, nur noch solche Systeme als *stabil* zu bezeichnen, die auf Einflüsse von außen mit „keiner wesentlichen Änderung" reagieren, exogene Störungen also sofort abpuffern können. Wie ZWÖLFER (1978, S. 15) betont, geht es hierbei freilich nicht um eine Stabilität der Individuenzahlen, sondern um einen „Grundbestand an Organismenarten". Nicht-stabile Systeme können nach der Untergliederung REMMERTS auf Einflüsse von außen auf zweierlei Weise reagieren: Sind sie *elastisch*, zeigen sie im Gegensatz zu stabilen Systemen zwar eine Veränderung, doch gelingt es ihnen relativ rasch, zum ursprünglichen Zustand zurückzukehren. Sind sie hingegen *empfindlich*, lassen sich die Wirkungen äußerer Störungen nicht mehr kompensieren. Nachdem sie über die Grenze ihrer Widerstandskraft geschoben wurden, müssen sich solche Systeme in einen neuen „Gleichgewichtszustand" einpendeln.

Der Widerstandsfähigkeit gegenüber *äußeren* Einflüssen läßt sich die Beständigkeit im *inneren* Aufbau und Zustand ökologischer Systeme gegenüberstellen. Statt von „Stabilität" wird dann zunehmend von „Konstanz" bzw. „Variabilität" gesprochen: „Ein *konstantes* System ist danach ein System, in dem nur relativ geringe Veränderungen bei den herrschenden klimatischen Bedingungen zu beobachten sind" (REMMERT, 1984, S. 260), d. h. Arten- und Individuenbestände schwanken von Jahr zu Jahr nur in bestimmten Grenzen. Wie wichtig die Unterscheidung zwischen Konstanz und Stabilität ist, hat die zunehmende Einsicht gezeigt, daß ausgerechnet Ökosysteme, die in ihrer Populationsdynamik stabil wirken (also *konstante* Ökosysteme wie z. B. der tropische Regenwald) in ihrer Gesamtexistenz störanfällig sind, während Ökosysteme mit ausgeprägten Bevölkerungsschwankungen einzelner Arten (wie z. B. Tundra oder Taiga) sich in der Regel als stabil bzw. elastisch erweisen. In der Diskussion über den Zusammenhang von Artenvielfalt und Stabilität wird darauf noch zurückzukommen sein.

Auch wenn durch die hier wiedergegebenen Differenzierungen des Stabilitätsbegriffes die gröbsten Mißverständnisse ausgeräumt zu sein scheinen, bleibt freilich ein grundlegendes Problem bestehen: das Problem des *objektiven* räumlichen wie zeitlichen Maßstabes für Stabilität. Angeklungen sind diese Schwierigkeiten bereits in solch unscharfen Formulierungen wie den „*relativ* geringen Veränderungen" bei der Definition konstanter Systeme oder der „*relativ* raschen Rückkehr in den alten Systemzustand" bei der Definition elastischer Systeme. So wie die Charakterisierung eines astronomischen Objekts als „relativ klein" ohne Bezugsgröße inhaltsleer wäre (klein innerhalb der Klasse der Meteoriten, Planeten, Sterne oder Galaxien?), so wenig aussagekräftig ist die Bezeichnung „ökologisch stabil" ohne Angabe eines räumlichen und zeitlichen Bezugsrahmens. WIENS und seine Mitarbeiter (1986, S. 145) weisen deshalb auf die goße Bedeutung der Skalierung in der ökologischen Forschung hin: „Einige der heftigsten Auseinandersetzungen der Ökologen beruhen allein auf Unterschieden in der Wahl des jeweiligen Maßstabes".

Was die Wahl des *zeitlichen* Maßstabes betrifft, so zeigt sich, daß meistens die *menschliche* Lebensspanne als Normgröße vorausgesetzt wird (HOEKSTRA et al., 1991, S. 154). Ein Wald z. B. erscheint „stabil", weil Bäume einfach viel länger leben als der Mensch (REICHHOLF, 1993, S. 38). Selbst ein unmerklich verlandender See wird jemandem, dessen Lebensspanne auf etwa achtzig Jahre bemessen ist, noch als „relativ stabil" vorkommen, auch wenn dieser See, in einem größeren Zeithorizont betrachtet, nicht mehr als eine flüchtige Episode in der Geschichte der Landschaft darstellt. Umgekehrt erscheint eine Pfütze mit einer Lebensdauer von wenigen Wochen nach menschlichen Maßstäben als inkonstant, während sie für eine Mückenlarve ohne Zweifel konstant genug ist, um ihr die Entwicklung zum flugfähigen Insekt zu ermöglichen. Pflanzliche Planktonorganismen könnten in der Pfütze sogar mehrere Generationen lang zubringen. Daraus wird ersichtlich, daß der Begriff der Stabilität, so wie er in der Regel verwendet wird, kaum als wissenschaftlich-objektiv gelten kann. Statt an der Lebensspanne *des untersuchenden Subjekts* (des Menschen) müsste er sich sonst je nach Fragestellung an den jeweils unterschiedlichen Lebensspannen der Mitglieder des *untersuchten Objekts* (des Ökosystems) orientieren. Dabei soll nicht bestritten werden, daß es *praktische Gründe* geben kann, die dafür sprechen, die menschliche Lebensspanne als Maßstab für Stabilität heranzuziehen. Es müßte dann allerdings kenntlich gemacht werden, daß dem Begriff ein methodisch motiviertes (bzw. gar interessenbedingtes) Kriterium zugrundegelegt wurde und kein „unantastbar-ökologisches" (vgl. HOEKSTRA et al., 1991, S. 154).

Eine entsprechende Unschärfe des Begriffs, wie sie durch den Faktor Zeit gegeben ist, entsteht durch die Setzung des *räumlichen* Bezugsrahmens. Kleinräumige Systemeinheiten wie ein Waldstück weisen naturgemäß größere Schwankungen und Veränderungen auf als die mitteleuropäische Waldlandschaft als Ganze. Zum Ausdruck kommt dieser Umstand in der sogenannten *Mosaik-Zyklus-Theorie,* die sich derzeit anschickt, das Klimax-Modell abzulösen oder doch zumindest zu modifizieren (REMMERT, 1991).[30] Nach der Mosaik-Zyklus-Theorie ist ein Ökosystem in der Regel keine homogene Einheit, die nach einer linearen Abfolge von Entwicklungsstadien (Sukzession) in eine stabile Endstufe (Klimax-Stadium) einmündet, sondern besteht aus einem großräumigen Mosaik von Untersystemen, die jeweils unterschiedlichen Entwicklungsphasen angehören und nach der Zerfallsphase oder einer lokalen Störung mit einem neuen Sukzessionszyklus beginnen. In einem großflächigen Buchenwald beispielsweise würden vermutlich mehrere Hektar große Wiesenflächen, Birken-Weidenflächen, Kirsch-Ahornflächen und Buchenhallenwälder miteinander abwechseln und sich nacheinander ablösen (REMMERT, 1984, S. 201). Wie anhand solcher „im-System-Sukzessionen" deutlich wird, ist für die Frage der Stabilität die Ausdehnung des untersuchten Systems entscheidend. Kein System weist in allen Teilen dieselbe Stabilität auf. Was kleinräumig instabil erscheint (im Rahmen einer zyklischen *Sukzession*), kann weiträumig betrachtet stabil sein (als *System* von zyklischen Sukzessionen). „Ökologische Stabilität ist damit letztlich nicht die Stabilität stationärer Systeme, sondern die Stabilität von Prozessen" (ZWÖLFER, 1978, S. 22).

Wenn diese *dynamische* und damit von der Alltagssprache abweichende Auffassung ökologischer Stabilität sich in der Ökologie erst allmählich durchzusetzen beginnt, so ist die statische Terminologie des traditionellen Klimax-Konzeptes daran nicht ganz unschuldig. Noch in Lehrbüchern von 1978 ist zum Begriff der Stabilisierung (Klimax) zu lesen, „im Endstadium der Sukzession" fänden „in der Biozönose keine Veränderungen des Artenbestandes mehr statt" (OSCHE, 1978, S. 32) bzw. „die Lebensgemeinschaft" bliebe „ohne bedeutende Veränderungen dauernd bestehen" (STUGREN, 1978, S. 228). Lebensgemeinschaften am Normalstandort (bei Übereinstimmung mit dem Makroklima) wurden von STUGREN (1978, S. 228) als „Schlußgesellschaft", an abweichenden Sonderstandorten als „Dauergesellschaft" bezeichnet. Zweifellos haben solche Formulierungen dem Eindruck Vorschub geleistet, Ökosysteme seien von Natur aus, d. h. ohne menschlichen Einfluß, auf Dauer stabil. Dem widerspricht freilich WILLIAMSON (1987, S. 368) in seinem Aufsatz *Are communities ever stable?* mit dem folgenden Resümee: „Auf lange Sicht kann sich keine Lebensgemeinschaft dem evolutionären Wandel entziehen." Wenn die Vorstellung eherner Stabilität nach einer linear verstandenen Sukzession also zweifellos ein Mißverständnis darstellt, so schließt sich hier nicht selten ein weiteres an: nämlich die Vorstellung, jedes ökologische System „strebe" von sich aus einen Zustand höherer Stabilität an (vgl. OSCHE, 1978, S. 37). Wie ZWÖLFER (1978, S. 23) anmerkt, kann Stabilität in der Natur aber nicht final angestrebt werden: „Eine Zunahme an Stabilität ergibt sich einfach daraus, daß im zeitlichen Ablauf jeder Gewinn an Stabilität die Überlebenschancen des Systems steigert, während ein Verlust an Stabilität Abwandlungen des Systems begünstigt".

Wenn die Stabilität eines Ökosystems *von diesem selbst* gar nicht „angestrebt" wird und den in das System eingeflochtenen *Arten* weder in ihrer Gesamtheit noch auf Dauer garantiert werden kann, stellt sich die Frage, worauf sich der *normative* Anspruch dieses Begriffs in Diskussionen des Natur- und Artenschutzes eigentlich stützt. Warum und in welcher Hinsicht soll ökologische Stabilität „besser" sein als ökologischer Wandel? Nachdem anhand des Humeschen Gesetzes bereits gezeigt worden war, daß es aus *logischen* Gründen unmöglich ist, auf diese normative Frage eine rein ökologische Antwort zu geben (siehe Kapitel 8), dürfte die begriffliche Analyse die Einsicht vorbereitet haben, daß dies auch aus *sachlichen* Gründen nicht gelingen kann.

Das Kernproblem dabei ist nach wie vor die Setzung des räumlichen und zeitlichen Bezugsrahmens, ohne den der *Begriff* der Stabilität inhaltsleer ist und damit auch jegliche *Forderung* nach Stabilität inhaltsleer bleiben muß. Exemplarisch zeigt sich dieses Problem in kleinräumigen Naturschutzgebieten, in denen versucht wird, einen bestimmten Grundbestand meist seltener Arten oder Artengruppen mit Hilfe von „Biotopmanagement" *lokal* konstant zu halten. Dies ist oft nur durch starke und anhaltende menschliche Eingriffe (wie etwa Beweidung, Uferbefestigung oder Bestandslenkung konkurrierender Arten) zu gewährleisten. Erinnert man sich der natürlichen Dynamik kleinräumiger Systemeinheiten im Rahmen der Mosaik-Zyklus-Theorie, wird man einräumen, daß sich ein solch künstliches „Festhalten" bestimmter Sukzessionsphasen schwerlich ökologisch-naturalistisch begründen läßt: In den offenen Systemen der Natur „verschieben sich die Tierbestände dauernd über Raum und Zeit; alles ist in Fluß" (REICHHOLF, 1993, S. 220). Bei der Kleinräumigkeit heutiger Naturschutzgebiete ist es dementsprechend schwierig, Fluktuationen in den Arten- und Individuenbeständen in Hinblick auf Stabilität „richtig" zu interpretieren: Ein Bestandsrückgang, der regional als besorgniserregendes Anzeichen von Instabilität erscheinen mag, kann *überregional* betrachtet als natürliche Schwankung oder Bestandsverlagerung aufgefaßt werden.

Welcher dieser offenbar miteinander unvereinbaren Rahmen ist dann aber für den Begriff der ökologischen Stabilität heranzuziehen, wenn dieser handlungsweisend sein soll? Der lokal-kurzfristige, überregional-mittelfristige oder gar der global-langfristige Rahmen? Wer nach der Kritik des lokal-kurzfristigen nun für den *global-langfristigen* Rahmen plädiert, muß sich darüber im klaren sein, daß ökologische Stabilität dann nur noch die Stabilität des *Lebens*, nicht mehr die bestimmter Ökosysteme oder irgendwelcher Artenbestände bedeuten kann. Angesichts der Tatsache, daß der Evolutionsprozess „lebenserhaltend aber artvernichtend" ist (MARKL, 1981, S. 26), lassen sich aus einem so umfassend verstandenen Stabilitätsbegriff keine konkreten ökologischen (den Artenschutz betreffenden) Handlungsanweisungen mehr ableiten.

Zu welch ambivalenten Konsequenzen die naturalistische Interpretation des *globalen* Stabilitätsbegriffes führen kann, zeigen die ganz unterschiedlichen Schlußfolgerungen, die aus der sogenannten *Gaia-Theorie* von LOVELOCK (1982, 1993) gezogen worden sind. Nach dieser in der Geophysik sowie der Meeres- und Klimaforschung zunehmend diskutierten Theorie[31] ist der Planet Erde nicht einfach eine „Umwelt" für das Leben, sondern selbst ein lebender Organismus, ein sich selbst erhaltendes System, das seine Umwelt so modifiziert, daß es darin überleben kann: „Die Atmosphäre, die Meere, das Klima und die Kruste der Erde werden *aufgrund* des Verhaltens lebender Organismen in einem für das Leben angenehmen Zustand reguliert" (MCKIBBEN, 1992, S. 162). Durch vielfach ineinandergreifende Mechanismen der Rückkoppelung ist das System in der Lage, selbst schwerste Schäden, wie sie durch Meteoritenschauer im Laufe der Erdgeschichte wiederholt aufgetreten waren, auszugleichen und zu seinem dynamischen Gleichgewicht zurückzukehren. Nach Einschätzung von LOVELOCK (1982) würde das System Gaia sogar die Folgen eines Atomkrieges oder die Zerstörung der Ozonschicht mit Leichtigkeit überstehen. Solch massive Störungen könnten zwar zu einem Zustand der Biosphäre führen, in dem *Menschen* (und andere höhere Organismen) nicht mehr überlebensfähig wären, doch das *Leben* als solches würde (wenigstens in der Gestalt von Einzellern) mit großer Wahrscheinlichkeit fortexistieren. Während diese Einschätzung auf der einen Seite als Ermahnung verstanden wurde, der Mensch möge sich daran erinnern, daß *er* zwar auf die Natur, die *Natur* jedoch nicht auf ihn angewiesen sei, ist daraus auf der anderen Seite oft der Schluß gezogen worden, daß wir uns um das Schicksal der Erde eigentlich keine allzu großen Sorgen zu machen bräuchten: Unabhängig von unserem Tun oder Unterlassen werde das Leben auf dem Planeten sowieso weitergehen. Tatsächlich deutet der Untertitel der deutschen Ausgabe von LOVELOCKs Buch (1982) genau in diese Richtung: „Gaia, eine optimistische Ökologie". Wenn dieser Titel dennoch keinen ungetrübten Optimismus, sondern eher ein gewisses Unbehagen hinterläßt, so scheint mir dies darauf hinzuweisen, daß der ihm zugrundeliegende ökologische Naturalismus in zweierlei Hinsicht nicht überzeugen kann: Weder ist es selbstverständlich, als Maßstab für den Begriff der ökologischen Stabilität ausgerechnet und ausschließlich das Leben in seiner erdgeschichtlichen Dimension heranzuziehen, noch kann sich die Entscheidung für diesen Maßstab in irgendeiner Weise auf die wissenschaftliche Ökologie berufen. Diese kann zwar, wenn der Maßstab für Stabilität bereits gesetzt ist, aufzeigen, *was* getan oder unterlassen werden sollte, *um* das betreffende System mehr oder weniger stabil zu halten, aber die Entscheidung, *ob* und in welchem Rahmen das System stabil gehalten werden soll, muß außerhalb der Ökologie fallen.

Dies sollte auch im Hinblick auf den häufigsten Rahmen bedacht werden, der dem Begriff der ökologischen Stabilität meist stillschweigend zugeordnet wird: den *mittelfristigen*, an der menschlichen Lebensspanne orientierten Rahmen. Auch hier liegt, wie bereits angedeutet, kein *ökologisches* Kriterium für Stabilität vor, sondern ein „naiv-egoistisches" (DAHL, 1989a, S. 62). In ihm kommt vor allem der menschliche Wunsch zum Ausdruck, in einer Welt der Sicherheit, Beständigkeit und Vorhersagbarkeit zu leben (REICHHOLF, 1993, S. 217). Am liebsten wäre es dem Menschen, so scheint es, wenn die Natur ihre Dynamik einstellte und in zehn Jahren noch die gleichen Verhältnisse bestünden wie heute. Dies ist zwar verständlich, weil eine beständige Natur leichter kontrollierbar und damit auch besser nutzbar ist als eine dynamische, doch sollte solch schlichtes Eigeninteresse nicht ökologisch verbrämt werden. Genausowenig wie ökologische Stabilität Kennzeichen unberührter Natur ist, ist die Forderung nach ihr „im Interesse der Natur". Wenn es in der Natur außermenschliche Interessen gibt,[32] sind diese zu heterogen, als daß der menschliche Maßstab für Stabilität allen gleichzeitig gerecht werden könnte. Wer das „Gleichgewicht der Natur" stabil halten will, sollte einräumen, daß er damit im Grunde genommen sich selbst und ein ganz spezielles, am Eigeninteresse orientiertes Bild von Natur im Auge hat.

c. Artenvielfalt

In der Ökologie- und Umweltbewegung wird der damit angesprochene Konflikt zwischen dem Interesse des Menschen und den Interessen anderer Arten häufig mit der Behauptung umgangen, langfristiges Eigeninteresse müsse automatisch den Interessen anderer Arten Rechnung tragen, da die vom Menschen erstrebte ökologische Stabilität nur über Artenvielfalt (Diversität) zu haben sei. Je artenreicher und damit vernetzter ein Ökosystem sei, desto widerstandsfähiger sei es auch gegenüber unerwünschten Störungen des ökologischen Gleichgewichts. Dabei wird mit dem bereits erwähnten Bild vom Nahrungsnetz die einleuchtende Vorstellung nahegelegt, jede Organismenart sei als „Knotenpunkt" eines Netzwerks anzusehen und trage über die Wechselwirkungen mit anderen Arten zu dessen Stabilität bei. Als Beleg für den Zusammenhang zwischen der Zahl der „Knoten" und der Stabilität des „Netzes" werden gerne die Monokulturen der modernen Landwirtschaft angeführt, die dem Massenbefall von „Schädlingen" nachweislich eher ausgesetzt sind als entsprechende Polykulturen (z.B. TAHVANAINEN & ROOT, 1972). Solche Erfahrungen aus der biologischen Schädlingsbekämpfung und einfach strukturierten wissenschaftlichen Experimenten haben die allgemeine Auffassung verfestigt, Artenvielfalt *erzeuge* ökologische Stabilität. Wer Stabilität wolle, müsse die Artenvielfalt fördern.

Erinnert man sich der prinzipiellen Schwierigkeiten in der Ökologie, zu allgemeinen Regeln und einfachen Gesetzen zu gelangen (Kapitel 4.e), so wird es einen kaum überraschen, daß in den letzten zwanzig Jahren zahlreiche Untersuchungen vorgelegt worden sind, die der einfachen Gleichung „Artenvielfalt = Stabilität" widersprechen. Die publizierten Befunde und Schlußfolgerungen sind dabei so vielschichtig und uneinheitlich, daß die *Stabilität-Diversität-Hypothese* aus heutiger Sicht als unzulässige Verallgemeinerung erscheinen muß.

Einer der Gründe für die zunehmend kontroverse Beurteilung des Zusammenhangs zwischen Stabilität und Artenvielfalt liegt in der Vieldeutigkeit des Begriffes *Stabilität*. Dies läßt sich allein daran ablesen, daß zusätzlich zu der Untergliederung in Stabilität (im engeren Sinne), Elastizität und Konstanz (siehe 11.b) noch weitere inhaltliche Differenzierungen des Begriffes vorgenommen worden sind (ROBINSON & VALENTINE, 1979; KING & PIMM, 1983): Während etwa einige Autoren Stabilität als das Vermögen eines Ökosystems, seine *Biomasse* stabil zu halten („biomass stability"), verstanden wissen wollten, ging es anderen vorrangig um das Vermögen des Systems, seine *Artenzusammensetzung* stabil zu halten („species deletion stability"). Dabei ergaben Modellbetrachtungen von Pflanzen-Herbivoren-Systemen, daß beide Typen von Stabilität offenbar in einem reziproken Verhältnis zueinander stehen (PIMM, 1984, S. 321): Artenreichere Pflanzengesellschaften zeigten zwar eine höhere Biomasse-Stabilität, unterlagen jedoch bei einem Wegfallen des

Pflanzenfressers einem höheren Risiko, eine der miteinander konkurrierenden Arten zu verlieren.

Das Konkurrenzverhältnis der Arten zueinander weist auf einen *zweiten* Grund für die kontroverse Beurteilung des Stabilität-Diversität-Problems hin: die inhaltliche Unschärfe des Begriffes *Artenvielfalt*.[33] So erscheint es einsichtig, daß es für den Zusammenhang zwischen Stabilität und Diversität nicht allein auf die *Zahl der Arten*, sondern eher auf die Anzahl und Art der funktionalen *Beziehungen* zwischen diesen, also eigentlich auf *Komplexität*, ankommt. Von einem komplexen Nahrungsnetz erwartet man aufgrund *theoretischer* Überlegungen eine höhere Stabilität als von einfachen und voneinander unabhängigen Nahrungsketten. Ob der Netzcharakter freilich in der *Realität* überhaupt eine Rolle spielt, ist nach wie vor umstritten. Während STUGREN (1978, S. 136) glaubt, daß beispielsweise Hemizoophage (d. h. nichtspezialisierte Fleischfresser, die auch einen bedeutenden Anteil pflanzlicher Nährstoffe verbrauchen) die Nahrungsketten durch Querverbindungen miteinander verflechten und dadurch die Stabilität des Gesamtgefüges erhalten, ist REMMERT (1984, S. 228) hinsichtlich der Bedeutung solcher Querverbindungen eher skeptisch. Quantifiziert man nämlich die Nahrungsbeziehungen eines hypothetischen Netzes und streicht alle Nahrungsströme fort, die weniger als 1 ‰ ausmachen, so bleiben meist einige wenige große Ströme bzw. Ketten übrig; die netzartigen Beziehungen erscheinen unter diesem Gesichtspunkt völlig bedeutungslos. Für REMMERT ist somit der vielfach gezogene Schluß vom Netz auf Stabilität ohne Quantifizierung von vornherein unzulässig. „Eine wirkliche Quantifizierung ist aber bisher in keinem einzigen Ökosystem der Erde durchgeführt, das Netzwerk ist also bis heute nicht belegt" (REMMERT, 1984, S. 228).

Der *dritte* Gesichtspunkt, der starke Zweifel an Geltung und Erklärungspotential der Stabilität-Diversität-Hypothese aufkommen läßt, ist ihre Untauglichkeit für *Vergleiche* zwischen Ökosystemen unterschiedlicher Standortbedingungen. Vergleicht man etwa eine artenreiche Trockenheide mit einem artenarmen Hochmoor, so ist das Hochmoor trotz seiner geringeren Diversität nicht selten das stabilere beider Systeme. Ebenfalls erstaunlich stabil sind die arktische Tundra, der nordische Nadelwald oder die Lebensgemeinschaft der Meeresdünen, obwohl sie als Extremstandorte nur relativ wenige Arten beherbergen. Stellt man diesen artenarmen und doch stabilen Systemen die artenreichen, aber gegenüber bestimmten Störungen höchst empfindlichen tropischen Regenwälder und Korallenriffe oder den mitteleuropäischen Auwald gegenüber, bleibt von der einstigen „Lieblingsdoktrin der Community Ecology" nicht mehr viel übrig. Einmal mehr scheint es sich in der Ökologie als unmöglich erwiesen zu haben, auf Ökosystemebene eine einfache Regel mit allgemeiner Geltung aufzustellen.

Auf Einwände dieser Art ist verschiedentlich erwidert worden, die „Regel von der Stabilität durch Artenvielfalt" sei von vornherein nicht für Vergleiche vorgesehen gewesen, sondern gelte „nur für Bestände *gleichen* Biotoptyps und einer Reihe von Lebensgemeinschaften, die aufeinander in natürlicher Entwicklung an einem bestimmten Standort folgen" (HEYDEMANN, 1981, S. 27). Abgesehen davon, daß das damit angesprochene Phänomen der Sukzession zeigt, daß die stabilste Sukzessionsstufe, die Klimax, häufig gerade *nicht* die artenreichste ist (REMMERT, 1984, S. 198/199), läßt es die Einzigartigkeit von Ökosystemen und ihren Randbedingungen (siehe 4.e) als überaus schwierig erscheinen zu entscheiden, wann zwei Biotope zum selben Biotoptyp zu rechnen sind und wann nicht. Gleichzeitig macht die zitierte Einschränkung der Stabilität-Diversität-Hypothese deutlich, daß Artenreichtum – wenn überhaupt – nur *eine* von mehreren Ursachen für Stabilität sein kann und daß Standortfaktoren hier möglicherweise eine viel wichtigere Rolle spielen.

Tatsächlich haben zahlreiche theoretische wie empirische Analysen der letzten Jahre zu der neuen und noch ungewohnten Auffassung geführt, daß „Stabilität gar nicht eine Frage eigentlich der Ökologie und der Biologie ist, sondern eine Frage des Vorhandenseins von Ressourcen nach einem Eingriff, der Stabilität oder Elastizität erfordert" (REMMERT, 1984, S. 265). Ökosysteme werden nicht unbedingt durch Artenvielfalt stabil, sondern *umgekehrt* kann sich Artenvielfalt dort entwickeln, wo die Randbedingungen der Umwelt, insbesondere Klima und Bodenverhältnisse, stabil sind und zusätzlich eine räumliche wie zeitliche Heterogenität des Lebensraumes besteht. Mit anderen Worten ist Diversität oft nicht die *Ursache*, sondern die *Folge* von Stabilität, oder genauer: „eine Folgeerscheinung von Prozessen, die den Eindruck von Stabilität vermitteln" (REICHHOLF, 1993, S. 24).

Ein gutes Belegbeispiel für diese These ist der amazonische Regenwald, der mit über 100 Baumarten pro Hektar (gegenüber ca. 5 in den gemäßigten Zonen) als eines der artenreichsten Ökosysteme der Erde gilt. In ihm sind alle vier Voraussetzungen vereinigt, die nach TISCHLER (1976, S. 114f.) Artenvielfalt ermöglichen: 1) Es herrschen gleichmäßige und günstige klimatische Verhältnisse ohne Zwang zur Anpassung an jahreszeitliche Änderungen. 2) Dank der klimatischen Konstanz hat das System (ungeachtet aller Wandlungen) ein sehr hohes Alter (>100 Millionen Jahre) erreicht. 3) Der Lebensraum ist stark gegliedert. 4) Mangel an Nährstoffen im Boden erzwingt die Herausbildung von „Spezialistentum", mit vielfältigen Verknüpfungen der Organismen untereinander und mit den abiotischen Systemteilen. Auf die vierte Voraussetzung Bezug nehmend sieht REICHHOLF (1993, S. 40) in der Entwicklung von Vielfalt „eine Antwort der Natur auf Mangel". Da im amazonischen Regenwald nahezu 100 Prozent aller Nährstoffe in der Pflanzenmasse gebunden sind und aus dem ausgelaugten Boden kaum mehr etwas herauszuholen ist, kann auch nur noch wenig umgesetzt werden. „Wo aber nur noch wenig umgesetzt werden kann, weil Mangel herrscht, wird sich auch wenig verändern. Daher entsteht der Eindruck von Stabilität" (REICH-HOLF, 1993, S. 40).

Daß dieser Anschein von Stabilität trügerisch ist – nach der Definition REMMERTS (1984, S. 260/261; siehe 11.b) handelt es sich hier eigentlich um Konstanz – zeigt die rasend fortschreitende und nicht mehr rückgängig zu machende Zerstörung dieses komplexen Ökosystems durch den Menschen.[34] Wird der Regenwald großflächig geschlagen und seine biologisch aktive Substanz verbrannt oder entfernt, bedeutet dies den Verlust seiner gesamten Ressourcen. Da der Boden selbst keinerlei Ressourcen enthält, ist eine Regeneration ausgeschlossen; günstigstenfalls entsteht ein armer Sekundärbusch, der nichts mehr mit dem einstmals reichen Wald zu tun hat. Wie dieses traurige Beispiel zeigt, nützt einem Ökosystem unter Umständen seine ganze Artenvielfalt nichts, wenn ein bestimmter Eingriff seine *Ressourcen* trifft.

Damit ist der *vierte* Schwachpunkt des verallgemeinernden Konzeptes der Stabilität-Diversität-Hypothese angesprochen: seine fehlende Berücksichtigung von *Art* und *Zeitpunkt* des Eingriffes. So macht es je nach Ökosystem einen großen Unterschied, ob es sich um eine chemische Belastung (durch Luft- oder Bodenverschmutzung), einen physikalischen Angriff (durch Feuer oder Kettensägen) oder eine biologische Störung (durch Massenvermehrungen oder Einführung fremder Organismen) handelt. Während etwa Wüstenpflanzen mit physikalischen Belastungen wie Sandstürmen in der Regel gut zurechtkommen, sind sie gegenüber chemischen Verunreinigungen höchst empfindlich. Die Grenzbedingungen, unter denen sie leben, lassen ihnen kaum einen energetischen Spielraum für eventuelle Entgiftungsprozesse. Umgekehrt können tropische Regenwälder chemische Verunreinigungen vergleichsweise gut ertragen, während physikalische Belastungen wie Feuer, Rodung und Kahlschlag sie sozusagen am Lebensnerv treffen. Daß dieser Lebensnerv bei jedem Ökosystem woanders liegt und primär nichts mit fehlender Artenvielfalt zu tun haben muß, zeigt der relativ artenarme mitteleuropäische Buchenwald: Er erträgt sowohl regelmäßige Abholzungen als auch den Abtransport des Holzes und regeneriert sich im allgemeinen dennoch immer wieder. In Abwandlung des Bildes vom Nahrungsnetz vergleicht REMMERT (1984, S. 263) die Artenarmut eines solchen Systems mit einer „einförmigen Mauer", während Artenvielfalt statt (wie üblich) als stabiles Netz eher als „locker aufeinander aufgebautes Gerüst" aufzufassen sei. Mit diesen Bildern läßt sich verständlich machen, daß das ausdifferenzierte „Filigrangerüst" des tropischen Regenwaldes trotz seines Artenreichtums viel leichter zu zerstören ist als die artenarme „Festungsmauer" des Buchenwaldes.

Die alte Stabilität-Diversität-Hypothese wird durch diese neue Betrachtungsweise freilich nicht nur in Frage, sondern geradezu auf den Kopf gestellt: Statt als Garant für ökologische *Stabilität* erscheint Artenvielfalt plötzlich als eine höchst anfällige Evolutionsstrategie, die dem System zwar eine biologische *Konstanz* verleiht, das System aber gleichzeitig *empfindlich* gegenüber exogenen Eingriffen macht. Gelingt es einem System einmal, infolge langfristig konstanter Standort- und Klimabedingungen artenreich zu werden, so ist es auch in Zukunft auf die Fortdauer dieser Schwankungs- und Störungsfreiheit angewiesen. Je älter und damit komplexer es wird, desto weniger scheint es den Verlust bestimmter Schlüsselarten verkraften zu können: Wird eine einzelne Pflanzenart ausgerottet, verliert das System nämlich zusätzlich alle „Spezialisten" (z. B. Blütenbesucher, Symbionten, Parasiten etc.), die sich im Laufe einer lang andauernden Coevolution schwerpunktmäßig oder gar ausschließlich an diese eine Pflanzenart angepaßt haben. Dieser „Mitreiß- oder Laufmascheneffekt" spielt dabei eine um so größere Rolle, je näher die verlorengegangene Art an der Basis des Nahrungsnetzes bzw. der Nahrungsketten stand (HEYDEMANN, 1985, S. 594).

Nach dieser zwar noch ungewohnten, sich gleichwohl mehr und mehr durchsetzenden Auffassung, daß Konstanz und Empfindlichkeit miteinander verwandt sind, wäre zu folgern, daß es nicht die *konstanten* und artenreichen Systeme sind, die dem nutzenorientierten menschlichen Interesse an ökologischer Stabilität bzw. Elastizität am ehesten entgegenkommen, sondern die *inkonstanten* und meist artenarmen. Während *konstante* Systeme, die von exogenen Schwankungen weitgehend freie Rahmenbedingungen gewohnt sind, einer besonders vorsichtigen und zurückhaltenden Behandlung bedürfen, werden sich *inkonstante* Systeme, die beispielsweise an die Vernichtung der Vegetation durch Feuer oder Massenvermehrungen von Insekten angepaßt sind, wahrscheinlich auch nach einem Angriff des Menschen mit Hilfe von Bulldozern rasch wieder erholen. Nach MAY (1980, S. 146) kehrt dies „die naive, wenn auch gut gemeinte Vorstellung um, ‚Komplexität erzeuge Stabilität' und die damit einhergehende Nutzanwendung, wir sollten komplexe Systeme als Puffer gegen menschliche Zudringlichkeit schützen oder gar schaffen". Komplexe Systeme sind für eine solche Pufferfunktion wahrscheinlich weit weniger geeignet als einfache Systeme.

Gegenüber der Auffassung von Stabilität, wie sie noch bis in die achtziger Jahre hinein als gesichert angesehen wurde (z. B. KURT, 1982, S. 130; AMERY, 1982, S. 128; WEHNERT, 1988, S. 140), bedeutet diese Einschätzung einen radikalen Wandel. Ob sie richtig ist, muß anhand längerfristig angelegter Untersuchungen erst noch geprüft werden. Einstweilen stellt „die neue Auffassung von Stabilität und Elastizität" jedenfalls „mehr Fragen als Antworten" (REMMERT, 1984, S. 265). Vorsichtshalber sollte davor gewarnt werden, die Stabilität-Diversität-Hypothese einfach „umzudrehen" und in Umkehrung des eingangs erwähnten Slogans nun zu behaupten, wer ökologische Stabilität wolle, müsse artenarme Systeme fördern. Was an Einwänden gegen Verallgemeinerungen in der Ökologie im allgemeinen (vgl. 4.e) und gegen die Stabilität-Diversität-Hypothese im besonderen angeführt worden ist, würde grundsätzlich auch eine solch „umgedrehte Version" treffen. Insbesondere die Tatsache, daß die unterschiedlichen *Qualitäten* verschiedener Eingriffe und der Bezug zu den *Ressourcen* im Stabilitätsbegriff nicht berücksichtigt werden, läßt den Versuch, die Bedeutung von Artenvielfalt für Stabilität verallgemeinernd zu fassen, vergeblich erscheinen.

So ist es beispielsweise nicht möglich, die Wirkung des einfachen Störfaktors *Feuer* auf ein und dasselbe ökologische System einheitlich zu bewerten: Feuer, die ein Gelände gegen den Wind durchdringen, haben viel schwerwiegendere Folgen als Feuer, die rasch mit dem Wind laufen; Feuer im Frühjahr wirken anders als Feuer im Sommer oder im Herbst. Wie in Kapitel 22.b noch deutlich werden wird, sind die Folgen von Artenverlusten für ein System ebensowenig kalkulierbar, denn verschiedene Arten haben verschiedene Wertigkeiten. So würde der Wegfall der Eiche in einem mitteleuropäischen Eichenwald sicherlich andere Auswirkungen haben als der Verlust des ohnehin seltenen Sperlingskauzes. Angesichts der Vielzahl relevanter Faktoren und der Einzigartigkeit eines jeden „Störfalles" hält REMMERT (1984, S. 260/261) eine streng naturwissenschaftliche Diskussion der Wirkung plötzlicher Eingriffe in ein System für kaum möglich: „Prinzipiell läßt sich nicht vorhersagen, ob für ein System das Hinzufügen eines Tieres bedeutsamer ist als die Herausnahme eines Tieres. Es läßt sich nicht sagen, ob ein menschlicher Eingriff mit Feuer, mit Bulldozern, mit Insektiziden oder mit Herbiziden bedeutsamer ist als die erstgenannte biologische Faktorengruppe. Auch läßt sich die Bedeutung dieser verschiedenen menschlichen Eingriffe nicht von vornherein abschätzen". Die Crux bei all diesen Diskussionen über Stabilität und Artenvielfalt ist, daß Eingriffe und Systeme miteinander verglichen werden, die im Grunde genommen weder qualitativ noch quantitativ miteinander vergleichbar sind. Sind Vergleiche jedoch nicht möglich, bestehen auch kaum Chancen für eine Überprüfung verallgemeinernder Hypothesen in der freien Natur – die unabdingbare Nagelprobe für jede ökologische Theorie.

Vor dem Hintergrund dieser methodischen Schwierigkeiten, der Heterogenität der empirischen Befunde und des Paradigmenwechsels in der theoretischen Ökologie dürfte deutlich geworden sein, daß sich eine *pauschale Forderung nach Artenvielfalt* heute nicht mehr auf die wissenschaftliche Ökologie berufen kann. Nachdem die Diversität-Stabilität-Theorie in der früher für richtig gehaltenen umfassenden Form auch auf der theoretischen Ebene als widerlegt gilt (MAY, 1980, S. 144f.), ist auch das von AUHAGEN & SUKOPP (1983) vorgebrachte Argument hinfällig, Artenvielfalt sei generell die Voraussetzung für die „Leistungsfähigkeit des Naturhaushaltes" und die „Nutzungsfähigkeit der Naturgüter". Im Gegenteil: „Wer mit gezielter Förderung der Artenvielfalt Stabilität erzeugen möchte, liegt so gut wie immer falsch" (REICHHOLF, 1993, S. 24). Eine *rein ökologische* Begründung der Forderung nach Artenvielfalt ist damit gleich aus drei Gründen gescheitert: Zum ersten an der *logischen* Unmöglichkeit, aus rein *deskriptiven* Aussagen über Stabilität irgendwelche *normative* Aussagen über Artenvielfalt abzuleiten (Naturalistischer Fehlschluß), zum zweiten an der Unmöglichkeit, die Wahl des Maßstabes für Stabilität *ökologisch* zu begründen, zum dritten (wenn man sich schließlich auf den mittelfristigen Maßstab geeinigt hätte) an der *empirischen* Unhaltbarkeit der Stabilität-Diversität-Hypothese.

All dies ändert aber wenig daran, daß der Begriff der Artenvielfalt innerhalb der Ökologiebewegung und selbst von professionellen Naturschützern immer noch gerne als allgemeingültiger ökologischer Leitbegriff verstanden wird, mit dessen Hilfe „wissenschaftliche Bewertungen" und „Ermittlungen der Schutzwürdigkeit" (GERSTBERGER, 1991, S. 318/320) von Lebensgemeinschaften und Lebensräumen vorgenommen werden.[35] Selbst wenn solchen im Naturschutz eingebürgerten Formulierungen kein diffuser Naturalismus zugrundeliegt, so leisten sie doch zweifellos der naturalistischen Fehlinterpretation Vorschub, bei der „Ermittlung und Bewertung der Schutzwürdigkeit" handle es sich um eine *rein empirische* Aufgabe, die sich darin erschöpfe, verschiedene ökologische Parameter, wie beispielsweise den Diversitätsindex, zu bestimmen. Ein solcher Eindruck muß sich verstärken, wenn man in den entsprechenden Untersuchungen, die sich in der Regel ja nur auf einen ganz *speziellen Biotoptyp* bzw. ein bestimmtes Gebiet beziehen, vergeblich nach einer *speziellen Begründung* für das Kriterium der Artenvielfalt sucht.

Daß normative Verallgemeinerungen, die auf naturalistischen Fehlschlüssen beruhen oder diesen doch zumindest nahekommen, nicht ungestraft vorgenommen werden, hat der Naturschutz inzwischen mehrfach zur Kenntnis nehmen müssen. So hat die pauschale Idealisierung der Artenvielfalt in vielen Fällen zu Schlußfolgerungen geführt, die den ursprünglichen Absichten und Intuitionen des Naturschutzes unverkennbar widersprechen. Nach der *Eindeichung des Wattenmeers* im Bereich des heutigen Hauke-Haien-Koogs etwa ergab sich die paradoxe Situation, daß die eingerichteten künstlichen Speicherbecken heute mehr Tier- und Pflanzenarten beherbergen als die entsprechenden Wattflächen zuvor (SCHMIDT-MOSER, 1982, S. 110). Als es später darum ging, weitere Bereiche dieses weltweit einzigartigen und flächenmäßig nicht weiter ausdehnbaren Ökosystems Wattenmeer einzudeichen, sahen die Naturschützer plötzlich ihre ureigenen Parolen der Artenvielfalt und der ökologischen Stabilität gegen sich gerichtet: Wer über Artenvielfalt ökologische Stabilität erzeugen will, müßte der nicht weitere Eindeichungen im Stile des Hauke-Haien-Koogs begrüßen?

Ebenso prekär wie der Artenreichtum des Hauke-Haien-Koogs muß der Artenreichtum der heutigen *Großstädte* erscheinen. Im Stadtgebiet des früheren Westberlin leben beispielsweise über 120 verschiedene Vogelarten mit rund einer Viertelmillion Brutpaaren. Die dabei erreichte Brutdichte von 500 Brutpaaren pro Quadratkilometer wird nach REICHHOLF (1993, S. 184) nur von erstklassigen Brutgebieten für Vögel unter Bedingungen der „freien Natur" in Mitteleuropa übertroffen: „Die Kulturlandschaft hat keine Chance, hiergegen Konkurrenz zu machen; weder nach Zahl der Brutvogelarten noch hinsichtlich der Siedlungsdichte der Vögel". Wie REICHHOLF betont, ist weder die Tiergruppe der Vögel noch die Stadt Berlin hier ein Ausnahmefall: „Die Stadt ist längst ein wichtiger Lebensraum für viele Arten geworden – nur wird das kaum wahrgenommen, oder es wird in der Bedeutung heruntergespielt!" (REICHHOLF, 1993, S. 185). Heruntergespielt werden muß die Artenvielfalt der Städte freilich nur deshalb, weil Artenvielfalt immer noch häufig in naturalistischer Manier als wissenschaftlich-objektives und damit verallgemeinerbares Bewertungskriterium der Schutzwürdigkeit gilt. Geschähe dies nicht, bliebe womöglich nur noch die Unterschutzstellung von Stadtgebieten!

Zu ebenso skurrilen Konsequenzen würde eine streng an der Artenvielfalt orientierte Bewertung der verschiedenen Phasen einer *Sukzession* führen. Holzt man etwa einen natürlich gewachsenen, aber artenarmen mitteleuropäischen Buchenwald ab, entstehen an dessen Stelle oft sehr tier- und pflanzenreiche Brachflächen; die Diversität ist anfangs niedrig, erreicht im Laufe der Sukzession sehr hohe Werte und fällt schließlich mit der Einmündung ins Klimax-Stadium wieder auf niedrige Werte zurück. Es dürfte einleuchten, daß es absurd wäre, aus dieser Optimumkurve der Diversität nun direkte Handlungsanweisungen für den Naturschutz ableiten zu wollen, d. h. großflächig Buchenwälder abzuholzen und die nachfolgenden Sukzessionen jeweils im Stadium der höchsten Artenvielfalt festzuhalten.

Mit der Warnung vor normativen Generalisierungen soll nun nicht in Abrede gestellt werden, daß Artenvielfalt *unter bestimmten Bedingungen* ein gutes Maß und eine gute Argumentationshilfe bei Fragen des Naturschutzes sein kann. Häufig lassen sich mittels Artenvielfalt menschlich beeinflußte von naturnahen Systemen unterscheiden (BEZZEL & REICHHOLF, 1974).[36] Wie die angeführten Beispiele gezeigt haben, gelingt diese Unterscheidung jedoch nicht immer; naturnahe Systeme können artenarm, menschlich stark beeinflußte Systeme dagegen artenreich sein. Das Kriterium Artenvielfalt darf also auch in dieser Hinsicht nicht überstrapaziert werden, wie es in der Vergangenheit häufig der Fall war: Nach REMMERT (1984, S. 206) haben Überbewertungen die Diversitätsindizes „inzwischen weitgehend in Verruf gebracht, so daß in der neuesten Literatur kaum noch mit ihnen gearbeitet wird".

Der Gefahr der Überbewertung sind freilich nicht nur die Indizes für Artenmannigfaltigkeit ausgesetzt. Auch andere Kriterien, die für die Schutzwürdigkeit von Gebieten angeführt werden, wie z. B. Mannigfaltigkeit von Lebensgemeinschaften, Repräsentativität, Seltenheit, Erhaltungszustand und Natürlichkeit (VON HAAREN, 1988, S. 102), können bei genereller oder isolierter

Anwendung zu paradoxen Situationen führen. Am leichtesten ist dies am Kriterium der Seltenheit zu erkennen, da Naturschutzmaßnahmen, die unter Umständen ein großflächiges Gebiet betreffen, hier ausschließlich an *einer* Art (und manchmal sogar an wenigen Individuen dieser Art) festgemacht werden.

Versucht man der Gefahr der Einseitigkeit und Überstrapazierung zu entgehen und zieht den *gesamten* Kriterienkatalog heran, stellt sich ein anderes (und nicht geringeres) Problem ein: das Problem der Abwägung *zwischen* den Kriterien. Wie die Erfahrung im Naturschutz lehrt, lassen sich die verschiedenen Kriterien nicht nur selten gleichzeitig optimieren, sondern schließen sich meistens sogar gegenseitig aus.[37] Man erinnere sich an das Auerhuhn-Beispiel (Kapitel 9.b): Soll der Magerrasen am Rande eines Buchenwaldes a) weiterhin beweidet werden, damit er ein *artenreicher* Magerrasen bleibt, b) die *natürliche* Sukzession zum artenarmen Hallenwald ablaufen dürfen oder c) die Sukzession zugunsten des *seltenen* Auerhuhns in einem busch- und lichtungsreichen Zwischenstadium festgehalten werden? Es ist bereits betont worden, daß diese Frage – so „ökologisch" sie auch klingen mag – von der wissenschaftlichen Ökologie allein nicht beantwortet werden kann. Will man sich weder mit naturalistischen Scheinantworten noch mit willkürlichen Entscheidungen zufrieden geben, muß vielmehr nach den außerökologischen Normen gegraben werden, auf die sich die genannten Kriterien meist unausgesprochen beziehen oder sich wenigstens beziehen sollten. Von diesen allgemeinen Normen und ihren eventuellen Hierarchien ausgehend, wäre im Einzelfall dann umgekehrt zu prüfen, welche der Schutzkriterien ihnen am ehesten gerecht werden und daher vorrangig zu berücksichtigen wären.

Die damit anklingenden und für den praktischen Naturschutz grundlegenden Fragen nach begründbaren *Leitbildern* und nachvollziehbaren *Bewertungsverfahren* können an dieser Stelle nicht aufgerollt werden. Hier muß es genügen, auf die Tatsache aufmerksam zu machen, daß diese Fragen bisher in der Regel entweder ignoriert oder nur unzureichend angegangen worden sind, mit der Folge, daß der Natur- und Artenschutz im Hinblick auf generelle Begründungen und konkrete Zielfestlegungen noch weitgehend „in der Luft hängt". Diese Einschätzung kommt in zahlreichen Fachpublikationen der jüngsten Zeit zum Ausdruck, in denen auf methodische Defizite in der Naturschutzforschung ausdrücklich hingewiesen und die Entwicklung nachvollziehbarer Bewertungsverfahren dringend angemahnt wird.[38] Der dort geäußerten Kritik stimme ich uneingeschränkt zu, doch scheinen mir die Ursachen für die Defizite in der Naturschutzforschung tiefer zu liegen: Kann es sein, daß ein naturalistisch geprägter Szientismus hier bislang die Sicht versperrt hat? Ist es möglich, daß es auch im Naturschutz einfach nicht opportun war, sich mit philosophischen und damit „nichtwissenschaftlichen" Fragen der Bewertung abzugeben, daß man es statt dessen vorzog,

Normen lieber gleich und ohne „philosophische Umschweife" aus Tatsachen abzuleiten? Auch wenn dabei unter Umständen gegen das Humesche Gesetz verstoßen wurde, konnte man auf diese Weise einer wissenschaftsgläubigen Öffentlichkeit (und möglicherweise sich selbst) doch den Eindruck vermitteln, als beruhten die Forderungen und Maßnahmen des Naturschutzes *allein* auf den hehren Gesetzen der modernen Wissenschaft.[39] Angesichts der Tatsache, daß der Naturschutz gegenüber der vermeintlich überlegenen Zweckrationalität ökonomischer Interessen gleichsam mit dem Rücken zur Wand steht, ist diese Strategie zwar durchaus verständlich. Dennoch ist sie als kontraproduktiv abzulehnen, da sie langfristig nicht nur die wissenschaftliche Ökologie in Verruf bringt, sondern auch die Glaubwürdigkeit des Naturschutzes untergräbt.

d. Geschlossener Kreislauf

Ein letzter ökologischer Leitbegriff, der hier näher untersucht werden soll, ist der *geschlossene Kreislauf*. Auch mit ihm ist häufig die Vorstellung verbunden, als habe man es mit einer von der wissenschaftlichen Ökologie klar aufgezeigten „natürlichen Notwendigkeit" zu tun. Als „natürlich" wird die Forderung nach geschlossenen Kreisläufen dabei insofern angesehen, als angenommen wird, es gäbe im größeren Rahmen der Natur letztendlich nirgendwo *nur lineare* Stoffumwandlungen, sondern überall Kreislaufprozesse („Recycling"). Von dieser Vorstellung geht beispielsweise HIMMELHEBER (1974a, S. 66) aus, der im Prinzip des Kreislaufs einen wesentlichen Unterschied zwischen ökonomischen und ökologischen Systemen erkennen zu können glaubt: „Unsere Technik und die von ihr bestimmte Produktions- und Konsumwirtschaft verläuft *linear* vom Rohstoff über das Industrieprodukt zur Schutthalde (...). Im Gegensatz dazu gibt es in der Natur nur geschlossene *Kreisläufe*. Das Ökosystem der Erde als Ganzes ist, abgesehen von der ihm ständig von außen zuströmenden Sonnenenergie und der von der Erde in den Weltraum abgestrahlten Wärme, in sich geschlossen und besteht aus vielfach miteinander verknüpften Kreisläufen. *In der Natur gibt es keinen Abfall.* Diese Tatsache, die wir meist als selbstverständlich hinnehmen, ist im höchsten Grade erstaunlich". Nach den zahlreichen gescheiterten Versuchen in der Ökologie, zu umfassenden und ausnahmslosen Gesetzen zu gelangen, wäre es nun freilich noch erstaunlicher, wenn diese Behauptung HIMMELHEBERS zuträfe. Ein genaueres Hinsehen zeigt denn auch, daß es sich bei dieser Behauptung nicht nur um eine unzulässige Verallgemeinerung handelt, sondern daß sie auch dort, wo sie zuzutreffen scheint, eine Vereinfachung der tatsächlichen Verhältnisse darstellt.

Daß das Prinzip des Kreislaufs im Sinne einer ständigen Umsetzung der verfügbaren Stoffe in der Natur sehr häufig vorkommt, soll hier nicht bestritten werden. Bekannt sind die Kreisläufe von Wasser, Kohlendioxid, Sauerstoff und Stickstoff, die alle weitgehend geschlossen sind und die zum *gasförmigen Typus* zusammengefaßt werden können (TISCHLER, 1976, S. 109; HEINRICH & HERGT, 1990, S. 61). Diesem Typus läßt sich der *Ablagerungstypus* der Mineralkreisläufe gegenüberstellen, zu dem die Kreisläufe von Phosphor, Schwefel, Kalium, Natrium, Kalzium, Magnesium, Silizium, Eisen und verschiedenen Spurenelementen gerechnet werden.

Wie die Bezeichnung Ablagerungstypus deutlich macht, vollzieht sich der Stoffdurchfluß dieser Elemente im System nicht immer kontinuierlich, sondern kann durch Bildung von Ablagerungen (Sedimenten) mehr oder weniger lang ins Stocken geraten. Solche Unterbrechungen dauern häufig nur wenige Jahre (wie etwa beim Calcium in der Bodenstreu eines Mischwaldes), können mitunter aber auch geologische Zeiträume umspannen. Innerhalb des Phosphorzyklus beispielsweise gelangt ein Teil des Phosphats durch die Flüsse vom Land ins Meer, wo zwar wiederum ein Teil über das Plankton zurück in die Nahrungskette gelangt, ein anderer Teil sich jedoch in der Tiefe ablagert. Dieser als *Phosphorit* am Meeresgrund abgelagerte Phosphor ist unter Umständen über Jahrmillionen für keine Pflanze mehr verfügbar und damit aus dem biogenen Kreislauf praktisch ausgeschieden. Ein weiteres Beispiel für extrem lang andauernde Auslagerungen von normalerweise zirkulierenden Stoffen, sind die organischen Lagerstätten von *Kohle*, *Erdöl* und *Erdgas*. Sie entstanden vor Millionen von Jahren unter physikalisch extremen Bedingungen (hoher Druck, Sauerstoffabschluß) aus Überresten von Pflanzen und waren durch ihre extreme Lage tief unter der Erdoberfläche bis heute vom Kreislauf des Kohlenstoffs abgekoppelt. Doch man braucht gar nicht solch geologisch extreme Konstellationen heranzuziehen, um die Behauptung zu widerlegen, in der Natur gäbe es keinen Abfall: Jeder verlandende See, dessen Schlammengen von Bakterien nicht mehr aufgearbeitet werden können, jedes Korallenriff, jeder Guanofelsen und jede Torfansammlung in der Tiefe eines Moores läßt sich als natürliche Abfallhalde verstehen. Für die Definition des Begriffes „Abfall" ist dabei entscheidend, daß sich die angesammelten Substanzen *innerhalb* des betreffenden Systems nicht mehr aufarbeiten lassen, sondern allenfalls nach einer fundamentalen Änderung des Systems wieder in den Kreislauf zurückfinden.[40]

REICHHOLF (1993, S. 165) schildert ein einprägsames Beispiel für ein Ökosystem, in dem ein bestimmter Organismus nicht nur laufend Abfall (im oben definierten Sinne) produziert, sondern durch die Abfallproduktion so gut wie alle anderen Lebensformen verdrängt und letztendlich sogar seine eigenen Vermehrungsbedingungen beeinträchtigt. Bei dem Organismus handelt es sich um ein *Eisenbakterium*, das seine Stoffwechselenergie daraus bezieht, im Wasser gelöstes Eisen-(II)-oxid (FeO) zu Eisen-(III)-oxid (Fe_2O_3) zu „verbrennen". Dieser chemische Vorgang, der sich mit dem Verrosten von Eisen vergleichen läßt, verbraucht bei starker Vermehrung der Eisenbakterien viel

Sauerstoff, so daß unter den zunehmend sauerstoffarmen Bedingungen der Umgebung kaum ein anderes Lebewesen mehr zu existieren vermag. Die Sauerstoffverknappung hat darüber hinaus zur Folge, daß eiweißhaltige Stoffe nicht mehr vollständig zersetzt werden können und zu giftigem Schwefelwasserstoff umgebaut werden. Als Endprodukt des chemischen Prozesses bleibt ein mit schwarzem Schwefeleisen (FeS) durchmischter Ockerschlamm zurück, der so lebensfeindlich ist, daß sich seine Bestandteile nicht wieder in einen biologischen Kreislauf zurückführen lassen. Allenfalls kann sich in ferner Zukunft daraus ein Eisenerzvorkommen bilden, wie dies vor Millionen von Jahren an verschiedenen Stellen der Erde geschehen ist. Bezeichnend für die lineare Stoffwechselökologie der Eisenbakterien ist, daß die Bakterien einerseits allen sauerstoffproduzierenden Organismen (wie z. B. Algen und grünen Pflanzen) die Lebensgrundlage entziehen, andererseits aber für die Nutzung des gelösten Eisens im Wasser und damit für die eigene Vermehrung gleichwohl auf Sauerstoff angewiesen sind. Angesichts der sich aufdrängenden Analogie zum ökologischen Raubbau des Menschen ist es nicht verwunderlich, daß eine Massenvermehrung von Eisenbakterien, wie sie etwa am unteren Inn beobachtet wurde (REICHHOLF, 1981), unwillkürlich als „Umweltkatastrophe" und nicht als natürlicher Vorgang empfunden wird. Nach den gängigen Vorstellungen von einer harmonischen Kreislaufbeziehung zwischen Produzenten, Konsumenten und Reduzenten muß der für andere Arten zerstörerische Marsch der Eisenbakterien in die Sackgasse der Eisenhalde als zutiefst „unökologisch" erscheinen.

Dabei wäre es verfehlt, die hier nur grob skizzierte Ökologie der Eisenbakterien als skurrile Ausnahmeerscheinung abzutun. Vielmehr hat die Natur den weitaus größten Teil der Zeitspanne von mehr als drei Milliarden Jahren, die das Leben existiert, *nur* auf diese lineare Art und Weise funktioniert: Stoffe wurden genutzt, umgesetzt und Endprodukte angehäuft. Recycling gab es nicht. Die Selbsterhaltung der ältesten und einfachsten Ökosysteme der Erde beruhte in erster Linie auf der ständigen Vermehrung ihrer Glieder, d.h dem ununterbrochenen Wachstum der Blaualgen und Bakterienrasen. Wie REICHHOLF (1993, S. 178) betont, ist das Recycling eine „Erfindung" der letzten halben Milliarde Jahre: „Richtig funktioniert es seit dem letzten Zehntel der Existenzzeit des Lebens. Vorher hatte eine überschäumende Produktion Unmassen an pflanzlichen Stoffen angehäuft, weil die Photosynthese ein so erfolgreicher Vorgang war. Sein Abfallprodukt, der Sauerstoff, verbrannte und vergiftete die Erde, bis die Sauerstoffatmung eine neue Dimension für das Leben freisetzte". Wie diese „ökologische Krise" in der Frühgeschichte der Biosphäre zeigt, sind Umweltverschmutzung und Abfallproduktion keine Erfindungen des Menschen. Die Natur kennt nicht nur den ausgeklügelten und harmonisch wirkenden Kreislauf, sondern ebenso die primitiv und rücksichtslos anmutende Anhäufung von Müll.

Welche Schlußfolgerungen lassen sich aus diesen deskriptiven, evolutionsgeschichtlichen Überlegungen für den *normativen* Gebrauch des Begriffes „Kreislauf" ziehen? Zunächst sollte klar sein, daß sich aus der Tatsache, daß es auch in natürlichen Systemen Müllproduktion und Umweltverschmutzung gibt, keinerlei Rechtfertigung dafür ableiten läßt, daß der Mensch nun seinerseits die Natur mit Müll überhäuft. Es wäre nicht nur äußerst unklug, sich in dieser Hinsicht auf die Eisenbakterien zu berufen, sondern im Sinne einer *direkten* Ableitung von Verhaltensnormen aus natürlichen Tatsachen auch logisch nicht haltbar. Umgekehrt hätte man es gleichermaßen mit einem naturalistischen Fehlschluß zu tun, wenn die Forderung nach Kreislaufwirtschaft und stofflichem Recycling vorwiegend oder gar ausschließlich damit begründet würde, daß natürliche Systeme sich ebenfalls durch Kreislauf und Wiederverwertung auszeichnen. Auch wenn es im Einzelfall sicherlich schwierig sein dürfte, einen diesbezüglichen naturalistischen Fehlschluß ohne spezielle Kenntnis der Hintergrundannahmen des Argumentierenden als solchen aufzuweisen (ENGELS, 1993, S. 120), so scheint doch zumindest die Gefahr des naturalistischen Fehlschlusses dort zu bestehen, wo (wie bei dem oben genannten Zitat HIMMELHEBERS) mit der vermeintlichen Allgemeingültigkeit des Kreislaufprinzips argumentiert wird. Der ausdrückliche Verweis auf die Verallgemeinerbarkeit natürlicher Vorgänge und Zusammenhänge in normativen Diskussionen läßt sich ja kaum anders deuten, als daß eine *normative* Aussage in erster Linie oder ausschließlich an dieser *deskriptiven* Tatsache der Verallgemeinerbarkeit festgemacht werden soll. Statt zunächst und immer wieder im Detail neu zu klären, was wir *wollen* (Interessen) bzw. *sollen* (Ethik), und dann zu untersuchen, wie das Angestrebte unter den vorgegebenen Rahmenbedingungen der von der Ökologie beschriebenen natürlichen Vorgänge und Gesetzmäßigkeiten zu erreichen ist, wird das Anzustrebende selbst unmittelbar aus der Ökologie entnommen. Die Begründung für eine Norm wird damit (zumindest tendenziell) auf das einfache Motto reduziert: „In der Natur funktioniert etwas *immer* auf diese oder jene Weise, *also* müssen wir dies ebenfalls so machen; in der Natur gibt es *überall* Kreisläufe, *aus diesem Grund* sollten wir auch in der Menschengesellschaft das Kreislaufprinzip befolgen." Wie die bisherigen Ausführungen gezeigt haben dürften, krankt diese Begründung nicht allein an dem logischen Fehlschluß, das Sollen direkt aus dem Sein abzuleiten, sondern darüber hinaus an der falschen Prämisse der Allgemeingültigkeit des Kreislaufprinzips.

Man könnte nun auf dem Standpunkt stehen, daß es ziemlich belanglos sei, ob die Forderung nach geschlossenen Kreisläufen stichhaltig begründet wird oder nicht: Angesichts ständig wachsender Müllberge und schwindender Ressourcen liege die Notwendigkeit der Wiederverwertung doch auf der Hand. Diesem Standpunkt ist zuzugeben, daß an Recycling tatsächlich kein

Weg vorbei führt, wenn unser System langfristig Bestand haben soll. Spätestens seit den Veröffentlichungen des Club of Rome (MEADOWS et al., 1972; MESAROVIC & PESTEL, 1977) und der Studie „Global 2000" (1980) bestehen keine grundsätzlichen Zweifel mehr an der Notwendigkeit, Sekundärrohstoffe rückzugewinnen und wiederzuverarbeiten. Trotzdem kann es zu folgenschweren Mißverständnissen führen, „wenn man ein solches Verfahren, das auf schlichter, eher ökonomischer Vernunft beruht, für ‚ökologisch' ausgibt und den Kreislauf als Lebensprinzip verherrlicht, ohne dazuzusagen, daß die natürliche Ökologie genausogut die Mülldeponie kennt" (DAHL, 1989a, S. 64). Die pauschale Idealisierung des Kreislaufprinzips unterliegt im Einzelfall nämlich ebenso der Gefahr paradoxer Schlußfolgerungen, wie sie bereits bei der Idealisierung des Kriteriums Artenvielfalt zutage traten. Wäre der Kreislauf ein ökologischer Wert an sich, ließe sich die derzeit ungehemmte Verfeuerung fossiler Brennstoffe und der dadurch heraufbeschworene Treibhauseffekt nur schwerlich kritisieren. Mit der Verbrennung von Kohle und Erdöl wird ja nur der einstmals ins Stocken geratene Kreislauf des Kohlenstoffs wieder in Gang gesetzt. Wie das Beispiel zeigt, muß eine konsequente Orientierung am Leitbegriff des Kreislaufs nicht unbedingt ins ökologische Paradies führen, sondern kann auch in der Klimakatastrophe enden.

Weit folgenschwerer als solche Mißverständnisse wirkt sich die Idealisierung des Kreislaufprinzips freilich in einer grundsätzlichen Fehleinschätzung aus: der *Überschätzung* des Kreislaufs. Je mehr der Kreislauf in seiner vermeintlichen Allgemeingültigkeit und normativen Evidenz für eine Art Zauberformel der Ökologie gehalten wird, die es ermöglicht, in praktisch unbegrenzter Folge aus alt neu zu machen, desto mehr verliert sich der Blick für die tatsächlichen Zusammenhänge und damit auch für die Grenzen des Prinzips. Betrachtet man den Kreislauf nämlich etwas genauer, und zwar unter thermodynamischen Gesichtspunkten, so offenbaren sich dabei drei unangenehme Wahrheiten, die in der Euphorie über das Recycling gerne übersehen werden: 1) Ein Kreislauf ist kein Perpetuum mobile, sondern funktioniert nur unter ständiger Zufuhr von Energie. Während der Materialtransport innerhalb eines Ökosystems in Kreisläufen verläuft, erfolgt der hierzu notwendige Energiefluß immer *nichtzyklisch*. 2) Da alle ökologischen Systeme als *offene* Systeme vorliegen und an einen linearen Energiefluß gekoppelt sind, sind *geschlossene* Stoffkreisläufe streng genommen nirgends verwirklicht. Allenfalls könnte man von „Fast-Kreisläufen" sprechen. „Vollständige Kreisläufe sind nur bei einem theoretischen reversiblen Modell denkbar, nicht in der Natur, wo nur irreversible Prozesse stattfinden" (KREEB, 1979, S. 75). 3) Auch im Wirtschaftsprozeß kann der Kreislauf der Materie nicht wirklich geschlossen werden, da bei jedem Recycling *prinzipiell* ein bestimmter Prozentsatz an Materie verlorengeht. Je geringer der Verlust sein soll, desto mehr Energie muß aufgewendet werden. *Vollständiges* Recycling ist unmöglich, da eine hundertprozentige Rückgewinnung von Materie aus der Zerstreuung in die Konzentration nach dem dritten Hauptsatz der Thermodynamik, dem Nernstschen Theorem, einen Energieaufwand von der Größe unendlich erfordern würde (SCHÜTZE, 1989, S. 33). Statt von „Recycling" müßte man konsequenterweise also immer von „Downcycling" sprechen.

Für *künstliche* Stoffkreisläufe ergibt sich daraus folgendes Dilemma: Führt man die Wiederverwertung bei relativ geringem Energieeinsatz durch, um Abwärme und CO_2-Ausstoß möglichst niedrig zu halten, bleibt der rückgewinnbare Anteil an Materie und damit die Anzahl möglicher Recyclingdurchgänge gering; der Verlust an verfügbarer Materie (Materieentropie) ist hoch. Investiert man dagegen viel Energie in das Wiederverwertungsverfahren, um eine hohe Rückgewinnungsrate und damit möglichst viele Recyclingdurchgänge zu erreichen, ist dies mit viel Abwärme und (bei Einsatz fossiler Energieträger) verstärkter CO_2-Freisetzung verbunden; die „thermische Verschmutzung" (Energieentropie) ist hoch.

Für das *natürliche* System der Biosphäre gilt diese prinzipielle Zunahme der Entropie, dieses „Grundgesetz vom Niedergang" (SCHÜTZE, 1989), zwar ebenfalls, doch wirkt sich das Entropieproblem in der Natur aus zwei Gründen weit geringer aus als in künstlichen Systemen: Zum einen „arbeiten" natürliche Systeme überwiegend mit Sonnenenergie, der einzigen Energieform, die weder die Wärme- noch die CO_2-Bilanz der Biosphäre verändert. Sie können auf diese Weise sogar in einem begrenzten räumlichen und zeitlichen Rahmen Entropie verringern, also „Inseln negativer Entropie" aufbauen. Zum anderen sind die Systeme in der Natur allesamt auf geringen Energiefluß eingestellt. Wie REICHHOLF (1993, S. 179) herausgestellt hat, sind deren Kreisläufe, evolutiv betrachtet, „das Ergebnis von Mangel" und deshalb um so überlebenstauglicher, je weniger Energie sie in Entropie verwandeln, die sie abführen müssen. „Der ökonomische Prozeß der Industriegesellschaft mit seinem Massenumsatz von freier Energie und konzentrierten Rohstoffen, mit seiner Massenproduktion von Entropie in Form von Abwärme oder Abfall ist das genaue Gegenteil des überlebensfähigen Systems in der Natur" (SCHÜTZE, 1989, S. 96). Dieser fundamentale Unterschied zwischen den am Mangel orientierten Systemen der Natur und den auf Verschwendung basierenden Systemen der Industriegesellschaft wird häufig übersehen, wenn das Recycling als ökologischer Ausweg aus der Müll- und Rohstoffkrise propagiert wird. Recycling ist sinnvoll und notwendig, daran besteht kein Zweifel. Es wäre jedoch verfehlt, es als bequemes Allheilmittel zu verstehen, durch das Ökologie und Ökonomie auf *technischem* Wege miteinander versöhnt werden könnten. Sollen unsere künstlichen Kreislaufsysteme trotz des Gesetzes von der unvermeidlichen Vermehrung der Entropie so gut funktionieren wie die Systeme der Natur, müssen sie sich wie diese an der Minimierung des Aufwandes statt an der Maximierung der Produktion orientieren. Sie müßten, wie

REICHHOLF (1993, S. 180) es formuliert, „Mangel anstreben": „Mangel, das heißt einfacheres Leben, geringeren Energieverbrauch, geringere Mobilität, weniger Produktion, gerade so viel, wie fürs Leben gebraucht wird". In Kapitel 32 wird noch darauf zurückzukommen sein, in welchem Zusammenhang diese Überlegungen zum Artensterben stehen und welche Konsequenzen individueller und gesellschaftlicher Art daraus zu ziehen wären.

12. Ökologische Gesundheit?

Zu Beginn ist die Hoffnung des technischen Optimisten geschildert worden, die wissenschaftliche Ökologie werde eines Tages die Rolle einer Art „Medizin der Umwelt" übernehmen, mit deren Hilfe „Erkrankungen" von Ökosystemen nicht nur diagnostiziert und therapiert, sondern durch die Berechnung von Belastungsgrenzen auch vorbeugend verhindert werden könnten. Diese Erwartungen an die Ökologie habe ich zunächst unter erkenntnis- und wissenschaftstheoretischen Gesichtspunkten kritisiert. Nach den vorangegangenen Analysen einiger zentraler ökologischer Leitbegriffe gibt es Anlaß, die Eignung der Ökologie als „Medizin der Umwelt" nunmehr auch in normativer Hinsicht in Zweifel zu ziehen: Ist die Analogie zwischen der normativen Disziplin Medizin und der – wie mehrfach betont wurde – deskriptiven Ökologie sachlich überhaupt gerechtfertigt? Was ist damit gemeint, wenn von einem „kranken Ökosystem", einer „intakten Umwelt" oder einem „gesunden Fluß" die Rede ist? Handelt es sich hierbei um naturwissenschaftliche Bezeichnungen oder lediglich um veranschaulichende Metaphern?

Immerhin ist eine Übertragung medizinischer Begriffe auf ökologische Sachverhalte nicht nur in der populären bzw. philosophischen Umweltliteratur (z.B. MEYER-ABICH, 1991, S. 164), sondern auch in Lehrbüchern und Publikationen professioneller Ökologen zu finden, so u.a. bei CHAPMAN (1974, S. 385) und CLAPHAM (1973, S. 229).[41] Für REMMERT (1990, S. 195) ist der Ökologe ausdrücklich „dem Arzt vergleichbar": „Er diagnostiziert Krankheiten des Ökosystems Erde. Er weiß, daß diese Krankheiten gefährlich sind für das Leben des Menschen. Wie bei vielen Krankheiten eines einzelnen Individuums gibt es keine pauschale, sofort wirksame Therapie. So schlägt der Ökologe kleine therapeutische Schritte vor (...)". REMMERT (1990, S. 199) läßt dabei keinen Zweifel, daß er die verwendeten medizinischen Begriffe im Sinne einer echten Analogie (und nicht nur einer Metapher) versteht, wenn er zum Schluß dieses Gedankenganges betont: „Die geforderten Entscheidungen des ausgebildeten und kenntnisreichen Ökologen mit naturschützerischer Zusatzqualifikation sind *naturwissenschaftliche* Entscheidungen und dürfen nicht politische Entscheidungen sein" (Hervorhebung von mir). Als naturwissenschaftliche Entscheidungen lassen sie sich freilich nur verstehen, wenn ihre normative Prämisse, die ökologische Gesundheit, als ebenso klar erkennbar und für sich selbst sprechend gelten kann wie die Gesundheit in der Medizin. Doch ist dies tatsächlich der Fall?

Um dies beurteilen zu können, muß zunächst der *medizinische* Gesundheitsbegriff näher betrachtet werden. Dabei stellt sich heraus, daß es in der Medizin trotz aller intuitiven Klarheit keine allgemein anerkannten Definitionen für die Begriffe „Gesundheit" und „Krankheit", sondern allenfalls verschiedene sich gegenseitig ergänzende Begriffsbestimmungen gibt. Abgesehen von dem problematischen Bezug auf den Begriff des „Normalen" (vgl. CANGUILHEM, 1974) konkurrieren in der medizintheoretischen Literatur hauptsächlich zwei Ansätze miteinander: eine Richtung mit subjektiv-sozialem Schwerpunkt und eine mehr naturwissenschaftlich-objektivierende Richtung. Während „Gesundheit" nach der umstrittenen Definition der Weltgesundheitsorganisation (WHO) als ein „Zustand völligen körperlichen, geistigen, seelischen und sozialen Wohlbefindens" gilt (PSCHYREMBEL, 1986, S. 587), scheint der naturwissenschaftlich orientierte Arzt mit „Gesundheit" wohl eher die Vorstellung der *Funktionstüchtigkeit* des Organismus und seiner Organe zu verbinden. Zumindest faktisch liegt diesem Ansatz das Modell einer technisch-kybernetischen Maschine zugrunde, deren ineinandergreifende Regelkreise die Aufrechterhaltung bestimmter „Sollwerte" (z. B. eines bestimmten Blutdruckes oder Herzschlages) garantieren. „Krankheit" kann nach diesem Modell als Reaktion auf eine Störung mittlerer (d. h. nicht tödlicher) Intensität aufgefaßt werden, wobei der Organismus über ein nachgeordnetes, gleichsam „parasitäres Regelsystem" (C. F. v. WEIZSÄCKER, 1979, S. 328) vorübergehend einen „falschen Sollwert" einstellt, um nach positivem Krankheitsverlauf von dort zum richtigen Sollwert zurückzukehren. Eine ähnliche Auffassung kommt in einem modernen Lehrbuch der Naturheilkunde zum Ausdruck, in dem Krankheit und Gesundheit ebenfalls aus biokybernetischer Sicht betrachtet und dabei als komplementäre Aspekte eines einheitlichen Prozesses der Autoregulation verstanden werden: „Krankheit ist eine Störung des Gleichgewichts oder auch ein Versuch, auf einer anderen Ebene ein neues Gleichgewicht zu finden" (MELCHART & WAGNER, 1993, S. 33).

Über die Begriffe der Störung und des Gleichgewichts scheint sich die Analogie zum Gleichgewichtsbegriff in der *Ökologie* geradezu aufzudrängen. Ökosysteme werden nach den kybernetischen Modellen der systemtheoretisch orientierten Ökologie ja ebenfalls als autoregulative Systeme betrachtet, die auf Störungen mittleren Ausmaßes geordnet zu reagieren vermögen und dabei einen bestimmten Systemzustand stabil halten. Es ist vor diesem Hintergrund nicht verwunderlich, daß der Begriff der ökologischen Gesundheit meistens mit dem Konzept der Stabilität bzw. des Gleichgewichts von Ökosystemen in Verbindung gebracht wird.[42] Ein gesundes Ökosystem ist nach der Definition von CLAPHAM (1973, S. 229) eines, das sich entweder möglichst nahe an dem für das Gebiet typischen Gleichgewichtszustand befindet

(Stabilität im engeren Sinne) oder doch wenigstens in der Lage ist, nach einer Störung zu diesem Zustand zurückzukehren (Elastizität). In ähnlicher Weise äußern sich CHAPMAN (1974, S. 385) und DE SANTO (1978, S. 8).

Es ist leicht zu erkennen, daß eine solche Definition ökologischer Gesundheit eine Reihe von Problemen aufwirft. Das *erste* Problem besteht darin, daß es *neben* ihr – anders als in der Medizin – keine ergänzende subjektive Definition gibt: Ein Ökosystem kann sich weder darüber äußern, ob es sich gesund fühlt, noch ausdrückliche Hinweise über die Art irgendwelcher Beschwerden geben. Dabei scheint die Tatsache, daß in der Medizin (mindestens) zwei Definitionen für den Begriff der Gesundheit parallel verwendet werden, zu belegen, daß die *Innenperspektive* trotz aller Erfolge des objektivierenden Gesundheitsmodells immer noch für unverzichtbar gehalten wird: Ob sich das autoregulative System „Mensch" im Gleichgewicht befindet, ob es um den „richtigen" oder um den „falschen" Sollwert schwingt, läßt sich von außen, d. h. allein mit naturwissenschaftlichen Methoden, offenbar nicht hinreichend bestimmen. Vor diesem Hintergrund muß der auf die Außenperspektive beschränkte ökologische Gesundheitsbegriff – zumindest was den Anspruch einer direkten Analogie zum medizinischen Gesundheitsbegriff betrifft – von vornherein fragwürdig erscheinen.

Freilich könnte auf diese Kritik erwidert werden, daß die Tiermedizin ja ebenfalls ohne subjektive Leidensäußerungen ihrer Patienten auskommen müsse. Die Tiermedizin belege, daß die Definition von Krankheit als „objektiv feststellbarer Funktionsstörung" bei *nicht-menschlichen* biologischen Systemen (für die ja nicht einmal sicher sei, ob sie überhaupt eine Innenperspektive besäßen) zumindest praktikabel sei. Dieses Argument wäre überzeugend, wenn Ökosysteme hinsichtlich Struktur und Funktion tatsächlich Tieren oder anderen Organismen gleichkämen, wie es der gemeinsame Oberbegriff „biologisches System" nahezulegen scheint. Doch ist dies tatsächlich der Fall?

Vor einer Beantwortung dieser Frage muß zunächst noch einmal daran erinnert werden, daß der naturwissenschaftliche Gesundheitsbegriff (wie überhaupt das Verständnis von „Funktion" in Biologie und Medizin) letztendlich von der Modellvorstellung ausgeht, biologische Systeme seien im Prinzip so etwas wie Maschinen. An dieser Tatsache, die mit der für die moderne Naturwissenschaft grundlegenden Rolle des Experiments und des auf VICO (1668–1744) zurückgehenden „verum-factum-Prinzips" zusammenhängt (VICO, 1709; VOSSENKUHL, 1974; HÖSLE, 1991, S. 58/59),[43] ändern auch neuere und vermeintlich „alternative" Ansätze im Rahmen von Systemtheorie und Kybernetik nichts Grundsätzliches (vgl. CRAMER & VAN DEN DAELE, 1985). Die Kybernetik etwa ist von ihrem Ursprung her eine ingenieurwissenschaftliche Disziplin, mit deren Hilfe die Steuerungs- und Regelungsvorgänge *technischer* Systeme untersucht werden sollten. Erst später hat sie auch in Biologie und Soziologie Anwendung gefunden.

Wie in Kapitel 5 dargestellt worden ist, sind der mechanistisch-naturwissenschaftlichen Projektionsmethode und damit auch der Übertragung des kybernetischen Maschinen-Modells auf *nicht-technische* Systeme jedoch Grenzen gesetzt: Je komplexer, stärker vernetzt und weniger deterministisch ein System ist, desto weniger ist ihm das methodische Raster eines aus isolierten Teilen zusammengesetzten Apparates angemessen. Für den Gesundheitsbegriff bedeutet dies, daß eine Beschränkung auf die naturwissenschaftlich-objektivierende Betrachtungsweise als um so problematischer gelten muß, je komplexer und indeterministischer das System ist, auf das sie angewandt wird: Während auf der physiologischen Ebene der Organe und bei vergleichsweise einfach organisierten Pflanzen und Tieren ein ausschließlich naturwissenschaftlich orientierter Gesundheitsbegriff noch als ausreichend erscheinen mag, sind die Schwierigkeiten unübersehbar, die eine Einbeziehung höherer und damit komplexerer Systemebenen (z. B. der Ethologie, Psychologie oder Soziologie) mit sich bringt. Beispielhaft deutlich wird dies an so umstrittenen Themen, wie der Frage nach dem Wohlbefinden von Tieren in Zoos oder der Frage nach objektiven Kriterien geistiger bzw. psychischer Gesundheit beim Menschen. Beide Fragen scheinen mit Hilfe des kybernetischen Ansatzes *allein* nicht befriedigend zu beantworten zu sein.[44] Da die Ökologie auf der Skala der Komplexität der von ihr untersuchten Systeme eher in der Nähe der Ethologie bzw. Psychologie als in der Nähe der Tiermedizin anzusiedeln sein dürfte, ist sie mit denselben methodischen Problemen konfrontiert wie diese. Nach der fehlenden Innenperspektive stellt *Komplexität* damit das *zweite* Hindernis für eine Übertragung des medizinischen Gesundheitsbegriffs auf ökologische Sachverhalte dar.

Der *dritte* sich hier anschließende Einwand – er markiert einen grundlegenden Unterschied zwischen Tieren und Ökosystemen – betrifft den Begriff der *Funktionstüchtigkeit*. Was unter diesem teleologischen Konzept zu verstehen ist, stellt sich auf der physiologischen Ebene relativ eindeutig und klar dar. Eine Niere etwa gilt als „insuffizient", wenn sie die ihr im Gesamtorganismus (unter anderem) zukommende Funktion der Osmoregulation nicht mehr erfüllt. Ebenso erscheint es plausibel, in Analogie zum Funktionsbegriff auf Organebene von einer gestörten Funktionstüchtigkeit des *Gesamtorganismus* zu sprechen, wenn der Organismus aufgrund eines Organschadens in bestimmten artspezifischen Lebensäußerungen beeinträchtigt oder gar in seinem Überleben gefährdet ist. Von Funktionstüchtigkeit zu sprechen, macht hier beidesmal insofern Sinn, als der Zweck jeweils klar auf der Hand liegt: auf Organebene ist es die Funktion des Teils für das Ganze, für den Gesamtorganismus der Selbsterhalt bzw. die artgemäße Selbstentfaltung.

Was in Fortführung dieser Analogie indes unter *ökologischer* Funktionstüchtigkeit zu verstehen wäre, ist trotz der häufig gebrauchten Formel vom „intakten Ökosystem" weit weniger klar. Setzt man nämlich die Funktionstüchtigkeit eines Ökosystems mit dem Selbsterhalt, also mit dessen Stabilität gleich, tauchen für den ökologischen Gesundheitsbegriff dieselben Schwierigkeiten auf, wie sie bereits im Zusammenhang mit dem Leitbegriff der ökologischen Stabilität in Kapitel 11.b diskutiert worden sind. Als Kernpunkt des Problems hatte sich dort die Frage nach einem objektiven räumlichen wie zeitlichen Maßstab für Stabilität vor dem Hintergrund der prinzipiellen Dynamik allen Naturgeschehens herausgestellt. Der Einwand gegen einen pauschalen Stabilitätsbegriff trifft zwangsläufig auch den ökologischen Gesundheitsbegriff: Ob ein Ökosystem als funktionstüchtig bzw. stabil gelten kann oder nicht, läßt sich nicht eindeutig beantworten, sondern hängt davon ab, welchen räumlichen und zeitlichen Rahmen man zugrundelegt. Die Wahl des Rahmens wiederum ist, wie bereits betont, keine wissenschaftlich-objektive Entscheidung. Sie spiegelt vielmehr die subjektiven Interessen desjenigen wider, der den Maßstab festsetzt bzw. der in dem betreffenden Ökosystem leben will.

In Anbetracht der Verschiedenartigkeit der Interessen innerhalb eines Ökosystems scheint es auf der Hand zu liegen, daß ein solchermaßen relativistisches Konzept ökologischer Gesundheit wenig Sinn macht: Berücksichtigt man die Interessen aller Arten, ist es nicht praktikabel, da sich die verschiedenen Lebensansprüche oft gegenseitig ausschließen; bevorzugt man einzelne Interessen, ist es nicht wissenschaftlich-objektiv. Liegt es da als Ausweg aus dem Dilemma nicht nahe, ein wie auch immer feststellbares *Gesamtinteresse* des Ökosystems zu postulieren?

Diese Überlegung knüpft an die vorangegangene und erst teilweise beantwortete Frage an, ob Ökosysteme hinsichtlich Struktur und Funktion mit Tieren oder anderen Organismen grundsätzlich vergleichbar sind. Als *vierter* Einwand gegen den ökologischen Gesundheitsbegriff muß diese Frage nach dem heutigen Stand der wissenschaftlichen Ökologie verneint werden: Ökosysteme sind keine „Superorganismen", denen wie normalen Organismen sinnvollerweise Interessen zugeschrieben werden könnten. Zwar gab es in der ersten Hälfte dieses Jahrhunderts eine Strömung in der Ökologie, die versucht hatte, Lebensgemeinschaften als Quasi-Organismen aufzufassen, deren Organe die Einzelorganismen sind (z. B. CLEMENTS, 1936), doch ist diese „Superorganismus-Theorie" heute „aus den Diskussionen der Ökologen praktisch verschwunden" (TREPL, 1988, S. 177). In veränderter Form sind einige Elemente des alten organismischen Konzepts freilich in die *holistische Variante der Ökosystemtheorie* („process-functional approach") eingeflossen (z. B. ODUM, 1980), die das heute in der Ökologiebewegung verbreitete Verständnis von Natur als einer Art „kybernetischer Supermaschine" prägt. Ein Ökosystem wird dabei als ein nach emergenten Gesetzmäßigkeiten funktionierendes Ganzes gesehen, in dem jedes Teil anderen Teilen dient und damit zur Erhaltung des Ganzen beiträgt. Diesem Konzept steht als Gegenpol innerhalb der modernen Ökologie der sogenannte *individualistische* bzw. *populationsorientierte Ansatz* („population-community-approach") gegenüber, der das Naturgeschehen schwerpunktmäßig aus dem antagonistischen Verhalten der Arten, dem Standort und den historischen Faktoren zu erklären versucht (z. B. KREBS, 1985). Wirklich existent sind für den populationsorientierten Ansatz nur die Organismen, Arten und Populationen; die Ökosysteme selbst sind ausschließlich wissenschaftliche Abstraktionen. Für MÜLLER-HEROLD (1992, S. 29) etwa handelt es sich bei dem Begriff des Ökosystems lediglich um ein „heuristisches Konzept", welches ermöglicht, Vorstellungen der Systemtheorie auf Vorgänge in der belebten Natur anzuwenden: „Systeme gibt es nicht einfach. Sie werden nach Zweckmäßigkeiten erdacht, um die Komplexität der realen Welt zu vereinfachen, uns dadurch allgemeine Einsichten zu eröffnen und neue Handlungsmöglichkeiten zu schaffen (...). Systembildung ist also keine Selbstverständlichkeit. Sie hat sich zu bewähren".

Auch wenn die Kontroverse zwischen beiden Basiskonzeptionen, die hier nur angedeutet werden kann, anhält,[45] scheint doch Einigkeit darüber zu bestehen, daß Ökosysteme sich von Organismen in folgenden, den ökologischen Gesundheitsbegriff unterminierenden Punkten unterscheiden: 1) Sie besitzen als Unikate weder einen universalen Bauplan, weder ein festes Entwicklungsprogramm noch sonst ein immanentes Ziel, das „erreicht" oder auch „verfehlt" werden könnte. 2) Ihre Identität ist insofern unklar, als ihre räumlichen und zeitlichen Grenzen relativ willkürliche, methodisch bedingte Setzungen darstellen. 3) Das sogenannte Gleichgewicht wird vom System nicht in Analogie zum Lebenswillen bzw. Selbstzweck des Organismus final angestrebt, sondern ist die „Resultante der Tätigkeit zahlreicher Individuen sehr vieler Arten" (ERBRICH, 1990, S. 7), die im Gegensatz zu Organen eines Körpers primär alle ihre eigenen Ziele verfolgen. 4) Im Gegensatz zum Organismus können Ökosysteme verschiedene Gleichgewichtszustände einnehmen (sowohl sukzessiv als auch oszillierend; REMMERT, 1984, S. 251). Ist ein Gleichgewicht irreversibel gestört, bildet sich von selbst und zwangsläufig ein anderes heraus. 5) Ökosysteme können keinen individuellen Tod, sondern lediglich Umwandlungen „erleiden".[46]

Nachdem somit die Vorstellung als verfehlt erscheinen muß, Ökosysteme könnten als eine Art Organismen betrachtet und bei Störungen des Gleichgewichts gewissermaßen in *ihrem* Interesse therapiert werden, stellt sich die Frage, ob dem Begriff der ökologischen Gesundheit überhaupt noch irgend ein Sinn abzugewinnen ist oder ob er in Zukunft nicht besser vermieden werden sollte. Von BAYERTZ (1988) stammt der Vorschlag, bei der Formulierung eines Begriffes ökologischer Gesundheit statt der umstrittenen Interessen des zu therapierenden *Objekts* (der Natur) die Interessen des therapierenden *Subjekts* (des Menschen) zum Kriterium zu machen. Da der Mensch als Naturwesen „auf die Beherrschung der Natur und die Ausbeutung ihrer Ressourcen angewiesen" sei, läge es nahe, „die ‚Gesundheit' von Ökosystemen als denjenigen Zustand zu definieren, der dem Menschen die größten Nutzungsmöglichkeiten eröffnet. Das Kriterium für die Gesundheit eines Flußes wäre dann nicht mehr seine Unberührtheit oder die Zahl der in ihm anzutreffenden Arten, sondern der Umfang und die Vielfalt der menschlichen Bedürfnisse, die durch ihn befriedigt werden können. Der Rhein beispielsweise wird gegenwärtig vor allem als Kloake und als Schiffahrtsstraße genutzt; durch die Dominanz dieser Nutzungsarten wird jedoch die Befriedigung anderer Bedürfnisse erschwert oder verhindert. Ein in dieser Definition ‚gesunder' Fluß müßte gleichzeitig zum Angeln und Schwimmen oder als Trinkwasserreservoir nutzbar sein" (BAYERTZ, 1988, S. 97).

Auch wenn zuzugeben ist, daß diese Definition ökologischer Gesundheit eine populäre Verwendungsweise des Begriffes widerspiegelt, sind gegen sie dennoch vier Einwände geltend zu machen. Zum *ersten* dürfte sich das Kriterium der „größten Nutzungsmöglichkeit" als kaum praktikabel erweisen, da völlig unklar ist, wie „der Umfang und die Vielfalt der menschlichen Bedürfnisse" bestimmt und im Konfliktfall miteinander verrechnet werden sollen. Zum *zweiten* führt diese Definition zu ökologisch unhaltbaren und kontraintuitiven Konsequenzen. Dies wird an dem Vorschlag BAYERTZ' (1988, S. 97/98) deutlich, als „Modell eines gesunden Ökosystems" solle „nicht mehr die unberührte Natur (...), sondern der vom Menschen gepflegte Landschaftsgarten" gelten. Ein solches Verständnis von ökologischer Gesundheit würde letztendlich bedeuten, daß Nationalparks, die von jeder menschlichen Nutzung bewußt freigehalten werden, dadurch in einem Zustand minderer ökologischer Gesundheit gehalten würden. Der Vorschlag ist darüber hinaus insofern unrealistisch, als er voraussetzt, der Mensch sei mit Hilfe der Ökologie in der Lage, die Natur seinen Wünschen und Bedürfnissen beliebig anzupassen. Diese szientistisch-optimistische Vorstellung ist in Teil A. I unter wissenschaftstheoretischen und ökologischen Gesichtspunkten ausführlich kritisiert worden. Zum *dritten* ist die genannte Definition ökologischer Gesundheit ethisch unakzeptabel, da sie die Interessen anderer Arten ignoriert. Daß Ökosysteme als *Ganze* keine Interessen haben, heißt nicht, daß nun auch den *Teilen*, also Pflanzen und Tieren, jegliche Interessen abzusprechen wären.[47] Zum *vierten* trägt die Definition BAYERTZ' die Gefahr der Ideologiebildung in sich, indem sie Interessen und objektive Wissenschaft in diffuser Weise miteinander vermengt. Da über die „beste" menschliche Nutzungsform kaum Einigkeit zu erzielen sein dürfte, ist zu erwarten, daß über ein Ökosystem so viele verschiedene „ökologische Diagnosen" gefällt werden, wie es Interessen an seiner Nutzung gibt. REICHHOLF (1993, S. 214) hat anhand des Gleichgewichtsbegriffes plastisch dargestellt, worauf ein solches Unterfangen letzten Endes hinauslaufen würde: „Der Luchs wird schnell zur Störung des Gleichgewichts, weil er Rehe fängt; der Kormoran, weil er sich von Fischen ernährt;

der Wanderfalke oder der Habicht, weil diese Vögel Tauben jagen, unter denen sich auch Brieftauben befinden können – und so fort. Jeder definiert dann das ‚Gleichgewicht' auf seine Weise, gerade so, wie er das Verhältnis der Arten zueinander sehen will".

Der ökologische Gesundheitsbegriff steht dabei sicherlich nicht weniger als der Gleichgewichtsbegriff in der Gefahr, von Interessengruppen vereinnahmt und instrumentalisiert zu werden: Wer mit seiner Hilfe argumentiert, profitiert über die Analogie zum medizinischen Begriff automatisch von dessen wissenschaftlicher Autorität und intuitiven Evidenz. Da der normative Anspruch des ökologischen Gesundheitsbegriffs, wie ich zu zeigen versucht habe, jedoch nicht einlösbar ist und da er dazu neigt, Interessenkonflikte sowohl zwischen den Menschen als auch zwischen den Arten zu verschleiern, erscheint es mir ratsam, auf diesen Begriff weitestgehend zu verzichten. Wo er aus Gründen der Anschaulichkeit dennoch verwendet wird, sollte stets deutlich gemacht werden, daß es sich bei ihm um eine Metapher im Rahmen des Naturschutzes und nicht um ein theoretisches Konzept der wissenschaftlichen Ökologie handelt: Die Ökologie ist keine „Medizin der Umwelt".

13. Ökologismus

Die Gefahr einer Ideologisierung der Ökologie, wie sie in den vorangegangenen Kapiteln und nun zuletzt im Zusammenhang mit dem Begriff der ökologischen Gesundheit angesprochen worden ist, muß im Hinblick auf ihre grundsätzliche Bedeutung für die ökologische Diskussion noch eingehender betrachtet werden. Immerhin handelt es sich nach Einschätzung des Landschaftsökologen HABER (1993, S. 102) „bei 80 Prozent dessen, was heute unter ‚Ökologie' gehandelt wird – und zwar bis in die wissenschaftlichen Gefilde hinein – um reinen Ökologismus". Haber zählt hierzu „das meiste, was Umwelt- und Naturschutzverbände oder grüne Parteien propagieren", ohne damit deren gesellschaftskritische Bedeutung und politisch wichtige Rolle abwerten zu wollen. In einer Diskussion über die Rolle der Ökologie dürfe jedoch die oft unkritische Benutzung der ökologischen Wissenschaft durch diese Gruppen nicht unerwähnt bleiben: „Wir dürfen nicht vergessen, welche politischen Folgen ein unkritisch praktizierter Biologismus nach sich gezogen hatte!" (HABER 1993, S. 103).

Was ist das spezifische Kennzeichen des Ökologismus und worin läßt er sich von der umfassenderen Ideologie des Biologismus unterscheiden? Gemeinsam ist beiden sowohl der unreflektierte Naturalismus als auch ein oberflächliches bzw. von der Wissenschaft längst überholtes Naturverständnis. Während der Biologismus dabei (zumindest in seiner berüchtigtsten Spielart, dem Sozialdarwinismus) die Natur häufig auf einen unbarmherzigen Kampfplatz aller gegen alle reduziert, scheint der Ökologismus zum ge-

genteiligen Extrem zu neigen, zur harmonisierenden Verklärung des Naturgeschehens. Analysiert man beispielsweise die gängigsten Argumentationen der Ökologiebewegung zugunsten der bereits diskutierten ökologischen Leitbegriffe, so trifft man – ungeachtet der Berechtigung der gestellten Forderungen – häufig auf ein romantisch-verkürztes Idealbild von Natur. Nach diesem zwar nicht gänzlich falschen, aber doch einseitigen Bild ist die vom Menschen unberührte Natur ein „von Haus aus" fehlerfrei arbeitendes kybernetisches System, das sich und seine Teilsysteme in einem ständig sich erneuernden Fließgleichgewicht zu halten vermag. Die Stabilität der Systeme wird durch die Vielfalt der Lebewesen garantiert, die alle miteinander eine Art ökosoziales Netz flechten, in dem jedes Artenglied als „Beitragszahler" eingebunden und damit krisensicher aufbewahrt ist. CAPRA (1983, S. 440) spricht in diesem Zusammenhang von der „Weisheit der Natur" bzw. der „Intelligenz der Ökosysteme", die sich in der „alles durchdringenden Tendenz" manifestiere, „kooperative Beziehungen" und eine „harmonische Integration der Systemkomponenten auf allen Organisationsebenen" zu schaffen.

So grundlegend und verbreitet Kooperation und Integration in der Natur tatsächlich sind, so gefährlich wäre es freilich, diese Prinzipien zu verabsolutieren und das Bild einer von allseitigem Wohlergehen geprägten Idylle zu zeichnen. Gefährlich ist dieses Bild der Natur insofern, als es einen ökologischen Naturalismus geradezu herausfordert: Wäre die Natur tatsächlich die beste aller uns versprochenen kybernetischen Welten und die Ökologie eine Sammlung ihrer Gesetze, was läge näher, als die Normen unseres Umgangs mit der Natur direkt aus dieser Gesetzessammlung abzuleiten? Doch die Natur ist nicht überall und in jeder Hinsicht „weise" und die Ökologie durchaus ambivalent: „Für jeden sanften Weg, der sich aus ihr ablesen läßt, findet man auch einen harten, den sie an einer anderen Stelle vorzeigt" (DAHL, 1989a, S. 65). Die Ökologie beschreibt zwar auf der einen Seite das bewundernswert subtile Zusammenspiel der Arten, auf der anderen Seite aber auch deren erbarmungslos anmutende Konkurrenz und gegenseitige Verdrängung. So harmonisch sie die ökologische Welt bisweilen zeichnet, so häufig beschreibt sie auch naturgegebene Störungen und Katastrophen (vgl. Kapitel 11.a). Wie MARKL (1981, S. 29) betont hat, ist die Evolution ihrem Wesen nach krisenträchtig und „keine Einrichtung der Natur zur Arterhaltung. Im Gegenteil: Die Mechanismen der natürlichen Evolution führen geradezu zwangsläufig zur Artenverdrängung". Hunderte Millionen von Organismenarten sind im Laufe der Erdgeschichte entstanden und entweder infolge einer natürlichen Begrenzungskrise, einer Klimaschwankung oder eines evolutiven Innovationszyklus, dem sie nicht gewachsen waren, wieder ausgestorben. Von einem „harmonischen Gleichgewicht" und „störungsfrei funktionierenden Systemen", wie sie der vom Menschen unberührten Natur gerne zugeschrieben werden, kann unter dieser Perspektive schwerlich die Rede sein.

Um so fragwürdiger muß ein Begriff erscheinen, der weit über die Ökologiebewegung hinaus die ökologische Debatte prägt und häufig sogar zur Definition der wissenschaftlichen Ökologie herangezogen wird: der Begriff des *Naturhaushaltes*.[48] Er ist das Musterbeispiel eines ökologistischen Schlagwortes, das weder theoretisch abgesichert noch praktisch handhabbar ist. Über die Analogie zur Ökonomie erweckt dieser Begriff den Eindruck, als sei die Biosphäre eine Art Volkswirtschaft, für deren Betriebe, die Ökosysteme, Bilanzen der ökologischen Leistungsfähigkeit errechnet werden könnten. Die *deskriptive* Problematik dieses Ansatzes besteht dabei darin, daß sich der Anspruch der Bilanzierbarkeit nicht nur auf *einzelne* quantifizierbare Teilprozesse (wie etwa den Wasserhaushalt oder die Strahlungsbilanz) beschränkt, sondern ausdrücklich auf die Natur und deren Systeme *als Ganze* ausgeweitet wird, ohne daß klar wäre, auf welcher Systemebene, innerhalb welcher Systemgrenzen und in welcher ökologischen „Währung" solche Bilanzierungen vorgenommen werden könnten.[49] Daß eine Einheitsbilanz im Sinne einer durchgängigen *Funktionstüchtigkeit* aller Systeme auf allen Systemebenen nicht in Frage kommt, habe ich im Zusammenhang mit dem Begriff der ökologischen Gesundheit bereits dargestellt. Die dort aufgeführten Argumente gegen eine Übertragung des Funktionsbegriffs von Organismen und Organen auf Ökosysteme und deren Populationen treffen auch den Begriff des Naturhaushalts. Wie HONNEFELDER (1993, S. 257) zu Recht bemängelt, setzt ein „Haushalt" ein auf Zwecke hin wirtschaftendes Subjekt voraus. „Gerade eine solche Teleologie ist aber der modernen evolutionstheoretischen Naturdeutung fremd."

Nachdem der Haushaltsbegriff somit auf der deskriptiven Ebene als verfehlt erscheinen muß, läßt sich auch sein *normativer* Anspruch nicht mehr aufrechterhalten. Immerhin erweckt er genau wie der Begriff der ökologischen Gesundheit den Eindruck, daß es in einer hypothetisch von allen menschlichen Eingriffen befreiten Natur so etwas wie eine intakte Ökologie quer durch alle Systemebenen gäbe, gewissermaßen „ökologische Wohlfahrt für alle". Mit der damit zum Ausdruck kommenden Vorstellung von einer durchgängigen Harmonie in der Natur verstellt dieser Begriff freilich den Blick auf deren andere Seite: ihren chaotischen, in sich widersprüchlichen, oft auch artvernichtenden Charakter. Beileibe nicht immer lassen sich nämlich die unterschiedlichen Bilanzen der verschiedenen Individuen, Systeme und Systemebenen zur Deckung bringen. Bilanzen, die für ein bestimmtes System und dessen Organismen „optimal" erscheinen, sind es nicht automatisch für dessen Untersysteme oder das Gesamtsystem. Häufig bestehen hier vielmehr Widersprüche und Zielkonflikte. REMMERT (1984, S. 303) drückt diesen Umstand bewußt anthropomorph aus, wenn er betont, daß die Interessen des Individuums sich nicht unbedingt mit den Interessen der Population decken und die Interessen der Population nicht unbedingt mit den Interessen des Gesamtsystems: „Evolution und Coevolution haben damit letzten Endes im gleichen Individuum eine ‚Schizophrenie' vorprogrammiert, die man sehen und erkennen muß, will man Ökologie treiben".

Nach REMMERT (1984, S. 303) löst sich diese „Schizophrenie" freilich auf, „wenn man das Gesamtsystem langfristig beurteilt". Bedeutet dies, daß es im Hinblick auf das Gesamtsystem nicht doch einen Sinn machen könnte, von einem „Naturhaushalt" zu sprechen? Konsequenterweise bezeichnet etwa KREEB (1979, S. 72) im Anschluß an ODUM (1967) die Ökologie als „die Lehre vom Haushalt der gesamten Natur, also nicht nur von Teilsystemen". Mir scheint indes, daß mit einem solch erweiterten Verständnis des Begriffs nicht viel gewonnen wäre. Da mit „Gesamtsystem" genaugenommen nur die Biosphäre als Ganze gemeint sein kann, wäre ein so verstandener Haushaltsbegriff zwangsläufig mit derselben Inhaltsleere erkauft, die der globalen Version des Stabilitätsbegriffs zu eigen war (vgl. 11.b). Unter der evolutionären Perspektive des globalen Rahmens kann sich das Wort vom „Naturhaushalt" dann nur noch auf die Bilanz des *Lebens an sich* beziehen, ohne daß sich über dessen Manifestationen, die Organismen, Tiere, Pflanzen und Lebensgemeinschaften, *inhaltlich* noch genaueres bestimmen ließe. Ob der Naturhaushalt von einer Vielzahl komplexer Lebensgemeinschaften oder wie vor drei Milliarden Jahren nur von wenigen Mikrobenarten bestritten wird, kann dem Begriff selbst nicht mehr entnommen werden.

Bei dieser *theoretischen* Unbestimmtheit ist es nicht verwunderlich, daß der Begriff des Naturhaushaltes auch in *praktischer* Hinsicht nicht befriedigt (vgl. EKSCHMITT et al., 1994). Wenn „Naturhaushalt" ein Schutzgut sein soll – und dieser Begriff steht immerhin sowohl im Naturschutz- als auch im Chemikalien- und Abfallgesetz – dann müßte klar sein, wovor und wie man diesen Haushalt schützt. Nach HABER (1993, S. 103) ist auf diese Frage „weder unter Ökologen noch außerhalb davon eine konsensfähige Antwort" zu bekommen. Entsprechend häufig kommt es zu Ungereimtheiten, Fehleinschätzungen und unzutreffenden Erwartungen bei der Beurteilung von Vorgängen in der Natur. Wie REICHHOLF (1993, S. 8) kritisiert, „wird allzu schnell ‚der Naturhaushalt' als Ganzes beeinträchtigt gesehen, wenn nichts anderes als eine Veränderung des Landschaftsbildes eingetreten ist; einer Landschaft, die vom Menschen geschaffenes, das heißt gestaltetes Land war und nicht ursprüngliche, unberührte Natur. Oder eben dieser Naturhaushalt wird bemüht, um die Notwendigkeit einer Art zu begründen – ‚Sie ist ein wichtiger Bestandteil des Naturhaushaltes!'-, oder ihre Bekämpfung zu rechtfertigen: Krähen dürfen in Bayern abgeschossen werden, wenn sie den Naturhaushalt beeinträchtigen"!

Die hier aufscheinende Gefahr einer Instrumentalisierung der Ökologie durch Interessengruppen (wie z.B. der Jäger, Fischer, Landwirte, aber auch der Naturschützer) habe ich in anderem Zusammenhang bereits erörtert.

Darüber hinaus birgt der Begriff des Naturhaushaltes jedoch eine weitere Gefahr, die den hier verfolgten Gedankengang zum allgemeinen Problem des Ökologismus zurückführt: Indem dieser das Bild einer planvoll gestalteten (bzw. gestaltbaren) „ökosozialen Naturidylle" zeichnet, verniedlicht er nicht nur das Naturgeschehen selbst, sondern auch das *Verhältnis des Menschen zur Natur*. Deutlich wird diese Tendenz zur Verniedlichung an Vokabeln wie „Umweltverträglichkeit" oder gar „Versöhnung mit der Natur", die schönfärberisch darüber hinwegtäuschen, daß der Mensch als Konsument im biologischen Sinne *grundsätzlich* auf Kosten anderer Organismen lebt und leben muß. Die Problematik des richtigen menschlichen Umgangs mit Natur, die nicht zuletzt die Frage betrifft, was wir uns und anderen Lebewesen zumuten wollen und dürfen, wird dabei nicht mehr in ihrer ganzen Vielschichtigkeit und Widersprüchlichkeit gesehen, sondern gerinnt durch die ökologistische Brille zu einer Frage ausschließlich ökologischer Bilanzierungen. Statt sich der *ethischen* Herausforderung des Problems zu stellen, wird es zu einem rein *technischen* erklärt. In bemerkenswerter Parallele zum Wissenschaftsaberglauben des technischen Optimismus setzt der Ökologismus zur Bewältigung der ökologischen Krise damit ebenfalls primär auf die Wissenschaft, ohne zu erkennen, daß er der *erkenntnistheoretischen* Überforderung der Ökologie nur eine weitere, nämlich die *normative*, hinzufügt. Die Ökologie kann aber nicht, wie z. B. AMERY (1982, S. 39) es gerne hätte, die Rolle einer „neuen Leitwissenschaft" übernehmen. Sie ist auch nicht die „Wissenschaft von einem Gleichgewicht, einer harmonischen Beziehung zwischen Mensch und außermenschlicher Natur", wie MAURER (1982, S. 28) glaubt. Diese und ähnliche Vorstellungen (vgl. z. B. MAREN-GRISEBACH, 1982, S. 32; BOOKCHIN, 1977, S. 15) sind insofern verhängnisvoll, als sie nicht nur falsche Versprechungen machen, sondern darüber hinaus vom Kern des Problems ablenken: von dessen *ethischer* Dimension.

Freilich drängt sich nach dieser Kritik, d. h. nach der Bestimmung dessen, was die Ökologie *nicht* ist und *nicht* leisten kann, nun die Frage auf, welche Rolle ihr im Zusammenhang mit der ökologischen Krise und dem Artensterben überhaupt noch zukommt. Welche *positive* Funktion kann die wissenschaftliche Ökologie hier übernehmen? Diesen Fragen gilt es im folgenden Teil der Arbeit nachzugehen.

III. Die Chancen der Ökologie

14. Der normativistische Fehlschluß

Nachdem ich im letzten Kapitel mehrfach darauf hingewiesen habe, daß aus den Erkenntnissen der Ökologie *allein* keine Handlungsanweisungen für den „richtigen" Umgang mit der Natur abgeleitet werden können, soll in diesem Kapitel darauf aufmerksam gemacht werden, daß diese Handlungsanweisungen auch *nicht ohne* die Berücksichtigung erfahrungswissenschaftlicher Erkenntnisse formuliert werden können. Aus der Tatsache, daß ökologisches Wissen für die Formulierung und Begründung von Normen nicht *hinreichend* ist, folgt nicht, daß es deshalb schon *irrelevant* wäre. Eine solch extreme Schlußfolgerung würde sich eines Argumentationsfehlers schuldig machen, der nach Einschätzung von HÖFFE (1981, S. 16.) „in der allgemeinen ethischen Diskussion noch kaum bemerkt worden ist": der sogenannte *normativistische Fehlschluß*. Mit diesem Begriff bezeichnet HÖFFE „die dem naturalistischen Fehlschluß entgegengesetzte Vorstellung, allein aus normativen Überlegungen ließen sich spezifische oder gar konkrete Verbindlichkeiten ableiten". Ihm liegt ein Verständnis von Ethik als einem in sich geschlossenen System rationaler Argumentation zugrunde, für das ausschließlich *interne* Regeln der Rechtfertigung und Kritik zu berücksichtigen sind. Anzutreffen ist ein solches Ethikverständnis vor allem in deontologischen Systemen wie dem extremen moralischen Rigorismus der Aufklärung. Indem dieser die Bereiche Natur und Geist, Notwendigkeit und Freiheit, Erfahrung und Rationalität jeweils strikt voneinander trennt, ist er der Gefahr des normativistischen Fehlschlusses in besonderem Maße ausgesetzt. So lehnt etwa KANT (1785), für den Sittlichkeit ausschließlich in der Selbstachtung und der Achtung vor dem Sittengesetz besteht, jede empirische Beimischung zu den apriorischen Prinzipien der praktischen Vernunft als überflüssig und die Verbindlichkeit der Moral sogar als untergrabend ab.[50] Eine entsprechend ablehnende Haltung gegenüber der wissenschaftlichen Erfahrung im Rahmen der Ethik nimmt NAGEL (1979) in seinem Aufsatz *Ethics without Biology* ein. Darin vertritt er nicht nur die durchaus richtige These, daß die Biologie keine Quelle für moralische Urteile sein könne, sondern zieht darüber hinaus den ungleich weitreichenderen Schluß, Biologie sei *überhaupt irrelevant* für die Ethik.

Der Denkfehler dieses normativistischen „overkills" (SCARRE, 1981, S. 243) rührt meines Erachtens daher, daß versäumt wird, drei Ebenen der philosophischen Ethik hinreichend deutlich voneinander zu unterscheiden. Nach einer Unterteilung von HÖFFE (1981, S. 15) repräsentiert die *erste* und allgemeinste Ebene das Moralprinzip, d. h. den letzten Maßstab der Sittlichkeit, die *zweite* Ebene sachbezogene Prinzipien und die *dritte* Ebene zeitgerechte und situationsgemäße Beurteilungskriterien. Entscheidend für das Verhältnis der verschiedenen Ebenen zueinander ist, daß die sachbezogenen Prinzipien zwar grundsätzlich dem Moralprinzip Genüge leisten müssen, daß das Moralprinzip aber niemals *zureichendes* Entscheidungskriterium für eine konkrete Handlung sein kann: „Erst unter der zusätzlichen Berücksichtigung des jeweiligen Sachbereichs und seiner allgemeinen Gesetzlichkeiten lassen sich die mittleren, die sachbezogenen Prinzipien positiv bestimmen" (HÖFFE, 1981, S. 15). Normative Überlegungen geben also immer nur einen *allgemeinen* Beurteilungsmaßstab ab. Damit dieser auf konkrete Situationen angewandt werden kann, muß er grundsätzlich mit den spezifischen Sachgesetzlichkeiten (auf der zweiten Ebene) und den konkreten Bedingungen der jeweiligen Lebenswelt und Handlungssituation (auf der dritten Ebene) vermittelt werden. VOSSENKUHL (1993a, S. 134) spricht in diesem Zusammenhang von einer „Abhängigkeit der Normativität von der Deskriptivität in der Ethik", wobei er geltend macht, daß normative Bedeutung allein schon aus semantischen Gründen nur im Kontext deskriptiver Bedeutung möglich ist. Die deskriptive Bedeutung von Regeln markiert dabei gleichsam den „Raum moralischer Verpflichtungen". Nur wenn dieser Raum hinreichend klar beschrieben ist, wenn also die Sachzusammenhänge über die Voraussetzungen und Folgen einer Handlung bekannt sind, läßt sich eine vernünftige und moralische Entscheidung treffen (VOSSENKUHL, 1993a, S. 149).

Für das Verhältnis zwischen wissenschaftlicher Erfahrung und Ethik lassen sich daraus folgende Schlußfolgerungen ziehen: Sollensaussagen können zwar einerseits niemals allein aus Sachaussagen *abgeleitet* werden, müssen aber andererseits stets auf Sachverhalte *bezogen* werden. Der methodisch richtige Weg zwischen den Klippen des Naturalismus und des Normativismus besteht in der angemessenen *Verknüpfung* von Werturteil und Sachverhalt: Je konkreter die ethische Fragestellung ist, desto mehr wissenschaftliche Informationen müssen in den Prozeß der Normenfindung einfließen. Daraus wird ersichtlich, daß eine ökologische Ethik, die über eine nur allgemeine und abstrakte Behandlung der ökologischen Probleme hinauskommen will, nicht als exklusives Teilgebiet der Philosophie aufgefaßt werden kann, sondern als interdisziplinäres Unternehmen verstanden werden muß (VOSSENKUHL, 1993b, S. 13). Philosophie und Naturwissenschaften müssen hier (unter Umständen auch unter Einbeziehung der Wirtschafts- und Sozialwissenschaften) zusammenarbeiten, indem sie sich gegenseitig mit den relevanten Informationen versorgen und darüber hinaus ihre eigenen Prämissen aus der Perspektive des jeweils anderen Faches in einem Prozeß fortwährender Rückkoppelung hinterfragen lassen.

So wenig die ökologische Krise von naturwissenschaftlicher Seite auf eine rein ökologische Angelegenheit reduziert werden darf, so wenig sollten Geisteswissenschaftler folglich den für die ethisch-ökologische Begriffsbildung unabdingbaren Bezug auf naturwissenschaftliches Wissen vorschnell als „Naturalismus" abtun. Mitunter kann man beobachten, daß das Argument des naturalistischen Fehlschlusses von diesen als eine Art „Totschlag-Argument" gegen *jegliche* Form der Bezugnahme auf die Natur verwendet wird. Wie BIRNBACHER (1991, S. 68) betont, kann dieses Argument aber in vielen Fällen nur wenig ausrichten. Im Grunde genommen greift es nur dort, wo die Natur zur Quelle moralischer Werte gemacht wird, Moral also im *logischen Sinne* aus der Natur abgeleitet wird, nicht jedoch dort, wo die Natur nur als ein *Kriterium* für Moral herangezogen wird, Natur also den (schwächeren) Status eines Plausibilitätsarguments einnimmt. Eine Unterscheidung zwischen diesen beiden Positionen erweist sich freilich oft als schwierig. Wie ENGELS (1993, S. 120) zeigt, setzt die Identifikation eines Argumentes als naturalistischer Fehlschluß immer eine sorgfältige Analyse der jeweiligen Hintergrundannahmen des Argumentierenden sowie eine Interpretation der von ihm verwendeten normativen Begriffe voraus, was im Einzelfall oft nicht möglich ist. Ungeachtet dieser praktischen Schwierigkeiten bleibt als grundsätzliches Unterscheidungskriterium festzuhalten, daß der Naturalismus das moralische Maß als etwas der Natur *Immanentes* betrachtet, während es nach der hier vertretenen Position Ausdruck einer freien, aber nicht willkürlichen *Setzung* ist, die – im Gegensatz zum Normativismus – aus einer wechselseitigen Verknüpfung von Werten und Tatsachen hervorgeht.

Als Kennzeichen dafür, daß eine Orientierung an der Natur in letzterem Sinne gemeint ist, kann die *hypothetische Struktur* einer ökologischen Handlungsanweisung gelten. Diese logische Struktur liegt vor, wenn die Handlungsanweisung in die Form einer „Wenn-dann-Aussage" überführt werden kann. Hierzu ist es freilich notwendig, die normative Prämisse ausfindig zu machen, die der deskriptiven Komponente der Anweisung oft mehr oder weniger verborgen zugrundeliegt. Beispielsweise muß die Forderung nach einer Reduzierung des Nährstoffeintrags zugunsten der heimischen Artenvielfalt auf die Prämisse Bezug nehmen, *daß* die Artenvielfalt z.B. aus ethischen Gründen erhalten werden soll. *Wenn* sie aus ethischen Gründen erhalten werden soll, läßt sich aus dem empirisch ermittelten Zusammenhang zwischen Nährstoffeintrag und Artenverarmung die moralische Verpflichtung einer Reduzierung des Nährstoffeintrags ableiten.

Die Ökologie kann im Rahmen solch hypothetischer Imperative gleich mehrere Funktionen wahrnehmen: Zum *ersten* kann sie einen Beitrag zur Abschätzung der äußeren Umstände leisten, die zur ethischen Beurteilung einer Handlung von Bedeutung sind, zum *zweiten* kann sie Hinweise geben, auf welchen Wegen und mit welchen damit verbundenenen Konsequenzen ein bestimmtes Ziel zu erreichen ist, und zum *dritten* kann sie umgekehrt überprüfen, ob eine bestimmte Handlung dem angestrebten Gut auf Dauer und im Ganzen gerecht wird (vgl. KNAPP, 1986, S. 29). Auf die praktischen Anwendungen dieser hier nur ganz allgemein formulierten *instrumentellen* Rolle der Ökologie im Rahmen des Naturschutzes kann ich hier nicht näher eingehen, sondern verweise auf die umfangreiche angewandt-ökologische Literatur.[51]

15. „Ökologisches Denken"

Ein Überblick über Studien dieser Art läßt freilich erkennen, daß die positiv-instrumentelle Rolle der Ökologie weitgehend auf Fragestellungen begrenzt ist, bei denen es darum geht, bereits eingetretene ökologische Schäden *im nachhinein* auf ihre Ursache-Wirkungs-Beziehungen hin zu analysieren und daraus Empfehlungen für die Zukunft abzuleiten. Demgegenüber gelingt es der Ökologie nur selten, Belastungsgrenzen von Ökosystemen für menschliche Eingriffe *im voraus* zu berechnen, mit anderen Worten, zu bestimmen, was wir heute dürfen, damit wir und künftige Generationen morgen menschenwürdig leben bzw. andere Arten überleben können. Die Ursachen für diese stark eingeschränkte Prognosefähigkeit der Ökologie sind in Teil A. I erörtert worden und haben sich dort als *grundsätzliche*, d. h. durch keinen Fortschritt in der Wissenschaft gänzlich aufhebbare Einschränkungen menschlicher Erkenntnis erwiesen. Als Schlußfolgerung aus dieser Einsicht ist die Hoffnung als illusionär zurückgewiesen worden, ökologische Systeme könnten mit Hilfe ausgeklügelter Ökosystemanalysen, Simulationsmodellen und Technikfolgenabschätzung eines Tages krisensicher „gemanagt" werden. Die ökologische Krise läßt sich nicht auf diese technische Art und Weise aus der Welt schaffen. Ist die Ökologie für die vorsorgende Bewältigung der ökologischen Krise – und nur durch *Vorsorge* läßt sich das Artensterben ja überhaupt noch stoppen! – damit etwa bedeutungslos? Ist sie am Ende doch irrelevant für die Ethik, nicht weil sie es schon aus *theoretischen* Gründen wäre (wie Normativisten meinen), sondern weil sie aufgrund ihres prognostischen Unvermögens nicht in der Lage ist, genügend *praxisrelevante* Informationen für eine ethische Beurteilung zu liefern?

Ein solches Mißverständnis könnte aufkommen, wenn es hinsichtlich des richtigen Umgangs des Menschen mit der Natur nur darum ginge, für jeden ökologischen Einzelfall entsprechende Gebote und Verbote auszuarbeiten. Dieser rein „kasuistische" Ansatz würde die ökologische Ethik jedoch nicht nur überfordern, er wäre vor allem *nicht hinreichend*, um den außergewöhnlichen Herausforderungen der ökologischen Krise zu begegnen. Eine der zentralen Thesen dieser Arbeit lautet, daß es mit der Ausarbeitung eines ökologisch-ethischen Normenkatalogs nicht getan ist, sondern daß das geforderte ökologische Handeln, soll es mehr bewirken als die Linderung der Symptome, von einem radikalen Umdenken getragen sein muß.

Als wichtigste Aufgabe der Ökologie bei der Bewältigung der ökologischen Krise sehe ich deshalb weniger ihren *direkten* instrumentellen Einsatz als vielmehr ihre *indirekte* Rolle als Wegbereiterin eines *Einstellungswandels* im Verhältnis des Menschen zur Natur.[52] Ihre allgemeinen Einsichten geben Anlaß, so manches traditionelle Welt- und Menschenbild sowie die mit diesen Bildern verbundene Grundhaltung des Menschen im Umgang mit der Natur einer kritischen Revision zu unterziehen. Als Ergebnis dieses Nachdenkens zeichnet sich eine in ihren Konsequenzen über die wissenschaftliche Ökologie weit hinausreichende neue Sichtweise des Verhältnisses zwischen Mensch und Natur ab, die verschiedentlich als *„Ökologisches Denken"* (BIRNBACHER, 1989, S. 394) oder *„Neues Denken der Natur"* (ZIMMERLI, 1991, S. 389) bezeichnet worden ist. Diese Begriffe charakterisieren u. a. die Einsicht, daß der Mensch und seine Zivilisation (wie alle anderen Organismen auch) in eine Vielzahl komplexer natürlicher Wechselwirkungen eingebunden sind, die nur zu einem geringen Teil erfaßbar sind. Eingriffe des Menschen in die Natur werden neben den intendierten Hauptwirkungen deshalb immer auch mit mehr oder weniger starken Nebenwirkungen verbunden sein. Ökologisches Denken bedeutet, diese Nebenfolgen so weit wie möglich mitzubedenken, indem a) der Blickwinkel über die Grenzen des jeweils betrachteten Systems hinaus erweitert wird, b) mit Verzögerungszeiten, exponentiellen Entwicklungen und langfristigen Wirkungsaspekten gerechnet wird und c) von nicht nur linearen, sondern netzartigen und vielfach rückgekoppelten Kausalzusammenhängen ausgegangen wird. Als ein weiteres Ergebnis ökologischer Forschung mit weitreichenden ökonomischen und politischen Konsequenzen kann die Erkenntnis gelten, „daß es Grenzen des Wachstums gibt und daß die Freiheit des Individuums systembedingte Grenzen hat" (SCHULZE, 1993, S. 274). Diese Erkenntnis ist zwar nicht gänzlich neu,[53] hat aber durch die Ökologie erstmals eine im Detail nachvollziehbare Begründung erhalten.

Gleiches gilt für den meines Erachtens wichtigsten Aspekt des „ökologischen Denkens": das *Wissen um das Nichtwissen.* Zwar hat schon SOKRATES diesen paradoxen Tatbestand erkannt und in dem Satz „Ich weiß, daß ich nichts weiß" zum Ausdruck gebracht, doch läßt sich diese Einsicht heute erstmals auch naturwissenschaftlich begründen (vgl. Kapitel 5). Bemerkenswert ist, daß die Begründung mit Hilfe derjenigen Instanz vorgenommen werden kann, von der einst erwartet wurde (und manche Zeitgenossen immer noch erwarten), sie könne eines Tages (zumindest potentiell) *alles* wissen. Indem Wissenschaft ihre eigenen Grenzen aufzeigt, widerlegt sie diesen Aberglauben an sich selbst durch sich selbst.[54] Der Gegenstandsbereich der Ökologie ist dabei infolge seiner hohen Komplexität und Individualität, durch die große Bedeutung der historischen Komponente und von Randbedingungen sowie durch seine häufig nur stochastischen (zufallsabhängigen) oder gar nur qualitativ darstellbaren Zusammenhänge wie kaum ein anderer geeignet, die prinzipiellen Grenzen der wissenschaftlichen Methode aufzuzeigen. Ökologisches Bewußtsein ist deshalb in besonderem Maße *Grenzenbewußtsein.*

Wenn hier von Grenzen die Rede ist, so sollte nach der Diskussion um den naturalistischen Fehlschluß klar sein, daß damit zunächst rein deskriptive Grenzen, also Grenzen des *Erkennens*, gemeint sind. Es bedarf indes nur weniger normativer Prämissen, um aus den Grenzen des Erkennens auch Grenzen des *Handelns* abzuleiten. Diese Prämissen möchte ich zunächst nur mit dem vorläufigen Etikett „Vermeidung unerwünschter ökologischer Nebenfolgen" kennzeichnen. Als Beispiel für eine solche Prämisse kann der weitgehend unbestrittene Wunsch nach Erhaltung der natürlichen Lebensgrundlagen gelten. Da die Vernichtung unserer Lebensgrundlagen zu einer realen Möglichkeit geworden ist, scheint sich aus dem Bewußtsein des „ökologischen Denkens" heraus eine Haltung genereller Vorsicht aufzudrängen: Wenn ich gar nicht genau weiß (und auch niemals genau wissen kann), wie die Natur „funktioniert" und welche Folgen meine Eingriffe in die Natur nach sich ziehen werden, sollte ich mit massiven Eingriffen in die Natur möglichst vorsichtig sein. EHRLICH & EHRLICH (1983, S. 9) vergleichen die naiv-größenwahnsinnige Haltung des modernen Menschen im Zusammenhang mit der fortschreitenden Artenauslöschung mit der Ignoranz eines Schraubenhändlers, der gerade dabei ist, Schrauben aus der Tragfläche eines Flugzeuges herauszudrehen, ohne über deren genaue Funktion ausreichend Bescheid zu wissen. Auf die Einwände eines entsetzten Beobachters antwortet er: „Da machen Sie sich mal keine Sorgen, solche Flugzeuge haben einen sehr großen Sicherheitsspielraum, und deswegen wird gar nichts passieren. Ich habe ja schon jede Menge Schrauben hier herausgeholt, und Sie sehen, die Maschine fliegt immer noch." Das Beispiel soll veranschaulichen, daß zumindest dort, wo es um das Ganze der Lebensmöglichkeiten, d. h. einen möglichen „Absturz des Raumschiffs Erde" als menschlichem Lebensraum geht, das Handeln nicht von unseren lückenhaften ökologischen Detailkenntnissen, sondern von der Einsicht in unser Nichtwissen bestimmt sein sollte. Wie SCHÖNHERR (1989, S. 100) es formuliert, sollte praktische Ökologie in erster Linie als „negative Ökologie" verstanden werden: „Ökologie warnt, daß jede Form der Naturerklärung und -beherrschung sich der Natur nicht ausreichend zu nähern vermag. Negative Ökologie mahnt daher zum äußerst vorsichtigen Umgang mit Natur, weil auch vernünftiges Handeln, wie ökologisch es sein will, destruktive Wirkungen nicht ausschließen kann. Negative Ökologie empfiehlt daher, so wenig wie möglich zu handeln, so wenig wie möglich technisch mit Natur und Mensch umzugehen".

Die etwas abstrakte Empfehlung SCHÖNHERRS, „so wenig wie möglich zu handeln", macht freilich deutlich, daß es kaum möglich und sinnvoll ist, „praktische Ökologie" aus einem überzogenen erkenntnistheoretischen Pessimismus heraus *nur noch* als „negative Ökologie" zu begreifen. Da wir handeln *müssen*, d. h. aus biologischen und anthropologischen Gründen nicht umhin können, auch technisch in die Natur einzugreifen (vgl. HAVERBECK,

1978), müssen wir bei allem Vorrang des negativen Aspekts von Ökologie immer wieder auch auf deren *positives* Wissen zurückgreifen. Nur unter Einbeziehung dieser zugegebenermaßen bescheidenen Erkenntnisse können wir eine einigermaßen vernünftige Wahl zwischen verschiedenen Handlungsoptionen vornehmen und haben darüber hinaus die begrenzte Chance, die unerwünschten Nebenfolgen unseres Handelns zu minimieren.

Damit das Nichtwissen praxisrelevant werden kann, muß es somit als *kundiges Nichtwissen* in Erscheinung treten. Dieses Nichtwissen zeichnet sich nach GUGGENBERGER (1986, S. 56) dadurch aus, daß es darauf verzichtet, den gesellschaftlichen „Gesamtfortschritt" im *direkten Zugriff*, durch Entwurf und Plan zu verwirklichen. Da das Wissen, das wir als Menschen von der Wirklichkeit haben können, stets weit hinter jenem Wissen zurückbleibt, das wir haben müßten, um die Zukunft planend und konstruierend „in den Griff" zu bekommen (vgl. VON DITFURTH, 1991, S. 411), hätte der direkte ökologische Zugriff viel eher den „Entwurf der Katastrophe" als den „Entwurf des Fortschritts" zur Folge. Statt selbstherrlicher Planung fordert „kundiges Nichtwissen" deshalb, sich darauf zu beschränken, den „Fortschritt" *indirekt* zu fördern, indem die *Rahmenbedingungen für eine nichtkatastrophale Entwicklung günstig gestaltet werden*.

Wie diese aussehen könnten, läßt sich nicht zuletzt am Beispiel der natürlichen Evolution studieren. Zwar ist auch diese nicht frei von Fehlentwicklungen, Systemzusammenbrüchen und Katastrophen (wobei diese Begriffe freilich immer eine Frage der Perspektive sind, vgl. Kapitel 13), doch erscheint es angesichts dessen als um so lohnenswerter darüber nachzudenken, welche Mechanismen und Prinzipien dafür verantwortlich sind, daß diese „Firma" *dennoch* „seit vier Milliarden Jahren nicht Pleite gemacht hat" (VESTER, 1980, S. 87). Auf die vielen konkreten Versuche, von der Natur zu lernen und ökologische Zusammenhänge für andere Bereiche, insbesondere die Ökonomie, nutzbar zu machen, kann ich im Rahmen dieser Arbeit nicht näher eingehen (siehe hierzu beispielsweise RING, 1994). Statt dessen möchte ich mich darauf beschränken, auf vier (nicht nur) ökologische Prinzipien hinzuweisen (vgl. KAFKA, 1989), die zum einen die Rahmenbedingungen für eine „nicht-katastrophale" Entwicklung günstig gestalten und zum anderen eine Richtschnur für die erforderlichen Veränderungen hinsichtlich Naturbild und Selbstverständnis des Menschen abgeben könnten.

16. Prinzipien eines Einstellungswandels

Das *erste* Prinzip, aus dem sich die drei anderen erschließen lassen, ist das Prinzip der *Fehlerfreundlichkeit*. Dieser Begriff bezeichnet die eigentümliche und für den Evolutionsprozeß charakteristische Verbindung von Fehleranfälligkeit und Fehlertoleranz (V. WEIZSÄCKER & V. WEIZSÄCKER, 1984, 1986). Biologische Systeme sind zwar stets durch innere Unvollkommenheiten und äußere Störungen gefährdet (man denke etwa an Erkrankungen bei Organismen oder Dezimierungen des Nachwuchses bei Amphibien), doch zugleich ist ihnen die Fähigkeit eigen, auf diese Gefährdungen zu reagieren und bis zu einem bestimmten Grad mit ihnen fertig zu werden (z. B. in Form der Wundheilung im Falle des Organismus oder eines Überschusses an Laichen im Falle der Amphibien, also in Form von Redundanz). Warum diese relative Fehlertoleranz besteht und auch bestehen muß, erklärt sich aus der für die Evolution *konstitutiven* Rolle des Fehlers: Evolutionärer Fortschritt ist genau genommen nichts anderes als das, was nach unendlich vielen fehlgeschlagenen Versuchen und Irrtümern beim „Tasten im Raum der evolutiven Möglichkeiten" übrig geblieben ist. „Wie Vergänglichkeit zur Zeit, so gehören Fehler zur Evolution" (KAFKA, 1989, S. 72). Wenn nun jedoch Fehler grundsätzlich auch zum *Menschen* gehören – wie nicht nur der Erfahrungssatz „Irren ist menschlich", sondern auch die theoretische Analyse von Wissenschaft belegen (z. B. POPPER, 1973) – so sollte auch das menschliche Handeln so ausgelegt sein, daß es mit Fehlern leben und aus Irrtümern lernen kann. „Da völlige Fehlervermeidung sowohl unmenschlich wie utopisch ist, muß das Konstruktions- und Nutzungsprinzip der Technik die ‚Fehlerfreundlichkeit' sein, die eine entscheidende Voraussetzung der Evolution bzw. der Evolutionsfähigkeit ist" (E. U. v. WEIZSÄCKER, 1992, S. 224). Konkret bedeutet dies, auf Technologien und Eingriffe in die Natur zu verzichten, die den Erfahrungserwerb durch Versuch und Irrtum *ausschließen*, weil sie unter Umständen irreversible Folgen haben (z. B. bei der Freisetzung gentechnisch veränderter Mikroorganismen) bzw. einen möglichen Irrtum *verbieten*, weil die Größenordnung seiner Folgen jedes herkömmliche ethische Maß sprengt (z. B. bei der Atomenergie).[55]

Über einen Verzicht auf bestimmte Technologieformen hinaus ist das Prinzip der Fehlerfreundlichkeit an ein *zweites* Prinzip gebunden: die *Gemächlichkeit*. Diese ist insofern grundlegend für die Dynamik ökologischer Prozesse, als sie eine Voraussetzung für deren Evolutions*fähigkeit* darstellt: Nur wenn genügend Zeit vorhanden ist, um zuverlässig zu bewerten, ob das Neue systemverträglich und darüber hinaus besser ist als das Alte, kann das Verfahren von Versuch und Irrtum überhaupt funktionieren. Ein entscheidender Punkt dabei ist, daß sich in jeder Evolution auch die Selektionskriterien mitentwickeln können müssen, was nicht in beliebig kurzer Zeit möglich ist. Während in der *biologischen* Evolution in der Regel Zeiträume von mehreren bis vielen Generationen erforderlich sind, um Genfrequenz-Verschiebungen von Populationen auf ihren Anpassungswert hin zu überprüfen, dürfte es in der *kulturellen* Evolution die Lebenszeit des Individuums sein, die eine Grenze der Bewertungsgeschwindigkeit darstellt: Nur wenn die Geschwindigkeit des Ausprobierens in einem angemessenen Verhältnis zur Lebenszeit dessen steht, der ausprobiert, ist damit zu rechnen, daß die notwendige Rückkopplung rechtzeitig, d. h. *vor* dem Abbau von Komplexität und der Destabilisierung des Gesamtsystems stattfindet. Vor dem Hintergrund dieses Zusammenhangs muß es alles andere als fehlerfreundlich gelten, wenn beispielsweise die chemische Industrie mittlerweile weltweit ca. 50 000–60 000 Chemikalien neu in die Biosphäre eingebracht hat, ohne daß deren Langzeitwirkung auf Klima, Ökosysteme und Gesundheit der Organismen vorher auch nur einigermaßen gründlich getestet worden wäre (DAHL, 1989b, S. 50). Indem Wissenschaft und Technik damit die Anwendung *vor* die experimentelle Erforschung setzen, haben sie nach Ansicht des Soziologen BECK (1988, S. 203) „die Grenzen zwischen Labor und Gesellschaft eingerissen". Die von POPPER (1971) postulierte „Logik der Forschung" sei damit, zumindest was den Ist-Zustand betrifft, in klassischem Sinne „falsifiziert": Dort, wo die Welt selbst gewissermaßen zum Labor gemacht wird (wie im Falle der Gefährdung der Ozonschicht durch FCKWs), hat die naturwissenschaftliche Experimentierlogik, die ja im wesentlichen auf der Abschließbarkeit und Kontrollierbarkeit des Experiments beruht, sich ihrer eigenen Grundlage enthoben.

Die damit angesprochene Gefahr ungewollt stattfindender „globaler Experimente" legt das *dritte* ökologische Prinzip nahe: das Prinzip der *Vielfalt*. Um zu verhindern, daß sich Fehlentwicklungen weltweit und in unkorrigierbarer Form ausbreiten, sollten flächendeckende Einheitstechnologien vermieden und statt dessen kleinräumige und voneinander unabhängige Entwicklungen gefördert werden. Dabei lehrt der Blick auf die Organisationsweise ökologischer Systeme (z. B. im Rahmen der Mosaik-Zyklus-Theorie), daß *Kompartimentierung*, d. h. die weitgehende Eigenständigkeit einer Vielzahl von Untersystemen, die Störanfälligkeit des Gesamtsystems vermindert. Verändert sich ein ökologischer Faktor negativ, erhöht Kompartimentierung die Chance, daß wenigstens eines der Untersysteme eine Lösung findet, mit deren Hilfe das Gesamtsystem überleben kann. Wie wichtig Vielfalt auch in menschlich gesteuerten Ökosystemen wäre, zeigt das Beispiel der fortschreitenden Sortenverarmung bei Nutzpflanzen und das damit einhergehende Risiko flächendeckender Ernteausfälle in der Landwirtschaft.[56]

Mit dem dezentralen Charakter der Vielfalt in engem Zusammenhang steht das *vierte* Prinzip: die *Selbstorganisation* („Autopoiesis"). Unter diesem Begriff versteht man die Entstehung komplexer Strukturen in thermodynamisch offenen Systemen. EIGEN & WINKLER (1975, S. 197) definieren sie „als die aus definierten Wechselwirkungen und Verknüpfungen bei strikter Einhaltung der Randbedingungen resultierende Fähigkeit spezieller Materieformen, selbstreproduktive Strukturen hervorzubringen". Im vorliegenden Zusammenhang geht es dabei freilich vor allem um den speziellen Aspekt, daß sich natürliche Ökosysteme und Lebensgemeinschaften niemals über eine zentrale Steuerung entwickeln, sondern daß ihre Funktionen allein durch das Zusammenwirken ihrer Komponenten, Kompartimente und Faktoren geregelt werden. Ökologische Systeme sind durchweg dezentral organisiert. Angesichts dessen und unseres prinzipiell begrenzten ökologischen Wissens kann es kaum verwundern, daß alle Versuche einer sogenannten „Umweltplanung", zentral gesteuerte Ökosysteme zu schaffen, bisher nicht annähernd die gewünschte Funktionssicherheit gebracht haben, die man von natürlichen Systemen gewohnt ist (vgl. HABER, 1986). „Umweltplanung und -gestaltung einerseits, Selbstorganisation und Chaostheorie andererseits stehen in einem grundsätzlichen Widerspruch, der bestenfalls teilweise aufgelöst werden kann" (HABER, 1993, S. 105). REMMERT (1990, S. 114) empfiehlt daher als praktische „Richtschnur" für den Naturschutz, zumindest in Naturschutzgebieten ohne übergeordnetes Schutzziel (wie z. B. den Erhalt einer ganz bestimmten Vogelart) auf Pflege- und Entwicklungsmaßnahmen zu verzichten: „Wenn der Naturschutz Wasser, Boden und Luft unserer Heimat schützen will, so tut er dies (...) am besten, indem er die natürlichen ökologischen Prozesse so ablaufen läßt, wie sie laufen wollen." Professionelle Naturschützer wie SCHERZINGER (1991), OBERMANN (1992), GERDES (1993a) und THIESSEN (1988) plädieren ebenfalls dafür, der Natur möglichst viele Freiräume zur eigenen Entfaltung einzuräumen. Die beiden letzteren betonen dabei das *psychologische* Moment, welches ein solcher „Naturschutz durch Nichtstun" (THIESSEN, 1988, S. 64) zum Ausdruck bringen und gleichzeitig voranbringen könnte: Er wäre ein deutliches Zeichen für den Abschied vom technischen Optimismus und dessen szientistischem Anspruch, die Natur eines Tages vollständig beherrschen zu können. Insofern wäre er gleichzeitig Ausdruck einer neuen bzw. wiedererlangten Selbstbescheidung und Gelassenheit des Menschen im Umgang mit der Natur – einer Natur, die nach der Kernthese von Teil A. I nicht *hinreichend* analysierbar ist, um sie *beliebig* manipulieren und steuern zu können.

Es soll hier freilich nicht verschwiegen werden, daß sich mit der aus dieser These abgeleiteten Warnung, durch maßlose Eingriffe in die Natur unter Umständen das Ganze des Lebens zu gefährden, letztendlich nur wenig *konkrete* Hilfestellungen zur Bewältigung der ökologischen Krise gewinnen lassen. Denn weder ist aufzeigbar, wieviel ökologisches Wissen *hinreichend* ist, damit ein bestimmter Eingriff in die Natur ohne nennenswerte Nebenwirkungen vorgenommen werden kann, noch ist ohne weiteres ersichtlich, wann ein Eingriff als so grundlegend zu gelten hat, daß das Risiko unerwünschter Nebenfolgen nicht mehr zu akzeptieren ist. Es geht hinsichtlich der Bewältigung der ökologischen Krise ja nicht „nur" um die Verhinderung der „endgültigen globalen Katastrophe", wie z. B. der Selbstauslöschung der Menschheit (deren Gefahr der technische Optimist sowieso leugnen würde), sondern ebenso sehr um die zahlreichen Zwischenstufen auf dem Weg zu ihr, die *für sich genommen* schon zu verhindern wären, weil sie *ethisch unakzeptabel* sind. Insofern stellt das oben genannte Beispiel des vom Absturz bedrohten Flugzeugs (EHRLICH & EHRLICH, 1983, S. 9) – so berechtigt und wichtig seine Warnung auch ist – eine problematische Verkürzung der ökologischen Krise dar, weil es mit seinem Alles-oder-nichts-Charakter (Flugtüchtigkeit oder Absturz) die ethische Dimension der kleinen und mittleren ökologischen Katastrophen nur insofern zur Kenntnis nimmt, als sie Vorstufen zur großen Katastrophe sein könnten. Die Frage, um die es angesichts der ökologischen Krise geht, ist jedoch nicht allein die, ob die Menschheit sich und den größten Teil der anderen Arten eines Tages selbst auslöschen wird oder nicht, sondern darüber hinaus ebenso jene, *welche Lebensbedingungen* die Menschheit sich selbst, späteren Generationen und der natürlichen Mitwelt zumuten will und darf, wenn sie denn überlebt. Bei der letzteren Frage wird es besonders deutlich, „daß eine andere Instanz als die wissenschaftlich prognostizierende Vernunft nötig ist, um die Korrekturaufgaben wahrzunehmen. Eine Instanz dieser Art ist die Ethik" (ZIMMERLI, 1993, S. 403). Doch welche Ethik ist hier gemeint? Die traditionelle philosophische Ethik? Ist diese der gänzlich neuartigen Herausforderung der ökologischen Krise überhaupt gewachsen?

17. Rückfragen von der Ökologie an die Ethik

Angesichts der zahlreichen Rufe nach einer „neuen Ethik" und der wie Pilze aus dem Boden schießenden neuen ethischen Spezialdisziplinen (wie Wissenschaftsethik, Wirtschaftsethik, Technikethik, Bioethik usw.) muß der Eindruck entstehen, als habe die traditionelle Ethik zur Bewältigung der heutigen Probleme nicht eben viel beizutragen und müsse im Hinblick auf die Umweltkrise deshalb durch eine alternative und leistungsfähigere Spezialdisziplin, die ökologische Ethik, *ersetzt* werden. Dieser Eindruck ist insofern irreführend, als er unterstellt, es sei möglich, ein neues Moralprinzip oder neue ethisch-ökologische Urteilsformen zu entwickeln. Das oberste ethische Prinzip kann aber immer nur die sittliche Verantwortung des Menschen sein. In dieser Hinsicht kann die ökologische Ethik keine neuartige Ethik sein. Was neu an ihr ist, ist die *Erweiterung der Anwendung* des Moralprinzips auf einen Bereich, der in der traditionellen Ethik bisher als ethisch indifferent galt und deshalb nicht oder nur ungenügend berücksichtigt worden ist (vgl. LANDMANN, 1981, S. 168/169). Angesichts der gesteigerten menschlichen Handlungsmacht und der ökologischen Krise ist der Umgang mit der Natur erstmals als ethisch relevant erkannt worden. „Natur als Gegenstand menschlicher Verantwortung ist (...) ein *Novum* in der ethischen Theorie" (JONAS, 1973, S. 74).[57]

Wie VOSSENKUHL (1993b, S. 6) gezeigt hat, gab es in der Geschichte der Ethik schon mehrfach Neuerungen, die durch veränderte Rahmenbedingungen angeregt bzw. erzwungen worden sind und die dabei den Geltungsbereich ethischer Normen erweitert haben. „Bei all diesen Neuerungen hat sich nicht nur der Geltungsbereich der Ethik, sondern ihr ganzes Gefüge verändert. Die Prinzipien des richtigen Verhaltens wurden nicht entwertet, sondern erhielten eine neue Rangordnung" (VOSSENKUHL, 1993b, S. 6). Man kann davon ausgehen, daß auch die für die Ethik neu hinzugekommene ökologische Dimension solche Umgestaltungen der ethischen Theorie zur Folge haben wird. Für die Fortentwicklung der Ethik scheint mir dabei der folgende Doppelaspekt der ökologischen Problematik besonders bedenkenswert zu sein: Einerseits sind viele ökologischen Zusammenhänge – wie in Teil A. I gezeigt – zu wenig durchschaubar, um Eingriffe des Menschen in die Natur allein anhand der zu erwartenden Folgen ethisch sicher beurteilen zu können. Für die Ethik bedeutet dies, daß ein ausschließlich konsequentialistischer Ansatz (wie ihn etwa der Utilitarismus darstellt) bei weitem überfordert ist. Andererseits sind viele Handlungen (wie z. B. die CO_2-Freisetzung bei der Verfeuerung fossiler Brennstoffe) erst über ihre *kollektiven Folgen* als ethisch relevant erkennbar und damit auch beurteilbar. Daraus ergibt sich, daß ein rein deontologisches Ethikverständnis ebenfalls unzureichend ist. Eine „Ethik des technologischen Zeitalters" muß also „zwar eine Ethik sein, die die Folgen mitbedenkt (Verantwortungsethik), aber sie muß zugleich eine Ethik sein, die in Rechnung stellt, daß unsere Vernunftkapazität zu diesem Zweck zu eng, zu begrenzt, an vielen Stellen sogar irreführend ist und möglicherweise in fatalem Maße selbstverstärkend wirkt" (ZIMMERLI, 1991, S. 404). Vor dem Hintergrund dieser Überlegungen ist die Einschätzung von LENK (1977, S. 936) nicht von der Hand zu weisen, nach der „die Einheit der Moral (...) heute in gewisser Weise eine empirische, eine aposteriorische Angelegenheit" sei. Wie im Zusammenhang mit dem „ökologischen Denken" deutlich geworden sein dürfte, kann die Ökologie dabei einen nicht geringen Teil der hierzu erforderlichen wissenschaftlichen Erfahrung beisteuern.

Da der Prozeß der ökologischen Erweiterung der Ethik – sieht man von wenigen Ausnahmen ab – erst vor etwa 25 Jahren begonnen hat, ist es nicht verwunderlich, daß daraus noch kein festgefügter, allgemein anerkannter Theoriebestand hervorgegangen ist. Bis jetzt gibt die ökologische Ethik noch ein ziemlich heterogenes Bild ab. Daß die dabei diskutierten Fragen in der Regel umstrittener sind als etwa entsprechende Fragen in der Sozialethik, hat vor allem zwei Gründe: Zum *einen* stehen ökologisch-ethische Fragen in sehr engem Zusammenhang mit weltanschaulichen Positionen (wie z.B. dem jeweiligen Welt-, Menschen- und Naturbild des Ethikers), zum *anderen* ist immer noch nicht so ohne weiteres klar, wie die moralischen Ansprüche der Natur sowohl prinzipiell als auch im Detail zu beschreiben sind. Ich halte es für eine der Chancen der Ökologie, bei der Sichtung und Klärung dieser beiden Problemkreise mitzuwirken.

Wenn es um *Natur- und Menschenbilder* geht, geht es zwar sicherlich nicht nur um den naturwissenschaftlichen Aspekt unseres Wissens von Mensch und Natur, doch wäre es kaum zu rechtfertigen, in diesem Punkt an den von der Evolutionsforschung und der Ökologie vermittelten Einsichten vorbeizugehen. Mit den evolutionsbiologischen Einsichten scheint es mir beispielsweise kaum zu vereinbaren zu sein, *ausschließlich* die Sonderrolle des Menschen im Ganzen der Natur zu betonen, ohne *gleichzeitig* die stammesgeschichtliche Herkunft des Menschen als eine unter Millionen anderer Arten in Rechnung zu stellen. Ebenso muß sich das Menschenbild einer anthropozentrischen Ethik, in dem die Menschheit immer noch eine Art „geschlossene Gesellschaft" darstellt (MEYER-ABICH, 1987, S. 66), von der Ökologie fragen lassen, ob es die Verbundenheit und wechselseitige Abhängigkeit alles Lebendigen wirklich ausreichend zur Kenntnis nimmt. Dabei bin ich mir durchaus bewußt, daß sich aus dem Rohmaterial naturwissenschaftlicher Erkenntnisse ganz unterschiedliche Natur- und Menschenbilder fertigen lassen, je nachdem, welche Phänomene man herausgreift und wie man sie gewichtet. *Zwingende* Interpretationen sind auf diesem Gebiet nicht zu erwarten. Es ist an dieser Stelle ja auch nicht an eine *Ableitung* der ethischen Theorie aus der Naturwissenschaft gedacht, wie sie etwa im Zusammenhang mit der sogenannten Evolutionären Ethik kontrovers diskutiert wird (vgl. VOLLMER, 1986d, 1987; MORSCHER, 1986; STÖCKLER, 1986). Vielmehr geht es mir um den bescheideneren Versuch, die *Verträglichkeit* des einen Bereichs mit dem anderen sicherzustellen, auch wenn dabei einzuräumen ist, daß eventuelle „Widersprüche" zwischen Ökologie und Ethik niemals in einem mathematisch-exakten Sinne aufgezeigt werden können.

Mit entsprechend bescheidenen Zielvorstellungen ist das Vorhaben anzugehen, die *moralischen Ansprüche der Natur* zu bestimmen. Wie ich später zeigen werde, kommt man hier über Analogieschlüsse zwischen Mensch und nichtmenschlicher Natur grundsätzlich nicht hinaus. Daraus ergibt sich die Notwendigkeit, *Reichweitenabgrenzungen* bei der Anwendung von Bewertungen vorzunehmen. Den biologischen Wissenschaften fällt dabei die wichtige Aufgabe zu zu überprüfen, ob und in welcher Hinsicht der für die Ethik grundlegende Gleichheitsgrundsatz sinnvollerweise auf nichtmenschliche Lebewesen angewandt werden kann. Diese Überprüfungsfunktion seitens der Biologie gegenüber ethischen Beurteilungen stellt meines Erachtens eine gewisse Gewähr dafür dar, daß sich die notwendigen Analogieschlüsse nicht in einem naiven Anthropomorphismus erschöpfen, sondern tatsächlich versuchen, den Ansprüchen anderer Lebewesen in möglichst *objektivem* Sinne gerecht zu werden.

Den damit nur skizzierten Themenkreis einer Erweiterung der traditionellen zur ökologischen Ethik möchte ich an dieser Stelle nicht auf abstrakt-theoretischem Niveau fortsetzen, sondern im folgenden am zentralen Thema dieser Arbeit entfalten: dem Thema Artensterben und Artenschutz. Für eine Konzentration auf dieses spezielle Thema sprechen aus ethiktheoretischer Perspektive mehrere Gründe: *Erstens* stellt Artenschutz die umfassendsten Anforderungen an eine naturberücksichtigende Ethik, da er Biotop-, Landschafts- und Ökosystemschutz als unabdingbare Voraussetzungen beinhaltet und darüber hinaus auf flankierende Maßnahmen zur ökologischen Orientierung von Technik, Produktion und Konsum angewiesen ist. Ethische Überlegungen zum Artenschutz gehen sogar über eine reine „Land-Ethik" hinaus (LEOPOLD, 1949), da bei ihnen das Ökosystem nicht nur als Kollektiv gesehen wird, sondern dessen Bestandteile gleichermaßen berücksichtigt werden. *Zweitens* werden hier die an Personalität, individuelle Interessen und Zurechenbarkeit gebundenen traditionellen Moralsysteme am stärksten herausgefordert. *Drittens* entscheidet sich am Artenschutz die Ernsthaftigkeit einer ethischen Einstellung der Natur gegenüber, da er – wie sich noch herausstellen wird – mit den weitesten Konsequenzen ökonomischer, politischer und persönlicher Art verbunden ist. In einem konsequent vollzogenen Artenschutz spiegeln sich gewissermaßen alle Handlungsziele und Handlungsebenen der Umweltethik wider (ALTNER, 1984, S. 43).

B. Die Auseinandersetzungen um eine ethische Lösung

18. Grundtypen der ökologischen Ethik

Seitdem die moralische Dimension der ökologischen Krise erkannt worden ist, haben Philosophen versucht, Normen für einen nicht nur zweckmäßigen, sondern *im ethischen Sinne richtigen* Umgang des Menschen mit der Natur zu entwickeln und zu begründen. Als Kernproblem hatte sich dabei die Frage herausgestellt, ob sich dieser „richtige Umgang" ausschließlich an der Sicherung menschlichen Überlebens, menschlicher Gesundheit und menschlichen Wohlbefindens orientieren könne bzw. müsse oder ob darüber hinaus auch *direkte* moralische Verpflichtungen gegenüber der Natur und ihren Teilsystemen bestünden. Mit anderen Worten lautet die Frage: Haben außer dem Menschen auch Tiere und Pflanzen, vielleicht sogar die unbelebte Natur und nicht-organismische natürliche Gebilde wie Ökosysteme und Arten einen *moralischen Status*?

Obwohl einige Säugetierarten (wie z. B. die Delphine) verblüffend mor*alanaloges* Verhalten zeigen, herrscht im allgemeinen Einigkeit darüber, daß nur Menschen moralisch handeln und damit *moralische Subjekte* („moral agents") sein können. Denn nur bei ihnen können das dafür erforderliche Reflexionsvermögen und eine zumindest relative Willensfreiheit vorausgesetzt werden. Dagegen ist unter Philosophen umstritten, ob und aufgrund welcher Eigenschaften auch andere Lebewesen und Naturobjekte *moralische Objekte*, d. h. *unmittelbare* Gegenstände menschlicher Verantwortung und Rücksichtnahme („moral patients") sein können (WARNOCK, 1971, S. 148). Nach FRANKENA (1979, S. 5) ist es *diese* Streitfrage, an der die Hauptunterscheidungsmerkmale zwischen den verschiedenen Entwürfen der ökologischen Ethik festgemacht werden können: Nicht die sonst übliche Unterscheidung zwischen teleologischer und deontologischer Ethik oder zwischen Wert- und Pflichtenethik ist hier entscheidend, sondern die jeweilige *Reichweite* der direkten menschlichen Verantwortung. MEYER-ABICH (1982, S. 588) hat diese Reichweite in fünf Schritte unterteilt: „(1) Jeder nimmt nur auf sich selber Rücksicht. (2) Jeder nimmt auf sich selber und alle Mitmenschen Rücksicht. (3) Jeder nimmt auf sich selber, alle Mitmenschen und überhaupt alle bewußt empfindenden Wesen (consciously sentient beings) Rücksicht. (4) Jeder nimmt auf alles Lebendige Rücksicht. (5) Jeder nimmt auf alles Rücksicht". Da bei dieser Form der Reichweitenabstufung der jeweils weiterführende Schritt alle früheren Rücksichten miteinschließt, bietet sich das Bild konzentrischer Kreise an, die um das moralische Subjekt als Zentrum der Rücksichtnahme geschlagen werden. Der *„moralische Zirkel"* markiert dabei unterschiedlich große Bereiche *direkter* menschlicher Verantwortung. Unter diesem Gesichtspunkt hat TEUTSCH (1985, S. 92) eine Klassifikation der umweltethischen Konzepte vorgenommen, von denen sich die meisten den folgenden vier Grundtypen zuordnen lassen: der anthropozentrischen, der pathozentrischen, der biozentrischen und der physiozentrischen bzw. holistischen Umweltethik.[58]

1) Nach der *anthropozentrischen* Umweltethik bestehen moralische Verpflichtungen nur gegenüber dem Menschen. Da der Mensch das einzige vernunftbegabte bzw. moralfähige Wesen ist, besitzt auch nur er einen Eigenwert und kann damit *direktes* Objekt menschlicher Verantwortung sein. Insofern ausschließlich Menschen „Orte eines intrinsischen Wertes" sein können, „leitet sich der Wert aller anderen Objekte aus ihren jeweiligen Beiträgen gegenüber diesen menschlichen Werten ab" (NORTON, 1987, S. 135). Das moralische Verhältnis zur außermenschlichen Natur ist damit stets ein *indirektes*: Ob ein Eingriff in die Natur gerechtfertigt werden kann oder nicht, hängt allein davon ab, ob und inwieweit Menschen dadurch beeinträchtigt werden. Klassisches Beispiel für den anthropozentrischen Argumentationstyp ist die Begründung des Tierschutzes bei KANT (1797, S. 84): In seiner *Tugendlehre* (*Metaphysik der Sitten*, Zweiter Teil) wird Tierquälerei nicht etwa wegen der damit verbundenen Folgen für die betroffenen Tiere verurteilt, sondern weil dadurch das menschliche Mitgefühl, welches „eine der Moralität im Verhältnis zu anderen Menschen sehr diensame natürliche Anlage" ist, abgestumpft wird.[59]

2) Diese Argumentation in der Tierschutzfrage unterscheidet die anthropozentrische von der *pathozentrischen* Umweltethik, die das Verbot der Tierquälerei in erster Linie als eine Pflicht *gegenüber den Tieren selbst* verstanden wissen will. Nach dem pathozentrischen Ansatz kommt nicht nur dem Menschen, sondern darüber hinaus allen *leidensfähigen* Naturwesen ein Eigenwert zu. Alle Wesen, die Lust und Schmerz empfinden können, sind Subjekte bewußter Zwecke und damit auch Träger von Interessen. Ihre Interessen sind nach dem für die Ethik konstitutiven Gleichheitsprinzip unabhängig davon zu berücksichtigen, mit welchen sonstigen Eigenschaften und Fähigkeiten des Trägers (Artzugehörigkeit, Rationalität etc.) sie einhergehen (SINGER, 1984, S. 32).[60] Das Kriterium der Leidensfähigkeit verleiht damit neben dem Menschen auch allen „*höheren*" Tieren (also im wesentlichen den Wirbeltieren) einen moralischen Status, während „niedere" Tiere, Pflanzen und die unbelebte Materie aus dem Bereich *direkter* menschlicher Verantwortung ausgeklammert bleiben. Der Umgang mit ihnen ist für die pathozentrische Umweltethik nur insofern moralisch relevant, als er auf indirektem Wege Schmerz und Leid bei empfindungsfähigen Wesen hervorrufen kann.

3) Die *biozentrische* Umweltethik lehnt es ab, die Reichweite menschlicher Verantwortung an der Empfindungsgrenze enden zu lassen, und räumt *allen Lebewesen*, unabhängig von ihrer Organisationshöhe, einen moralischen Status ein. Dies wird in der Regel über einen erweiterten Interessenbegriff begründet, der auch den *unbewußten* Lebensdrang von Pflanzen und niederen Organismen umfaßt. Deren Intentionalität wird als Beleg dafür gesehen, daß

auch nicht bewußt empfindende Organismen Subjekte von Zwecken und damit um ihrer selbst willen da sind. Ob es ethisch gerechtfertigt werden kann, Wertabstufungen zwischen den verschiedenen Arten des Lebendigen vorzunehmen, ist innerhalb der biozentrischen Umweltethik umstritten. Während Vertreter einer „gemäßigten" Biozentrik von einer Wert- bzw. Interessenrangordnung aller Lebewesen („scala naturae") ausgehen, beharren Vertreter einer „radikalen" Biozentrik auf der prinzipiellen Gleichwertigkeit allen Lebens.

4) Die *physiozentrische* oder *holistische* Umweltethik nimmt unter den vier Ethiktypen den umfassendsten Standpunkt ein. Sie bezieht nicht nur alles Lebendige, sondern auch die *unbelebte Materie* und *Systemganzheiten* in den Bereich direkter menschlicher Verantwortung ein. Indem sie allem Natürlichen einen Eigenwert zugesteht, hebt sie die für andere Ethiktypen charakteristische Zweiteilung in Zweck und Mittel auf: Nichts Natürliches existiert *nur* als Mittel für anderes. Alles existiert *auch* um seiner selbst willen und ist damit zumindest potentiell moralisches Objekt. FRANKENA (1979, S. 11) hat darauf hingewiesen, daß dieses „Alles" entweder mehr distributiv oder mehr kollektiv verstanden werden kann: Während es im *distributiven* Sinne die Gesamtheit aller als separat gedachten natürlichen „*Gegenstände*" (wie z.B. Menschen, Tiere, Pflanzen, Berge, Mineralien und Wasser) bezeichnet, sind im *kollektiven* Sinne *Gesamtsysteme* (wie Populationen, Landschaften und Ökosysteme) damit gemeint. Genau genommen trifft die Bezeichnung „holistische Umweltethik" somit nur auf die *kollektive* Version der physiozentrischen Umweltethik zu, auch wenn die Begriffe „physiozentrisch" und „holistisch" in der umweltethischen Literatur oft synonym verwendet werden. Innerhalb der holistischen Umweltethik muß zwischen einem monistischen und einem pluralistischen Holismus unterschieden werden (NORTON, 1987, S. 177): Während in einem *monistischen* Holismus nur das Gesamtsystem einen Eigenwert hat und sich der Wert der Teile ausschließlich aus dem jeweiligen Bezug zum Ganzen ergibt, kommt in einem *pluralistischen* Holismus sowohl dem Gesamtsystem als auch seinen Teilen (den Einzelindividuen) ein intrinsischer Wert zu.[61]

19. Der Horizont der Diskussion

In der abendländischen Ethik war die anthropozentrische Konzeption sowohl in der philosophischen als auch in der theologischen Ethik bei weitem vorherrschend (MACINTYRE, 1984; BRUMBAUGH, 1978). Mehr als 3000 Jahre lang waren moralische Pflichten nur gegenüber dem Menschen (oder Gott) denkbar. Es gab zwar immer wieder auch pathozentrische Ansätze, z.B. bei den Pythagoreern (HUGHES, 1980), bei MONTAIGNE, ROUSSEAU, VOLTAIRE und SCHOPENHAUER, doch erst mit der Heraufkunft des ethischen Utilitarismus (BENTHAM, 1789;

MILL, 1871) und dessen artübergreifendem Kriterium des „Interesses" ist diese rein anthropozentrische Sicht in größerem Umfange aufgebrochen worden. Heutzutage wird eine radikal anthropozentrische Position, wie sie z. B. aus dem oben angeführten Zitat KANTS hervorgeht, nur noch selten *ausdrücklich* vertreten: Das Verbot, Tieren unnötige Schmerzen zuzufügen, ist nach verbreiteter Auffassung eine direkte Pflicht gegenüber den Tieren. Diese mehr intuitive Übereinstimmung in der speziellen Frage des Tierschutzes sollte freilich nicht darüber hinwegtäuschen, daß viele der neueren (nicht-utilitaristischen) Ethikkonzeptionen mit allgemeinem Anspruch, wie etwa die „Diskursethik" (APEL, 1973; HABERMAS, 1981), die „Moral des wechselseitigen Respekts" (TUGENDHAT, 1983) und die „Vertragstheorie" (RAWLS, 1971), nach wie vor anthropozentrisch ausgerichtet sind. Da sie Gegenseitigkeit, d. h. ein symmetrisches Verhältnis zwischen Rechten und Pflichten, voraussetzen, schließen sie Tiere, Pflanzen und die unbelebte Natur faktisch immer noch aus dem Zentrum ihrer Theorie aus (vgl. MACKIE, 1983, S. 248). Die Frage nach dem richtigen Verhalten gegenüber der Natur wird dabei entweder gar nicht gestellt oder ausdrücklich offengelassen (so z. B. bei RAWLS, 1971, S. 556).

Vor diesem philosophiegeschichtlichen und systematischen Horizont ist es nicht verwunderlich, daß die meisten Philosophen, die diese Frage nun *ausdrücklich* stellen, geneigt sind, sie zunächst ebenfalls unter rein anthropozentrischen Gesichtspunkten zu beantworten. Viele Philosophen halten die herkömmliche anthropozentrische Ethik nicht nur für völlig ausreichend, um die ökologischen Probleme zu erfassen, sondern sehen darüber hinaus im Abrücken von der Anthropozentrik einen gefährlichen Rückfall in Irrationalismus und Mystizismus (z. B. PASSMORE, 1980; WATSON, 1983; WOLF, 1987). Der Eindruck, daß innerhalb der noch jungen *ökologischen Ethik* der anthropozentrische Standpunkt weiterhin vorherrscht, wird dabei dadurch verstärkt, daß der ethische Utilitarismus, der vor allem im angelsächsischen Sprachraum häufig vertreten wird, zur Begründung des Natur- und Artenschutzes meistens ebenfalls auf anthropozentrische Argumente zurückgreift. Wie ich in Kapitel 24.b noch näher ausführen werde, liegt dies daran, daß dessen pathozentrischer Ansatz bei der Beurteilung *ökologischer* Fragen mit dem anthropozentrischen Ansatz nahezu zusammenfällt. In Anlehnung an eine Begriffsklärung von RICKEN (1987, S. 3) werde ich deshalb die utilitaristische Position – wenn es um Artenschutzfragen geht – gelegentlich auch als „gemäßigte Anthropozentrik" bezeichnen.

Dem anthropozentrischen Paradigma (Anthropozentrik und Pathozentrik) stehen die beiden nicht-anthropozentrischen Ethiktypen gegenüber. Die *biozentrische* Umweltethik kann dabei zwar in Gestalt der östlichen Kulturreligionen (z. B. des Hinduismus, des Buddhismus und des Jainismus) sowie einiger Strömungen der chinesischen Ethik ebenfalls auf eine längere Tradition verweisen (vgl. MAY, 1979, S. 162f.), doch innerhalb der abendländischen Philosophie befindet sie sich in einer Minderheitenposition. Wer den Radius der direkten menschlichen Verantwortung über die Menschheit und die leidensfähigen Tiere hinaus erweitert wissen möchte, steht in der westlichen Ethik unter Begründungszwang. Mehr noch als die biozentrische fordert dabei die *holistische* Umweltethik Widerspruch heraus, da sie mit der teilweisen Loslösung vom Interessenbegriff und der moralischen Berücksichtigung von überorganismischen Systemganzheiten einen gegenüber aller bisherigen Ethik gänzlich neuartigen Ansatz darstellt. Dessen Prämissen und Konsequenzen sind noch kaum ausgelotet und dementsprechend heftig umstritten.

Betrachtet man die kontroverse Diskussion zwischen den Vertretern der verschiedenen umweltethischen Positionen, so fällt auf, daß sich die Meinungsverschiedenheiten im wesentlichen auf den *theoretischen Bereich,* also auf Fragen der schlüssigen Begründung, der argumentativen Kohärenz und der Verallgemeinerungsfähigkeit beschränken. Hinsichtlich der *Naturschutzforderungen selbst* und der Notwendigkeit ihrer praktischen Umsetzung scheint demgegenüber kaum ein tiefgreifender Dissens zu bestehen: „Bei aller Unterschiedlichkeit der theoretischen Prämissen werden weitgehend dieselben konkreten Anliegen als praktisch vordringlich bewertet" (BIRNBACHER, 1989, S. 396). Heißt dies, daß die verschiedenen Grundtypen der ökologischen Ethik somit als praktisch wirkungsgleich anzusehen wären und sich eine anthropozentrisch fundierte Umweltpolitik von einer nicht-anthropozentrischen Naturschutzpolitik nicht unterscheiden ließe? Tatsächlich wird diese sogenannte „*Konvergenz-Hypothese*" sowohl von vielen Philosophen als auch von Ökonomen und Politikern vertreten.[62] Wenn diese Hypothese nun aber zuträfe und die verschiedenen Ethiktypen letztendlich immer auf dasselbe hinausliefen, wäre dann die theoretische Auseinandersetzung über die „richtige" Art der Begründung nicht nur eine belanglose Gedankenakrobatik einiger Philosophen?

Anhand des „Prüfsteins Artenschutz" möchte ich in dieser Arbeit zeigen, daß beide Behauptungen nicht zutreffen: Weder führen die verschiedenen Positionen in jedem Fall *inhaltlich* zu denselben Konsequenzen, noch ist es hinsichtlich der *Umsetzung* dieser Konsequenzen belanglos, wie man sie begründet. Meine These ist, daß im Hinblick auf einen effektiven und umfassenden Schutz bedrohter Arten die nicht-anthropozentrischen Ansätze dem rein anthropozentrischen sowohl unter sachlichen als auch psychologischen Gesichtspunkten überlegen sind. Aus *praktischen* Gründen werde ich in Teil B. I deshalb für eine Ausweitung des moralischen Zirkels bis hin zum *holistischen* Standpunkt plädieren.

I. Pragmatischer Ansatz: Ist Anthropozentrik ausreichend?

20. Artenschutz als intuitiv verankertes Postulat

Bevor die Leistungsfähigkeit der anthropozentrischen Umweltethik in der Sache des Artenschutzes untersucht werden kann, muß freilich zunächst ein Einwand gegen die hier praktizierte Vorgehensweise erörtert werden: Ist es nicht eine Petitio principii,[63] wenn vor einer *theoretischen* Überprüfung des anthropozentrischen und des holistischen Standpunktes zunächst der *praktischen* Frage nachgegangen wird, mit welcher Umweltethik der Artenschutz am besten gewährleistet werden kann? Denn *daß* er gewährleistet werden soll, wäre ja zuallererst zu begründen! Gegen diesen Einwand lassen sich zwei Argumente anführen, ein pragmatisches und ein metaethisches.

Zum *ersten* könnte man sich die theoretische Analyse bzw. Begründung einer holistischen Ethik sparen, wenn sich herausstellen sollte, daß sich anthropozentrische und holistische Umweltethik in ihren praktischen Konsequenzen nicht unterscheiden. Denn nach der Ökonomiemaxime von Ockham („Ockhams Rasiermesser"), die empfiehlt, besser mit weniger Erklärungen auszukommen als mit mehr, wäre der annahmeschwächeren anthropozentrischen Ethik gegenüber der holistischen automatisch der Vorzug zu geben.

Zum *zweiten* entspricht die hier praktizierte Vorgehensweise meines Erachtens der Reihenfolge, in der die ethische Reflexion selbst vorgeht: Ausgangspunkt dieser Reflexion über gut und böse scheinen nicht ethische *Theorien* zu sein, aus denen dann feste Regeln für das richtige Verhalten logisch abgeleitet werden, sondern letztendlich *elementare Intuitionen*. Wie Spaemann (1990, S. 157) in diesem Zusammenhang bemerkt, „müssen wir zum Glück nicht auf die Philosophie warten, um zu wissen, was normalerweise gut und schlecht, gut und böse ist. Die philosophische Reflexion hat eher die Aufgabe, dieses immer schon vorhandene Wissen auf die in ihm waltenden Prinzipien hin durchsichtig zu machen".[64] Danach kommen diesem Akt der nachträglichen Selbstvergewisserung zwei wichtige praktische Funktionen zu: Erstens kann er Widersprüche und Inkonsequenzen in unserem normalen Verhalten und in unseren unreflektierten sittlichen Überzeugungen aufdecken und sie von der tieferen Einsicht aus korrigieren. Zweitens dient er zur „Orientierung in Grenzfällen oder in neuen Problemfeldern, also dort, wo traditionelle Handlungsregeln und unmittelbare Intuitionen uns im Stich lassen".

Es kann auf der einen Seite kein Zweifel daran bestehen, daß die ökologische Krise solch ein neues Problemfeld darstellt, auf dem Intuitionen alleine nicht ausreichen: Wie die wissenschaftstheoretischen Analysen im ersten Teil der Arbeit gezeigt haben, führen das begrenzte menschliche Vorstellungsvermögen und Fehleinschätzungen hinsichtlich Komplexität und Nichtlinearität ökologischer Systeme die Intuition sogar leicht in die Irre. Auf der anderen Seite belegt das Beispiel des *Tierschutzgedankens* (also der Überzeugung, daß wir es *den Tieren selbst* schuldig sind, sie vor Leid zu bewahren), daß es bezüglich unseres Umganges mit der außermenschlichen Natur Intuitionen gibt, die auch der wiederholten kritischen Prüfung und „Reinigung" durch die Reflexion standhalten. Während die Kluft zwischen dieser elementaren Intuition und der (ehemals strikt anthropozentrischen) ethischen Theorie die pathozentrischen Ethiker dazu veranlaßt hat, die Theorie der Intuition anzupassen, versuchen Verfechter des traditionell-anthropozentrischen Ansatzes diesen Gegensatz durch die Einführung von Zusatzannahmen abzuschwächen (so z. B. TUGENDHAT, 1994, S. 189f.). Beide Vorgehensweisen scheinen die These von SPAEMANN (1990, S. 165) zu unterstreichen, wonach „die Übereinstimmung mit unseren elementaren Intuitionen letzten Endes das einzige Kriterium ist, das uns in moralischen Fragen zur Verfügung steht". Es soll dabei freilich nicht verschwiegen werden, daß die Frage, welcher Stellenwert der Intuition innerhalb der Ethik zukommen kann, unter Ethikern durchaus umstritten ist. WOLF (1988, S. 223) z. B. ist der Meinung, „daß die Berufung auf verbreitete Intuitionen nicht weit führt". Dem ist die hier vertretene Position entgegenzuhalten, nach der Intuitionen zwar sicherlich nicht *hinreichende*, aber nichtsdestoweniger *notwendige* Bedingung von Moral sind: „Wirklich gut ist nur, was objektiv *und* subjektiv richtig ist" (SPAEMANN, 1986, S. 82).

Ebenso wie den Tierschutz halte ich auch den *Artenschutz* für ein *intuitiv verankertes moralisches Postulat*. Hierfür sprechen wenigstens drei Indizien: Das *erste* Indiz besteht in dem Befund, daß Artenschutz nicht nur von den meisten Menschen unserer Gesellschaft *spontan* für richtig gehalten wird, sondern daß sich zahlreiche Einzelne und Organisationen überall auf der Welt *aktiv* darum bemühen, bedrohte Tier- und Pflanzenarten vor dem Aussterben zu bewahren. Der moralische Wert und die Notwendigkeit dieser Bemühungen scheinen für die meisten Naturschützer dabei so außer Zweifel zu stehen, daß sie sich nur selten um Fragen der Begründung kümmern. Vielfach ist es erst der Druck gegnerischer Interessen, der sie zu einer nachträglichen Rechtfertigung ihres Handelns zwingt. Ob die in die Defensive gedrängte Argumentation die *tatsächlichen* Motive wirklich widerspiegelt, ist indes fraglich. BIERHALS (1984, S. 119) z. B. vermutet, daß die dabei angeführten wissenschaftlichen, ökologischen und ökonomischen Gründe meist „gar nicht diejenigen sind, weshalb Natur uns selbst wichtig ist". Um so wichtiger wird es sein, in einem späteren Zusammenhang dem tatsächlichen, elementaren Gehalt der naturschützerischen Intuitionen auf den Grund zu gehen (Kapitel 23.c).

Ein *zweites* Indiz für die intuitive Verankerung des Artenschutzgedankens sehe ich in seiner zunehmenden *gesetzlichen Fixierung* (vgl. ESER, 1983,

S. 350f.). So sind nach dem Washingtoner Artenschutzabkommen von 1973 der Erwerb, Besitz, und die gewerbliche Nutzung gefährdeter und vom Aussterben bedrohter Tiere grundsätzlich verboten. Nach der Bundesartenschutzverordnung von 1980 ist es des weiteren untersagt, „Tiere ausdrücklich geschützter Arten mutwillig zu beunruhigen, ihnen nachzustellen, sie zu fangen, zu verletzen oder zu töten" (LIPPOLDMÜLLER, 1982, S. 5). Die Tatsache, daß „Eier, Larven und Puppen (...) genauso geschützt [sind] wie die ausgewachsenen Tiere", macht dabei deutlich, daß es hierbei nicht um „Tierschutz" im traditionellen Sinne, also *Individuenschutz*, geht, sondern um den Schutz von *Gattungen* und deren *Beständen*. Auch im Falle der sogenannten Umweltverträglichkeitsprüfungen, die inzwischen vor dem Bau von Straßen und sonstigen größeren Eingriffen in die Landschaft vorgeschrieben sind, spielt nicht etwa die *Gesamtzahl* der durch den Eingriff beeinträchtigten Tiere und Pflanzen eine Rolle, sondern in der Regel die Vielfalt und Seltenheit der darin vorkommenden *Arten*. Interessant dabei ist, daß sich das Kriterium *Seltenheit* zu einem der schlagkräftigsten Argumente des Naturschutzes entwickelt hat: Will der Naturschutz die Zerstörung einer Landschaft durch ein Bauprojekt verhindern, so wird sein Anliegen von den Behörden in der Regel um so ernster genommen, je mehr Arten er in dem betroffenen Gebiet nachweisen kann, die auf den „Roten Listen" der gefährdeten Tier- und Pflanzenarten stehen (vgl. BLAB, 1985, S. 614).

Größtes Gewicht nehmen dabei Arten ein, die nicht nur lokal gefährdet, sondern überregional oder gar weltweit vom Aussterben bedroht sind. So ist es beispielsweise in den Vereinigten Staaten zunächst gerichtlich verboten worden, den Tellico-Staudamm im Bundesstaat Tennessee in Betrieb zu nehmen, durch den der *Schnecken-Grundbarsch* (Percina ranasi), der nur an dieser Stelle vorkommt, ausgerottet zu werden drohte. Grundlage dieser Entscheidung war das Artenschutzgesetz von 1973, wonach es unter keinen Umständen mehr erlaubt sein sollte, eine Tierart vorsätzlich und bewußt der Vernichtung preiszugeben. Im Jahre 1979 gelang es den Fürsprechern des Staudammes allerdings, über eine Ausnahmeregelung die Fertigstellung des Projektes durchzusetzen, obwohl nicht sichergestellt war, daß eine Umsetzung des Fisches in andere Gewässer erfolgreich sein würde (EHRLICH & EHRLICH, 1983, S. 259f.).

Die Auseinandersetzung um den Schnecken-Grundbarsch macht deutlich, daß der Artenschutz zwar noch weit davon entfernt ist, sich gegenüber massiven ökonomischen Interessen durchzusetzen, daß ihm in der öffentlichen Meinung und der Rechtsprechung aber mehr Gewicht zukommt: Vor 1970 wäre es noch undenkbar gewesen, daß ein acht Zentimeter langes Fischchen auch nur zeitweise ein 120-Millionen-Dollar-Projekt blockiert und dabei sowohl den Kongreß als auch den Obersten Gerichtshof der Vereinigten Staaten beschäftigt. Wie es scheint, wächst mit der spürbaren Gefährdung der menschlichen Lebensgrundlagen und der zunehmenden Einsicht in die Verbundenheit alles Lebendigen auch die Sensibilität für das Überleben anderer Arten.

Als *drittes* Indiz für die Berechtigung des hier verfolgten Ansatzes, den Artenschutz als intuitiv verankertes moralisches Postulat zu betrachten, kann schließlich das „*Übereinkommen über die biologische Vielfalt*" auf dem Erdgipfel in Rio de Janeiro im Jahre 1992 gelten. 156 Regierungen haben dort einen Vertrag geschlossen, in dem sie sich verpflichteten, die „biologische Vielfalt" *in ihrer Gesamtheit* zu schützen. In der Präambel der Konvention erkennen die Vertragsparteien dabei den „Eigenwert der biologischen Vielfalt und die ökologischen, genetischen, sozialen, wirtschaftlichen, wissenschaftlichen, erzieherischen, kulturellen, ästhetischen Werte sowie den Freizeitwert" ausdrücklich an, außerdem ihre Bedeutung „für die Evolution und die Bewahrung der lebenserhaltenden Systeme der Biosphäre" (zit. in ENGELHARDT, 1996, S.34).

Nun kann man natürlich der Auffassung sein, daß weder dieser internationale Beschluß, noch der in den einzelnen Ländern gesetzlich fixierte Artenschutz, noch all die Aktivitäten der Naturschützer, noch die spontane Zustimmung einer breiten Öffentlichkeit irgend etwas mit einer elementaren moralischen Intuition zu tun haben. Es wäre denkbar, daß all diese „Indizien" lediglich die subjektiven Präferenzen einiger überempfindlicher, aber einflußreicher Naturfreunde widerspiegeln. Indes bin ich mit BIRCH (1993, S. 317) der Meinung, daß eine solche Behauptung eigens zu belegen wäre: „Wenn etwas watschelt wie eine Ente und quakt wie eine Ente, etc., dann ist es grundsätzlich vernünftig anzunehmen, daß es eine Ente *ist* – obwohl der Skeptiker natürlich *seinerseits* jederzeit den Nachweis erbringen kann, daß es sich *nicht wirklich* um eine Ente handelt". Der entscheidende Punkt ist: „Die Beweislast liegt hier auf Seiten des Skeptikers."

Die bisher vorgebrachten Erläuterungen der These, Artenschutz sei ein intuitiv verankertes moralisches Gebot, erlauben es nun, erste Konkretisierungen und Differenzierungen dieser Intuition vorzunehmen. Das Beispiel des unscheinbaren Schnecken-Grundbarsches zeigt, daß sich der moderne Artenschutz nicht allein auf Arten bezieht, die für den Menschen einen klar aufweisbaren Nutzen haben, sondern letztendlich auf *alle Arten*: „Artenschutz ist (...) der Versuch, eine Spezies unabhängig von der Eigenschaft ihrer Mitglieder zu erhalten. Es ist der Versuch, den Artenreichtum der Erde möglichst in seinem jetzigen Zustand zu erhalten" (RIPPE, 1994, S. 810). Statt einen nur *eingeschränkten* bzw. *speziellen* Artenschutz, wie er etwa in Form von Jagd- und Schongesetzen seit altersher gepflegt wird (KIRK, 1991, S. 6 f.), scheinen unsere moralischen Intuitionen einen *umfassenden* bzw. *allgemeinen* Artenschutz zu fordern. Des weiteren zeigen die gebietsbeschränkten Roten Listen und die vielen lokalen Bemühungen um den Schutz von Arten, die (wie etwa der Wanderfalke) noch nicht weltweit bedroht sind, daß diese Intuitionen in der Regel nicht nur auf einen *globalen,* sondern möglichst auch *regionalen* Artenschutz abzielen. Artenschutz soll demnach nicht nur die irreversible Auslöschung von Arten verhindern, sondern darüber hinaus – wo immer möglich und sinnvoll – die bestehende Artenvielfalt sichern.

Nach dieser ersten inhaltlichen Annäherung an den Begriff des Artenschutzes muß die eingangs formulierte Frage, ob die anthropozentrische Umweltethik für den Artenschutz „ausreichend" sei, präzisiert werden: Der Prüfstein für diese Frage ist nun, ob die anthropozentrische Umweltethik nicht nur einen eingeschränkten und globalen, sondern auch einen *umfassenden* und *regionalen* Artenschutz gewährleisten kann.

21. Anthropozentrische Begründungen des Artenschutzes

Im Rahmen des anthropozentrischen Weltbildes haben Arten von sich aus keinen Eigenwert. Wertvoll werden sie erst, wenn sie in irgendeiner Weise zur Erfüllung menschlicher Wünsche und Bedürfnisse beitragen. Innerhalb der anthropozentrischen Umweltethik wird die Notwendigkeit des Artenschutzes deshalb ausschließlich mit dem *Nutzen* der Arten für die jetzt lebenden Menschen oder spätere Generationen begründet.

Die Nutzwirkungen der Arten für die Menschheit sind äußerst vielfältig und umfangreich, so daß es nicht möglich ist, sie hier erschöpfend und im Detail darzustellen. Ich verweise deshalb auf die ausführlichen Darstellungen in den Büchern von EHRLICH & EHRLICH (1983), MYERS (1985) und WEHNERT (1988) und beschränke mich im folgenden auf einen Überblick über die wichtigsten der dort angeführten Nutzenargumente. Diese lassen sich ungeachtet fließender Übergänge in drei Kategorien einteilen: 1. in den direkten Nutzen der Arten als materielle Ressource, 2. den indirekten Nutzen in Form ökologischer „Dienstleistungen" und 3. den immateriellen Nutzen im Hinblick auf eine geistig-seelische Bereicherung des menschlichen Daseins.

1) In der Kategorie der *direkten* Nutzungsmöglichkeiten ist an erster Stelle an Arten zu denken, die der menschlichen Ernährung dienen. Zwar beruht die Ernährung von vier Milliarden Menschen und deren Nutztieren heute praktisch nur noch auf einem knappen Dutzend kultivierter Pflanzenarten, doch ist für die Züchtung neuer Sorten und das Einkreuzen von Resistenz- und Robustheitsfaktoren der Erhalt möglichst vieler Wildformen unabdingbar (E. U. v. WEIZSÄCKER, 1992, S. 132). Ebenso ist die biologische Schädlingsbekämpfung und die Blütenbestäubung im Obstbau auf das Überleben vieler Wildarten angewiesen. Wie EHRLICH & EHRLICH (1983, S. 82f.) anhand zahlreicher Beispiele ausführen, liegt ein nicht geringerer Nutzen der biologischen Arten in ihrer Bedeutung für Medizin und Pharmazie. Nach ihren Worten

könnte man „ganze Bücher schreiben allein über die medizinische Nutzung von Pflanzen". Dabei ist nicht ausgeschlossen, daß viele der noch nicht entdeckten Tier- und Pflanzenarten, insbesondere in den Tropenwäldern, den Schlüssel zu wichtigen medizinischen und pharmazeutischen Fortschritten bergen. Aber auch im Hinblick auf ihre biotechnische Verwertung („Bionik") stellt die Fülle der Arten eine schier unerschöpfliche Fundgrube an chemisch-physikalischen Leistungen und Lösungswegen dar.

2) Mit den spürbaren Folgewirkungen der ökologischen Krise ist der *indirekte* instrumentelle Wert der Arten ins Blickfeld gerückt: ihr Nutzen für die Aufrechterhaltung ökologischer Systemfunktionen. Wie die ökologische Forschung inzwischen immer deutlicher aufzeigen kann, wäre menschliches Leben und Wohlergehen auf dieser Erde ohne die zahlreichen „Dienstleistungen" natürlicher Ökosysteme und ihrer Arten überhaupt nicht denkbar. Es sei in diesem Zusammenhang nur an die grundlegende Bedeutung des marinen Planktons für die globale Sauerstoffproduktion, die Regulierung des Klimas durch die Wälder oder die Abfallverwertung und Humuserzeugung durch Mikroorganismen erinnert. Nach einer Stellungnahme des DEUTSCHEN RATS FÜR LANDESPFLEGE (1985, S. 538) zum Thema „Warum Artenschutz?" hängen sowohl die Nutzungsmöglichkeiten als auch die Schutzwirkungen der Natur alle direkt oder indirekt von den Arten ab: „Sie lenken die Stoffkreisläufe und Energieflüsse, sie bauen Ökosysteme und halten sie stabil, und sie dienen als Nahrungsgrundlage des Menschen. Dabei hat jede Art ihren Platz im Gesamtsystem, und der Verlust kann weitreichende Folgen haben." Selbst durch ihr Verschwinden erbringen viele Arten oft noch einen Nutzen für den Menschen, indem sie z. B. als Bioindikatoren und „Frühwarnsysteme" auf gefährliche Schadstoffe und sonstige Verschlechterungen der Umweltsituation aufmerksam machen (vgl. ARNDT et al., 1987).

3) Eine instrumentelle Nutzenkategorie im *nichtmateriellen* Sinne, die gemeinhin unterschätzt wird, stellt schließlich die Bedeutung der Arten für das psychisch-emotionale Wohlbefinden des Menschen dar. Die durch bestimmte Arten geprägte Naturlandschaft erfüllt nicht nur eine immer wichtiger werdende Erholungsfunktion in Urlaub und Freizeit, sondern ist darüber hinaus für viele Menschen Bestandteil ihres Heimatgefühls und ihrer kulturellen Identität. Sowohl der Gesamteindruck der biologischen Vielfalt an sich, als auch die Beobachtung und Wahrnehmung einzelner Arten stellen für viele Menschen eine ästhetische Bereicherung dar, deren Spektrum vom elementaren sinnlichen Genuß bis hin zur spirituellen Erfahrung reicht. Zu diesem seelisch-emotionalen Gewinn kommt der intellektuelle Reiz einer wissenschaftlichen Beschäftigung mit den Arten hinzu: Je genauer und intensiver diese Beschäftigung ausfällt, desto unerschöpflicher stellt sich dem Forscher der Vorrat an interessanten Fragestellungen und wundersamen Rätseln der Natur dar. Dabei wächst mit dem Wissen häufig auch die Wahrnehmungs-

fähigkeit für die spezifische Schönheit einer Art, die dem oberflächlichen Betrachter meistens verborgen bleibt.

Soweit diese Zusammenfassung der drei Nutzenkategorien. Angesichts des dabei nur skizzenhaft dargestellten immensen Nutzenpotentials von Arten scheint sich Artenschutz auf den ersten Blick *allein aus anthropozentrischen Gründen* von selbst zu verstehen. Wohlverstandenes Eigeninteresse, vorausschauende Klugheit und die Verantwortung vor den kommenden Generationen sollten Gründe genug sein, der fortschreitenden Artenauslöschung so rasch wie möglich Einhalt zu gebieten. So fehlt es in Publikationen zum Artensterben auch nicht an bildhaften Vergleichen, die auf die Überzeugungskraft des Nutzenargumentes setzen: Für den Ökologen JANZEN etwa (zit. aus E. U. v. WEIZSÄCKER, 1992, S. 131) stellt sich die globale Artenauslöschung dar, „als hätten die Länder der Erde beschlossen, ihre Bibliotheken zu verbrennen, ohne sich die Mühe zu machen, nachzuschauen, was sie enthalten". EHRLICH & EHRLICH (1983, S. 9) prägen das bereits erwähnte Bild des Schraubenhändlers, der Schrauben aus der Tragfläche eines Flugzeugs entfernt. Und der Evolutionsbiologe WILSON (zit. in MUTZ, 1992, S. 10) sieht sich in der Rolle eines „Kunsthistorikers, der zusehen muß, wie der Louvre abbrennt". Dabei prophezeit WILSON, daß „von allem Wahnsinn, den wir uns und unserem Planeten antun, unsere Nachfahren uns die Zerstörung des natürlichen Genpools auf der Erde am allerwenigsten nachsehen werden".[65]

Es besteht überhaupt kein Anlaß, die Einschätzung WILSONS abzuschwächen: Die Bedeutung der Biodiversität für die kommenden Generationen kann nicht hoch genug eingeschätzt werden. Doch so eindrucksvoll und aufrüttelnd die Bilder sind, die die Tragödie des Artensterbens beschwören, drängen sich dennoch zwei Fragen auf: Treffen die Bilder wirklich den Kern des Problems? Und: Ist die ihnen zugrundeliegende Nutzenargumentation tatsächlich hinreichend, um damit nicht nur ein *bestimmtes Maß an Artenvielfalt* zu sichern, sondern – wie es unsere Intuition fordert – grundsätzlich *allen bedrohten Arten* dieses Planeten Schutz zukommen zu lassen?[66] Um dies beurteilen zu können, ist es notwendig, die drei Nutzenkategorien und ihre wichtigsten Argumentationslinien genauer zu betrachten.

22. Grenzen der Nutzenargumentation

a. Die ökonomische Argumentation
Charakteristisch für den anthropozentrischen Ansatz ist es, Arten als *Ressourcen* zu betrachten. Arten als komplexe Gruppen biologischer Ressourcen unterscheiden sich zwar – wie noch deutlich werden wird – in mancher Hinsicht grundlegend von anderen natürlichen Ressourcen, doch haben sie mit diesen wenigstens zwei Dinge gemein: Sie lassen sich als Instrumente zur Befriedigung menschlicher Bedürfnisse auffassen und sie sind knapp. Knapp-

heit bedeutet hier, daß ihnen ein instrumenteller Wert beigemessen werden kann, und daß dieser Wert in der Regel nur durch Verzicht auf andere wertvolle Dienste und Güter verfügbar ist (RANDALL, 1986, S. 79).

Wenn Arten knappe Ressourcen sind und Ökonomie „die Wissenschaft vom vernünftigen, rationalen Umgang mit Knappheit" ist (HAMPICKE, 1992, S. 184), liegt es nahe, das Problem der schwindenden Artenvielfalt primär unter *ökonomischem* Blickwinkel zu betrachten. Der ethische und der ökonomische Aspekt der Artenauslöschung stellen sich dann als zwei Seiten derselben Medaille dar. Tatsächlich ist die Ansicht weit verbreitet, Artenschutz sei im Grunde genommen nichts anderes als langfristig vernünftige („nachhaltige") Ressourcenallokation und ließe sich deshalb am stichhaltigsten und wirkungsvollsten mit wohlfahrtsökonomischen Argumenten begründen (z. B. MYERS, 1976). Die Stärke des ökonomischen Ansatzes wird dabei vor allem darin gesehen, daß er es erlaubt, die instrumentellen Werte der Arten auf einer einheitlichen Skala (z. B. des Geldwertes) abzubilden und sie über die sogenannte Kosten-Nutzen-Analyse mit anderen Werten zu vergleichen. Auf diese Weise, so hoffen viele Artenschützer, ließe sich der Vorrang der Arten vor der Befriedigung anderer menschlicher Wünsche gewissermaßen in Heller und Pfennig aufzeigen. MYERS (1985, S. 61) bringt diesen Glauben an das ökonomische Argument unmißverständlich zum Ausdruck, indem er schreibt: „Wenn Arten durch ihre Beiträge zur Landwirtschaft, zur Technologie und zu anderen menschlichen Aktivitäten ihren Wert beweisen können, dann können sie berechtigterweise ein eigenes Stück Überlebensraum auch in einer zunehmend dichter bevölkerten Welt beanspruchen."

Das Zitat, das eigentlich eine Werbung für die Nutzenargumentation sein sollte (vgl. EHRLICH & EHRLICH, 1983, S. 82), scheint mir indes auf eine strukturelle *Schwäche* des anthropozentrisch-ökonomischen Ansatzes aufmerksam zu machen: Die Beweislast für Schutzwürdigkeit liegt grundsätzlich auf Seiten der bedrohten Art. Von der *ethischen* Fragwürdigkeit dieses Ansatzes zunächst noch abgesehen, ist die Beweislastverteilung in *sachlicher* Hinsicht vor allem deshalb problematisch, weil die Schutzwürdigkeit im Grunde genommen nur dann als *bewiesen* gelten kann, wenn drei Voraussetzungen erfüllt sind: Zum *ersten* müssen die Nutzenaspekte zumindest annähernd bekannt sein, zum *zweiten* sollten sie quantifizierbar sein und zum *dritten* müssen sie in Kosten-Nutzen-Analysen eventuelle Kosten oder konkurrierende Nutzenwerte aufwiegen können. Im folgenden wird deutlich werden, daß die Erfüllung aller drei Voraussetzungen eine nahezu unüberwindbare Hürde darstellt.

Was die *Kenntnis* der Nutzenaspekte einer Art betrifft, so besteht das Problem darin, daß für eine umfassende Bewertung eigentlich auch *umfassendes Wissen* erforderlich wäre. Umfassendes Wissen im Sinne von Vollständigkeit ist jedoch aus wissenschaftstheoretischen Gründen unmöglich (vgl. Kapitel

5). Hier könnte nun freilich eingewendet werden, daß man sich dann – wie in anderen Bereichen des Lebens auch – eben mit *vorläufigem* Wissen zufriedengeben müsse. Für die Bewertungsfrage bedeutet dies jedoch, daß Entscheidungen, die – zumindest im Hinblick auf globales Aussterben – irreversibel sind, auf einer noch mangelhaften und ständig im Wandel begriffenen Wissensbasis vorgenommen würden. Zwar ist unbestritten, daß es Arten mit herausragenden Eigenschaften gibt, deren Nutzen (und damit auch Schutzwürdigkeit) für den Menschen von vornherein auf der Hand liegt, doch bei der Mehrzahl der Arten ist dies nicht der Fall. Hier wird das Ergebnis der Bewertung zweifellos sehr stark vom jeweiligen wissenschaftlichen Kenntnisstand abhängen. Dabei dürfen die ganz wenigen gut erforschten Arten nicht darüber hinwegtäuschen, daß „die Informationsbasis für die Bewertung von Arten äußerst schwach" ist (RANDALL, 1986, S. 85). Von den derzeit geschätzten 10 Millionen Arten auf der Welt sind seit der Einführung des taxonomischen Systems im Jahre 1753 erst 1,7 Millionen überhaupt wissenschaftlich katalogisiert. Wiederum nur ein Bruchteil davon ist auch nur einigermaßen gründlich auf einen ökonomischen Nutzen hin untersucht worden (WILSON, 1985, S. 702). Bezieht man *ökologische* Aspekte mit in die Bewertung ein, so kann von einer annähernd umfassenden Informationsbasis erst recht keine Rede mehr sein: Von den unzähligen Wechselwirkungen zwischen den Arten und den Ökosystemen sind nur die wenigsten in ihrer Bedeutung für den Menschen klar erkannt. Dabei wäre es verfehlt, im Hinblick auf Bewertungsfragen nun alle Hoffnung auf den zu erwartenden Erkenntnisfortschritt in der *Ökologie* zu setzen. Wie ich bereits in Teil A. I ausführlich dargelegt habe, kann die Ökologie hierzu aus *prinzipiellen* Gründen nur sehr begrenztes und mit großen Unsicherheiten behaftetes Wissen zur Verfügung stellen.

Vor diesem Horizont eines grundsätzlichen Wissensmangels müssen natürlich auch alle Bemühungen um eine *Quantifizierung* des Nutzens von Arten gesehen werden. Da sich im allgemeinen nur diejenigen Eigenschaften einer Art quantifizieren lassen, die *derzeit* bekannt sind und an denen *derzeit* ein Interesse besteht, spiegeln Quantifizierungen von vornherein nur einen relativ willkürlichen Ausschnitt aus dem Gesamtspektrum potentieller Nutzungsmöglichkeiten wider. Noch nicht nachgefragte Werte (sogenannte „Optionswerte"; RANDALL, 1986, S. 84) oder erst zukünftig erkennbare Werte („Quasi-Optionswerte"), die für spätere Generationen möglicherweise die wichtigsten wären (NORTON, 1987, S. 36), fallen fast zwangsläufig unter den Tisch.

Doch stellt der beschränkte Zeithorizont nicht das einzige Problem des ökonomischen Ansatzes dar: Selbst bei heute bereits *bekannten* und auch *nachgefragten* Nutzenwerten ist es oft mehr als zweifelhaft, ob und inwieweit sie einer Quantifizierung überhaupt zugänglich sind. Wie anhand des ökologischen und ästhetischen Wertes von Arten besonders deutlich erkennbar ist, sind die Eigenschaften von Arten ja nicht einfach „Waren", für die ein Markt mit entsprechenden Preisen existiert. Sie müssen von Ökonomen vielmehr erst mit Hilfe spezieller Verfahren einem *hypothetischen* Markt zugeordnet und mit einem sogenannten *Schattenpreis* versehen werden.

Dies kann z. B. durch eine *Nutzwertanalyse* geschehen. Bei dieser werden die Kosten errechnet, die anfallen würden, wenn eine bestimmte Dienstleistung statt durch Nutzung der Art auf technischem Wege vollbracht werden müßte. So veranschlagt VESTER (1984) in seinem Buch *Der Wert eines Vogels* den Nutzen der Samenverbreitung durch Vögel anhand des Stundenlohnes eines Pflanzers auf ca. 20 DM jährlich. Für die beruhigende Wirkung von Vogelgesang und Vogelflug auf das menschliche Gemüt wird von ihm der jährliche Vergleichswert von 300 Valiumtabletten herangezogen, was ca. 30 DM entspricht. Dieses Beispiel zeigt, daß quantitative Wertzuweisungen einzelner Nutzenaspekte – wenn überhaupt – nur durch extreme Vereinfachungen und Verfremdungen komplexer Phänomene und Zusammenhänge möglich sind. Da sie somit, wie VESTER (1984) selber einräumt, „nicht nachprüfbar" sind, vermögen sie der Nutzenargumentation genau das *nicht* zugrundezulegen, was deren Anhänger sich von ihr versprechen: ein wissenschaftlich objektives und verläßliches Wertesystem.

Näheres Hinsehen zeigt vielmehr, daß die Bewertungskriterien der Nutzwertanalyse in höchstem Maße schwankend und in ihrer praktischen Anwendung absolut opportunistisch sind. So muß nach Einschätzung von EHRENFELD (1992, S. 236) beispielsweise damit gerechnet werden, daß der instrumentelle Wert der Pflanzen und Tiere in den noch verbliebenen tropischen Regenwäldern in dem Maße sinkt, in dem die Pharmaforschung in der Lage ist, Arzneimittel durch moderne biotechnische Verfahren zu synthetisieren: „Die Wissenschaftler in der Pharmaforschung glauben heute – ob zu Recht oder nicht –, daß sich neue Medikamente schneller und billiger entwickeln lassen, wenn man Molekülstrukturen, die man aus theoretischen Gründen für vielversprechend hält, am Computer entwirft und durch organische Synthese und vielfältige neue Methoden (zum Beispiel Gentechnik) im Labor herstellt. Es ist nicht nötig – so ihre Behauptung –, Zeit und Geld mit dem Herumsuchen im Urwald zu vergeuden." Damit wäre, mit den Worten von EHRENFELD (1992, S. 236), „der sogenannte Wert der tropischen Regenwälder in wenigen Jahren auf den Preis eines nützlichen Computerausdrucks gesunken". Es geht an dieser Stelle nicht darum, ob die von EHRENFELD zitierten Wissenschaftler mit ihrer Einschätzung richtig liegen oder nicht. Das Beispiel soll vielmehr zeigen, daß Artenschutzargumente, die sich auf materiellen Nutzen berufen, grundsätzlich Gefahr laufen, von dem Gegenargument der *Ersetzbarkeit* gekontert zu werden. Daß diese Gefahr infolge der sich abzeichnenden Möglichkeiten der Biotechnologie und der Gentechnik eher zunehmen wird, ist dabei nicht zu leugnen. Unglücklicherweise scheint die

Nutzwertanalyse diese Gefahr noch zu verstärken, indem sie mit ihrem szientistischen Anspruch auf umfassende Quantifizierbarkeit einem technischen Optimismus Vorschub leistet, für den nahezu jede Funktion von Arten technisch ersetzbar ist. Auf diese *psychologische* Folgewirkung der Quantifizierung von Nutzenwerten werde ich in Kapitel 23.a gesondert zurückkommen.

Um dem Vorwurf des Szientismus und der Expertenabhängigkeit bei der *direkten* Quantifizierung von Nutzenwerten zu entgehen, ziehen viele Ökonomen eine *indirekte* Bewertungsmethode vor: die *Zahlungsbereitschaftsanalyse*. Bei dieser begnügt man sich damit, an Stelle des (vorgeblich) objektiven Nutzens die *subjektive* gesellschaftliche Wertschätzung dieses Nutzens ökonomisch zu bestimmen (HAMPICKE et al., 1991; SCHWEPPE-KRAFT, 1992). Dabei wird die Bevölkerung z. B. in einer Repräsentativumfrage befragt, wieviel sie für möglichst genau definierte Programme des Arten- und Biotopschutzes zu zahlen bereit wäre, wenn es diese Programme als „Waren" auf einem Markt zu kaufen gäbe. Da es natürlich nicht praktikabel ist, über die Wertschätzung *aller* Tier- und Pflanzenarten oder gar über deren spezielle Nutzenaspekte Befragungen durchzuführen, bleibt dieses Verfahren freilich entweder auf wenige populäre Tierarten oder auf ziemlich allgemein gehaltene Bezugsgrößen wie etwa einen (wie auch immer definierten) „Artenschutzwert" bestimmter Gebiete beschränkt (SCHWEPPE-KRAFT, 1992, S. 92). Ein charakteristisches Beispiel hierfür stellt die Analyse von AUER (1992, S. 440) dar, der den „Wert der Biologischen Vielfalt" in der Bundesrepublik Deutschland auf ca. fünf Milliarden DM pro Jahr beziffert und dabei festgestellt hat, daß dieser Wert die Kosten zu seinem Schutz um fast das Vierfache übersteigt.

Auch wenn Umfragen wie diese nach Einschätzung von RANDALL (1986, S. 95) „nicht selten" eine hohe pauschale Wertschätzung des Naturschutzes bezeugen, so liegen die Grenzen ihres Nutzens für den *Artenschutz* doch auf der Hand: Wahrscheinlich die meisten Arten würden bei Umfragen – wie ich noch näher ausführen werde – keine ausreichend große Zahlungsbereitschaft für sich verbuchen können. Von dieser in ihren Konsequenzen zweischneidigen Eigenschaft der Zahlungsbereitschaftsanalyse ganz abgesehen, gibt es jedoch auch Zweifel an der Aussagekraft der Methodik selbst (vgl. MÜLLER-CHRIST, 1995, S. 115f.). Zum *ersten* sind ihre Ergebnisse offenbar in starkem Maße von methodischen Festsetzungen und Unabwägbarkeiten abhängig, so z. B. von der Wahl des Befragungskreises, dessen räumlicher Entfernung von den betreffenden Arten, dem Informationsstand der Befragten und der Glaubwürdigkeit ihrer Aussagen. Angesichts dieser Kontingenzen scheinen sie kaum das leisten zu können, was sich viele ihrer Auftraggeber von ihnen versprechen, nämlich „Defizite an wissenschaftlichen Begründungen abzubauen" (AUER, 1992, S. 440). Zum *zweiten* ist es unter Wohlfahrtsökonomen und Sozialwahltheoretikern eine nach wie vor offene Frage, ob und wie aus solchen Äußerungen individueller Präferenzen überhaupt moralisch und gesellschaftspolitisch legitimierbare Entscheidungsregeln abgeleitet werden können. Wie RANDALL (1986, S. 89 f.) ausführt, wird das Kosten-Nutzen-Kriterium hier sowohl von Vertretern eines philosophischen Individualismus als auch von Anhängern der Theorie des öffentlichen Interesses als unbefriedigend erachtet. Ein besonderes Problem dabei ist, daß die Interessen zukünftiger Generationen – und von der irreversiblen Ausrottung von Arten sind ja genau genommen *alle* späteren Generationen zumindest potentiell betroffen – nicht ausreichend Berücksichtigung finden bzw. als Folge der sogenannten Zeitpräferenz abdiskontiert werden (BIRNBACHER, 1988, S. 29f./87 f.).[67] Zum *dritten* erscheint es überhaupt zweifelhaft, ob dem Artenschutz damit gedient sein kann, wenn schwankende und opportunistische Ergebnisse von Meinungsumfragen zur Grundlage eines Wertesystems gemacht werden, das den Erhalt der biologischen Vielfalt über Jahrzehnte oder Jahrhunderte hinweg gewährleisten soll. Wie REGAN (1986, S. 196) es formuliert, erfordert unsere Pflicht zum Artenschutz „eine solidere Begründung als unsere eigenen wechselhaften Wünsche und Liebhabereien".

Wenn nach dieser Kritik ökonomischer Wertzuschreibungen davor gewarnt werden muß, Artenschutz vorrangig mit ökonomischen Argumenten zu *begründen*, so soll damit nicht in Abrede gestellt werden, daß es sinnvoll sein kann, gewisse Aspekte des Natur- und Artenschutzes auch unter ökonomischen Gesichtspunkten zu *betrachten*. Ökonomische Analysen können politisch fruchtbar sein, indem sie z. B. darauf aufmerksam machen, daß oft ein „eklatantes Mißverhältnis besteht zwischen der Wertschätzung des Einzelnen und dem gesellschaftlichen Handeln" (SCHWEPPE-KRAFT, 1992, S. 124). Auch können sie das Vorurteil widerlegen, Natur- und Artenschutz seien *von vornherein* eine Tätigkeit *gegen* ökonomische Logik (z. B. HELBING, 1995). Tatsächlich ist die Einschätzung des Ökonomen HAMPICKE (1992, S. 201) häufig durchaus zutreffend, es sei „ökonomisch, Naturschutz zu betreiben, und unökonomisch, ihn zu unterlassen".

Doch ist es wichtig zu erkennen, daß die damit postulierte Übereinstimmung zwischen Ökonomie und Naturschutz *nicht durchgängig* ist und daß deshalb der Versuch, Naturschutz mit ökonomischen Argumenten zu *begründen*, für den Artenschutz auch „ins Auge gehen" kann. Wer zum Schutze einzelner Arten in erster Linie auf ihren ökonomischen *Nutzen* verweist, muß damit rechnen, daß ihm unter Umständen auch die „Gegenrechnung", d. h. der Nachweis der Nutzlosigkeit oder gar Schädlichkeit bestimmter Arten präsentiert wird. Dies ist für den Artenschutz um so brisanter, als entgegen der Einschätzung vieler Naturschützer keineswegs davon auszugehen ist, daß sehr viele Arten in der Lage wären, nach einer Nutzwert- oder Zahlungsbereitschaftsanalyse mit einer *positiven Kosten-Nutzen-Bilanz* aufzuwarten.

Daß offenkundige „Schädlinge" und traditionelle „Feinde" des Menschen (wie Wanderratte, Kakerlake und Tse-Tse-Fliege) oder auch nur lästige Arten (wie Stechmücke und Stubenfliege) sogar mit eindeutig *negativen* Nutzenwerten rechnen müßten, scheint auf der Hand zu liegen (vgl. GLASAUER, 1991, S. 10).[68] Ebenso dürfte es nicht verwundern, wenn all jene Arten, die mit bestimmten Bevölkerungs- oder Berufsgruppen um die Nutzung von Ressourcen konkurrieren (wie etwa Graureiher, Kormoran oder viele Ackerunkräuter), bei einer Verrechnung ihres Nutzens und Schadens (zumindest regional betrachtet) mit einer Negativ-Bilanz abschließen würden. Viele Arten jedoch würden bei Kosten-Nutzen-Bilanzen ganz einfach deshalb das Nachsehen haben, weil sie den *Kosten* zu ihrem Erhalt keinen erkennbaren oder allenfalls einen sehr geringen Nutzen entgegenhalten könnten. Bei dem Begriff „Kosten" ist dabei nicht unbedingt an Ausgaben für aufwendige Biotopgestaltung oder gar für die Betreuung und Bewachung (wie z. B. beim Schutz des Seeadlers) zu denken. Kosten sind in der Sprache der Ökonomie vielmehr „entgangener Nutzen", d. h. „Verzichte auf wertvolle Güter und Dienste, die eingegangen werden müssen, um ein bestimmtes angestrebtes Ergebnis zu erhalten" (HAMPICKE, 1992, S. 185). Im Hinblick auf den Artenschutz bedeuten „Kosten" meistens, daß zugunsten von Arten auf die Nutzung (oder wenigstens auf bestimmte Nutzungs*formen*) ihres Lebensraumes verzichtet werden müßte.

Ein Beispiel für diesen Zusammenhang liefert der Fall des vom Aussterben bedrohten nordamerikanischen *Fleckenkauzes* (Strix occidentalis). Von dieser scheuen Eulenart, die in den Regenwäldern der Pazifikküste beheimatet ist, existiert z.Zt. nur noch ein Bestand von sechs- bis zehntausend Tieren. Um ihn vor dem endgültigen Aussterben zu retten, müßten nach Angaben von KNAUER (1992, S. 41) im Küstenstaat Oregon knapp fünfzigtausend Quadratkilometer Regenwald – das entspricht immerhin der Fläche Niedersachsens – der Axt der Holzfäller entzogen werden. Diese Schutzmaßnahme hätte zur Folge, daß in der dortigen Forstindustrie möglicherweise vierzigtausend Arbeitsplätze verloren gehen. Man kann wohl kaum davon ausgehen, daß unter diesen Voraussetzungen der Schutz des Fleckenkauzes mit *ökonomischen* Argumenten zu rechtfertigen oder gar als ökonomisch erforderlich zu begründen wäre: Keine Nutzen- oder Zahlungsbereitschaftsanalyse wird in der Lage sein, dieser Eulenart einen instrumentellen Wert zu bescheinigen, der den Wert des Holzeinschlags und die gesellschaftliche Wertschätzung von vierzigtausend Arbeitsplätzen übertrifft. Weder im Hinblick auf einen *direkten* ökonomischen Nutzen noch in ästhetischer oder ökologischer Hinsicht scheint dieser seltene und heimlich lebende Vogel viel in die Waagschale werfen zu können.

Dabei würde man dem Fleckenkauz Unrecht tun, ihn als *besonders* nutzlose Ausnahmeerscheinung abzutun. Nach Einschätzung von LEOPOLD (1992, S. 159), einem der Begründer der amerikanischen Umweltethik, besitzen die meisten Arten in einer Lebensgemeinschaft überhaupt keinen ökonomischen

Wert im herkömmlichen Sinne. So müsse es „bezweifelt werden, daß von den 22 000 höheren Pflanzen und Tieren, die in Wisconsin heimisch sind, mehr als fünf Prozent verkauft, verfüttert, gegessen oder anderweitig wirtschaftlich genutzt werden können".[69] LEOPOLD hat bereits in den dreißiger Jahren kritisiert, daß Naturschützer sich dazu hinreißen lassen „Ausflüchte zu erfinden", um zu zeigen, daß Arten, die in einem nicht-ökonomischen Sinne wertvoll sind, letztendlich auch ökonomischen Wert haben. Tatsächlich müssen so skurrile Wertzuweisungen wie die erwähnte Berechnung des Gemütswertes eines Vogels anhand des Vergleichswertes von Valiumtabletten für den Artenschutz schon aus Glaubwürdigkeitsgründen als kontraproduktiv gelten. Darüber hinaus sind sie jedoch auch innerhalb ihres eigenen Bewertungssystems nachteilig. Denn jeder Versuch, nur schwer faßbare Eigenschaften von Arten (wie ihre ästhetische oder ökologische Wirkung) als ökonomische Eigenschaften zu interpretieren, ist mit einer inhaltlichen Verkürzung oder Verzerrung erkauft, durch die unter Umständen wichtige Qualitäten aus der Betrachtung herausfallen. Angesichts dieses „methodischen Filters" und des bereits erwähnten grundsätzlichen Informationsmangels bei jeglicher Art von Bewertung ist es somit nicht verwunderlich, wenn der instrumentelle Wert vieler Arten häufig nur sehr mager ausfällt. So kritisieren sowohl RANDALL (1986, S. 97) als auch NORTON (1987, S. 44), daß Kosten-Nutzen-Analysen den „wahren Nutzen" von Arten „systematisch unterbewerten".

Um diesen nicht zu übersehenden Mangel quantitativer Wertzuweisungen zu umgehen, wird das Nutzenargument von Vertretern des anthropozentrischen Standpunktes häufig in einer erweiterten, „aufgeklärten" Form vorgebracht: dem *Argument des Wissensmangels*. Da man letztendlich nie genau wissen könne, ob eine nutzlos erscheinende Art nicht doch wichtige unbekannte Nutzenaspekte für die Menschheit habe, und da eine Ausrottung irreversibel sei, müsse man Arten gewissermaßen „für alle Fälle" schützen.[70]

So stichhaltig dieses Argument vor dem Hintergrund der bereits bekannten Nutzenaspekte und deren Extrapolation in die Zukunft auch erscheinen mag (vgl. MYERS, 1979, S.82), so wenig überzeugend erweist es sich doch im Kontext des ökonomischen Ansatzes. Sein *erstes* Problem besteht zunächst einmal darin, daß wir aus logischen Gründen nie alle denkbaren lohnenswerten Ziele *gleichzeitig* verfolgen können. In der Regel sind wir vielmehr gezwungen auszuwählen, d.h. *Güterabwägungen* vorzunehmen. Dabei ist es im praktischen Leben meistens erforderlich, einen nur *möglichen* und nicht einschätzbaren Nutzen zu übergehen, um einen *wirklichen* und bekannten Nutzen zu gewinnen. Wie GUNN (1984 S. 315) in diesem Zusammenhang bemerkt, wird man „sein Geld eher im Kolonialwarengeschäft ausgeben, anstatt damit Roulette zu spielen oder Lotterie-Lose zu kaufen". Nichts anderes besagt das Sprichwort, der Spatz in der Hand sei besser als die Taube auf dem Dach. Es gilt sicherlich um so mehr, wenn – wie so oft im Falle des Artenschutzes – nicht einmal klar ist, ob *überhaupt etwas* auf dem Dach sitzt. Um zu verdeutlichen, daß der Verweis auf einen potentiellen, aber völlig unbekannten Nutzen hier meistens nicht sehr überzeugend ist, hat NORTON (1987, S. 124) das Argument des Wissensmangels auch „Tante-Tillie's-Schubladen-Argument" genannt. Tante Tilly steht dabei für jene exzentrischen Zeitgenossen, die in ihren Schubladen, Schränken und Garagen Bindfäden, Schrauben und Joghurtbecher sammeln, für den Fall, daß diese Dinge sich eines Tages vielleicht doch einmal als nützlich erweisen könnten. Dabei ist klar, daß sich bei aller Sammelleidenschaft und vorausschauenden Vorsicht spätestens dann die Frage der Güterabwägung stellt, wenn entweder alle Schubladen, Schränke und Garagen voll sind oder wenn ihr Besitzer sie auf andere Weise nutzen möchte. Übertragen auf den anthropozentrisch begründeten Artenschutz bedeutet dies, daß Arten, wenn sie als *nützliche Gebrauchsartikel* verstanden werden, mit anderen nützlichen Gebrauchsartikeln um den begrenzten Raum in den Schubladen des Menschen konkurrieren müssen.

Damit ist das *zweite* Problem bereits angedeutet: Insofern das „Argument des Wissensmangels" nach wie vor ein *Nutzenargument* ist, führt es über die Notwendigkeit der Güterabwägung automatisch zur Kosten-Nutzen-Analyse und ihrem Zwang zum umfassenden Wissen zurück. Soll z. B. eine Art wie der Fleckenkauz mit dem „Argument des Wissensmangels" verteidigt werden, kann dieses Argument im Rahmen des Nutzenkalküls nur dann als überzeugend gelten, wenn in einer Kosten-Nutzen-Analyse der Nachweis erbracht worden ist, daß der *potentielle* Wert dieser momentan noch nutzlos erscheinenden Eulenart größer ist als der *aktuelle* Wert des Holzeinschlags und der 40 000 Arbeitsplätze. Es genügt dabei nicht, den potentiellen Wert lediglich in abstrakter Form zu postulieren – denn „das Potential von allem ist unendlich!" (TREPL, 1991, S. 428). Es müßte vielmehr zumindest eine „allgemeine Form der Nutzbarkeit" aufgezeigt und quantifiziert werden können. Obwohl es wie die Quadratur des Kreises anmutet, gibt es mittlerweile tatsächlich Studien (wie z. B. die Analyse von FISHER & HANEMANN, 1984), in denen die beängstigende Aufgabe unternommen worden ist, über komplizierte Methoden der Extrapolation solch potentielle (d. h. erst zukünftig erkennbare) Werte von Arten zu berechnen (NORTON, 1992, S. 224). Da solche Kalkulationen und die auf ihnen beruhenden Schlußfolgerungen in höchstem Maße spekulativ bleiben müssen, ist es allerdings zweifelhaft, ob es ihnen in der politischen Auseinandersetzung häufig gelingen wird, sich gegenüber kurzfristigen und dadurch klar aufweisbaren konkurrierenden Gewinnaussichten durchzusetzen.

Eher muß befürchtet werden, daß solche Versuche einer Berechnung *universaler* (d. h. auch Optionswerte miteinbeziehender) Nutzenfunktionen dazu mißbraucht werden, den kalkulierten *Verlust* von Arten zu rechtfertigen. Die Gefahr besteht dabei darin, daß sie zwar den Eindruck eines zeitüberspannenden Universalismus erwecken, in Wirklichkeit aber weit in der Zukunft liegende Nutzenwerte abdiskontieren. Diese Asymmetrie in der zeitlichen Bewertung („Gegenwartspräferenz", vgl. BIRNBACHER, 1988, S. 87) scheint aus methodischen Gründen nicht gänzlich aufhebbar zu sein: Während die irreversible Auslöschung von Arten strenggenommen einen zeitlich unbegrenzten Bewertungshorizont erfordern würde, können ökonomische Analysen naturgemäß nur innerhalb eines endlichen und oft relativ eng begrenzten Zeitrahmens operieren. Wie RANDALL (1992, S. 243) betont, sind die herkömmlichen Methoden der Bewertung von Investitionsalternativen und die mit ihnen verbundenen Verfahren der Diskontierung sogar meistens nur auf Zeiträume von etwa einer Generation ausgelegt.

Bei dieser Ausgangslage kann es nicht überraschen, wenn die ökonomische Analyse auch einmal zu dem Ergebnis führt, daß es unter bestimmten biologischen und ökonomischen Voraussetzungen lohnenswert ist, eine Tierart auszurotten, anstatt sie auf Dauer wirtschaftlich zu nutzen. Ein Beispiel für einen solchen Fall demonstriert die Studie von CLARK (1973). Er konnte mit Hilfe eines mathematischen Modells zeigen, daß es ökonomischer wäre, so schnell wie möglich alle noch in den Ozeanen verbliebenen Blauwale abzuschlachten und die Profite in Wachstumsindustrien zu investieren, als darauf zu warten, daß nach einer Erholung des Bestandes eine konstante jährliche Fangquote erreicht werden könnte. Das Beispiel zeigt, daß es für den Artenschutz auch im Hinblick auf sogenannte nützliche Arten gefährlich sein kann, sich ausschließlich auf ökonomische Rechtfertigungen zu verlassen. Ökonomische Argumente vermögen zwar *bestimmte* Arten wirkungsvoll zu schützen, doch werden sie *andere* eher in Gefahr bringen. Wie immer man das Ausmaß dieser Gefahr auch einschätzen mag, unstrittig sollte sein, daß die ökonomische Argumentation nicht in der Lage ist, *allen* Arten Schutz zu garantieren. Ein *umfassender* Artenschutz, wie ihn unsere Intuition zu fordern scheint, läßt sich auf der *ökonomischen* Schiene der anthropozentrischen Umweltethik nicht verfechten.

b. Die ökologische Argumentation
Einige Vertreter der Anthropozentrik werden dieser Schlußfolgerung vielleicht zustimmen, doch werden sie darin kein Argument gegen den anthropozentrischen Standpunkt sehen. Der Grund, weshalb die Kosten-Nutzen-Analyse oft eher gegen als für den Artenschutz spricht, besteht ihrer Meinung nach allein darin, daß sich gerade die wichtigste Nutzenkategorie der Arten ökonomisch nicht fassen läßt: ihre Rolle bei der *Aufrechterhaltung ökologischer Systemfunktionen*. Wie bereits erörtert, sind die Wechselwirkungen zwischen den Arten und ihren Ökosystemen zu vielschichtig und zu komplex, als daß es jemals gelingen könnte, diese Rolle hinreichend genau zu beschreiben, geschweige denn ihr einen quantitativen Wert für das menschli-

che Wohlergehen beizumessen. Nichtsdestoweniger – so jene Vertreter der anthropozentrischen Ethik – habe die Ökologie inzwischen hinlänglich bewiesen, daß *jede* Art eine (wenn auch oft unbekannte) Funktion innerhalb des Ganzen der Natur ausübe und daß daher *jede* Reduzierung der Artenvielfalt die Funktionstüchtigkeit des Naturhaushaltes beeinträchtige. Da der Mensch auf die Dienstleistungen der Ökosysteme angewiesen sei, gefährde er sich mit jeder Artenverdrängung letztendlich selbst. Artenschutz sei damit keinesfalls nur eine Frage des Erhalts von *Nutzungsmöglichkeiten* (die in der Kosten-Nutzen-Analyse gegebenenfalls auch zur Disposition gestellt werden könnten), sondern *notwendige Voraussetzung* einer lebenswerten Umwelt, ja möglicherweise sogar des menschlichen Überlebens.

Charakteristisch für diese Überzeugung ist der Titel eines Standardwerkes zum Vogelschutz aus den siebziger Jahren: *Rettet die Vögel – wir brauchen sie*. In diesem Buch wird Vogelschutz (von einer kleinen Randbemerkung zur ethischen Verantwortung des Menschen gegenüber der Natur abgesehen) mit der zentralen These begründet, „daß ein Aussterben der Vogelwelt auch den Menschen in Gefahr bringt" (Schreiber, 1978, S. 9). Erläutert wird diese These hauptsächlich unter Verweis auf die Funktion der Vögel als Bioindikatoren und auf ökologische Gesichtspunkte. Dabei deutet die breite Auswahl der dargestellten Vogelarten darauf hin, daß die Autoren den vorrangigen Appell an den „ökologischen Eigennutz" offenbar für schlagkräftig genug halten, um damit nicht nur einigen wenigen, sondern letztendlich allen Arten Schutz zukommen zu lassen. Doch ist diese Einschätzung richtig? *Brauchen* wir aus ökologischen Gründen wirklich *alle* derzeit existierenden Arten?

Hauptverantwortlich dafür, daß diese Frage von Naturschützern in der Regel bejaht wird, ist ohne Zweifel das schon mehrfach angesprochene Bild vom *Nahrungsnetz*. Obwohl es als theoretisches Konzept der wissenschaftlichen Ökologie genaugenommen nur „beschreibt, welche Sorte von Organismen in einer Lebensgemeinschaft welche anderen Sorten frißt" (Lawton & Brown, 1993, S. 258; vgl. Paine, 1980; Pimm, 1982), ist es in der populären ökologischen Literatur oft als bildhafter „Beweis" für einen *positiven* Zusammenhang zwischen Artenvielfalt und Stabilität verstanden worden: Wenn alle Arten eines Ökosystems wie Knoten in einem Netz miteinander verbunden sind, sollte dieses Netz um so stabiler sein, je mehr Arten an seinem Aufbau beteiligt sind. Wissenschaftlicher Ausdruck dieses über lange Zeit für selbstverständlich gehaltenen Zusammenhangs ist die in Kapitel 11.c erörterte *Stabilität-Diversität-Hypothese*. Wie dort schon erwähnt, haben Naturschützer aus ihr das Argument abgeleitet, es sei grundsätzlich im Interesse des Menschen, möglichst viele Arten zu schützen, da *jede* Art über ihre Wechselwirkungen mit anderen Arten auch die menschliche Umwelt stabilisiere. Verdränge man eine Art aus ihrem angestammten Ökosystem, reduziere man dessen Vernetzungsgrad und damit seine Widerstandskraft gegenüber Störungen des ökologischen Gleichgewichts (vgl. COMMONER, 1972, S. 38).

Nachdem die Stabilität-Diversität-Hypothese in ihrer *allgemeinen* Form inzwischen als widerlegt gilt, muß dieser Versuch einer ökologischen Begründung des Artenschutzes als gescheitert betrachtet werden. Nach heutigem Stand der ökologischen Theorie ist das Verhältnis zwischen Stabilität und Diversität zu uneinheitlich, als daß sich daraus ein *pauschales* Argument für möglichst hohe Diversität ableiten ließe: „Die Stabilität eines gegebenen Systems kann durch eine Reduktion der Artenzahl sowohl zu- als auch abnehmen und der Effekt kann in gemäßigten, tropischen und arktischen Habitaten unterschiedlich sein" (SCHULZE & MOONEY, 1993, S. 507). Für den Wildbiologen SCHRÖDER (1978, S. 34) ist die „wertvolle Lehre" aus diesem uneinheitlichen Befund, „daß die ökologische Theorie nicht zwangsläufig auf der Seite des Naturschutzes steht". Wie viele (auch neuere) Publikationen zeigen,[71] scheint diese Lehre in der Naturschutz- und Ökologiebewegung aber noch nicht hinreichend zur Kenntnis genommen worden zu sein. Dort gilt die Diversität-Stabilität-Theorie häufig noch als geradezu axiomatisch.

Das Festhalten an der alten Theorie ist dabei nicht weiter verwunderlich, denn bei Berücksichtigung der neuen Erkenntnisse würde die ökologische Nutzenargumentation erheblich aufwendiger und komplizierter. Während der Naturschutz früher davon ausgehen konnte, mit der Stabilität-Diversität-Theorie eine Art Blanko-Argument für alle denkbaren Fälle zur Verfügung zu haben, ist er nun gezwungen, von Fall zu Fall zu argumentieren, d.h. er muß nach Ökosystemen, nach Arten und nach den jeweils gewünschten Typen von Stabilität differenzieren. Der suggestive Verweis auf das ökologische Netz und die Notwendigkeit möglichst vieler Verknüpfungen genügt nach dem heutigen Stand der Ökologie nicht mehr. Angesichts der Schwierigkeit, die Folgen von Artenverlusten für die Stabilität eines Systems zu verallgemeinern, ist es vielmehr erforderlich, in jedem Einzelfall auf die Struktur des Netzes, die betroffenen Arten sowie die Art und Stärke ihrer innerartlichen Verknüpfungen einzugehen.

Bei einer Vielzahl solcher Untersuchungen der letzten drei Jahrzehnte hat sich die nicht unbedingt überraschende Einsicht verfestigt, daß eine ökologische Beurteilung des Ausfalls von Arten nicht nur von dem Faktor „Komplexität", sondern in ganz entscheidendem Maße davon abhängt, *welche* Arten bzw. Artengruppen betroffen sind (PIMM, 1980). Verschiedene Arten haben im Rahmen ihres Ökosystems offenbar verschiedene „Wertigkeiten": Während die Entfernung mancher Arten keinerlei erkennbare Auswirkungen auf andere Arten zu haben scheint, kann die Entfernung anderer Arten eine ganze Kettenreaktion weiterer Artenverluste nach sich ziehen, die im Extremfall zu einem völligen Strukturwandel („Zusammenbrechen") des betreffenden Ökosystems führt. Ein eindrucksvolles Beispiel für solch einschneidende Folgewirkungen demonstrierten BROWN & HESKE (1990) mit ihren Langzeitexperimenten in Arizona. Die beiden Forscher konnten zeigen, daß das Entfernen dreier Arten von Känguruhratten (Dipodomys spec.) aus einem buschbewachsenen Wüstengelände praktisch deren gesamte Lebensgemeinschaft „umkrempelt": Aus der Wüstenlandschaft wurde trockenes Grasland, statt kurzer wuchsen lange Gräser, körnerfressende Vögel wanderten ab, Nagetiere wanderten zu und der Schnee taute langsamer. Damit nehmen die Känguruhratten in ihrem Ökosystem genau jene Rolle ein, die in der englischsprachigen Literatur heute mit dem Begriff der *„keystone-species"* zusammengefaßt wird: Sie haben „einen unverhältnismäßigen Effekt auf das Fortleben aller anderen Arten" (BOND, 1993, S. 237). Ein „keystone" ist dabei der Schlußstein in einem gemauerten Torbogen, ohne den der Torbogen zusammenbricht. In entsprechendem Sinne wird der „keystone-species" eine tragende Rolle für die Struktur und innere Dynamik eines Ökosystems zugeschrieben.

Es ist klar, daß der Begriff der „keystone-species" nach seiner Einführung in die theoretische Ökologie durch PAINE (1966, 1969) auch im Naturschutz bald auf reges Interesse stieß. Hatte man mit diesen *„Schlüsselarten"*[72] doch Arten gefunden, deren ökologischer Nutzen für den Menschen eindeutig und eindrucksvoll zu belegen war. Während einige Artenschützer wie z. B. MYERS (1985, S. 61) daraus den grundsätzlichen Schluß zogen, „daß einige Arten ‚wichtiger' sind als andere und deswegen wert, daß man sich mehr für sie einsetzt", sehen andere Artenschützer im Konzept der Schlüsselarten eher eine Entscheidungshilfe für die schwierige Frage, welche Arten angesichts der begrenzten politischen, finanziellen und zeitlichen Möglichkeiten denn nun *vorrangig* geschützt werden sollten. Eine Rangliste scheint allein schon deshalb unvermeidlich zu sein, weil es aus praktischen Gründen unmöglich ist, *alle* Arten zu retten (LOVEJOY, 1976; ROBERTS, 1988; GIBBONS, 1992). Hierzu schreibt MYERS (1985, S. 56/61): „Da wir offensichtlich viele Hunderttausende von Arten noch vor Ende dieses Jahrhunderts verlieren werden, müssen wir wissen, welche zu verlieren wir uns am ehesten ‚leisten' können, welche nach ihrem Aussterben größere Ökosysteme kritisch verletzt hinterlassen würden, welche gerettet werden sollten, weil ihr Verlust einen ökologischen Zusammenbruch herbeiführen könnte, dessen Ausmaße kaum vorstellbar sind, und welche um praktisch jeden Preis erhalten werden sollten." Er räumt zwar ein, daß die angewandte Ökologie zur Beantwortung dieser Fragen „bis jetzt" noch kaum Hilfestellungen gegeben habe, doch geht er davon aus, daß der Naturschutz eines Tages „zu einer zukünftige Entwicklungen voraussagenden Disziplin" fortentwickelt werden könne. Rechtfertigen die bisherigen Erfahrungen mit dem Schlüsselarten-Konzept diese Hoffnung?

Nach den vorangegangenen Ausführungen über die erkenntnistheoretischen Grenzen der wissenschaftlichen Ökologie (Teil A. I) wird es nicht überraschen, daß dies nicht der Fall ist. Sowohl in der theoretischen Ökologie als auch im praktischen Naturschutz wird das Schlüsselarten-Konzept heute trotz seines unbestreitbaren heuristischen Wertes zunehmend kritisch gesehen (MILLS et al., 1993). Dabei sind es vor allem *drei* Probleme, die dessen Reichweite und praktische Handhabbarkeit im Rahmen des Artenschutzes in Frage stellen: ein theoretisches, ein praktisches und ein philosophisches.

Das *theoretische* Problem besteht darin, daß es dem Begriff der Schlüsselart bis heute an einer exakten *a-priori*-Definition mangelt. Mit anderen Worten: Es ist nicht klar, anhand welcher Kriterien man *von vornherein* erkennen könnte, was eine Schlüsselart ist und was nicht. Die *a-posteriori*-Definition, die auf die überproportionale Wirkung nach der Herausnahme einer Art Bezug nimmt, ist für eine klare Identifikation meistens weder ausreichend noch operationalisierbar. Zwar gibt es Fälle (wie z. B. das Experiment mit den Känguruhratten), in denen der Schlüsselart-Charakter *im nachhinein* auf der Hand liegt, doch in vielen anderen Fällen dürfte eine Abgrenzung gegenüber „normalen" Arten eher schwierig sein. Dies birgt die Gefahr in sich, daß letztendlich subjektive Einschätzungen darüber entscheiden, ob eine Art als Schlüsselart angesehen wird oder nicht.

Die Definition ausschließlich über den *Effekt* ist theoretisch jedoch auch insofern problematisch, als damit qualitativ völlig unterschiedliche ökologische Mechanismen unter demselben Oberbegriff zusammengefaßt werden. BOND (1993, S. 239) führt allein acht verschiedene Funktionstypen von Schlüsselarten auf, die ihrerseits wieder in zahlreiche Untergruppen aufgegliedert werden. Bei der außerordentlichen Vielfalt der beschriebenen Fälle ist es dabei nicht verwunderlich, daß sich so gut wie keine *allgemeinen* Merkmale für *alle* Schlüsselarten ausmachen lassen: Sie können häufig oder selten sein, Generalisten oder Nahrungsspezialisten. Einige spielen im Energie- und Stoffkreislauf eine fundamentale Rolle, andere überhaupt keine. Angesichts dieser Schwierigkeit zu verallgemeinern ist BOND (1993, S. 249) hinsichtlich der „Möglichkeit einer allgemeinen Theorie von Schlüsselart-Wechselwirkungen" äußerst skeptisch. Zu viele Untersuchungen über Schlüsselarten sind seiner Meinung nach „reine Anekdoten".

Dabei scheint es kaum realistisch zu sein anzunehmen, dieses theoretische Defizit einer nur begrenzten Verallgemeinerbarkeit könne durch vermehrte Forschungsanstrengungen wesentlich gemildert werden. Im Gegenteil: Die Untersuchungen der letzten Jahre haben die Situation eher kompliziert, indem sie deutlich gemacht haben, daß Schlüsselarten-Prozesse nicht nur artabhängig sind, sondern darüber hinaus oft auch von Gebiet zu Gebiet sowie von Zeit zu Zeit variieren: Eine Art, die in *einem* Biotop als „tragende Säule" erscheint, kann in einem *anderen*, nur wenig entfernten eine völlig unbedeutende ökologische Rolle spielen (BROWN et al., 1986). Nicht selten entfalten Arten erst in Kombination mit anderen Arten ihre überproportionale Wirkung auf das Gesamtsystem. Damit muß die gängige und irreführende Vorstellung verabschiedet werden, die Schlüsselarten-Rolle sei eine *artspezifische* Eigenschaft von Organismen, die – einmal ermittelt – für alle Populationen dieser Art angenommen werden könne. Wie mehrere Studien deutlich gemacht haben,[73] ist sie statt dessen eine zeitlich und räumlich begrenzte *singuläre* Eigenschaft, die aus einer eng definierten Kombination von Standortfaktoren, der aktuellen Artenzusammensetzung und den Rückkoppelungen mit ganz bestimmten anderen Arten hervorgeht.

Das *praktische* Problem, das sich für den Artenschutz hieraus ergibt, ist leicht zu erkennen: Wenn es kaum möglich ist, Schlüsselarten-Effekte zu *verallgemeinern*, muß auch der zitierte Anspruch von MYERS (1985, S. 61) abgeschrieben werden, die Auswirkungen von Artenverlusten *vorhersagen* zu können. Vorhersagbarkeit setzt Verallgemeinerbarkeit voraus. Da die ökologische Theorie den Naturschutz diesbezüglich jedoch erneut im Stich läßt – man erinnere sich an die Stabilität-Diversität-Theorie –, bleibt dem Artenschutz zum Aufweis von Schlüsselarten-Effekten letztendlich nur die konkrete Prüfung vor Ort: Die mit ihm begründete Schutzwürdigkeit von Arten müßte *einzeln* (und strenggenommen sogar nach Gebieten getrennt) *experimentell* ausgewiesen werden. Dies ist aus methodischen und quantitativen Gründen jedoch ein nahezu aussichtsloses Unterfangen. Die *methodischen* Schwierigkeiten, die dem ökologischen Experiment dabei prinzipiell entgegenstehen, habe ich bereits in Kapitel 4 ausführlich erörtert. Die dort dargestellten Grenzen der ökologischen Analyse (Komplexität, Nichtlinearität, Abgrenzung, raum-zeitliche Einzigartigkeit sowie Störung und Meßwertverfälschung) sind zwar kein Argument gegen diesbezügliche ökologische Forschungsanstrengungen, doch lassen sie es als kaum realistisch erscheinen, darin eine *überzeugende Argumentationsbasis für den Artenschutz* zu sehen: Nach allen bisherigen Erfahrungen muß man davon ausgehen, daß es nur selten gelingen kann, die gesamte aktuelle und potentielle ökologische Bedeutung einzelner Arten eindeutig und sicher aufzuzeigen.

Zu der kaum zu bewältigenden inhaltlichen Beweislast kommt noch ein *quantitativer* Aspekt hinzu, der die Handhabbarkeit des Schlüsselarten-Konzeptes erst recht in Frage stellt: Die Zahl der Arten ist ganz einfach zu hoch, als daß es möglich wäre, mehr als einen Bruchteil von ihnen auf ihren „ökologischen Nutzen" hin zu untersuchen. Allein in Mitteleuropa gibt es über 70 000 Organismenarten, die in 130 verschiedenen Ökosystemtypen leben. Wollte man die Funktionen all dieser Arten innerhalb ihres Ökosystem katalogmäßig erfassen, müßte man somit Hunderttausende zeitaufwendiger Forschungsprojekte in Auftrag geben. Abgesehen davon, daß ein solch gigantisches Unterfangen selbst im reichen Mitteleuropa kaum zu finanzieren wäre und es für die ca. 60 000 selteneren Arten überdies an ökologisch und taxonomisch kompetenten Spezialisten mangelt,[74] wäre damit nur wenig gewonnen. Da Ökosysteme und deren Artenzusammensetzungen ständigen Wandlungen unterworfen sind, müßte die Suche nach Schlüsselarten-Prozessen (ähnlich wie das Steinerollen bei Sisyphos) immer wieder von vorne beginnen.

Das *philosophische* Problem, das mit dieser Strategie einer ökologischen Begründung des Artenschutzes verbunden ist, habe ich in allgemeiner Form bereits bei der Kritik des ökonomischen Ansatzes angesprochen: Wenn Arten vorrangig aufgrund ihres individuellen Nutzens geschützt werden, wird damit faktisch all jenen Arten die Schutzwürdigkeit entzogen, für die ein solcher Nutzen nicht aufweisbar ist. Das Schlüsselarten-Konzept ist dabei für den Artenschutz besonders zweischneidig, denn es postuliert *per definitionem*, daß Schlüsselarten mit ihrer überproportionalen Wirkung auf andere Arten in einer Lebensgemeinschaft eher die Ausnahme darstellen. Nach LAWTON & BROWN (1993, S. 262/263) wissen wir zwar nicht genau, welcher Anteil an Arten in einem Ökosystem Schlüsselarten sind, doch die große Mehrheit an Arten ist es sicher nicht. Wenn das Schlüsselarten-Konzept somit von vornherein nur einer Minderheit von Arten Schutz garantieren kann, so wiegt dieser Nachteil um so schwerer, als wahrscheinlich die Mehrheit der Schlüsselarten wiederum *nicht* zu den *bedrohten* Arten zu rechnen ist. Nach Ansicht der meisten Ökologen beruhen die häufigsten Schlüsselarten-Mechanismen nämlich entweder auf Koppelungen im Rahmen des Energie- und Nährstoffkreislaufes oder auf sogenanntem „Engeneering", d. h. der Fähigkeit, Ressourcen direkt oder indirekt für andere Arten verfügbar zu machen (LAWTON, 1994, S. 373). Sowohl die energetisch bzw. trophisch wichtigen Arten an der Basis der Nahrungspyramide als auch viele der „Ökosystem-Ingenieure" (wie z. B. Regenwürmer oder waldbildende Bäume; vgl. JONES et al., 1994) sind aber in der Regel *dominante* (häufige) Arten und damit in den seltensten Fällen ein Thema für den Artenschutz.

Umgekehrt scheinen gerade viele bedrohte Arten, *weil sie selten sind*, nur eine unbedeutende ökologische Rolle in ihrer Lebensgemeinschaft zu spielen. CAUGHLY & LAWTON (1981, S. 138) bezeichnen solche ökologisch unauffälligen Arten als „nicht-interaktiv". Werden beispielsweise die Kleinblättrige Sumpfwurz, die Knoblauchkröte oder der Apollofalter aus ihren angestammten Ökosystemen verdrängt, so hat dies mit Sicherheit keinerlei meßbare Folgewirkungen auf Energiefluß und Stoffkreislauf dieser Systeme. Den Schutz solcher Rote-Liste-Arten mit ihrem Nutzen für den „Naturhaushalt" begründen zu wollen, wäre äußerst unglaubhaft, denn ihre Wirkung auf diesen „Haushalt" ist nahezu gleich Null. Es ist nicht einmal gesagt, daß *andere* Arten durch ihr Verschwinden ernsthaft berührt würden. Wie HEYDEMANN (1985, S. 582) betont, hat der Ausfall bestimmter Arten „vielfach nur *einseitige* Folgen, also für die betreffende Art selbst und nicht unbedingt für andere". *Einer* der Gründe hierfür wird heute vermehrt darin gesehen, daß die Koppelungen innerhalb einer Lebensgemeinschaft – sieht man von den extrem stenöken (d. h. ökologisch eng spezialisierten) Arten einmal ab – in ihrer überwiegenden Zahl offenbar eher lose und variabel sind (vgl. HUBBELL & FOSTER, 1986, S. 327; LAWTON, 1992, S. 20). Wenn etwa eine seltene Art wie das Blaukehlchen als Beute für den Sperber ausfällt, können in der Regel häufiger vorkommende Arten diese Ressourcenfunktion übernehmen. Ein *anderer* Grund liegt darin, daß viele Beziehungen zwischen den Arten asymmetrisch sind, d. h. *eine* Art ist zwar auf bestimmte *andere* Arten und deren Funktionen angewiesen, aber dies gilt nicht unbedingt auch *umgekehrt* in gleichem Maße. Eine Kormoran-Population beispielsweise ist als Teil einer Seen-Lebensgemeinschaft vollständig von den Fischen des Sees abhängig, doch könnten die Fische auf den Kormoran durchaus verzichten. Ihre Bestände werden in einem naturnahen aquatischen Ökosystem in der Regel von anderen Faktoren als dem Räuberdruck reguliert. Nach einem Bild von WALKER (1992, S. 20) sind diejenigen Arten, die auf die Populationsdynamik anderer Arten einen starken Einfluß ausüben, die „Fahrer" eines Ökosystems, während andere Arten wie die Kormorane als „Passagiere" betrachtet werden können, die gleichsam nur mitfahren. Beide Kategorien sollten dabei freilich nur als Extrempunkte auf einer durchgehenden Skala verstanden werden, denn die Mehrzahl der Arten wird vermutlich eine (zeit- und ortsabhängige) Zwischenposition zwischen diesen Extremen einnehmen.

Ungeachtet der Schwierigkeiten einer exakten Einordnung auf dieser Skala scheint es unzweifelhaft zu sein, daß die sogenannten „*Spitzen-Arten*", also die Endverbraucher in den Nahrungspyramiden, in der Regel zur Kategorie der „Passagiere" gehören. Spitzen-Arten, die heute mit am meisten gefährdet sind, werden für das „Funktionieren" ihrer Ökosysteme sicherlich am wenigsten gebraucht. So dürfte es für die Nordsee *systemökologisch betrachtet* ziemlich unerheblich sein, ob der Kleine Tümmler oder die Kegelrobbe darin leben.[75] Und ebensowenig wie eine Dünenlandschaft für ihr Fortbestehen auf die Population der Kreuzkröte angewiesen ist, benötigt ein Gewässer-Ökosystem den Fischotter, die Rohrdommel oder das letzte Seeadlerpaar. Gerade solche Arten sind es jedoch, für die bisher vorrangig Hilfsprogramme entwickelt worden sind und die bis heute im Mittelpunkt des Artenschutzes stehen. Da die Spitzenarten meist relativ groß, auffällig und weithin bekannt sind, lassen sich die Bemühungen um ihren Schutz in einem anthropozentrischen Rahmen zwar häufig mit ihrem ästhetischen Reiz oder mit ihrer potentiellen Funktion als Bioindikatoren begründen, doch das *wissenschaftlich-ökologische* Argument, das bei vielen Naturschützern und Laien als das „härteste" und überzeugendste gilt, greift gerade da am wenigsten. Bei der überwiegenden Zahl der gefährdeten Arten ist die Ökologie weit davon entfernt, zeigen zu können, daß wir sie wirklich *brauchen*. Nach STANLEY (1983, S. 227) ist es „schlicht widersinnig", gewisse Arten als „wichtige Rädchen im Getriebe ihrer Ökosysteme hinstellen zu wollen".

Freilich, auch wenn viele bedrohte Arten aus Sicht der heutigen Systemökologie als ökologisch bedeutungslos und entbehrlich erscheinen, ist damit noch nicht gesagt, daß sie es in jeder Hinsicht und auf lange Sicht auch tatsächlich *sind*. Nach den Analysen der wissenschaftstheoretischen und praktischen Grenzen ökologischer Forschung im allgemeinen und des Schlüsselarten-Konzeptes im besonderen sollte klar sein, daß solche Urteile über die ökologische Bedeutung von Arten immer nur eine bedingte und vorläufige Geltung für sich beanspruchen können. KREBS (1985, S. 574) bringt die dabei grundsätzlich in Rechnung zu stellende Unsicherheit bei der Bewertung exemplarisch zum Ausdruck, indem er zur Frage nach der Häufigkeit von Schlüsselarten bemerkt: „Schlüsselarten sind in natürlichen Gemeinschaften relativ selten, oder aber sie sind häufig, werden aber nicht bemerkt." Die Frage bleibt also letztendlich offen, obwohl die bisherigen Daten nahelegen, daß es (zumindest in terrestrischen Ökosystemen) nur wenige Schlüsselarten gibt. Für die ökologische Argumentation im Artenschutz und die Aufstellung von Rangfolgen bedeutet dies, daß man sich strenggenommen niemals völlig sicher sein kann, es mit einer ökologisch bedeutungslosen Art zu tun zu haben, auch wenn nach einer gründlichen Analyse des Einzelfalls alles für den Status eines „Passagiers" spricht. Wie die Ergebnisse von PATE & HOPPER (1993, S. 320) zeigen, mögen viele Arten zwar *im Moment* bedeutungslos erscheinen, doch diese Einschätzung kann *langfristig betrachtet* dennoch ein Trugschluß sein: Es kann vorkommen, daß seltene Arten nach einem Wandel der Umweltbedingungen plötzlich häufig werden und dann die Systemfunktionen vormals häufiger und nun verdrängter Arten übernehmen.

Auf diese „Restunsicherheit" bei der Bewertung von Arten stützt sich ein verbreitetes Argument innerhalb der anthropozentrischen Umweltethik, das man als die *ökologische Version des „Arguments des Wissensmangels"* bezeichnen könnte. Da man letztlich nie genau wisse, ob eine ökologisch bedeutungslos erscheinende Art nicht doch irgendeine wichtige, aber verborgene Rolle in ihrem Ökosystem spielt bzw. künftig spielen könnte, und da (zumindest globale) Artenauslöschung irreversibel sei, empfehle es sich „aus Sicherheitsgründen", *alle* Arten zu schützen (V. DERSAL, 1972, S. 7; LEOPOLD, 1992, S. 14).

So stichhaltig dieses „ökologische Argument des Wissensmangels" nach den Ausführungen zum „ökologischen Denken" auch erscheinen mag (vgl. Kapitel 15), *im Rahmen der Nutzenargumentation* erweist es sich als ebenso „stumpfes Schwert" wie sein ökonomisches Pendant. Wie im letzten Kapitel bereits dargestellt, stehen die Erfordernisse des Artenschutzes im Rahmen der Nutzenargumentation ja niemals isoliert da, sondern müssen grundsätzlich mit anderen Nutzenwerten um die Gunst des Menschen konkurrieren (vgl. MOROWITZ, 1991). Arten werden dabei nur dann in der Lage sein, sich aufgrund ihres ökologischen Nutzens in Kosten-Nutzen-Bilanzen durchzusetzen, wenn es wenigstens ungefähre Anhaltspunkte für die Größe ihres Nutzens gibt. Anders formuliert kann das ökologische Argument des Wissensmangels nur dann als überzeugend gelten, wenn es mit dem *Nachweis* verbunden wird, daß die Auslöschung einer bestimmten Art die *reale* Gefahr einer Beeinträchtigung des menschlichen Wohlergehens nach sich zöge. Eine nur *theoretisch denkbare* Gefahr ist dabei nicht ausreichend, denn theoretisch denkbar ist so gut wie alles: Niemand wird wegen der abstrakten *Möglichkeit*, auf eine Tretmine zu stoßen, darauf verzichten, seinen Garten umzugraben, ohne daß irgendwelche *Indizien* dafür sprechen, daß an dieser Stelle früher einmal kriegerische Auseinandersetzungen stattgefunden haben, bei denen Tretminen zum Einsatz kamen. Warum sollte man also allein „aus Sicherheitsgründen" auf den Fleckenkauz Rücksicht nehmen, wenn *nichts Bekanntes* dafür spricht, daß diese Art eine Schlüsselarten-Rolle ausüben kann und ihre Ausrottung irgendwelche unerwünschten ökologischen Konsequenzen hat? Im Rahmen der anthropozentrischen Nutzenargumentation mit ihrem immanenten Zwang zum *positiven* Wissen wäre ein solch vorbeugender Schutz allein aufgrund *fehlenden* Wissens irrational. Eine dahingehende Begründung des Artenschutzes erschiene hier auch als inkonsistent, insofern sie sich zwar *einerseits* grundsätzlich auf die wissenschaftliche Autorität der Ökologie beruft, dieser Ökologie aber *andererseits* immer dann mißtraut, wenn deren Forschungsergebnisse den Erfordernissen des Artenschutzes widersprechen.

Man braucht dabei kein Pessimist zu sein, um vorherzusagen, daß bei eventuellen Widersprüchen zwischen „positiver" und „negativer" Ökologie, also zwischen dem Wissen, daß eine Art „nicht-interaktiv" ist *einerseits,* und dem Wissen, daß dieses Wissen immer unvollständig und unsicher ist *andererseits*, sich in der Regel das *positive* Wissen durchsetzen wird. Wenn die ökologischen Fakten eindeutig dafür sprechen, daß eine Art lediglich „Passagier"-Funktion innehat, wird der abstrakte Verweis auf die bloße Möglichkeit eines diesbezüglichen Irrtums in der Praxis wenig ausrichten können. Zu gering erscheint das Risiko, das mit einem Irrtum hinsichtlich einer einzelnen Art verbunden wäre. Somit erweist sich die ökologische Nutzenargumentation als ebenso zweischneidig wie die ökonomische: Statt die Schutzwürdigkeit bedrohter Arten grundsätzlich zu untermauern, ist sie im Einzelfall genausogut dafür geeignet, den Verlust von Arten zu rechtfertigen. Hieran ändert auch das „ökologische Argument des Wissensmangels" nichts wesentliches.

Vor dem Hintergrund dieser unbefriedigenden Bilanz plädiert Bryan Norton (1992, S. 227) dafür, den Schwerpunkt einer ökologischen Begründung des Artenschutzes von der individuellen Ebene der *Art* auf die ganzheitliche Ebene der *Biodiversität*[76] zu verlagern: Statt mit dem nur schwer oder gar nicht feststellbaren *spezifischen* Nutzen einzelner Arten zu argumentieren, solle man besser auf die lebenswichtige Funktion der biologischen Vielfalt *als Ganzer* verweisen. Nach Meinung NORTONS (1986, S. 119f.) ist der individualistische Ansatz nämlich nicht nur aufgrund des bereits diskutierten chronischen Informationsdefizits unzureichend, er ist darüber hinaus auch außerstande, einem Kernproblem des Artensterbens Rechnung zu tragen: dem Problem des sogenannten „*Null-Unendlich-Dilemmas*". Dieses Dilemma, das vor allem im Umgang mit modernen Umweltrisiken (z. B. Großtechnologien oder dem Treibhauseffekt) auftritt, ist nach PAGE (1978) u. a. durch folgende Merkmale charakterisiert: (1) extrem hohes Schadenspotential, (2) geringe Eintrittswahrscheinlichkeit, (3) Undurchschaubarkeit der Mechanismen, (4) kollektives Risiko, (5) große Latenzzeit zwischen Ursache und Wirkung sowie (6) Irreversibilität im praktischen Sinne. Im Falle des Artensterbens besteht das Null-Unendlich-Dilemma darin, daß die Auslöschung von nur einer, zehn oder gar tausend Arten in der Regel zwar keinerlei erkennbare Folgen haben mag („Null-Seite" des Dilemmas), daß mit zunehmendem überregionalem Artenschwund aber irgendwann einmal eine Situation eintritt, in der universale Systemfunktionen, wie z. B. Stoffkreisläufe und Energietransfer, nicht mehr störungsfrei stattfinden.[77] Im schlimmsten Fall wäre ein tiefgreifender Systemwandel der gesamten Biosphäre denkbar, der die Menschheit letztendlich sogar ihrer Lebensgrundlage berauben könnte („Unendlich-Seite" des Dilemmas). Es muß dabei als ein grundlegender Fehler jeder *isolierten* Betrachtung des Aussterbens einzelner Arten erscheinen, daß sie die *langfristige Zunahme* dieses Risikos – wie immer auch die Verlaufskurve zwischen „Null" und „Unendlich" im Detail aussehen mag – nicht wahrnimmt: Aufgrund der geringen Folgewirkungen vieler einzelner Artenverluste wird fälschlicherweise angenommen, weitere einzelne Artenverluste blieben mit der gleichen Wahrscheinlichkeit und in gleichem Maße folgenlos wie die bisherigen. Daß diese Schlußfolgerung zumindest voreilig ist, illustrierten EHRLICH & EHRLICH (1983, S.9) anhand der bereits erwähnten Parabel vom Schraubenhändler (vgl. Kapitel 15). Wie man sich vielleicht erinnert, hatte dieser die Demontage und den Verkauf von Schrauben aus einem Passagierflugzeug mit dem Hinweis gerechtfertigt, er habe früher ja auch schon jede Menge Schrauben aus dem Flugzeug herausgeholt, doch die Maschine fliege immer noch einwandfrei.

Die Grundidee der Schraubenhändler-Parabel aufgreifend und erweiternd hat NORTON (1986) ein Artenschutz-Argument entwickelt, das den Anspruch erhebt, unter ganzheitlichem Aspekt *allen Arten* – unabhängig von ihrem *spezifischen* Nutzen – einen instrumentell-ökologischen Wert bescheinigen zu können. Ausgangspunkt dieses Arguments sind zwei Prämissen: Nach der *ersten* Prämisse, die sich auf verschiedene Arbeiten aus der theoretischen Ökologie und der Evolutionsbiologie stützt, ist Diversität ein selbstverstärkender

Prozeß, d. h. bestehende Artenvielfalt sorgt für weitere Artenvielfalt. Nach der *zweiten* Prämisse ist der Umkehrschluß erlaubt, daß die Abnahme von Diversität ebenfalls selbstverstärkend ist: Jede Ausrottung von Arten zieht in einer Art *Abwärtsspirale* eine ständig wachsende Zahl weiterer Verluste nach sich. Geht man nun davon aus, daß unterhalb eines bestimmten Maßes an Diversität bestimmte ökologische Systemfunktionen, auf die die Menschheit angewiesen ist, nicht mehr gewährleistet sind, kann man nach NORTON (1986, S. 121) nicht umhin, jede Abnahme der Diversität als existentielle Bedrohung des *Menschen*, seines Wohlergehens, sogar seines Überlebens, zu verstehen: „Zunahmen der globalen Austerberate verstärken die Verwundbarkeit des Menschen, selber auszusterben". Mit dem Aufweis dieses Zusammenhanges und vor dem Hintergrund der Tatsache, daß die globale Abwärtsspirale schon in vollem Gange ist, liegt nach Überzeugung NORTONS ein anthropozentrisches Argument vor, das in der Lage ist, grundsätzlich *allen* Arten Schutz zukommen zu lassen. Da *jede Auslöschung* von Arten über den Mechanismus der Abwärtsspirale das Risiko eines globalen Systemzusammenbruches erhöhe, könne jeder *Erhalt* der bestehenden Diversität als eine Art „Versicherungsbeitrag" gegen diese größte aller denkbaren Katastrophen geltend gemacht werden. Jeder Art komme über ihre Teilhabe an der Gesamtdiversität und deren Dynamik („abwärts" oder „aufwärts") ein signifikanter prima-facie-Wert für das menschliche Wohlergehen zu, der sogenannte *Beitragswert* („contributory value"). Nach NORTON (1986, S.132) ist dieser Beitragswert gewichtig genug, um den Schutz *aller* Arten zu rechtfertigen – unter der Bedingung freilich, dem stünden im Einzelfall keine „unakzeptabel hohen Kosten" entgegen.

Auch wenn NORTONS „Argument der Abwärtsspirale" mit seinem Rekurs auf das Null-Unendlich-Dilemma im Kern ebenfalls ein „Argument des Wissensmangels" ist – wir wissen ja nicht, unterhalb welchen Maßes an Diversität eine globale Katastrophe droht –, scheint diese ganzheitliche Variante überzeugender zu sein als die bereits kritisierte individualistische. Während sich der potentielle Schaden, der dem Menschen durch das Aussterben einer einzelnen, ökologisch wichtigen Art entstehen kann, *isoliert betrachtet* als zu klein erweist, um vor unbedachten Ausrottungen abzuschrecken, stehen bei der Reduzierung der *globalen* Biodiversität nun immerhin die „Bordsysteme des Raumschiffs Erde" und somit eventuell sogar das Überleben der Menschheit auf dem Spiel. Angesichts dieser Dimensionen erscheint jede Reduzierung der Biodiversität als blanke Unvernunft: Wenn das Ausmaß eines befürchteten Schadens gegen Unendlich geht, sollte bereits die geringste Wahrscheinlichkeit seines Eintretens ausreichen, um dieses Risiko zu meiden (BIRNBACHER, 1988, S. 204). Die eigene Existenz bzw. die der Menschheit verwettet man nicht (vgl. JONAS, 1984, S. 81). Freilich läßt sich aus diesem Verbot nur dann ein schlüssiges Argument für den Artenschutz ableiten, wenn die postulierte Kausalbeziehung zwischen dem Einzelfall und der befürchteten Katastrophe wenigstens im Prinzip als erhärtet gelten kann. Konkreter formuliert: Die Stichhaltigkeit von NORTONS Argument wird in starkem Maße davon abhängen, ob seine (zweite) Prämisse von der Abwärtsspirale als einem selbstverstärkenden Prozeß zutreffend ist.

Drei Gesichtspunkte lassen hieran Zweifel aufkommen: Zum *ersten* würde eine *sich selbst verstärkende* Abwärtsspirale voraussetzen, daß zwischen allen Arten überwiegend starke Koppelungen existieren, so daß jeder Aussterbevorgang mindestens einen weiteren nach sich zöge. Für bestimmte Arten (z. B. Schlüsselarten, Mutualisten und manche Wirtsarten) trifft dies sicherlich zu. Doch wie bereits dargestellt, ist ein solcher Laufmascheneffekt gerade bei den am meisten vom Aussterben bedrohten Arten, die oft nur „Passagiere" zu sein scheinen, am wenigsten zu erwarten (vgl. HEYDEMANN, 1985, S. 582). Zum *zweiten* müßte im Rahmen des Konzepts einer *globalen* Abwärtsspirale angenommen werden, daß auch die Arten *verschiedener* Ökosysteme alle in engen Wechselwirkungen miteinander stehen. Dies ist sicherlich nur in sehr begrenztem Maße der Fall. Somit bleibt eigentlich nur die Interpretation, daß es sich bei der globalen Spirale in Wirklichkeit um viele einzelne *regionale* Abwärtsspiralen handelt. Damit verliert das Argument der Abwärtsspirale aber insofern an Gewicht, als sich mit seiner Regionalisierung natürlich auch sein „Schreckenspotential" reduziert. So dürfte es schwerfallen, damit den Schutz von endemischen Arten in kleinen, isolierten Lebensräumen (z. B. abgelegenen Inseln) zu begründen, wenn die dort lebenden Menschen ein anthropogenes Ökosystem (z. B. Schafweiden) dem natürlichen vorziehen. Ein dortiger Rückgang der Diversität würde ja keinen Rückgang an anderer Stelle verursachen (vgl. RIPPE, 1994, S. 813). Zum *dritten* erscheint es mir ziemlich gewagt, das postulierte Phänomen der Abwärtsspirale, wie NORTON (1987, S. 59) es nahelegt, als einen Prozeß der *positiven Rückkoppelung* zu verstehen, als einen gesetzmäßigen Prozeß also, der sich nach einem äußeren Anstoß gewissermaßen von selbst abspult. Würde dies nicht bedeuten, daß ein einmal begonnener Rückgang an Diversität nicht mehr zu stoppen wäre? Soweit ich sehe, stützen weder die evolutionsbiologischen noch die ökologischen Befunde eine solche Auffassung.[78] Zwar sind positive Rückkoppelungsschleifen in den belebten und unbelebten Systemen der Natur häufiger als gemeinhin angenommen (DEANGELIS et al., 1986), doch ist auffällig, daß diese selbstverstärkenden Prozesse normalerweise durch negative Rückkoppelungen unter Kontrolle gehalten werden und nur äußerst selten in „Exkursionen", d. h. unkontrollierte Kettenreaktionen (wie z. B. bei einer Supernova) einmünden. Biologische Systeme, die positive Rückkoppelungsschleifen ohne entsprechende Gegensteuerungskräfte enthalten, sind evolutionär betrachtet anscheinend nicht überlebensfähig.[79] Statt einen *generellen* Mechanismus der Selbstverstärkung zu postulieren, dürfte es plausibler sein, einen länger anhaltenden oder gar zunehmenden Diversitätsrückgang dahingehend zu interpretieren, daß die dafür verantwortlichen *Ursachen* fortwirken bzw. sich in ihrer Wirkung gegenseitig verstärken.

Unter dieser Perspektive verliert NORTONS Argument freilich einen erheblichen Teil seiner beanspruchten Reichweite: Wenn die Abwärtsspirale nicht mehr als *selbstverstärkender* Prozeß verstanden wird, läßt sich auch nicht mehr so ohne weiteres zeigen, daß wirklich *alle* derzeit lebenden Arten erhalten werden sollten. Es wäre ja denkbar, daß die für das menschliche Wohlergehen wichtigen ökologischen „Systemdienstleistungen" auch von einem Bruchteil des derzeitigen Artenbestandes völlig ausreichend gewährleistet werden könnten. Der heutige Artenschwund wäre dann nicht unbedingt der erste Schritt in die globale Katastrophe, sondern könnte – ein rechtzeitiges Gegensteuern vorausgesetzt – als Übergang von einem Zustand *maximaler* Diversität in einen Zustand *reduzierter,* aber immer noch *ausreichender* Diversität verstanden werden. Dabei stellt sich dann natürlich die Frage: Wieviel Diversität ist für die Zukunft der Menschheit *ausreichend?* Oder bescheidener formuliert: „Wie viele Arten werden für ein funktionierendes Ökosystem benötigt?" (WOODWARD, 1993, S. 271).

Bedauerlicherweise herrscht bei den Ökologen nicht einmal im Hinblick auf die Beantwortung der *zweiten* Frage ein klarer Konsens. Statt dessen sind mehrere gegensätzliche Hypothesen entwickelt worden (LAWTON, 1994, S. 368; VITOUSEK & Hooper, 1993, S. 6), unter denen zwei Standpunkte herausragen: die „Nieten-Hypothese" (rivet hypothesis) und die „Redundanz-Hypothese" (redundant species hypothesis). Nach der *Nieten-Hypothese*, die auf die Parabel von EHRLICH & EHRLICH (1983, S. 9) zurückgeht, tragen *alle* Arten, vergleichbar den Nieten oder Schrauben in einem Flugzeug, zur Integrität des Ganzen bei. So wie *jeder* Verlust einer Niete in kleiner, aber signifikanter Weise die Flugtauglichkeit reduziert, beeinträchtigt fortschreitender Verlust von Arten in *stetiger* Weise die Ökosystemfunktionen. Nach der *Redundanz-Hypothese* dagegen ist Artenreichtum für das Lebenserhaltungssystem der Erde weitgehend irrelevant. Entscheidend ist allein, daß die Biomasse der Primär-Produzenten, der Konsumenten und der Destruenten etc. aufrechterhalten wird (LAWTON & BROWN, 1993, S. 255). Dies ist mit einem relativ kleinen Grundstock an Arten möglich. Die meisten anderen Arten dagegen sind für die „Bordfunktionen des Raumschiffs Erde" *redundant*; sie sind in dieser Hinsicht überflüssig wie „Passagiere" (WALKER, 1992, S. 20).[80]

Es ist verständlich, daß Artenschützer es in der Regel vorziehen, ihr Anliegen mit der Nieten-Hypothese zu begründen. Diese scheint unserer intuitiv empfundenen Verpflichtung, möglichst viele Arten zu retten, eher entgegenzukommen als die Redundanz-Hypothese. Indes haben die Erfahrungen mit der Stabilität-Diversität-Hypothese gelehrt, daß die ökologischen Befunde nicht zwangsläufig auf der Seite des Naturschutzes stehen, und daß es somit kontraproduktiv sein kann, sich bei der ethischen Argumentation *vorschnell und vorrangig* auf eine vermeintlich wissenschaftlich gesicherte, in Wirklichkeit aber umstrittene und zweischneidige ökologische Theorie zu stützen. Um der Glaubwürdigkeit der eigenen Argumentation willen sollte die Nieten-Hypothese in Diskussionen des Artenschutzes deshalb nicht ohne Vorsicht benutzt werden. Immerhin gibt es einige Befunde, die ihre beanspruchte Geltung stark relativieren und die eher die These stützen, daß es zumindest in bestimmten Ökosystemen und in der Biosphäre als Ganzer Arten-Redundanz gibt.

Von diesen Befunden seien hier nur drei genannt: *Erstens* deuten verschiedene Ergebnisse der Paläontologie darauf hin, daß die meisten terrestrischen wie marinen Ökosysteme der vergangenen 600 Millionen Jahre deutlich artenärmer waren als die heutigen (SEPKOSKI et al., 1981; BENTON, 1985). Dabei spricht nichts dafür, daß das Lebenserhaltungssystem des Planeten deshalb weniger gut funktioniert hätte. Zwar wichen die klimatischen und biogeochemischen Kreisläufe der Biospäre damals oft mehr oder weniger stark von den derzeitigen Zyklen ab, doch ist dies nach Einschätzung von LAWTON & BROWN (1993, S. 257) kaum auf eine *geringere Artenzahl* zurückzuführen. *Zweitens* weisen große Unterschiede im Artenreichtum der temperierten Wälder darauf hin, daß die meisten Ökosysteme mehr Vielfalt enthalten als für maximale Produktivität oder Stabilität notwendig wäre. So beträgt z. B. die Zahl der Baum- und Straucharten in Ostasien 876, in Nordamerika 158, und in Europa – als Folge der jüngsten Eiszeit – nur 106 (SCHUH, 1995, S. 34). FRIEDMANN et al. (1988) berichten von einem Flechten-Ökosystem in der schneefreien Zone der Antarktis, bei dem offenbar 6 Arten ausreichen, um alle wesentlichen Systemfunktionen zu gewährleisten. Dabei spricht das wahrscheinlich bis ins Tertiär zurückreichende Alter dieses Ökosystems für seine beachtliche Stabilität (vgl. WOODWARD, 1993, S. 272f.). *Drittens* stehen die Ergebnisse mehrerer Modellstudien und Experimente der These entgegen, Artenvielfalt sei für den glatten Ablauf der Ökosystem-Funktionen von *durchgehender* Bedeutung. Analysen wie die von VITOUSEK & HOOPER (1993, S. 6) sowie SWIFT & ANDERSEN (1993, S. 36/37) legen es vielmehr nahe, daß eine Zunahme der pflanzlichen Artenvielfalt von Null bis zu einer bestimmten *Schwellenzahl* die Ökosystem-Funktionen zwar deutlich verbessert, daß darüber hinaus in der Regel aber nur noch mit geringen Effekten zu rechnen ist. Alles in allem scheinen diese Befunde – so anekdotisch sie auch sein mögen – zumindest die *extreme* Form der Nieten-Hypothese nicht zu bestätigen: daß im Hinblick auf das „Funktionieren" der Biosphäre und ihrer verschiedenen Ökosysteme wirklich *alle* derzeit existierenden Arten relevant wären.

Welche Konsequenzen hat diese Einsicht für die Beurteilung des derzeitigen Artensterbens? Sicherlich wäre es – selbst in einem streng anthropozentrischen Rahmen – zu einfach, aus dem Vorhandensein von Redundanz nun ein wohlfeiles Argument zur Verharmlosung oder gar Rechtfertigung der vom Menschen verursachten Artenauslöschung abzuleiten. Denn obwohl man annehmen kann, daß es Schwellenwerte *gibt*, oberhalb derer eine Reduzierung der Diversität keine wesentliche Beinträchtigung der Ökosystem-Funktionen nach sich zieht, weiß doch kein Ökologe, *wo* diese Schwellenwerte liegen und wie groß, oder besser gesagt: wie *klein* der Sicherheitsspielraum ist, innerhalb dessen die derzeitige Artenvernichtung stattfindet. Nach wie vor ist es „unmöglich, die Minimal-Artenzahl anzugeben, die ein funktionierendes Ökosystem ausmacht" (SCHULZE & MOONEY, 1993, S. 504). Dabei hält es WOODWARD (1993, S. 288) für wahrscheinlich, daß diese Frage auch in Zukunft unbeantwortbar bleibt. Wie die Ergebnisse mehrerer Studien vermuten lassen, ist Redundanz nämlich nicht nur artabhängig (was nach dem Schlüsselarten-Konzept ja auch zu erwarten war), sondern darüber hinaus oft auch zeit-, orts-, und prozeßabhängig (LAWTON & BROWN, 1993, S. 267). Damit dürfte es wohl vergebens sein, auf eine verallgemeinernde ökologische Theorie zu warten, die es erlaubt, das mit dem Artensterben verbundene Risiko eines Tages schwarz auf weiß aufzuzeigen. Ähnlich wie im Zusammenhang mit dem Schlüsselarten-Konzept läßt die Ökologie hier den Naturschutz aufgrund ihrer begrenzten Analyse- und Prognosefähigkeit im Stich.

So scheint für die ökologische Begründung eines *umfassenden* Artenschutzes auf ganzheitlicher Ebene nur noch eine Variante des „Wissensmangel-Arguments" übrigzubleiben, das *„Argument des unbekannten Schwellenwerts"*. Da wir den Sicherheitsspielraum an Arten-Redundanz in der Biosphäre nicht kennen und da vieles dafür spricht, daß wir ihn auch in Zukunft nicht in allen relevanten Aspekten kennen werden, sollten wir aus Vorsicht vor möglicherweise katastrophalen Folgen für die Lebenserhaltungssysteme des Planeten *jede* weitere Reduzierung der Artenvielfalt unterlassen. Nach EHRLICH (1991, S. 175; 1993) wäre alles andere als eine solche Strategie der Vorsicht ein „einmaliges, ungeheures und irreversibles Experiment", an dessen Ende wir dann zwar wüßten, ob auch deutlich verarmte Lebensgemeinschaften die für uns wichtigen Ökosystem-Dienstleistungen ausführen könnten, in dessen Verlauf wir aber auch in Kauf nähmen, die Grundlagen des menschlichen Wohllebens oder gar Überlebens für alle Zeiten zu verspielen. Dieses sozusagen gegen Unendlich gehende Risiko einzugehen, wäre gegenüber den zukünftigen Generationen auf keinen Fall zu verantworten.

Ich halte dieses „Argument des unbekannten Schwellenwerts" zur Begründung eines *umfassenden* Artenschutzes sachlich gesehen für stichhaltig, bezweifle aber, daß es *im Kontext der anthropozentrischen Nutzenargumentation* geeignet ist, viele Menschen zu überzeugen. Dies aus zwei Gründen: Zum *einen* steht die hierbei geforderte Haltung der Vorsicht und eigenen Zurücknahme ganz offensichtlich im Widerspruch zur anthropozentrischen Grundeinstellung und ihrem Anspruch auf prinzipielle Verfügung über die

Natur. Daß diese Inkonsistenz dabei nicht nur von theoretischem Belang ist, sondern die Umsetzung des Artenschutzgedankens nachhaltig behindert, werde ich in Kapitel 23.a noch näher begründen. Zum *anderen* ist abzusehen, daß das „Argument des unbekannten Schwellenwertes" bei Kosten-Nutzen-Abwägungen – und diese sind ja die unabdingbare Nagelprobe für die Überzeugungskraft von Nutzenargumenten – in der Regel das Nachsehen haben wird. Während NORTONS „Argument der globalen Abwärtsspirale" wenigstens den Anspruch erheben konnte, einen grundsätzlichen Zusammenhang zwischen der Artenauslöschung vor Ort und der befüchteten ökosystemaren bzw. globalen Katastrophe aufzuzeigen, fehlt dem „Schwellenwert-Argument" diese Plausibilität. Aus Mangel an *konkreten* (d. h. den Einzelfall betreffenden) Indizien bleibt es abstrakt und vage. Um es an dem bereits zitierten Vogelschutz-Buch von SCHREIBER (1978) zu illustrieren, könnte dessen Titel nach dem Schwellenwert-Argument nur lauten: „Rettet die Vögel – wir brauchen sie zwar mit großer Wahrscheinlichkeit nicht *alle*, aber da wir nicht wissen, wie viele wir brauchen, laßt uns aus Sicherheitsgründen so tun, als ob wir alle brauchen". Daß mit einer solchen Form der Argumentation in der politischen Auseinandersetzung kein Blumentopf zu gewinnen ist, dürfte auf der Hand liegen. Denn folgt man WALKER, ist es zwar „bedauerlich", aber gleichwohl „ziemlich wahrscheinlich, daß die Bemühungen um die globale Artenvielfalt letztendlich auf eine Kosten-Nutzen-Analyse hinauslaufen werden". Was bei Kosten-Nutzen-Analysen aber letztendlich zählt, ist nicht das Nichtwissen, sondern *positives* Wissen: „Ohne die Kenntnis von Redundanz, oder allgemeiner formuliert, die Beziehungen zwischen verschiedenen Stufen von Biodiversität und Ökosystem-Funktion können wir weder die Kosten noch den Nutzen abschätzen" (WALKER, 1992, S. 20). Vor diesem Hintergrund rät PITELKA (1993, S. 483) den Ökologen, sie sollten trotz aller theoretischer und praktischer Schwierigkeiten weiterhin versuchen, die Beziehung zwischen Diversitätsverlust und Verlust an Ökosystem-Funktion zu *quantifizieren*. Eine Quantifizierung würde nach seiner Einschätzung das wirksamste Argument zum Schutze der Artenvielfalt abgeben: „Richtig dargestellt könnte eine solche Kenntnis sowohl die Politiker als auch die Öffentlichkeit überzeugen und der Biodiversität einen deutlich höheren Stellenwert verleihen, als dies gegenwärtig der Fall ist". Einen ähnlichen Standpunkt vertritt WESTMAN (1977).

Angenommen es gelänge der Ökologie eines Tages tatsächlich, die auf diesem Gebiet gewünschten Fortschritte zu machen (was ich nach dem bisher Gesagten für eher zweifelhaft halte), so ist es aus *wissenschaftstheoretischen* Überlegungen heraus dennoch fraglich, ob der dabei verfolgte Ansatz dem Problem des Artensterbens wirklich hinreichend gerecht werden kann. Alle bisher diskutierten Ausführungen zur Beziehung zwischen Diversität und Ökosystem-Funktion gingen nämlich mehr oder weniger stillschweigend von der (in Kapitel 12 bereits angesprochenen) *holistischen Variante* der Ökosystemtheorie aus, die die Rolle der Stoffkreisläufe und des Energieflusses gegenüber den Wechselwirkungen zwischen den Populationen in den Vordergrund stellt. Dieser vorwiegend *prozeß-funktionale* Zugang erweckt leicht den Eindruck, die Biospäre und ihre Ökosysteme seien so etwas wie „kybernetische Supermaschinen", die dazu da sind, bestimmte Zwecke, nämlich die ökologischen System-Funktionen, zu erfüllen. Daß diese Sichtweise manchmal geradezu einem *Ingenieur-Standpunkt* gleichkommt, wird dabei an den Bildern deutlich, die den Zusammenhang des „Ganzen" mit seinen „Teilen" illustrieren sollen: Das Ökosystem ist ein „Flugzeug" (EHRLICH & EHRLICH, 1981, S. 9), ein „Auto" (SCHULZE & MOONEY, 1993, S. 499) oder ein „Beatmungsgerät" (NORTON, 1992, S. 227), während die Arten als dessen „Schrauben bzw. Nieten" oder als „Fahrer" und „Passagiere" gelten.

Nun ist es auf der *einen* Seite sicherlich legitim, die Natur zum besseren Verständnis bestimmter Zusammenhänge mitunter durch die Brille des Technikers zu betrachten. Wie ich im Zusammenhang mit dem „verum-factum-Prinzip" erwähnt habe (Kapitel 12), scheint dieser methodische Zugang für die experimentell arbeitenden Naturwissenschaften in gewisser Hinsicht sogar konstitutiv zu sein. Auf der *anderen* Seite hat die Diskussion um die Begriffe „Ökologische Gesundheit" und „Naturhaushalt" gezeigt, daß eine *holistische* Systembetrachtung (im wissenschaftstheoretischen Sinne) und die damit einhergehende Anwendung des Funktionsbegriffes auf Ökosysteme nicht nur ihre Grenzen hat, sondern auch zu weitreichenden Mißverständnissen und Fehleinschätzungen führen kann (vgl. Kapitel 12/13). Insbesondere besteht hier die Gefahr einer Verwechslung von *Teleonomie* (also programmgesteuerter Zweckmäßigkeit nach Versuch und Irrtum) und *Teleologie* (d. h. gerichtetem Ansteuern eines zukünftigen Zieles), worauf ZWÖLFER & VÖLKL (1993, S. 309/315) aufmerksam gemacht haben. Will man solche Fehleinschätzungen im Zusammenhang mit der ökologischen Begründung des Artenschutzes vermeiden, sollte man sich stets vergegenwärtigen, daß die hierbei verwendeten Ökosystem- und Diversitäts-Konzeptionen (wie jedes naturwissenschaftliche Modell) nicht etwa ein getreues Abbild „der Wirklichkeit" liefern, sondern eine mehr oder weniger stark verkürzende *methodische Projektion* darstellen (vgl. Kapitel 5). Näheres Hinsehen würde dann vielleicht zu der Einsicht führen, daß das „Ingenieur-Modell" des Ökosystems in vieler Hinsicht doch erheblich von der „Original-Natur" abweicht und daß es deshalb wenig Anlaß gibt, seinen Nutzen für den Artenschutz zu überschätzen. Im Gegenteil birgt es meines Erachtens wenigstens dreierlei Gefahren:

Erstens ist es notwendigerweise blind gegenüber der *Einzigartigkeit* von Arten (vgl. Kapitel 4.e). Dadurch daß dieses Modell Arten ausschließlich unter dem Gesichtspunkt ihrer *Funktion* (und dabei meistens sogar nur im Hinblick auf ihren stofflichen und energetischen Beitrag für das hypothetische

"Ganze") berücksichtigt, unterstellt es von vornherein deren zumindest prinzipielle *Ersetzbarkeit* (vgl. EHRLICH & MOONEY, 1983). *Art* ist hier letztendlich gleich *Art*, so wie Nieten eben Nieten sind. Zwar hat das Schlüsselarten-Konzept diese von allem Individuellen abstrahierende Sichtweise der Systemökologen inzwischen relativiert, indem es – um im Bilde zu bleiben – zwischen großen und kleinen Nieten unterscheidet, doch ändert diese *funktionsbezogene* Differenzierung nichts an dem grundsätzlichen Postulat der Ersetzbarkeit: Große Nieten können dann eben durch große und kleine Nieten durch kleine ausgetauscht werden. DAHL (1989a, S. 68/69) hat mit dem *Federgeistchen*, einer Motte mit ganz außergewöhnlichen, vogelfederähnlichen Hinterflügeln, ein Beispiel für eine Tierart genannt, die trotz ihrer ausgeprägten Individualität in jedem Ökosystem problemlos ausgetauscht werden könnte. "Für die rechnerische Ökologie", schreibt DAHL, "ist das Federgeistchen überflüssig bis dorthinaus. Das spricht aber nicht gegen das Federgeistchen", sondern gegen eine Ökologie, die für entscheidend wichtige Aspekte überhaupt keine Begriffe in ihrer kybernetischen Sprache hat (vgl. TREPL, 1983, S. 10).

Zweitens ist der kybernetisch-funktionale Ansatz nur unzureichend in der Lage, der *Dynamik* und *Instabilität* der Natur gerecht zu werden (O'NEIL et al., 1986, S. 48 f.). Wie HENGEVELD (1994, S. 6) es aus mehr populationsorientierter Perspektive heraus beschreibt, entwickeln sich Arten „nicht durch gleichmäßige Prozesse der Anpassung innerhalb stabiler Gemeinschaften mit fester Artenzusammensetzung, sondern sie entfalten sich umherschweifend („erratically") und frei, in zeitlich launenhaften und räumlich kaleidoskopisch variierenden Umwelten. Populationen sind ständig in Bewegung, von einem Ort zum anderen fließend, sich dabei aufspaltend und miteinander verschmelzend". Vor dem Hintergrund dieses „Getümmels" (HENGEVELD, 1994, S. 6) fernab des „ökologischen Gleichgewichts" scheint der Vergleich von Ökosystemen mit Autos, auch wenn einige Parallelen zutreffend sein mögen, doch ziemlich zu hinken. So weisen SCHULZE & MOONEY (1993, S. 499) auch vorsichtshalber darauf hin, daß sich die funktionelle Rolle einer Komponente in einem Ökosystem – anders als bei einem Auto – in Abhängigkeit von der Aktivität der Nachbarkomponenten ändern kann. Was heute der Außenspiegel ist, kann sich morgen also in den Tankdeckel und übermorgen in ein Lenkrad verwandeln. Ob angesichts dieser enormen Plastizität von Ökosystemen der Vergleich mit einer Maschine nicht eher zu Fehlurteilen führt, als daß er deren Verständnis erhöht, mag hier dahingestellt sein.

Drittens führt der heute vorherrschende technische Ansatz in der Ökosystemforschung dazu, daß das Konzept der „ökologischen Nische" überstrapaziert und gleichzeitig die in Ökosystemen *historisch gewachsene* Vielfalt vernachlässigt wird. Wie SCHULZE (1993, S. 275) betont, entwickeln sich Arten nicht in *festgefügten* Nischen, sondern in *offenen*, d.h. es gelingt über die Evolution Ressourcen zu nutzen, die für andere Arten vorher nicht verfügbar waren: „Die Evolution von Arten muß keineswegs immer mit einer Funktion für das Ökosystem verbunden sein". Um die Bedeutung der historischen Dimension für das Verständnis von Ökosystemen zu unterstreichen, vergleichen ZWÖLFER & VÖLKL (1993, S. 315) das Ökosystem statt mit einem Auto folgerichtig mit „einem Dom (...), an dessen Bau und Ausschmückung (also an dessen kulturellem Informationsgehalt) Jahrhunderte mitgewirkt haben". Anhand des Bildes wird deutlich, worin die Gefahr der Systemökologie für den Artenschutz besteht: „Vom Standpunkt des Technikers aus könnte man sich bei dem Unterhalt des Doms auf die rein funktionalen Bauelemente beschränken und den historisch gewachsenen Rest verfallen lassen. Aber dann wäre da irgendwann kaum mehr ein Unterschied zwischen einem Dom und einer Fabrikhalle" (ZWÖLFER & VÖLKL, 1993, S. 315).

Mit diesem Vergleich, der die Grenzen der *ökologischen* Nutzenargumentation plastisch zusammenfaßt, wird gleichzeitig auf den dritten großen Argumentationsstrang in der anthropozentrischen Umweltethik verwiesen: die *ästhetische* Begründung des Artenschutzes. Nachdem ich die wichtigsten Aspekte dieses Ansatzes in Kapitel 21 bereits kurz skizziert habe, soll im folgenden untersucht werden, ob und inwieweit mit dem Rückgriff auf die ästhetische Nutzenkategorie nicht nur ein spezieller, sondern auch ein *allgemeiner* Artenschutz begründet und befördert werden kann.

c. Die ästhetische Argumentation
Während der Nutzen der ökonomischen und ökologischen Argumentation für den Artenschutz nur selten in Zweifel gezogen wird, ist der Stellenwert der *ästhetischen* Argumentation selbst bei erklärten Vertretern des anthropozentrischen Standpunktes umstritten. Auf der *einen* Seite steht hier die *positive Einschätzung*, daß das menschliche Interesse an Schönheit, Annehmlichkeit und Eigenart der Natur „das vielleicht gewichtigste anthropozentrische Argument für den Naturschutz" überhaupt darstellt (BIRNBACHER, 1989, S. 411). Diese Auffassung wird vor allem unter Bezug auf *drei* Gesichtspunkte vertreten, zwei empirische und einen ethiktheoretischen: Von *empirischer* Seite her stützt sie sich zum *ersten* auf die Annahme, daß sich das naturschützerische Engagement „zum großen Teil aus diesen Motiven speist". Davon gehen z. B. HAMPICKE et al. (1991, S. 40) in ihrer Analyse der Zahlungsbereitschaft für den Arten- und Biotopschutz aus. Zum *zweiten* kann sie sich auf die durchaus plausible Prognose berufen, daß das offenbar fundamentale Bedürfnis nach Naturschönheit, Ruhe und Erholung „in Zukunft eher zunehmen als abnehmen wird" (BIRNBACHER, 1989, S. 411). Nach Einschätzung von SINGER (1994, S. 343) „hat die Natur [niemals] eine größere Wertschätzung erfahren als heute, ganz besonders bei den Nationen, die Armut und Hunger überwunden haben und nur noch über vergleichsweise wenig unberührte Natur verfügen". Schließlich wird von *ethiktheoretischer* Seite her als *dritter* Ge-

sichtspunkt ins Feld geführt, daß der ästhetische Ansatz für die rationale Bewältigung der ökologischen Krise insofern der angemessenste sei, als er (als einziger der anthropozentrischen Ansätze) der Natur *faktisch* Autonomie zugestehe, ohne dabei aber auf umstrittene metaphysische Prämissen – wie etwa die Annahme eines Eigenwertes der Natur – zurückgreifen zu müssen (FRÜCHTL, 1991, S. 34f.).

In auffälligem Gegensatz zu diesen drei „Pluspunkten" steht auf der *anderen* Seite die *negative Erfahrung* vieler Naturschützer und Philosophen, daß ästhetische Argumente in der politischen Auseinandersetzung nur wenig zählen. Nach SINGER (1994, S. 344) werden „Argumente, welche die Schönheit der Natur als Grund für deren Bewahrung anführen, (...) manchmal nicht ernst genommen, weil sie ‚bloß ästhetisch' sind". Einen ähnlichen Eindruck äußern NORTON (1987, S. 114) und TREPL (1991, S. 429). Doch welchen Grund gibt es, gerade das ästhetische Argument geringzuschätzen? Eine der möglichen Antworten auf diese Frage führt zu der weitverbreiteten Meinung, *nichtmaterieller* Nutzen sei im Gegensatz zu *materiellem* weniger grundlegend. MYERS (1985, S. 52) etwa betrachtet das ästhetische Argument als das „Vorrecht wohlhabender Leute (...), die genug Muße haben, über diese Frage nachzudenken". Diese Einschätzung, nach der die ökonomischen und ökologischen Belange als vorrangig, die ästhetischen Bedürfnisse hingegen als luxurieller Überbau anzusehen wären, ist meines Erachtens nicht aufrechtzuerhalten: So wenig sich *alle* ökonomischen und ökologischen Naturschutzargumente auf Lebensnotwendigkeiten berufen können, so wenig ist ausgemacht, daß das ästhetische Erleben der Natur für manche Menschen nicht auch *essentiellen* Charakter besitzt. Wie LEOPOLD (1992, S. 17) richtig beobachtet hat, gibt es zwar „Menschen, die ohne die freie Natur und ihre Wesen leben können", doch gibt es auch „andere, die das nicht können".[81] Jenseits eines indiskutablen Minimalstandards an materiellen Voraussetzungen scheint es beim Menschen äußerst schwierig zu sein, Lebensbedingungen und darüber hinausgehende Glücksmöglichkeiten voneinander abzugrenzen.

Wie an dieser Schwierigkeit ersichtlich wird, besteht das zentrale Problem des ästhetischen Arguments weniger in der *grundsätzlichen* Nachrangigkeit immaterieller Bedürfnisse gegenüber materiellen als vielmehr darin, daß hinsichtlich ihrer Ausrichtung und Gewichtung große individuelle und kulturell bedingte Unterschiede existieren. Ästhetische Gesichtspunkte lassen sich weit schwerer verallgemeinern als ökonomische und ökologische. Dies gilt nicht nur für ästhetische *Interessen*, sondern auch für ästhetische *Urteile*, die diesen Interessen zugrundeliegen. Zwar hat es insbesondere seit KANTS *Kritik der Urteilskraft* (1790) immer wieder philosophische Bestrebungen gegeben, das Empfinden von Schönheit und Erhabenheit auf rational rekonstruierbare, allgemeingültige Gesetzmäßigkeiten zurückzuführen, doch haben sich diese Versuche eines „ästhetischen Objektivismus" als wenig überzeugend erwiesen (JUNG, 1987, S. 26f.). Da sich das ästhetische Urteil trotz einer gewissen strukturellen Allgemeinheit nur sehr begrenzt begründen läßt, bleibt es als Geschmacksurteil letztendlich *subjektiv*.

Die Subjektivität des ästhetischen Urteils bedeutet freilich nicht, daß es damit von vornherein hinfällig wäre. Als ob im Naturschutz nur objektiv und rational aufweisbare Gründe eine Rolle spielen dürften! (vgl. hierzu BIERHALS, 1984). Aber im Rahmen einer *ethischen Argumentation*, die sich nicht damit begnügt, eigene Empfindungen und Interessen zu bezeugen, sondern die das daraus resultierende Denken und Handeln auch für andere verbindlich machen will, ist diese Subjektivität ohne Zweifel ein empfindliches Manko. Insbesondere erscheint es schwierig, zugunsten ästhetischer Interessen *künftiger Generationen* zu argumentieren, wenn mangels Verallgemeinerbarkeit des ästhetischen Urteils unklar ist, wie diese Interessen später einmal ausfallen werden. Derlei Forderungen, die auf *privaten* ästhetischen Erfahrungen aufbauen, werden nur bei ähnlich empfindenden Zeitgenossen auf größeres Verständnis stoßen.

Diese grundsätzliche Schwäche des ästhetischen Arguments tritt im Bereich des *Artenschutzes* besonders deutlich zutage. Zwar gibt es bedrohte Arten, die auf nahezu jedermann einen ästhetischen Reiz ausüben, wie z. B. der Kalifornische Kondor, der Panda-Bär oder der Eisvogel. Hinsichtlich dieser Arten ist die Übereinstimmung in den ästhetischen Urteilen und das daraus resultierende Gesamtinteresse zweifellos groß genug, um auch aufwendigere Schutzmaßnahmen zu garantieren. Es sollte über solchen „Vorzeigeprojekten" des Artenschutzes aber nicht vergessen werden, daß die überwiegende Zahl aller Arten nicht das Glück hat, zu den erklärten Fotolieblingen des Menschen zu gehören (vgl. ZWÖLFER, 1980). Nach neuesten Schätzungen besteht die Tierwelt zu 98 Prozent aus Gliederfüßlern (Arthropoden), was besagt, daß vom weltweiten Artensterben im wesentlichen *wirbellose Tiere*, und von diesen vor allem *Insekten*, betroffen sind (MÜLLER-MOTZFELD, 1991, S. 197). Gerade sie aber lösen im ästhetischen Empfinden des Durchschnittsmenschen nur selten Begeisterung aus, wenn man einmal von den „nützlichen" Bienen oder besonders farbenprächtigen Schmetterlingsarten absieht. Insekten gelten nach den Erfahrungen von MÜLLER-MOTZFELD (1991, S. 205) nicht nur „ganz allgemein als nicht schützenswert", sondern häufig sogar pauschal als „Ungeziefer". Geht man von dieser Tatsache aus, scheint es nicht sehr realistisch zu sein, im ästhetischen Argument mehr als eine marginale Hilfe für den Artenschutz zu sehen.

Hierauf ließe sich freilich entgegnen, daß die Geringschätzung der Insekten und anderer Wirbelloser ja nicht auf sorgfältig erwogenen ästhetischen Urteilen beruhe, sondern in der Regel auf schlichter Unkenntnis. Wer sich die Mühe mache, diese Tiergruppen genauer zu studieren, könne nicht umhin, auch sie als zutiefst ästhetisch zu empfinden. Begreife man die Schönheit nicht nur in einem vordergründigen Sinne,[82] sondern berücksichtige auch die „*Schönheit des Interesses*", die sich dem Betrachter erst durch die wissenschaftliche Beschäftigung mit der Natur eröffnet (EHRLICH & EHRLICH, 1983, S. 63), so gäbe es überhaupt keine „unästhetischen" Arten. Das ästhetische Argument sei in diesem erweiterten Sinne zumindest prinzipiell in der Lage, *allen* Arten einen instrumentellen Wert zu bescheinigen und so auch ihren Schutz zu rechtfertigen.

Zu diesem Einwand ist zunächst anzumerken, daß seine These, nach der die vom Menschen unberührte Natur grundsätzlich schön sei und es negative ästhetische Urteile über sie für den wissenschaftlich und ästhetisch Gebildeten gar nicht geben könne, unter Ästhetikern durchaus umstritten ist.[83] Eine Diskussion dieser Standpunkte ist im Rahmen dieser Arbeit allerdings nicht möglich. Sie ist auch insofern nicht notwendig, als es mir in diesem Kapitel nicht um eine philosophische Kritik ästhetischer Urteile geht, sondern um die *praktische* Frage, auf welche Weise diese Urteile den Umgang mit der Natur und das Interesse an den Arten *faktisch* bestimmen. Unter dieser Perspektive ist dann freilich zuzugeben, daß die ästhetische Dimension mit der ihr innewohnenden Möglichkeit einer wechselseitigen Befruchtung von sinnlicher Erfahrung und wissenschaftlicher Erkenntnis ein nicht zu unterschätzendes Motivationspotential für den Artenschutz in Reserve hält. Sachkundige Information, Schulung der Wahrnehmung und sinnlich vermittelter Kontakt mit der Natur können das ästhetische Interesse an den Arten erweitern und vertiefen und den Artenschutz damit ein gutes Stück voran bringen. Dies zu erkennen und daraus die entsprechenden Konsequenzen zu ziehen, ist sicherlich wichtig, doch steht auf einem anderen Blatt, ob damit der von unserer Intuition geforderte *allgemeine* Artenschutz gewährleistet werden kann. Hier scheint es mir nicht realistisch zu sein anzunehmen, daß ein „erweitertes ästhetisches Interesse" in einem Maße mobilisierbar ist, das diesem Ziel auch nur einigermaßen nahe kommt.

Mein Zweifel an einer ausreichenden Erweiterungsfähigkeit des ästhetischen Ansatzes stützt sich dabei auf zwei Gesichtspunkte: Zunächst einmal sind wissenschaftlich-systematische Kenntnisse für die Entwicklung ästhetischer Wahrnehmung zwar hilfreich, aber noch lange nicht hinreichend. Wie LEOPOLD (1992, S. 119) in ähnlichem Zusammenhang bemerkt, ist ein Doktor in Ökologie keine Gewähr dafür, daß man die Natur richtig „sieht": „Im Gegenteil, der Hochgelehrte kann so abstumpfen wie ein Leichenbestatter gegenüber den Geheimnissen, mit denen er umgeht." Mehr als diese Unwägbarkeit schlägt meines Erachtens freilich ein *morphologisch-systematischer* Tatbestand negativ zu Buche, der bei der im Artenschutz verbreiteten Konzentration auf die ästhetisch auffälligen Säugetier- und Vogelarten leicht übersehen wird: Viele Tier- und Pflanzenarten unterscheiden sich in solch geringem Umfang voneinander, daß es schon sehr genauen Hinschauens und überdurchschnittlich guter systematischer Kenntnisse bedarf, um sie überhaupt als eigene Art identifizieren zu können. Wenn es nur darum ginge, den Schwalbenschwanz vom Segelfalter oder die Fichte von der Weißtanne zu unterscheiden, ließe sich dieses Problem durch verstärkte Bemühungen im Biologieunterricht noch lösen. Doch bei den etwa 300 in Mitteleuropa beheimateten *Fransenflügler*-Arten (Thysanoptera), um nur eine der über 30 einheimischen Insektenordnungen herauszugreifen, sieht die Sache ungleich schwieriger aus. Hier ist jede an den Interessen und Möglichkeiten des Durchschnittsmenschen orientierte „Naturschutz-Didaktik" überfordert. Selbst studierte und mit Mikroskop und Bestimmungsliteratur ausgestattete Biologen dürften Schwierigkeiten haben, eines dieser meist nur wenige Millimeter großen Insekten auf Anhieb zu bestimmen. Da sich wirbellose Tiere oft nur durch minimale äußere Merkmale, wie etwa ein anders gestaltetes Kopulationsorgan, von anderen Arten unterscheiden, gibt es für viele Gruppen nur ganz wenige Spezialisten, die in der Lage sind, diese Arten zu identifizieren.

Welche Konsequenzen dieser Umstand für die Erweiterbarkeit des ästhetischen Arguments hat, ist nicht schwer zu erkennen: Wenn der Schutz von Arten dadurch gewährleistet werden soll, daß Menschen ein *intellektuell-ästhetisches* Interesse an ihnen äußern, so werden all jene Arten schlechte Karten haben, deren spezifische Eigenheiten nur von wenigen speziell ausgebildeten Wissenschaftlern erkannt werden können. Ästhetisch-intellektuelles Interesse an einer *bestimmten* Art setzt Kenntnis bzw. Erkennbarkeit ihrer spezifischen Merkmale voraus, denn ohne diese Kenntnis wäre dem Betrachter ja auch mit einer sehr ähnlichen Art gedient, die ihm identisch erscheint. Wenn die Identifizierung vieler Wirbelloser jedoch nur von einer verschwindend kleinen Minderheit erwartet werden kann, wird die Summe der ästhetischen Interessen, die sich auf sie vereinigt, nur verschwindend gering ausfallen. Stürbe etwa *Corimelaena scarabaeoides* aus (eine unscheinbare kleine Erdwanze, die nicht einmal einen deutschen Artnamen besitzt), so würde dies nur von ein paar Heteropterologen (Wanzenkundlern) bemerkt und bedauert werden können.[84]

Vor allem von Wissenschaftlern wird gelegentlich gekontert, daß die Auslöschung von Arten ja nicht nur ästhetische und intellektuelle Einzelinteressen von Biologen berühre, sondern darüber hinaus ganz allgemein „die Wissenschaft" eines zukünftigen Potentials an Wissen und Erkenntnis beraube. Auch unscheinbare und für den Laien kaum identifizierbare Arten trügen als „Rohmaterial" evolutionsbiologischer Forschung zu einem besseren Verständnis des Menschen und seiner Entwicklungsgeschichte bei (BARROW-CLOUGH, 1992, S. 124). Artenauslöschung sei somit nicht weniger verwerflich als das Herausreißen noch ungelesener Seiten aus einem Buch.

Dieses Argument ist in Bezug auf das *globale* (irreversible) Aussterben von Arten tatsächlich nicht von der Hand zu weisen, doch sollte seine Reichweite *im Rahmen der Nutzenargumentation* nicht überschätzt werden: Wie so oft bei Nutzenargumenten, die auf den ersten Blick plausibel erscheinen, wird dabei leicht vergessen, daß Nutzenwerte immer mit anderen in Konkurrenz stehen (vgl. Kapitel 22.a). Auch der Wert einer wissenschaftlich-systematischen Erkenntnis kann im Rahmen einer nutzenorientierten Betrachtungsweise nicht isoliert gesehen werden (also gleichsam als „intrinsischer Wert" gelten), sondern muß sich in Kosten-Nutzen-Bilanzen sowohl gegenüber potentiellen Erkenntnissen in *anderen* wissenschaftlichen Disziplinen als auch gegenüber *außerwissenschaftlichen* Nutzenwerten als vorrangig erweisen. Wie GUNN (1980, S. 26) betont, haben Wissenschaftler „keine ausschlaggebenden Interessen, wenn es um die Erweiterung ihres Wissens auf Kosten anderer geht, insbesondere dann nicht, wenn es keinen Grund gibt anzunehmen, daß dieses Wissen jemals zu jemandes Nutzen dient, außer zugunsten der Karriere des Wissenschaftlers". Über den gesellschaftlichen Stellenwert evolutionsbiologischer Forschung und des damit verbundenen ästhetisch-intellektuellen Reizes müßte somit erst einmal Klarheit geschaffen und anschließend politisch entschieden werden. Wie immer ein solch diskursives Verfahren auch aussehen sollte, es dürfte den Verteidigern der Artenvielfalt schwerfallen zu zeigen, daß der Stellenwert der wissenschaftlich-intellektuellen Dimension so hoch ist, daß er es rechtfertigt, *alle* derzeit lebenden Arten zu erhalten. Eher scheint man hier der Tatsache Rechnung tragen zu müssen, daß zwischen der Artenzahl und dem aus ihr zu ziehenden ästhetisch-intellektuellen Gewinn eine *Grenznutzenbeziehung* besteht: Wenn die etwa 10 Millionen Arten auf 5 Millionen reduziert würden, dürfte dies die ästhetisch-intellektuelle Gesamtwirkung nicht wesentlich schmälern. Für 99 Prozent aller Menschen (ausgenommen die biologisch-systematischen Spezialisten) würden wahrscheinlich hunderttausend entsprechende Arten ausreichen, um dieselben ästhetischen Nutzenfunktionen zu erfüllen wie die heutige Artenfülle.

Damit ist ein zentraler Schwachpunkt des ästhetischen Arguments angesprochen, der auch schon im Rahmen der ökonomischen und ökologischen Argumentation aufgetaucht war: das *Problem der Ersetzbarkeit*. Wird die ästhetische Dimension bei der Begründung des Artenschutzes vor allem als Nutzenkategorie gesehen, geht es dabei genaugenommen gar nicht mehr um die Arten als solche, sondern letztendlich nur noch um deren *Wirkung*. In dieser Funktion als „ästhetische Ressource" lassen sich viele Arten aber entweder durch andere oder sogar durch Kunstprodukte ersetzen. Zumindest ersteres räumt BIRNBACHER (1988, S. 75) ein, wenn er schreibt, daß das Aussterben einer Art „kein echter Verlust" sei, wenn sämtliche ihrer ökonomischen, ökologischen oder ästhetischen Funktionen von anderen Arten übernommen werden könnten: „Auch wenn Tagfalter A als solcher in seiner individuellen Ausprägung durch Tagfalter B nicht ersetzbar ist, so kann doch dieselbe ästhetische Befriedigung, die er vor seinem Aussterben gewährte, durch einen an seine Stelle tretenden Tagfalter B gewährt werden". Anstatt in diesem Gedankengang eine Schwäche des von ihm vertretenen utilitaristischen Ansatzes zu sehen, scheint BIRNBACHER daraus freilich den Schluß zu ziehen, daß sich das Ziel eines *umfassenden* Artenschutzes dann eben ethisch *nicht* rechtfertigen lasse. Meines Erachtens sind die Konsequenzen dieses instrumentellen Verständnisses von Naturästhetik für den Artenschutz aber in mindestens *dreierlei* Hinsicht so weitreichend und dabei kontraintuitiv, daß man darüber nicht einfach wieder zur anthropozentrischen Tagesordnung übergehen kann.

Die *erste* Konsequenz besteht darin, daß es unter dieser Perspektive keinen vernünftigen Grund gäbe, gerade die seltenen, vom Aussterben bedrohten Tier- und Pflanzenarten *vorrangig* zu schützen. Einmal vorausgesetzt, ökonomische und ökologische Gesichtspunkte spielten als Schutzkriterien keine ausschlaggebende Rolle, müßten die Rangfolgen der Roten Listen statt nach der Seltenheit in erster Linie nach der ästhetischen Signifikanz gruppiert werden. Wie GUNN (1980, S. 34) ausführlich zeigt, kann „Seltenheit" *allein* einer Art nämlich noch keinen besonderen Wert verleihen, „weil Seltenheit keine Qualität ist". Sie scheint allenfalls als „*Verstärker* von Werten" zu fungieren (GUNN, 1984, S. 313). Hinge der Wert der Art – vergleichbar dem Wert einer Briefmarke für den Sammler – tatsächlich vorrangig von ihrer Seltenheit ab, hätte dies die paradoxe Folge, daß der Artenschützer froh darüber sein müßte, wenn die bedrohte Art selten *bliebe*. Dies ist aber ganz offensichtlich nicht der Fall.

Als *zweite* Konsequenz des ästhetisch-instrumentellen Ansatzes wäre zu fordern, daß Lebensräume von den Naturschutzbehörden auf ihren ästhetischen Nutzen und Erholungswert (Jagd, Fischerei, Tierbeobachtungen etc.) hin *optimiert* würden. Wiederum vorausgesetzt, es sprächen keine ökologischen Bedenken dagegen, müßten die darin vorkommenden Lebensgemeinschaften durch Bestandslenkungen, Auswilderungen und Anpflanzungen dahingehend beeinflußt werden, daß die Zahl der „schönen" und nutzbringenden Tiere und Pflanzen erhöht, die der lästigen Arten (Hornissen, Disteln etc.) vermindert wird. Nicht weiters schlimm wäre es, wenn durch solche Maßnahmen extrem scheue und infolgedessen für den Freizeitwert einer Gegend relativ uninteressante Arten unter Umständen verschwinden oder gar aussterben würden.

In *dritter* Konsequenz bräuchte man sich nicht zu wundern, wenn bestimmte ästhetische Funktionen lebender Tiere und Pflanzen in Zukunft nicht nur durch *andere* Tiere und Pflanzen, sondern in zunehmendem Maße auch durch Immitationen, elektronische Vermittlung oder gar Computersimulation („Cyberspace") ersetzt werden würden. Künstliche Zimmerpflanzen und Plastikenten für den Vorgartenteich deuten an, welch lukrative Möglichkeiten hier brachliegen. Immerhin sind nach einem Bericht von TRIBE (1980, S. 21) die Bäume eines Hotelparks in San Francisco bereits mit Lautsprechern ausgestattet worden, aus denen Vogelgezwitscher vom Tonband zu hören ist. Und entlang des Mittelstreifens einer Straße in Los Angeles, auf dem keine natürlichen Bäume und Sträucher mehr gediehen, ließ die dortige Stadtverwaltung 900 Plastikbäume und Plastiksträucher in Pflanzkübeln aus Beton aufstellen.

Mit diesen Beispielen, die in der Naturschutzbewegung, bei Sozialwissenschaftlern und bei Philosophen zahlreiche Diskussionen ausgelöst haben,[85] soll nicht behauptet werden, daß ein vorwiegend instrumentell-ästhetisches Verhältnis gegenüber der Natur automatisch deren „technische Reproduktion" *nahelegt*. Doch dürfte es schwierig sein, solche Entwicklungen unter reinen Nutzengesichtspunkten als gefährliche Entgleisungen unseres Verhältnisses zur Natur zurückzuweisen. Das ästhetische Argument mit seiner Fixierung auf menschliche Wünsche und Bedürfnisse scheint der hier aufscheinenden Möglichkeit ihrer technologisch vermittelten „Ersatzbefriedigung" zumindest keinen grundsätzlichen Einwand entgegenhalten zu können. Daß die Möglichkeit der Ersetzbarkeit für den anthropozentrisch argumentierenden Natur- und Artenschutz nichtsdestoweniger eine Gefahr darstellt, ist dabei kaum zu leugnen: Wenn ich Birkhühner im Fernsehen aus nächster Nähe sehen kann, warum soll ich mich dann für die Ausweisung eines Birkhuhn-Schutzgebietes einsetzen, in dem ich nur minimale Chancen habe, das Birkhuhn tatsächlich anzutreffen – geschweige denn, wenn ich das Schutzgebiet unter Umständen nicht einmal selbst betreten darf?

Um dem damit zum Ausdruck kommenden *vordergründigen* Konsumentenstandpunkt entgegenzuwirken, wird von Vertretern der Anthropozentrik gerne darauf verwiesen, daß technisch reproduzierte oder „gefälschte" Naturerfahrung niemals denselben ästhetischen Genuß vermitteln könne wie die „echte". ELLIOT (1982) verficht diese These unter Verweis auf eine Analogie zwischen restaurierter Natur und kopierter Kunst: In beiden Fällen stehe und falle die Bewertung mit dem Wissen um die Entstehungsgeschichte. Diese Überlegungen sind für den scharfsichtigen Beobachter und „anspruchsvollen" Naturfreund sicherlich stichhaltig und für diese Minderheit möglicherweise auch ein wichtiges Naturschutzargument. Für die politisch letztendlich relevante *Mehrzahl* in den Industriegesellschaften kann das notwendige Differenzierungsvermögen, zwischen verschiedenen Qualitäten von Natur zu unterscheiden, aber wohl kaum vorausgesetzt werden. Glaubt man einer von SCHMIDT (1993, S. 22) zitierten Umfrage, kennen die Bundesbürger „im Durchschnitt gerade noch fünf freilebende Tierarten und sieben Pflanzenarten". Angesichts dieses Wissensstandes, der im übrigen weit unter demjenigen sogenannter primitiver Völker liegt, muß es ziemlich blauäugig erscheinen, im ästhetischen Interesse an einzelnen Arten einen bedeutenden Motor für den Artenschutz zu sehen.

Hierauf ließe sich freilich einwenden, daß es im Hinblick auf die Tragfähigkeit des ästhetischen Arguments nicht unbedingt auf ökologisches Wissen oder detaillierte Artenkenntnis ankäme. Was viele Menschen an der freien Natur besonders schätzten, seien in der Regel nicht *bestimmte* Tier- und Pflanzenarten, sondern der überwältigende Eindruck der Artenvielfalt *als Ganzer*. Insofern ließe sich der Schutz einzelner, auch unbekannter Arten *indirekt* über den Schutz der Gesamtnatur, deren Elemente ja die Arten sind, begründen. Ich werde dieses Argument im folgenden „*ganzheitlich-ästhetisches Argument*" nennen.

Zu seiner Beurteilung ist zunächst zu klären, worauf sich ein ganzheitlich-ästhetisches Interesse an Natur primär bezieht: Auf die Zahl der Arten oder die (relative) Unberührtheit und Wildheit der „freien Natur"? Bezieht es sich auf die *Artenvielfalt*, so reicht dieses Argument sicherlich nicht aus, um damit den Erhalt *aller* Arten eines Lebensraumes zu begründen. Insofern zwischen der Artenvielfalt und ihrer ästhetischen Wirkung aller Wahrscheinlichkeit nach eine Grenznutzenbeziehung besteht, ließe sich ein so verstandener Naturgenuß auch mit einer etwas reduzierten Diversität ohne ästhetische Einbuße gewährleisten. Überdies ist daran zu erinnern, daß Artenvielfalt als eines von mehreren miteinander konkurrierenden Zielen im Naturschutz keinen *Wert an sich* darstellt. Diese in Kapitel 11.c gezogene Schlußfolgerung, die ich am Beispiel der Großstadt Berlin erläutert habe, gilt auch für den ästhetischen Aspekt: Berlin müßte geradezu ein Mekka der Naturliebhaber sein, wäre der ganzheitlich-ästhetische Naturgenuß ausschließlich eine Funktion der Artenzahl. Denn wie gesagt, im Großraum dieser Stadt leben mehr Arten als in vielen erstklassigen Naturschutzgebieten (REICHHOLF, 1993, S. 184).

Zielt das ganzheitlich-ästhetische Interesse statt auf die Artenvielfalt auf die *Unberührtheit und Wildheit* der Natur ab,[86] sieht die Sache für den Artenschutz nicht viel besser aus. Zwar ist das „ganzheitlich-ästhetische Argument" dann ähnlich wie das „Argument des erweiterten ästhetischen Interesses" *theoretisch* in der Lage, *sehr viele* Arten zu umfassen, doch im Widerstreit der Interessen hat es wie jenes nur eine geringe Reichweite. So wie es zu wenig „Interessenten für Fransenflügler" gibt, um den Schutz aller Arten dieser Insektengruppe *aus ästhetischen Gründen* rechtfertigen zu können, so gibt es nach meiner Einschätzung zu wenig „Freunde der Wildnis", um *aus ästhetischen Gründen* so viel naturnahe Landschaft zu sichern, wie es für die Realisierung eines *allgemeinen* Artenschutzes notwendig wäre: Experten sind sich darüber einig, daß es für einen effektiven Artenschutz keinesfalls ausreichen würde, einige Naturschutzgebiete und Nationalparks als „Inseln der Wildnis" inmitten einer ansonsten vollständig durchrationalisierten Industrie- und Agrarlandschaft zu konservieren. Erforderlich wäre vielmehr – neben einem Wandel in vielen anderen Bereichen – eine Ausweitung des Wildnisgedankens über die engen Grenzen isolierter Schutzgebiete hinaus (vgl. REMMERT, 1990, S. 143/161f.; MADER, 1985).

Die Behauptung, daß eine solche Ausweitung bei der Mehrzahl der Menschen auf wenig Gegenliebe stoßen würde, scheint auf den ersten Blick zu verwundern: Zeigen nicht die überbordenden Besucherströme in den Nationalparks, daß es ein ganzheitlich-ästhetisches Bedürfnis nach weitgehend unberührter Natur gibt? Doch dieser Eindruck ist oberflächlich. Der Besuch eines Nationalparks ist nicht automatisch ein Bekenntnis zur Wildnis, sondern vielfach kaum mehr als der wohldosierte Konsum einer exotisch-romantischen Erlebniskulisse. Wie der jüngste Streit um die Erweiterung des Nationalparks Bayerischer Wald illustriert, wird diese Kulisse nur ungern in der Nähe der eigenen Haustür gesehen (KELLER, 1995, S. 33). „Wildnis ist zwar ganz schön als romantisches Bild im Kopf oder in den virtuellen Welten der Medien, als wirkliches Ereignis aber dürfte sie den meisten Zeitgenossen eher unheimlich, lästig oder gar widerwärtig sein" (GERDES, 1993b, S. 136).

Der Naturschutzreferent der Stadt Bamberg, von dem dieses Zitat stammt, unterstreicht seine Einschätzung, indem er auf den Bereich verweist, in welchem der Einzelne bezüglich seines Verhältnisses zur Natur durchaus Farbe bekennen könnte: den *eigenen Garten*. Nach Ansicht von GERDES (1993b, S. 136/137) entlarvt ein Blick in die Vorgärten einer Neubausiedlung alle sentimentalen Bekenntnisse zu Natur, wie sie heute zum guten Ton gehören, als pure Scheinheiligkeit: „Einstmalige Obstwiesen oder sonstige Biotope sind in *Grünflächen* verwandelt worden, die nicht mehr das Ombre der Wildnis atmen, sondern nur die Ödnis teppichbelegter Innenräume weiterführen. Natur wird, soweit finanziell irgend möglich, domestiziert, möbliert, durch Technik und Zucht ‚veredelt'. Schon ein nicht eingefaßtes Staudenbeet etwa kann empfindliche Gartenbesitzer nervös machen". Daß diese Abneigung gegenüber dem Wildwuchs einer freien Natur nicht nur die diffusen Angstgefühle kleinbürgerlicher Gartenbesitzer widerspiegelt, sondern alle Gesellschaftsschichten durchdringt, belegt eine Bemerkung des Naturphilosophen MEYER-ABICH (1984, S. 133/134): „Die Natur leidet, und sie leidet gerade darunter, daß nicht alles natürlich, sondern daß vieles nicht gut ist, was in der Sinnenwelt passiert. Vor allem das Verwildern, z.B. von Gärten, sollten wir nicht mehr ohne weiteres als natürlich gelten lassen."

Es kann an dieser Stelle nicht weiterverfolgt werden, welche psychologischen Momente solchen Einstellungen möglicherweise zugrundeliegen und ob es sich hierbei, wie SINGELMANN (1993, S. 112) vermutet, um tiefverankerte Prägungen des „kollektiven Unbewußten" handelt, die für den ackerbautreibenden Menschen vor 10 000 Jahren einmal lebenssichernd gewesen sein könnten. Weitgehend unbestritten dürfte jedenfalls sein, daß das naturästhetische Empfinden des Menschen in starkem Maße von *kulturellen* Faktoren gesteuert oder doch zumindest überformt wird. Dieser Zusammenhang läßt sich leicht am Wandel der sogenannten *Leitbilder* in Naturschutz und Landschaftspflege verfolgen. Wie BEIERKUHNLEIN (1994, S. 17) erwähnt, war das zentrale Leitbild für den Naturschutz noch zu Anfang des Jahrhunderts die (allerdings nur hypothetisch vorhandene) „Urlandschaft", während von den heutigen Landschaftsplanern das Leitbild der „Mitteleuropäischen Kulturlandschaft" bevorzugt wird. Für BIBELRIETHER, den ehemaligen Leiter des bayerischen Nationalparks, besteht genau darin das Problem für die Akzeptanz von Wildnis: „Wir sind alle geprägt durch Kulturlandschaft, die wir geordnet und gepflegt haben. Wir haben jede Beziehung zum Naturwald verloren" (zit. aus KELLER, 1995, S. 51). Angesichts dieses nicht vorhandenen oder vielfach gestörten Verhältnisses zur wilden Natur dürfte es folglich ziemlich illusorisch sein, im Artenschutz primär auf das ganzheitlich-ästhetische Interesse zu setzen.

Um das ganzheitlich-ästhetische Argument dennoch zu retten, ließe sich geltend machen, daß die kulturellen Rahmenbedingungen sich ja zu seinen Gunsten verändern ließen. Mit anderen Worten: Die Menschen könnten durch entsprechende Erziehung, Bildung und Propaganda dazu gebracht werden, die wilde, „ungepflegte" Natur wieder ästhetisch reizvoll zu finden. Diese Möglichkeit ist tatsächlich nicht von der Hand zu weisen. Doch so ermutigend sie für den Artenschutz auf den ersten Blick erscheinen mag, so zweischneidig erweist sie sich bei näherem Hinsehen: Wenn naturästhetisches Empfinden kulturell manipulierbar ist, so eröffnet sich damit nicht nur die Chance, die ästhetische Sensibilität gegenüber bestimmten Qualitäten von Natur zu *steigern*, sondern naheliegenderweise auch die gegenteilige Option, nämlich die ästhetischen Ansprüche an das Naturerleben zu *drosseln* bzw. zu *vereinfachen.* LEOPOLD (1992, S. 63) hat auf diese Option bereits in den dreißiger Jahren hingewiesen, als er die Verarmung der heimischen Pflanzenwelt mit den resigniert-ironischen Worten kommentierte: „Vielleicht wäre es weise, ab sofort jegliches Lehren wirklicher Botanik und wirklicher Geschichte zu verbieten, damit nicht eines Tages ein Bürger Gewissensqualen ausstehen muß ob des Preises der Blumenwelt, mit dem er für sein gutes Leben bezahlt." Dieser Satz macht auf die beklemmende Einsicht aufmerksam, daß es von einem strikten Nutzenstandpunkt aus betrachtet unter bestimmten Voraussetzungen rational wäre, eine Nivellierung naturästhetischer Interessen nicht nur in Kauf zu nehmen, sondern sogar zu begrüßen. Man müßte diese Nivellierung in letzter Konsequenz sogar *fördern*, wenn bei einem Konflikt zwischen naturästhetischem und sonstigem Nutzen keine Bereitschaft oder Möglichkeit vorhanden ist, auf den konkurrierenden Nutzen zu verzichten.

Was den konkreten Fall der wilden Natur betrifft, so sticht ein solcher Konflikt sofort ins Auge: Ihr Schutz würde nicht nur den Verzicht auf fast alle anderen Nutzungsformen bedeuten, sondern darüber hinaus oft auch eine Begrenzung der touristischen Aktivitäten und damit des ästhetischen Erlebens selbst erforderlich machen. Ist es angesichts dieses hohen Preises verwunderlich, wenn vermehrt die Frage aufgeworfen wird, ob wir uns den Luxus einer ungestörten Natur überhaupt noch leisten können (TÖPFER, 1991)? Präziser formuliert: *Wollen* wir uns ungenutzte Natur denn noch leisten? Wäre es im Gegenteil nicht begrüßenswert, wenn die naturästhetischen Interessen der Menschen so gedrosselt werden könnten, daß sie sich auch mit „einfältiger Natur" zufrieden geben, mit einer Natur also, die eine starke oder mehrfache Nutzung verträgt wie etwa Freizeitparks, Nutzwälder, Monokulturen und Mähwiesen? Faßt man das individuelle ästhetische Bedürfnis des Menschen als weitgehend manipulierbare Ausgangsbasis und die Natur dabei als „eine nach den menschlichen Bedürfnissen nachrangig beliebig bestimmbare Restgröße" (TÖPFER, 1991, S. 494) auf, sind diese Fragen nicht leicht zu beantworten. Nach Ansicht von KRIEGER (1973) läßt sich selbst gegen *Plastikbäume* nur schwer etwas einwenden, wenn die Menschen mit ihnen glücklich werden und sie aus Kosten-Nutzen-Erwägungen heraus natürlichen Bäumen vorziehen würden.

Man machte es sich an dieser Stelle zu einfach, wollte man von vornherein bestreiten, daß eine solche Verflachung naturästhetischer Bedürfnisse tatsächlich *möglich* wäre: Die Anpassungsfähigkeit des Menschen an karge, unwirtliche und unkomfortable Lebensbedingungen ist verblüffend groß. Wie BISCHOFF (1993, S. 58 f.) hierzu ausführt, hat es zu allen Zeiten Völker gegeben, die in Stein-, Sand- oder Eiswüsten hart an der Überlebensgrenze gelebt haben und die doch gerne dort geblieben sind. In entsprechender Weise scheinen die Bewohner von Großstädten zu zeigen, daß es möglich ist, sein Leben in lärmerfüllten und abgasgeschwängerten Beton- und Asphaltwüsten zu verbringen und sich subjektiv dennoch wohl zu fühlen. Zwar sind auch passionierte Großstadtbewohner für ein paar Kleckse Grün stets dankbar, doch meistens genügt der Stadtpark um die Ecke, der Wochenendausflug oder der Jahresurlaub auf den Malediven. Ein tiefergehendes Bedürfnis nach möglichst viel ungenutzter, freier Natur in der unmittelbaren Umgebung, wie es das ganzheitlich-ästhetische Argument voraussetzt, wird sich hier schwerlich in größerem Umfang einfordern lassen.

Freilich, auch wenn damit gezeigt wäre, daß eine kulturell bedingte Reduzierung naturästhetischer Bedürfnisse *möglich* wäre und von vielen nicht einmal als Beeinträchtigung ihres individuellen Wohlbefindens empfunden würde, so ist es doch eine ganz andere Frage, ob eine solche Entwicklung auch *wünschenswert* wäre. Wie WILLARD (1980, S. 303) geltend macht, kann es – insbesondere in der Ethik – ja nicht allein darum gehen, welchen Wert die Mehrheit der Menschen der Natur *faktisch* einräumt, sondern vor allem darum, welchen Wert sie ihr einräumen *sollte*. Im Hinblick auf die letzte Frage würden wohl nahezu alle (gemäßigt) anthropozentrischen Umweltethiker die

Auffassung unterstreichen, daß eine Verflachung des naturästhetischen Empfindens, wie ich sie hier als *mögliche* (und unter bestimmten Voraussetzungen auch *zwangsläufige*) Konsequenz des anthropozentrischen Nutzenkalküls skizziert habe, von großem moralischem Übel wäre. In ihrer Argumentation zugunsten einer *Aufrechterhaltung* naturästhetischer Interessen weisen die meisten Philosophen der wilden, vom Menschen nicht gesteuerten Natur eine zentrale Rolle zu. Nach Seel (1991, S. 907) etwa handelt es sich bei der Auseinandersetzung mit der *„freien* Natur" (die für ihn eine notwendige Bedingung der *„schönen* Natur" ist) nicht nur um *irgendeine* menschliche Lebensmöglichkeit unter vielen anderen, sondern um einen „ausgezeichneten und unersetzlichen Bereich der menschlichen Welt". Dieser Bereich der freien, schönen Natur ist dabei insofern einzigartig, als er in einer durch und durch bedürfnisorientierten und zerrissenen Welt gleichsam als Insel des In-sich-Ruhenden, des Selbstzweckhaften und des Unfunktionalen erfahren werden kann. In seiner „nichtfunktionalen Inselfunktion" stellt das Naturschöne ein einzigartiges und unersetzliches Korrektiv zu unseren zweckbetonten individuellen und kollektiven Lebensidealen dar. Wird die freie Natur weiter reduziert oder gar vernichtet, bedeutet dies nach Seel (1991, S. 907) die Zerstörung einer „genuinen Dimension gelingender menschlicher Praxis".

Wie zu Beginn dieses Kapitels bereits erwähnt, wird dieses ästhetische Argument von vielen Vertretern des anthropozentrischen Ansatzes für das angemessenste gehalten, weil es einerseits der Natur *in der ästhetischen Erfahrung* Autonomie zuerkenne, ihr andererseits aber *im Rahmen der ethischen Theorie* keinen Eigenwert bescheinigen müsse (so z. B. Birnbacher, 1980, S. 130 f.; Früchtl, 1991, S. 346 f.). Ich kann dem nur zur Hälfte folgen. Zwar stimme ich Seel (1991, S. 907) zu, daß eine „Liquidation nicht-instrumenteller Beziehungen zur lebensweltlichen Natur", wie es die Reduktion der naturästhetischen Dimension bedeuten würde, den zukünftigen Generationen gegenüber nicht zu verantworten wäre. Doch halte ich dieses Argument nur dann für konsistent, wenn gleichzeitig angenommen wird, daß dem ästhetisch erfahrenen Selbstzweckcharakter der Natur auch ein *objektiver* zugrundeliegt. Als *reines Nutzenargument* „innerhalb der Grenzen der reinen Anthropozentrik" erscheint es mir nicht nur widersprüchlich, sondern auch kontraproduktiv.

Was die *Widersprüchlichkeit* betrifft, so ist zunächst auffällig, daß einige (gemäßigte) Anthropozentriker die ästhetisch erfahrene Beziehung zur Natur immerhin als „das vielleicht stärkste Argument für einen Selbstzweckcharakter auch der unbeseelten Natur" (Birnbacher 1980, S. 130) halten: „Wer Natur als schön erlebt", kann nach Früchtl (1991, S. 347) „nicht umhin, ihr Autonomie zuzuerkennen". Dies sieht auch Birnbacher (1980, S. 130) so, wenn er schreibt, daß uns Natur nur dort schön erscheine, „wo sie uns in ihrem Ansich-Sein entgegentritt, wo sie nicht unmittelbar funktional ist". Während

BIRNBACHER (1980, S. 131) somit einräumt, daß die Annahme eines Eigenwertes der Natur *für die naturästhetische Erfahrung* konstitutiv ist, bestreitet er allerdings im selben Atemzug diesen Eigenwert *für den Bereich der Ethik*: Wenn die Natur innerhalb der ästhetischen Sichtweise als Subjekt, als An-Sich erscheine, so müsse gleichzeitig daran erinnert werden, daß „dieser Selbstzweckcharakter objektiv doch bloßer Schein" sei. In Wirklichkeit beruhe der Wert der Natur allein auf ihrem Nutzen für den Menschen, der unter anderem eben auch ein ästhetischer Nutzen sei. BIRNBACHER (1980, S. 132/133) hat in diesem Zusammenhang den Begriff von der *„ästhetischen Ressource"* geprägt: „Insofern der Mensch ein Bedürfnis danach kennt, die Welt der Dinge mit einem phänomenal von jedem Bedürfnis abgelösten, selbstständigen – ästhetischen oder metaphysischen – Wert auszustatten, ist die Natur Ressource für ihn auch in dem Sinne, daß sie die metaphysische Durchdringung, die religiöse Kontemplation, die ästhetisch-erotische Besetzung erlaubt. Das heißt: Auch ästhetische Ressourcen sind Ressourcen." Ob eine solch weite Fassung des Ressourcen-Begriffs – letztendlich ist dann *alles Wertvolle* „Ressource" – im Rahmen der ökologischen Ethik tatsächlich sinnvoll und empfehlenswert ist, möchte ich bezweifeln. Ich werde im nächsten Kapitel noch darauf zurückkommen. Im Hinblick auf das ästhetische Argument genügt es zunächst festzuhalten, daß es als Ressourcen-Argument unweigerlich in zwei begriffliche Paradoxien führt: Zum einen wird „der Selbstzweckcharakter der Natur zugleich bekräftigt und negiert" (BIRNBACHER, 1980, S. 131) und zum anderen das ausdrücklich Nicht-Funktionale – wenn auch auf einer Metaebene – funktionalisiert.

Worin die *Kontraproduktivität* dieser Widersprüche für die ästhetische Naturwahrnehmung und damit letztendlich auch für den ästhetisch argumentierenden Artenschutz besteht, ist nicht schwer zu erkennen: Wenn ich den Admiral, der auf einem Felsblock Sonnenwärme tankt, *in der ästhetischen Erfahrung* notwendigerweise als Subjekt, d. h. als Selbstzweck schön finde, mir die philosophische Reflexion dann aber sagt, dieser Selbstzweckcharakter sei *„objektiv* doch bloßer Schein" (BIRNBACHER, 1980, S.131), zerstört sie mit dieser Feststellung – wenn ich sie nicht geschickt verdränge – den Genuß meiner ästhetischen Wahrnehmung. Wie ein Placebo nur wirken kann, wenn der Patient es für ein *echtes* Medikament hält, so muß die ästhetisch wahrgenommene Selbstzwecklichkeit für den reflektierenden Beobachter ohne die Annahme einer *tatsächlichen* Selbstzwecklichkeit als raffinierte Täuschung erscheinen. Strikt anthropozentrisch verstanden unterminiert das ästhetische Argument somit seine eigene Basis, die ästhetische Erfahrung. Dies wird nicht zuletzt auch im Hinblick auf die von BIRNBACHER empfohlene Ressourcenperspektive deutlich. Zwar ist es durchaus legitim, dieses ökonomische Raster zur Beantwortung *bestimmter Fragestellungen* (wie z. B. zur Ermittlung der Zahlungsbereitschaft für den Arten- und Biotopschutz) auch im Bereich der Ästhetik einzusetzen, doch sollte man sich der damit verbundenen Grenzen und Gefahren bewußt sein: Wird die Ressourcenperspektive über den engen ökonomischen Bereich hinaus als *maßgeblicher* oder gar als *einzig „realistischer"* Ansatz verstanden, führt dies fast zwangsläufig zu einer Verfremdung und Beeinträchtigung der ästhetischen Wahrnehmung und damit letztendlich auch zu einer Aushebelung des ästhetischen Arguments. So wie eine *bloße* Instrumentalisierung von Liebe und Freundschaft als „psychologische Ressourcen" beide Erfahrungsbereiche letztendlich zerstören würde, muß auch die bewußte Reduzierung des rastenden Admirals auf seine instrumentelle Rolle als „ästhetische Ressource" die spezifische Qualität dieser Naturbeobachtung zunichte machen. Soll der Ressourcen-Begriff nicht letztlich *ent*werten, was er zu *be*werten vorgibt, muß zumindest sein Absolutheitsanspruch, die *einzige* Wertekategorie der außermenschlichen Natur zu sein, aufgegeben werden.

Wenn sich die anthropozentrisch-ästhetische Argumentation somit *innerhalb ihres eigenen Rahmens* als widersprüchlich und kontraproduktiv erweist, so ist damit freilich erst ein Teilaspekt eines viel umfassenderen Problems angesprochen, eines Problems, das bereits die ökonomische und ökologische Argumentation durchzogen hat: Die Nutzenargumentation ist sowohl hinsichtlich des erforderlichen *Einstellungswandels* gegenüber der Natur als auch im Hinblick auf *Motivation* und *Intuition* inkonsistent und eher kontraproduktiv. Diese These, die meines Erachtens den *gewichtigsten praktischen Einwand* gegen ein Verbleiben auf den Geleisen der anthropozentrischen Umweltethik markiert, werde ich im folgenden Kapitel entfalten.

23. Psychische und sozialpsychologische Gesichtspunkte

a. Prägung der Einstellung gegenüber der Natur
Um den psychologischen Aspekt der Nutzenargumentation näher ins Blickfeld zu bekommen, ist es sinnvoll, die vorangegangene Kritik gegen die ökonomische, ökologische und ästhetische Nutzenargumentation noch einmal im Hinblick auf ihre *formale Struktur* zu analysieren. Dabei lassen sich drei verschiedene Kategorien von Einwänden voneinander unterscheiden. Die *erste* Kategorie umfaßt Einwände, die dem Nutzenargument gänzlich seine Berechtigung absprechen. Dies war vor allem im Zusammenhang mit Argumenten der Fall, die sich auf unzulässige Verallgemeinerungen stützen, wie z.B. auf die allgemeine Stabilität-Diversität-Hypothese. Die *zweite* Kategorie bezieht sich auf Argumente, die zwar sachlich nicht falsch sind, die aber im Rahmen von Kosten-Nutzen-Bilanzen oder aufgrund des Grenznutzeneffektes nur eine geringe Reichweite besitzen. Solche Argumente, wie etwa das „erweiterte ästhetische Argument", vermögen nur *bestimmte* Arten zu erfassen,

nicht aber einen *allgemeinen* Artenschutz zu rechtfertigen. Die *dritte* Kategorie von Einwänden schließlich betrifft die „aufgeklärten" ökologischen Nutzenargumente, Begründungen also, die sich (wie z. B. das „Argument des unbekannten Schwellenwertes") auf das prinzipiell begrenzte ökologische Wissen des Menschen und das damit verbundene Risiko eines globalen ökologischen Desasters beziehen. Argumente dieses Typs sind zwar sowohl sachlich zutreffend als auch theoretisch in der Lage, einen *allgemeinen* Artenschutz zu rechtfertigen, doch scheinen sie im Rahmen von Güterabwägungen nichtsdestotrotz nur wenig Überzeugungskraft aufbieten zu können. Es drängt sich hier die Frage auf: warum? Wie bereits angedeutet, sehe ich den psychologischen Grund hierfür im *anthropozentrischen Kontext*, innerhalb dessen sie meistens vorgetragen werden.

Bevor diese Behauptung inhaltlich präzisiert werden kann, ist es wichtig sich zu vergegenwärtigen, daß man es bei einem „überzeugenden" philosophischen Argument normalerweise nicht mit einer zwingenden „Beweisführung" (etwa im Sinne einer mathematischen Deduktion) zu tun hat, sondern oft nur mit mehr oder weniger starken *Plausibilitäten*. Die Plausibilität eines Gedankengangs ist dabei keine isolierte und feststehende Größe, sondern wird in starkem Maße vom jeweils zugrundeliegenden weltanschaulichen Kontext mitbestimmt: Ob ein Argument stichhaltig erscheint oder nicht, hängt (auch) davon ab, mit welchen (oft unausgesprochenen) Prämissen, Einschätzungen und Einstellungen es gekoppelt wird. Das selbe Argument kann einmal mehr, einmal weniger überzeugend wirken, je nachdem auf welche *Grundhaltung* es stößt und mit welchem *Welt- und Menschenbild* es konfrontiert wird.

Daß das anthropozentrische Welt- und Menschenbild für die Überzeugungskraft der „aufgeklärten" Nutzenargumente dabei einen eher ungünstigen Hintergrund darstellt, ist nicht schwer zu erkennen: Während alle ökologischen Versionen des Wissensmangel-Argumentes *aus sich heraus* eine Haltung äußerster Vorsicht und weitestgehender Selbstbeschränkung im Umgang mit Arten und Ökosystemen nahelegen, deutet *ihr anthropozentrischer Kontext* mit seinem Anspruch auf prinzipielle Verfügung über die Natur genau in die entgegengesetzte Richtung: Alle Eingriffe in die Natur, ja selbst Artenauslöschungen, scheinen hier zumindest vom Grundsatz her legitimiert, wenn sie nicht die Interessen anderer Menschen beeinträchtigen. Während die Verfügung des Menschen über die Natur im anthropozentrischen Weltbild also gewissermaßen den Normalfall darstellt, steht die *Einschränkung* dieses prinzipiell unbegrenzten Zugriffs unter Begründungszwang. Wer zugunsten anderer Arten menschliche Zurückhaltung und Selbstbeschränkung einfordern will, muß möglichst in Form von Kosten-Nutzen-Bilanzen zeigen können, daß der Nutzen des Artenschutzes seine Kosten (bzw. den jeweiligen Konkurrenznutzen) übersteigt. Mit dieser grundlegenden Spielregel der Nutzenargumentation sind die aufgeklärten ökologischen Nutzenargumente freilich nicht kompatibel: Nichtwissen ohne konkrete Indizien über das jeweilige Nutzen- bzw. Schadenspotential läßt sich in Kosten-Nutzen-Bilanzen nicht verrechnen. So ist es kein Wunder, daß dieser Typ von Argumenten, obwohl er die größte Reichweite besitzt, in der öffentlichen Artenschutzdiskussion keine große Rolle spielt. Anthropozentrisch argumentierende Artenschützer scheinen zu spüren, daß sie mit *positivem Wissen* aufwarten müssen, wenn sie den vielfältigen Konkurrenzinteressen des Artenschutzes wirksam entgegentreten wollen: wenn schon anthropozentrisch, dann mit sogenannten *harten Fakten*. Im Hinblick auf das menschliche Selbstverständnis und die Einstellung des Menschen zur Natur hat dies jedoch drei gravierende psychologische Konsequenzen:

Die *erste* negative Nebenwirkung der Anthropozentrik besteht darin, daß sie fast zwangsläufig jene Haltung provoziert, die sich im ersten Teil dieser Arbeit als eine der Ursachen für die ökologische Krise herausgestellt hatte: die *Haltung des Szientismus*. Wenn ich als Artenschützer genötigt bin, für jedes umweltethische Anliegen eine stringente ökonomische oder ökologische Beweisführung vorzulegen, kann ich an einem aufgeklärten, seiner eigenen Grenzen stets bewußten Wissenschaftsverständnis eigentlich kein großes Interesse haben. Zweifel an der methodischen Reichweite und Aussagekraft meiner wissenschaftlichen Beweisführungen würden ja die Verwirklichungschancen meines intuitiv als richtig und wichtig empfundenen ethischen Anliegens gefährden. Ich sollte diese Zweifel also entweder verdrängen oder doch zumindest nicht an die große Glocke hängen. Soll die Öffentlichkeit doch ruhig glauben, die Wissenschaftler wüßten, wie Ökosysteme „funktionieren" und welche Werte den Biotopen und ihren Arten zuzuweisen seien; dann würden die Empfehlungen und Warnungen der Naturschützer vielleicht endlich ernst genommen!

Auch wenn eine solch pragmatische Einstellung vieler Naturschützer angesichts der oft verzweifelten Lage des Naturschutzes verständlich erscheint, so ist doch klar, daß damit auch die eigene Glaubwürdigkeit aufs Spiel gesetzt wird. Man denke etwa an die Verunsicherung, die die schrittweise Revidierung früherer, allzu selbstsicherer Prognosen im Zusammenhang mit dem Wald- oder Seehundsterben nach sich zog. Ganz abgesehen davon gibt es zwei weitere Gründe, die davon abraten lassen, uneinlösbare Erwartungen an die Wissenschaft zu wecken: Zum *einen* ist in Rechnung zu stellen, daß die damit verursachte allgemeine Expertengläubigkeit nicht nur dem Artenschutz, sondern auch seinen Gegnern zugute kommt. Wie in den vorigen Kapiteln bereits dargestellt, fällt es den Verfechtern des „Fortschritts" oft nicht schwer, die ökonomische oder ökologische Bedeutungslosigkeit einer Art oder eines Gebietes mit Zahlen zu belegen und auf diese Weise eine „wissenschaftliche Rechtfertigung" ihres Verlustes zu präsentieren. Zum *anderen* ist daran zu erinnern, daß mit dem Szientismus zwangsläufig die Haltung des *technischen Optimismus* einhergeht. Wer glaubt, die Ökologie sei prinzipiell in der Lage, die Abläufe in der Natur so detailliert zu analysieren, daß der Nutzen der Arten und Biotope exakt aufweisbar ist, wird den Wissenschaftlern auch zutrauen, diese ökologischen Abläufe eines Tages exakt *steuern und beherrschen* zu können. Daß dieser Glaube an die Vollendung der Naturbeherrschung nicht nur haltlos, sondern im Hinblick auf die Bewältigung der ökologischen Krise geradezu verhängnisvoll ist, habe ich im ersten Teil der Arbeit bereits ausführlich dargelegt. Vor dem dortigen Hintergrund und angesichts des hier aufgezeigten Zusammenhangs zwischen Nutzenargumentation und Szientismus erscheint die Schlußfolgerung kaum vermeidlich, daß die anthropozentrische Umweltethik dem Artenschutz *psychologisch gesehen* einen „Bärendienst" erweist: Statt den erforderlichen Einstellungswandel gegenüber der Natur in Richtung auf mehr Bedachtsamkeit, Fehlerfreundlichkeit und intellektuelle Bescheidenheit zu begünstigen, zementiert sie mit ihrem zwanghaften Bezug auf vermeintlich harte Fakten die Attitüde der Selbstüberschätzung und des Machtstrebens, die sich als eine der tieferliegenden Ursachen für das Artensterben erwiesen hat.

Komplementär zur Gefahr menschlicher Selbstüberschätzung ist die *zweite* negative Nebenwirkung der anthropozentrischen Umweltethik zu sehen: Insofern sie Arten ausschließlich als Ressourcen behandelt und so zum Gegenstand von Kosten-Nutzen-Analysen macht, trägt sie dazu bei, das menschliche Werteempfinden zu verzerren und *die Natur damit unbewußt abzuwerten*. Auf diesen psychologischen Effekt haben TRIBE (1980, S. 38f.) und KELMAN (1981) hingewiesen. Ihre Kritik trifft dabei insbesondere den *ökonomischen* Ansatz, also das Verfahren, der biologischen Vielfalt einen *Geldwert* zuzuordnen und diese Zuordnung zur Grundlage politischer und ethischer Entscheidungen zu machen. Während die Geldwertzuordnung für viele Ökonomen, Planungsbeamte, aber auch Naturschützer vor allem deswegen attraktiv erscheint, weil sie es erlaubt, völlig verschiedene und miteinander konkurrierende Werte auf einer *einheitlichen* Skala abzubilden und gegeneinander aufzurechnen, stellt genau diese Vereinheitlichung auch ihr psychologisches Problem dar: Ein Blaukehlchen, das auf einen „absoluten Gesamtwert" von 1357,13 DM veranschlagt wird (VESTER, 1984), hört mit dieser Berechnung auf, in seinem *besonderen Wert als Lebewesen* wahrgenommen zu werden. Faktisch wird es durch das ökonomische Verfahren auf die Stufe eines CD-Players der gehobenen Mittelklasse gestellt. Dabei kann die Frage des radikalen Reduktionisten, worin denn der moralisch relevante Unterschied zwischen einem Blaukehlchen und einem CD-Spieler bestünde und wie sich die postulierte *besondere* Wertekategorie des Blaukehlchens *theoretisch* begründen lasse, getrost noch offen bleiben. Für die *praktische* Fragestellung dieses Kapitels ist der empirische Befund ausreichend, daß diese

Wertekategorie für viele Menschen *existiert* und daß der ökonomische Ansatz sie zum Nachteil des Artenschutzes wegrationalisiert.

Damit läßt die Anthropozentrik die Sensibilität und das moralische Pflichtgefühl all jener Menschen ins Leere laufen, die der Natur intuitiv einen Eigenwert einräumen, der – ähnlich dem Wert von Gesundheit und Menschenleben – mit dem Geldwert der Ökonomen *nicht von vornherein* verrechnet werden kann.[87] Dabei hat KELMAN (1981, S. 39) gezeigt, daß diese intuitiv vollzogene Trennung zwischen verschiedenen Wertekategorien eine nicht zu unterschätzende praktische Funktion hat: „Schon die Feststellung, ein Gegenstand sei *nicht verkäuflich*, bestätigt, verstärkt und schützt seinen Wert auf vielfältige Weise." Umgekehrt bewirkt die Bereitschaft, die Existenz einer Tier- oder Pflanzenart zum Gegenstand von Kosten-Nutzen-Analysen zu machen, daß sich ihr Wert reduziert. Um ein Bild KELMANS (1981, S. 38) aufzugreifen, verhält es sich mit der Kosten-Nutzen-Analyse wie bei einem Thermometer, das die Temperatur einer geringen Menge Flüssigkeit messen soll: Sobald es in die Flüssigkeit eingetaucht wird, verfälscht es deren Temperatur durch seine eigene.

Während dieser *direkte* Effekt der Abwertung der Natur schon nachteilig genug ist, muß darüber hinaus freilich auch mit negativen Langzeitwirkungen auf die *Wahrnehmungsfähigkeit* und das *Werteempfinden* des Menschen gerechnet werden. Wäre es etwa verwunderlich, wenn nach einer allgemeinen Etablierung der Kosten-Nutzen-Analyse in der Umweltethik die Menschen im Laufe der Zeit tatsächlich die Fähigkeit verlieren würden, zwischen dem Wert eines Blaukehlchens und dem eines CD-Players zu unterscheiden? Immerhin sind beide Werte nach anthropozentrisch-utilitaristischem Verständnis Ausdruck *einundderselben* Bezugsgröße, des menschlichen Interesses! So warnt SAGOFF (1981) nicht von ungefähr vor einer Ethik, für die Werturteile nichts anderes sind als Ausdruck *subjektiver* Präferenzen, Wünsche und Bedürfnisse. Eine solche Ethik macht nicht nur eine rationale Diskussion über den *Inhalt* von Werturteilen unmöglich – schließlich weiß jeder selbst am besten, was er will –, sondern sie schwächt langfristig auch das sittliche Urteilsvermögen: Wenn jeder wahrgenommene Wert nur „ein mehr oder weniger abstrahiertes Indiz für das Eigeninteresse ist" (TRIBE, 1980, S. 38/39), bleibt kein Raum mehr für ein spezifisches Pflichtgefühl gegenüber der Natur. Es bleibt nur noch der menschliche Eigennutz und eine möglichst klug aufzuteilende Ressource.

Damit ist die *dritte* negative Nebenwirkung der Anthropozentrik bereits angesprochen: Indem dieser Ethiktyp den Schutz der Arten ausschließlich mit ihrem Nutzen begründet, legitimiert und verstärkt er die *Dominanz des Nützlichkeitskalküls*, das als tiefere Ursache für ihre Gefährdung gelten muß. Daß das Nutzendenken für viele Arten eine *unmittelbare* Gefahr darstellt, läßt sich dabei anhand eines Rückblicks in die Geschichte menschlicher Artenvernichtung leicht zeigen: Arten wie der Riesenalk, der Madagaskar-Strauß oder die Wandertaube sind nicht „aus Versehen" oder wegen ihrer Nutzlosigkeit ausgerottet worden, sondern *eben weil* man einen Nutzen in ihnen erkannte und dieser relativ leicht zugänglich war (WERNER, 1978, S. 149). Zwar ist es heute eher die großflächige Umwandlung von Lebensräumen, die die Artenvielfalt bedroht, doch auch dieser Vorgang geschieht unter dem Banner des Nutzenkalküls: Arten verschwinden, weil der Mensch alle Lebensräume als seine Vorratslager, seine Agrarfläche, sein Bauland oder seine „Spielwiese" reklamiert, als Ressource also, die *nur* dazu da ist, von ihm genutzt zu werden. Einzige Zielvariable bei dieser rein instrumentellen Einstellung gegenüber der Natur ist die maximale Befriedigung menschlicher Bedürfnisse. Wenn die Verfolgung dieser Zielvariablen nun aber schon so viele Arten in den Untergang geführt hat, muß es dann nicht geradezu absurd erscheinen, als Rezept gegen das Artensterben wiederum die Verfolgung genau dieser Zielvariable zu empfehlen? Wie kann das Nutzenkalkül die Basis zur Lösung des Problems sein, das es selbst verursacht hat?

Verfechter der Nutzenargumentation werden antworten, daß die Schuld am Artensterben nicht dem menschlichen Nutzenkalkül *als solchem*, sondern allein dem Umstand zuzuschreiben sei, daß dieses Kalkül bisher nicht umfassend und durchdacht genug veranschlagt worden ist. An die Stelle eines vordergründigen und kurzsichtigen Nutzenstrebens müsse in Zukunft eben ein aufgeklärtes und weitblickendes treten. Es gelte, die natürlichen Ressourcen klug und „nachhaltig" zu bewirtschaften. Doch so plausibel diese Antwort klingt, so wenig ist sie in der Lage, das Kernproblem des Nutzendenkens zu entschärfen, die *„Evolution der Bedürfnisse"* (MARSCH, 1973, S. 20): Während der Planet Erde eine endliche Fläche hat, nehmen die Ansprüche und Interessen auf Nutzung dieser Fläche kontinuierlich zu. In diesen Ansprüchen sind zwar zugegebenermaßen auch zahlreiche Interessen am Erhalt der biologischen Vielfalt enthalten, doch wenn das Volumen der *konkurrierenden* Wünsche, insbesondere des Strebens nach gehobenem Lebensstil, hoher Mobilität, weitestgehender Bequemlichkeit und aufwendiger Zerstreuung, weiter überproportional wächst, wird dieses eher subtile und weitsichtige Interesse an Natur unweigerlich an die Wand gedrückt werden. Artenschutz wird dann – so gut begründet er auch immer sein mag – irgendwann „Luxus und zum Schluß eine Unmöglichkeit" (NORTON, 1987, S. 130).

Dabei ist es wichtig zu erkennen, daß dieses Dilemma nicht allein durch *technische* Lösungen bewältigt werden kann. Effizienzsteigerungen, Recycling und der „ökologische Umbau der Industriegesellschaft" sind zwar eminent wichtig, doch diese „klügere" Nutzung der Natur wird nicht ausreichen, um den „ökologischen Kollaps" zu verhindern (VORHOLZ, 1995, S. 25), geschweige denn die derzeitige Artenvielfalt zu erhalten. Vielmehr scheint es unumgänglich zu sein, daß die Menschheit ihren stetig wachsenden Ansprüchen Grenzen setzt und darauf verzichtet, jede nur denkbare gewinnversprechende Nutzung der Natur auch tatsächlich zu realisieren. Notwendig ist – um eine Formulierung von COBB (1972, S. 82) aufzugreifen – „eine neue Form von Askese, eine *ökologische Askese*". Was diese Haltung konkret bedeutet und wie sie motiviert werden könnte, wird in Kapitel 32 noch näher erläutert werden. Klar scheint immerhin zu sein, daß sie ein gewisses Maß an *Altruismus* voraussetzt, also die Bereitschaft, aus freier Einsicht und aus Wohlwollen gegenüber der Natur und den späteren Generationen auf einen vordergründigen Nutzen zu verzichten.

Ob nun gerade die anthropozentrische Nutzenargumentation das psychologische Klima schafft, in dem eine solche Haltung entstehen und gedeihen kann, muß stark bezweifelt werden. Die Ergebnisse der vorangegangenen Sachkritik an der Kosten-Nutzen-Analyse deuten eher in die entgegengesetzte Richtung: Da das Kosten-Nutzen-Kalkül „harte Fakten" braucht, haben Langzeit-Argumente, die die Notwendigkeit des Altruismus gegenüber späteren Generationen betonen, von vornherein schlechte Karten. Schwer kalkulierbare, aber moralisch gravierende Gesichtspunkte, wie sie z. B. das „Argument des unbekannten Schwellenwertes" ins Spiel bringt, sind für eine Kosten-Nutzen-Analyse kaum brauchbar. Die fatale Folge ist, daß in der öffentlichen Debatte gerade diejenigen Argumente, die noch am ehesten als „ethisch-altruistische" gelten können, entweder gar nicht genannt oder „erst dann ins Feld geführt werden, wenn nichts anderes mehr hilft" (AMBERG, 1980, S. 74). Argumente hingegen, die ganz direkt an den Eigennutz appellieren, werden in Auflistungen von Artenschutzbegründungen meist an die Spitze gesetzt.[88]

Nun ist es zwar verständlich, daß Artenschützer vorrangig diejenigen Argumente anführen, von denen sie glauben, daß sie die größte augenblickliche Wirkung erzielen. Eine solche Taktik entspricht der Maxime von BIRNBACHER (1982, S. 14f.) und VOLLMER (1987, S. 93), nach der man unter mehreren verfügbaren Begründungsinstanzen jene wählen sollte, mit denen man die meisten Menschen überzeugen kann. Doch bei dieser plausibel erscheinenden Strategie wird leicht ein wichtiger Punkt übersehen: Die Wahl kurzfristig erfolgversprechender Argumente kann *auf lange Sicht* auch kontraproduktiv sein. Dies hängt mit dem bereits erwähnten Umstand zusammen, daß die Überzeugungskraft eines Argumentes keine statische Größe ist. Argumente wirken vielmehr in selbstverstärkenden Weise auf sich selbst zurück, indem sie die Grundeinstellungen und Weltanschauungen prägen, die ihrerseits darüber entscheiden, ob und inwieweit ein Argument auch in Zukunft noch für „überzeugend" gehalten wird. Um es am Problem des Artenschutzes zu verdeutlichen: Wird hier immer wieder an den Eigennutz appelliert, entsteht in der Öffentlichkeit nicht nur der falsche Eindruck, die „egozentrischen" Argumente seien grundsätzlich die „besten", es wird darüber hinaus auch die bereits vorherrschende Einstellung legitimiert, das Nutzendenken *als solches* sei für das Individuum die einzig vernünftige Art, mit seiner Umwelt in Beziehung zu treten. So als ob es völlig selbstverständlich wäre, allen Dingen dieser Erde ein Preisschild aufzukleben! Je mehr sich diese Ideologie im allgemeinen Bewußtsein verfestigt, desto schwieriger wird es, überhaupt noch mit altruistisch-ethischen Argumenten auf Gehör zu stoßen. Die taktisch motivierte Einlassung auf die „Geschäftsordnung" des derzeit vorherrschenden ökonomisch-instrumentellen Denkens hat somit einen hohen Preis: Sie nimmt die Gefahr in Kauf, daß die *einzigen* Argumente, die einen umfassenden Artenschutz stichhaltig begründen könnten, die ethisch-altruistischen, durch eben diese Taktik langfristig zur Wirkungslosigkeit verdammt werden.[89]

b. Aspekte der Motivation
„Schön und gut", wird der anthropozentrische Skeptiker zu dem bisher Vorgebrachten sagen, „aber ist es nicht gänzlich illusionär, in einer nutzenorientierten Konkurrenzgesellschaft auf Altruismus oder gar einen postulierten Eigenwert der Natur zu setzen und darauf zu warten, daß die Empfänglichkeit für diese Art von Argumenten wächst? Ist es im Hinblick auf eine *möglichst rasche Motivation der Menschen* für den Artenschutz nicht doch zweckmäßiger, ja unabdingbar, an einen aufgeklärten Eigennutz zu appellieren? Immerhin ist schwer zu bestreiten, daß der Eigennutz eine elementare, wenn nicht die stärkste Triebfeder menschlichen Handelns darstellt"!

Zur Prüfung dieses Einwandes ist es notwendig, den Begriff „Eigennutz" präziser zu fassen. Näheres Hinsehen zeigt nämlich, daß er in zwei verschiedenen Bedeutungen verwendet wird: einerseits als individueller oder persönlicher, andererseits aber als Gattungs-Eigennutz, also auf die Menschheit als Ganzes bezogen. Was das Anliegen des Artenschutzes angeht, dürfte nun freilich deutlich geworden sein, daß der Appell an den *individuellen* Eigennutz nicht weit trägt: Mittels egozentrischer Argumente lassen sich nur wenige Arten verteidigen, selbst wenn man die nächste oder übernächste Generation in den Begriff des individuellen Eigennutzes einbezieht. Dies bedeutet, daß auch der anthropozentrische Umweltethiker nicht umhin kann, den engen Rahmen des individuellen Eigennutzes zu überschreiten und ethisch-altruistisch zu argumentieren, will er an dem anspruchsvollen Ziel eines *allgemeinen* Artenschutzes festhalten. Die Alternative, um die es bei der Frage nach der besseren Motivationsinstanz geht, lautet also nicht „Eigennutz" versus „Altruismus", sondern „Altruismus *gegenüber den zukünftigen Generationen*" versus „Altruismus *gegenüber der Natur*". Betrachtet man die verschiedenen Artenschutzbegründungen vor *diesem* Horizont, ist die vermeintliche Überlegenheit der anthropozentrischen Nutzenargumentation keinesfalls so evident, wie der erste Augenschein vermuten läßt.

Ganz im Gegenteil räumen selbst Verfechter der (gemäßigten) Anthropozentrik ein, daß die Frage der Motivation innerhalb ihres Ethikkonzeptes ein besonderes Problem darstellt (z. B. WOLF, 1987, S. 166; BIRNBACHER, 1987, S. 72/73). Moralische Verpflichtungen gegenüber zukünftigen Generationen lassen sich zwar hinreichend gut *begründen*,[90] aber diese vernünftigen Gründe sind in der Regel nur wenig oder gar nicht *motivierend*: „[Die] Schwierigkeit besteht darin, daß die Motivationskraft abnimmt, wo es nicht mehr um die Sorge für unmittelbare Nachkommen geht, sondern um Rücksicht auf unbestimmte Wesen, die in fernen Zeiten leben werden" (WOLF, 1987, S. 163). BIRNBACHER (1988, S. 188 f.) macht für diesen Effekt in erster Linie drei Faktoren verantwortlich: 1. das Gefühl einer vermeintlichen Unbeeinflußbarkeit zukünftiger Entwicklungen, 2. nicht wahrgenommene Ähnlichkeit zwischen den Heutigen und den Zukünftigen und 3. zeitliche Distanz. Daß der Zeitfaktor dabei eine entscheidende Rolle spielt, scheinen die experimentellen Befunde von EKMAN & LUNDBERG (1971) zu zeigen, nach denen der Grad der gefühlsmäßigen Beteiligung mit der subjektiven zeitlichen Entfernung in Form einer exponentiellen Funktion abnimmt. Da gefühlsmäßige Beteiligung die Motivation aber entscheidend steuert, ist es kein Wunder, daß offenbar weder die praktische Vernunft noch eine allgemeine Menschenliebe hinreichend wirksame Motive sind, um Zukunftsverantwortung wahrzunehmen: „Die allgemeine Menschenliebe ist ein zu künstliches und ‚kopflastiges' Gefühl, als daß von ihm in der Praxis nennenswerte motivierende Kraft ausgehen könnte" (BIRNBACHER, 1988, S. 200).

Wenn dieser psychologische Tatbestand schon ein grundsätzliches Problem *jeder* Zukunftsethik darstellt (BIRNBACHER, 1979a, S. 120), so potenziert es sich im speziellen Falle des Artenschutzes dadurch, daß zu der zeitlichen Ferne noch überaus komplizierte und für den Laien oft schwer verständliche *Sachzusammenhänge* hinzukommen. Diese Erschwernis betrifft insbesondere die ökologische Argumentation. Man erinnere sich in diesem Zusammenhang an die individualistisch-ökologische Version des „Arguments des Wissensmangels", nach der die Ausrottung einer seltenen, „nicht-interaktiven" Art deshalb zu unterlassen sei, weil diese Art nach einem möglichen Wandel der Umweltbedingungen plötzlich häufig werden und dann bestimmte Systemfunktionen vormals häufiger und nun verdrängter Arten übernehmen könne. Es liegt auf der Hand, daß ein solch theoriebeladener, komplexer und doch zugleich abstrakter Gedankengang nicht in der Lage ist, eine große Motivationskraft zu entfalten. Selbst wenn er auf der theoretischen Ebene nachvollzogen werden kann, ist sein moralisch relevanter Kern, nämlich die Folgewirkung des Aussterbens einer seltenen Art X auf das Wohlbefinden irgendeiner fernen Generation Y, so unbestimmt und unsicher, daß damit wohl kaum eine nennenswerte emotionale Anteilnahme hervorgerufen werden dürfte.

Auch wenn die Weckung von Anteilnahme an wirbellosen Tieren und Pflanzen ebenfalls nicht leicht ist, stellt sich die Situation im Rahmen einer *nicht-anthropozentrischen* Ethik insgesamt doch günstiger dar: Da hier *die Natur selbst* einen moralischen Status hat, der aus sich heraus ihren Schutz rechtfertigt, muß zu ihrer Verteidigung nicht der abstrakte und „gefühlsarme" Denkumweg über eine Berücksichtigung ökologischer Fernwirkungen gegangen werden. Komplizierte und oft kontrovers geführte Fachdiskussionen, die den Laien erfahrungsgemäß eher verunsichern, erübrigen sich (NAESS, 1986, S. 22). Der moralische Kern der Argumentation, der aus dem Unrecht besteht, eine bedrohte Art weiter zu gefährden oder gar unwiderbringlich auszurotten, ist nicht über einen theoretischen Gedankengang abgeleitet, sondern ist *unmittelbar* einsichtig: Die Arten existieren hier und jetzt, ihre Bedrohung ist gegenwärtig aufzeigbar und zumindest prinzipiell sinnlich erfahrbar. Diese direkte Erfahrbarkeit ist für die seelisch-emotionale Verankerung moralischer Werte und damit auch für die Motivation von wesentlicher Bedeutung (SCHURZ, 1986, S. 250). Zwar ist das psychologische Grundproblem der ökologischen Ethik, die zeitliche und räumliche Distanz zwischen dem *Handeln* des Einzelnen (Ursache) und den kollektiven *Folgen* (Wirkung), damit nicht aus der Welt geschafft, doch ist dies kein *spezifisches* Argument gegen die nicht-anthropozentrische Ethik: Das Verhängnis der emotionalen Entfremdung trifft den anthropozentrischen wie den nicht-anthropozentrischen Ansatz gleichermaßen. Der Mangel des anthropozentrischen Ansatzes besteht darüber hinaus jedoch darin, daß er diese ohnehin nicht gänzlich aufzuhebende Entfremdung mit seinem verschlungenen Denkumweg über die Fernwirkungen auf zukünftige Generationen noch weiter verstärkt. Dabei hält es SCHURZ (1986, S. 250) für ein „empirisches Faktum", daß „eine derart abstrakte Ethikfundierung" für die meisten Menschen nicht ausreichend ist: „Sie benötigen, soll ihr ökologisches Bewußtsein praktisch wirksam werden, eine direkte seelisch-emotive Fundierung ökologischer Werte."

BIRNBACHER (1988, S. 201) scheint diese Einschätzung zu teilen, wenn er schreibt: „Der Gedanke ist (...) nicht abwegig, daß die natürlichen Lebensgrundlagen für die zukünftige Menschheit nur dann wirksam erhalten werden können, wenn sie nicht für die zukünftige Menschheit, sondern um der Natur selbst willen erhalten werden". Doch während SCHURZ (1986, S. 250) aus einer solchen Einsicht den Schluß zieht, daß der nicht-anthropozentrischen Ethik aus *praktischen* Gründen der Vorzug zu geben sei, hält BIRNBACHER (1987, S. 72/73) aus *theoretischen* Gründen an der (gemäßigten) Anthropozentrik fest. Um deren motivationale Lücken aufzufüllen, empfiehlt er lediglich, die anthropozentrisch-ethischen Prinzipien („ethical principles") durch nicht-anthropozentrische *Leitprinzipien* („guiding principles") zu ergänzen. Als Beispiel für ein solches Leitprinzip führt er die Lehre der „Ehrfurcht vor dem Leben" von ALBERT SCHWEITZER (1923) an. Leitprinzipien wie SCHWEITZERS Lehre sollen nach BIRNBACHER dort motivieren, wo die ethischen Prinzipien dies alleine nicht vermögen. Sie haben die *rein praktische Funktion*, dafür zu sorgen, daß das, was nach der anthropozentrischen Ethik als richtig erkannt wurde, auch umgesetzt wird. *Theoretische Kompetenz* im Hinblick auf die Frage, was ethisch richtig oder falsch ist, kommt ihnen dabei aber nicht zu.

Ob eine solche Aufspaltung in eine „gültige" ethische Instanz und eine „nützliche" Motivationsinstanz das Problem der anthropozentrischen „Motivationslücke" zufriedenstellend lösen kann, möchte ich indes stark bezweifeln. Ein Leitprinzip, das ethisch nicht begründbar ist, kann auf Dauer auch nicht nützlich sein: Wenn die anthropozentrisch-ethische Reflexion mir sagt, „daß die Lehre von ALBERT SCHWEITZERS ‚Ehrfurcht vor dem Leben' sowohl als allgemeines ethisches Prinzip als auch als umweltethisches Prinzip ausgesprochen mangelhaft [„seriously deficient"] ist" (so BIRNBACHER, 1987, S. 71), wird es mir bei aller denkbaren Pragmatik kaum gelingen, aus dieser Lehre viel Motivationskraft zu schöpfen. Wie bereits im Zusammenhang mit der ästhetischen Argumentation bemerkt, hilft ein Scheinmedikament spätestens dann nicht mehr, wenn es als solches erkannt ist. Müßte angesichts dessen nicht jedem Naturschützer, der sich durch SCHWEITZERS Lehre motiviert fühlt, dringend abgeraten werden, sich mit ethischen Begründungsfragen zu beschäftigen, wenn damit zu rechnen ist, daß die ethische Reflexion ihm die argumentative Haltlosigkeit seines Leitprinzips vor Augen führt? Es liegt geradezu auf der Hand, daß die von BIRNBACHER empfohlene Doppelstrategie psychologisch gesehen zu Inkonsistenzen führt, die die Verwirklichung des eigenen Anliegens untergraben müssen. Nicht von ungefähr fordert RICKEN (1987, S. 3) deshalb, bei der Wahl moralischer Begründungsverfahren nicht nur auf das Kriterium der „ontologischen Sparsamkeit" zu achten, sondern auch auf das Prinzip der „*Kohärenz*": „Eine Ethik erschöpft sich nicht darin, Normen zu begründen. Sie will auch ein Ethos, eine emotionale Einstellung vermitteln, die dazu motiviert, das sittlich richtige auch zu tun" (RICKEN, 1987, S. 20). Wie die bisherigen Ausführungen gezeigt haben, ist die anthropozentrische Ethik hierzu nur unzureichend in der Lage.

c. Die naturschützerische Intuition
Warum und inwiefern es der Anthropozentrik an Kohärenz mangelt, wird um einiges verständlicher, wenn man sich ihr Verhältnis zur Instanz näher anschaut, die am Ausgangspunkt des ethisch-pragmatischen Ansatzes dieser Arbeit stand: der *moralischen Intuition*. Genauer gesagt ist es ratsam, dabei die *naturschützerische* Intuition ins Auge zu fassen, die Intuition derjenigen Menschen also, die überhaupt und in besonderem Maße eine moralische Verpflichtung zum Natur- und Artenschutz verspüren; denn moralische Intuitionen können natürlich auch ignoriert werden oder ganz ausbleiben.[91] Während der *Inhalt* der naturschützerischen Intuition – das Ziel eines umfassenden und regionalen Artenschutzes – bereits grob umrissen worden ist,

ist die Frage nach ihrem *elementaren Motiv* bisher offen geblieben. Was sind ihre „Beweggründe" und welche Überzeugungen sind mit ihr verbunden?

Studiert man die offiziellen Verlautbarungen von Naturschützern und Naturschutzverbänden (z. B. THIELCKE, 1978; SCHREIBER, 1978), muß man den Eindruck gewinnen, als beziehe der Natur- und Artenschutz seine Motivation fast ausschließlich aus Nützlichkeitserwägungen: An vorderster Stelle stehen ökonomische, ökologische und (mit Abstrichen) ästhetische Argumente. Der dadurch hervorgerufene Eindruck, die Natur würde vor allem um des Menschen willen geschützt, täuscht jedoch. Sowohl in persönlichen Gesprächen als auch nach der Lektüre von Publikationen, die die Frage nach den Motiven und Beweggründen des Naturschutzes thematisieren (z. B. BIERHALS, 1984, S. 119; MEYER-ABICH, 1984, S. 50; TREPL, 1991, S. 429), erhärtet sich der Verdacht, daß diese offiziell vorgetragenen Gründe nicht diejenigen sind, die das naturschützerische Engagement tatsächlich tragen. Vielmehr scheint der ganz überwiegende Teil der Naturschützer die Natur in erster Linie *um ihrer selbst willen* zu schützen und ihr damit intuitiv einen Eigenwert einzuräumen.

Für diese These, nach der das ursprüngliche Motiv des Naturschutzes ein *nicht-anthropozentrisches* ist, sprechen meines Erachtens wenigstens drei Indizien: Das *erste* Indiz beruht auf dem sogenannten „*Last People Argument*" von ROUTLEY (1973, S. 205f.), einem Gedankenexperiment zu den Konsequenzen der Anthropozentrik. Es beschreibt verschiedene Szenarien, deren gemeinsamer Kern darin besteht, daß die Menschheit aus irgendwelchen Gründen ihre Fortpflanzungsfähigkeit eingebüßt hat. Die Frage ist nun, ob die allerletzten Menschen, die ja keine Verantwortung mehr gegenüber zukünftigen Generationen haben, das Recht hätten, vor ihrem eigenen Ableben alles Leben auf dem Planeten zu ihren Gunsten auszubeuten oder gar (schmerzlos) zu vernichten. Nach ROUTLEY & ROUTLEY (1980, S. 120f.) läßt die jeweilige Antwort auf diese Frage erkennen, ob jemand einen konsequent anthropozentrischen oder einen nicht-anthropozentrischen Standpunkt einnimmt (hierzu allerdings kritisch LEE, 1993). Die anthropozentrische Antwort (unter leicht modifizierten Voraussetzungen) gibt BIRNBACHER (1980, S. 132) mit den folgenden Worten: „Wüßten wir mit Gewißheit, daß der Planet Erde vom Jahr 2000 bis in alle Ewigkeit für Menschen unbewohnbar wäre, so gäbe es keinerlei ethischen oder ästhetischen Grund, warum wir die Welt nicht als Müllhalde hinterlassen sollten". Ich bin mir sicher, daß so gut wie alle Artenschützer hier intuitiv eine Gegenposition vertreten würden. Das *zweite* Indiz betrifft die rein empirische Beobachtung, daß sich viele Naturschützer nach eigenem Bekunden als *nicht aufrichtig* vorkommen, wenn sie ihrer Verantwortung für die Natur mit anthropozentrischen Nutzenargumenten Ausdruck verleihen.[92] Nach STONE spürt man, daß den offiziellen Nutzenargumenten „sogar die Überzeugung derer fehlt, die sie lautstark propagieren".[93]

Das *dritte* Indiz schließlich betrifft die Tatsache, daß es zahlreiche Artenschutzinitiativen gibt, bei denen es selbst mit viel Phantasie kaum möglich erscheint sich vorzustellen, sie seien durch eine anthropozentrische Ethik motiviert. Man denke nur an die bereits erwähnte Auseinandersetzung um den unscheinbaren Schnecken-Grundbarsch (EHRLICH & EHRLICH, 1983, S. 259), die Bemühungen für eine nutzungsfreie Antarktis (TÜGEL & FETSCHER, 1988, S. 30f.) oder den Streit zwischen Artenschützern und südnorwegischen Schäfern um eine Handvoll Wölfe, die zwar kaum jemand zu Gesicht bekommt, die aber gelegentlich Schafe reißen (NAESS, 1984, S. 266). In all diesen Fällen wäre es reichlich weit hergeholt, den Naturschützern „Gattungseigennutz" oder gar persönlichen Eigennutz zu unterstellen. Da weder irgendein materieller Gewinn und oft noch nicht einmal der immaterielle der Lust am Beobachten in Aussicht steht, können Naturschützer wie STERN (1976, S. 94) bei dem Vorwurf des versteckten Eigennutzes „nur noch die Achseln zucken". STERN (1976, S. 88) hält es freilich für nicht weniger falsch, wenn die Naturschützer *selber* immer wieder behaupten, sie schützten die Natur *„vor* dem Menschen *für* den Menschen": „Sehen wir den Tatsachen endlich ins Auge: Unsere Versprechungen auf herkömmliche menschliche Erholung in Naturschutzgebieten von morgen sind unredlich, denn Naturschutz geschieht nicht primär für den erholungssuchenden Menschen" (STERN, 1976, S. 93).

Wenn die meisten Naturschützer diese Einsicht teilen, warum führen sie dann vorrangig Nützlichkeitsargumente ins Feld und verschweigen ihre eigentlichen Beweggründe? Eine naheliegende Erklärung hierfür ist sicherlich die strategische Überlegung, auf diese Weise die größtmögliche politische Wirkung erzielen zu können (vgl. TREPL, 1991, S. 429). Von verschiedenen Autoren ist allerdings auch vermutet worden, daß darüber hinaus mehr oder weniger versteckte psychologische Mechanismen eine Rolle spielen. STERN (1976, S. 88) etwa glaubt, daß es die „Angst vor dem Makel der Menschenfeindlichkeit" sei, die den Naturschützer dazu verleitet, sein ureigentliches Empfinden zu tarnen. Und EHRENFELD (1992, S. 236) argwöhnt, die Menschen fürchteten, ausgelacht zu werden, wenn sie ihre Ängste und Bedenken nicht in der allgemein anerkannten Sprache des Kosten-Nutzen-Kalküls vortrügen. Die damit geäußerte Vermutung, daß das sozioökonomische Klima auf den Naturschützer und seine Argumentationsweise einen nicht unerheblichen Einfluß ausübt, wird dabei durch eine Überlegung von MEYER-ABICH (1984, S. 50) gestützt: „Uneigennützigkeit ist (...) zumindest in den westlichen Industriegesellschaften nicht systemkonform und zieht leicht den Verdacht auf sich, immer noch nicht begriffen zu haben, was in einer Konkurrenzgesellschaft die Bedingungen des Erfolgs sind. Der einfachste Weg, diesem Verdacht von vornherein zu entgehen, ist es, das eigene Handeln möglichst lückenlos als eigennützig zu deklarieren, besonders aber das nicht eigennützliche Handeln". Folgt man diesen Interpretationen, ist der Schluß kaum zu vermeiden, daß die nutzenorientierten Argumente der Naturschützer – seien sie nun sachlich richtig oder falsch – eigentlich nur *vorgeschobene* Argumente sind. Sie sind, psychologisch betrachtet, anthropozentrisch maskierte *nachträgliche Rationalisierungen* eines ursprünglich nicht-anthropozentrischen moralischen Impulses.

Nun könnte man freilich der Ansicht sein, solch eine psychologische Erkenntnis sei zwar theoretisch sehr interessant, habe aber für die praktische Umsetzung des Artenschutzgedankens wenig Bedeutung. Hier käme es in erster Linie auf das *Handeln* an und nicht unbedingt auf die Stimmigkeit zwischen Reden und Fühlen. Dabei wird jedoch übersehen, daß ein Auseinanderdriften von Ratio und Intuition auch für das Handeln nicht folgenlos bleiben kann. Die Gefahr liegt darin, daß eine der Intuition ständig zuwiderlaufende Argumentation langfristig auch die Intuition und damit den primären moralischen Impuls für das Handeln schwächt: „Wenn die richtigen Gefühle durch die falschen Reden immer nur unterdrückt und nicht gezeigt werden, wird ihre verbindende Kraft nicht wirksam, und vielleicht werden sie im Laufe der Zeit sogar austrocknen" (MEYER-ABICH, 1984, S. 50). Wie TRIBE (1980, S. 40) warnt, manövrieren sich Artenschützer damit in die paradoxe Situation, mit ihren vorgeschobenen Argumenten genau jenes Gefühl der Verantwortung zu untergraben, aus dem sie sich ursprünglich für den Artenschutz engagiert haben.

Daß sich die anthropozentrische Nutzenargumentation von der ursprünglichen moralischen Intuition dabei nicht nur *unterscheidet*, sondern dieser Intuition in gewisser Weise *zuwiderläuft*, wird deutlich, wenn man Analogien zu anderen Bereichen der Ethik schlägt. So würde es beispielsweise jedermann für gänzlich unakzeptabel halten, eine kriminelle Handlung zum Gegenstand von Kosten-Nutzen-Analysen zu machen: „Man fragt nicht nach dem Preis, wenn jemand droht, die Tochter zu vergewaltigen" (NASH 1977, S. 12). Auf entsprechende Weise müßte nach Ansicht von NASH die fortschreitende Bedrohung der Natur verstanden und empfunden werden, wenn man den Begriff der „*Umweltethik*" wirklich ernst nähme. Es würde dann als unangemessen, wenn nicht geradezu als zynisch anmuten, Fragen über Leben und Tod von Arten durch ökonomische Analysen oder sonstige Nützlichkeitserwägungen klären zu wollen.

Spätestens jetzt wird verständlich, warum die eingangs zitierten Bilder für das derzeitige Artensterben – die in Brand gesteckte Bibliothek oder die vorsätzliche Demontage des Passagierflugzeugs – trotz ihrer suggestiven Eindrücklichkeit bei sensiblen Naturschützern einen eher unangenehmen Nachgeschmack hinterlassen: Gemessen an der naturschützerischen Intuition gehen sie am *Kern* des Problems vorbei. Indem der ihnen zugrundeliegende Nutzenstandpunkt die fortschreitende Artenauslöschung auf eine Angelegenheit schlichter Dummheit herabnivelliert – man sägt sich doch schließlich nicht den Ast ab, auf dem man sitzt! –, verkürzt er dessen ethische Dimension in erheblichem Maße. Er ist damit – um einen Begriff von ROLSTON (1985, S. 720) aufzugreifen – *„submoralisch"*. Mit diesem Terminus soll zum Ausdruck gebracht werden, daß die Anthropozentrik einerseits zwar insofern *moralisch* ist, als sie das Wohl späterer Generationen berücksichtigt, daß sie andererseits jedoch *amoralisch* ist, weil sie gegenüber den Hauptbetroffenen des Artensterbens, den Arten selbst, von jeglicher direkten Verantwortung absieht. Aufgrund dieser *zwischenartlichen Amoralität* muß die anthropozentrische Umweltethik als eine noch unvollständige ökologische Ethik betrachtet werden: Sie ist nicht in der Lage, die naturschützerische Intuition angemessen und vollständig zu rekonstruieren.

Für die These der Unvollständigkeit spricht dabei nicht zuletzt die Beobachtung, daß bei sehr vielen Klassifizierungen von Artenschutzbegründungen, die von Nicht-Philosophen vorgenommen werden, die anthropozentrisch-utilitaristischen Argumente den ethischen *gegenübergestellt* werden.[94] Meines Erachtens läßt sich diese Einteilung kaum anders deuten, als daß die anthropozentrisch-utilitaristische Argumentation vielfach gar nicht als genuin *ethische* Argumentation empfunden wird. Ein Ethiktyp, der vom Laien aber noch nicht einmal als Ethik wahrgenommen wird, dürfte kaum in der Lage sein, den dringend erforderlichen Impuls für eine ethische Neubesinnung im Umgang mit Natur und Arten zu geben.

24. Die Erweiterung des Verantwortungskreises

a. Abkehr von der Anthropozentrik

„Wenn die Logik der Geschichte nach Brot hungert und wir ihr einen Stein geben, bemühen wir uns zu erklären, wie ähnlich doch der Stein dem Brot ist." Mit diesen Worten hat LEOPOLD (1992, S. 159) schon in den dreißiger Jahren die eingangs zitierte Behauptung kritisiert, die traditionelle anthropozentrische Ethik und eine Ethik, die auch der Natur einen Eigenwert einräumt, seien *praktisch wirkungsgleich*. Seither sind gut fünfzig Jahre vergangen, in denen sich einerseits die ökologische Krise dramatisch verschärft hat, in denen andererseits aber sowohl in der theoretischen Ökologie als auch im praktischen Naturschutz eine Menge neuer Erkenntnisse und Erfahrungen gewonnen wurden. Unter Bezug auf diese habe ich in den vorangegangenen Kapiteln versucht zu zeigen, daß die Konvergenzhypothese, die heute in unvermindertem Maße von Philosophen, Ökonomen und „Entscheidungsträgern" in Politik und Verwaltung vertreten wird, dem „Prüfstein Artenschutz" nicht standhält. Mit einer *anthropozentrischen* Ethik läßt sich weder ein *allgemeiner* Artenschutz begründen, noch der sozialpsychologische Kontext stimulieren, der für die Verwirklichung dieses intuitiv verankerten moralischen Postulates erforderlich wäre. Mit einer *nicht-anthropozentrischen* Ethik ist dies dagegen – jedenfalls im Rahmen dessen, was man überhaupt von einer Ethik erwarten kann – zumindest *grundsätzlich* möglich. Denn bei ihr hat die Natur ungeachtet ihres Nutzens einen moralischen Status.

Die Einschränkung „grundsätzlich" ist allerdings wichtig, weil natürlich auch eine nicht-anthropozentrische Ethik mit dem Problem der *Güterabwägung* konfrontiert ist. Sie kann bei moralischen Zielkonflikten nicht garantieren, daß die Erfordernisse des Artenschutzes sich *in jedem Fall* gegenüber anderen als vorrangig erweisen. Von Vertretern der Anthropozentrik wird dieser Umstand oft als Argument verwendet, um die Unumgänglichkeit und damit auch die Äquifunktionalität der Anthropozentrik aufzuzeigen: Weil es letztendlich doch immer wieder wir Menschen seien, die auch im Rahmen einer nicht-anthropozentrischen Ethik Güterabwägungen vornähmen, führe jede nicht-anthropozentrische Ethik automatisch zur Anthropozentrik zurück. Dieser Einwand ist nicht stichhaltig. Da seine Zurückweisung freilich eine theoretische Konkretisierung der bisher noch recht unscharf skizzierten nicht-anthropozentrischen Ethik voraussetzt, werde ich ihn erst in einem späteren Zusammenhang (Kapitel 25.b und 31) ausführlich diskutieren.

Die Erörterung eines anderen Einwandes ist jedoch bereits an dieser Stelle sinnvoll, weil sie es erlaubt, die vorangegangene Kritik an der ökonomischen, ökologischen und ästhetischen Nutzenargumentation zusammenzufassen. Nach diesem Einwand würde der hier versuchte Nachweis, daß Anthropozentrik keinen *allgemeinen* Artenschutz begründen kann, insofern die Realität verfehlen, als es beim derzeitigen Artensterben in den seltensten Fällen darum ginge, einzelne Arten *selektiv* der Vernichtung preiszugeben. Vielmehr seien die Hauptgefährdungsursachen meistens *global* wirksam, d. h. sie träfen entweder mehrere Tier- und Pflanzenarten gleichzeitig (wie z. B. die Gruppe der Ackerunkräuter im Falle eines flächendeckenden Herbizideinsatzes) oder sogar ganze Lebensräume (wie z. B. das Ökosystem Regenwald im Falle von Brandrodungen). Man könne also möglicherweise einen nahezu umfassenden Artenschutz realisieren, ohne daß man für jede Art eine *eigene* Artenschutzbegründung vorlegen müsse: Wenn man nur die als *nützlich* erkannten Arten und ihre Ökosysteme schütze, würden viele *nutzlose* Arten gleichsam unter dem „Regenschirm" der nützlichen mitgeschützt werden.

Gegenüber dieser These ist zweierlei geltend zu machen, ein empirischer und ein theoretischer Gesichtspunkt: Zum *ersten* gibt es sehr wohl zahlreiche Konfliktfälle, in denen das regionale oder gar globale Überleben einzelner „nutzloser" Arten *im Zentrum* der Diskussion steht und nicht die Existenz ganzer Ökosysteme. Wie die Auseinandersetzungen um den Schnecken-Grundbarsch oder den Fleckenkauz gezeigt haben, sind es in der Naturschutzpraxis mitunter *einzelne* Rote-Liste-Arten, die ein Bau- oder Entwicklungsvorhaben verhindern. Von dem Schutz dieser Arten profitiert dann indirekt ein ganzer Lebensraum und nicht umgekehrt.[95] Zum *zweiten* ist die Pragmatik des oben dargestellten Einwandes für die Anthropozentrik eher entlarvend als stützend. Sie verweist nämlich auf einen Zusammenhang, der *für jede ethische Argumentation* höchst unbefriedigend, für die Nutzenargumentation aber typisch ist: auf *Kontingenz* (vgl. KATZ, 1979). Anthropozentrische Begründungen des Artenschutzes sind gewissermaßen „Glücksache", denn sie beruhen darauf, daß sich die Erfordernisse zum Schutz einer Art *zufällig* mit irgendeinem ausreichend starken derzeitigen Interesse des Menschen an einem bestimmten Teil der Natur decken. Zwar ist es zutreffend, daß hinsichtlich dieser Bereiche nicht selten Überschneidungen existieren, doch diese Schnittmengen bestehen *nicht notwendigerweise*. Weder stehen die ökologischen Ansprüche anderer Arten mit den Lebensansprüchen des Menschen durchweg in „prästabilierter Harmonie" (vgl. die vorangegangene Kritik am Begriff des „Naturhaushaltes"), noch gibt es eine Gewähr dafür, daß dort, wo eine solche Übereinstimmung *im Moment* besteht, diese auch von Dauer ist: Die Präferenzen des Menschen sind oft stark kulturabhängig und können sich dementsprechend auch wieder ändern. Eine Begründung des Artenschutzes, die primär auf dem *kontingenten* Zusammenhang zwischen den Überlebensbedingungen von Arten und den Präferenzen des Menschen aufbaut, steht somit grundsätzlich auf instabilen Grund: Sie muß immer mit der Möglichkeit rechnen, daß ihr das aus Randbedingungen zurechtgezimmerte Argumentationsgerüst unversehens wegbricht. Dies hat das „Problem der Ersetzbarkeit" im Rahmen der ökonomischen und ästhetischen Argumentation mehrfach deutlich gezeigt.

Freilich soll mit dieser skeptischen Einschätzung nicht über das Ziel hinausgeschossen werden: Wenn Kontingenz als eine grundsätzliche Schwäche der *Nutzenargumentation* gelten muß, so ist damit nicht gesagt, *jedes Nutzenargument* sei von vornherein haltlos. Ohne Zweifel gibt es Überschneidungen zwischen menschlichen Interessen und den Erfordernissen zum Schutz von Arten, die trotz Kontingenz recht stabil sind bzw. auf wissenschaftlich hinreichend gut abgesicherten Zusammenhängen beruhen. Die Bedeutung solcher Zusammenhänge im ökonomischen, ökologischen und ästhetischen Bereich nicht ernst zu nehmen, wäre unsinnig. Ebenso wäre es ein verhängnisvolles Mißverständnis, aus der hier dargestellten Kritik an offensichtlich kurzatmigen anthropozentrischen Artenschutzargumenten den Umkehrschluß abzuleiten, anthropozentrische Argumente *gegen* den Artenschutz seien nun gar besser oder dauerhafter begründet. Sie sind es sicherlich meistens nicht. Die Gegner von Artenschutzmaßnahmen sollten sich vielmehr bewußt sein, daß sie in der öffentlichen Diskussion meist nur deshalb „Oberwasser" haben, weil die Beweislast nach den Spielregeln der Anthropozentrik auf der Seite des Artenschutzes liegt: Nicht *sie* müssen begründen, daß ihre ökonomischen Interessen oder persönlichen Vorlieben die Gefährdung einer

Art rechtfertigen, sondern *der Artenschützer* muß zeigen, daß es noch wichtigere menschliche Wünsche und Interessen an den Arten gibt, die jene Vorlieben überwiegen. Wie ich in den letzten Kapiteln gezeigt habe, kann der Artenschutz bei einer solchen Beweislastverteilung meistens nur verlieren.

SPAEMANN (1980, S. 197) bringt die damit verbundenen Konsequenzen für die Natur auf den Punkt, wenn er schreibt: „Solange der Mensch die Natur ausschließlich funktional auf seine Bedürfnisse hin interpretiert und seinen Schutz der Natur an diesem Gesichtspunkt ausrichtet, wird er sukzessive in der Zerstörung fortfahren. Er wird das Problem ständig als ein Problem der Güterabwägung behandeln und jeweils von der Natur nur das übrig lassen, was bei einer solchen Abwägung gerade noch ungeschoren davonkommt. Bei einer solchen Güterabwägung im Detail wird der Anteil an Natur ständig verkürzt." Um diesem Mechanismus zu entkommen, gibt es für SPAEMANN, ethisch gesehen, nur einen Ausweg: Die anthropozentrische Perspektive muß verlassen werden. Wenn dies nach SPAEMANN schon *um des Menschen willen* gilt, d. h. um lediglich *seine* Existenzgrundlage zu sichern, so gilt dies nach meiner Einschätzung erst recht für das noch anspruchsvollere Ziel eines allgemeinen Artenschutzes.

Welche Schlußfolgerung läßt sich aus dieser Zwischenbilanz für die Argumentation im Artenschutz ziehen? Auch wenn es aus strategischen Gründen oft angeraten sein mag, die Begründung auf die konkrete Situation hin abzustimmen, so scheint die Grundmaxime doch klar: Damit ein Bewußtseinswandel hinsichtlich des Umgangs mit Natur auf Dauer Fuß fassen kann, muß der Artenschutz die gewohnte Rangordnung in der Begründungsfrage umdrehen: Statt sein Anliegen wie bisher mit opportunistischen Nützlichkeitserwägungen zu begründen, muß er *primär* auf den Gesichtspunkt setzen, der auch in der zwischenmenschlichen Ethik als stabilster und letztendlich ausschlaggebender Grund gilt: der Eigenwert des „moralischen Gegenübers". Freilich soll nicht verschwiegen werden, daß eine solche Argumentation philosophisch gesehen schwieriger ist, als sie klingt. Da als „moralisches Gegenüber" in der traditionellen westlichen Ethik bisher weitgehend nur der Mensch in Frage kam, erforderte das eine Fortentwicklung und Neuordnung der ethischen Theorie. Diesbezüglich gibt es zwar bereits Ansätze, doch können diese noch nicht auf einen allgemeinen Konsens unter den Ethikern zurückgreifen. Selbst wenn man sich darin einig wäre, die anthropozentrische Perspektive zu verlassen und den Bereich der *direkten* menschlichen Verantwortung über die „geschlossene Gesellschaft" der Menschheit hinaus auszuweiten, so ist doch nach wie vor umstritten: *wie weit?* Welchen Objekten der Natur soll und kann ein Eigenwert zugestanden werden? Während das „kann" in einem späteren, theoretischen Zusammenhang diskutiert werden wird, geht es unter der Perspektive des hier verfolgten pragmatischen Ansatzes nun zunächst um das „soll".

b. Berücksichtigung nichtmenschlicher Interessen
Erinnert man sich der in Kapitel 18 dargestellten Klassifikation der bisher vorgeschlagenen umweltethischen Konzepte, so gibt es zur Anthropozentrik drei alternative Typen von Entwürfen, die sich durch jeweils zunehmende Reichweite unterscheiden. Zunehmende Reichweite heißt, daß die Zahl der Naturobjekte zunimmt, die *direkte* Gegenstände menschlicher Verantwortung sein können: Bei der Pathozentrik sind es alle bewußt empfindungsfähigen Wesen, bei der Biozentrik alle Lebewesen, bei der Physiozentrik letztendlich alles, was existiert. Da für die Bewertung einer Ethik ontologische Sparsamkeit, d. h. der weitestgehende Verzicht auf nicht unbedingt notwendige metaphysische Prämissen, ein wichtiges Basiskriterium darstellt („OCKHAMS Rasiermesser"), erscheint es geboten, im Rahmen einer Ausweitung des Verantwortungskreises zunächst den *pathozentrischen* Ansatz zu prüfen. Er hat den *theoretischen* Vorteil, mit den wenigsten Zusatzannahmen gegenüber der traditionellen Anthropozentrik auszukommen. Doch wie sieht es mit seiner *praktischen* Leistungsfähigkeit in Sachen Artenschutz aus? „Reicht" es für dieses Ziel, die *bewußt empfindungsfähigen Lebewesen* in den Bereich der direkten menschlichen Verantwortung miteinzubeziehen?[96]

Es ist schnell zu erkennen, daß eine solche Erweiterung des Verantwortungskreises die Argumentationslage des Artenschutzes nur geringfügig verbessern würde: Da nicht einmal 3 Prozent aller Arten zum Stamm der empfindungsfähigen Wirbeltiere gehören, könnte nur ein Bruchteil von einem Eigenwert der Natur profitieren, der an die bewußte Empfindungsfähigkeit von Individuen gekoppelt ist. Für die allermeisten Arten, so z. B. für alle Gliederfüßler, Pflanzen und Pilze, bringt die Pathozentrik keine zusätzlichen *direkten* Schutzargumente ins Spiel. Sie kann gegenüber der Anthropozentrik allenfalls die *instrumentellen* Werte dieser Arten ein Stück weit erhöhen, insofern sie neben den menschlichen auch die Interessen höherer Tiere an niederen Tieren und Pflanzen berücksichtigt. So wären für den instrumentellen Wert eines alten Baumes beispielsweise nicht nur die Nutzungsinteressen des Menschen ausschlaggebend, sondern ebenso die Brut- und Nahrungsinteressen des Schwarzspechtes. Ob dieser erweiterte Nutzenaspekt der jeweiligen Pflanzen- oder Tierart viel nützt, scheint indes fraglich. Denn wie bei der Anthropozentrik gibt es bei der Pathozentrik nur einen *indirekten* Grund, Arten zu schützen: das Interesse von Individuen an Arten. Erinnert man sich der aufgezeigten Schwächen einer solch *indirekten* und damit kontingenten und komplizierten Argumentation, kann es kaum beruhigen, wenn WEIKARD (1992, S. 120) nach Darlegung des von ihm favorisierten pathozentrischen Standpunktes zu dem Schluß kommt, Artenschutz sei „ethisch nicht bedeutsamer als der Schutz irgendwelcher Interessen von Individuen". Wenn dies so wäre, müßte das Ziel eines *allgemeinen* Artenschutzes mit Sicherheit abgeschrieben werden. Tatsächlich scheinen sich utilitaristisch-pathozentrische Ethiker wie SINGER (1979, S.203/204) und ELLIOT (1980, S. 29) mit diesem Umstand abgefunden zu haben. ELLIOT schreibt hierzu unmißverständlich: „Wenn eine Art ausgelöscht wird und es sind damit keine [unerwünschten] Konsequenzen [für Individuen] verbunden, kann ich mich nicht dazu durchringen, dies falsch zu finden."

Da sich die Pathozentrik somit genausowenig wie die Anthropozentrik als fähig erweist, den Erfordernissen eines allgemeinen Artenschutzes Rechnung zu tragen, scheint aus pragmatischer Sicht mindestens ein weiterer Schritt notwendig: die Ausweitung des moralischen Zirkels bis hin zum *biozentrischen* Ansatz. In einer biozentrischen Umweltethik kommt immerhin *allen Lebewesen* ein Eigenwert zu. Für den Artenschutz bedeutet dies, daß sich mit diesem Ethiktyp nicht mehr nur *höhere* Tiere, sondern grundsätzlich *alle* Tiere, Pflanzen und niedere Organismen verteidigen lassen – unabhängig davon, ob ihnen ein hinreichend großer instrumenteller Wert bescheinigt werden kann oder nicht. Dabei ist es ein unverkennbares Verdienst dieser erweiterten Perspektive, daß sie einen grundlegenden Wandel in der Einstellung des Menschen zur Natur nahelegt: Leben ist nunmehr in keiner seiner organismischen Manifestationen *ausschließlich* Mittel für menschliche Zwecke, sondern verdient *aus sich heraus* eine Haltung der Rücksichtnahme, des „Respekts" (TAYLOR, 1986, S. 90f.) oder gar der „Ehrfurcht" (SCHWEITZER, 1991). Gegenüber der Anthropozentrik ist dies ohne Zweifel ein qualitativer Sprung. Doch so fruchtbar die biozentrische Position im Hinblick auf den erforderlichen *Bewußtseinswandel* gegenüber der Natur auch sein mag, für eine *Begründung des Artenschutzes* erweist sie sich bei näherem Hinsehen doch als unzureichend. Warum?

Der Grund liegt darin, daß die biozentrische Umweltethik nicht anders als die pathozentrische Ethik eine *individualistische* Ethik ist: Moralisch relevant sind allein *Interessen*, wobei der Dissens sich einzig auf die Frage bezieht, ob auch der unbewußte Lebensdrang von Pflanzen und niederen Organismen als „Interesse" gelten kann oder nicht. Unabhängig davon, welche Antwort man auf diese Frage für überzeugend hält, klar scheint, daß *Arten als Kollektive* keine Interessen haben können. Zwar gibt es verschiedentlich Versuche, den Begriff des Interesses auch auf Ökosysteme, Lebensgemeinschaften und Arten zu übertragen, indem etwa auf deren Selbstregulation oder „Selbstidentität" verwiesen wird,[97] doch stößt die hiermit verbundene extreme Dehnung des Interessenbegriffs bei den meisten Philosophen auf Widerspruch.[98] Ihrer Ansicht nach wäre der Interessenbegriff auf Arten als Ganze bezogen – ähnlich wie im Falle von Ökosystemen (vgl. Kapitel 12) – kaum mehr als eine Metapher, die aufgrund ihres teleologischen Bedeutungsgehalts mehr irreführen als erhellen würde. In der Tat, so muß man mit SOBER (1986, S. 185) fragen, „was könnten Arten auch wünschen? Wünschen sie ihre Zahl stabil zu halten, zu wachsen oder zu schrumpfen?" Entgegen dem weitverbreiteten

Mythos von einem „Arterhaltungstrieb" in der Natur oder einem „in der Existenz aller Arten von Lebewesen selbst gelegenen Ziel der Arterhaltung" (KADLEC, 1976, S. 135) gibt SOBER (1986, S. 185/186) zu bedenken, daß nach heutiger, darwinistischer Sicht die Vorstellung unhaltbar ist, Arten, Gemeinschaften und Ökosysteme hätten Anpassungen, die *zu ihrem eigenen Wohle* existierten: „Diese höher organisierten Einheiten sind nicht als zielgerichtete Systeme konzipiert; ihre Systemeigenschaften sind als das Ergebnis von Prozessen zu sehen, die auf niedrigeren Ebenen der Organisation tätig sind". Will man unter dieser Perspektive von „Artinteresse" sprechen, scheint dies also nur dann einen Sinn zu machen, wenn man darunter nicht das Interesse der Kategorie „Art", sondern die Summe der Interessen der *Mitglieder* einer Art versteht.

Die Summe der Interessen von Individuen ist aber ganz offensichtlich *nicht das*, worauf es dem Artenschutz ankommt. Artenschutz ist zwar nicht ohne den Schutz von Individuen möglich, doch geht seine Intention zweifellos über den Individuenschutz hinaus. Um dies zu erkennen, scheint ein Gedankenexperiment hilfreich: Man stelle sich zwei Biotope vor, von denen entweder das eine oder das andere durch eine anscheinend unverzichtbare Erschließungsmaßnahme dem Erdboden gleichgemacht werden soll. Biotop A besteht aus einer dichtbewachsenen Monokultur aus 200 Fichten, während auf dem nahezu kahlen Biotop B die weltweit letzten 20 Exemplare einer endemischen Schachtelhalmart wachsen. Welches dieser beiden Biotope sollte dem geplanten Bauprojekt weichen? Einmal angenommen, 1. es bestünde keine Möglichkeit, dem Dilemma der zwangsweisen Vernichtung eines der beiden Biotope zu entkommen, 2. die instrumentellen Werte der Pflanzen spielten keine Rolle und 3. der intrinsische Wert eines „primitiven" Schachtelhalmes würde nicht *von vornherein* höher eingestuft als der eines Baumes (wofür es auch keine plausible Begründung gäbe), so wäre die Entscheidung aus biozentrischer Sicht ziemlich klar: Biotop B müßte geopfert werden, denn mit einer Zerstörung von Biotop A würden zehnmal mehr Lebewesen vernichtet werden als mit einer Zerstörung von Biotop B. Die Tatsache, daß mit Biotop B nicht nur 20 Individuen, sondern darüber hinaus eine komplette Art verschwinden würden, spielt unter individualethischer Perspektive keine Rolle. Wenn nur der Lebensdrang bzw. das Lebensinteresse von Individuen moralisch relevant ist, gibt es keinen Grund, den Lebensdrang von 20 Schachtelhalmen höher zu gewichten als den von 20 Fichten. Grundsätzlich kann der *intrinsische* Wert eines Individuums (im Gegensatz zu seinem *instrumentellen* Wert) nicht davon abhängig gemacht werden, *wieviele* Individuen es sonst noch auf der Welt gibt, die irgendwelche Eigenschaften mit ihm teilen. Ein Bürger des Zwergstaates Monaco hat ja auch keinen höheren Eigenwert bzw. Anspruch auf Wahrung seiner Menschenrechte als ein Bürger Chinas.

Auch wenn diese Darlegung aus biozentrischer Sicht schlüssig erscheint, so ist doch ebenso klar: Nicht nur Verfechter des Natur- und Artenschutzes, sondern auch die „allgemeine Intuition" würden die Opferung von Biotop B dennoch für falsch halten. Ihrer Überzeugung nach wäre der Verlust der letzten 20 Vertreter einer Art ohne Zweifel schlimmer als der Verlust von 200 Individuen einer häufigen Art.[99] Ob und wie sich diese Intuition rational rechtfertigen läßt, nach der eine Art offensichtlich „ein höheres Überlebensrecht [hat] als Einzelindividuen" (LENK, 1983a, S. 834), wird später noch zu erörtern sein. Ebenso muß die heikle Frage, ob und wie der Wert einer Art gegenüber dem Wert von Individuen überhaupt *aufrechenbar* ist, an dieser Stelle offen bleiben. Mit dem Gedankenexperiment sollte lediglich gezeigt werden, daß eine solche Frage nur *dann* auftauchen kann, wenn man annimmt, daß die Kategorie „Art" einen *zusätzlichen eigenständigen Wert* darstellt, der über den Wert der Summe ihrer Individuen hinausgeht. Dieser „Eigenwert der Art", ohne den eine nicht-anthropozentrische Begründung eines allgemeinen Artenschutzes nicht auszukommen scheint, läßt sich mit dem individualistischen Konzept der biozentrischen Umweltethik freilich nicht verteidigen.

c. Ethik jenseits von Interessen
So bleibt für eine nicht-anthropozentrische Begründung des Artenschutzes nur noch ein weiterer, letzter Schritt: die Ausweitung des moralischen Zirkels bis hin zum *physiozentrisch-holistischen* Standpunkt. In einer holistischen Umweltethik haben nicht nur alle Lebewesen, sondern auch die unbelebte Materie und Gesamtsysteme einen Eigenwert. Da in dieser Ethik somit nicht nur Individualinteressen zählen, sondern auch Arten und Ökosysteme *unmittelbare* Gegenstände menschlicher Verantwortung sein können, ist sie als erste und einzige der vorgestellten Ethiktypen prinzipiell in der Lage, den von unserer Intuition geforderten allgemeinen Artenschutz zu begründen. Nur innerhalb einer holistischen Ethik ist es möglich, *alle* Arten – und seien ihre Mitglieder noch so „unnütz", empfindungsunfähig oder selten – um ihrer selbst willen zu verteidigen. Mit Hilfe der Pathozentrik und Biozentrik würde man dagegen gerade bei *seltenen* Arten in Argumentationsnot geraten, da sie in der Konkurrenz mit anderen Arten vergleichsweise wenig Individualinteressen in die Waagschale werfen können.

An einem Beispiel, das NORTON (1987, S. 161) angeführt hat, soll dieser grundsätzliche Mangel einer rein individualistischen Ethik illustriert werden: „Als der Blauwal extrem selten wurde, unterstützten Artenschützer Gesetze zu seinem Schutze, obwohl sie sich bewußt waren, daß diese Gesetze den Jagddruck auf häufigere Walarten wie etwa den Pottwal verstärken würden. Sie konnten diese Unterstützung nicht damit begründen, daß Blauwale als Individuen gewichtigere Interessen hätten. Denn da die Mitglieder der beiden Arten gleiche Grade des Bewußtseins haben, müssten ihre Interessen konsequenterweise auch gleich behandelt werden". Die Gesetzgebung zeigt aber, daß Blauwalindividuen in der Praxis gleichwohl eine Vorzugsbehandlung zugestanden wird. Die Frage ist, mit welchem Recht? Will bzw. *muß* man dies nicht-anthropozentrisch begründen – es sei an das Computermodel von CLARK (1973) erinnert, nach dem ökonomische Gründe unter bestimmten Umständen für die Ausrottung des Blauwals sprechen! –, dann ist dies nur innerhalb einer holistischen Ethik möglich.

Verfechter anderer Ethikkonzeptionen werden möglicherweise zustimmen, aber einwenden, daß solche Spezialfälle des Naturschutzes noch keine Ausweitung des moralischen Zirkels bis hin zu einem holistischen Standpunkt rechtfertigen. Zwar könne mit einem rein interessenbezogenen Ansatz kein allgemeiner Artenschutz begründet werden, doch sei der Artenschutz ja auch nur eines von vielen Problemfeldern der ökologischen Ethik. Diesem Problemfeld stünden andere Felder gegenüber (z. B. Treibhauseffekt, Nukleartechnologie etc.), zu deren Bewältigung interessenbezogene Argumente nicht nur völlig ausreichend, sondern den eigenwertbezogenen sogar überlegen seien (vgl. BIRNBACHER, 1982, S. 16). Allein wegen spezieller ökologischer Gesichtspunkte von den Begriffen des Rechts, des Interesses und dem Wert des Individuums abzurücken, sei nicht nur nicht notwendig, sondern angesichts ihrer fundamentalen Rolle in der traditionellen Ethik auch politisch gefährlich (vgl. JOHNSON, 1984, S.359).

Zu diesem Einwand ist folgendes geltend zu machen: Zum *ersten* bedeutet die Ausweitung des moralischen Zirkels bis hin zum holistischen Standpunkt nicht, daß interessenbezogene Argumente irrelevant würden. Insofern die holistische Ethik, so wie ich sie hier verstehe, die anderen Ethiktypen umfaßt wie die äußerste Schale einer Zwiebel die inneren Schalen, bewahrt sie die überzeugenden moralischen Argumente von Anthropozentrik, Pathozentrik und Biozentrik „unversehrt" in sich auf. In einer holistischen Ethik haben auch Nutzenargumente ihren Platz. Unter holistischer Perspektive ändert sich freilich die Rangordnung und Gewichtung der Argumente. Nach einer Klassifikation von NORTON (1987, S. 177) wäre die hier propagierte Ethik somit ein *„pluralistischer* Holismus". In ihr besitzen sowohl *Individuen* als auch *Systeme* einen intrinsischen Wert.[100]

Zum *zweiten* muß der Einschätzung widersprochen werden, Artenschutz sei nur ein Randproblem der ökologischen Ethik. Sowohl praktische als auch theoretische Gesichtspunkte geben Anlaß, ihn als deren zentrale Herausforderung zu verstehen. Der *praktische* Stellenwert dieses Themas wird ersichtlich, wenn man sich die Dimensionen des globalen Artensterbens vor Augen hält: Was sich derzeit abspielt, ist ein gigantischer Vernichtungsprozeß, der nur mit den größten klimatischen und kosmischen Katastrophen in der Geschichte des Lebens vergleichbar ist. Viele Ökologen halten den „lautlosen Tod" (EHRLICH & EHRLICH, 1983) angesichts seines irreversiblen Charakters für eines der gravierendsten und beunruhigendsten Symptome der ökologischen Krise überhaupt. Während die praktische Relevanz des Artenschutzes vor diesem Hintergrund auf der Hand zu liegen scheint, wird sein *theoretischer* Stellenwert für die ökologische Ethik oft unterschätzt. In vielen Publikationen zu diesem Thema wird er nur am Rande oder gar nicht erwähnt.[101] Die Bedeutung, die ihm in der ökologischen Ethik indes zukommen müßte, wird deutlich, wenn man sich die fundamentale Rolle der Art in Funktion und Dynamik ökologischer Systeme vergegenwärtigt: Die Art ist grundlegende Einheit des Evolutionsgeschehens und stellt den Basisbegriff in Evolutionsbiologie und Ökologie dar (MAYR, 1984, S. 238; WILLMANN, 1985, S. 5). Wie später noch näher erläutert werden wird, ist die Spezies darüber hinaus nicht etwa nur eine willkürliche systematische Einheit (also eine Klasse), sondern nach Einschätzung der meisten Biologen und Wissenschaftstheoretiker eine in Raum und Zeitablauf objektiv abgrenzbare historische Individualität. Nach MAYR (1984, S. 238) sind die Arten „die eigentlichen Einheiten der Evolution". Was den Entwurf einer ökologischen Ethik betrifft, so bedeutet dies meines Erachtens, daß eine solche Ethik in der Frage des richtigen Umgangs mit der Natur nur dann normative Kompetenz reklamieren kann, wenn sie in der Lage ist, der fundamentalen Rolle der Art in der Evolution und ihrer Organisation im Ökosystem ausreichend Rechnung zu tragen. Keine Ethik hat den Namen „*ökologische* Ethik" wirklich verdient, die es nicht vermag, das Verhältnis des Menschen zur Natur in *dieser* biologisch und ökologisch relevanten Dimension zu erfassen.

Dabei haben Biologie und Ökologie inzwischen hinlänglich gezeigt, daß Arten und Ökosysteme nicht etwa nur Ansammlungen von Individuen in Raum und Zeit sind, die bestimmte Klassenmerkmale miteinander teilen. Sie sind vielmehr überorganismische *Ganzheiten* mit emergenten Systemeigenschaften und als solche *mehr* als die Summe ihrer Teile (vgl. Kapitel 7). Sie können nach Überzeugung vieler Ökologen nur verstanden werden, wenn man sie *sowohl* auf der mikroskopischen *als auch* auf der makroskopischen Systemebene betrachtet (CODY & DIAMOND, 1975; GILBERT & RAVEN, 1975; ODUM, 1977). Wenn diese und zahlreiche andere wissenschaftliche Einsichten in der Wissenschaftstheorie dazu geführt haben, das atomistische Weltbild des ontologischen Reduktionismus zu verabschieden, so muß jede Version einer ökologischen Ethik als anachronistisch gelten, für die Arten und Ökosysteme immer noch nichts anderes sind als eine Klasse oder Ansammlung von Einzelindividuen. Eine Ethik, die wie Pathozentrik und Biozentrik *nur* Einzelinteressen kennt, geht im deskriptiven Bereich an den ökologischen Realitäten vorbei. Da der normative Bereich in der Ethik aber von der Angemessenheit des deskriptiven Bereichs abhängt (vgl. VOSSENKUHL, 1993a), besteht die Gefahr, daß eine atomistische Ethik auch im normativen Bereich zu Fehleinschätzungen führt.

Daß diese Befürchtung berechtigt ist, sei im folgenden an einem konkreten Fall demonstriert: der Populationsdynamik bei pflanzenfressenden Großsäugern. Bedrohten Arten wie dem Afrikanischen Elefanten oder dem Ceylon-Elefanten stehen aufgrund der starken Expansion des Menschen nur noch kleine Lebensräume, meistens Nationalparks, zur Verfügung. Erfolgt in diesen Refugien ein lokaler Populationsanstieg, schädigen die Elefanten mangels Ausweichmöglichkeiten die Grasnarbe ihres Habitats irreversibel (KURT, 1982, S. 57f.). Falls die Elefantenpopulation sowieso schon vergleichsweise klein ist, kann die Zerstörung ihrer Nahrungsgrundlage nicht nur zu einem Rückgang, sondern gegebenenfalls sogar zu einem endgültigen Zusammenbruch des Bestandes führen (LAWS, 1970). Wäre es unter diesen Umständen gerechtfertigt, die Population durch Abschuß auf einem stabilen Niveau zu halten, um damit ihre Selbstauslöschung zu verhindern? Während Artenschützer diese Frage in der Regel *dann* bejahen würden, wenn sie vorübergehend keine Chance für eine natürliche Selbstregulation der Population sehen (LAWS, 1970; CAUGHLEY, 1976), können Vertreter einer individualistischen nicht-anthropozentrischen Interessenethik meines Erachtens kaum umhin, sie grundsätzlich zu verneinen. Wie sollte der Abschuß von Elefantenindividuen *aus dem Interesse der Individuen heraus* auch zu begründen sein? Würde man die durch Bestandslenkung verursachte Beeinträchtigung tierischer Interessen allein damit rechtfertigen, daß durch diese Maßnahme ein größeres Leid – der Populationszusammenbruch – vermieden würde, müßte man bei sonst gleichen anthropogenen Randbedingungen konsequenterweise auch die für die Population *nicht tödliche* Dynamik von Tierbeständen durch Bestandslenkung unterbinden. Das mit einer „nicht-finalen" Populationsdynamik verbundene individuelle Leid ist ja schließlich nicht geringer als das Leid einer „finalen". Da das Verlöschen der Population als solches aus der Sicht des Individuums irrelevant ist, gibt es für eine rein individualistische Ethik auch kein *direktes* Argument, den Eingriff *gerade in diesem Fall* zu befürworten. Mir scheint, das Beispiel zeigt nicht nur, daß der interessenzentrierte und der holistische Ansatz in bestimmten Fällen zu unterschiedlichen Schlußfolgerungen führen, sondern er zeigt auch, daß der Interessenansatz in ökologischen Fragen unzureichend ist.

Nicht von ungefähr warnt CALLICOTT (1993, S. 359/360) deshalb vor einer unkritischen Extrapolation individualistischer Prinzipien der *zwischenmenschlichen* Ethik auf die in hierarchischen Systemen organisierte freie Natur. Nach seiner Überzeugung kann man nicht einfach davon ausgehen, „daß das, was in der zwischenmenschlichen Moralgemeinschaft richtig und falsch ist, *mutatis mutandis* auch in der biotischen Gemeinschaft richtig und falsch" ist. Eine solche Annahme übersieht die „völlig unterschiedliche Struktur und Organisation der biotischen Gemeinschaft". Sicherlich ist es möglich, das individualistische Interessenmodell auch der ökologischen Problematik gewissermaßen überzustülpen (z. B. v.d. Pfordten, 1996). Um einen Vergleich von Goodpaster (1979, S. 29) aufzugreifen, ist es ja genausogut möglich, die Planetenbahnen am Firmament mit Hilfe der Epizykeltheorie des alten geozentrischen Weltbildes zu erklären. Doch die Gefahr, die bei einer solchen Anwendung eines unangemessenen Paradigmas entsteht, ist absehbar: „Wenn das individualistische Modell das einzig verfügbare ist, so werden uns seine Implausibilitäten hindern, unseren ethisch-ökologischen Verpflichtungen und Wertvorstellungen wirklich gerecht zu werden."

Dabei wäre es ein Trugschluß zu glauben, das soeben skizzierte „Elefanten-Problem" (Laws, 1970) sei nur ein nichtrepräsentativer Spezialfall innerhalb des Artenschutzes. Man muß im Gegenteil davon ausgehen, daß das individualistische Ethikmodell auch auf den meisten anderen Problemfeldern des Naturschutzes (z. B. was Fragen der Sukzession, der Auswilderung von Exoten, der Wiedereinbürgerung ursprünglich heimischer Arten, der Erhaltung der genetischen Vielfalt etc. betrifft) zu entsprechend kontraintuitiven und den Grundzielen des Artenschutzes zuwiderlaufenden Konsequenzen führen würde (vgl. Hutchins & Wemmer, 1987). Dies ist in keiner Weise verwunderlich. Erinnert man sich der Formulierung Remmerts (1984, S. 303) von der „durch die Evolution im Individuum vorprogrammierten Schizophrenie", so *müssen* hier vielmehr zwangsläufig Implausibilitäten auftreten: Anders als der individualistische Ansatz glauben machen will, konvergieren die Notwendigkeiten zum Überleben einer Art nicht automatisch mit der Optimierung der Interessen des Individuums oder gar mit den Interessen des Menschen. Auf diesen der Natur grundsätzlich innewohnenden Zielkonflikt zwischen Individuum, Population und Gesamtsystem habe ich bei der Kritik des „Ökologismus" bereits hingewiesen. Und so wie es sich dort als unmöglich erwiesen hat, diesen Zielkonflikt zwischen den verschiedenen Systemebenen über den holistisch-systemtheoretischen Begriff des Naturhaushaltes einfach „wegzu*ökologisieren*", so ist es auch nicht möglich, ihn über das ethiktheoretische Konzept des individuellen Interesses „wegzu*moralisieren*". Soulé (1985, S. 731) stellt in seinem Aufsatz *What is conservation biology?* deshalb unmißverständlich klar: „Der ethische Imperativ zum Erhalt der Artenvielfalt ist konzeptionell verschieden von jeglichen gesellschaftlichen Normen, die den Wert und die Wohlfahrt einzelner Tiere oder Pflanzen zum Gegenstand haben". Während der *Tierschutz* nach Soulé darum bemüht ist, Leiden und Krankheit von Individuen zu mindern, geht es dem *Artenschutz* darum, die Integrität und Kontinuität natürlicher Prozesse zu sichern. Auf Populationsniveau sind dabei letztendlich genetische und evolutionäre Prozesse ausschlaggebend, denn diese erhalten das Potential für eine Fortexistenz der Lebensformen (vgl. Frankel, 1974). Da Evolution, so wie sie sich in der Natur ereignet, aber nicht voranschreiten kann, ohne Leiden und individuelle Beeinträchtigungen wie Hunger, Krankheit und Gefressenwerden mit sich zu bringen, bleibt hier ein unauflöslicher Widerspruch zwischen den Intuitionen des Artenschutzes und denen des Individuenschutzes. Es ist dem Umgang mit der Natur sicherlich nicht dienlich, diesen Widerspruch aus Gründen ethiktheoretischer Vereinfachung herunterzuspielen. Will die ökologische Ethik ernstgenommen werden, muß sie auch die ökologische Wirklichkeit in ihrer ganzen Vielschichtigkeit und Widersprüchlichkeit ernstnehmen.

Welche Schlußfolgerung erlaubt dies für die philosophische Debatte um die richtige ökologische Ethik? Meines Erachtens macht es die *Notwendigkeit* einer Fortentwicklung der Ethik von der Anthropozentrik über die Pathozentrik und Biozentrik hin zum pluralistischen Holismus hinreichend plausibel. Soll die ökologische Ethik der Zukunft eine *kompetente* Ethik sein und sich nicht in Spezialethiken wie etwa Tierschutz- und Artenschutzethik aufsplittern, so ist es unumgänglich, daß sie sowohl eine individualistische als auch eine holistische Dimension aufweist. In einer umfassenden ökologischen Ethik müssen sowohl Menschen als auch nichtmenschliche Individuen als auch Ganzheiten eine angemessene moralische Berücksichtigung finden. Mir liegt es fern, den Eindruck zu erwecken, als ob dieses Konzept einer mehrfachen, auf verschiedene Systemebenen bezogenen Rücksichtnahme in der Lage wäre, die beschriebenen Zielkonflikte *aufzulösen*. Es kann allenfalls einen Beitrag leisten, sie zu *bewältigen*. Gegenüber anderen Ethikversionen hat die holistische Ethik dabei einen entscheidenden Vorteil: Da sie *alle* Zielkonflikte offen thematisiert, besteht wenigstens die Chance, daß ihre Bewältigung *nach bestem Wissen und Gewissen* erfolgt.

II. Theoretischer Ansatz: Ist Holismus begründbar?

Auch wenn in den letzten Kapiteln deutlich geworden sein dürfte, daß die anthropozentrische Umweltethik keinen allgemeinen Artenschutz begründen kann und es deshalb gewichtige *praktische Gründe* gibt, die dafür sprechen, sie zu einer holistischen Umweltethik zu erweitern, so ist doch klar, daß mit diesem Ergebnis erst die halbe Ernte eingefahren ist: Daß eine holistische Ethik *wünschenswert* ist, heißt noch lange nicht, daß sie damit auch schon *möglich* wäre. Es wäre vielmehr denkbar, daß die holistische Ethik zwar in ökologischen Fragen die leistungsfähigste ist, aber nichtsdestoweniger auf gänzlich unhaltbaren *theoretischen* Voraussetzungen aufbaut. Tatsächlich ist dies die häufigste Kritik, die von Seiten der anthropozentrischen gegen die holistische Position vorgebracht wird. Bevor ich zu zeigen versuche, daß die holistische Perspektive – entgegen dieser Behauptung – hinreichend gut begründbar ist, sollen zunächst drei grundsätzliche Einwände erörtert werden, die in der Literatur gegen die Möglichkeit einer nicht-anthropozentrischen Umweltethik ins Feld geführt werden. Es sind dabei insofern *grundsätzliche* Einwände, als sie Sinn und Berechtigung einer Ausweitung des Verantwortungskreises über die Anthropozentrik hinaus überhaupt in Frage stellen. Damit treffen sie nicht nur die holistische, sondern ebenfalls die biozentrische und die pathozentrische Position.

25. Grundsätzliche Einwände gegen eine Erweiterung

a. Theoriepragmatismus?
Nach der These des *ersten* Einwandes beruht jeder Versuch, die Erweiterung der Ethik als moralische Pflicht aufzuzeigen, auf einer Petitio principii. Denn die rationale Rechtfertigung dieser zunächst nur intuitiv wahrgenommenen Verpflichtung könnte ja wiederum nur mit Hilfe eben dieser Ethik erfolgen.[102]

Folgt man dieser Logik, wäre meine Vorgehensweise von vornherein unzulässig: Statt zunächst zu prüfen, ob das Ziel eines allgemeinen Artenschutzes mit der ethischen Theorie zu vereinbaren ist, wurde dieses intuitiv verankerte Postulat als verpflichtend vorausgesetzt und seinerseits zum Prüfstein für die ethische Theorie gemacht. Für FRANKENA (1979, S. 20) bedeutet diese Reihenfolge indes, das Pferd vom Schwanze her aufzuzäumen: „Man muß grundsätzlich zunächst seine Ethik haben, bevor man sich aufgrund von moralischen Gründen für oder gegen Bemühungen zum Schutze der Natur etc. entscheiden kann". In ähnlichem Sinne äußert sich v.d. PFORDTEN (1996, S. 59), wenn er vor einem „Theoriepragmatismus" warnt, der die metaethische Frage der Leistungsfähigkeit einer Ethik in die normativ-ethische Begründung einbaut: „Die Begründung muß das Ergebnis [d. h. hier das Ziel eines allgemeinen Artenschutzes] stützen, nicht eine dem Ergebnis möglichst nützliche Theorie generieren." Nachdem ich zu Beginn von Kapitel 20 bereits eine pragmatische und eine metaethische Rechtfertigung für die umgekehrte Vorgehensweise angeführt habe, werde ich die dort vertretene These eines Primats reflektierter Intuitionen nun mit einem *historisch-systematischen* Argument verteidigen.

Der von FRANKENA und V.D. PFORDTEN angemahnte *grundsätzliche* Vorrang der Theorie vor pragmatischen und intuitiven Erwägungen wäre möglicherweise berechtigt, wenn die Ethik ein von empirischen und historischen Rahmenbedingungen weitgehend unabhängiges Denk- und Normensystem wäre, dessen Verantwortungskreis über die Jahrhunderte hinweg konstant und vor der Heraufkunft der ökologischen Krise auch nie ernsthaft in Frage gestellt worden wäre. Dies ist aber ganz offensichtlich nicht der Fall. Ein Rückblick in die Geschichte der Ethik läßt nicht nur wiederholte Umbrüche im Theoriengebäude erkennen, sondern zeigt auch, daß die Geltungsbereiche der moralischen Systeme früherer Epochen nicht immer dieselben waren wie heute (VOSSENKUHL, 1993b, S. 6). In der Regel waren sie kleiner. In der Antike hatten viele Menschen (z. B. Sklaven, nicht volljährige Kinder) überhaupt keine eigenen Rechte (WEBER, 1990, S. 112), ohne daß sich die zeitgenössischen Moralphilosophen hieran gestoßen hätten.[103] Angehörige fremder Rassen und niederer Stände blieben zum Teil bis in die Neuzeit hinein aus dem Kernbereich der Moral ausgeschlossen. Erst mit der Aufklärung konnte sich allmählich die Überzeugung ausbreiten, *alle* Menschen seien ungeachtet ihrer Geburt, Rasse und Nationalität unmittelbare Gegenstände der Moral. Der *alle* Menschen umfassende Verantwortungskreis der Anthropozentrik, der in der heutigen ethischen Theorie als fast selbstverständlich gilt, muß somit als eine relativ junge philosophische Errungenschaft betrachtet werden. Nach Einschätzung TUGENDHATs (1989, S. 928) ist er sogar erst seit dem zweiten Weltkrieg im allgemeinen Bewußtsein etabliert.

Um deutlich zu machen, daß es vor diesem Hintergrund weder historisch noch sachlich gerechtfertigt ist, die Reichweite der in einer geschichtlichen Epoche gerade herrschenden Ethik als *unhinterfragbare Ausgangsbasis* in der metaethischen Diskussion zu verstehen, hat MEYER-ABICH (1984, S. 22/23; 1990, S. 60f.) die drei bereits genannten Verantwortungskreise *außerhalb* der Anthropozentrik um drei Kreise innerhalb der Anthropozentrik ergänzt. Er kommt damit auf zusammengenommen *acht* mögliche ethische Positionen mit unterschiedlich großen Gegenstandsbereichen:

(1) Egozentrik: Das autonome Individuum im Sinne von LOCKE
(2) Nepotismus: Die eigene Sippe (Beziehungsgruppe)
(3) Nationalismus: Das eigene Volk bzw. die eigene Rasse

(4) Anthropozentrik der Gegenwart: die heutigen Mitmenschen
(5) Erweiterte Anthropozentrik: auch spätere Generationen
(6) Pathozentrik: auch höhere (bewußt leidensfähige) Tiere
(7) Biozentrik: alle Lebewesen
(8) Physiozentrik: auch Unbelebtes und Systemganzheiten

Will man die in einer Gesellschaft herrschende Moral in diese Tabelle einordnen, so ist klar, daß man zwischen *theoretisch* akzeptierter und *tatsächlich* praktizierter Moral unterscheiden muß. Von den Mitgliedern einer New Yorker Straßenbande etwa wird wohl kaum mehr als eine Sippenmoral der Stufe (2) anerkannt, während die Tierschutzgesetze desselben Staates theoretisch die Moral von Position (6) nahelegen. Nach MEYER-ABICH (1989, S. 141) „hat es die Menschheit im politischen Verhalten trotz zunehmender Globalisierung des Handelns bisher etwa bis zur Stufe (3) gebracht, im moralischen Bewußtsein höchstens bis zur Stufe (5)". Dabei läßt die Formulierung MEYER-ABICHS vermuten, daß er die dargestellte Stufenfolge nicht nur als logisch-systematische Klassifikation, sondern auch als historische Entwicklungslinie verstanden wissen will. Doch ist dies berechtigt? Gibt es so etwas wie eine *Evolution der Ethik* von der Egozentrik hin zur Physiozentrik, wie dies z. B. der Historiker NASH (1977, S. 6) postuliert?

Drei Gesichtspunkte lassen hieran auf den ersten Blick Zweifel aufkommen: *Erstens* dürfte es – worauf MEYER-ABICH (1990, S. 61) selber hinweist – wohl kaum jemals den „Naturzustand" von JOHN LOCKE (1690, S. 4 f.) gegeben haben, in dem der Verantwortungskreis des Individuums auf dieses selbst beschränkt war. Menschliche Individuen scheinen sich nur in einem sozialen Umfeld entwickeln zu können, in dem der Egoismus der Stufe (1) bereits „gezähmt" ist. *Zweitens* zeigen die *Naturreligionen*, daß es – entgegen der Annahme einer linearen Entwicklung von Stufe (1) zu Stufe (5) – schon sehr früh auch ausgeprägte Rücksichtnahmen gegenüber Tieren, Pflanzen, Bergen und Flüssen gab (also bis Stufe (8)!), und zwar *obwohl* die Reichweite der Anthropozentrik dabei meistens noch gar nicht erreicht, geschweige denn voll ausgefüllt war (TEUTSCH, 1985, S. 116). *Drittens* muß die Uneinheitlichkeit in der Reichweite der Naturreligionen wohl auch für die Entwicklungsgeschichte *philosophischer Theorien* in Rechnung gestellt werden, zumindest was die Ethik der griechischen und römischen Antike betrifft. So legen die Befunde von V.D. PFORDTEN (1996, S. 89) nahe, daß es zwischen den beiden Polen der am ehesten anthropozentrischen Stoiker und der am ehesten biozentrischen Pythagoräer „die verschiedensten Zwischenpositionen und Abstufungen" gab.

Auch wenn diese Gesichtspunkte gegen eine *lineare und gleichförmige* Ausweitung des Verantwortungskreises in der Geschichte der Ethik sprechen, so ist doch auf der anderen Seite eine aufsteigende *Gesamttendenz* unverkennbar: Diejenige Reichweite der Moral, die von den Philosophen und Rechtsgelehrten einer bestimmten Epoche als ununterschreitbares *Minimum* verstanden wurde, hat *auf lange Sicht* an Umfang zugenommen. Ethische Grundkonzepte, wie etwa die Goldene Regel, die früher nur innerhalb eines bestimmten sozialen oder geographischen Bereichs Anwendung fanden, wurden immer weiter ausgedehnt und beanspruchen heute universale Geltung. Nach Ansicht von NASH (1977, S. 7) wird dies durch die relative Sicherheit belegt, mit der Touristen derzeit um den Globus reisen können: „Die Existenz einer die ganze Menschheit umfassenden Ethik erlaubt es einem Geschäftsmann aus Istanbul, durch Detroit zu schlendern, ohne daß er befürchten müßte, festgenommen und in die Sklaverei verkauft zu werden, genauso wie sie es einer Detroiter Sekretärin ermöglicht, Istanbul zu besuchen, ohne befürchten zu müssen, in einem Harem zu landen." Zwar soll damit nicht gesagt sein, Rassismus, Sklaverei und andere Diskriminierungen der Stufe (2) und (3) seien verschwunden, aber *gerechtfertigt werden* können sie mit der heutigen philosophischen Ethik und ihrer Mindestreichweite der Stufe (5) nicht mehr. Daß dies gegenüber der Ethik früherer Zeiten ein *Fortschritt* ist, kann nicht geleugnet werden.[104]

Was besagt dieser historische Befund für die Beurteilung des oben genannten Einwandes? Meines Erachtens ist damit zumindest die Behauptung widerlegt, es sei gewissermaßen aus *verfahrenstechnischen* Gründen unzulässig, den Verantwortungskreis über die Anthropozentrik der Stufe (5) hinaus zu erweitern. Wäre diese These richtig, hätte es nie eine langfristige Entwicklung der Ethik *bis hin* zur Anthropozentrik geben dürfen. Denn aus der Innenperspektive einer ständischen, nationalistischen oder rassistischen Binnenethik der Stufe (2) oder (3) muß die Rechtfertigung dieser Ausweitung ebenso als Petitio principii gelten, wie dies der hier vorgenommene Rechtfertigungsversuch einer über die Anthropozentrik hinausgehenden Ausweitung für den anthropozentrischen Ethiker erscheinen mag. Die Tatsache, daß es eine solche Ausweitung in der Vergangenheit ungeachtet aller theoretischen und praktischen Vorbehalte mehrmals gab, zeigt aber, daß es unter bestimmten historischen Bedingungen und unter dem Druck sorgfältig reflektierter Intuitionen offenbar gerechtfertigt und geboten sein kann, „das Pferd vom Schwanze her aufzuzäumen" und die Ethik der Intuition anzupassen. Die Analogie zum Erkenntnisfortschritt in den Naturwissenschaften liegt nahe: So wie dort neu gewonnene empirische Daten einen Paradigmenwechsel erzwingen können, wenn diese Daten beim besten Willen nicht mehr mit Hilfe des bestehenden Paradigmas zu interpretieren sind, so können in der Ethik neu hinzugekommene Erkenntnisse im deskriptiven Bereich bzw. der äußere Druck, den das fortwährende Ignorieren dieser Erkenntnisse erzeugt, eine Weiterentwicklung und Umgestaltung der ethischen Theorie notwendig machen. In beiden Bereichen stellt der Paradigmenwechsel dabei eine Ausnahme von dem sonst üblichen Verfahren dar, nämlich neue Daten im Lichte bewährter Theorien zu interpretieren und zu prüfen.[105]

Die Tatsache, daß sich eine Umkehrung des normalen Verfahrens in der Geschichte der Ethik gelegentlich als notwendig erwies, ist freilich noch kein *hinreichendes* Argument dafür, daß diese Umkehrung auch in der jetzigen Situation berechtigt ist. Die Berechtigung für eine erneute Ausweitung des Verantwortungskreises muß unter Bezug auf die ökologische Krise, die neu hinzugewonnen wissenschaftlichen Erkenntnisse und die durch sie hervorgerufene veränderte Wahrnehmung der Natur eigens plausibel gemacht werden. Dies wird in Kapitel 27 geschehen. Vorher gilt es zunächst, die Hürde des *zweiten* Einwandes zu überwinden, der die *Möglichkeit* eines Verlassens der anthropozentrischen Perspektive ebenfalls *generell* bestreitet.

b. Ist Anthropozentrik hintergehbar?
Nach der These dieses *zweiten* Einwandes krankt jeder Versuch, Naturschutz auf einen Eigenwert der Natur zu gründen, an einer „unheilbaren logischen Schwäche" (Löw, 1989, S. 158), und zwar insofern, als der anthropozentrische Standpunkt aus erkenntnistheoretischen und methodisch-systematischen Gründen „unhintergehbar" sei.

Die *erkenntnistheoretische* Stoßrichtung dieser These wird anhand einer Formulierung von v. Ketelhodt (1992, S. 13) deutlich: „Wir haben es schwer mit der Anthropozentrik: rein logisch entkommen wir ihr nicht. Es sind immer Menschen, die denken und beurteilen." Auf diesen Befund stützt sich auch v. Haaren (1991, S. 30), wenn sie argumentiert, Naturschutz könne gar nicht anders als anthropozentrisch sein: „Der Mensch konnte und kann die Natur immer nur aus seinem jeweiligen und zeitlich veränderbaren Verständnis heraus sehen und definieren. Selbst wenn er die genauen Ansprüche sämtlicher Lebewesen bestimmen würde, so bliebe dies immer noch eine Definition innerhalb der menschlichen Denkdimension. Damit erscheint auch ein Schutz ‚der Natur als Wert an sich' scheinheilig. Es bleibt also nichts anderes übrig, als den Maßstab für den Schutz der Natur auch von menschlichen Grundansprüchen her abzuleiten." Ist diese Schlußfolgerung stichhaltig?

Zunächst einmal wird wohl niemand bestreiten, daß nur Menschen über die Natur und den richtigen Umgang mit ihr nachdenken können. Nach allem, was wir derzeit wissen, können nur Menschen Verantwortung für ihr Handeln übernehmen. Doch daß diese Tatsache den anthropozentrischen Standpunkt unhintergehbar machen soll, ist damit noch nicht ausgemacht. Wie Taylor (1986, S. 16.f.) und v.d. Pfordten (1996, S. 32) zeigen, ist die Frage der *ethischen Verantwortlichkeit* von der Frage, ob auch die nichtmenschliche Natur *ethische Berücksichtigung* verdient, „logisch unabhängig und deshalb strikt zu trennen". Zwar gibt es verschiedene normativ-ethische Theorien (z. B. die Diskursethik), die diese beiden Elemente aufgrund ihrer speziellen Theoriekonstruktion miteinander verkoppeln, doch diese Verkoppelung muß *eigens* begründet werden. *Logisch zwingend* im Sinne der behaupteten „Unhintergehbarkeit" ist sie nicht. Eine Sonderstellung des Menschen in *erkenntnistheoretischer* Hinsicht, also sein Status als einzig bekanntes moralisches *Subjekt* („moral agent"), ist nicht *von vornherein* ein Argument für eine Sonderstellung in *ethischer* Hinsicht, also für den Status als einziges moralisches *Objekt* („moral patient").

Weil die Vermengung dieser Aspekte oft zu Mißverständnissen geführt hat, verweise ich auf eine begriffliche Differenzierung von TEUTSCH (1988, S. 60): die Unterscheidung zwischen Anthropozentrik und Anthroponomie.[106] Nach TEUTSCH heißt *anthropozentrisch*, „den Menschen in den Mittelpunkt stellen, alles auf den Menschen hinordnen, alles ihm unterordnen; *anthroponom* heißt hingegen: das Seiende nur unter den Gesetzen menschlichen Erkennens beurteilen zu können." Er macht unter Bezug auf diese Differenzierung deutlich, daß bei aller Kritik am anthropozentrischen Konzept immer in Rechnung gestellt werden müsse, „daß menschliches Denken an die Bedingungen des Menschen gebunden bleibt und daß insofern die Gegenstände des menschlichen Nachdenkens nicht als solche, sondern immer nur im Rahmen des menschlichen Erkenntnisvermögens gesehen und beurteilt werden können." Im Hinblick auf seine erkenntnistheoretische Prämisse gibt TEUTSCH dem oben genannten Einwand also recht: Alles Denken, auch und gerade in der ökologischen Ethik, ist notwendigerweise *anthroponom*. Die daraus gezogene Schlußfolgerung, alles ethische Denken müsse sich deshalb auch ausschließlich an den Interessen des Menschen orientieren, weist er dagegen zurück: Anthroponomie erzwingt keinesfalls Anthropozentrik.

Daß zwischen Anthroponomie und Anthropozentrik kein notwendiger Zusammenhang besteht, sondern eine *anthroponome Nicht-Anthropozentrik* möglich ist, läßt sich am Beispiel des Tierschutzes beweisen. Hier herrscht weitgehende Übereinstimmung, daß das Verbot, Tieren unnötige Schmerzen zuzufügen, primär *um der Tiere willen* besteht. Die moralische Pflicht zum Tierschutz wird heute nicht mehr *indirekt* von menschlichen Interessen abgeleitet, sondern *direkt* mit dem Eigenwert des Tieres begründet. Andererseits ist klar, daß das Wohlbefinden des Tieres nur im Rahmen der menschlichen Denk- und Bewertungsmöglichkeiten erkannt und berücksichtigt werden kann. Ob und inwiefern ein Käfighuhn in seinem Käfig leidet, kann nicht direkt, also gewissermaßen aus der Innenperspektive des Huhnes erfolgen, sondern muß über vom Menschen gemachte Beobachtungen, wissenschaftliche Theorien und Analogien erschlossen werden. Der hypothetische Charakter solcher Beurteilungen ist dabei zwar oft Anlaß, die konkrete moralische Pflicht anzuzweifeln, doch bezieht sich dieser Zweifel meist auf das Bestehen bestimmter Sachzusammenhänge, nicht jedoch auf die moralische Verpflichtung, Tieren *um ihrer selbst willen* Leid zu ersparen. Mit dem Beispiel

Tierschutz ist somit gezeigt: Obwohl die moralischen Ansprüche der außermenschlichen Natur nicht *an sich*, sondern nur *anthroponom* bestimmbar sind, ist es prinzipiell möglich und auch gängige Praxis, diese Natur in ihrem *Wert an sich* zu berücksichtigen. Die Tatsache, daß diese Ansprüche nur durch indirekte Konstruktionen und über Analogien ermittelbar sind, gilt nach überwiegendem Verständnis der Ethiker hier nicht als Hinderungsgrund.

Wollte man behaupten, der hypothetische Charakter wäre hier ein prinzipieller Hinderungsgrund, so hätte dies nicht zuletzt auch Konsequenzen für die *zwischenmenschliche* Ethik: Auch hier setzt ethisches Urteilen ja in der Regel das Vermögen und die Bereitschaft voraus, sich in den anderen Menschen hineinzuversetzen, also die moralischen Ansprüche und Interessen des Mitmenschen auf indirekt-hypothetische Art und Weise zu erschließen. Daß dieses Vermögen sich nicht immer von selbst versteht, zeigen die Differenzen, die sich zwischen Angehörigen verschiedener Rassen und Geschlechter in der Bewertung gesellschaftlicher Normen ergeben können.[107] Sicherlich kann sprachliche Darstellung hier die für eine Urteilsbildung notwendige indirekte Konstruktion erleichtern und zu weitgehend objektiven Einschätzungen führen. Doch nicht immer sind die für eine Bewertung relevanten Gesichtspunkte sprachlich vermittelbar. Wie NELSON (1932, S. 165) geltend macht, kann mit Sprache auch getäuscht werden. Würde man sich allein auf sprachliche Darstellung verlassen, müßten alle nichtsprachlichen Interessen, wie z.B diejenigen von Säuglingen, Sprachbehinderten, Geisteskranken und senilen Menschen, unter den Tisch fallen. Die Tatsache, daß deren Interessen in der Ethik gleichwohl ihr eigenes Gewicht haben, zeigt, daß ihnen selbst dort noch eine Berücksichtigung *um ihrer selbst willen* zugestanden wird, wo der Informationsfluß vom moralischen Objekt zum moralischen Subjekt nur noch rudimentäre Formen einer Kommunikation aufweist. Sprachliche Darstellung kann weder eine hinreichende noch eine notwendige Voraussetzung für die Berücksichtigung moralischer Ansprüche sein.

Vor diesem Hintergrund ist es wenig überzeugend, wenn die Möglichkeit einer *direkten* Verantwortung gegenüber der Natur mit dem Hinweis zurückgewiesen wird, wir hätten keine genauen Kenntnisse über deren Ansprüche, denn sie könne sie uns ja nicht mitteilen. Weder im Verhältnis zu sprachunfähigen Menschen noch zu höheren Wirbeltieren können wir uns dieser Ansprüche völlig sicher sein – ohne daß uns dies hindert, uns verantwortlich zu fühlen. Freilich ist zuzugeben, daß diese beiden Bereiche, was die Möglichkeit einer hypothetischen Konstruktion fremder Interessen betrifft, erkenntnistheoretisch gesehen auch relativ günstig liegen. Geisteskranke und Säuglinge sind ja immerhin ebenfalls Menschen, und höhere Wirbeltiere sind stammesgeschichtlich gesehen unsere unmittelbaren Verwandten. Je weiter jedoch ein Organismus evolutionsbiologisch vom Menschen entfernt ist und je abweichender seine Lebensweise, desto schwieriger wird es, sich gewissermaßen in ihn hineinzuversetzen und seine moralischen Ansprüche über Analogiebildung zu bestimmen. Während dies bei Tieren noch mehr oder weniger gut gelingen mag, ist dies bei Pflanzen, die z. T. ja keine Individuen im herkömmlichen Sinne mehr sind (vgl. Kapitel 4.d), schon schwieriger. Gravierend werden die Probleme, wenn es um die Frage geht, was es heißt, einem Fluß, einem Ökosystem, einer Art oder der Biosphäre als Ganzer gerecht zu werden. Da solche Ganzheiten nicht nur keine Interessen *äußern können*, sondern schlicht keine *haben*, stößt jede lineare Analogie aus der zwischenmenschlichen Ethik an ihre Grenzen. Rein intuitive Analogiebildung wird hier meistens nicht viel Sinnvolles ausrichten können. So muß eingeräumt werden, daß viele Detailfragen nach dem moralisch richtigen Umgang mit Gesamtsystemen (noch) einer Antwort harren, und daß oft nicht einmal sicher ist, ob es *überhaupt* befriedigende Antworten gibt. Bedenkt man, daß die holistische Ethik gewissermaßen noch in den Kinderschuhen steckt und daß die Ökologie, die dieser Ethik die deskriptive Zuarbeit leisten muß, selbst mit großen methodischen Schwierigkeiten zu kämpfen hat, kann dies nicht weiters überraschen.

Trotz dieser Schwierigkeiten im deskriptiven Bereich gibt es meines Erachtens aber keinen Anlaß, das Projekt einer holistischen Ethik deshalb als aussichtsloses oder erst in ferner Zukunft zu realisierendes Unterfangen zu betrachten. Bei allen Problemen und Fußangeln *im Detail* läßt sich vor dem Hintergrund des holistischen Eigenwertkonzeptes bereits heute ein plausibler Bestand an *Basisnormen* geltend machen, die gewissermaßen die Leitplanken einer holistischen Ethik abgeben können. Hierzu gehört das primafacie-Verbot, Individuen und Arten zu vernichten und die Pflicht einer möglichst geringen oder wenigstens schonenden Interferenz mit autonom gewachsenen Systemen. Diese Konstruktionen fremden Wohls – Lebenserhalt bei Individuen und Zulassen einer autonomen Dynamik bei Gesamtsystemen – halte ich unter der Voraussetzung, daß es überhaupt so etwas wie ein „Wohl" nicht-organismischer Ganzheiten gibt, *erkenntnistheoretisch* für hinreichend evident. So bräuchte man schon eine gehörige Portion Skepsis, um der (zugegebenermaßen anthroponomen) Einschätzung zu widersprechen, daß es nicht im Interesse eines Baumes sein kann, gefällt zu werden, daß es für einen Fluß und seine Eigendynamik schlecht ist, kanalisiert zu werden und daß es einem Moor nicht gut bekommt, wenn es trockengelegt wird. Bewußt habe ich damit drei Fälle genannt, bei denen die Konstruktion des jeweils moralisch Falschen wenig Schwierigkeiten bereitet, insofern es dabei gewissermaßen um Sein oder Nichtsein der jeweiligen Naturentitäten geht. Damit sollte nur gezeigt werden, daß Anthroponomie auch im biozentrischen und holistischen Verantwortungskreis nicht *notwendigerweise* in den *Agnostizismus* führen muß. Anders als der Vorwurf der „Scheinheiligkeit" von v. Haaren (1991, S.30) suggeriert, muß Anthroponomie auch nicht zwangsläufig zu naiver *Anthropomorphie* führen. Wie im Falle des Tierschutzes Tierphysiologie und Verhaltensforschung, können bei Naturschutzfragen Ökologie und Evolutionsbiologie dafür sorgen, daß die zwangsläufig anthroponomen ethischen Bewertungen so objektiv wie möglich ausfallen. Es ist klar, daß sich dieser Anspruch auf Objektivität dabei nur bis zu einem gewissen Grad verwirklichen läßt. Aber wenn die einzige Alternative zu einem anthroponom bestimmten Wohl der Natur ihr anthropozentrisch bestimmter Nutzwert sein soll, dann scheint für eine ökologische Ethik der Versuch, dieses Wohl zu bestimmen, immer noch der angemessenere Ansatzpunkt zu sein. Ist doch der ethische Standpunkt dadurch charakterisiert, daß er wenigstens *versucht*, eine möglichst objektive, d. h. *universale* Perspektive einzunehmen.

Geht man von diesem für die Ethik grundlegenden Anspruch aus, muß es verwundern, wenn Löw (1990, S. 293) meint, man könne keinen biozentrischen Standpunkt einnehmen: „Der Mensch, der die Natur schützt oder wiederherstellt, tut dies als Mensch, nicht als Natur". Hier ist zurückzufragen: Warum gerade als Mensch und nicht beispielsweise als Franzose, als Moslem, als Proletarier, als Landwirt oder schlicht als Individuum? Erinnert man sich der vier Verantwortungskreise *innerhalb* der erweiterten Anthropozentrik in der Tabelle von Meyer-Abich (1984, S. 22/23), so ergibt sich die Antwort keinesfalls von selbst. Meyer-Abich (1990, S. 84) hat zu Recht darauf verwiesen, daß „*von sich aus* zu denken" in sehr verschiedener Weise möglich ist, je nachdem, wie weit man sich zur Welt gehörig fühlt, mit welcher Bezugsgruppe man sich jeweils identifiziert: „Der Mensch kann ‚von sich aus' egozentrisch, nationalistisch, anthropozentrisch oder physiozentrisch denken, also keineswegs nur anthropozentrisch, wie manche meinen, denn das egozentrische Denken ist noch nicht einmal anthropozentrisch, das physiozentrische nicht mehr". Der anthropozentrische Standpunkt ist so gesehen weder ethisch noch erkenntnistheoretisch selbstverständlich. Während ich dies in ethiktheoretischer Hinsicht erst später zeigen werde, ist meine These in erkenntnistheoretischer Hinsicht die, daß sich hier – wenn überhaupt ein Standpunkt – dann eher ein egozentrischer als ein anthropozentrischer empfehlen würde:

Denkt man die obigen Ausführungen zur Notwendigkeit einer hypothetischen Konstruktion fremder (menschlicher und nichtmenschlicher) Interessen erkenntnistheoretisch zu Ende, so wird man erkennen, daß es genaugenommen nicht der abstrakte *Homo sapiens* ist, der Annahmen und Bewertungen über die Außenwelt macht, sondern letztendlich das *Ego*, der subjektive Kern des menschlichen Individuums. Sowohl die philosophische Erkenntnistheorie als auch die empirische Gehirnphysiologie haben gezeigt, daß der Ausgangspunkt und die Grundlage aller Erkenntnis das Bewußtsein und seine Erfahrungen sind (WIGNER, 1964; ECCLES, 1970, S. 212/213; 1976, S. 235). Nur subjektive Bewußtseinszustände wie Denken, Gefühle, Wahrnehmungen und Erinnerungen sind uns *unmittelbar* gegeben, während alle Einschätzungen über die Außenwelt – auch die Überzeugung, daß es andere Menschen gibt, mit denen wir gemeinsam einen „Standpunkt als Menschen" einnehmen können – abgeleitete, sekundäre Konstruktionen sind. So sagt WIGNER (1964, S. 252) bewußt pointiert: „Für den Inhalt meines Bewußtseins ist alles eine Konstruktion (...), nur sind einige Konstruktionen näher, andere weiter entfernt von direkten Gefühlen." Wenn diese Einschätzung richtig ist, dann scheint es freilich keinen zwingenden erkenntnistheoretischen Grund zu geben, gerade den anthropozentrischen Standpunkt auszuzeichnen. Er steht mit seinen Konstruktionen zwar näher an „unseren unmittelbaren Gefühlen" als der biozentrische oder der physiozentrische Standpunkt, aber seine Konstruktionen sind nichtsdestoweniger Konstruktionen. Der einzige nicht (oder vorsichtiger formuliert: am wenigsten) konstruierte Standpunkt wäre somit der Standpunkt der Egozentrik. Erkenntnistheoretisch betrachtet könnte er am ehesten eine Vorzugsstellung in der Welterkenntnis und deren Bewertung reklamieren. Indes ist bemerkenswert, daß diese Tatsache von kaum jemandem ernsthaft als überzeugendes Argument für einen ethischen Egoismus verstanden wird. Obwohl jeder Mensch erkenntnistheoretisch gesehen unbestreitbar das Zentrum seiner Welt ist, weiß doch jeder (mit Ausnahme des Egoisten), daß er dieses Zentrum objektiv bzw. ethisch gesehen *nicht* ist. Diese Einsicht in die erkenntnistheoretische Bedingtheit unserer Welterfahrung bietet meines Erachtens einen plausiblen Ansatzpunkt, den Exklusivitätsanspruch der Anthropozentrik auf analoge Weise zurückzuweisen: So wie die erkenntnistheoretische Schlüsselrolle des subjektiven Bewußtseins nicht als Rechtfertigung für Egozentrik dienen kann, so kann die Unvermeidbarkeit von Anthroponomie kein stichhaltiges Argument für den Anthropozentrismus abgeben. Mit Hilfe der *Erkenntnistheorie* läßt sich die Anthropozentrik nicht überzeugend stützen.

Häufig wird das „Unhintergehbarkeits-Argument" deshalb um einen *methodisch-systematischen* Gesichtspunkt erweitert, der auf das bereits erwähnte Problem der *Güterabwägung* Bezug nimmt. Danach ist Anthropozentrik unhintergehbar, weil „die Interessengebundenheit unserer Ethik unhintergehbar" sei (IRRGANG, 1989, S. 47). Was mit dieser Formulierung gemeint ist, wird anhand zweier Zitate von BAYERTZ (1987, S. 178) deutlich, der ausführt: „Wir können uns den Ausstieg aus der Anthropozentrik nur da leisten, wo die betroffenen Interessen relativ leicht wiegen (Beispiel Pelzmäntel); überall dort, wo unsere vitalen Interessen tangiert sind (wie im Beispiel der Pockenviren), bleibt uns keine andere Wahl, als diese über konkurrierende ‚Interessen' anderer Teile der Natur zu stellen. Dies bedeutet aber, menschliche Interessen zum entscheidenden Kriterium zu machen – freilich nicht mehr beliebige, aber doch eben menschliche Interessen." BAYERTZ (1986, S. 231) faßt diesen Gedankengang an anderer Stelle wie folgt zusammen: „Es gibt immer eine oberste Ebene, auf der entschieden wird, ob wir mit der Gleichberechtigung alles Existierenden Ernst machen können und wo nicht – und diese oberste Ebene ist anthropozentrisch." Da ich das Problem der Güterabwägung noch ausführlich diskutieren werde, soll es an dieser Stelle zunächst nur um die Frage gehen, ob die oberste Beurteilungsebene tatsächlich eine anthropozentrische ist und ob dies bedeutet, daß eine Abkehr von der Anthropozentrik deshalb unmöglich ist.

Für eine differenzierte Antwort auf diese Frage ist es notwendig, zwischen „gemäßigten" und „radikalen" Versionen einer nicht-anthropozentrischen Ethik zu unterscheiden. Eine *gemäßigt-biozentrische* Ethik etwa zeichnet sich dadurch aus, daß ihr eine Wert- bzw. Interessenrangordnung aller Lebewesen („scala naturae") zugrundeliegt. Den höchsten Wert nehmen dabei Menschen ein, den niedrigsten Wert Mikroorganismen; Verpflichtungen gegenüber einem Grashalm sind geringer als Verpflichtungen gegenüber einem Mammutbaum (RICKEN, 1987, S. 18). Bei Güterabwägungen mit Hilfe solcher Wertrangordnungen wiegt zwar nicht *jedes* menschliche Interesse notwendigerweise schwerer als nicht-menschliches, aber grundsätzlich macht es die Rangordnung doch möglich, die Opferung „niederen" Lebens zugunsten „höherer" menschlicher Interessen ethisch zu rechtfertigen. Die verschiedenen philosophischen Versuche, eine solche Wertrangordnung alles Seienden zu begründen, können an dieser Stelle noch nicht diskutiert werden. Einstweilen sei lediglich die These in den Raum gestellt, daß die Interessen des Menschen an der Nutzung seiner Umwelt bei der Erstellung dieser Ordnung wohl nicht unbeteiligt sind. Wie VOSSENKUHL (1993b, S. 10) geltend macht, können alle Versuche, der Natur Werte (im Sinne von Verrechnungseinheiten) zuzuschreiben, ja kaum anders interpretiert werden, als daß damit eine Rechtfertigung des Verlusts an Tieren und Pflanzen beabsichtigt ist: „Nur im Hinblick auf diese Legitimierung von Verlusten hat die Wertzuschreibung überhaupt einen Zweck. Natürlich dient auch diese Rechtfertigung nicht der Natur, sondern den Menschen, die anderen Menschen Rechenschaft über ihr Verhalten der Natur gegenüber geben." Insofern die Werteskala gemäßigt nicht-anthropozentrischer Ethikversionen also letztendlich dem Interesse des Menschen nach Selbstrechtfertigung entgegenkommt, ist der Vorwurf eines „verkappten Anthropozentrismus" (VOSSENKUHL, 1993b, S. 10) hier nicht von der Hand zu weisen.

Der Vorwurf trifft allerdings nicht auf *radikale* bzw. „absolute" Ethikversionen zu, die sowohl eine Werteskala als auch eine Relativierung des Sollensanspruchs *innerhalb ihres Systems* ausdrücklich ablehnen (SCHWEITZER, 1923; TAYLOR, 1986). SCHWEITZER würde bestreiten, daß die von BAYERTZ als Beispiel für die Vorrangigkeit des Menschen angeführte Bekämpfung der Pockenviren mit seiner biozentrischen Lehre der „Ehrfurcht vor dem Leben" *ethisch zu rechtfertigen* sei. Für ihn stellt *jede* Handlung, die fremdes Leben zugunsten eigenen Lebens oder Wohllebens opfert, grundsätzlich eine Verletzung des moralischen Grundprinzips dar und kann niemals zu einem sittlichen Akt uminterpretiert werden. Wenn eine Verletzung des moralischen Grundprinzips, wie im Falle der Pockenviren, dennoch als „entschuldbar" gilt, dann deshalb, weil ersichtlich ist, daß sie von der Lebenswirklichkeit, die ja auch den „Selbsterhaltungstrieb" des Menschen beinhaltet, *erzwungen worden ist* (GÜNZLER, 1990a, S. 98f.). Dabei springt natürlich die Frage ins Auge, wo der „Zwang der Notwendigkeit" beginnt und wo die „äußerste Grenze der Möglichkeit des Verharrens in der Erhaltung und Förderung von Leben liegt". Nach SCHWEITZER (1923b, S. 388) läßt sich die Antwort hierauf nicht *objektiv* bestimmen, sondern muß vom einzelnen von Fall zu Fall herausgefunden werden. Die Wertskalen, die dabei ins Spiel kommen, stellen seiner Ansicht nach einen „ganz subjektiven Maßstab" dar und stehen folglich außerhalb der Ethik. Ob die Einschätzung SCHWEITZERS (1923e, S. 155) richtig und sinnvoll ist, Entscheidungen, die außerhalb des Rahmens der *absoluten* Ethik fallen, seien deshalb notgedrungen „willkürlich", steht hier noch nicht zur Debatte. An dieser Stelle ist lediglich festzustellen: Im Rahmen einer absoluten Ethik kehrt bei existentiellen Güterabwägungen nicht etwa, wie BAYERTZ meint, der biozentrische Standpunkt automatisch auf die anthropozentrische Ebene zurück, sondern der ethische Standpunkt wird unter dem Zwange der Notwendigkeit *verlassen*. Statt in die Anthropozentrik „kippt" die Biozentrik in Wahrheit in die Egozentrik.

Diese gelegentliche Kapitulation der Ethik vor dem Selbstinteresse sollte indes nicht als *spezifische* Schwäche nicht-anthropozentrischer Ethikversionen gewertet werden. Der diesbezügliche Unterschied zur anthropozentrischen Ethik ist kein grundsätzlicher, sondern lediglich ein quantitativer: Auch im Rahmen einer anthropozentrischen absoluten Ethik (wie etwa der KANTischen) sind Situationen denkbar, in denen die Lebenswirklichkeit es dem Handelnden schwer bis unmöglich macht, sich konsequent moralisch zu verhalten. Ein Beispiel für solche *moralischen Dilemmata* wäre der schiffbrüchige Familienvater, der sich mit seiner vierköpfigen Familie in einem Rettungsboot in Sicherheit gebracht hat. Weil das Boot nur fünf Personen *sicher* bergen kann und er das Leben seiner Familie nicht riskieren will, hält er einen weiteren Schiffbrüchigen mit Gewalt davon ab zuzusteigen.[108] Niemand würde aufgrund dieses Verhaltens den Schluß ziehen, dies sei ein Beweis dafür, daß die Sippenmoral der Stufe (2) letztendlich doch „unhintergehbar" sei. Ein solches Verhalten zeigt lediglich, daß die anthropozentrische Moral der Stufe (4) dem Druck der Lebenswirklichkeit in diesem Fall nicht standgehalten hat. So wenig das Schiffbrüchigen-Beispiel somit gegen die Möglichkeit einer anthropozentrischen Ethik spricht, so wenig belegt das Beispiel des Pockenvirus, daß eine biozentrische oder holistische Ethik aus methodisch-systematischen Gründen unmöglich ist.

c. Geläuterte Anthropozentrik?
Nach der These des *dritten* Einwandes erübrigt sich die Abkehr von der Anthropozentrik, wenn man den Begriff des „menschlichen Selbstinteresses" nur weit genug fasse. Es ließe sich dann *jedes* nicht-anthropozentrisch definierte Ziel auch mit einer anthropozentrischen Argumentation begründen. Selbst wenn man für eine Abkehr von einem *nur* instrumentellen Verhältnis gegenüber der Natur plädiere, könne man dies noch aus einem „wohlverstandenen" menschlichen Selbstinteresse heraus ableiten.

BAYERTZ (1987, S. 178) illustriert den Grundgedanken dieser These mit einem Zitat von SPAEMANN (1980, S. 197), der sein Plädoyer für eine nicht-anthropozentrische Ethik mit den folgenden Worten begründet hat: „Der Mensch zerstört, wenn er die Natur zerstört, auch seine eigene Existenzgrundlage. Insofern geht es, wenn es um die Natur geht, stets um den Menschen. Dennoch, oder besser eben deshalb, ist es notwendig, die anthropozentrische Perspektive zu verlassen." Nach BAYERTZ belegt diese Argumentation einmal mehr, „daß die Anthropozentrik, wie sehr man sie auch zur Tür hinauszukomplimentieren versucht, sich stets doch wieder durchs Fenster einzuschleichen versteht." Bei dieser neuen, raffinierteren Variante anthropozentrischer Argumentation würde der Standpunkt des menschlichen Eigeninteresses „ja keineswegs aufgehoben, sondern lediglich auf eine zweite, höhere Ebene der Argumentation verschoben". Während BAYERTZ in dieser Argumentationsform also nach wie vor die Anthropozentrik am Werke sieht, widerspricht MEYER-ABICH (1984, S. 66) einer solchen Interpretation. Er hält die von SPAEMANN vertretene Position für „nicht anthropozentrisch". Damit stellt sich die paradoxe Situation ein, daß dasselbe Argument, das auf der *einen* Seite dafür angeführt wird, um die Notwendigkeit einer *Abkehr* von der Anthropozentrik zu demonstrieren, auf der *anderen* Seite als Beleg dafür verstanden wird, daß die Anthropozentrik in Wirklichkeit gar nicht verlassen zu werden braucht. Wie kommt es zu diesem Widerspruch und was besagt er für die Stichhaltigkeit des oben genannten Einwandes?

Um hier klarer zu sehen, ist es notwendig, den Begriff der Anthropozentrik präziser zu fassen. Sollte er bisher die einfache Tatsache kennzeichnen, daß der Mensch *Bezugspunkt einer ethischen Begründung* ist, so ist zu dieser Bestimmung nun hinzuzufügen, daß die Bezugnahme auf den Menschen *unterschiedlich stark* sein kann. Wie V.D. PFORDTEN (1996, S. 21) geltend macht, kann man nicht einfach von einem Bestehen oder Nichtbestehen der Bezugnahme ausgehen, sondern muß graduelle Abstufungen in Rechnung stellen. So wird bei einer Bezugnahme auf direkte und konkrete menschliche Interessen in der Literatur auch oft von einer „starken" Anthropozentrik gesprochen, bei einer mehr indirekten und abstrakten Bezugnahme von einer „schwachen" (vgl. ARMSTRONG & BOTZLER, 1993, S. 275; NORTON, 1984; 1987, S. 12/13). Während nach dieser Einteilung ökonomische oder direkt aufweisbare ökologische Argumente als stark anthropozentrisch zu gelten hätten, wären die ästhetischen oder aufgeklärt-ökologischen Argumente als schwach anthropozentrisch einzuordnen. Dabei ist daran zu erinnern, daß schwach anthropozentrische Argumente nicht unbedingt auch schwache Argumente sein müssen. Schwach ist lediglich ihre *Bezugnahme auf den Menschen* – und dementsprechend auch ihre Überzeugungskraft im Rahmen der Nutzenargumentation (vgl. Kapitel 23.a). Ihre *Reichweite* hingegen – das hat der „Prüfstein Artenschutz" mehrfach gezeigt – ist oft größer als die der stark anthropozentrischen Argumente: Während mit ökonomischen Argumenten nur ein vergleichsweise geringer Sektor der gesamten Artenvielfalt verteidigt werden konnte (vgl. Kapitel 22.a), ließ sich mit dem „Argument des unbekannten Schwellenwertes" der Bereich der Schutzwürdigkeit nahezu unbegrenzt ausdehnen (vgl. Kapitel 22.b).

Stellt man diese Zusammenhänge in Rechnung, ist es nicht verwunderlich, daß *in der philosophischen Diskussion* schwach anthropozentrische Argumente relativ beliebt sind. Da es sich dort nicht verbergen läßt, daß die Reichweite der gängigen Nutzenargumente nur gering ist, ziehen Anthropozentriker, die einen umfassenden Schutz der Natur gewährleistet sehen wollen, gerne „aufgeklärt-anthropozentrische" Argumente hinzu. Einen besonders eleganten Typ der aufgeklärten Argumentation stellt dabei die *mehrstufige Begründung* dar. Bei ihr werden Bereiche des Verhältnisses zwischen Mensch und Natur, die auf einer *primären* Ebene nicht (oder allenfalls schwach) instrumentell sind, auf eine *sekundäre* Ebene gehoben, von der aus betrachtet sie als Ganze dann doch wieder einen instrumentellen Wert bekommen. Ein Beispiel hierfür ist das bereits diskutierte „Argument der ästhetischen Ressource" von BIRNBACHER (1980, S. 132 f.), das den Schutz der Natur mit der Begründung empfiehlt, der Mensch habe ein Bedürfnis danach, die Welt der Dinge mit einem von jedem Bedürfnis abgelösten, selbständigen Wert auszustatten (vgl. Kapitel 22.c). Dieses Argument ist auf der ersten (ästhetischen) Ebene nicht-anthropozentrisch, auf der zweiten (reflektierten) Ebene aber anthropozentrisch. Es ist leicht zu erkennen, daß über eine solche zweistufige Argumentation der Begriff des Selbstinteresses beliebig weit ausdehnbar ist: Es gibt schlechterdings nichts, was sich auf einer zweiten Ebene der Reflexion nicht als „nützlich" darstellen ließe. Selbst Handlungen und Haltungen, die üblicherweise nicht mit einer eigennutzorientierten Sichtweise in Verbindung gebracht werden (wie z. B. weltanschauliche, ethische oder religiöse), können so noch als „anthropozentrisch fundiert" interpretiert werden.

So ist in der umweltethischen Literatur häufig eine Argumentationslinie zu finden, die die Rücksichtnahme gegenüber der Natur vorrangig oder ausschließlich mit dem menschlichen Bedürfnis nach Selbstachtung und Würde zu begründen versucht. Bei diesem Ansatz wird vorausgesetzt, daß der Begriff der „Würde" so verstanden wird, daß er „ein über den Menschen selbst hinausweisendes Moment, eine Anerkennung von etwas Tieferem oder Höherem" enthält (v. KETELHODT, 1992, S. 14). Akzeptiert man diese Prämisse, wäre ein nur auf vordergründigen Nützlichkeitserwägungen beruhender Schutz außermenschlicher Rechtsgüter „mit der Würde des Menschen nicht vereinbar" (v. KETELHODT, 1992, S. 14). Obwohl bei dieser Argumentation die zusätzliche Zuschreibung eines ethischen Eigenwertes an die nichtmenschliche Natur nicht von vornherein ausgeschlossen ist, betonen viele Vertreter der Anthropozentrik, daß sie eine solche „metaphysische Zusatzannahme" nicht für nötig halten. In letzter Instanz gehe es allein um den Menschen: *Um seiner selbst willen* solle der Mensch nicht alles nur um seiner selbst willen gelten lassen. Mit diesem Satz läßt sich in etwa das zusammenfassen, was in der umweltethischen Literatur unter dem Stichwort „geläuterte Anthropozentrik" geführt wird (vgl. MEYER-ABICH, 1984, S. 65 f.).

Versteht man den Begriff des menschlichen Selbstinteresses so umfassend, so ist zunächst einmal klar, daß dies Auswirkungen auf die bisher übliche Unterscheidung von Anthropozentrik und Nicht-Anthropozentrik haben muß. Zwei Veränderungen sind hier zu berücksichtigen: Zum *einen* bringt es die Zweistufigkeit mit sich, daß sich die Grenze zwischen Anthropozentrik und Nicht-Anthropozentrik weitgehend verwischt. Wenn nicht von vornherein klar ist, welche der beiden Stufen die maßgebende ist, kann dies zu widersprüchlichen Einschätzungen und Mißverständnissen führen. Dies hat das oben angeführte Argument von SPAEMANN gezeigt, das sowohl von Anthropozentrikern als auch von Nicht-Anthropozentrikern zur Stützung der jeweils eigenen Position reklamiert wird. Zum *anderen* verschiebt sich durch die extreme Ausdehnung des Anthropozentrik-Begriffes die Wasserscheide zwischen den verschiedenen umweltethischen Standpunkten. So fällt der Unterschied zwischen starker und schwacher Anthropozentrik in vielen Detailfragen ökologischer Ethik größer aus als der zwischen schwacher Anthropozentrik und Nicht-Anthropozentrik. NORTON (1984, S. 136) verdeutlicht dies anhand des bereits dargestellten „Last People Example" von ROUTLEY (1973; siehe Kapitel 23.c), das vielfach als Lackmus-Test für die Trennung von Anthropozentrik und Nicht-Anthropozentrik angesehen wird (vgl. LEE, 1993). Entgegen dieser Einschätzung vertritt NORTON die These, daß dieses Gedankenexperiment nicht etwa Anthropozentriker von Nicht-Anthropozentrikern trennt, sondern eher die starke Anthropozentrik einerseits von der schwachen Anthropozentrik und der Nicht-Anthropozentrik andererseits. Nach seinem Verständnis von aufgeklärtem Selbstinteresse wäre es durchaus plausibel, daß die letzten Anthropozentriker in ROUTLEY's Szenario ebenfalls von einer Verwüstung des Planeten absehen, und zwar deshalb, weil sie mit diesem Vandalismus gegen ihr zu Lebzeiten verinnerlichtes „Ideal einer maximalen Harmonie mit der Natur" verstoßen würden (NORTON, 1984, S. 136). Ausschlaggebend für ihre schonende Haltung wäre dann nicht unbedingt der postulierte Eigenwert der Natur, sondern allein ihr menschliches Wertesystem, das sie auch kurz vor ihrem Ableben nicht preisgeben würden. Zeigt dieses Beispiel nicht eindrucksvoll, daß eine „richtig verstandene" Anthropozentrik in der Lage ist, zu denselben Positionen zu führen wie die Nicht-Anthropozentrik? Muß man dem oben genannten Einwand, nach dem sich die ontologisch anspruchsvollere Nicht-Anthropozentrik somit erübrigt, unter diesen Umständen nicht rechtgeben?

Nun ist auf der *einen* Seite nicht zu leugnen, daß eine so verstandene „geläuterte Anthropozentrik" und die Nicht-Anthropozentrik *vom Ergebnis her* weitgehend miteinander in Deckung zu bringen sind. Es wäre verwunderlich, wenn es anders wäre. Denn man kann ja praktisch immer davon ausgehen, daß eine naturschützerische Handlung, die um der Natur selbst willen vollzogen wird, gleichzeitig auch auf irgendeine indirekte Art und Weise dem Menschen zugute kommt. Auf diese Nebeneffekte aufmerksam gemacht zu haben, ist ein wichtiges Verdienst der aufgeklärten Nutzenargumente. Sie machen deutlich, daß Naturschutz nicht nur mit einer *bestimmten* Form von Selbstinteresse durchaus kompatibel ist, sondern daß „menschliches Selbstinteresse" auch nicht von vornherein mit einem kurzsichtigen und ausbeuterischen Gattungsegoismus gleichgesetzt werden darf. Ein solchermaßen oberflächliches Verständnis des Begriffs, das die Bedürfnisse des Menschen in seelisch-geistiger Hinsicht gänzlich ignoriert, würde nicht nur ein sehr verkürztes Menschenbild widerspiegeln, sondern wird auch dem erklärten Anliegen vieler aufgeklärter Anthropozentriker nicht gerecht. Auf der *anderen* Seite muß freilich die Frage aufgeworfen werden, ob es Sinn macht, die prinzipiell unbegrenzte Erweiterbarkeit des Begriffes „menschliches Selbstinteresse" zum Anlaß zu nehmen, nun auch den Anthropozentrik-Begriff so umfassend zu definieren, daß er über die Metaperspektive der zweiten Ebene praktisch die gesamte Nicht-Anthropozentrik „schluckt". Ich möchte den Nutzen einer solchen Strategie aus drei Gründen bezweifeln.

Erstens sollte bedacht werden, daß eine totale Ausdehnung des Anthropozentrik-Begriffes, wie sie mit einer anthropozentrisch vereinnahmten Zweistufigkeit einhergehen würde, damit erkauft wäre, daß er nahezu *inhaltsleer* wird. Begriffe sind dazu da, um abzugrenzen und Unterscheidungen zu ermöglichen. Wenn aber *jede* Handlung und Haltung – sei sie nun in Bezug auf die Menschheit eigennützig oder uneigennützig – auf der sekundären Ebene immer als eigennützig deklariert werden kann, bezeichnet dieses Wort *alles* und damit letztendlich *nichts* mehr. Dies kann weder der Sinn von Begriffen wie „Eigennutz" noch von Klassifizierungen wie „Anthropozentrik" und „Nicht-Anthropozentrik" sein. Dabei wäre es ein Trugschluß zu glauben, dieses begriffliche Problem sei bloß sprachlicher und damit *theoretischer* Natur. Es ist vielmehr insofern ein praktisches Problem, als damit, *zweitens*, zu rechnen ist, daß die mit der Ausdehnung des Anthropozentrikbegriffes einhergehende Verlagerung der „argumentativen Wasserscheide" (wie sie am Beispiel des „Last-People-Example" dargestellt wurde) in der politischen Diskussion mehr Unklarheiten schafft als bereinigt. Da die Hauptlinie in vielen kontrovers diskutierten Detailfragen nicht mehr zwischen Anthropozentrik und Nicht-Anthropozentrik, sondern zwischen schwacher und starker Anthropozentrik verläuft, sind Mißverständnisse vorprogrammiert. Ihre Hauptgefahr sehe ich dabei darin, daß die geläuterte Anthropozentrik dazu mißbraucht wird, die nicht geläuterte zu rechtfertigen. MEYER-ABICH (1984, S. 68) hat in bewußt ironischer Form prognostiziert, in welcher Weise dies vonstatten gehen würde: „Sagen nicht die Philosophen, aller Umweltschutz sei letztendlich eine Frage des menschlichen Interesses? (...) Also werden wir im Umweltschutz doch wohl nach unseren eigenen Interessen gehen dürfen. Und was unsere Interessen sind, werden wir uns ja nicht auch noch von den Philosophen vorschreiben lassen." Es soll nicht behauptet werden, daß diese Argumentationskette *logisch* zwingend wäre, aber *psychologisch* naheliegend ist sie allemal. Ihre psychologische Sogwirkung ist dabei meines Erachtens dadurch bedingt, daß, *drittens*, jede geläuterte Anthropozentrik ungereimt wirken muß, die zwar auf der *ersten* Ebene die Möglichkeit eines nicht-instrumentellen Verhältnisses zur Natur einräumt, diese Möglichkeit auf der *zweiten*, ethisch entscheidenden Ebene dann aber bestreitet. Was bei der Kritik der ästhetischen Nutzenargumentation hierzu gesagt worden ist, trifft in entsprechender Form auch auf die geläuterte Anthropozentrik zu: Argumente, die den Schutz der Natur mit „tiefergehenden" menschlichen Interessen wie dem Interesse an Selbsttranszendenz, Selbstachtung, Pflichterfüllung, Würde, Harmonie und anderen Idealen begründen, sind nur *dann* überzeugend, wenn diesen Idealen auch ein objektiver Selbstzweckcharakter der Natur gegenübersteht. Was sollte man auch von einer „Harmonie mit der Natur" halten, wenn dieser Natur gegenüber gleichzeitig jede *direkte* moralische Verantwortlichkeit bestritten wird? Wie REGAN (1981, S. 25) hierzu bemerkt, ist ein „Ideal, das uns verpflichtet, eine bestimmte Handlung gegenüber X zu unterlassen, das aber gleichzeitig leugnet, daß X einen Wert hat, entweder unverständlich oder sinnlos". Nach seinem Verständnis von „Ideal" setzt dieser Begriff voraus, daß der Gegenstand, auf den sich das Handeln bezieht, auch wirklich einen eigenen Wert besitzt. Da man diese Annahme zumindest psychologisch nur mit Mühe bestreiten kann, liegt der Verdacht nahe, daß mit den abstrakten Formulierungen der geläuterten Anthropozentrik oft nur *eines* vermieden werden soll: der Natur einen Eigenwert zuzubilligen. Um die anthropozentrische Stellung zu halten, scheint kein Gedankengang zu verschlungen, wenn er nur in ein irgendwie geartetes menschliches Interesse einmündet. Wohlgemerkt soll dabei nicht bestritten werden, daß solch indirekte, stets auf den Menschen zurückverweisende Begründungen ohne die gleichzeitige Annahme eines Eigenwertes der Natur *logisch möglich* wären. Meine These ist lediglich, daß sie nicht konsistent und damit auch nicht überzeugend sind.

Diese These läßt sich unter Verweis auf eine analoge ethische Agumentation stützen, die ebenfalls logisch möglich und doch nur wenig überzeugend ist: die Umdeutung des Altruismus zu einer aufgeklärten Form des Selbstinteresses. So wie ein aufgeklärter Gattungsegoismus dazu herangezogen werden kann, um von der Notwendigkeit einer direkten Verantwortung gegenüber der Natur abzusehen, so ist es ebensogut möglich, das Phänomen der *zwischenmenschlichen* Uneigennützigkeit dadurch zu bestreiten, daß man es zu einer aufgeklärten Version des *individuellen* Selbstinteresses uminterpretiert. Nach diesem Muster verfahren der psychologische Egoismus und Hedonismus. Wenn ein Mensch das Bedürfnis hat, einem anderen zu helfen, hilft er ihm sozusagen aus Eigennutz, denn durch seine Hilfsbereitschaft gewinnt er ja Befriedigung. Da man davon ausgehen kann, daß *jede* Handlung, die aus moralischer Pflicht erfolgt, auch von einer entsprechenden Neigung und dem „Nebenprodukt" der persönlichen Befriedigung begleitet wird (vgl. SCHLICK, 1984, S. 97), ist es ein leichtes zu behaupten, *diese Gefühle* (oder gar die Erwartung eines Lohns im Jenseits) stellten den *eigentlichen und einzigen* Grund für jenes Handeln dar, und nicht etwa die Achtung des moralischen Gegenübers. Eine solche Behauptung ist schlechterdings unwiderlegbar. Dennoch oder gerade deshalb muß bezweifelt werden, daß sie als hinreichende Erklärung des Handelns oder gar als Ansatzpunkt für die Begründung der Ethik taugt. Sie mag zwar im Rahmen eines methodischen Modells für *spezielle* Fragestellungen in Ökonomie und Soziobiologie heuristisch fruchtbar sein (Stichworte: „Homo oeconomicus" bzw. „the selfish gene"), doch in der Ethik, die es ihrem Anspruch nach nicht nur mit einem Teilausschnitt der Wirklichkeit zu tun hat, erscheint ihr Reduktionismus unglaubwürdig und gekünstelt.

Auf die zahlreichen Argumente, die gegen den *ethischen* Egoismus und Hedonismus angeführt werden, kann ich an dieser Stelle nicht näher eingehen.[109] Im vorliegenden Zusammenhang genügt der Einwand, der bereits gegen eine vollständige Reduzierung des zwischenartlichen Altruismus auf einen aufgeklärten Anthropozentrismus ins Feld geführt worden ist: Wenn der Begriff des Selbstinteresses so weit gefaßt wird, daß *jede* Handlung aus reinem Selbstinteresse geschehen kann bzw. motiviert sein soll, verliert der Begriff jeglichen differenzierenden Bedeutungsgehalt. Selbst Maximilian Kolbe, der in einem Konzentrationslager an Stelle eines Familienvaters freiwillig in den Tod gegangen ist, wäre dann noch ein Egoist – eben ein „aufgeklärter"

Egoist – gewesen. Es liegt auf der Hand, daß mit Interpretationen dieser Art Unterschiede verwischt werden, die nicht verwischt werden sollten. Wie WOLGAST (1981, S. 146) zeigt, besteht die Signifikanz einer moralischen Handlung ja gerade darin, daß sie *nicht erklärt* werden kann. Eine moralische Handlung in Begriffen des Eigennutzes zu erklären, bedeutet, ihr ihren speziellen moralischen Charakter zu nehmen. Diese Einebnung von Phänomenen ist der Orientierung im praktischen Leben sicherlich nicht förderlich. Um eine Parallele zu den erkenntnistheoretischen Erörterungen des vergangenen Kapitels zu schlagen, erinnert sie in gewisser Hinsicht an die These des Solipsisten, der behauptet, der Unterschied zwischen Traum und wacher Erfahrung sei nichts anderes als Fiktion, da beide Phänomene sich ja gleichermaßen als Konstruktionen des subjektiven Bewußtseins interpretieren ließen. Immerhin, ein solcher Standpunkt ist so wenig widerlegbar wie der Standpunkt des *ethischen Reduktionismus*, der glaubt, alle moralischen Phänomene in den Begriffen des individuellen oder kollektiven Selbstinteresses rekonstruieren zu können. Beiden ist gemeinsam, daß sie logisch gesehen ohne die Annahme einer (ontologischen bzw. ethischen) „Außenwelt" auskommen. Doch wie das Beispiel des Solipsismus zeigt, ist nicht alles, was logisch möglich ist, auch plausibel.

Wenn es dem ethischen Reduktionismus somit ganz offensichtlich an Überzeugungskraft mangelt, wie lassen sich dann aber die zahlreichen Versuche erklären, den Altruismus sowohl auf zwischenartlicher als auch auf zwischenmenschlicher Ebene zu einer subtilen Form des Eigennutzes umzudeuten? Mit STONE (1987, S. 69) glaube ich, daß die Ursache hierfür in einem Grundproblem der Ethik schlechthin wurzelt: der begrenzten Reichweite allen ethischen Begründens und Argumentierens. Das Problem besteht dabei nicht etwa darin, daß es nicht möglich wäre, mit guten Gründen darzulegen, warum die eine Handlung als moralisch gut und die andere als moralisch schlecht zu qualifizieren wäre. Dieser *ethische Skeptizismus*, der behauptet, alle moralischen Urteile seien letztendlich relativ und subjektiv, ist nicht schwer zu widerlegen.[110] Das tieferliegendere und schwerwiegendere Problem ist vielmehr – nicht *erst*, aber besonders *seit* NIETZSCHE (1886) –, der *Skeptizismus gegenüber der Moral* (NIELSEN, 1984, S. 81). Wenn Moral in der Bereitschaft besteht, vom reinen Selbstinteresse abzusehen und einen unparteiischen Standpunkt einzunehmen, was sollte mich als Individuum dazu bewegen, diesen unparteiischen Standpunkt einzunehmen? Warum sollte ich moralisch sein? Eine moralische Begründung hierfür scheidet aus, denn sie würde den moralischen Standpunkt ja voraussetzen, dessen Einnahme zuallererst begründet werden soll. Was bleibt dann aber übrig außer einem „psycho-logischen" Appell an das eigene Interesse (wenn man keine dritte Möglichkeit annimmt)? Es ist leicht zu erkennen, daß hier eine Paradoxie aller Ethik vorliegt, die gleichzeitig auch ihre Grenze markiert: Zugunsten des moralischen Standpunktes kann – wenn überhaupt – nur mit *nicht-moralischen*, und das heißt letztendlich selbstinteressierten, psychologisch-pragmatischen Gründen argumentiert werden. Eine solche Argumentation könnte in allgemeiner Form lauten: „Es steht dir frei, auf dem Standpunkt des reinen Selbstinteresses zu beharren, aber überlege dir gut, ob du die Folgen (in welcher Hinsicht auch immer) in Kauf nehmen möchtest. Insbesondere überlege dir, ob du dies mit deinem Selbstverständnis in Einklang bringen kannst!"

Ob und inwieweit eine solche Argumentation tatsächlich in der Lage ist, den moralischen Standpunkt überzeugend anzuempfehlen, ist unter Philosophen eine offene Frage. In Kapitel 28.b wird hierauf noch zurückzukommen sein. An dieser Stelle soll nur abschließend und zusammenfassend auf ein Mißverständnis aufmerksam gemacht werden, das aus dem zweistufigen Charakter dieser Argumentation (moralischer Standpunkt auf der ersten Stufe, Standpunkt des Selbstinteresses auf der zweiten Stufe) hervorgehen könnte. Es besteht darin, aus der selbstbezogenen Argumentation der zweiten Stufe, die gewissermaßen die *Grenze* aller Ethik markiert, die Schlußfolgerung abzuleiten, die ethische Argumentation *als solche* beruhe im Grunde genommen auf nichts anderem als auf dem aufgeklärten (individuellen oder kollektiven) Selbstinteresse. Diesen Fehlschluß begeht meines Erachtens BAYERTZ (1987, S. 178), wenn er das eingangs angeführte Argument SPAEMANNS (1980, S. 197), nach dem es *um des Menschen willen* notwendig sei, die anthropozentrische Perspektive zu verlassen, als Indiz für die Unhintergehbarkeit der Anthropozentrik verstanden wissen will. Er erhebt damit ein Grenzfall-Argument, das die *Basis der Ethik* betrifft, unberechtigterweise zu einem *Paradigma für die Metaethik*. Entgegen dieser Interpretation sieht SPAEMANN (1979, S. 268) selbst seinen Gedankengang nicht als metaethisches Argument für den Anthropozentrismus, sondern als „funktionales Argument zugunsten eines nichtfunktionalen Denkens". Er betont dabei, daß Argumente „überhaupt nur funktionalistisch sein" können. Die Frage, die man sich stellen könne, sei freilich, was ein nur argumentatives Denken leisten könne und was nicht. Nach SPAEMANN (1980, S. 198) kann es viel leisten: „Das Maximum seiner Möglichkeiten hat schon PLATON aufgewiesen: Es kann an seine eigene Grenze, d. h. an den Rand von Einsichten führen, die nicht mehr argumentativ, d. h. funktional herleitbar sind."

26. Zu Art, Anspruch und Voraussetzungen der Begründung

Wenn in den nächsten Kapiteln nun der Versuch unternommen werden soll, die Ausweitung des Verantwortungskreises bis hin zum holistischen Standpunkt *theoretisch* zu begründen, so besteht nach dem Gesagten kein Zweifel, daß dieses Unterfangen über kurz oder lang an genau jenen Rand von Einsichten führen muß, der nach SPAEMANN die *Grenze* der Ethik markiert. Es geht bei einem solchen Versuch ja nicht nur um die Frage, *welches* Verhalten gegenüber der Natur moralisch richtig oder falsch ist. Dieser Fragenkomplex, der *innerhalb* der Ethik liegt, kann erst in einem zweiten Schritt erörtert werden. Vorher geht es um die grundlegendere Frage, *ob* man der Natur überhaupt einen moralischen Status zubilligen kann. *Im Verhältnis zur Natur* gilt es, mit anderen Worten, die fundamentale Version des Skeptizismus zurückzuweisen: einen Skeptizismus gegenüber der Moral, oder genauer gesagt, einen „Klassen-Amoralismus" (vgl. NIELSEN, 1984, S. 88 f.). Diesem zufolge lautet die Frage hier: „Warum sollte ich nicht nur gegenüber Menschen, sondern auch gegenüber Tieren, Pflanzen, Landschaften, Arten, Ökosystemen und dem ganzen Planeten einen moralischen Standpunkt einnehmen?" Wie in den letzten Kapiteln bereits dargestellt, ist auf diese Frage keine *moralische* Antwort möglich, weil sie voraussetzen würde, was zu beweisen wäre, nämlich daß die außermenschliche Natur bereits als Gegenstand der Moral akzeptiert ist. Welche Art von Begründung ist dann aber möglich?

Bevor diese Frage *inhaltlich* angegangen werden kann, muß zunächst ein *formaler* Gesichtspunkt geklärt werden, der immer wieder Anlaß für Mißverständnisse und Fehleinschätzungen in ethischen Fragen gibt: der *Geltungsanspruch* rationaler Begründungen. Wann kann man von einer *schlüssigen* Begründung sprechen, und wie zwingend muß eine solche sein? Da es nicht möglich ist, diese für die gesamte Ethik grundlegende Problematik hier in allgemeiner Form aufzurollen (vgl. hierzu FRANKENA, 1986, S. 134 f.; FORUM FÜR PHILOSOPHIE, 1987), beschränke ich mich im folgenden darauf, denjenigen Geltungsanspruch darzulegen, den meine eigene Argumentation in dieser Arbeit erhebt. Dabei scheint es am erhellendsten zu sein, zunächst negativ aufzuzeigen, welche der in der Literatur vertretenen Vorstellungen von der Leistungsfähigkeit einer „schlüssigen Begründung" ich *nicht* teile. Drei Klippen sind es, die meines Erachtens in der Begründungsfrage umschifft werden müssen, wenn man vermeiden will, daß die Ethik entweder überfordert oder aber unterfordert wird.

Die *erste* Klippe besteht in dem Anspruch, für die eigene ethische Position eine *absolut zwingende Beweisführung* vorlegen zu können. „Absolut zwingend" soll in diesem Zusammenhang heißen, daß jemand, der dieser Begründung nicht zustimmt, sich irrational verhielte. Er wäre so irrational wie jemand, der leugnet, daß zwei mal zwei gleich vier ist. Während *mathematische* Schlüsse ihre definitive Sicherheit der Tatsache verdanken, daß sie analytisch sind und auf der Annahme von nicht mehr begründungsbedürftigen Axiomen beruhen, setzt die Forderung nach einer definitiven Sicherheit *ethischer* Rechtfertigungen die Möglichkeit einer *Letztbegründung* voraus, einer Argumentationskette also, die in „Aussagen" mündet, „die kein vernünftiges Wesen bestreiten könnte" (KÖHLER, 1987, S. 304). Nach einem solchen Fundament der Ethik ist in der Geschichte der Philosophie immer wieder gesucht worden. KANT (1785, 1788) war der Überzeugung, daß es im Vernunftbegriff selbst (oder genauer gesagt: in der Idee des Begründetseins als solcher) zu finden sei. Dieser sogenannte transzendentale Begründungsansatz wurde von FICHTE und dem frühen SCHELLING fortentwickelt und wird heute in abgewandelter Form auch von den Vertretern der Diskursethik bzw. der Transzendentalpragmatik verfochten (z. B. APEL, 1976, 1985; KUHLMANN, 1985). Indes ist bezeichnend, daß keine dieser Konzeptionen – zumindest was den Anspruch der Letztbegründung betrifft – sich als so überzeugend erwiesen hat, daß sie mit der allgemeinen Zustimmung heutiger Philosophen rechnen könnte (TUGENDHAT, 1989, S. 927; vgl. GETHMANN, 1987). Weder der Verweis auf das „Faktum der Vernunft" noch der Verweis auf irgendwelche natürliche Tatsachen sind offenbar in der Lage, ein solch unverrückbares Fundament der Ethik abzugeben, daß ihr auch die radikale Skepsis nichts anhaben kann. So spricht TUGENDHAT (1989, S. 927) nicht von ungefähr von einer „tiefen Hilflosigkeit der Philosophen": Im Hinblick auf die Begründungsfrage sei „das moderne Nachdenken über Moral (...) eigentlich ergebnislos geblieben. (...) Wir alle sind heute mit moralischen Grundfragen konfrontiert, die wir nicht umhin können, so oder so zu beantworten, auf die wir gleichwohl keine Antworten haben, die wir ausreichend begründen können". Vorausgesetzt man teilt die skeptische Einschätzung TUGENDHATS, wird man es mir in dieser Arbeit nicht verdenken können, daß ich erst gar nicht den Anspruch erhebe, eine *absolut zwingende* Begründung für den pluralistischen Holismus vorzulegen. Nachdem es der anthropozentrischen Ethik in einem Zeitraum von über 2000 Jahren nicht gelungen ist, ihren zwischenmenschlichen Sollensanspruch *absolut* zu begründen, wäre es meines Erachtens unbillig, von der viel jüngeren holistischen Umweltethik nun zu erwarten, eine Begründung *dieser Stärke* vorzulegen.

Die *zweite* Klippe springt nach dem Umschiffen der ersten sofort ins Auge: Wenn es stimmt, daß alle Versuche, eine zwingende Letztbegründung der Ethik vorzulegen, gescheitert sind, so liegt es nahe anzunehmen, Ethik ließe sich *überhaupt nicht begründen*. Diese Überzeugung ist den Anhängern der nonkognitivistischen Ethiktheorien wie z. B. den Emotivisten und Dezisionisten gemein. Während nach dem *Emotivismus* (z. B. HUME, 1748; AYER, 1936; STEVENSON, 1937) moralische Äußerungen lediglich *Gefühle* ausdrücken, die selbst nicht mehr bewertet werden können, sieht der *Dezisionismus* (z. B. WEBER, 1919; HARE, 1952; ALBERT, 1961) das letzte Kriterium moralischer Urteile in *Entscheidungen*, die allenfalls in einem eingeschränkten Sinne einer rationalen Kritik unterzogen werden können (vgl. RICKEN, 1989, S. 36). Noch radikaler manifestiert sich die Skepsis gegenüber der Ethik in der Philosophie WITTGENSTEINS (1963, S. 112/115): Seiner Meinung nach läßt sich das Ethische überhaupt „nicht aussprechen". Derartige Dinge „zeigten sich" (wie alles Unaussprechliche, Mystische und Transzendente), d. h. sie machten sich selbst manifest. Obwohl diese Sicht der Dinge insofern etwas für sich hat, als sie auf das bereits angesprochene Problem jeder Ethik hinweist, mit Argumenten nur bis zu einer gewissen Grenze hin vordringen zu können, so stellt sich meines Erachtens aber doch die Frage, ob dies Anlaß genug sein kann, deshalb die Möglichkeit *jeglicher rationalen Ethik* zu bestreiten. Wenn man – wie WITTGENSTEIN (1963, S. 7) fordert – über all die Dinge schweigen müßte, die sich nicht „klar sagen", also verifizieren lassen, so könnte man sich philosophisch nur noch über ziemlich wenige (und zudem belanglose) Dinge unterhalten. Selbst zahlreiche Aussagen und Schlußfolgerungen der Naturwissenschaften wären dann obsolet – man denke etwa an die metaphorische Modellsprache der Atomphysik, die Paradoxien der Quantentheorie, die Hypothesen der modernen Kosmologie oder das Problem des Bewußtseins (vgl. hierzu HEISENBERG, 1969, S. 279f.). Dabei zeigen gerade die Naturwissenschaften, daß man sich außerhalb der Ethik im allgemeinen durchaus mit Aussagen zufrieden gibt, für die keine definitive Sicherheit garantiert werden kann. Auch naturwissenschaftliche Theorien (sogenannte „Naturgesetze") sind ja nicht etwa bewiesen im Sinne von „letztbegründet", sondern können allenfalls eine mehr oder weniger große Plausibilität für sich in Anspruch nehmen (vgl. Kapitel 2). Genaugenommen ist es *nur plausibel*, daß die Sonne morgen aufgehen wird – und dennoch reicht uns diese Plausibilität, um für das Picknick am nächsten Tag zu planen. Hält man sich dies vor Augen, ist kaum einzusehen, warum man sich nicht auch in der Ethik mit Plausibilitäten zufriedengeben sollte. Eine *plausible* Begründung ist zwar eingestandenermaßen weniger als eine *Letztbegründung*, aber sie ist immer noch mehr als eine reine Intuition *ohne* Begründung.[111] Die Frage, die sich dabei freilich stellt, ist die: Wann ist eine Begründung „plausibel"? Gibt es Kriterien der Plausibilität?

Die *dritte* Klippe, die meines Erachtens hier umschifft werden muß, liegt in der Annahme, eine Begründung sei *nur dann* plausibel, wenn sie mit *allgemeiner Zustimmung* rechnen könne. BIRNBACHER (1981, S. 314; 1982, S. 14) spricht in diesem Zusammenhang von „Universalisierbarkeit". Diese sei dann gegeben, wenn den Normen der Ethik Wertvorstellungen zugrundeliegen, „von denen problemlos angenommen werden kann, daß sie von jedermann nachvollzogen und akzeptiert werden können und damit den Allgemeingültigkeitsanspruch, den sie erheben, in gewisser Weise auch einlösen können". Während die Wertannahmen der Anthropozentrik (menschliches Interesse) und der Pathozentrik (bewußte Empfindung) dieses Kriterium erfüllten, seien die Wertannahmen von Biozentrik und Holismus zu sehr von variierenden kognitiven Voraussetzungen abhängig, als daß sie auf breitere Zustimmung stoßen könnten. WOLF (1987, S. 167) glaubt, daß eine Moral, die über den pathozentrischen Standpunkt hinausgeht, sogar nur „vor dem Hintergrund religiöser Annahmen verständlich" sei: Eine biozentrische oder holistische Moral sei keine Moral, „die sich auf Meinungen, Affekte usw. berufen kann, die wir bei allen Menschen unterstellen können, und daher besteht keine Aussicht, daß wir sie allen nahebringen könnten". Daraus leiten HARTKOPF & BOHNE (1981, S. 68) die Empfehlung ab, daß eine Umweltethik, die an einer breiten Anerkennung von Wertpositionen interessiert sei, sich nicht an höchsten, nur von wenigen akzeptierten Idealen orientieren dürfe, sondern das „ethische Minimum" verkörpern müsse, das „in der Gegenwart mehrheitsfähig" sei und gleichwohl unsere Zukunft sichere. Die „Ethik des Umweltschutzes" müsse in einer pluralistischen Gesellschaft auf Postulaten und hieraus abgeleiteten Postulaten beruhen, die „rational nachvollziehbar" seien und daher „unabhängig von einer bestimmten Weltanschauung oder einem bestimmten Menschenbild von möglichst vielen akzeptiert werden können".

So realistisch und vernünftig diese Position auf den ersten Blick auch erscheinen mag, so wenig kann sie doch verbergen, daß ihre Gleichsetzung von „plausibler Begründung" und „gegenwärtiger Mehrheitsfähigkeit" sowohl praktisch verhängnisvoll als auch theoretisch unakzeptabel wäre. So ist zunächst einmal keinesfalls ausgemacht, daß das sogenannte „ethische Minimum", das in der *Gegenwart* mehrheitsfähig ist, auch tatsächlich ausreicht, um die *Zukunft* (und das muß heißen: die Zukunft von Mensch *und* Mitwelt) zu sichern. Wenn HARTKOPF & BOHNE dies einfach voraussetzen, dann unterstellen sie damit stillschweigend eine Art „prästabilierter Harmonie" zwischen *zukunftsethischen* Erfordernissen und *aktuellem* ethischen Bewußtsein, für deren Annahme es keinerlei Rechtfertigung gibt. Im Gegenteil scheint die ökologische Krise darauf hinzudeuten, daß zwischen diesen Größen eine Kluft entstanden ist, die nur dadurch wieder geschlossen werden kann, daß sich das allgemeine ethische Bewußtsein fortentwickelt, das ethische Minimum also *angehoben* wird.

Dabei liegt es auf der Hand, daß jeder Versuch einer Anhebung von vornherein zum Scheitern verurteilt wäre, wenn die Plausibilität neuer Wertannahmen allein mit dem Hinweis bestritten werden könnte, daß es für diese Wertannahmen derzeit keine Mehrheit gäbe. Wäre *aktuelle* Akzeptanz die Bedingung für Plausibilität, dann *könnte* es gar keine plausible Argumentation zugunsten einer Erweiterung der Ethik geben. Es hätte sie auch in der bisherigen Geschichte der Ethik nicht geben dürfen. In der Blütezeit einer antiken Sklavenhaltergesellschaft etwa hätte ein früher Verfechter allgemeiner Menschenrechte unter dieser Voraussetzung keine Chance gehabt, „schlüssig" gegen die Sklaverei zu argumentieren. Denn eine *rassenübergreifende* Moral war vor dem Hintergrund des damaligen Bewußtseins ja keine Moral, die sich – um die obige Formulierung von WOLF (1987, S. 167) zu wiederholen – „auf Meinungen, Affekte usw. berufen [konnte], die sich bei allen Menschen unterstellen" ließen. Mir scheint, dieses Beispiel aus der Geschichte der Ethik zeigt deutlich genug, daß die Umsetzung der Forderung, ethische Wertannahmen und ihre Begründungen müßten in der jeweiligen *Gegenwart* auf allgemeine Akzeptanz stoßen können, der philosophischen Ethik nicht gut bekommen würde: Statt Wahrnehmungsorgan für neue normative Herausforderungen und Speerspitze des ethischen Fortschritts zu sein, würde sie zur Trittbrettfahrerin des moralischen Common sense. Sie hätte damit kaum mehr als die entlastende Funktion inne, den moralischen Status quo einer Gesellschaft zu rechtfertigen. Um der damit aufscheinenden Gefahr eines *ethischen Opportunismus* zu begegnen, weist FRANKENA (1986, S. 137) deshalb auf den Unterschied zwischen *tatsächlicher* und *idealer* Übereinstimmung in der Ethik hin: „Die Tatsache, daß moralische und wertende Urteile Anspruch auf Zustimmung von seiten anderer erheben, bedeutet nicht, daß der einzelne in seinem Urteil der Mehrheitsüberzeugung nachgeben muß. Er behauptet ja nicht eine *tatsächliche* Übereinstimmung; (...) er behauptet eine *ideale* Übereinstimmung, die Mehrheiten und reale Gesellschaften transzendiert". FRANKENA betont dabei: „Die reale Gesellschaft, der man angehört, kann mit ihren Normen und Institutionen im Unrecht sein."

Wenn die moralische Übereinstimmung einer Gesellschaft im Hinblick auf bestimmte Wertannahmen also auch „falsch liegen" kann, so verbietet es sich freilich nicht nur, die *Plausibilität* von Wertannahmen mit ihrer faktischen Akzeptanz gleichzusetzen, es sollte sich auch verbieten, den Begriff der „*rationalen Begründung*" auf solch exklusive Weise zu definieren. Denn von einem übergeordneten, abseits stehenden oder späteren Standpunkt aus kann der Rationalitätsbegriff der Mehrheit ja ebenfalls *rational* kritisiert werden. Vernünftiges kann sich im nachhinein als unvernünftig erweisen.[112] Obwohl diese geschichtliche Erfahrung gegen eine vorschnelle Vereinnahmung des Vernunftbegriffs spricht, ist die apodiktische Identifizierung der Ratio mit der jeweiligen Mehrheitsmeinung – zumal wenn diese sich mit der eigenen deckt – in der umweltethischen Literatur nicht gerade selten. So stellen beispielsweise WOLF (1987) und PATZIG (1983, S. 340 f.) ihre pathozentrischen Positionen durchweg als „Folgerungen aus der Vernunftmoral" dar, so als ob die Vernunft zu gar keinem anderen Verständnis von Moral als dem pathozentrischen führen könne. Sie bestreiten dabei explizit, daß sich erweiterte Moralkonzepte durch „rationale Argumente" rechtfertigen ließen. Anders als der anthropozentrisch argumentierende Theologe AUER (1988, S. 31), für den sowohl die Anthropozentrik als auch die Physiozentrik „in vernünftiger Weise vertreten werden [können], weil beide nachweisliche Rationalität artikulieren", unterstellen sie damit faktisch eine ethische Zweiklassengesellschaft: Auf der einen Seite die anthropozentrische bzw. pathozentrische *Vernunftethik*, die auf nichts anderem aufbaut als auf rational nachvollziehbaren Argumenten, auf der anderen Seite die biozentrische und holistische *Bekenntnisethik*, die im Rahmen ihrer Argumentation auf religiöse, metaphysische oder sonstige weltanschauliche Prämissen zurückgreifen muß. Das bereits angeführte Zitat von HARTKOPF & BOHNE (1981, S. 68) läßt dabei erkennen, worin der entscheidende Unterschied zwischen beiden Klassen in der Regel gesehen wird: Die Vernunftethik, so wird angenommen, zeichne sich dadurch aus, daß sie „unabhängig von einer bestimmten Weltanschauung oder einem bestimmten Menschenbild" operiere.

Diese Annahme beruht freilich auf einem fundamentalen Irrtum. Es *gibt keine* Ethik, die nicht mit irgendeinem Welt- und Menschenbild verbunden ist. Wenn Ethik der Versuch ist, von einem universalen Standpunkt aus über den richtigen Umgang des Menschen mit den Dingen dieser Welt nachzudenken, so ist dieses Nachdenken nicht möglich ohne eine minimale hypothetische Vorstellung darüber, was der Mensch „ist", was die Dinge dieser Welt „sind" und worin die Beziehung zwischen beiden besteht. *Diese* Einsicht wenigstens haben all die gescheiterten Versuche erbracht, eine von empirischen Annahmen über die Welt und das „Wesen" des Menschen gänzlich unabhängige Letztbegründung der Ethik vorzulegen. Wenn HARTKOPF & BOHNE – und mit ihnen nicht wenige Moralphilosophen – bei der von ihnen favorisierten Ethik dennoch weltanschauliche Voraussetzungslosigkeit behaupten, so zeigt dies nur, daß ihnen die dabei jeweils zugrundegelegten Prämissen als so selbstverständlich erscheinen, daß sie deren weltanschaulich-empirische Bedingtheit einfach nicht mehr wahrnehmen. Genaueres Hinsehen würde jedoch zu der Erkenntnis führen, daß auch die Vernunftmoral der Anthropozentrik auf bestimmten weltanschaulichen Prämissen aufbaut, nämlich den Prämissen des (im nächsten Kapitel noch näher zu spezifizierenden) anthropozentrischen Welt- und Menschenbildes. Somit lauten die Alternativen, die in der Metaethik zur Debatte stehen, nicht etwa „Vernunftethik" versus „Weltanschauungsethik", sondern vielmehr „Ethik A mit Weltbild X" versus „Ethik B mit Weltbild Y" (usw.). Eine Alternative *ohne* Welt- und Menschenbild steht nicht zur Wahl.[113]

Was bedeutet dies für die Begründungsfrage? Wenn *jede* Umweltethik eine Weltanschauung voraussetzt bzw. voraussetzen *muß*, so ist klar, daß die Plausibilität einer Begründung nicht allein von deren formalen Qualitäten (z. B. Folgerichtigkeit, Widerspruchsfreiheit, Kohärenz etc.) abhängt, sondern in entscheidendem Maße auch davon bestimmt wird, ob die Basisprämissen der Weltanschauung zutreffend sind. Sind diese Prämissen falsch bzw. überholt, so kann es natürlich auch die stringenteste Argumentationskette nicht verhindern, daß die daraus abgeleiteten Schlußfolgerungen unter Umständen ebenfalls falsch sein werden.[114] Dieser logische Befund läßt erkennen, welche Bedeutung der Weltanschauung für die Begründung jeder ökologischen Ethik zukommt. Sie ist nach Ansicht vieler Autoren nichts weniger als ihr Dreh- und Angelpunkt.[115] Analysiert man die Kontroversen zwischen den beiden Extrempolen der umweltethischen Konzepte, der Anthropozentrik und der Physiozentrik, so stellt man in der Tat fest, daß die Diskussion „fast immer auf die Erörterung des Menschenbildes [hinausläuft], das man zugrundelegen will oder muß" (STREY, 1989, S. 76/77).

MEYER-ABICH (1984, S. 22 f.) vertritt hier nun die Auffassung, daß das jeweils propagierte Welt- und Menschenbild immer nur demjenigen schlüssig erscheinen könne, der es bereits zu seinem eigenen gemacht habe. Er verdeutlicht diese These am Weltbild des Egoisten: „Wer überhaupt danach fragt, wieso sein Handeln nicht nur nach dem eigenen Interesse zu bemessen sei, setzt bereits in dieser Frageweise ein Menschenbild voraus, in dem die Mitmenschlichkeit des Individuums nicht vorkommt. Ein Individuum aber, zu dessen persönlichen Eigenschaften es nach Voraussetzung nicht gehört, daß es in einem sozialen Zusammenhang steht, also Sprache und Liebe hat und nur als soziales Wesen überhaupt Mensch ist, wird auch von keinerlei Rücksichten zu überzeugen sein, die sich erst aus diesem Zusammenhang ergeben." Genau umgekehrt stelle sich die Situation dagegen bei jemandem dar, zu dessen Selbstverständnis es immer schon gehört hat, daß der Mensch nur unter und mit seinesgleichen er selbst sein kann: Er würde die Frage in dieser Form entweder gar nicht stellen oder sie ganz selbstverständlich bejahen. Was für die Weltbilder des Egoisten und des Anthropozentrikers gilt, gilt nach MEYER-ABICH in entsprechender Weise für das Weltbild des Physiozentrikers. Auch dieses beruhe letztendlich auf einer „existentiellen Vorentscheidung". Das Verhalten des Menschen zur Mitwelt hänge „immer von einer im weitesten Sinne religiösen – oder existentiellen – Orientierung ab, die allen Argumenten vorausliegt". Heißt dies, daß die Wahl zwischen Anthropozentrik und Physiozentrik nur in einer „Entscheidung", einer *Dezision* vollzogen werden kann, daß hier am Ende also doch der nonkognitivistischen Theorie des *Dezisionismus* recht zu geben wäre?

Die Antwort hierauf hängt davon ab, wie man diese „Entscheidung" versteht. Sicherlich wäre es verkehrt, sie mit einem „blinden Sprung" gleichzusetzen, einer Entscheidung also, die sich jeglicher Rekonstruktion und Rechtfertigung durch die Vernunft entzieht. So kann es MEYER-ABICH (1984) wohl auch kaum gemeint haben, denn er hat es selbst keinesfalls bei der blanken Forderung nach einer „existentiellen Vorentscheidung" belassen, sondern versucht, sein Plädoyer für die physiozentrische Option mit den verschiedensten Argumenten zu stützen. Wenn BAYERTZ (1987, S. 179/180) an diesen Argumenten kritisiert, sie könnten „die geforderte Entscheidung bloß nahelegen, fördern oder motivieren, niemals aber „schlüssig begründen" bzw. „rational erzwingen", so geht dies an der Sache vorbei: Kein Weltbild, auch nicht ein anthropozentrisches, kann „rational erzwungen" werden. Wie MARIETTA (1995, S. 103) zeigt, sind philosophische Weltbilder grundsätzlich „weder völlig korrekt noch völlig fehlerhaft". Vielmehr sind sie wohl eher „eine Mischung aus vernünftigem Wissen und kulturellem Unsinn." Wenn diese Einschätzung richtig ist, so liegt es auf der Hand, daß es keine Begründung im *absoluten* Sinne für sie geben kann. Nichtsdestoweniger scheint es berechtigt zu sein, von einer *relativen* Begründung zu sprechen, wenn mehrere Weltbilder miteinander verglichen worden sind und nach sorfältiger Prüfung dem plausibelsten der Zuschlag gegeben wurde. Weltbilder lassen sich auf diese Weise zwar nicht verifizieren, aber wenigstens durch kritischen Vergleich in eine Art Rangordnung der Plausibilität bringen. Freilich ist es zu diesem Zweck notwendig, sich auf formale Kriterien der Prüfung zu einigen. Vorausgesetzt man räumt rationalen Gesichtspunkten Vorrang ein und teilt darüber hinaus ein bestimmtes Verständnis von Rationalität,[116] wird man wohl dem Vorschlag TAYLORS (1986, S. 158/159) zustimmen und die folgenden klassischen, „während der ganzen Geschichte der Philosophie anzutreffenden Kriterien" heranziehen: a) Verständlichkeit und perspektivische Vollständigkeit, b) Kohärenz und interne Konsistenz, c) weitestgehende Freiheit von Unklarheiten („obscurity"), konzeptioneller Konfusion und semantischer Bedeutungslosigkeit und d) Widerspruchsfreiheit zu allen bekannten empirischen Fakten.

Insbesondere das letzte Kriterium scheint dabei für den vorliegenden Zusammenhang von großer Bedeutung zu sein, denn das Wissen des Menschen über die Natur und seine Stellung in ihr haben sich durch die neuzeitlichen Naturwissenschaften in einem Umfang und Tempo fortentwickelt wie niemals zuvor. Soll trotz dieses fundamentalen Wandels die Widerspruchsfreiheit zu den empirischen Fakten gewahrt bleiben, so ist klar, daß plausible Weltbilder keine unkorrigierbaren, zeitlosen Systeme sein können. Sie müssen vielmehr regelmäßig auf „Verträglichkeit" mit den neuen Befunden über die Welt überprüft und gegebenenfalls von unhaltbar gewordenen Ansichten „gereinigt" werden (vgl. Kapitel 17). „Weltbilder müssen, wie alte Häuser, von Zeit zu Zeit aufpoliert werden, und einige von ihnen benötigen einen kompletten Umbau" (MARIETTA, 1995, S. 102).

Ist mit dieser Forderung die Frage nach dem speziellen Charakter der „Entscheidung" zwischen den verschiedenen Weltbildern nun beantwortet? Mir scheint, nicht ganz. Zwar ist mit dem Kriterienkatalog von TAYLOR das dezisionistische Element dieser Entscheidung etwas abgemildert, insofern damit ein allgemeiner Maßstab gegeben ist, nach dem Weltbilder beurteilt, korrigiert und die Plausibilitäten ihrer einzelnen Elemente geprüft werden können. Doch dies besagt nicht, daß damit die Notwendigkeit einer *persönlichen* Stellungnahme gänzlich aufgehoben wäre. Weitestgehende Kenntnis der relevanten *deskriptiven* Befunde ist für die Konstituierung eines plausiblen Weltbildes zwar notwendig, aber sie ist keine hinreichende Bedingung, um dieses Weltbild eindeutig festzulegen. Im Rahmen von Weltbildern können dieselben deskriptiven Befunde höchst unterschiedlich interpretiert und gewichtet werden – und dies hat natürlich erhebliche normative Konsequenzen. So können zwei Personen dieselbe Faktenkenntnis über Arten, über die Evolution und über die Rolle von Arten in der Evolution haben, und doch ist damit noch nicht gesagt, daß beide zu derselben Schlußfolgerung im Hinblick auf die Frage kommen, was es denn bedeutet, eine Art auszulöschen.

Daß hier die Möglichkeit von Differenzen immer in Rechnung gestellt werden muß, dürfte nach der vorangegangenen Erörterung des „naturalistischen Fehlschlusses" (Kapitel 8) kaum verwundern: Allein aus der Kenntnis „reiner" Fakten lassen sich *logisch zwingend* keine Bewertungen ableiten; aus keinem „Ist" folgt *automatisch* ein „Soll". Wie kann es dann aber in der Weltbildfrage, die ja nicht zuletzt eine normative Frage ist, zu einer Entscheidung kommen, wenn nicht doch durch einen „blinden Sprung"?

Mit SPAEMANN (1990) glaube ich, daß die existentielle Entscheidung für ein Weltbild und dessen grundlegende Wertannahmen als genau das Gegenteil eines *blinden Sprunges* verstanden werden sollte. Sie sollte als ein Akt *gesteigerter Wahrnehmung* begriffen werden. Es muß bei einer solchen Entscheidung, wenn sie wirklich eine Entscheidung der Vernunft sein soll, darum gehen, das „Ist" so aufmerksam zu „sehen" und zu „hören", daß damit eine mehr oder weniger klare Einsicht in das „Soll" einhergeht (vgl. JONAS, 1988, S. 58). Einsicht in ein „Soll" kann freilich nur gelingen, wenn drei Voraussetzungen gegeben sind: Zum *ersten* Vertrauen in Wahrnehmungsevidenz, also den Glauben, daß so etwas wie Einsicht in diesem Bereich überhaupt möglich ist;[117] zum *zweiten* bestmögliches Wissen; zum *dritten* die Bereitschaft, die ursprünglich rein ich-zentrierte Perspektive des „Triebwesens" zu überwinden und die Wirklichkeit äußerer Objekte als die Wirklichkeit von eigenständigen Subjekten und nicht nur als die von Triebobjekten zu sehen. SPAEMANN (1990, S. 130) spricht hier von einem *„Erwachen zur Wirklichkeit"*. Vernunft ist in dieser Interpretation nichts anderes als „voll erwachtes Bewußtsein – Bewußtsein, das sich weiß und das sich als partikulare Wirklichkeit in einem absoluten Horizont weiß" (SPAEMANN, 1990, S. 116). „Solange das Leben im Triebhang befangen ist, solange es in der Stellung der ‚Zentralität' [d. h. der Ego-Perspektive] bleibt, wird ihm die Welt nicht wirklich. Das andere erscheint ihm nicht als es selbst. Es erscheint ihm nur als Umwelt, als Triebobjekt" (S. 119). Dabei betont SPAEMANN (1990, S. 133) unter Bezug auf KANT, daß der Anspruch des Wirklichen, als wirklich wahrgenommen zu werden, nicht aus irgendeinem moralischen Gesetz deduktiv ableitbar ist. Er kann letztlich nur in einem „Akt der Freiheit" wahrgenommen werden: „Ich kann mich jederzeit dazu entschließen, ein mir begegnendes Lebendiges als bloße Maschine, also nicht als substantielle Wirklichkeit zu betrachten. Die Einheit der Erfahrung und die Identifizierbarkeit der raumzeitlichen Gegenstände wird dadurch nicht zerstört. Ich kann mich zur Welt wie zu einem Reich bloßer Objekte verhalten wollen". Ich kann, mit einem Wort, mich weigern, „zur Wirklichkeit zu erwachen".

Daß ein solcher Verzicht auf Wirklichkeitswahrnehmung nicht von vornherein Zeichen eines individuellen psychischen Defektes sein muß, sondern eine Option sein kann, die in Form einer allgemeinen Weltanschauung bewußt vertreten wird, zeigt meines Erachtens die Naturphilosophie von DES-

CARTES (1637). Vor dem Hintergrund seines scharfen Dualismus zwischen Geist (res cogitans) und Körperwelt (res extensa) gibt es nur *ein* Wesen, das Subjektivität und damit substantielle Wirklichkeit hat: der Mensch. Tiere und Pflanzen sind nichts anderes als komplizierte Maschinen. Da Tiere keinen Geist haben, sondern nur aus „ausgedehnter Materie" bestehen, können sie auch nicht „wirklich" Schmerzen empfinden. Wenn ein Kaninchen bei einer Vivisektion Schmerzensschreie ausstößt, so unterscheidet sich dieses Phänomen für DESCARTES nicht grundsätzlich von dem Geräusch, das beim Auseinanderbauen eines Ziehbrunnens entsteht. Es ist klar, daß eine solche Interpretation tierischen Leidens insofern „bequem" ist, als damit jeglicher moralische Skrupel im Umgang mit der Natur vom Tisch gewischt werden kann. Sowohl der Erkenntnisfortschritt in den Naturwissenschaften als auch der Siegeszug der Technik hat davon entscheidend profitiert. Und doch können wir heutzutage nicht umhin, das Naturbild DESCARTES' als extrem „wirklichkeitsblind" zurückzuweisen. Abgesehen davon, daß es so kontraintuitiv ist, daß man sich fragen muß, wie ein Mann von der Genialität DESCARTES' es ernsthaft für wahr halten konnte, ist dieses Bild durch das neuzeitliche Wissen über die nervenphysiologischen Gemeinsamkeiten und die stammesgeschichtliche Verwandtschaft zwischen Mensch und Wirbeltier inzwischen so gründlich erschüttert worden, daß man es philosophisch eigentlich nur noch mit geschlossenen Augen vertreten kann. Es muß heutzutage als praktisch unhaltbar angesehen werden.

Meine These, die ich im nächsten Kapitel ausführen werde, lautet, daß vor dem Hintergrund der neuzeitlichen Kenntnisse über die Welt und den Menschen nicht nur der Cartesianismus als spezielle Spielart der Anthropozentrik, sondern *das anthropozentrische Weltbild überhaupt* unhaltbar geworden ist. Es erweist sich nach dem Kriterienkatalog von TAYLOR (1986, S. 158 f.) von allen vier Weltbildern, die den vier Grundtypen der ökologischen Ethik zugrundeliegen,[118] als das unplausibelste. Näheres Hinsehen wird zeigen, daß mit den Weltbildern der Pathozentrik und Biozentrik zwar einige wenige Unverträglichkeiten gegenüber den empirischen Befunden abgemildert werden können, daß aber erst das holistische Weltbild in der Lage ist, nicht nur den geisteswissenschaftlichen Befunden über die Sonderstellung des Menschen, sondern auch den naturwissenschaftlichen Erkenntnissen über seine Eingebundenheit in das Naturgeschehen ausreichend Rechnung zu tragen. Mit den im nächsten Kapitel angeführten Plausibilitätsargumenten zugunsten eines holistischen *Weltbildes* ist freilich die holistisch-pluralistische *Ethik selbst* noch nicht begründet. Es wird damit zunächst nur die weltanschauliche „Plattform" vorbereitet, von der aus dann die spätere Begründung erfolgen soll. Der Vorwurf des Naturalismus, wie ihn z. B. SCHÄFER (1987, S. 23) gegen jeden Versuch erhebt, „eine Ethik der Verantwortung auf einen Naturbegriff gründen zu wollen", liegt natürlich nahe. Doch glaube ich nicht, daß er bei der hier versuchten Strategie einer *relativen* Begründung auf Basisniveau, also eines Plausibilitätsvergleiches der Grundprämissen, greift. Wenn meine Einschätzung richtig ist, daß es *keine* Ethik ohne empirische Basisannahmen in Form eines Natur- und Menschenbildes gibt, so muß dieser Vorwurf entweder *alle* Ethiken treffen, oder aber er ist bei allen Ethiken *irrelevant*.

27. Vom anthropozentrischen zum holistischen Weltbild

Zwar sind die zahlreichen Moralsysteme, die unter dem Oberbegriff der anthropozentrischen Umweltethik zusammengefaßt werden können, zu heterogen, als daß ihnen *ein* einheitliches anthropozentrisches Welt- und Menschenbild unterstellt werden könnte, doch haben all diese Ethikversionen nach TEUTSCH (1985, S. 8) wenigstens ein Charakteristikum miteinander gemein: Sie verstehen „die Welt als auf den *Menschen* hingeordnet: alles dient seinen Zwecken, alles ist nur Mittel für ihn". Diese Sichtweise, nach der der Mensch das Zentrum der Welt ist und die restliche Natur lediglich die auf ihn bezogene „Umwelt", wird von den Anhängern der Anthropozentrik natürlich nicht immer *explizit* vertreten, aber ich behaupte, daß sie ihren ethischen Prämissen und Gedankensystemen zumindest *implizit* zugrundeliegt. Sie sei im folgenden als „ontologische Anthropozentrik" bezeichnet. Nach meiner Einschätzung rekrutiert sie sich zum überwiegenden Teil aus drei Traditionen: einer religiösen, einer naturphilosophischen und einer erkenntnistheoretischen.

1) Zur *religiösen* Rechtfertigung des anthropozentrischen Weltbildes wurde in der westlichen Kultur über Jahrhunderte die jüdisch-christliche Überlieferung herangezogen, wonach Gott den Menschen als sein „Ebenbild" geschaffen und ihm den Auftrag gegeben habe, sich die Natur zu unterwerfen. Heißt es doch in 1. MOSE 1,28: „Seid fruchtbar und mehret euch und füllet die Erde und machet sie euch untertan und herrschet über die Fische im Meer und über die Vögel unter dem Himmel und über das Vieh und über alles Getier, das auf Erden kriecht". Dieser häufig zitierten Bibelstelle können zwar andere Stellen gegenübergestellt werden, die die abgehobene Stellung des Menschen relativieren oder doch zumindest den oft daraus abgeleiteten Anspruch auf *unbeschränkte* Verfügung über die Natur überzeugend widerlegen (vgl. LIEDKE, 1981, S. 109f.; MAY, 1979, S. 159; TEUTSCH, 1980, S. 26). Doch ändert dies wenig an der geschichtlichen Tatsache, daß die Hauptströmungen christlicher Theologie, ähnlich wie die DESCARTESsche Philosophie, faktisch eine Theorie der Zweiteilung der Welt in den Menschen (mit Vernunft, Seele und Heilsgeschichte) und die Natur (ohne Vernunft, Seele und überhaupt irgendeine Geschichte) vertreten haben (vgl. LIEDKE, 1981, S. 73). Die Beziehung zwischen beiden wurde dabei in der Regel als ein von Gott in Auftrag gegebenes Herrschaftsverhältnis interpretiert. Diese Sichtweise hatte zur Folge, daß sich die Einstellung breit machen konnte, die Welt sei dem

Menschen „wie ein unerschöpfliches Füllhorn zum beliebigen Gebrauch in die Hand gegeben, aus dem man sich guten Gewissens bedienen könne, solange man nur das Tischgebet nicht vergißt" (TEUTSCH, 1980, S. 119). Tatsächlich hieß es noch im II. Vatikanischen Konzil (1962–1965), also kurz bevor die ökologische Krise auch bei den Kirchen ein Umdenken im Verhältnis zur Natur eingeleitet hatte: „Es ist fast einmütige Auffassung der Gläubigen und der Nichtgläubigen, daß alles auf Erden auf den Menschen als seinen Mittel- und Höhepunkt hinzuordnen ist" (zit. nach AUER, 1988, S. 31/32).

2) Der damit zum Ausdruck kommende Anspruch auf grundsätzliche Verfügung über die gesamte nichtmenschliche Welt war freilich weder auf das Christentum noch auf die beiden anderen großen monotheistischen Religionen Judentum und Islam beschränkt. Er findet sich ebenso in vielen *naturphilosophischen* Denksystemen von der Antike bis zur Neuzeit. Insbesondere ist er für Weltdeutungen charakteristisch, die in der Natur nicht nur ein durchgehendes Prinzip der Zweckhaftigkeit und Ordnung sahen, sondern darüber hinaus im Menschen den obersten und letzten innerweltlichen Zweck glaubten erkennen zu können. Für CICERO (106–43 v. Chr., S. 328 f.) z. B. bestand kein Zweifel, daß „das Weltall selbst um der Götter und Menschen willen geschaffen" wurde und alles in ihr Befindliche „zum Genuß der Menschen eingerichtet und ausgedacht" sei. Er erläutert dies am Beispiel der Haustiere: „Lang würde die Aufzählung des Nutzens sein, welchen die Maulesel und Esel uns gewähren, die sicherlich nur für den Menschen gemacht worden sind. Ebendies gilt für das Schwein, denn wozu anders als zur Speise könnte es dienen? Chrysipp selbst sagt von ihm, daß es eine Seele nur anstelle des Salzes [zum Einpökeln] erhalten habe, damit es nicht verfaule". THOMAS VON AQUIN (1225–1274, S. 153) faßt den damit recht plastisch veranschaulichten Grundgedanken einer *teleologischen* Anthropozentrik in allgemeiner Form zusammen, wenn er erklärt: „Keiner sündigt, indem er eine Sache zu dem verwendet, wozu sie bestimmt ist. In der Ordnung der Wesen aber sind die unvollkommenen wegen der vollkommenen da". Da die Natur nichts Zweckloses oder Unnützes hervorbringe, sei es unleugbar wahr, daß sie alle Tiere um der Menschen willen hervorgebracht habe. Von diesem Standpunkt aus ist es dann kein weiter Schritt mehr zu der kosmologischen Perspektive, wie sie FRANCIS BACON (1609, S. 63) im Rahmen seiner Interpretation des Prometeus-Mythos mit den folgenden Worten skizziert: Der Mensch [kann], wenn wir auf die Zweckursachen blicken, als der Mittelpunkt der Welt betrachtet werden (…), und zwar derart, daß wenn der Mensch aus der Welt genommen würde, der Rest völlig verstreut erscheinen würde, ohne Ziel und Zweck und zu nichts führen würde. Denn das ganze Universum dient dem Menschen, und es gibt nichts, woraus er nicht seinen Nutzen und seine Früchte zieht". Um dem Eindruck zu begegnen, solche Weltdeutungen seien lediglich in früheren Jahrhunderten vertreten worden, sei hier stellvertre-

tend für viele ähnliche Positionen einer *modernen* teleologischen Anthropozentrik auf eine Publikation von Schäfer (1987, S. 27/28) verwiesen. Auch dort wird der Mensch ausdrücklich als „letzter Zweck der Natur" verstanden.

3) Seitdem die Auffassung vom Menschen als dem physischen Mittelpunkt und eigentlichen Zweck des Universums durch die modernen Naturwissenschaften freilich erheblich erschüttert worden ist, läßt sich in der Weltbildfrage zunehmend eine Verlagerung von der teleologischen zu einer mehr *erkenntnistheoretischen* Perspektive erkennen: Die ontologische Anthropozentrik wird nun vermehrt unter Verweis auf die zentrale Rolle abgestützt, die der Mensch als das erkennende Subjekt in der neuzeitlichen Erkenntnistheorie spielt. So lehnt Kant (1756, S. 78), ihr wichtigster Begründer, in einer seiner frühen Schriften eine *teleologische* Anthropozentrik ausdrücklich ab: Die Vorstellung, alles in der Natur sei bloß um des Menschen willen da, sei nichts anderes als Ausdruck menschlicher Voreingenommenheit und Eitelkeit.[119] Später legt Kant (1787) in seiner *Kritik der reinen Vernunft* dann allerdings eine Theorie der Erkenntnis vor, die dem Menschen nicht nur seine zentrale Stellung in der Welt erhält, sondern den Weg zu einem noch weiter verschärften anthropozentrischen Wirklichkeitsverständnis vorzeichnet. Grundelement seines Ansatzes, der von ihm selbst mit der kopernikanischen Wende in der Astronomie verglichen wird (allerdings mit umgekehrten Vorzeichen), ist die These, daß sich nicht etwa unsere Erkenntnis nach den Gegenständen richtet, sondern daß umgekehrt die Gegenstände (als Objekte der Sinne) sich nach der Beschaffenheit unseres Anschauungsvermögens richten müssen. Sie resultiert für Kant aus der bis heute unbestrittenen Einsicht, daß wir die Welt nie „an sich", sondern immer nur „als Erscheinung", d. h. durch das Raster unseres Erkenntnisapparates erfassen können. Wenn wir in der Natur Gesetzmäßigkeiten zu erkennen glauben, so rührt dies daher, daß unser Erkenntnisapparat die Erscheinungen gemäß den in ihm liegenden Kategorien (z. B. Raum, Zeit, Kausalität etc.) zu einem sinnvollen Ganzen zusammensetzt. So gesehen *entdecken* wir also die Naturgesetze nicht, sondern *entwerfen* sie: Der Mensch ist gewissermaßen der Gesetzgeber der Natur, insofern Natur als „Inbegriff der möglichen Gegenstände der Erfahrung" verstanden wird. Während Kant freilich hinter der Natur, wie sie uns in der Erfahrung erscheint, immer noch eine Natur *an sich* annahm, die unabhängig von uns existiert, ist diese Hypothese von der nach-kantischen Philosophie aufgegeben worden. Da eine Welt *an sich*, die außerhalb der Kategorien von Raum und Zeit steht und die empirisch zudem in keiner Weise zugänglich ist, keinen Sinn zu machen schien, blieb für Philosophien wie den deutschen Idealismus, die Phänomenologie und den Existenzialismus nur noch eine Welt der Erscheinungen übrig – und diese Welt ist, wie gesagt, eine menschliche Konstruktion. Eine eigenständige Realität im Vollsinn des Wortes wird der subhumanen Welt nun gar nicht mehr zugestanden!

Vor dem Hintergrund dieser geistesgeschichtlichen Entwicklung und dem daraus hervorgegangenen Weltverständnis kann es somit nur wenig verwundern, wenn die Natur auch heute noch von vielen Philosophen und Theologen als auf den Menschen hin zentriert und in gewisser Weise sogar als ein von seiner Vernunft abhängiges Konstrukt verstanden wird. So sagt AUER (1985, S. 175) unter Verweis auf die Tatsache, daß nur der Mensch fähig sei, das vielfältige Wechselspiel im ökologischen Haushalt zu verstehen, zu respektieren oder auch zu zerstören: „Die Natur kommt zu sich selbst nur im Menschen. Nur in ihm erfüllt sich ihr Sinn. (...) Darum ist der ‚Alleinvertretungsanspruch der Menschheit für den Kosmos' nicht eine ‚dumme und anmaßende Rolle der Macht' [wie AMERY (1974, S. 211) dies behauptet hatte], sondern die präzise Bestimmung der Würde des Menschen, durch den allein auch Wert und Würde der Natur gewährleistet werden können."

Mit der damit nur grob skizzierten Darstellung der religiösen, naturphilosophischen und erkenntnistheoretischen Wurzeln der Anthropozentrik soll nicht gesagt sein, daß das anthropozentrische Weltbild sich ausschließlich aus den dargestellten Quellen entwickelt hätte.[120] Es soll auch nicht von vornherein unterstellt werden, daß jeder, der heutzutage eine anthropozentrische Ethik favorisiert, die hier aufgeführten weltanschaulichen Prämissen teilt. Doch falls er dies *nicht* tut, muß er sich immerhin die Frage gefallen lassen, inwieweit es konsistent ist, die zentralen Überlegungen, die zur Errichtung des anthropozentrischen Weltbildes geführt haben, explizit abzulehnen und dennoch an seinem bereits genannten Kern implizit oder explizit festzuhalten. Mir scheint, daß in dieser Frage im Grunde genommen nur zwei Positionen in sich stimmig sind: *Entweder* man weist die dargestellten religiösen, teleologischen und erkenntnistheoretischen Grundannahmen über die Welt und den Menschen in den wesentlichen Punkten zurück; dann wird man kaum am anthropozentrischen Weltbild festhalten wollen. *Oder* aber man glaubt, an diesem Weltbild festhalten zu müssen, weil man große Teile der angeführten Annahmen nach wie vor für zutreffend hält; dann muß man sich allerdings fragen lassen, ob diese Annahmen mit dem heutigen Wissen über die Welt und über den Menschen wirklich noch in Deckung zu bringen sind. Im folgenden werde ich zu zeigen versuchen, daß sie einer Konfrontation mit diesem Wissen nicht standhalten, und mich dabei insbesondere auf drei Disziplinen stützen: die Astronomie, die Evolutionsbiologie und die Ökologie.

Ein Nachdenken über „Weltbilder", das nicht lediglich ein Nachdenken über „Erdbilder" sein will, kann nicht umhin, sich an *erster* Stelle mit den Erkenntnissen der modernen *Astronomie* auseinanderzusetzen. Diese Notwendigkeit wird allein an der Tatsache ersichtlich, daß kaum eine andere Erkenntnis die menschliche Selbsteinschätzung über eine privilegierte Stellung in der Welt nachhaltiger erschüttert hat, als die Entdeckung des KOPERNIKUS (1473–1543), wonach die Sonne sich nicht um die Erde dreht, sondern umgekehrt die Erde um die Sonne. Denn „solange man mit PTOLEMÄUS glaubte, die Erde bilde die Mitte des Weltalls, lag es nahe, diese Mittehaftigkeit auch auf den Menschen zu übertragen. Sobald dagegen die Erde nur noch ein ‚Stern unter Sternen' ist, wird auch der Glaube an die herausgehobene Einzigartigkeit des Menschen hinfällig" (LANDMANN, 1976, S. 71). Dabei hat die nachkopernikanische Astronomie inzwischen gezeigt, daß die Hoffnung des Menschen, wenigstens über „seine" Sonne eine zentrale Position im All beibehalten zu können, ebenfalls enttäuscht werden muß: Auch unser Zentralgestirn ist keineswegs die Mitte des Universums. Es liegt vielmehr im äußeren Bereich eines riesigen wirbelnden Sternsystems, ungefähr 30 000 Lichtjahre von dessen Zentrum entfernt. Dieses Sternsystem, unsere Milchstraße, ist Heimat von über 100 Milliarden Sonnen – einer wahrhaft astronomischen Anzahl![121] Wie FERRIS (1983, S. 10/11) bemerkt, ist unsere Spiralgalaxie so groß, „so überreich mit Sternen bevölkert, daß wohl kaum irgendjemand enttäuscht wäre, wenn sie sich als das ganze Weltall herausgestellt hätte. Aber sie ist nur *eine* von vielen Galaxien": Nach BARROW & SILK (1986, S. 210) wird die Gesamtbevölkerung des Universums heute auf über 100 Milliarden Hauptgalaxien geschätzt. Dazu kommt eine unbekannte Anzahl von Zwerggalaxien, die zusammen wahrscheinlich ebenso viele Sterne enthalten wie die leuchtenden Hauptgalaxien. Insgesamt enthält der derzeitig beobachtbare Teil des Universums also mehr als 20 Trilliarden (2×10^{22}) Sonnen – von der Anzahl der Planeten, die um diese Sonnen möglicherweise kreisen, ganz zu schweigen.

Daß diese schwindelerregenden Befunde über den Kosmos das Weltbild und Selbstverständnis des Menschen nicht unberührt lassen können, muß auf der Hand liegen. Zwar hatten schon Denker weit zurückliegender Jahrhunderte die Erde als kleinen „Punkt" im All beschrieben (z. B. MARC AUREL, 121–180, S. 34) und ihr „Erschaudern vor der unendlichen Weite der Räume" zum Ausdruck gebracht (PASCAL, 1623–1662, S. 29). Doch mit den neuen Erkenntnissen hat sich die damals noch abstrakte und vage Vorahnung der riesigen Entfernungen und Sonnenmassen in einer Weise konkretisiert und potenziert, wie es alle (einigermaßen fundierten) Spekulationen der Vergangenheit nicht für möglich halten konnten. Wenn es überhaupt irgendwo berechtigt ist, HEGELS Formel vom Umschlagen der Quantität in die Qualität in Anspruch zu nehmen, dann hier: Das heutige Wissen vom Kosmos hat mit dem alten, intuitiv aber immer noch vorherrschenden Bild vom „über uns aufgespannten Sternenzelt" nicht mehr das Geringste gemein.

Natürlich ist es im Rahmen dieser Arbeit nicht möglich, die sich hieraus ergebenden naturphilosophischen Konsequenzen auch nur annähernd auszuloten. Worum es in diesem Kapitel allein gehen kann, ist das eingangs genannte Ziel des *Weltbildvergleiches*, d. h. es geht um die relativ bescheidene Frage, ob vor dem Hintergrund des neuen Wissens vom Kosmos die anthropozentrische oder die holistische Perspektive die plausiblere ist. Ich denke, die Antwort *hierauf* fällt nicht schwer: Angesichts der unermeßlichen Größe, der reichhaltigen Dynamik und der Milliarden Jahre alten Geschichte des Weltalls muß die anthropozentrische Vorstellung, der Mensch sei Zentrum und letzter Zweck der Natur, als die mit den empirischen Befunden eindeutig am schlechtesten zu vereinbarende Weltbildhypothese betrachtet werden. Es ist absurd, zu postulieren, die 100 Milliarden Galaxien mit ihren Abermilliarden von Sternen, Kometen und Gasnebeln seien „auf den Menschen hin gebaut" (AUER, 1985, S. 177) oder hätten ihre Wirklichkeit gar allein seinem Erkenntnisakt zu verdanken. Eine solche Ansicht mag zwar dem menschlichen Wunsch nach Bedeutung und Selbstbestätigung entgegenkommen, aber sie kann heute kaum mehr als Ausdruck des Bemühens um eine möglichst umfassende Wahrnehmung und redliche Interpretation der Wirklichkeit gewertet werden. Sie mag in vorkopernikanischen Zeiten plausibel gewesen sein, mit den neuen empirischen Befunden ist sie nicht mehr in Einklang zu bringen.

Überzeugender ist heute allemal die holistische Position: Nicht nur der Mensch stellt eine eigenständige Wirklichkeit dar, sondern mit ihm die *gesamte* Natur – auch die im Kosmos vorherrschende unbelebte Natur. Ihre Existenz erschöpft sich nicht in der Funktion *für* oder im Erkenntnisakt *durch* irgendeinen Teil des Ganzen – sei dieser Teil nun der Mensch (Anthropozentrik), das Bewußtsein (Pathozentrik) oder das Leben (Biozentrik) –, sondern hat ihr „Zentrum" in sich selber. Als Charakteristikum für diese Eigenständigkeit alles natürlich Gewordenen – im Gegensatz etwa zu den vom Menschen hergestellten Werkzeugen und Kunstwerken – sieht BRENNAN (1984, S. 44) das „Nichtvorhandensein einer *intrinsischen* Funktion". Zwar ist offenkundig, daß alle Dinge und Prozesse dieser Welt in mehr oder weniger enger Wechselwirkung mit anderen Dingen und Prozessen stehen und für diese damit auch vielfältige Funktionen innehaben, doch handelt es sich dabei stets um *extrinsische* Funktionen, also um *Rollen*. Die Sonne und der Mond etwa üben *für uns* u. a. die Rolle aus, den Tag und die Nacht zu erhellen, doch wäre es naiv, daraus den Schluß zu ziehen, sie seien in erster Linie oder ausschließlich „dafür da". Sie sind an erster Stelle *für sich selbst* da.

Die *zweite* wissenschaftliche Disziplin, deren Erkenntnisse dieses holistische Weltbild nahelegen, ist die *Evolutionsbiologie*. Ihre Bedeutung ist daran zu erkennen, daß sie vielfach als „Rückgrat" oder „Klammer" der gesamten Biologie bezeichnet wird. Der Grundgedanke der Evolutionsbiologie läßt sich in der These zusammenfassen, daß alle Lebewesen der Erdgeschichte, einschließlich des Menschen, nicht in einem einmaligen Schöpfungsakt getrennt voneinander erschaffen wurden, sondern in einer direkten Zeugungskette aus jeweils andersartigen, letztendlich aber gemeinsamen Vorfahren hervorgegangen sind. Obwohl bereits die Vorsokratiker ANAXIMANDER (611–546 v. Chr.) und EMPEDOKLES (492–432 v. Chr.) Ansätze einer solchen Theorie vertreten hatten (STÖRIG, 1981, S. 127/137), war DARWIN (1859) der erste, der Belege für die damit postulierte Wandelbarkeit (Inkonstanz) der Arten vorgelegt und einen Mechanismus zu ihrer Erklärung vorgeschlagen hatte. Seither ist diese darwinsche Abstammungslehre durch eine Fülle von Indizien (insbesondere aus Genetik und Molekularbiologie) gestützt und in diesem Jahrhundert zu einem komplexen Gedankengebäude erweitert worden (vgl. WUKETITS, 1988). Zwar gibt es über viele Detailfragen (wie z. B. die Rolle einzelner Evolutionsfaktoren und ihre Erklärungskraft für bestimmte Phänomene) unter den Biologen nach wie vor Meinungsverschiedenheiten, doch an der geschichtlichen Tatsache einer Evolution der Arten und des Menschen besteht heutzutage in Fachkreisen kein ernsthafter Zweifel mehr. Nach WUKETITS (1988, S. 10.) kann die „Beweisführung" hierfür „als abgeschlossen" gelten.

Die uneingeschränkte Akzeptanz und der hohe heuristische Wert des Evolutionsgedankens im Bereich der Wissenschaft ändern freilich wenig an der Tatsache, daß sich die damit aufgezeigte Zugehörigkeit des Menschen zur Natur bislang nur sehr zögerlich und einseitig im öffentlichen Bewußtsein niedergeschlagen hat. Abgesehen von populären Mißverständnissen und biologistischen Fehlinterpretationen (wie z. B. dem Sozialdarwinismus oder bestimmten Spielarten einer evolutionistischen Ethik) ist das heutige Weltbild des Menschen immer noch vor-evolutionär. MEYER-ABICH (1984, S. 94) spricht nicht von ungefähr von einem „blinden Fleck in der industriegesellschaftlichen Wahrnehmung der natürlichen Mitwelt". Dabei läßt sich die Ausblendung der menschlichen Naturzugehörigkeit psychologisch wohl nur so erklären, daß die Abstammungslehre auch 150 Jahre nach DARWIN immer noch eine Provokation darstellt. Die Einsicht, nach der wir in einer Ahnenreihe mit Tieren, Pflanzen und Bakterien stehen und die heutigen Arten gewissermaßen unsere Verwandten sind, stößt nach wie vor auf erhebliche innere Widerstände. Gleichwohl ist sie unabweisbar. Stellvertretend für eine Fülle molekulargenetischer, physiologischer und ethologischer Beispiele, die die enge Verwandtschaft des Menschen mit den Wirbeltieren eindrucksvoll demonstrieren könnten, sei hier nur der Befund genannt, daß Menschen und Schimpansen in 99,6 Prozent ihrer aktiven Gene übereinstimmen (SAGAN, 1996, S. 47).

Allein dieses Beispiel macht deutlich, daß die im anthropozentrischen Weltbild in der Regel unterstellte *radikale* Diskontinuität zwischen dem Menschen und der restlichen Natur unter biologischer Perspektive eine Fiktion ist. Es mag in mancherlei Hinsicht eine beträchtliche Distanz zwischen dem Menschen und anderen Organismen geben, doch ist sie in der Regel weder eine absolute noch eine gleichmäßige. So ist nicht nur der Abstand zwischen Mensch und Schimpanse ganz offensichtlich geringer als der Abstand zwischen Mensch und Pantoffeltierchen. Es muß auch der Abstand zwischen einem Pantoffeltierchen und einem Schimpansen im Hinblick auf fast alle Merkmale als ungleich größer eingeschätzt werden als der Abstand zwischen einem Schimpansen und dem Menschen. Dieser Befund einer *kontinuierlich abgestuften* Distanz läßt nicht nur jede absolute Gegenüberstellung von Mensch und Natur ungerechtfertigt erscheinen, sondern macht auch andere absolute Abgrenzungen (wie sie z. B. die pathozentrische Position mit dem Phänomen des Bewußtseins postuliert) von vornherein fragwürdig. Zieht man etwa eine Linie vom Pantoffeltierchen über die Tellmuschel, den Regenwurm, den Hering, die Amsel, den Schimpansen bis hin zum Menschen, so gibt es – ungeachtet aller Klassifizierungsmöglichkeiten – nirgendwo auf dieser Linie einen Punkt, wo es mehr als anderswo gerechtfertigt wäre, eine *absolute* Zäsur zu setzen. Man könnte allenfalls geltend machen, daß der *Endpunkt* dieser Linie einer solchen Zäsur gleichkomme, insofern er die evolutionsbiologische Spitze markiere. Doch würde bei dieser Interpretation übersehen, daß jede Linie, die quer zum stammesgeschichtlichen Verlauf bis hin zum Menschen gezogen wird, letztendlich ein subjektives menschliches Konstrukt darstellt. Evolutionsbiologisch gesehen gibt es keine ausschließlich auf den Menschen zulaufenden Linien, sondern nur den einen Baum des Lebens mit seinem Stamm, seinen verschiedenen Ästen und *unzähligen* Astspitzen[122]. Wie jeder Baum hat der Stammbaum der Arten weder ein einziges Zentrum noch einen einzigen Endpunkt. Er hat allenfalls einen Ausgangspunkt und viele vorläufige Endpunkte. Nimmt man diese evolutionsbiologischen Befunde ernst, kommt man meines Erachtens kaum um eine holistische (oder wenigstens biozentrische) Sicht herum, derzufolge alle Arten und der gesamte Stammbaum ihre eigene, nicht abgeleitete Wirklichkeit haben. Entweder ist alles an diesem Baum in gleicher Weise „Zentrum" oder aber überhaupt nichts. Der ontologische Anthropozentrismus, der im Gegensatz hierzu *eine einzige Astspitze* zur Mitte erklärt, auf die alle anderen Astspitzen zentriert und in Zukunft auch hinzuordnen seien, muß gegenüber dieser Perspektive als ontologisch überladenes und unglaubwürdiges Deutungsmodell gelten. Er läßt sich meines Erachtens heute nur noch vor dem Hintergrund eines vor-evolutionären Bewußtseins nachvollziehen.

Diese Einschätzung erhärtet sich, wenn man nicht nur die *Gestalt* des Lebensbaumes sondern auch seine *Entstehungzeit* betrachtet. Ein ganz kurzer Abriß der Naturgeschichte soll dies verdeutlichen: Während das Alter des Universum derzeit auf ungefähr 18 Milliarden Jahre geschätzt wird (FERRIS, 1983, S. 11), existiert die Erde nach jüngsten Berechnungen seit ungefähr 4,55 Milliarden Jahren. Das Alter des Lebens wird auf mindestens 3,5 Milliarden Jahre veranschlagt (ELDREDGE 1994, S. 82/84). Ganze 3 Milliarden Jahre lang bestand es freilich lediglich aus Einzellern (Bakterien, Algen), bevor vor 670 Millionen Jahren die ersten komplexen Mehrzeller hinzukamen. Wasserlebende Wirbeltiere sind seit 450 Millionen Jahren nachgewiesen. Nachdem es dem Leben vor etwa 400 Millionen Jahren dann allmählich gelang, das Land zu erobern und vor 350 Millionen Jahren die ersten umfangreichen Waldökosysteme zu bilden, mußte es mehrere verheerende Massensterben überstehen, bevor sich vor 245 Millionen Jahren die Saurier entfalteten. Diese starben vor 65 Millionen Jahren (wahrscheinlich in der Folge eines gewaltigen Meteoriteneinschlages) aus und machten damit Platz für die Säugetiere, die zwar schon vor 200 Millionen Jahren entstanden waren, aber neben den Sauriern über lange Zeit nur eine Randposition besetzen konnten. Als ausgesprochen späte Säugetierart entwickelte sich vor etwas mehr als 2 Millionen Jahren schließlich Homo habilis, der älteste bekannte Vorfahr der Menschheitsfamilie. Homo sapiens, der heutige Mensch, ist dagegen „erst" hunderttausend Jahre alt, wobei im allgemeinen lediglich die letzten zehntausend Jahre als „Menschheits- oder Kulturgeschichte" gelten.

Die hier nur kurz skizzierten Befunde der Paläontologie werfen meines Erachtens wenigstens *drei* Einsichten auf, die allesamt eine deutliche Sprache gegen das anthropozentrische Weltbild sprechen: Zum *ersten* muß die für dieses Weltbild bis in unsere Tage hinein charakteristische Ansicht als unhaltbar gelten, die Natur sei eine *geschichtslose* Maschinerie aus deterministisch gesteuerten und beliebig austauschbaren Objekten und ihre Dynamik sei – im Gegensatz zur menschlichen Historie – eine Art „ewige Wiederkehr des Gleichen".[123] Das Gegenteil ist der Fall. Die Natur ist – schaut man nur genau genug und mit der richtigen Skalierung hin – um nichts weniger als die Kultur ein *geschichtlicher Prozeß*, der immer wieder Neues und Einmaliges hervorgebracht hat und weiterhin hervorbringt. Im Laufe der Evolution sind insgesamt wahrscheinlich mehr als eine Milliarde Arten entstanden (MAYR, 1991, S. 94) – jede Art ein einzigartiger, nicht wiederholbarer Entwurf der Natur! Welch enormes Potential an „Kreativität" in der subhumanen Natur dabei ständig in Rechnung gestellt werden muß, zeigt meines Erachtens vor allem die Tatsache, daß *aus ihr* ja schließlich auch der Mensch mit all seinen einzigartigen geistigen Fähigkeiten und kulturellen Möglichkeiten hervorgegangen ist. Zum *zweiten* machen es die paläontologischen Befunde offenkundig, daß der Mensch bei seiner „Ankunft" nicht etwa einen kahlen Planeten vorgefunden hat, der gewissermaßen nur darauf gewartet hat, von ihm „umgepflügt" zu werden. Vielmehr existierte bereits auf allen Kontinenten eine äußerst reichhaltig entwickelte Flora und Fauna, die in komplexen, aufeinander eingespielten Systemen organisiert war. TAYLOR (1981, S. 207) schreibt hierzu: „Die Erde wimmelte vor Leben, lange bevor wir erschienen. Wir sind, metaphorisch gesprochen, sehr spät angekommene Verwandte, die ein Zuhause betreten, das über hunderte Millionen von Jahren Wohnsitz von anderen gewesen ist". Vor dem Hintergrund dieses Bildes drängt es sich *der Vernunft* geradezu auf, anzunehmen, „daß dieses Zuhause nun von uns allen gemeinsam geteilt werden muß". Zum *dritten* ist der *zeitliche* Anteil der Zivilisationsgeschichte an der gesamten Naturgeschichte dermaßen marginal, daß es meines Erachtens schon größerer Anleihen aus der Mythologie bedarf, um den Menschen immer noch als „Zentrum der Natur" zu verstehen. Wie sehr – neben den Befunden der Astronomie – auch hier die sprichwörtliche Quantität in die Qualität umschlägt, wird deutlich, wenn man die Naturgeschichte statt in absoluten Zahlen in Form des sogenannten „planetarischen Kalenders" darstellt (vgl. MAYR, 1991, S. 90; ZAHRNT, 1993, S. 115).[124] Die 4,55 Milliarden Jahre der Erdgeschichte werden dabei auf die Länge eines Jahres projiziert: Nimmt man an, am 1. Januar sei die Erde entstanden, dann dauerte es bis zum 27. Februar, bis die ersten Lebewesen (Prokaryonten) auftauchten und immerhin bis zum 1. September, bis sich die ersten Einzeller mit echtem Zellkern (Eukaryonten) entwickelten. Die ersten Wirbeltiere (Fische) erschienen am 21. November, die Säugetiere am 12. Dezember. Am letzten Tag des Jahres, um 19.30 Uhr, zeigt sich der älteste bekannte Ahne der Menschheitsfamilie. Um 23.57 Uhr folgt sein Nachfahre Homo sapiens und besiedelt im Bruchteil einer Minute alle Kontinente. Zwei Sekunden vor Mitternacht beginnt mit dem Aufschwung der modernen Naturwissenschaften die Neuzeit, vor eineinhalb Sekunden findet die industrielle Revolution statt. Und die für uns heute selbstverständlich erscheinende technische Zivilisation mit Auto und Farbfernseher dauert noch nicht einmal eine einzige Sekunde an.

Mir scheint, kaum anderswo springt die Unangemessenheit des anthropozentrischen Weltbildes plastischer ins Auge als bei diesem Zeitrafferszenario: Folgt man nämlich der anthropozentrischen Interpretation des planetarischen Kalenders, so hat die *eigentliche* Geschichte des Planeten allen Ernstes erst in den letzten drei Minuten des Jahres begonnen. Die gesamten zwölf Monate des planetarischen Jahres bis zum Abend des 31. Dezember waren lediglich das Vorspiel, um die materiale und biologische Grundlage für die Menschheitsgeschichte zu schaffen. So konstatiert etwa AUER (1988, S. 36) unter Bezug auf ein Zitat von KARL RAHNER: „Allein der Mensch mit seiner Vernunft und seiner Freiheit vermag dem Prozeß der Evolution Sinn und Ziel zu geben". Heißt dies, daß 4,5 Milliarden Jahre Erdgeschichte bzw. 99,998 Prozent der Existenzdauer des Universums ohne Wert und Zweck waren und es auch geblieben wären, wenn der Mensch nicht entstanden wäre? Man kann diese phantastische Schlußfolgerung angesichts der beschriebenen räumlichen und zeitlichen Relationen kaum für wahr halten. Um ihr zu entkommen, bleibt der Anthropozentrik nur die nicht weniger phantastische Option, im Rahmen einer *teleologisch* interpretierten Evolution anzunehmen, der Mensch sei von vornherein das verborgene Endziel der vorangegangenen millionenfachen Entfaltung des Lebens gewesen. Dann hätte auch die bisherige kosmische Geschichte, wenn auch keinen Selbstzweck, so doch wenigstens den indirekten Sinn und Zweck gehabt, irgendwann den Menschen hervorzubringen. Freilich, ein solcherart finalistisches Evolutionsverständnis, wie es z. B. TEILHARD DE CHARDIN (1959) mit seiner Theorie einer auf den Menschen abzielenden Kosmogenese vertreten hatte („Omega-Prinzip"), ist im Lichte der heutigen naturwissenschaftlichen Befunde über die prinzipielle Ungerichtetheit evolutionärer Prozesse nicht mehr aufrechtzuerhalten (MAYR, 1988, S. 235). Es würde auch die Annahme nach sich ziehen, daß die Evolution mit der Heraufkunft des Menschen nun an ihrem Ziel angekommen und im wesentlichen abgeschlossen sei. Nichts Aufweisbares spricht für diese Vermutung. Im Gegenteil kann man davon ausgehen, daß die Evolution weitergehen und auch der Mensch wie jede andere Art eines fernen Tages vom Schicksal des Aussterbens ereilt werden wird – sei es infolge biologischer Gegebenheiten oder sei es durch eine kosmische oder geologische Katastrophe.[125]

Wäre die Evolution ohne den Menschen dann wieder „sinnlos" und die Natur wieder eine „Wildnis ohne Wert und Zweck"? Erinnert man sich des „Last-People-Example" von ROUTLEY (1973; vgl. Kapitel 23.c), sollte man annehmen, daß Holisten diese Frage verneinen, Anthropozentriker sie jedoch bejahen. Ob die anthropozentrische Position dabei als in sich stimmig gelten kann, halte ich für zweifelhaft. Mir erscheint die damit verbundene Annahme, Sinn und Wert seien mit der Heraufkunft des Menschen gewissermaßen aus dem Nichts entstanden und verschwänden nach dem Menschen auch wieder ins Nichts, weniger plausibel als die alternativen Annahmen einer *durchgehenden* Sinnhaftigkeit oder Sinnlosigkeit. Diese Einschätzung wird durch eine Überlegung von SPAEMANN (1990, S. 153) gestützt, der schreibt: „Wer die Wirklichkeit im Ganzen für ein sinnloses Vorhandensein von *facta bruta* hält, der kann es nicht plötzlich für sinnvoll halten, wenn im Zuge der Evolution ein Wesen die Augen aufschlägt und in diesem Augenaufschlag diese universelle Sinnlosigkeit sich ihrer selbst bewußt wird. SCHOPENHAUER hat das ganz richtig gesehen. Bewußtes Leben ist dann nur die Potenzierung des Absurden. Umgekehrt also: Wenn im Aufgehen des Seins, also im Bewußtsein, Sinn liegt, dann geht dieser Sinn notwendig diesem Aufgehen voraus." NAGEL (1990, S. 82) kommt im Zusammenhang mit der Frage nach dem „Sinn des Lebens" (im nicht nur subjektiven Sinne) zu einer analogen Schlußfolgerung: Von einem Sinn eines *Teils* (also des individuellen Lebens) zu sprechen, scheint nur dann gerechtfertigt zu sein, wenn man für das *Ganze* (den sozialen Lebenszusammenhang, die Menschheit, den Planeten, den Kosmos) ebenfalls Sinn annimmt.[126]

Ein moderner Vertreter der Anthropozentrik wird versucht sein, diese Überlegungen als „spekulative Metaphysik" zurückzuweisen, und dabei geltend machen, daß er sein Weltbild auch ohne Anleihen bei der Naturphilosophie, nämlich allein *erkenntnistheoretisch*, abstützen könne. Dies sei ihm unbenommen. Er sollte sich allerdings im klaren darüber sein, daß die erkenntnistheoretische Anthropozentrik in eine Interpretation der Naturgeschichte mündet, die um nichts weniger befremdlich ist als die teleologische: Wenn die menschliche Erfahrung als die *einzige* Wirklichkeit verstanden wird, von der wir sinnvollerweise reden können, und wenn es ein „Ding an sich" nicht gibt, so muß dies bedeuten, daß die Natur auch erst mit dem Erkenntnisakt des Menschen „konstituiert" worden ist. COBB (1972, S. 140) hat auf die Paradoxie dieser Vorstellung aufmerksam gemacht: „Letzten Endes heißt das doch, daß jene Prozesse, die zur Bildung unseres Planeten führten und damit schließlich die evolutionäre Entwicklung auslösten, die ihren Höhepunkt im Menschen fand, erst in dem Moment wirklich wurden, als der Mensch auftauchte bzw. als der Mensch diese Ereignisse als solche erkannte. Die Evolutionstheorie zielt aber genau in die entgegengesetzte Richtung. Sie lehrt, daß es schon mehrere Milliarden Jahre lang reales Geschehen auf dieser Erde gegeben hat, daß der Mensch sehr spät aufgetreten und daß zwischen ihm und seinen tierischen Vorfahren keine klare Trennlinie zu ziehen ist." COBB (1972, S. 140) ist beizupflichten, daß die Philosophie diese wissenschaftliche Lehre von der Stellung des Menschen im Kosmos heute nicht mehr einfach ignorieren kann. Wenn ihr daran gelegen ist, die paradoxen Konsequenzen des anthropozentrischen Realitätsverständnisses aufzulösen, muß sie die evolutionsbiologischen Befunde in ihre Denksysteme integrieren: Sie muß in Rechnung stellen, daß „das, was vor dem Menschen und vor der sinnlichen Wahrnehmung der Tiere existierte, bereits etwas für sich selbst war" (COBB, 1972, S. 142).

Was dies für die Weltbildfrage zu bedeuten hat, ist klar: Wenn der Natur *vor* der Heraufkunft des Menschen ein „Für-sich-selbst-sein" zugestanden werden muß, um das genannte Paradoxon zu vermeiden, so kann dieser Subjektcharakter der *heute* existierenden Natur nicht bestritten werden. Auch die subhumane Welt um uns herum muß als eigene, nicht ausschließlich auf uns (oder irgend etwas anderes) zentrierte Wirklichkeit verstanden werden. Sie ist nicht nur „Umwelt" und Ressource für den Menschen oder die bewußtseinsfähigen Tiere, sondern *für sich selbst* existierende „Mitwelt". Diese Schlußfolgerung macht deutlich, in welchem Maße die Befunde der Evolutionsbiologie nicht nur die *Vergangenheit* der Natur erhellen, sondern darüber hinaus weitreichende Konsequenzen für das Naturverständnis der *Gegenwart* haben. Die Befunde zeigen, daß die dem anthropozentrischen Weltbild auch heute noch (zumindest implizit) zugrundeliegende Vorstellung, die subhumane Natur habe keine *eigene* Wirklichkeit, sondern allenfalls die Wirklichkeit von Nutz- oder Erkenntnisobjekten, nicht mehr haltbar ist. Es mag Zeiten gegeben haben, in denen diese Vorstellung eine gewisse Plausibilität für sich in Anspruch nehmen konnte, doch spätestens mit der Heraufkunft der modernen Astronomie und der Evolutionsbiologie sind diese Zeiten vorüber. Der amerikanische Astronom SAGAN (1996, S. 68) kommentiert die Antiquiertheit der ontologischen Anthropozentrik mit den folgenden Worten: „Vor zwei oder drei Jahrtausenden war es keine Schande zu behaupten, das Universum sei für den Menschen gemacht. Diese These war verführerisch, stimmte zudem mit allem überein, was der Mensch damals wußte, und wurde unterschiedslos überall gelehrt. Inzwischen allerdings weiß der Mensch mehr. Wer heute eine solche Position vertritt, setzt sich willentlich über Tatsachen hinweg und flieht vor der Selbsterkenntnis."

Damit ist freilich ein Problem angesprochen, das bereits im Zusammenhang mit der theoretischen Frage der Entscheidung zwischen den verschiedenen Weltbildern aufgetaucht war: die Option der *Ignoranz*. Man kann empirische Fakten über die Welt entweder ausblenden oder absichtlich unterbewerten, um zu verhindern, daß sie das altvertraute oder bequeme eigene Weltbild destabilisieren. Man kann, mit den Worten von SPAEMANN, sich weigern, „zur Wirklichkeit zu erwachen". Daß dies nicht nur eine seltene individuelle Option ist, sondern offenbar ein gängiges kollektives Verfahren darstellt, läßt die resignierte Einschätzung von WHITE (1970, S. 27) erkennen, der feststellt: „Trotz KOPERNIKUS dreht sich das Universum immer noch um unsere kleine Erde. Trotz DARWIN empfinden wir uns im Grunde unseres Herzens nicht als einen Teil des Naturablaufes." Warum ist dies so? Abgesehen von der Unanschaulichkeit der neuen Befunde, liegt dies sicherlich auch daran, daß es durchaus angenehm ist, so zu leben, als seien wir in einen maßgeschneiderten Garten gesetzt worden, in dem wir uns die anderen Lebewesen nach Belieben untertan machen können. Warum sollten wir uns da um die Befunde der Astronomie und der Evolutionsbiologie kümmern, wenn diese uns nur unsere privilegierte Stellung in der Welt streitig machen wollen? Was hat unser Alltag mit den Dimensionen unserer Heimatgalaxie oder dem „planetarischen Kalender" zu tun? Es ist nicht leicht, auf solche Fragen zu antworten, denn eine Antwort, die überzeugen könnte, müßte beim Fragenden ein gewisses Interesse an Wirklichkeit und Selbsterkenntnis voraussetzen. Ist dieses Interesse nicht gegeben, ist die Diskussion müßig. Es bleibt dann nur noch die „finale" Argumentation, die in analoger Form bereits zugunsten des moralischen Standpunktes angeführt worden ist: „Du kannst die Welt meinetwegen ruhig weiter mit Scheuklappen betrachten, aber überlege dir gut, ob du die Folgen eines bewußten Verzichtes auf Wirklichkeitswahrnehmung auf Dauer in Kauf nehmen möchtest".

Während eine solche Argumentation, wenn sie lediglich auf die Erkenntnisse von Astronomie und Evolutionsbiologie Bezug nehmen könnte, sicherlich nicht allzuviel ausrichten würde, stehen die Chancen schon besser, wenn die *dritte* der eingangs genannten Disziplinen nun noch hinzugezogen wird: die *Ökologie*. Realitätsblindheit gegenüber astronomischen oder evolutionsbiologischen Fakten hat keine nennenswerten Sanktionen durch die Wirklichkeit zu erwarten, aber Realitätsblindheit gegenüber den *ökologischen* Fakten. Dies hat der Mensch in Gestalt der ökologischen Krise inzwischen mehrfach unmißverständlich zur Kenntnis nehmen müssen. Dabei hat sich gezeigt, daß jeder schwerwiegende Eingriff in ökologische Systeme, der deren Eigengesetzlichkeiten ignoriert, direkt oder indirekt auf den Menschen und seine Zivilisation zurückwirkt. Die im anthropozentrischen Weltbild bislang als selbstverständlich erachtete Vorstellung, die Welt des autonomen Menschen und die Welt der natürlichen Objektwelt seien *im Prinzip* voneinander getrennt, ist damit handgreiflich widerlegt. Entgegen dieser Sicht von der Menschheit als „geschlossener Gesellschaft" hat die Ökologie deutlich gemacht, daß die gesamte Biospäre als eine komplexe, hierarchisch strukturierte *Gemeinschaft* verstanden werden muß, in der der Mensch zusammen mit allen anderen Lebewesen und der abiotischen Welt über vielfältige Wechselwirkungen eingebunden ist. „Wir alle leben in Systemen und sind deren Teile" (KREEB, 1979, S. 140). Dabei kann der Anspruch des Menschen, in diesen Systemen eine privilegierte Rolle zu spielen, von der Ökologie nicht gestützt werden – im Gegenteil: Als Art, die im oberen Bereich der Nahrungspyramide steht, ist der Mensch zwar auf die anderen Arten, insbesondere die Produzenten und Destruenten an der Basis der Pyramide, angewiesen, doch die Funktionsfähigkeit der Systeme und das Wohlbefinden der anderen Arten hängen nur in den seltensten Fällen vom ökologischen Beitrag des Menschen ab. Ökologisch betrachtet gilt: Der Mensch braucht eine für sein Wohlleben und Überleben geeignete Biosphäre, aber diese braucht den Menschen nicht.

Solche Erkenntnisse der Ökologie wird ein moderner Verfechter des anthropozentrischen Weltbildes nicht bestreiten. Er wird die zahlreichen Verflechtungen des Menschen mit den anderen Arten und seine Eingebundenheit in übergeordnete Systeme durchaus anerkennen, doch wird er gleichzeitig darauf verweisen, daß der Mensch sich von allen anderen Arten dadurch unterscheide, daß er *Einsicht* in all diese Zusammenhänge nehmen könne. Diese Einsicht befähige und ermächtige ihn, trotz seiner Eingebundenheit in die Biosphäre eine *zentrale* Stellung in ihr einzunehmen. Es sei für den Menschen an der Zeit, die Rolle des Steuermanns im Raumschiff Erde einzunehmen. Was heute Not tue, sei ein „Management der Biosphäre" (MARKL, 1995, S. 207). Daß diese Hoffnung auf eine Vollendung der Naturbeherrschung und die damit verbundene menschliche Selbsteinschätzung nicht nur unrealistisch, sondern gefährlich sind, habe ich bei meiner Kritik des technischen Optimismus bereits ausführlich dargelegt. Die dort zusammengetragenen Befunde haben nicht nur gezeigt, daß der selbsternannte Steuermann erkenntnistheoretisch ganz erheblich überfordert wäre, es hat sich darüber hinaus auch abgezeichnet, daß sich das Raumschiff Erde über kurz oder lang solchen Steuerungsversuchen entziehen würde. Als einer der Gründe hierfür erwies sich dabei die Tatsache, daß die Biospäre und ihre ökologischen Subsysteme *dezentral* organisiert sind: Natürliche Ökosysteme und ihre Lebensgemeinschaften entwickeln sich niemals über eine zentrale Steuerung, sondern regeln ihre Funktionen allein über das Zusammenwirken ihrer Komponenten, Kompartimente und Faktoren. Geht man von dieser strukturellen Eigenschaft der Natur aus, muß jeder Versuch, diese höheren Systemeinheiten durch eine zentrale Steuerung zu lenken, schon vom Ansatz her als äußerst zweifelhaft erscheinen. Nicht von ungefähr warnen KORNWACHS & LUCADOU (1984, S. 153) deshalb davor, Ökosysteme als „zuverlässig beeinflußbare Gebilde" zu betrachten. Sie raten statt dessen, bei selbstorganisierenden, offenen Systemen immer „eine gewisse Autonomie" in Rechnung zu stellen. Damit gelangen sie zur selben Schlußfolgerung, wie sie unter dem Stichwort des „ökologischen Denkens" in Kapitel 15 schon kurz skizziert worden ist: Will der Mensch die Rahmenbedingungen für eine nichtkatastrophale Entwicklung auf diesem Planeten möglichst günstig gestalten, sollte er sich des direkten Zugriffs durch Entwurf und Plan ohne zwingenden Grund weitgehend enthalten und der Natur statt dessen so viel Eigendynamik wie möglich einräumen. Langfristig betrachtet wird er – so sieht es zumindest die Mehrzahl der Ökologen – mit dieser Strategie am besten fahren.

Vor dem Hintergrund dieser Erkenntnisse erweist sich das anthropozentrische Welt- und Menschenbild ein weiteres mal als verfehlt. Sowohl die traditionelle Vorstellung, die Natur sei auf den Menschen hin *zentriert*, als auch der vom technischen Optimisten verstärkt propagierte Anspruch, die Natur sei auf die Bedürfnisse des Menschen hin *zu zentrieren*, sind mit dem heutigen Wissen über die dezentrale, sich selbst organisierende Struktur ökologischer Systeme und Prozesse nicht kompatibel. Grundfalsch an diesen Perspektiven ist die alte Gegenüberstellung von Mensch und Umwelt. HIMMELHEBER (1974b, S. 98) weist auf die „Kurzsichtigkeit dieses Standpunktes" hin: „Der Mensch ist als Naturgeschöpf in die biotischen Kreisläufe des Planeten unlösbar eingeordnet: es gibt keine nur auf ihn bezogene Nützlichkeit oder Schädlichkeit, keine nur für ihn geltende Umwelt." Vor diesem Hintergrund muß das häufig verfolgte Konzept einer sogenannten „Humanökologie" – so ehrenwert seine Absichten oft sein mögen – mit erheblicher Skepsis betrachtet werden. Dabei betont HIMMELHEBER, daß die isoliert-humanökologische Perspektive nicht etwa nur *theoretisch* zweifelhaft ist, sondern daß sie darüber hinaus auch eine akute *praktische* Gefahr in sich birgt: die Gefahr der „Fehlbeurteilung der bestehenden Probleme und Ableitung fehlerhafter Maßnahmen". Angesichts dieses praktischen Risikos plädiert KÜPPERS (1982, S. 73) dafür, daß „wir uns von einer anthropozentrisch verstandenen Ökologie, die die Biosphäre in den Menschen und die belebte Umwelt trennt, unbedingt loslösen". Die Einheit der belebten Natur müsse wiederhergestellt werden, „indem der Mensch sich selbst in das ökologische ‚Gleichgewicht' einpaßt." Nach KÜPPERS zeigt die Geschichte, „daß die Abkehr von anthropozentrischen

Weltbildern immer zu den großen Fortschritten unserer kulturellen Entwicklung gezählt werden müssen."

Es ist nun nicht schwer zu erkennen, daß eine Erweiterung des anthropozentrischen Weltbildes zu einem *pathozentrischen* den von KÜPPERS erhofften Fortschritt mit Sicherheit *nicht* bewirken würde. Der Hauptfehler der Anthropozentrik, die Dichotomie zwischen einem postulierten Zentrum und seinem Ressourcenreservoir, bleibt in der Pathozentrik nahezu unverändert erhalten. Der Unterschied zwischen beiden Positionen liegt allein darin, daß im ersten Fall eine einzige *Art* (der Mensch), im zweiten Fall ein einziger *Stamm* (im wesentlichen die Wirbeltiere, also weniger als drei Prozent aller Arten) zur „Mitte" der Natur erklärt werden. Macht man sich klar, daß auf diese Weise ausgerechnet die für alles irdische Leben wichtigsten Organismengruppen (nämlich alle Pflanzen und Mikroorganismen) an den Rand des Geschehens verwiesen werden, wird man das pathozentrische Weltbild kaum als angemessene Grundlage für einen vernünftigen Umgang mit den komplexen Systemen der Natur betrachten wollen.

Auch das *biozentrische* Weltbild erweist sich hier als unzulänglich. Zwar ist es insofern „ökologisch aufgeklärter", als es die Kluft zwischen den „höheren" Tieren und dem Rest der Lebewesen schließt, doch behält es zwei grundsätzliche Mängel des pathozentrischen Weltbildes bei: Zum *einen* bleibt es in der alten Dichotomie zwischen Zentrum und Peripherie befangen, indem es nur die *belebte* Materie, nicht aber die *unbelebte* als eigene Wirklichkeit gelten läßt. Dabei ist eine scharfe Trennungslinie zwischen Belebtem und Unbelebtem nicht nur unter evolutionstheoretischer Perspektive unplausibel – das Leben ging schließlich am Ende eines langen Prozesses aus der unbelebten Materie hervor –, sondern wird auch der fundamentalen Rolle geochemischer Faktoren bei der Selbstorganisation ökologischer Systeme nicht gerecht. Wie LOVELOCK (1993, S. 10) zeigt, ist die Biospäre des Planeten das Produkt einer *Coevolution* der lebenden Organismen und deren materieller Umgebung: „Diese beiden Teile sind eng und untrennbar miteinander verbunden." Nach LOVELOCK (1993, S. 60/69) kann die Evolution der Gesteine und der Luft und die Evolution der Lebewesen gar nicht unabhängig voneinander verstanden werden: „Nirgendwo auf der Erde gibt es eine klare Grenzziehung zwischen lebender und nicht lebender Materie." Auch wenn damit die Möglichkeit und der Sinn von Klassifikationen natürlich nicht bestritten werden sollen: eine absolute Zäsur, wie sie das biozentrische Weltbild nahelegt, scheint zumindest nicht gerechtfertigt.

Zum *anderen* ignoriert das biozentrische Weltbild nach wie vor die für die Ökologie grundlegende Erkenntnis, daß die Natur nicht nur als Ansammlung von *Individuen* betrachtet werden darf, sondern daß sie ebenso als Gemeinschaft hierarchisch strukturierter *Ganzheiten* verstanden werden muß. Trotz des Befundes, daß ökologische Ganzheiten sich durch sogenannte „Verursachungen nach unten" auszeichnen (vgl. Kapitel 7) und damit ganz offensichtlich mehr sind als nur die Summe ihrer Teile, haben Ganzheiten im biozentrischen Weltbild keine eigene, d. h. nicht ausschließlich von der Summe der Individuen abgeleitete Wirklichkeit. Nachdem ich diese atomistisch-individualistische Sichtweise unter *pragmatischen* Gesichtspunkten bereits in Kapitel 24.c kritisiert habe, soll an dieser Stelle nur noch der *theoretische* Einwand erörtert werden, Ganzheiten seien nichts anderes als menschliche Konstruktionen. In einem radikal erkenntnistheoretischen Sinne ist dieser Einwand natürlich richtig (vgl. Kapitel 25.b). Er trifft dann aber nicht nur auf die Existenz von Ganzheiten, sondern auch auf die Existenz ihrer Teile zu. Nicht nur das holistisch-synthetische, sondern auch das reduktionistisch-analytische Bild von Natur ist ja eine Konstruktion. Von dieser grundsätzlichen Bedingtheit aller Erkenntnis einmal abgesehen, scheint es seit der Überwindung der klassischen Physik durch die Quantentheorie indes gute Gründe zu geben, nicht etwa die *Teile* als das „Ursprüngliche" zu verstehen, sondern im Gegenteil das *Ganze*. C. F. von Weizsäcker (1991, S. 25/26) illustriert diesen Sachverhalt anhand zweier Beispiele: „Das Wasserstoffatom ist ein Ganzes. Es ist nicht eigentlich aus Proton und Elektron zusammengesetzt; es kann nur relativ leicht so zerstört werden, daß ein Proton und ein Elektron zurückbleiben. Ein Eiskristall ist auch nicht in Strenge aus Wassermolekülen zusammengesetzt; er kann nur in sie zerlegt werden. Und die Welt ist nicht aus Objekten zusammengesetzt; nur der endliche Verstand des Menschen zerlegt das Ganze, zu dem er selbst gehört, in Objekte, um sich zurechtzufinden." So betrachtet scheint Platon (427–347 v. Chr., S. 218) recht behalten zu haben, wenn er im *Sophistes* den „Fremden" sagen läßt: „Das Gewordene ist immer ein Ganzes geworden. So daß weder ein Sein noch ein Werden als seiend anzunehmen ist, wenn man das Ganze nicht unter das Seiende setzt." Wie man an diesem Zitat unschwer erkennen kann, ist das holistische Weltbild nicht unbedingt neu, aber es hat heute durch die Erkenntnisse der modernen Naturwissenschaften entscheidend an Plausibilität gewonnen. Die hier dargestellten Befunde aus Astronomie, Evolutionsbiologie und Ökologie haben meines Erachtens hinreichend deutlich gemacht, daß es von allen vier Weltbildern, die den Grundtypen der ökologischen Ethik zugrundeliegen, heute das überzeugendste ist.

Nachdem die Diskussion über Welt- und Menschenbilder nun ausschließlich unter naturwissenschaftlicher Perspektive geführt worden ist, ist es wichtig, zum Schluß dieses Kapitels darauf hinzuweisen, daß sich ein *umfassendes Menschenbild* natürlich nicht allein aus den Befunden der Naturwissenschaften rekrutieren läßt. Der Mensch ist sowohl ein natürliches als auch ein geistiges Wesen und in dieser Kombination ein Naturentwurf ganz besonderer Art. Kein anderes Wesen außer dem Menschen ist einerseits Teil der Natur und andererseits doch in der Lage, mit seinem Bewußtsein als Erkennender der Natur gegenüberzutreten (Fäh, 1987, S. 54). Um dieser „Doppelnatur" des Menschen gerecht zu werden, müssen zu seinem Verständnis sowohl naturwissenschaftliche als auch geisteswissenschaftliche Befunde herangezogen werden. Da die ökologische Krise überhaupt nur vor dem Hintergrund *beider* Aspekte verstehbar ist und da sie nur unter der Voraussetzung bewältigbar ist, daß der Mensch nicht nur als naturgesetzlich gesteuertes, sondern auch als (in gewissen Grenzen) freies Vernunftwesen verstanden wird, wäre es verhängnisvoll, gerade den geistigen Aspekt des Menschseins als „empirisch nicht exakt faßbar" unter den Tisch fallen zu lassen.[127] Nicht von ungefähr habe ich in Kapitel 7 die *Verabsolutierung* naturwissenschaftlicher Befunde, d. h. eine nur auf das „positiv Aufzeigbare" reduzierte Weltanschauung, als dogmatischen Szientismus kritisiert. Wenn in diesem Kapitel auf die geisteswissenschaftlichen Befunde über den Menschen dennoch nicht weiters eingegangen worden ist, so hat dies seinen Grund darin, daß ich diese Befunde mit allen vier der hier diskutierten Weltbilder für kompatibel halte. Die von der philosophischen Anthropologie aufgezeigte Sonderstellung des Menschen bleibt auch im holistischen Weltbild, so wie ich es verstehe, völlig unbestritten. Was sich durch die neuen naturwissenschaftlichen Erkenntnisse am Menschenbild insgesamt allerdings ändert, ist die *Gewichtung* der Befunde. Die Sonderstellung des Menschen kann aus holistischer Perspektive nicht mehr als überzeugendes Argument dafür betrachtet werden, daß nur der Mensch – als *einziges* Geschöpf der Natur – substantielle Wirklichkeit besitzt. Im holistischen Weltbild gilt: Sonderstellung *ja*, Zentrum der Welt *nein*.

Es würde den Rahmen der vorliegenden Arbeit sprengen, die Sonderstellung des Menschen nun im Detail zu entfalten. So verweise ich auf die einschlägige Literatur zur philosophischen Anthropologie.[128] Unter den dort genannten Merkmalen, die die Besonderheit des Menschen charakterisieren (z. B. Sprache, Weltoffenheit, Exzentrizität, biologische Mangelhaftigkeit etc.), scheinen mir zwei für den vorliegenden Zusammenhang von besonderer Bedeutung zu sein: *Autonomie und Moral*. Der Mensch ist das einzige Wesen, dem Willensfreiheit und die Möglichkeit der Selbstgesetzgebung zugeschrieben werden können, und das deshalb in der Lage und verpflichtet ist, gegenüber seinesgleichen und der nichtmenschlichen Mitwelt Verantwortung zu übernehmen. Mit dieser Feststellung, die als unverzichtbare Prämisse jeder ethischen Diskussion gelten muß, kehrt der Gedankengang der Untersuchung zu der Frage zurück, *welche* Gegenstände der Natur es denn nun sind, gegenüber denen direkte Verantwortung möglich ist. Ist die Möglichkeit direkter Verantwortung auf bestimmte Teile der Natur beschränkt oder läßt sich ein holistischer Standpunkt, der *alles* natürlich Gewordene in den Kreis der Moral einbezieht, rational rechtfertigen?

28. Begründung der holistischen Ethik

a. Der universale Charakter des moralischen Standpunktes
Um der Frage auf die Spur zu kommen, welche Reichweite der *ökologischen* Ethik rechtfertigbar ist, scheint es aufschlußreich zu sein, zunächst einmal zu analysieren, wie die aktuelle Reichweite der *zwischenmenschlichen* Ethik begründet werden kann. Mit welchen Argumenten läßt sich für die Anerkennung universaler Menschenrechte und gegen eine Klassenmoral plädieren, deren Reichweite auf eine bestimmte Beziehungsgruppe oder ausschließlich auf Träger bestimmter Eigenschaften beschränkt ist? TUGENDHAT (1994, S. 93) begründet eine solche „Moral der universellen Achtung" über eine formale Analyse des Moralbegriffes. Bei einer solchen Analyse zeige sich, daß der Begriff der Moral ganz automatisch zum kategorischen Imperativ KANTS führe. Einem fiktiven Gesprächspartner erläutert er diesen Gedanken, indem er ihm zunächst die beiden Grundoptionen vor Augen hält, die in Sachen Moral möglich sind: Egoismus und Altruismus. „Denke dir, du befindest dich vor einer Weggabelung. Der eine Weg ist der des Egoismus. Der konsequente Egoist handelt ausschließlich nach der Maxime ‚ich tue nur, was mir gefällt'. (...) Der Egoist hat nicht etwa kein Verhältnis zu seinen Mitmenschen, aber das Verhältnis ist ein rein instrumentelles: sie dienen ihm als Mittel zur Befriedigung seiner Bedürfnisse, und das heißt, er versteht sich, im Verhältnis zu den anderen, ausschließlich als Machtmensch." Der andere Weg, die Alternative zum Egoismus, ist nach TUGENDHAT der Altruismus. Er bedeutet, daß wir auch auf andere Rücksicht nehmen, und zwar nicht nur dann, wenn es uns gefällt. Entscheidend ist nun, daß die altruistische Alternative zum Egoismus grundsätzlich nicht wählerisch sein kann: „In dem Maße nämlich, in dem du es bist, der bestimmt, welche deiner Mitmenschen du berücksichtigen wirst und welche nicht, würdest du ja nach Gutdünken, also aus deiner egoistischen Perspektive, aus deiner Machtvollkommenheit heraus, den Kreis derer festlegen, die zu achten sind. Deswegen kann die Alternative zum Egoismus nur lauten: Rücksicht auf beliebige andere. Das aber ist genau der Gehalt des kategorischen Imperativs." KANT (1785, S. 52) hatte ihn in der sogenannten 2. Formel folgendermaßen ausgedrückt: „Handle so, daß du die Menschheit, sowohl in deiner Person als in der Person eines jeden anderen, jederzeit zugleich als Zweck, niemals bloß als Mittel brauchst." Nach TUGENDHAT (1994, S. 80) läuft diese Formel letztendlich auf den Imperativ hinaus: „Instrumentalisiere niemanden!".

So überzeugend die Argumentation TUGENDHATS zugunsten einer universalen und egalitären zwischenmenschlichen Moral zweifellos ist, so wenig kann sie meines Erachtens doch verbergen, daß sie ihrem Anspruch, lediglich eine *formale* Analyse des Moralbegriffes zu sein, nicht gerecht wird. Sowohl TUGENDHATS „Moral der universalen Achtung" als auch KANTS „Kategorischer Imperativ" beruhen, was die Frage der Reichweite betrifft, ganz unverkennbar auf einer *inhaltlichen* Vorentscheidung, und zwar insofern, als sie die Moralgemeinschaft *a priori* als auf Vernunftwesen (KANT) bzw. Kooperationswesen (TUGENDHAT) begrenzt wissen wollen. Diese Vorentscheidung, die darauf hinausläuft, daß nur Menschen als Gegenstände der Moral in Betracht kommen, widerspricht aber dem Ergebnis der Analyse, nämlich daß eine solche Einschränkung mit dem moralischen Standpunkt nicht zu vereinbaren ist. Wenn TUGENDHAT (1994, S. 193; 376/377) mit dem Kriterium der Kooperationsfähigkeit dennoch selber eine solche Einschränkung vornimmt, so ist dies meines Erachtens nur vor dem Hintergrund des traditionellen anthropozentrischen Weltbildes verständlich, innerhalb dessen die Menschengemeinschaft radikal vom Rest der Welt geschieden ist. Ethik ist in dieser Zwei-Klassen-Welt *von vornherein* eine Angelegenheit, die ausschließlich Menschen betrifft. Nachdem sich das anthropozentrische Weltbild im letzten Kapitel freilich als nicht mehr annehmbar gezeigt hat, verliert zwangsläufig auch dieses anthropozentrische Vorverständnis von Ethik seine Selbstverständlichkeit. Seine Eingrenzung der Moralgemeinschaft auf die Mitglieder der Art *Homo sapiens* ist heute unplausibel, weil es drei Aspekte der Gemeinschaft des Menschen mit der Natur übersieht.

Zum *ersten* ignoriert es, daß der Mensch mit den anderen Lebewesen, Arten und Systemen eine *ökologische* Gemeinschaft bildet. Die Menschheit lebt nicht – wie sie sich bis vor kurzem noch einreden konnte – in einer geschlossenen Menschengesellschaft, sondern sie steht mit Tieren, Pflanzen, Ökosystemen, Gewässern und Böden in enger Wechselwirkung. In diesem „Gemeinwesen" sind alle Mitglieder gegenseitig mehr oder weniger voneinander abhängig. Versteht man Ethik mit LEOPOLD (1992, S. 149) nun ganz allgemein als das „Bemühen voneinander abhängiger Einzelwesen oder Gruppen, Formen der Zusammenarbeit zu entwickeln", so liegt nichts näher, als alle, die potentiell an dieser Gemeinschaft beteiligt sind, in dieses Bemühen einzubeziehen. LEOPOLD (1992, S. 150) hielt dieses auf die Natur erweiterte Ethikverständnis nicht nur für eine naheliegende ethikgeschichtliche Möglichkeit, sondern geradezu für eine „ökologische Notwendigkeit". Die ökologische Krise hat seine vor nunmehr fünfzig Jahren vorgenommene Einschätzung inzwischen nachdrücklich bestätigt. Will die Ethik den neuen Herausforderungen gewachsen sein, kommt sie nicht darum herum, den normativen Bereich ihres Theoriengebäudes den veränderten Erkenntnissen im deskriptiven Bereich anzupassen: Nachdem wir wissen, daß wir nicht nur in einer sozialen, sondern auch in einer ökologischen Gemeinschaft leben, gibt es keine plausible Rechtfertigung mehr dafür, die nichtmenschlichen Mitglieder dieser Gemeinschaft *von vornherein* aus der Moral auszuschließen.

Zum *zweiten* ignoriert das anthropozentrische Ethikverständnis, daß der Mensch mit allen anderen Lebewesen eine *stammesgeschichtliche* Gemeinschaft bildet. Wie die Evolutionsbiologie gezeigt hat, ist der Mensch aus der Natur hervorgegangen und deshalb mit allen Arten des Planeten mehr oder weniger weitläufig verwandt. In einem übertragenen Sinne sind die anderen Arten unsere stammesgeschichtlichen Vettern und Basen, Onkel und Tanten. So konnte JIMMIE DURHAM (zit. in PISTER, 1979, S. 348), Direktor der „International Treaty Organization" und selbst indianischer Abstammung, in einem Hearing über den vom Aussterben bedrohten Schnecken-Grundbarsch im Jahre 1978 mit gutem Grund sagen: „Für mich ist dieser Fisch nicht nur eine ‚bedrohte Art', obwohl er dies zweifellos ist. Dieser Fisch ist ein Cherokee-Fisch und ich bin sein Bruder." Angesichts des heutigen evolutionsbiologischen Wissens gibt es keine Berechtigung, das damit zum Ausdruck kommende Gefühl der Verbundenheit mit einer anderen Lebensform als mystischen Irrationalismus abzutun. Eher scheint es Anlaß zu geben, einen Rationalitätsbegriff zu überdenken, der glaubt, stammesgeschichtliche Verwandte explizit aus der Moral ausschließen zu müssen.

Zum *dritten* ignoriert das anthropozentrische Ethikverständnis, daß der Mensch nicht nur mit seinesgleichen, sondern auch mit der außermenschlichen Natur eine Gemeinschaft des *Seienden* bildet. Mit allem Natürlichen hat der Mensch die existentielle Situation gemein, daß er, um mit HEIDEGGER (1927, S. 134 f.) zu sprechen, in die Welt „geworfen" ist. Dieser metaphorische Begriff soll zum Ausdruck bringen, daß wir uns in dieser Welt an einer ganz bestimmten, unserem Wollen entzogenen Raum-Zeit-Koordinate wiederfinden und dabei nicht wissen, warum gerade hier und jetzt und in dieser Manifestation. PASCAL (1623–1662, S. 29) hat die Rätselhaftigkeit dieser existentiellen Tatsache unnachahmlich zum Ausdruck gebracht.[129] Zwar ist der Mensch das einzige Wesen, das sich der „Geworfenheit" seiner Existenz bewußt werden kann, doch ändert dies nichts an der Tatsache, daß sie auch Tieren, Pflanzen, Steinen, Arten, Meeren etc. zukommt. Sie alle haben ebenfalls ihre unverwechselbaren Koordinaten im Raum-Zeit-Kontinuum, ein geschichtlich gewordenes Selbstsein, das sich nicht im Nutzen für irgend etwas anderes erschöpft. Macht man sich dies klar, ist es völlig unverständlich, warum der Mensch dem nichtmenschlichen Selbstsein gegenüber *von vornherein* keine Verantwortung haben sollte.

Welche Schlußfolgerungen ergeben sich hieraus für die Argumentation zugunsten einer universalen Moral? Wenn TUGENDHATs *formale* Analyse des Moralbegriffs richtig war, nach der der moralische Standpunkt automatisch zum Universalismus führt, wenn aber sein *inhaltliches* Vorverständnis von Ethik als einer auf Menschen beschränkten Angelegenheit heute als ungerechtfertigt gelten muß, so ist klar, daß seine Überlegungen einen umfassenderen als einen nur *humanistischen* Universalismus fordern: Konsequent zu Ende gedacht führen sie unausweichlich in den pluralistischen Holismus. Denn wie TUGENDHAT (1994, S. 93) zu Recht betont: Der moralische Standpunkt darf nicht wählerisch sein: Ich darf, wenn ich mich für den altruistischen Weg entschieden habe, nicht aus meiner egoistischen Perspektive heraus den Kreis derer festlegen, die zu achten sind. Dies wäre der „Weg der Macht" und nicht der „Weg der Moral". Deshalb kann die Alternative zum Egoismus konsequenterweise nur lauten: Rücksicht auf *beliebiges anderes.* Der moralische Standpunkt muß alles, was von sich aus und „für sich selbst" existiert, in den Kreis seiner Verantwortung einbeziehen, d. h. er muß alles auch um seiner selbst willen berücksichtigen. KANTS kategorischer Imperativ wäre somit wie folgt auszuweiten: „Handle so, daß du alles Seiende niemals nur als Mittel, sondern immer zugleich auch als Zweck gebrauchest." Dieses Prinzip der praktischen Vernunft besagt: „Auf den Status bloßen Mittels für ein individuelles Ziel darf nichts Wirkliches reduziert werden, dessen Sein nicht von sich her bereits in einer solchen Funktion aufgeht" (SPAEMANN, 1990, S. 227). Nichts, was nicht von Menschenhand gemacht ist, ist *nur* Ressource. Alles hat auch seinen Eigenwert und ist als Selbstzweck zu achten.

Die Begriffe „Selbstzweck" und „Eigenwert", die in dieser Arbeit bereits mehrfach Verwendung fanden, bedürfen nun freilich einer genaueren Erläuterung. Kurz gefaßt besagen sie, daß etwas nicht nur Zweck oder Wert für etwas anderes ist, sondern daß etwas *in sich selbst* zweck- oder wertvoll ist. Sie benennen damit nicht etwas Anzustrebendes oder zu Verwirklichendes, sondern bezeichnen „dasjenige, was in jeder Verwirklichung immer schon als deren Grund vorausgesetzt ist" (SPAEMANN, 1990, S. 124). Wenn dies zugegebenermaßen etwas abstrakt klingt, so darf dies nicht verwundern. Es liegt allein daran, daß die Begriffe „Eigenwert" und „Selbstzweck", ähnlich wie der Begriff des „moralisch Guten", *einstellige* Prädikate sind und als solche weder funktional abgeleitet noch unter Bezüglichkeit auf etwas anderes definiert werden können. Wenn Verfechter der anthropozentrischen Ethik an der holistischen Begründung des Artenschutzes bemängeln, es sei völlig unklar, „was die innere Werthaftigkeit [„intrinsic value"] von Arten eigentlich bedeutet und an welchen Eigenschaften wir sie dingfest machen können" (WOLTERS, 1995, S. 248), so bringt diese Kritik genau jene Schwierigkeit zum Ausdruck: Da der Begriff des Eigenwertes im Gegensatz zum Begriff des instrumentellen Wertes *unbezüglich* ist, *kann* er gar nicht befriedigend expliziert, d. h. „dingfest" gemacht werden. Was die Kritik dabei freilich oft übersieht, ist die Tatsache, daß dieser Mangel nicht nur den umstrittenen Eigenwert von *Arten* betrifft, sondern darüber hinaus *jedem* ethisch postulierten Eigenwert anhaftet, also auch dem meistens mit Selbstverständlichkeit vorausgesetzten Eigenwert des Menschen. Auch dieser Eigenwert läßt sich nicht befriedigend – d. h. ohne die (leicht angreifbare) Ableitung von Werten aus Tatsachen – definieren. Somit scheint KATZ (1987, S. 240) mit seiner Einschätzung recht zu haben, nach der die Bedeutung des Begriffes „Eigenwert" in erster Linie *negativ* zu verstehen ist: Der Begriff muß als Chiffre für die ethisch gesehen unverzichtbare Einsicht gelten, „daß der ausschließliche Bezug auf instrumentelle Werte unzureichend ist". Die Ethik kann nicht umhin vorauszusetzen, daß es jenseits aller instrumentellen Werte noch eine *andere*, nicht-instrumentelle Wertekategorie gibt: jene Kategorie einfacher Qualitäten – auch wenn sich diese Qualitäten nur abstrakt oder durch indirekte Umschreibungen benennen lassen.

Neben der nur begrenzten Beschreibbarkeit ist der Begriff des Eigenwertes weiterhin dadurch ausgezeichnet, daß er – im Gegensatz zum instrumentellen Wert – nicht *a priori* quantifizierbar oder gar verrechenbar ist. Wenn KANT (1785, S. 58) sagt, der Mensch habe „nicht bloß einen relativen Wert, d.i. einen Preis, sondern einen inneren Wert, d.i. *Würde*", so will er genau diese spezifische Besonderheit des Eigenwertbegriffes zum Ausdruck bringen. Er kennzeichnet damit jenes Unaufrechenbare, Erhabene und unbedingt zu Achtende, auf das sich die moralische Verpflichtung gegenüber dem Mitmenschen letztendlich bezieht. Während der Begriff der Würde bei KANT und in der traditionellen anthropozentrischen Ethik dabei freilich strikt auf den Menschen beschränkt war und sogar dazu benutzt wurde, um ihn auf diese Weise vor der „bloßen Kreatur" auszuzeichnen, scheint eine solche Grenzziehung innerhalb einer holistischen Ethik nicht mehr sinnvoll zu sein. In neueren Publikationen nicht-anthropozentrisch argumentierender Ethiker begegnet man deshalb auch vermehrt Formulierungen wie der „Würde der Kreatur" (TEUTSCH, 1995), der „Würde des in langer Zeit Gewordenen" (RUH, 1987, S. 133) oder der „selbsteigenen Würde der Natur" (JONAS, 1984, S. 246). Dem oft angeführten Einwand, mit der damit vollzogenen Ausweitung des Würdebegriffes würde am Ende mehr Ungleiches als Gleiches bezeichnet (SCHLITT, 1992, S. 181) und damit möglicherweise die Würde des Menschen untergraben, hält TEUTSCH (1995, S. 34) entgegen, daß eine Ausweitung des Begriffs seine gleichzeitige Differenzierung ja keineswegs ausschließe. Nicht von ungefähr sei meistens nicht von einer abstrakten Würde, sondern „von der Menschenwürde oder der Würde der Tiere bzw. der Lebewesen oder der Natur die Rede". Diese Spezifizierung erlaube es, „sowohl das Gemeinsame als auch das Unterschiedliche angemessen zum Ausdruck zu bringen".

Worin besteht nun aber bei allem Unterschiedlichen das Gemeinsame der Würde von Mensch, Tier, Pflanze, Ökosystem, Art, Meer und Felsenschlucht? Wie bereits bei der Erörterung des Eigenwertbegriffs deutlich geworden ist, kann diese Frage wegen der einfachen Qualität des Würdebegriffes allenfalls in indirekter, bildhaft umschreibender Weise beantwortet werden. Mit SITTER-LIVER (1994, S. 150) glaube ich, daß das Gemeinsame der Würde noch am besten an der Erfahrung einer „endgültigen Unverfügbarkeit" alles Seienden festgemacht werden kann. Diese gründet auf der schon angesprochenen existentiellen Einsicht, daß wir Menschen sowohl uns selbst als auch die Tiere, Pflanzen, Ökosysteme, Arten, Meere und Felsformationen in ihrer geschichtlichen „Geworfenheit" immer schon *vorfinden*. Sie und wir waren bereits *da* bzw. sind *entstanden* – und sind nicht etwa vom Menschen dort hin- oder gar hervorgebracht worden. Wie SITTER-LIVER (1994, S. 150) hierzu geltend macht, „fehlt [dem Menschen] die Kraft, irgend etwas ursprünglich ins Sein zu bringen. Was immer er macht, er bleibt auf etwas angewiesen, das er bearbeiten, verändern, umstrukturieren kann". Dabei gilt diese Einsicht auch dort, wo der Mensch Landschaften umstrukturiert, Züchtungen vornimmt oder neuerdings auf gentechnischem Wege Chimären schafft: „Was immer existiert, es stammt nie zur Gänze vom Menschen, sondern wurzelt in einem Anderen." Erinnert man sich der These des „verum-factum-Prinzips", nach dem wir einen Gegenstand nur *erkennen*, „soweit wir ihn *machen* können" (HABERMAS, 1973, S. 32; VOSSENKUHL, 1974), so muß uns die Existenz dieses Anderen, nicht von uns Gemachten und auch nicht gänzlich durch uns Machbaren, in letzter Konsequenz verborgen bleiben. Was diese alte Eiche am Wegesrand *wirklich* ist, bleibt trotz (oder gerade auch *wegen*) aller biologischer Hintergrundinformation letztendlich ein Geheimnis. Wir verstehen das „Wesen" eines solchen Baumes nicht wirklich. Diese letzthinige Unergründlichkeit, diese „Gehaltenheit in einem Anderen", ist es, die nicht nur der ästhetisch ansprechenden Eiche, sondern *allem* Existierenden eine einzigartige Würde verleiht, „eine vor menschlichem Zugriff endgültig geschützte Besonderheit, in seiner Selbstbezogenheit einen eigenen Wert" (SITTER-LIVER, 1994, S. 50).

Nach Ansicht von BURKHARDT (1983, S. 417/418) liegt nun kaum etwas näher, als aus dieser Würde die Verpflichtung eines möglichst schonenden Umgangs mit der Natur abzuleiten: „Wir sind geneigt, jedem ein Recht auf Zerstörung der Dinge zuzubilligen, die er selbst hergestellt hat und die weiterhin in seinem Besitz sind. D. h. nur ein Hersteller, der gleichzeitig alleiniger Eigentümer einer Sache ist, hat ein Recht, diese Sache zu zerstören oder zu verändern." Dabei zeige, so BURKHARDT, allein die Tatsache, daß praktisch alle Religionen den Schöpfer als Eigentümer der Erde ansehen, daß es durchaus plausibel sei, das Herstellen einer Sache als Besitz- und Verfügungskriterium zu interpretieren: „Dies ist das Wenigste, was man – bei allem eventuell bestehenden Vorbehalt – bei den meisten Religionen lernen kann. Der Mensch hat nicht das Recht zu zerstören, was er nicht selber geschaffen hat". Der Reichtum der Natur, den der Mensch *vorgefunden* hat, muß zumindest *prima facie* als unverfügbar gelten. Da er in seiner Individualität nicht reproduzierbar ist, darf er auch nicht ohne existentiellen Grund geschmälert werden.

Daß ein solch weitreichendes Ethikverständnis, das keinen Bereich der Natur aus der Verantwortung des Menschen entläßt, Probleme aufwirft, braucht kaum erwähnt zu werden. So jung die holistische Ethik ist, so vielfältig ist deshalb auch die Kritik, die sich bisher an ihr entzündet hat. Während ich die gravierendsten *praktischen* Einwände in Kapitel 31 noch ausführlicher diskutieren werde, soll an dieser Stelle zunächst ein *theoretischer* Einwand erörtert werden, da er es ermöglicht, die eingangs vorgenommene Argumentation zugunsten einer universalen Moral wieder aufzugreifen und das Plädoyer für den Holismus weiter zu untermauern. Nach diesem Einwand – er stammt von WOLTERS (1995, S. 249) – mangelt es dem hier vertretenen Ansatz an interner Kohärenz: „Wo praktisch *alles* inneren Wert besitzt, ist am Ende *gar nichts* wertvoll. Die Moral verlangt – ebenso wie unser Alltagsleben – Unterscheidungen".

Nun soll und braucht hier nicht bestritten werden, daß moralisches Handeln Unterscheidungen erforderlich macht. Doch steht auf einem anderen Blatt, daß diese Unterscheidungen die *Wertlosigkeit* bestimmter Bereiche der Natur voraussetzen. Diese Behauptung erscheint insofern unplausibel, als sie auf die Annahme hinausläuft, die innere Werthaftigkeit sei gewissermaßen umgekehrt proportional zur Häufigkeit ihres Vorkommens. Müßte dies nicht bedeuten, daß der Begriff der persönlichen Würde im Laufe der Geschichte um so inhaltsleerer geworden ist, je mehr Menschen ihn für sich in Anspruch nehmen durften, und daß heutzutage *kein* Mensch mehr eine Würde hat, nachdem inzwischen *allen* Menschen eine Würde zugestanden wurde? Man muß das Argument von WOLTERS in diese Richtung zuspitzen, um auf die Inkonsistenz aufmerksam zu machen, die meines Erachtens nicht nur seinen Einwand, sondern letztlich jedes nicht-universale Ethikverständnis kennzeichnet: Von der Sippenmoral der Stufe (2) bis zur Biozentrik der Stufe (7) (vgl. Kapitel 25.a), stets wird angenommen, die Welt sei aus einem Kernbereich des In-sich-Wertvollen (Selbstzweck) und einem Außenbereich des In-sich-Wertlosen (Mittel) zusammengesetzt. Moralisches Verhalten gegenüber dem In-sich-Wertvollen und unbeschränkte Machtausübung gegenüber dem In-sich-Wertlosen seien dabei nicht nur miteinander zu vereinbaren, sondern *bedingten* sich sogar gegenseitig – so ähnlich wie bei einem Nationalpark, dessen exklusiver Schutzstatus in gewisser Weise von der rückhaltlosen Nutzung seines Umfeldes profitiert. BIRCH (1993, S. 315) hat in einer ausführlichen Analyse gezeigt, daß diese traditionelle Vorstellung von Ethik auf vier Prämissen beruht, die meist implizit angenommen und nur selten ernsthaft hinterfragt werden: *Erstens*, daß es bezüglich jeder Moralgemeinschaft „Insider" und „Outsider" *gibt* und geben *muß*, Bürger versus Nichtbürger (Sklaven, Barbaren, Frauen etc.), Mitglieder des „Clubs der Berücksichtigungswürdigen" versus den Rest; *zweitens*, daß wir in der Lage und gezwungen sind, das Kriterium oder die Kriterien für die Mitgliedschaft festzulegen; *drittens*, daß wir die Kriterien in einer rationalen und nicht willkürlichen Weise feststellen *können*, und *viertens*, daß wir Sitten und Gebräuche einrichten müssen, die das Merkmal der Mitgliedschaft und die Unversehrtheit des „Clubs" bewahren sowie das Wohl seiner Mitglieder mehren.

Es ist nicht schwer zu erkennen, daß alle vier Prämissen äußerst zweifelhaft sind. Wirft man einen kurzen Blick auf die lange Liste von Kriterien, die derzeit für moralische Berücksichtigungswürdigkeit auf dem philosophischen Markt gehandelt werden,[130] und erinnert man sich des weiteren an die Geschichte der Ethik, in deren Verlauf sich immer wieder vermeintlich objektive und definitive Kriterien letztendlich als „Chauvinismen" herausgestellt haben und deshalb später revidiert werden mußten, so hat man wenig Anlaß, Vertrauen in das Gelingen einer unparteiischen und vorurteilsfreien Festlegung der Grenzen des „Moralparks" zu setzen. Zu naheliegend ist der Verdacht, daß hierbei – bewußt oder unbewußt – erkenntnisleitende *Interessen* die Regie führen. Nimmt man den universalen Charakter des moralischen Standpunktes, wie ihn TUGENDHAT (1994, S. 93) in seiner Analyse des Moralbegriffs herausgearbeitet hat, wirklich ernst, so verbleiben einem in der Kriterienfrage meines Erachtens nur zwei ethiktheoretische Optionen: Entweder man akzeptiert eine pluralistische Wertetheorie, die es erlaubt, mehrere in Frage kommende Kriterien (von der Existenz über das Leben, die Leidensfähigkeit bis hin zur Personalität) von Fall zu Fall heranzuziehen (vgl. STONE, 1993; WENZ, 1993), oder man hält die Kriterienfrage, da sie ganz offensichtlich *in sich selbst* ethisch problematisch ist, bewußt offen (z. B. BIRCH, 1993). Denn BIRCH (1993, S. 317) reklamiert hier zu Recht: „*Jede* Etablierung eines einzigen Kriteriums der Berücksichtigungswürdigkeit ist ein Akt der Herrschaft *über*, und letztendlich ein Akt der Gewalt *gegenüber* all jenen ‚Anderen', die beim Kriterientest durchgefallen sind und denen es deshalb nicht vergönnt ist, an den Wohltaten teilzuhaben, die den Mitgliedern im ‚Club der Berücksichtigungswürdigen' zustehen. Sie bedeutet für diese ‚Anderen', daß sie zu ‚manipulierbaren Objekten' der Ausbeutung, der Unterdrückung, der Versklavung und zuletzt der Auslöschung gemacht werden". Daß *so* nicht der Weg des Altruismus, sondern eher der Weg der Macht aussieht, dürfte auf der Hand liegen. Der moralische Standpunkt muß, sofern er wirklich konsequent und konsistent sein will, *allem* was existiert, ethische Berücksichtigung einräumen.

Dabei bedeutet Gleichheit in der Frage der *Berücksichtigungswürdigkeit* freilich nicht – um diesem Mißverständnis hier sogleich vorzubeugen –, daß alle Dinge dieser Welt nun auch alle gleich *behandelt* werden müßten. Es wäre absurd, daraus den Schluß zu ziehen, Bäume müßten nun wie Menschen und Menschen wie Bäume behandelt werden; denn Bäume sind keine Menschen und Menschen keine Bäume. TEUTSCH (1987, 76f.) hat vorgeschlagen, als *methodische* Richtschnur für den gerechten Umgang mit den verschiedenen Naturwesen den ursprünglich aus der Sozialethik stammenden *Gleichheitsgrundsatz* heranzuziehen. Er besagt, daß Gleiches gemäß seiner Gleichheit gleich zu bewerten und zu behandeln ist, Verschiedenes je nach Art der Verschiedenheit aber entsprechend verschieden. Was dies im Einzelfall *inhaltlich* zu bedeuten hat, kann im Rahmen dieser Arbeit nicht näher ausgeführt werden. Eine solche Untersuchung wäre ein eigenes umfangreiches Thema, das erst in einem *zweiten* Schritt angegangen werden könnte.[131] Worauf es mir an dieser Stelle ankommt, ist die Einsicht, daß dieser *zweite* Schritt überhaupt erst möglich ist, wenn der *erste* getan ist: Zuallererst muß *alles natürlich Gewordene* in den Bereich der direkten menschlichen Verantwortung aufgenommen werden.

b. Die Grenze der Begründbarkeit

Ist mit der vorangegangenen Argumentation nun der pluralistische Holismus – und mit ihm der allgemeine Artenschutz – begründet? Legt man den gemäßigten Anspruch an die Stärke einer ethischen Begründung zugrunde, den ich in Kapitel 26 dargestellt habe, so scheint es gerechtfertigt zu sein, diese Frage zu bejahen. Es muß dabei allerdings eingeräumt werden, daß die hier entwickelte Begründung in zweifacher Hinsicht eine relativ-hypothetische ist. *Erstens* insofern, als sie die Einnahme des moralischen Standpunktes bereits voraussetzt: *Wenn* man die „Urwahl" zwischen Egoismus und Altruismus bereits vollzogen und sich für den Weg des Altruismus entschieden hat, *dann* führt diese Entscheidung nach der vorangegangenen Argumentation automatisch zum Standpunkt des pluralistischen Holismus. Man kann, um es anders zu formulieren, als *konsequenter* Altruist nicht seine Mitmenschen um ihrer selbst willen achten, Tiere, Pflanzen, andere Arten und Landschaften aber gleichzeitig als reine Ressourcen betrachten. Da man damit *willkürlich* festgelegt hätte, wen man gerade rücksichtsvoll behandelt und wen nicht, bliebe man letztendlich Egoist – auch den eigenen Freunden und Bekannten gegenüber, die nur das Glück haben, daß es im Moment keinen Grund gibt, sie zu ihrem Nachteil zu instrumentalisieren. Daraus ergibt sich: Wer sich gegenüber seinen Mitmenschen nicht als Machtmensch verstehen will, darf auch gegenüber der Natur keiner sein.

Die obige Begründung ist auch in einer *zweiten* Hinsicht eine relativ-hypothetische: Sie muß – wie meines Erachtens jede ethische Begründung – ohne die schon erwähnte „Letztbegründung" auskommen. Wenn hier die These vertreten wurde, der konsequente Altruismus impliziere notwendigerweise den pluralistischen Holismus, so kann der „Skeptizist gegenüber der Moral", wie er in Kapitel 25.c vorgestellt wurde, immer noch sagen: „Na schön, aber was sollte mich denn überhaupt dazu bewegen, Altruist zu sein? Mit welcher Begründung sollte *gerade ich* moralisch sein?" Anders als manche Moralphilosophen meinen, ist diese Frage weder in sich widersprüchlich, noch läßt sich der damit zum Ausdruck kommende radikale Skeptizismus von vornherein als „irrational" zurückweisen (vgl. NIELSEN, 1984). Wenn der Skeptizist mit seiner Frage nämlich signalisieren will, daß er gezeigt bekommen möchte, daß sein Leben immer und in allen Belangen besser gestellt ist, wenn er sich an der Moral statt am Eigeninteresse orientiert, dann ist es nicht möglich, ihm eine für ihn befriedigende Antwort zu geben. Zwar gibt es eine lange philosophische Tradition, die, gestützt von einer ganzen Reihe anthropologischer und psychologischer Befunde, starke Argumente für die These zusammengetragen hat, daß ein moralisches Leben für die physische und psychische Integrität des Menschen insgesamt von Vorteil ist (vgl. FROMM, 1982). Doch wäre es ein Trugschluß, aus diesem *statistischen* Zusammenhang abzuleiten, das moralische Leben sei *immer* und für *jeden* das glücklichere. Es ist keinesfalls selten, daß jemand, der den Weg der Moral geht, nicht nur auf Annehmlichkeiten verzichtet, sondern darüber hinaus sogar Not und Verfolgung in Kauf nehmen muß. Dies wird schon in den Psalmen der Bibel beklagt. Somit ist SINGER (1984, S. 298) recht zu geben, wenn er schreibt: „Auf die Frage ‚Warum moralisch handeln?' läßt sich keine Antwort geben, die *jedem* vernünftige Gründe für moralisches Handeln liefert."

Wenn man aber nun dennoch auf einer Antwort beharrt? Man kommt dann nach Ansicht von TUGENDHAT (1994, S. 96) nicht umhin, diese Frage umzuformulieren und an das eigene Selbst zu richten: „Wer will ich überhaupt sein, woran liegt mir im Leben, und was hängt für mich davon ab, ob ich mich als zugehörig zur moralischen Gemeinschaft verstehe?" Und vor alledem: Ist mir daran gelegen, zur Wirklichkeit zu erwachen? Wie TUGENDHAT (1994, S. 92) betont, können die Antworten hierauf die persönliche Entscheidung für die Zugehörigkeit zur moralischen Gemeinschaft nicht rational erzwingen. Sie können sie aber insofern abstützen, als sie deutlich machen, was mit der Entscheidung sonst noch alles steht und fällt. „Es gibt nur diesen relativen Zwang, daß wenn ich das eine will und dieses an das andere gebunden ist, ich auch das andere wollen muß". Wenn der „Skeptizist gegenüber der Moral" indes bereit ist, die Zugehörigkeit zur moralischen Gemeinschaft und alles, was damit zusammenhängt, gemeinsam über Bord zu werfen, so gibt es ihm gegenüber kein überzeugendes Gegenargument mehr. Das Gespräch über Ethik ist dann beendet. Nach TUGENDHAT wird daran deutlich, „inwiefern die Autonomie ein letztes ist": Die Entscheidung für den moralischen Standpunkt kann nicht, wie es sich ein autoritäres Moralbewußtsein vielleicht wünschen würde, auf ein zwingendes „Ich muß" rekurrieren, sondern sie muß sich letztendlich mit einem freien „Ich will" zufriedengeben.

Dieser Befund, nach dem es offenbar keine unanfechtbare Letztbegründung der Ethik gibt, mag vielleicht enttäuschend sein, doch sollte seine Bedeutung für das praktische Leben nicht überschätzt werden. Aus der Möglichkeit, alles zu bezweifeln, folgt nicht, daß es vernünftig ist, im Zweifel zu *verharren*. Was das mögliche „Nein" zum moralischen Standpunkt betrifft, so glaube ich nicht, daß es eine Option ist, für die sich sehr viele Menschen im Bewußtsein aller praktischen Konsequenzen – und nicht nur als intellektuelle Spielerei! – *ausdrücklich* entscheiden. Die meisten Menschen werden Sinn und Notwendigkeit von Ethik kaum ernsthaft bestreiten. Sie werden weder auf die Existenz von Moral in ihrem Alltag verzichten noch sich explizit als Egoisten verstehen wollen. Nur an sie können die vorangegangenen Ausführungen gerichtet sein. Ich hoffe, daß ihnen gegenüber die hier vorgenommene Koppelung der *ökologischen* Ethik mit der weithin akzeptierten *zwischenmenschlichen* Ethik ein ausreichend starkes Argument ist, um die ethische Verpflichtung, andere Arten *um ihrer selbst willen* zu schützen, nun als gerechtfertigt bezeichnen zu können.

29. Inhaltliche Einwände bei Umkehr der Beweislast

Freilich, die These, daß die *formale* Analyse des Moralbegriffs zwangsläufig zum pluralistischen Holismus führt, bedeutet nun nicht, daß damit keine *inhaltlichen* Einwände gegen ein solch universales Moralkonzept möglich wären. Vertreter anderer Ethikkonzepte werden geltend machen, daß es keinesfalls Willkür oder gar die ihnen implizit unterstellte Arroganz der Macht sei, die sie zu einem Ausschluß bestimmter Teile der Natur aus der Moral veranlasse, sondern allein *rational* und *objektiv* feststellbare Gegebenheiten. Diese Gegebenheiten würden es als verfehlt und irreführend erscheinen lassen, überhaupt Begriffe wie „Macht" und „Ausbeutung" gegenüber Naturentitäten ins Spiel zu bringen, die mangels bestimmter Eigenschaften gar nicht in einem unmoralischen Sinne behandelt werden *könnten*.

Ich möchte nicht bestreiten, daß es *denkbar* wäre, daß es solche Gegebenheiten gibt. Allein, ihre *theoretische Möglichkeit* ist nur ein schwaches Argument. Es müßte *gezeigt werden*, daß diese Gegebenheiten es tatsächlich zwingend machen, Ausschlüsse vorzunehmen. Der *prima facie* universale Charakter der Moral, wie er im vorangegangenen Kapitel aufgezeigt worden ist, fordert dabei meines Erachtens eine Umkehr der sonst üblichen Beweislast: Nicht mehr der holistisch argumentierende Naturschützer muß jetzt zeigen, *welche* Naturentitäten aufgrund *welcher* Eigenschaften aus *welchen* Gründen moralisch berücksichtigungswürdig sind, sondern die Vertreter nicht-universaler Ethikkonzepte sind verpflichtet, plausibel zu machen, warum eine ganz bestimmte empirische Eigenschaft (und nicht irgendeine beliebige andere) für die moralische Berücksichtigungswürdigkeit unabdingbar ist. *Sie* müssen zeigen, welchen Grund es gibt, vom egalitären Prinzip der universalen Berücksichtigung abzuweichen und bestimmte Bereiche der Natur aus der Moral auszuschließen. TUGENDHAT (1994, S. 374) weist im Zusammenhang mit Fragen der „Gerechtigkeit" auf den formalen Grund der Beweislastumkehr hin (ohne freilich in seinem eigenen Moralkonzept die meines Erachtens notwendigen Konsequenzen zu ziehen): „Es ist falsch, wenn häufig versucht wird, die egalitäre Position in einen primären Begründungszwang zu bringen. Die egalitäre Position bedarf an und für sich keiner Begründung: Der Begründungszwang (...) liegt auf der anderen Seite.

Gleichheit und Ungleichheit stehen sich nicht gleich gegenüber. Man sieht das schon daran, daß die Konkretion der Gleichheit eine einzige ist, während die Ungleichheit nicht für *ein* Konzept steht. Wenn ein ungleiches Konzept vorgeschlagen wird, ist dies immer eines unter unendlich vielen anderen." Aufgrund dieser ihrer Besonderheit bedürfen die Konzepte einer nicht-universalen Berücksichtigung somit auch einer *besonderen* Rechtfertigung.

Daß diese Rechtfertigung überhaupt in einer allgemein überzeugenden Weise geführt werden kann, halte ich aus prinzipiellen Überlegungen für äußerst fraglich. Die Vertreter nicht-universaler Ethikkonzepte sind hierbei nämlich gezwungen, genau jenes Argumentationsverfahren anzuwenden, das sie *vor* Umkehr der Beweislast bei anderen Konzepten leicht kritisieren konnten: Sie müssen von einer empirischen, d. h. nicht-normativen Eigenschaft auf etwas Normatives folgern. Es ist ja eine verbreitete Strategie der Vertreter eingeschränkter Moralkonzepte, daß sie jeden Ansatz einer Moralerweiterung, der z. B. die „innere Werthaftigkeit" von Arten und Ökosystemen mit einer bestimmten empirischen Eigenschaft (wie Information, Stabilität, Homöostasis etc.) zu begründen versucht, als „naturalistische Ableitung" inkriminieren. Solchen Versuchen wird dabei entweder ganz direkt ein „naturalistischer Fehlschluß" unterstellt (so z. B. von WOLTERS (1995, S. 248) gegenüber ROLSTON (1994); IRRGANG, 1989, S. 54), oder aber es wird, wenn diese Versuche ausdrücklich nur eine schwache, nicht-logische Begründungsbeziehung behaupten, die „intersubjektive Gültigkeit bzw. Normativität der entsprechenden Rechtfertigung" in Zweifel gezogen (so z. B. von V.D. PFORDTEN, 1996, S. 129). Diese „knock-down"-Argumentation, die jede theoretische Rechtfertigung einer Ausweitung des Verantwortungskreises zu einem nahezu unmöglichen Unterfangen macht, schlägt nach einer Umkehr der Beweislast freilich gegen ihre Initiatoren zurück. Nun sind *sie* es, die sich den Einwand der naturalistischen Ableitung gefallen lassen müssen: Wenn sie eine *logische* Beziehung zwischen einem empirischen Merkmal und der Notwendigkeit eines Ausschlusses behaupten, kann ihnen ein naturalistischer Fehlschluß vorgeworfen werden; reklamieren sie für diesen Zusammenhang indes nur eine gewisse Plausibilität, trifft sie der von ihnen selber oft vorgebrachte Einwand der mangelnden intersubjektiven Verbindlichkeit und damit der Vorwurf der Beliebigkeit.

Nun ist es im Rahmen dieser Arbeit natürlich nicht möglich, all die Argumente zu überprüfen, die in der umweltethischen Literatur für oder gegen einen Ausschluß bestimmter Naturentitäten aus der moralischen Gemeinschaft angeführt werden. Da die umfangreiche Diskussion zwischen den Vertretern der verschiedenen Standpunkte anderswo schon gut zusammengefaßt worden ist (z. B. TEUTSCH, 1985; V.D. PFORDTEN, 1996), halte ich dies auch nicht für erforderlich. Ich werde mich somit im folgenden darauf beschränken, *drei* der wichtigsten und häufigsten Argumentationslinien zu prüfen, die von den Vertretern der Anthropozentrik, der Pathozentrik und der Biozentrik jeweils zugunsten ihres eingeschränkten Verantwortungskreises vorgebracht werden. Mir geht es dabei weniger um eine erschöpfende Darstellung der damit verbundenen Gesichtspunkte als um die Plausibilisierung und Konkretisierung meiner oben entwickelten These, derzufolge jede definitive Festlegung eines einzigen Kriteriums für moralische Berücksichtigungswürdigkeit letztendlich ein Akt der Willkür darstellt und deshalb mit dem moralischen Standpunkt nicht zu vereinbaren ist.

a. Fehlende Wechselseitigkeit?
Der *erste* Einwand gegen ein universales Moralkonzept – er stammt von Seiten der Anthropozentrik – kann mit dem Stichwort „*fehlende Wechselseitigkeit*" überschrieben werden. Er besagt, daß die *gesamte nichtmenschliche Natur* aus der Moralgemeinschaft ausgeschlossen werden müsse, da sie mangels Vernunft und Autonomie nicht in der Lage sei zu kooperieren. Zu einer Moral gehöre „schon von ihrer Form her (...) eine Gemeinschaft kooperativer Wesen" (TUGENDHAT, 1994, S. 193), denn wesentlich für Moral sei „das wechselseitige Fordern, gut zu sein". Da man mit Tieren, Pflanzen, Arten und Ökosystemen keinerlei symmetrische Beziehungen gegenseitiger Achtung und Verantwortung aufbauen könne, sei es auch nicht möglich, diese Naturwesen und Systeme in die Moralgemeinschaft aufzunehmen. Wer nicht in der Lage sei, gegenüber den anderen Mitgliedern der Gemeinschaft Pflichten zu übernehmen, der könne auch keine moralischen Rechte haben. PASSMORE (1980, S. 228) faßt diese Überzeugung mit dem Satz zusammen: „Die Annahme, daß etwas außer dem Menschen ‚Rechte' besitzen könnte, ist gänzlich unhaltbar."

Nun ist diesem Standpunkt zunächst zuzugeben, daß es tatsächlich nicht unproblematisch zu sein scheint, *das Konzept der „moralischen Rechte"*, das den stärksten aller Ansprüche in der Moral kennzeichnet, über den sozialen Bereich hinaus auch auf die nichtmenschliche Natur auszudehnen. Nicht nur Vertreter der Anthropozentrik, sondern auch viele Ethiker aus dem Lager der Nicht-Anthropozentrik bezweifeln, daß eine solche Ausweitung sinnvoll bzw. für den Schutz der Natur wirklich von Nutzen wäre.[132] Indes ist die Frage nach eventuellen „Rechten" der Natur für die Beurteilung des oben genannten Einwandes auch gar nicht entscheidend. Selbst wenn man es ablehnt, der Natur moralische *Rechte* zuzuweisen, so folgt daraus noch lange nicht, daß es ihr gegenüber nicht gleichwohl *moralische Pflichten* geben könnte. Anders als das oben genannte Argument unterstellt, sind Pflichten keineswegs nur gegenüber Wesen möglich, die ihrerseits in der Lage sind, Pflichten zu übernehmen (RESCHER, 1980, S. 85). Die Forderung TUGENDHATS nach einer diesbezüglichen Symmetrie zwischen moralischem Subjekt und moralischem Objekt ist weder logisch zwingend noch sachlich überzeugend.

Nach v.d. Pfordten (1996, S. 55) ist „kein Argument ersichtlich, warum Akteur und ethisch zu berücksichtigende Entität gleiche Eigenschaften aufweisen müßten. Die moralische bzw. ethische Grundsituation ist vielmehr grundsätzlich durch die Asymmetrie von Aktivität und Passivität, von Akteur und Betroffenem geprägt. Dies rechtfertigt es, ungleiche Qualifikationsanforderungen an beide zu stellen".

Diese Einschätzung gewinnt an Plausibilität, wenn man sich klar macht, daß eine Asymmetrie der Beziehungen ja nicht erst im Verhältnis zur Natur, sondern auch schon in der zwischenmenschlichen Ethik vorkommt. Zwar mag es zutreffend sein, daß Moral ihre Wurzeln, historisch gesehen, in der Institutionalisierung wechselseitiger Forderungen hat – die Vertragstheorie (Kontraktualismus) und die Goldene Regel sind Anzeichen hierfür –, doch kann nach v.d. Pfordten (1996, S. 296) „die gesamte Entwicklung subjektiver Rechte (...) als Ablösung von einem solchen unmittelbaren Gegenseitigkeitsverhältnis von Rechtsträger und Verpflichtetem begriffen werden". Ethik und Moral sind nach heutigem Verständnis gerade dort besonders gefordert, wo *nicht* mit Gegenseitigkeit zu rechnen ist: gegenüber körperlich und geistig Behinderten, schwer Kranken, Komatösen, Kindern und Föten. Sie alle können nicht als moralische Subjekte in Erscheinung treten und empfehlen sich dennoch – oder besser gesagt: gerade deswegen – in besonderem Maße der direkten ethischen Verantwortung. Während solche Fälle von Asymmetrie zwischen moralischem Subjekt und moralischem Objekt in früheren Zeiten vielleicht noch als Ausnahmen von der Regel gelten konnten, hat die durch Wissenschaft und Technik enorm gesteigerte Handlungsmacht des Menschen es mit sich gebracht, daß fehlende Wechselseitigkeit zumindest in *einem* Bereich der Ethik heute als „Normalfall" gelten muß: in der *Zukunftsethik* (Birnbacher, 1979a, 1988; Jonas, 1984). Alle Verpflichtungen gegenüber späteren Generationen sind einseitige Verpflichtungen und können somit – wie Tugendhat (1989, S. 935) selber einräumt – weder mit dem Kontraktualismus noch mit einer Moral der wechselseitigen Achtung befriedigend verständlich gemacht werden.

Wenn aber schon dieser keinesfalls marginale, sondern für das Überleben der Menschheit zunehmend wichtiger werdende Bereich der Ethik ohne die Symmetrie der Gegenseitigkeit auskommen muß und kann, so ist schwer einzusehen, warum Gegenseitigkeit für eine „Ethik gegenüber der Natur" nach wie vor unabdingbar sein soll. Sowohl die Zukunftsethik als auch die ökologische Ethik haben miteinander gemein, daß sie es mit extrem asymmetrischen Macht- und Kontrollverhältnissen zu tun haben. Diese Tatsache rechtfertigt und erzwingt es bei beiden, auch eine Asymmetrie der Verantwortung zuzulassen und damit die verbreitete Vorstellung zu überwinden, Ethik sei ausschließlich und immer ein „Geschäft auf Gegenseitigkeit". Nach Ansicht von Lenk (1983b, S. 14 f.) ist es gerade der *Verzicht* auf Gegenseitigkeit, der den

Menschen zu einem wahrhaft moralischen, fairen und humanen Wesen macht und damit seine Sonderstellung in der Natur unterstreicht: „Es zeichnet den Menschen aus (...), daß er nicht nur für seine eigenen – auf Mitmenschen gerichteten – Handlungen Pflichten übernehmen kann, sondern (...) daß er symbolisch-projektiv anderen Wesen moralische Quasirechte, Existenzberechtigung, Erhaltungsberechtigung zuerkennen kann oder ohne Gegendienst oder Gegenpflicht Pflichten für sie, gegenüber ihnen auf sich nehmen kann und soll. Er ist das Wesen, das Einsicht in den Gesamtzusammenhang haben kann und über seine anthropozentrische Beschränkung hinaus dem Gesamtsystem sowie ökologischen Teilsystemen der Natur als auch lebendigen Partnern in der Natur Existenzberechtigung zuerkennen kann".

SPAEMANN (1984, S. 76/77) ist sogar der Ansicht, daß es lediglich unter dieser erweiterten Perspektive überhaupt gerechtfertigt ist, von der besonderen „Würde des Menschen" zu sprechen. Denn „solange wir die Rede von Menschenwürde nur als eine Redensart ansehen, mit der die Mitglieder der Spezies homo sapiens ihre Artgenossenschaft absichern, so lange hat diese Rede keinen eigentlichen normativen Sinn. Die Spezies verhält sich nach außen wie im Prinzip jede andere Spezies der Natur, nur daß sie aufgrund ihrer Intelligenz ein unvergleichliches Durchsetzungsvermögen besitzt, aufgrund dessen sie sich allmählich jeder ‚Scheu' entledigen kann". Wenn Menschenwürde dagegen etwas meint, was den Menschen „objektiv" auszeichnet, dann kann sie nur die Fähigkeit des Menschen meinen, sich gegenüber den anderen Arten und gegenüber den sich selbst organisierenden Natursystemen freiwillig zurückzunehmen, d. h. auch dort auf unbeschränkte Machtausübung zu verzichten, wo weder mit einer entsprechenden Gegenleistung zu rechnen noch zu befürchten ist, daß das „natürliche Gegenüber" den Spieß umdrehen und zurückschlagen kann.[133]

b. Fehlende Innenperspektive?
Der *zweite* Einwand, der vor allem von Pathozentrikern gegen ein universales Moralkonzept vorgebracht wird, läßt sich mit dem Stichwort *„fehlende Innenperspektive"* kennzeichnen. Er geht von der weithin für selbstverständlich gehaltenen Prämisse aus, moralische Verpflichtungen seien „immer interessenorientiert" (RESCHER, 1980, S. 83). Wer keine Interessen habe, könne auch nicht beeinträchtigt oder sonstwie unmoralisch behandelt werden und somit auch nicht Gegenstand von Verantwortung sein. Während hinsichtlich *dieser* Auffassung bei vielen Ethikern Übereinstimmung herrscht, ist die Frage freilich heftig umstritten, *welchen* Naturwesen denn nun Interessen unterstellt werden können und welchen nicht. Die Bandbreite der Vorschläge für Interessenträger reicht dabei von der Klasse der *denkfähigen* Wesen über die Klasse der *leidensfähigen* Wesen bis hin zu der Klasse *aller* Lebewesen; Arten und Natursysteme werden nur sehr selten „Interessen" zugeschrieben.

Analysiert man die (vor allem im englischsprachigen Raum heftig geführte) Debatte zwischen den verschiedenen Positionen, so stellt man überraschenderweise fest, daß der Dissens weniger auf unterschiedlichen Einschätzungen im empirischen Bereich beruht, als vielmehr auf unterschiedliche Auffassungen hinsichtlich des Begriffes „Interesse" zurückgeht. Ursache hierfür ist eine außerordentliche Vieldeutigkeit des Interessenbegriffs: Er ist „dermaßen vage, daß alles auf seine Interpretation ankommt" (V.D. PFORDTEN, 1996, S. 203). Interpretiert man „Interessen" nämlich mit den Vertretern der Anthropozentrik im Sinne artikulierbarer Wünsche, also so eng und hoch differenziert, daß sie Denk- und Sprachfähigkeit voraussetzen (z. B. FREY, 1980, S. 83), so ist klar, daß nur Menschen (oder allenfalls einige denkfähige Tiere wie evtl. Primaten und Wale) Interessen haben können. Faßt man den Interessenbegriff mit den Pathozentrikern dagegen etwas weiter, so daß er auch nicht-rationale Bewußtseinszustände wie Lust und Schmerz umfaßt (z. B. NELSON, 1932; FEINBERG, 1980; SINGER, 1984, S. 73), sind immerhin alle bewußt empfindungsfähigen Tiere Interessenträger. Und versteht man „Interesse" mit den Biozentrikern schließlich so umfassend, daß es auch alle unbewußten Strebungen kennzeichnet, die das eigene Wohl und den Selbsterhalt zum Ziel haben, so haben zweifellos auch wirbellose Tiere, Pflanzen und selbst Mikroorganismen Interessen.[134] Die neueren Publikationen legen hier freilich die Einschätzung nahe, daß sich die Diskussion inzwischen schwerpunktmäßig auf die Auseinandersetzung zwischen Pathozentrikern und Biozentrikern verengt hat: Während offenbar nur noch wenige Ethiker der Auffassung sind, daß Interessen an Denk- und Sprachfähigkeit gebunden sind, scheint die philosophische Debatte heute vor allem um die Frage zu kreisen, ob die Zuschreibung von Interessen die Existenz von Bewußtsein, also einer „Innenperspektive" mit der Fähigkeit der Schmerzempfindung, voraussetzt oder nicht (vgl. TEUTSCH, 1985, S. 49).

Von der unüberwindbar erscheinenden Schwierigkeit, über Vorhandensein oder Grade des Bewußtseins bei wirbellosen Tieren etwas empirisch Gesichertes zu erschließen, einmal ganz abgesehen,[135] habe ich erhebliche Zweifel, daß die Diskussion über die Interessenfrage in der Lage ist, das Problem der moralischen Berücksichtigungswürdigkeit einer Lösung auch nur näher zu bringen. Meines Erachtens unterstreicht und illustriert sie vielmehr die oben formulierte These, nach der der Ausschluß von Teilen der Natur aus der Moralgemeinschaft letztlich ein Akt der Willkür darstellt. Wenn man nämlich die moralische Berücksichtigungswürdigkeit an den Interessenbegriff koppelt, beim Interessenbegriff aber „alles auf seine Interpretation ankommt" (V.D. PFORDTEN, 1996, S. 203), dann bedeutet dies doch nichts anderes, als daß man den Radius der direkten Rücksichtnahme von einer (in gewissen Grenzen) *kontingenten semantischen Konstruktion* abhängig macht: Je nachdem, ob der Interessenbegriff etwas stärker oder schwächer *definiert* worden ist, sind die wirbellosen Tiere und die Pflanzen einmal innerhalb der Moral, ein andermal „draußen". Weit davon entfernt, von einer „objektiv feststellbaren Gegebenheit" erzwungen worden zu sein, muß der von der Pathozentrik vorgenommene Ausschluß des überwiegenden Teils aller Lebewesen aus der Moral damit als das Ergebnis einer mehr oder weniger *willkürlichen Setzung* verstanden werden.[136]

Natürlich werden Vertreter der Pathozentrik diese Setzung nicht als Ausdruck von Willkür verstanden wissen wollen. Nicht von ungefähr verweisen sie zur Rechtfertigung ihres engeren Verständnisses von „Interesse" häufig auf den allgemeinen Sprachgebrauch, der angeblich gar keine andere Interpretation als die ihrige zulasse (so z. B. FEINBERG, 1980, S. 154 f.). Doch sind solche semantisch-definitorischen Rechtfertigungen des Ausschlusses von wirbellosen Tieren und Pflanzen in zweierlei Hinsicht nicht überzeugend: Zum *ersten* zeigt gerade die Alltagssprache, daß es zumindest auf den ersten Blick nicht unvernünftig zu sein scheint, selbst Pflanzen Interessen zuzuschreiben. Wir sprechen davon, daß Pflanzen „gedeihen" oder „kümmern" und daß sie für ihr Wohlergehen Licht, Wasser und Nährstoffe „brauchen". Wenn FEINBERG (1980, S. 154 f.) und SINGER (1994, S. 354) diesen Sprachgebrauch als bloße Metaphorik deuten, so ist diese Interpretation zwar durchaus legitim, sie schwächt dann aber auch ihren gleichzeitig erhobenen Anspruch, die *eigene* Position mit Hilfe eben dieses allgemeinen Sprachgebrauchs stützen zu können.

Zum *zweiten* ist der Rekurs auf den alltagssprachlichen Gebrauch eines Wortes oder der Appell an das Sprachgefühl gerade in der Ethik nur begrenzt hilfreich (vgl. BURKHARDT, 1983, S. 401/402). Während der Sprachgebrauch in der Regel Ausdruck dessen ist, was *ist* bzw. wie die Welt gesehen *wird*, muß es der Ethik nicht zuletzt darum gehen, was sein *soll* bzw. wie die Welt vom moralischen Standpunkt aus gesehen werden *sollte*. Vor dem Hintergrund dieser Differenz muß immer in Rechnung gestellt werden, daß das, was sein sollte, unter Umständen *sprachlich* noch gar nicht hinreichend manifest ist. ROUTLEY & ROUTLEY (1979, S. 37/38) halten deshalb den verbreiteten Versuch, eigenständige *normative* Thesen über die Reichweite der Moral zu Definitionsangelegenheiten zu erklären, nicht nur für „philosophisch dürftig", sondern auch für „methodologisch unsauber". Die Unangemessenheit dieses Versuchs bestehe vor allem darin, daß seine Thesen auf diese Weise der Chance und Notwendigkeit inhaltlicher Kritik stillschweigend entzogen werden. Im Hinblick auf die Reichweiten-Debatte sei dies dem Verfahren vergleichbar, „diskriminierende Aufnahmebedingungen für die Mitgliedschaft in einem Club dadurch zu rechtfertigen, daß man ganz einfach auf die Clubregeln verweist. Diese Regeln werden vorher durch sich selbst für gültig erklärt und damit der Möglichkeit und Notwendigkeit einer wirklichen Rechtfertigung enthoben". In Anlehnung an den „naturalistischen Fehlschluß" nennen ROUTLEY & ROUTLEY ein solches Verfahren „definitorischen Fehlschluß".

So wenig überzeugend der Versuch also ist, den Ausschluß bestimmter Lebewesen aus der Moral allein mit *semantischen* Argumenten zu rechtfertigen, so vergeblich muß auch der Versuch erscheinen, ihn unter Verweis auf bestimmte *naturale* Eigenschaften plausibel zu machen. Abgesehen von dem *logischen* Einwand des naturalistischen Fehlschlusses, ist er auf der *Sachebene* vor allem dadurch anfechtbar, daß er irgendwo im Reiche des Natürlichen eine einzige absolute Diskontinuität postulieren muß, die zudem noch für die Frage nach der moralischen Berücksichtigungswürdigkeit normativ relevant sein soll. Diese absolute Diskontinuität ist jedoch nirgendwo auszumachen. Nach SKIRBEKK (1995, S. 422) ist es gerade „der heikle Punkt" in der ökologischen Ethik, „daß die Biologie mit Kontinuitäten arbeitet, wohingegen wir gewohnt sind, die Moral in Begriffen absoluter Grenzen zu denken". Zwar soll mit dem Verweis auf Kontinuitäten in der Biologie nicht in Abrede gestellt werden, daß sich zwischen bestimmten Gruppen von Lebewesen größere Unterschiede aufweisen lassen als zwischen anderen. Aber zum *einen* stehen mit diesen Unterschieden immer *mehrere* „Diskontinuitäten" zur Auswahl, so daß es keinen hinreichenden Grund zu geben scheint, gerade eine *bestimmte* normativ auszuzeichnen; und zum *anderen* werden diese „Diskontinuitäten" stets dadurch relativiert, daß ihnen sowohl ein Übergangsbereich als auch zahlreiche Gemeinsamkeiten gegenüberstehen. Für die Diskussion um den Interessenbegriff bedeutet dies: Rationale Interessen (Menschen), bewußte Interessen (höhere Tiere) und biologische Interessen (Pflanzen) mögen sich zwar in ihrer jeweiligen Gesamtqualität grundlegend voneinander unterscheiden, aber sie haben sowohl mehr oder weniger breite Übergangsbereiche als auch eine gemeinsame Basis. Diese Basis besteht in der Selbstbezüglichkeit, die sich nach V.D. PFORDTEN (1996, S. 238) durch die drei Kriterien Selbstentstehung, Selbstentfaltung und Selbsterhaltung kennzeichnen läßt.

Obwohl ich mit VARNER (1990) und V.D. PFORDTEN (1996) der Meinung bin, daß es vor dem Horizont dieser Gemeinsamkeiten durchaus Sinn macht, auch bei bewußtseinslosen Lebewesen von „Interessen" zu sprechen, halte ich die Zuschreibung dieses Begriffs für die Frage nach der moralischen Berücksichtigungswürdigkeit von wirbellosen Tieren und Pflanzen für nicht entscheidend. Unter holistischer Perspektive laufen die beiden begrifflichen Alternativen nämlich mehr oder weniger auf dasselbe hinaus: *Entweder* man definiert den Interessenbegriff in seiner maximalen Breite, also im Sinne von Selbstbezüglichkeit. Dann sind zwar alle Organismen gleichermaßen Interessenträger und selbstverständlich Mitglieder der Moralgemeinschaft, doch schließt dies die Möglichkeit nicht aus, unter Bezug auf empirische Erkenntnisse nachträglich sekundäre Differenzierungen des Interessenbegriffs vorzunehmen (vgl. WILLIAMS, 1980, S. 153). *Oder* aber man faßt den Interessenbegriff wie SINGER (und der klassische Utilitarismus) so eng, daß er Bewußtsein voraussetzt. Dann liegt damit zwar eine primäre Differenzierung vor, doch kann diese nicht als überzeugendes Argument dafür verstanden werden, bewußtseinslose Tiere und Pflanzen nun aus der Moral auszuschließen. Wirbellose Tiere und Pflanzen mögen dann zwar keine *so definierten* Interessen haben, aber dies besagt nicht, daß ihre unbewußten Strebungen nach Selbsterhalt damit moralisch irrelevant wären. Was in diesem Zusammenhang vorrangig zählt, ist die Tatsache, daß alle Tiere und Pflanzen – ungeachtet der Frage des Bewußtseins – ihr eigenes Wohl haben (TAYLOR, 1981, S. 199).

Diese Tatsache wird nun freilich von den Vertretern der Pathozentrik strikt geleugnet. WOLF (1987, S. 166) etwa sieht sich außerstande zu erkennen, was für Pflanzen „schlimm wäre, wenn man mit ihnen dieses oder jenes tut." Und FEINBERG (1980, S. 153) schreibt: „Trotz der Tatsache, daß Bäume biologische Verhaltenstendenzen besitzen, gehören sie doch nicht zu jenen Lebewesen, denen man ein eigenes Wohlergehen zuspricht. Da sie keine bewußten eigenständigen Wünsche oder Ziele verfolgen, sind sie unfähig, Befriedigung oder Enttäuschung, Freude oder Schmerz zu erleben. Daher können wir uns ihnen gegenüber weder rücksichtsvoll noch grausam verhalten". Indes halte ich FEINBERGS Argumentation für nicht überzeugend. REGAN (1976, S. 490) hat ihr gegenüber zu Recht geltend gemacht, daß sie lediglich zeige, daß es Pflanzen an der Möglichkeit eines *ganz bestimmten* eigenen Wohls mangele, nämlich an der Möglichkeit, Lust („happiness") zu empfinden. Was sie jedoch *nicht* zeigen kann, ist, daß Pflanzen nicht eine *andere* Art eigenen Wohlergehens haben können. In entsprechender Weise besagt der Befund, daß Pflanzen – nach allem, was wir wissen – keine Schmerzen empfinden können, lediglich, daß sie nicht gequält werden können; es besagt hingegen nicht, daß Pflanzen nicht auf eine *andere* Art und Weise beeinträchtigt werden können.

Gegen die Erwiderung REGANS hat ELLIOT (1978, S. 702/703) wiederum ins Feld geführt, diese „andere Art und Weise" der Beeinträchtigung dürfe nicht nur einfach *behauptet*, sondern müsse *belegt* werden. Ohne einen solchen Beleg sei es vernünftig, Bewußtsein als notwendige Bedingung für das Vorhandensein von Interessen oder eines eigenen Wohls („inherent good") anzunehmen. Was ist hierauf zu sagen? Als *erstes* muß daran erinnert werden, daß die Analyse des Moralbegriffs zu einer *Umkehr* der Beweislast geführt hat: Nicht derjenige, der davon ausgeht, daß wirbellose Tiere und Pflanzen direkte Gegenstände von Moral sein können, muß plausibel machen, warum seine Sicht der Dinge berechtigt ist, sondern derjenige, der den *prima facie* universalen Charakter der Moral auf Wesen mit Bewußtsein eingeschränkt wissen will. Zum *zweiten* ist nur schwer zu erkennen, wie ein für ELLIOT zufriedenstellender Beleg für das eigene Wohl von Wirbellosen und Pflanzen überhaupt aussehen könnte. Wie es scheint, geht der von ihm vertretene pathozentrische Standpunkt ja *von vornherein* davon aus, daß diese Wesen mangels „Innenperspektive" keine eigene substantielle Wirklichkeit besitzen. FEINBERG (1980, S. 155) jedenfalls läßt keinen Zweifel daran, daß Pflanzen für ihn nichts anderes als komplizierte Maschinen sind, wenn er schreibt: „Ein Auto braucht zum Fahren Benzin und Öl; aber es bedeutet für den Wagen keine Katastrophe, wenn beides aufgebraucht ist: ein leerer Tank tut seinen Interessen keinen Abbruch. Ganz ähnlich bedeutet die Bemerkung, ein Baum brauche Licht und Wasser, nur, daß er ohne Licht und Wasser nicht überleben kann. (…) Was Pflanzen brauchen, brauchen sie, um ihren Funktionen zu genügen." Abgesehen davon, daß der Vergleich hinkt, weil FEINBERG übersieht, daß ein Auto auch ohne Benzin und Öl intakt bleibt, während ein Baum ohne Licht und Wasser *stirbt*, so ist doch klar, was er damit zum Ausdruck bringen möchte: Das Fällen eines Baumes ist moralisch gesehen nichts anderes als die Entsorgung eines Autos beim Schrotthändler. Beiden widerfährt dabei kein Übel.

Nun habe ich in Kapitel 26 bereits darauf hingewiesen, daß es grundsätzlich natürlich immer möglich ist, ein Lebewesen als bloße Maschine, also nicht als „substantielle Wirklichkeit", zu betrachten (vgl. SPAEMANN, 1990, S. 133). Der verobjektivierende Reduktionismus der Naturwissenschaften ist ein *methodologisches* Beispiel für diese Sichtweise, der Cartesianismus ein *weltanschauliches*. Während der *methodische* Reduktionismus dabei freilich nicht nur seine Berechtigung hat, sondern für die Erkenntnisgewinnung in den Naturwissenschaften geradezu unverzichtbar ist, muß der Cartesianismus nach heutigem Wissen als unhaltbare Ideologie gelten. Wer Tiere und Pflanzen heute noch *tatsächlich* als Maschinenwesen versteht, ist wissenschaftstheoretisch nicht mehr auf dem neuesten Stand. Während sich dies im Hinblick auf schmerzempfindliche Wirbeltiere inzwischen auch in der Ethik herumgesprochen hat, zeigt die Pathozentrik, daß der Cartesianismus im Hinblick auf wirbellose Tiere und Pflanzen doch noch nicht ganz tot ist. Denn so wie DESCARTES geleugnet hat, daß Tiere „wirklich" Schmerzen empfinden können, so leugnet die Pathozentrik – zumindest faktisch –, daß wirbellose Tiere und Pflanzen „wirklich" sterben bzw. getötet werden können. Maschinen kann man ja schließlich nicht töten. Dabei besteht die Unhaltbarkeit des pathozentrischen Standpunktes meines Erachtens weniger in seinem kontraintuitiven Reduktionismus, als darin, daß dieser Reduktionismus *inkonsequent* ist: Während er Tagpfauenauge, Marienkäfer, Herzmuschel und Sonnentau radikal verobjektiviert, d. h. auf Maschinenstatus herabnivelliert, scheut er gegenüber Mensch, Schäferhund und Goldhamster vor dieser ontologischen Degradierung zurück. Doch welchen vernünftigen Grund kann er für eine solch zweigeteilte Betrachtungsweise anführen? Wie eine Bemerkung von SINGER (1994, S. 354) vermuten läßt, scheinen hierfür letztlich metaphysische Überzeugungen verantwortlich zu sein: Im Falle von Wesen *ohne* Bewußtsein wird eine „rein physikalische Erklärung des Geschehens" für möglich gehalten, im Falle von Wesen *mit* Bewußtsein jedoch nicht. BIRNBACHER (1989, S. 399) legt diese Einschätzung ebenfalls nahe, wenn er schreibt: „Das Leben ist kein ‚Geheimnis' mehr. Nicht nur sein Vollzug, auch seine Entstehung sind wissenschaftlichen Erklärungsversuchen zugänglich geworden. Wenn etwas geheimnisvoll ist und sich einer wissenschaftlichen (etwa evolutionären) Erklärung nach wie vor entzieht, dann die Existenz und Entstehung von Bewußtsein."

Abgesehen davon, daß die Geheimnishaftigkeit des Lebens nicht geringer wird, wenn man Einsicht in einige seiner Gesetzmäßigkeiten gewinnt,[137] muß man sich hier die grundsätzliche Frage stellen, was man überhaupt unter einer „Erklärung" von emergenten Phänomenen wie Kristallen, Flüssigkeit, Leben, Bewußtsein, Geist etc. verstehen will. In Kapitel 5 habe ich bereits deutlich gemacht, daß ich die erkenntnistheoretische Reichweite der naturwissenschaftlichen Methode hier für prinzipiell begrenzt halte.[138] Will der Pathozentriker jedoch mit dem Szientisten von der Prämisse ausgehen, daß eine naturwissenschaftliche Beschreibung der mit diesen Phänomenen einhergehenden Gesetzmäßigkeiten als ihre *hinreichende* Erklärung gelten kann, so muß er in Rechnung stellen, daß es dann keine Rechtfertigung mehr für den Anspruch gibt, das Bewußtsein als *einzig* unerklärliches Phänomen vor dem Zugriff des ontologischen Reduktionismus auf Dauer schützen zu können. Wie die moderne Hirnforschung und die damit im Zusammenhang stehende Diskussion um das Gehirn-Geist-Problem zeigen, beanspruchen nämlich sowohl Neurobiologie als auch materialistische Philosophie des Geistes, dieses Phänomen – ähnlich wie das Phänomen Leben – einer „wissenschaftlichen Erklärung" zuführen zu können (vgl. z. B. DENNETT, 1994). Im Rahmen eines konsequenten „metaphysischen Naturalismus", also der Überzeugung, „daß es sowohl in der Natur als auch in unserer Vernunft ausschließlich mit natürlichen Dingen zugeht" (VOLLMER, 1986, S. XVIII), gibt es somit nur zwei theoretische Optionen: Entweder wir verstehen mit dem ontologischen Reduktionismus bzw. Behaviourismus *alle* Lebewesen als komplizierte Maschinen; dann sind auch *wir selbst* und die höheren Tiere Maschinen. Oder aber wir gestehen *allen Lebewesen gleichermaßen* eine darüber hinausreichende eigene Wirklichkeit zu; dann haben aber auch *alle* Lebewesen ein eigenes Wohl (vgl. SPRIGGE, 1979, S. 142).

Mit der Nennung dieser beiden Optionen soll nun freilich nicht gesagt sein, daß es sich hierbei um zwei philosophisch gleichrangige Positionen handelt. Der ontologische Reduktionismus ist meines Erachtens insofern der schwächere Standpunkt, als er nur *theoretisch* vertreten werden kann, im *praktischen* Leben aber nicht durchzuhalten ist. Zumindest erscheint es mir kaum möglich, *sich selbst* ohne fortwährenden Selbstwiderspruch als elektrochemische Maschine zu verstehen. Und wie dies bei der eigenen Person nicht gelingen kann, so dürfte es auch gegenüber all jenen Wesen schwierig sein, die wir mehr oder weniger als „unseresgleichen" empfinden und mit denen wir emotional verbunden sind – also vor allem gegenüber nahen und (eventuell) fernen Mitmenschen und (unter Umständen) gegenüber bestimmten, uns nahestehenden Wirbeltieren.

Obgleich die Inkohärenz des mechanistischen Standpunktes vor diesem Hintergrund auf der Hand zu liegen scheint, könnte man natürlich der Meinung sein, dies sei im Hinblick auf das gesellschaftliche Zusammenleben der Menschen ohne größere Bedeutung: Der psychologische Effekt des Mitgefühls sei normalerweise stark genug, um den gegenläufigen Effekt des ontologischen Reduktionismus zu kompensieren. Indes ist ein solcher Pragmatismus umweltethisch gesehen alles andere als befriedigend. Er läuft nämlich darauf hinaus, daß wir de facto nur dasjenige in der Natur als eigene Wirklichkeit mit vollgültiger moralischer Berücksichtigungswürdigkeit gelten lassen, was wir als hinreichend ähnlich empfinden. Mit anderen Worten: Andere Wesen müssen in der Lage sein, grundlegende Gemeinsamkeiten – also z. B. Bewußtsein – mit uns zur Geltung zu bringen, wenn sie um ihrer selbst willen Schonung erwarten wollen. Daß diese Bedingung eine *willkürlich* gesetzte Hürde ist, läßt sich kaum übersehen. Denn warum, so muß man fragen, soll ein Leben erst schützenswert sein, wenn es *wie wir Menschen* ein hochdifferenziertes Nervensystem mit der Fähigkeit der „Innenschau" und des Schmerzempfindens evolviert hat? Die alleinige Tatsache, daß bewußtes Leiden *für uns* moralisch gesehen natürlich hochgradig relevant ist, kann sicherlich kein überzeugendes Argument dafür sein, Leidensfähigkeit nun auch bei allen anderen Wesen als unabdingbares Kriterium für moralische Berücksichtigungswürdigkeit einzufordern.

Mir scheint, daß es vor dem Hintergrund dieser Überlegungen gute Gründe gibt, einen gegenüber Biozentrik und Physiozentrik häufig formulierten Vorwurf an die Vertreter eingeschränkter Moralkonzepte „zurückzuadressieren": den Vorwurf der *Anthropomorphie*. So wie man der direkten Rücksichtnahme gegenüber der subanimalischen Natur oft unterstellt, sie projiziere die von Menschen und höheren Tieren gewohnten physiologischen Gegebenheiten unberechtigterweise auf niedere Tiere, Pflanzen und Landschaften, so kann man mit einiger Berechtigung umgekehrt sagen, die Weigerung, der subanimalischen Natur ein eigenes Wohl zuzugestehen, sei lediglich Ausdruck einer beschränkten, d.h ausschließlich aus dem Umgang mit Menschen und Haustieren herrührenden Projektion des Begriffes „eigenes Wohl" auf den Rest der Natur. Weil *wir* uns ein Leben ohne Lust und Schmerz nicht (oder zumindest nur schwer) vorstellen können, halten wir das Leben eines Baumes, bei dem Lust und Schmerz (nach allem, was wir wissen) fehlen, nicht für ein „wirkliches", d. h. tatsächlich beeinträchtigbares Leben. Es sollte nicht schwerfallen zu erkennen, daß eine solch anthropomorphe Sicht mit der universalen Perspektive des moralischen Standpunktes wenig gemein hat. Was die universale Perspektive einfordert, ist nicht, die Existenz oder das Leben anderer Wesen im Vergleich *zu uns* zu bewerten, sondern ihrer Existenz und ihrem Leben *an sich* gerecht zu werden. Daß dies in einem *anthroponomen* Rahmen – bei allen Abstrichen – wenigstens prinzipiell möglich ist, habe ich in Kapitel 25.b aufgezeigt.

c. Fehlende Zielgerichtetheit?
Der *dritte* und häufigste Einwand, der gegen ein holistisches Moralkonzept vorgebracht wird, läßt sich unter dem Stichwort „*fehlende Zielgerichtetheit*" zusammenfassen. Er besagt, daß unbelebte Naturobjekte und Ganzheiten wie Arten, Flüsse und Ökosysteme nicht direkte Gegenstände von Moral sein könnten, da sie nicht einmal ansatzweise Formen von Intentionalität, also eines irgendwie gearteten Strebens, aufweisen (z. B. CAHEN, 1988, S. 202). Ohne ein solches „Interesse" im weitesten Sinne des Wortes könne ihnen gegenüber aber weder von einer „Erfüllung" oder „Nichterfüllung" noch von „Wohl" oder „Schaden" die Rede sein. Die Möglichkeit einer Zuordnung dieser bipolar angelegten Begriffe (RICKEN, 1987, S. 16) sei freilich zentraler und notwendiger Bestandteil des Konzeptes von Moral überhaupt und insofern ein „nicht-kontingentes" und zwingendes Kriterium für moralische Berücksichtigungswürdigkeit (GOODPASTER, 1980, S. 281/282).

Um die Berechtigung dieses Einwandes prüfen zu können, ist es zunächst notwendig zu analysieren, was es mit der Zielgerichtetheit (dem „Telos" bzw. „natural end") in der Natur denn genauer auf sich hat. Ausgangspunkt einer Analyse muß dabei der Befund sein, daß grundsätzlich alle Dinge dieser Welt mit der Fähigkeit ausgestattet sind, ihren Zustand zu ändern, wobei diese Änderungen meistens über kurz oder lang zu einem (vorübergehenden) Ende führen. Dadurch entsteht der Eindruck von Gerichtetheit auf dieses Ende zu. Eine genauere Untersuchung der zahlreichen Phänomene, die auf diesen ersten Blick zielgerichtet, also *teleologisch* verfaßt erscheinen, zeigt jedoch, daß es in der Natur nicht nur verschiedene Arten von Zielgerichtetheit gibt, sondern daß eine ganze Reihe *vermeintlicher* Zielgerichtetheiten in Wirklichkeit gar keine sind. Wenn man also zunächst einmal zwischen der Klasse der scheinbaren und der tatsächlichen Zielgerichtetheiten unterscheiden muß, so lassen sich die *tatsächlich zielgerichteten* Phänomene nach MAYR (1984, S. 40) wiederum in zwei Gruppen von Vorgängen aufteilen: in teleomatische und teleonomische.

Teleomatische Vorgänge sind dabei Prozesse, bei denen „ausschließlich über physikalische Gesetze ein bestimmtes Ziel erreicht wird". Sie sind auf eine passive, automatische, von äußeren Kräften und Bedingungen diktierte Weise „endgerichtet" und kommen deshalb überwiegend im Bereich der unbelebten Materie vor. Wenn etwa ein fallender Stein seinen Endpunkt, den Boden, erreicht, „so hat dies nichts mit zielsuchendem oder beabsichtigtem oder programmiertem Verhalten zu tun, sondern gehorcht lediglich dem Gesetz der Schwerkraft. Das gleiche gilt für einen Fluß, der unbeirrbar zum Ozean fließt". Nach MAYR (1984, S. 40) beruht der gesamte Prozeß der kosmischen Evolution, vom Urknall bis heute ausnahmslos auf einer Abfolge von teleomatischen Vorgängen, die von stochastischen Störungen überlagert sind. Dabei gehören die Gesetze der Schwerkraft und der Thermodynamik zu denjenigen Naturgesetzen, die am häufigsten teleomatische Prozesse bestimmen.

Von teleomatischen Vorgängen deutlich zu unterscheiden sind *teleonome* Vorgänge. Sie verdanken ihr Zielgerichtetsein dem „Wirken eines Programms" und kommen in der Natur deshalb ausschließlich im Zusammenhang mit lebenden Organismen vor (MAYR, 1991, S. 65f.). Beispiele sind deren Ontogenese sowie zielgerichtete Verhaltensweisen wie Nahrungsbeschaffung, Balz, Fortpflanzung oder Wanderung. Charakteristisch für solche Verhaltensweisen ist die Existenz eines Schlußpunktes, Zieles oder Endes, welches in dem jeweiligen Programm vorgesehen ist. Das Programm wiederum – es kann geschlossen oder für Lerneffekte offen sein – ist das Resultat der natürlichen Auslese und wird durch den Selektionswert des erreichten Endpunktes fortwährend neu reguliert (MAYR, 1991, S. 61).

Neben der Klasse der teleomatischen und teleonomen Prozesse gibt es schließlich die *scheinbaren* Zielgerichtetheiten, wie sie in der Dynamik von Ökosystemen und der Evolution der Arten auftreten. Wenn Ökosysteme und Arten auch den Eindruck erwecken, als hätten sie Anpassungen zu ihrem eigenen Wohle entwickelt („Stabilität" bzw. „Arterhaltung"), so sind diese Systemeigenschaften in Wirklichkeit nur Nebenprodukte von Prozessen, die auf der Ebene der Individuen tätig sind (vgl. SOBER, 1986, S. 185/186). Das Verhalten der beteiligten *Individuen* ist dabei zwar teleonom, aber für das Gesamtsystem und die Art selbst lassen sich keine Programme feststellen, mit Hilfe derer ein vorher festgelegter Endzustand (Telos) angesteuert werden würde. Es gibt allenfalls eine Art „open-end-Potential", das sich unter dem Einfluß innerer oder äußerer Faktoren fortentwickeln kann. So sind beispielsweise der zukünftigen Evolution einer Spezies von ihrem gegenwärtigen Genpool her sicherlich strenge Grenzen gesetzt, doch innerhalb dieser Grenzen wird ihr weiterer Verlauf in erster Linie von der sich wandelnden Konstellation von Selektionsdrücken bestimmt. Er ist jedenfalls nicht in ihrem Genpool vorprogrammiert. Wenn für die Entwicklung *einzelner* Arten somit kein Telos angenommen werden kann, so gilt dies in entsprechender Weise für den Evolutionsprozeß *als Ganzen*: Trotz des Anscheins eines „Fortschritts" von den Einzellern bis hin zum Menschen lehnt die moderne Evolutionsbiologie die Annahme einer zielgerichteten Evolution (Orthogenese, Progressionismus, „kosmische Teleologie") nahezu einhellig ab. Nach heutiger Auffassung läßt sich die „Höherentwicklung" ausschließlich als Resultat von Selektionskräften erklären, die aus der Konkurrenz zwischen Individuen und Arten und aus der Kolonisierung neuer Adaptationszonen entstanden sind (MAYR, 1984, S. 41).

Was besagt diese hier nur ganz grob dargestellte Klassifikation wirklicher und scheinbarer Zielgerichtetheiten für die normative Frage nach den Bedingungen für moralische Berücksichtigungswürdigkeit? Folgt man dem obigen Einwand, nach dem hierfür die Existenz eines irgendwie gearteten Telos für erforderlich gehalten wird, so müßte man postulieren, daß zwar rein adaptive Prozesse, wie sie Arten, Ökosysteme und den Evolutionsprozeß als Ganzen auszeichnen, nicht berücksichtigt werden können, wohl aber alle teleomatischen und teleonomen Vorgänge. Indes ist schnell zu erkennen, daß die Vertreter eingeschränkter Moralkonzepte – im vorliegenden Zusammenhang vor allem die Vertreter der Biozentrik – ausschließlich *teleonom* verfaßte Naturentitäten, also Organismen, in die Moralgemeinschaft integriert wissen wollen. *Teleomatisch* entstandene bzw. sich entwickelnde Entitäten wie Flüsse, Berge, Tropfsteinhöhlen oder Wanderdünen halten sie dagegen nicht für berücksichtigenswert. Mit welcher Begründung? Meistens wird hier angeführt, daß die Entstehung und Entfaltung dieser Ganzheiten „praktisch vollständig heteronom" vonstatten ginge und daß es nach Erreichen des (vorläufigen) Endpunktes bei ihnen auch keinerlei Anzeichen des Selbsterhalts gäbe. Wenn sich jedoch keine Bestrebungen zur „Selbsterhaltung" feststellen ließen, könne es auch „keine Verpflichtung zur Fremderhaltung" geben (V.D. PFORDTEN, 1996, S. 239).

Gegenüber dieser Einschätzung sind zwei Dinge geltend zu machen: Zum *ersten* wäre es ein Mißverständnis anzunehmen, der holistische Standpunkt postuliere eine Verpflichtung zur Fremd*erhaltung* von Naturwesen und Systemen. Eine solch weitgehende ethische Forderung wäre insofern unsinnig, als ihre Erfüllung nicht nur ständige Eingriffe des Menschen in die Natur zur Folge hätte, sondern praktisch auf ein Einfrieren jeglicher natürlichen Dynamik hinausliefe. Was der holistische Standpunkt statt dessen fordert, ist lediglich ein prima-facie-Verbot der *Beeinträchtigung* oder gar *Zerstörung* solcher Entitäten – und dies bedeutet in der Praxis ein größtmögliches *Zulassen* der natürlichen Dynamik. Entgegen der obigen Behauptung, es fehle beim Umgang mit unbelebten Objekten an der für die Moral konstitutiven Bipolarität zwischen „Wohl" und „Wehe" (GOODPASTER, 1980, S.282), gibt es dabei zwei durchaus analoge Pole: Auf der *einen* Seite die Unversehrtheit bzw. freie Entfaltung (z. B. eines mäandernden Flusses), auf der *anderen* Seite die Zerstörung bzw. massive menschliche Interferenz (z. B. durch Staudamm, Kanalisierung, Trockenlegung etc.). Daß bei unbelebten Objekten mangels klar aufzeigbarer äußerer Grenzen und wegen des Fehlens eines Selbstverhältnisses die objektive Bestimmung dieser Pole erkenntnistheoretische Probleme mit sich bringt, soll dabei nicht geleugnet werden (vgl. auch KANTOR, 1980, S. 167). Ich halte diese *praktischen* Schwierigkeiten jedoch nicht für unüberwindbar.

Zum *zweiten* ist nicht zu erkennen, inwiefern die Nichterfüllung der Kriterien „Selbstentstehung", „Selbstentfaltung" und „Selbsterhaltung", die nach V.D. PFORDTEN (1996, S. 238) Voraussetzung für das Vorliegen von Interessen sind, den Ausschluß aus der Moralgemeinschaft unumgänglich machen sollte. Abgesehen von der Tatsache, daß auch Organismen niemals so „autonom" sind, daß sie gänzlich ohne den Einfluß äußerer Faktoren und Kräfte entstehen, sich entfalten oder sich erhalten können, kann auch hier der grundsätzliche Einwand der naturalistischen Ableitung geltend gemacht werden: Die Koppelung der moralischen Berücksichtigungswürdigkeit an die drei genannten Kriterien ist weder logisch zwingend noch sachlich unausweichlich. So ist meines Erachtens kaum einsichtig zu machen, warum nur diejenigen Teile der Natur, die ihre Zielgerichtetheit über ein *internes Programm* steuern, um ihrer selbst willen vor Zerstörung geschützt sein sollten, nicht aber jene, deren Zielgerichtetheit auf *rein physikalische Art und Weise* zustande kommt. Könnte man nicht genausogut argumentieren, daß letztere den Schutz der Moral in besonderem Maße nötig hätten, gerade *weil* sie keine Einrichtungen zu ihrem Selbsterhalt besitzen? Mir scheint, diese Frage läßt sich nur dann völlig von der Hand weisen, wenn man die moralische Berücksichtigungswürdigkeit *von vornherein* mit dem Paradigma des *Lebewesens* assoziiert. Man sollte dann aber zugeben, daß abstrakte Kriterien wie „Zielgerichtetheit", „Selbstidentität" oder „Interesse" letztendlich nur nachträgliche Rekonstruktionen dieses primär zugrundegelegten anschaulich-globalen Kriteriums „Leben" sind.

Was das Kriterium „Leben" betrifft, hat HUNT (1980) nun freilich gezeigt, daß es als definitives Kriterium für moralische Berücksichtigungswürdigkeit um nichts weniger willkürlich ist, als die anderen bereits geprüften und als kontingent befundenen Kriterien der Anthropozentrik und der Pathozentrik. In Übereinstimmung mit der These von der Umkehr der Beweislast hält er es zumindest für erforderlich, eine stringente Begründung dafür vorzulegen, warum *gerade dieses* Kriterium und nicht das umfassendere Kriterium der *Existenz* heranzuziehen sei. Nach Ansicht der pathozentrischen Ethiker BIRNBACHER und SINGER ist hierfür kein wirklich überzeugendes Argument in Sicht. Beide finden es – bei aller sonstigen Kritik am Holismus – reichlich unplausibel, die belebte Natur gegenüber der unbelebten so radikal zu privilegieren, daß der ersteren grundsätzlich ein Wert an sich und damit moralische Achtung zukomme, der letzteren jedoch grundsätzlich nicht. Für SINGER (1994, S. 354) etwa ist „unklar, warum wir größere Achtung vor einem Baum als vor einem Stalaktiten (...) empfinden sollten". Und BIRNBACHER (1987, S. 65) fragt: „Warum sollte Schönheit, Ganzheit, Symmetrie und komplexe Organisation in lebenden Naturobjekten von Wert sein, in nicht-lebenden aber nicht"? Ohne Rückgriff auf vitalistische (und d. h. heutzutage wissenschaftstheoretisch obsolete) Annahmen dürfte es kaum gelingen, auf diese Frage eine überzeugende Antwort vorzulegen.

Da das moderne, naturwissenschaftlich geprägte Weltbild es somit schwierig macht, die von der Biozentrik postulierte normative Kluft zwischen Leben und Nichtleben auf der *theoretischen* Ebene zu rechtfertigen, verweisen (nicht nur) Vertreter der Biozentrik gerne auf vermeintlich kontraintuitive *praktische* Konsequenzen, die die Einbeziehung unbelebter Teile der Natur in die Moralgemeinschaft mit sich brächte. So sei es doch etwas zuviel verlangt, nun selbst auf Steine Rücksicht nehmen zu müssen und damit gar die Verwendung von Kies im Tiefbau zu einem Problem der Moralphilosophie zu machen. Indes, ein solches Extrembeispiel leistet nicht das, was augenscheinlich von ihm erwartet wird: Es kann lediglich zeigen, daß die Frage nach dem Umgang mit *bestimmten* unbelebten Dingen (wie z. B. mit *einzelnen* Steinen) offenbar von *sehr geringer* (bzw. praktisch zu vernachlässigender) moralischer Signifikanz ist. Was es hingegen nicht zeigen kann, ist, daß es damit schon *in jedem Fall* absurd wäre, den Umgang mit unbelebten Naturobjekten auch unter dem Gesichtspunkt der direkten menschlichen Verantwortung zu betrachten.

Um dies einsichtig zu machen, bedarf es nur eines entsprechend extremen Gegenbeispieles, wie es etwa PLUHAR (1983, S. 53) in Form eines (derzeit freilich noch utopisch anmutenden) Gedankenexperimentes entworfen hat: Angenommen, die Raumahrttechnik wäre eines fernen Tages in der Lage, die Rohstoffe des Planeten Mars abzubauen und zu vertretbaren Kosten auf die Erde zu bringen, und angenommen, es gäbe auf Mars keinerlei Formen von rezentem Leben. Wäre es dann ethisch gerechtfertigt, Olympus Mons, den mit 25 Kilometern höchsten Berg des Sonnensystems, zugunsten der Produktion irgendwelcher Luxusgüter „abzurasieren"?[139] Man mag diese Frage beantworten, wie man will – der biozentrische Standpunkt, der behauptet, eine solche Frage *könne aus Prinzip* keine Frage der direkten menschlichen Verantwortung sein, erscheint doch ziemlich apodiktisch. Zumindest ist nicht klar, wie der Biozentriker es einsichtig machen könnte, daß die Teleonomie eines *einzelnen* Bakteriums dem Menschen mehr ethischen Respekt abnötigen sollte als die Teleomatik dieses grandiosen Berges. Statt eine radikale moralische Grenze zwischen Leben und Nichtleben zu konstruieren, scheint es hier allemal konsistenter zu sein, den Sinn und die Leistung von Moral in ihrer umfassendsten Bedeutung zu verstehen: im „Schutz des Seins vor Zerstörung" (STEINVORTH, 1991, S. 886).

Da das Sein nun aber immer ein geschichtlich *Gewordenes* ist und sich bei genauerer Betrachtung auch als weiterhin *Werdendes* darstellt, kann sich dieser Schutz vor Zerstörung nicht nur auf jene Teile und Prozesse beschränken, für die sich – ohnehin immer nur vorübergehend – ein programmgesteuertes oder durch physikalische Gesetze bestimmtes *Telos* ausmachen läßt. Er muß dann auch jene Entitäten und Prozesse der Natur miterfassen, die *nicht zielgerichtet*, sondern Ergebnisse der spontanen Selbstorganisation und der natürlichen Auslese sind: Ökosysteme, Arten, die Biosphäre und der Prozess der biologischen Evolution als Ganzer. Sie sind die Einheiten, in die die teleonomen Strukturen und Prozesse der Einzelorganismen eingebettet sind, die sie erst ermöglicht haben und die sie hoffentlich in Zukunft weiter möglich machen. Nicht zuletzt ihnen muß im Rahmen eines holistischen Ethikkonzeptes ein Eigenwert beigemessen werden.

Gegen dieses moralische Postulat wird mitunter der Einwand angeführt, nicht-zielgerichtet strukturierten Systemen und Vorgängen könne keine moralische Achtung zukommen, weil deren Entstehung und Dynamik „bloß" durch Zufall und Notwendigkeit bestimmt seien (vgl. z. B. V.D. PFORDTEN, 1996, S. 180/181). Die Mechanismen von Gesamtsystemen (wie z. B. der Ökosysteme und der Biosphäre) ließen sich „allein durch das jeweilige Vorverhalten der Einzelorganismen, die damit einhergehende Veränderung der Umweltbedingungen und durch externe physikalische bzw. chemische Faktoren erklären" (V.D. PFORDTEN, 1996, S. 242). Wenn damit ein Gegensatz zur Teleonomie der Organismen konstruiert werden soll, so geht dieser Einwand freilich ins Leere. Er scheint nämlich zu übersehen, daß natürlich nicht nur Ökosysteme und deren Regulationsmechanismen unter streng reduktionistisch-mechanistischer (kybernetisch-systemtheoretischer) Perspektive betrachtet werden können, sondern genausogut auch alle Organismen (einschließlich des Menschen) und deren Zwecke. Wie SALTHE & SALTHE (1989, S. 360) zeigen, gehen ja sowohl die Darwinsche Evolutionstheorie als auch die modernen Theorien der Selbstorganisation grundsätzlich davon aus, daß sich die zielgerichteten Verhaltensweisen von Lebewesen ausschließlich *kausal* (d. h. ohne die Zuhilfenahme von *Teleologie* – deshalb ja der Begriff der *Teleonomie!*) erklären lassen. Unter dieser rein kausalanalytisch ausgerichteten Perspektive verfolgen auch Organismen genau genommen gar keine Ziele oder Zwecke, sondern sie werden lediglich aus heuristischen Gründen so betrachtet, *als ob* sie „Ziele" oder „Zwecke" verfolgen würden. Ihre „Interessen" sind unter dieser Perspektive um nichts weniger durch Zufall und Notwendigkeit bzw. Chaos und Gesetzmäßigkeit bestimmt wie die Regulationsmechanismen von Ökosystemen.

Ein Beispiel für diese mechanistisch-reduktionistische Sichtweise liefert WOLTERS (1995, S. 249), der die Steuerungsvorgänge in den lebenden Systemen der Natur mit dem Verhalten „thermostat-regulierter Zentralheizungen" vergleicht. Ich halte einen solchen Vergleich, wie schon mehrfach betont, als *methodische* Projektion für durchaus legitim. Doch die Grenzen des Zulässigen werden meines Erachtens überschritten, wenn WOLTERS (1995, S. 249) dann dieses durch Projektion gewonnene Bild als Argument benutzt, um damit die vermeintliche Inkonsistenz des holistischen Eigenwertkonzeptes aufzuzeigen. WOLTERS: „Die meisten von uns werden allerdings zögern, ihrer Zentralheizung eine moralische Rücksicht begründende, innere Werthaftigkeit zuzuerkennen". Worin die Unangemessenheit dieser Argumentation besteht, ist nicht schwer zu erkennen: Zunächst wird hier ein (ursprünglich aus den Ingenieurwissenschaften stammendes) Bild, nämlich das kybernetische Maschinenmodell, in die Natur hineinprojiziert, um anschließend dann aufgrund dieses Bildes zu dem „zwingenden" Schluß zu kommen, daß man einem rein kybernetischen System ja wohl keinen Eigenwert zukommen lassen könne. Es wird, mit einem Wort, gefolgert, was zuvor vorausgesetzt wurde. Daß sich weder der ontologische Reduktionismus noch die Anthropozentrik auf *solche* Weise, also unter Verweis auf den *methodischen* Reduktionismus der Naturwissenschaften, überzeugend stützen lassen, sollte klar sein. Im Gegenteil, was den ontologischen Reduktionismus betrifft, ist daran zu erinnern, daß zumindest zwei der in dieser Arbeit dargestellten Befunde unmißverständlich gegen ihn sprechen: Zum *einen* der sich im naturwissenschaftlichen Weltbild abzeichnende Abschied von den Paradigmenelementen des Mechanismus und des Determinismus (vgl. Kapitel 7) und zum *anderen* seine praktische Inkonsistenz. Wie ich im Anschluß an FEINBERGS Vergleich von Bäumen mit Autos bereits zu zeigen versucht habe, besteht diese Inkonsistenz darin, daß der ontologische Reduktionist zwar die Natur auf Maschinenstatus reduziert, sich selber aber wohlweislich von der totalen Reduktion ausnimmt.

Wenn Vertreter eingeschränkter Moralkonzepte Ökosysteme und bestimmte nicht-menschliche Organismen – trotz dieser Befunde – nach wie vor als kybernetische Maschinen verstehen, so muß im Hinblick auf *Arten* natürlich mit einer entsprechenden Reduktion gerechnet werden. Auch Arten können so betrachtet und behandelt werden, als hätten sie keine eigene substantielle Wirklichkeit, als seien sie „nichts als" ein Bündel mutierter, rekombinierter und selektierter Gene, als erschöpfe sich ihr Wert einzig und allein darin, dem Menschen von Nutzen zu sein. Doch wie im Falle von Lebewesen, so dürfte auch bei Arten eine solcherart verkürzte Sichtweise um so schwieriger werden, je mehr man sich darauf einläßt, das „natürliche Gegenüber" wirklich aufmerksam zu „sehen". Als notwendige Voraussetzung für die hierfür geforderte „gesteigerte Wahrnehmung" hatte sich in Kapitel 26 neben dem (zumindest versuchsweisen) Transzendieren der Ego-Perspektive – dem „Erwachen zur Wirklichkeit" – ein Mindestmaß an *Kenntnis* über dieses Gegenüber erwiesen. Nur wenn man eine einigermaßen zutreffende Vorstellung darüber hat, was das „Wesen" einer Art ausmacht, was eine Art „ist", kann man ermessen, was es bedeutet, wenn eine solche Manifestation des Lebens irreversibel ausgelöscht wird.

Um die Signifikanz des derzeitigen Artensterbens in ethischer Hinsicht deutlich zu machen, werde ich deshalb im nächsten Kapitel in aller Kürze versuchen, einige für den vorliegenden Zusammenhang wichtige Wesensmerkmale der Art zusammenzufassen, und dabei aufzeigen, welche Konsequenzen sich aus ihnen sowohl für den praktischen Artenschutz als auch für das theoretische Konzept des pluralistischen Holismus ergeben. Indem damit der Begriff des Artenschutzes ein weiteres (und letztes) Mal konkretisiert wird, kehrt die hier verfolgte Argumentationslinie wieder an ihren Ausgangspunkt zurück: zu dem zunächst rein intuitiv verankerten, inzwischen freilich auch hinreichend begründeten Postulat eines allgemeinen Artenschutzes.

30. Artenschutz als Paradigma des pluralistischen Holismus

Während für die bisherige Diskussion das alltägliche Vorverständnis von der „Art" durchaus ausreichend war, wird es nun notwendig, eine präzisere Bestimmung des Artbegriffes vorzunehmen. Eine der meistzitierten Definitionen im Rahmen des modernen Biospezieskonzeptes stammt von MAYR (1942, S. 120) und lautet: Arten sind „Gruppen von wirklich oder potentiell sich kreuzenden Populationen, die reproduktiv von anderen solchen Gruppen isoliert sind". In einer vereinfachten Formulierung wird die Art auch häufig als „größte potentielle Fortpflanzungsgemeinschaft" bezeichnet.

Geht man von dieser primär an dem Kriterium der *Reproduktion* orientierten Charakterisierung der Art aus, könnte man versucht sein anzunehmen, der praktische Artenschutz könne seine Aufgabe im Grunde genommen darin sehen, von einer Art jeweils so viele Exemplare zu retten, daß die Möglichkeit einer weiteren Fortpflanzung erhalten und der arttypische Genbestand bis auf weiteres gesichert bleibt. Da für dieses Ziel lediglich sicherzustellen wäre, daß die Fortpflanzungskette nicht abreißt, würde es völlig ausreichen, eine kleine Anzahl von Individuen in Reservaten zu schützen oder – falls sich dies als zu „kostspielig" erweisen sollte – sie wenigstens in Zoos bzw. (bei Pflanzen) in Genbanken für die Nachwelt zu erhalten. Mit wachsendem Fortschritt der Gentechnologie wäre es eines Tages vielleicht sogar möglich, bereits ausgestorbene Arten durch sogenanntes „genetic engeneering" wiederzubeleben.

Indes, nichts wäre verfehlter als ein solch technisches Verständnis von Artenschutz. Sein grundlegender Irrtum besteht in der Annahme, eine Art sei nichts anderes als ein Kollektiv gleichartiger Individuen und die Existenz der Art könne allein dadurch gesichert werden, daß man ein paar dieser Individuen – auf welche Weise auch immer – am Leben erhält. Im Gegensatz zu diesem reduktionistischen Bild der Art und des Artenschutzes betonen vor allem Ökologen und Populationsbiologen, daß Individuen einer bedrohten

Spezies niemals isoliert betrachtet werden dürfen und daß sie langfristig auch nur in ihrem natürlichen Lebenszusammenhang und in Bezug zu anderen Vertretern ihrer Art wirkungsvoll geschützt werden können.

Um die Bedeutung des jeweiligen Lebenszusammenhanges für Individuum und Art zu illustrieren, hat PIANKA (1985, S. 685) ein Tier im Zoo mit einem einzelnen Wort ohne Kontext verglichen: Nimmt man ein Wort aus einem Absatz heraus, so geht meist ein wesentlicher Teil seiner Bedeutung und seines Informationsgehalts verloren. Ähnliches geschieht nach PIANKA einem Organismus, den man der freien Wildbahn entnimmt. Denn so wie ein Wort die grammatikalische Funktion eines Subjekts, Objekts oder Adjektivs innehat und dabei in komplexen Beziehungen zu anderen Worten innerhalb eines Absatzes steht, so füllt ein Organismus im Ökosystem die Rolle eines Produzenten, Konsumenten oder Destruenten aus; er steht Feinden, Beutegreifern und potentiellen Konkurrenten gegenüber und schlägt oft selber Beute. Zu diesen zwischenartlichen Wechselwirkungen kommen zahlreiche Beziehungen hinzu, die Individuen zu Mitgliedern ihrer eigenen Population unterhalten, so z. B. zu ihrem Nachwuchs, zu Verwandten, potentiellen Partnern oder Nachbarn in angrenzenden Territorien. Verhindert oder beschneidet man diese Beziehungen, was in kleinen Reservaten, in Zoos oder in botanischen Gärten nahezu unvermeidlich ist, so nimmt man einem Organismus einen wesentlichen Teil seiner ökologischen und ethologischen Identität. Man reduziert ihn letztendlich von einem komplex vernetzten Naturwesen zu einem biologisch gesehen mehr oder weniger amputierten Kulturwesen.

Dabei wäre es ein Trugschluß zu glauben, geschmälerte Lebensbedingungen, wie sie in kleinen Reservaten oder Zoos herrschen, seien eher ein Problem des Tierschutzes, nicht aber des Artenschutzes. Wie SLOBODKIN (1986, S. 239 f.) zeigt, sind sie für den Artenschutz nicht weniger verhängnisvoll, insofern sie die für die Fortexistenz der Art notwendigen Anpassungen an eine sich fortlaufend verändernde Umwelt verhindern. Arten haben sich in Auseinandersetzung mit einem natürlichen Kontext evolviert und können sich dementsprechend auch nur in ständiger Wechselwirkung mit eben diesem Kontext weiterentwickeln. Nimmt man ihnen die Möglichkeit, auf klimatische und ökologische Veränderungen (z. B. überraschende Epidemien, neue Feinde etc.) in ausreichendem Maße zu reagieren, verlieren sie irgendwann den „evolutionären Anschluß". Einige nicht besonders anspruchsvolle Arten lassen sich zwar in menschlicher Obhut auch über längere Zeiträume hinweg am Leben halten, doch ohne die permanenten Herausforderungen der natürlichen Selektion sinken ihre Chancen, sich später wieder aus eigener Kraft in der Wildnis zu behaupten.

Es stellt sich hier natürlich die Frage, wie man sich die „Reaktion" einer Art auf diese Herausforderungen vorzustellen hat und von welchen Faktoren es abhängt, ob sie diesen Herausforderungen gewachsen ist. Um diesen Mechanismus zu verstehen, ist es wichtig sich klar zu machen, daß der Genpool einer Art keine homogene Einheit darstellt, sondern aus einer Vielzahl verschiedenartiger Genotypen zusammengesetzt ist. Genau genommen gibt es in einer Population keine zwei Organismen, die genetisch völlig identisch wären. Biologen nennen dieses Phänomen *genetische Variabilität*. Deren herausragende Bedeutung für das Überleben der Art besteht darin, daß sie gewissermaßen ein „Versicherungspotential" für überraschend auftretende Entwicklungen beherbergt: Je vielfältiger der Genbestand einer Population und je zahlreicher die Subpopulationen einer Art, desto größer ist die Wahrscheinlichkeit, daß der Gesamtbestand der Art einige wenige Individuen enthält, deren Genotypen zufällig in der Lage sind, dem Druck einer plötzlich auftretenden Umweltveränderung standzuhalten. Die seltenen Gene dieser „Außenseiter" sind es, die ihrem Organismus einen Selektionsvorteil verschaffen und es der in Bedrängnis geratenen Art damit ermöglichen, das „Staffelholz des Lebens" in die nächste Generation hinein weiterzutragen. Damit wird deutlich: Genetische Vielfalt ist „von entscheidender Bedeutung sowohl für die weitere Entwicklung einzelner Arten als auch für die künftige Evolution des Lebens als Ganzes" (WEBER et al., 1995, S. 187) .

Welche Schlußfolgerungen ergeben sich aus diesen Erkenntnissen für die weitere Konkretisierung und praktische Umsetzung des bisher noch recht allgemein gehaltenen Artenschutzgedankens? Als *erstes* Ergebnis läßt sich festhalten, daß es für einen effektiven Artenschutz nicht ausreichen kann, sich nur auf *globale* Aussterbevorgänge zu konzentrieren. Da die Wahrscheinlichkeit globalen Aussterbens mit abnehmender genetischer Vielfalt zunimmt, ist für den Schutz einer Art auch der Schutz von Subspezies und *lokalen* Populationen wichtig. Auch *regionale* Rote Listen haben ihre Berechtigung, insofern sie auf überregionale Abwärtstrends und eine damit einhergehende Verarmung der genetischen Vielfalt aufmerksam machen (vgl. BLAB, 1985, S. 616). Allerdings ist es notwendig, lokal abnehmende Bestandsgrößen stets differenziert, d. h. unter Bezugnahme auf einen größeren zeitlichen und räumlichen Rahmen zu interpretieren. Wie in den Kapiteln zur „Verallgemeinerung" und zur „ökologischen Stabilität" deutlich geworden ist, muß ein *lokaler* Rückgang nicht immer Anlaß zur Sorge sein, sondern ist oft nur Ausdruck der *natürlichen* Dynamik eines Ökosystems (vgl. NORTON, 1986, S. 113; 1987, S. 33).

Das *zweite* Ergebnis wurde schon angedeutet und schließt sich hier an: So wenig Arten ohne ausreichende Berücksichtigung ihrer *innerartlichen* (genetischen) Wechselwirkungen geschützt werden können (vgl. MATTHIES et al., 1995), so wirkungslos ist Artenschutz ohne Berücksichtigung ihrer *zwischenartlichen* (ökologischen) Beziehungen, und das muß heißen: ohne gleichzeitigen Schutz ihrer natürlichen Umgebung (FRITZ, 1983, S. 301; SOULÉ, 1985, S. 728). Die meisten Biologen und Naturschützer stimmen deshalb heute darin überein, daß der effektivste Artenschutz in der Regel im *Schutz von Lebensräumen* besteht. Nach LEITZELL (1986, S. 253) gewährt Habitatschutz immer noch „die beste Möglichkeit, um die Artenvielfalt der Erde zu mehren oder zumindest zu erhalten". Und ROWECK (1993, S. 18) ist der Meinung, daß wir uns überhaupt von der Vorstellung trennen sollten, das Schicksal der freilebenden Tiere und Pflanzen auf Artniveau lösen zu können: „Allein die Zahl der beteiligten Arten verbietet das".

Wenn die angemessenste und erfolgversprechendste Zielvariable des Artenschutzes somit eher der Lebensraum als die Art selbst zu sein scheint, so muß hier freilich daran erinnert werden, daß das direkte Ansteuern dieser Zielvariablen nicht unerhebliche erkenntnistheoretische Probleme aufwerfen kann: Im Gegensatz zur Ermittlung der Lebensansprüche einzelner Arten (hier als Summe der Individuen verstanden) läßt sich für überindividuelle Ganzheiten wie Biotope, Ökosysteme und Landschaften kein *fixes* Wohl bestimmen, das der Naturschützer durch sein Eingreifen befördern oder sichern könnte. Wie in Kapitel 12 gezeigt, ist es nicht möglich, für Ökosysteme einen Zustand der „Gesundheit" zu definieren, der der Gesundheit und dem Wohlbefinden von Organismen entspräche. Man kann für Ökosysteme allenfalls ein *dynamisch* verstandenes „Wohl der Autonomie" postulieren, das darin besteht, daß die Prozesse der Selbstorganisation und der natürlichen Auslese weitgehend ungestört ablaufen können. Einem Ökosystem gerecht zu werden, bedeutet dann, möglichst wenig oder zumindest nicht irreversibel mit ihm zu interferieren.

Über den Umweg des Ökosystemschutzes erfährt die Intuition des Artenschutzes damit ihre *dritte* Konkretisierung: Arten zu schützen bedeutet in letzter Konsequenz, die Integrität *natürlicher Prozesse* zu sichern (vgl. SOULÉ, 1985, S. 731; SCHERZINGER, 1991; SMITH et al., 1993). Naturschutz ist Prozeßschutz, insofern die Natur selbst ein Prozeß ist. Natur ist im Rahmen des modernen wissenschaftlichen Weltbildes nicht mehr – wie vielfach immer noch angenommen – eine Ansammlung von *Dingen,* sondern wird heute eher als eine Menge von in Wechselwirkung stehenden *Ereignissen* verstanden. Als ultimatives Ziel eines holistisch begründeten Natur- und Artenschutzes rückt damit das umfassendste aller Ereignisse ins Blickfeld: die Evolution selbst. Jener Entwicklungsprozeß der Materie, der im Laufe von Milliarden von Jahren eine solch enorme Vielfalt an Lebensformen und darüber hinaus Systemeigenschaften wie Bewußtsein und den menschlichen Geist hervorgebracht hat, muß *insgesamt* – bei aller Rätselhaftigkeit und Fragwürdigkeit im Detail – als *in sich werthaft* gelten. Als fundamentalste Äußerung der Natur auf diesem Planeten darf dieser Prozeß nicht ohne existentielle Not zurückgestutzt werden, sondern muß die Chance erhalten, sich auf der Grundlage der bisher errungenen Komplexität und Vielfalt weiterzuentfalten.

Dabei ist klar, daß ein solches um die evolutionsbiologische Dimension erweitertes Verständnis von Artenschutz die ursprüngliche Intuition, möglichst *alle* Arten zu erhalten, ein Stück weit korrigieren muß: Gegenüber Arten, die *von sich aus* aussterben würden, läßt sich keine moralische Verpflichtung zur Erhaltung durch den Menschen postulieren. Vor dem Hintergrund des paläontologischen Befundes, daß der Tod von Arten zwar auf keinem inhärenten Aussterbemechanismus zu beruhen scheint, aber offenbar dennoch das „letztendliche Schicksal aller Arten" ist (ELDREDGE, 1994, S. 87), käme der Versuch, jeden natürlichen Aussterbevorgang zu verhindern, einem Naturschutz *gegen* die Natur gleich. Allerdings ist der Spezialfall eines *natürlichen* Artentodes vor dem Horizont des derzeitigen *anthropogenen* Artensterbens quantitativ so unbedeutend, daß man ihn im Rahmen der vorliegenden Diskussion getrost vergessen kann: Das Verhältnis zwischen natürlicher und anthropogener Aussterberate wird heute auf mindestens 1:1000 geschätzt! (E.U. v. WEIZSÄCKER, 1992, S. 128). Hinzu kommt, daß man ohnehin nur dann mit hinreichender Gewißheit von einem *natürlichen* Artentod sprechen könnte, wenn sich dieser in Gebieten ereignet, in denen die ökologischen Prozesse tatsächlich noch weitgehend autonom ablaufen können. Letzteres ist aber nur noch in den letzten Wildnissen und vielleicht in einigen großen Nationalparks der Fall. In kleineren Naturschutzgebieten können meistens keine vollständigen Sukzessionszyklen mehr durchlaufen werden, so daß ein „Laufenlassen" der Prozesse dort unter Umständen in Systemzustände einmündet, die weder dem ursprünglichen Schutzziel der natürlichen Dynamik noch dem des Artenreichtums wirklich gerecht werden (REMMERT, 1990, S. 164). Stellt man diese Situation in Rechnung, muß heutzutage praktisch immer davon ausgegangen werden, daß der Mensch bei Aussterbevorgängen eine mehr oder weniger große Mitverantwortung trägt. Dies gilt natürlich in besonderem Maße für all die Aussterbevorgänge, die sich in der vom Menschen geprägten Kultur- und Industrielandschaft ereignen, denn dort können – großflächig betrachtet – überhaupt keine autonomen Prozesse mehr ablaufen.

Daß sich aus diesem Befund ein praktisches Problem für die soeben vorgenommene dritte Konkretisierung des Artenschutzgedankens ergibt, ist nicht schwer zu erkennen: Wenn Artenschutz eigentlich Prozeßschutz ist und dabei eine möglichst geringe Interferenz mit den Systemen der Natur voraussetzt, wenn aber ein so verstandener Prozeßschutz nur noch in sehr wenigen und großräumigen Wildnisgebieten möglich ist bzw. nur *dort* das ursprünglich angestrebte Ergebnis eines ungeschmälerten Erhalts des evolutionären Potentials auch tatsächlich garantiert, dann kann das „Prinzip der Nichtinterferenz", also das „Laufenlassen" der Prozesse, für einen großen Teil aller *Schutzgebiete* nicht die alleinige Richtschnur sein. Um sicherzustellen, daß die allgegenwärtigen anthropogenen Rahmenbedingungen die eigentliche Zielsetzung dieses Prinzips nicht konterkarieren, muß es als „Regel erster Ordnung" gegebenenfalls von „Regeln zweiter Ordnung" ergänzt werden. Darunter wären Eingriffsmaßnahmen zu verstehen, die die Folgewirkungen der anthropogenen Rahmenbedingungen so weit ausgleichen, daß man dem ursprünglichen Ziel der „Regel erster Ordnung" dennoch nahe kommt.[140] SCHERZINGER (1991, S. 27) hat das Verhältnis beider Pole dabei in der Formel zusammengefaßt: „So viel Dynamik wie möglich, so viel Pflege wie nötig." Konkret schlägt er vor, daß möglichst viele und große Gebiete einer natürlichen Entwicklung überlassen bleiben, daß aber diese „Inseln der Wildnis" gleichzeitig durch kleinere Naturschutzgebiete miteinander vernetzt werden, in denen eine auf das Nötigste begrenzte Biotoppflege stattfindet. Nach Einschätzung von SCHERZINGER (1991, S. 28) läßt sich auf diese kombinierte Weise noch am ehesten ein Naturschutz realisieren, der nicht einem „permanenten Ankämpfen gegen die natürliche Entwicklung" gleichkommt, sondern „ein Höchstmaß an Naturgeschehen zuläßt".[141] Doch drängt sich dabei natürlich die Frage auf, an welchem Maßstab denn dieses „Höchstmaß an Naturgeschehen" eigentlich gemessen werden kann. Gibt es ein Kriterium, über das die moralische Achtung vor dem doch recht abstrakten „Ganzen" des evolutionären Prozesses in praktikabler Art und Weise operationalisiert werden könnte?

Als *vierte* Konkretisierung des Artenschutzbegriffes führt die Antwort hierauf über den Umweg der genetischen Vielfalt, des Ökosystemschutzes und des Prozeßschutzes zum klassischen Verständnis von Artenschutz zurück: Die *überregionale Artenvielfalt* („total diversity", MACARTHUR, 1965, S. 528) – nun freilich um die genetische, ökologische und evolutionsbiologische Perspektive erweitert – erscheint als das angemessenste und praktikabelste Kriterium, anhand dessen der menschliche Umgang mit der freien Natur erfaßt werden könnte. Da die Arten die Grundeinheiten des Evolutionsgeschehens sind (MAYR, 1984, S. 238), stellt die Entwicklung der überregionalen Diversität ein direktes Maß dafür da, ob und inwieweit dieses Geschehen gegenwärtig durch den Menschen beeinträchtigt wird. Nach Einschätzung von ALTNER (1985, S. 568) ist „die gelungene Bewahrung der Artenvielfalt – immer bezogen auf Biotop, Landschaft und Infrastruktur – (...) das beste Indiz für eine gelungene Revision der Defizite im Mensch-Natur-Verhältnis".

Zwar soll damit nicht gesagt sein, daß die verschiedenen anzustrebenden Teilaspekte biologischer Vielfalt (Habitatvielfalt, Artenvielfalt, genetische Vielfalt etc.) auf der Systemebene der Art alle in einem vereinheitlichenden Ansatz „aufhebbar" wären (WEBER et al., 1995, S. 188/189; HENGEVELDT, 1994, S. 1). Es soll auch nicht der Eindruck erweckt werden, die bereits erwähnten Zielkonflikte zwischen Individuum, Population, Art und Ökosystem seien nun grundsätzlich immer zugunsten der Art aufzulösen. Doch scheint die Art meiner Ansicht nach unter allen Entitäten der Natur immerhin eine Position einzunehmen, die sie als *zentrale* Zielvariable einer ökologischen Ethik in besonderem Maße geeignet macht: Sie stellt – von der Biosphäre einmal abgesehen – die höchste Einheit des Lebensprozesses dar, die in Raum und Zeit objektiv, d. h. ohne willkürliche Grenzziehung, erfaßbar und somit auch für Naturschutzzwecke gut operationalisierbar ist. Im Gegensatz zu Ökosystemen sind Arten Einheiten, deren Grenzen in Raum und Zeit nicht vom Ermessen des Beobachters abhängen, sondern „die von der Natur vorgegeben sind" (WILLMANN, 1985, S. 5).

Dieser *objektive* Status wird der Art nun allerdings von verschiedenen Vertretern nicht-holistischer Ethikkonzepte ausdrücklich bestritten. So behaupten etwa HAMPICKE et al. (1991, S. 20), die Art sei „keine natürliche Entität, sondern Ergebnis menschlicher Begriffsbildung und damit eine Abstraktion". Oft sei „ihre Abgrenzung strittig". Ähnlich äußert sich GETHMANN (1993, S. 248), wenn er die Art als ein „sekundäres abstractum" bezeichnet. Und V.D. PFORDTEN (1996, S. 165) glaubt: „Die Kategorie der Spezies ist eine reine Klassifikation durch den Beobachter, der in der Realität keine ökologischen Interaktionen korrespondieren." Dabei ist klar, daß solche Einschätzungen, wenn sie zutreffen würden, nicht nur von wissenschaftstheoretischem Belang wären, sondern daß sie auch normative Konsequenzen hätten: Wenn Arten in einem konventionalistischen Sinne nur *Klassen* wären, wäre kaum einsichtig zu machen, warum es *gerade ihnen gegenüber* eine besondere menschliche Verantwortung geben sollte. Die Forderung, einem *beliebigen* Konstrukt menschlicher Begriffsbildung gegenüber moralische Achtung an den Tag zu legen, stünde dann auf äußerst schwachen Beinen. So kommt GETHMANN (1993, S. 248) im Anschluß an das oben angeführte Zitat auch tatsächlich zu dem Schluß: „Es gibt – in nicht-metaphorischer Redeweise – keine Gattungs- oder Artenwürde".

Allein, die wissenschaftstheoretische Prämisse, auf die sich dieser normative Schluß stützt, ist heute unhaltbar. Die Art ist kein „sekundäres abstractum". Wie der Evolutionsbiologe MAYR (1991, S. 202) „mit allem Nachdruck" betont, ist die Spezies „nicht die Erfindung von Taxonomen oder Philosophen, sondern eine Realität in der Natur". Nach MAYR (1991, S. 224) sind „die modernen Biologen (...) nahezu einhellig der Meinung, daß es in der organischen Natur ganz reale Diskontinuitäten gibt, die natürliche Gebilde voneinander abgrenzen, die man als Spezies bezeichnet". Zwar ist zuzugeben, daß die von GETHMANN, V.D. PFORDTEN und HAMPICKE et al. geäußerte Vorstellung von der Art als *Klasse* früher auch von vielen Biologen, Paläontologen und Philosophen vertreten wurde, doch ändert dies nichts an der Tatsache, daß das damit verbundene *typologische bzw. morphologische Spezieskonzept* von den meisten Taxonomen heute als unwissenschaftlich abgelehnt wird (MAYR, 1991, S. 230). Die Zugehörigkeit zu einer Art wird nach dem modernen *Biospezieskonzept* nicht mehr aufgrund von *subjektiver* Ähnlichkeit, d. h.

über das Vorhandensein oder Nichtvorhandensein bestimmter Merkmale entschieden – Merkmale dienen allenfalls als *Indizien* –, sondern über die *objektiven* Kriterien der (fertilen) Reproduktion und reproduktiven Isolation. Um dem Befund der Evolutionsbiologie Rechnung tragen zu können, daß Arten sich *fortentwickeln*, wird die Spezies heute als wandelbare Fortpflanzungsgemeinschaft und nicht mehr als konstanter Formtypus verstanden. Wie WILLMANN (1985, S. 129) betont, kann eine Art zu verschiedenen Zeiten durchaus ein sehr verschiedenes Aussehen zeigen („Artumwandlung" bzw. „Artabwandlung"). Solange keine phylogenetische Aufspaltung, also die Bildung reproduktiver Isolationsmechanismen zwischen zwei Subpopulationen erfolgt, gehört ihre gesamte evolutive Linie dennoch derselben Art an. Eine neue Art entsteht nach WILLMANN (1985, S. 118) erst durch ein Speziationsereignis: Sie hat ihren Anfang „bei der Aufspaltung ihrer Mutterart und sie endet, sobald sie sich selbst in Tochterarten aufspaltet" bzw. nachkommenlos ausstirbt. Sowohl die Wandelbarkeit als auch die Sterblichkeit lassen dabei erkennen, daß das „Wesen" der Art mit dem Klassenbegriff nicht zu vereinbaren ist: Eine Klasse, die definitionsgemäß eine konstante Essenz hat, kann sich weder entwickeln, noch kann sie als abstrakte (und damit zeitlose) Einheit einfach aussterben (MAYR, 1991, S. 243/244; WILLMANN, 1985, S. 58).

Arten sind also keine Klassen, aber was sind sie dann? Eine Antwort, die von GHISELIN (1974) vorgeschlagen wurde und die in der biologisch-philosophischen Diskussion der letzten 20 Jahre mehr und mehr an Boden gewonnen hat, lautet: Arten sind *historische Individuen*; ein Speziesname ist ein *Eigenname*.[142] Arten erfüllen tatsächlich alle vier Bedingungen, die nach MISHLER & BRANDON (1987, S. 399) notwendige Bedingungen für Individualität sind: „1) Räumliche Grenzen, 2) zeitliche Grenzen, 3) innere Kohäsion und 4) Integration". Dabei ist das wichtigste dieser Kriterien sicherlich die *innere Kohäsion*: Organismen, die zusammen eine Spezies bilden, weisen über ihren gemeinsamen Genpool eine Verkettung und Kontinuität zueinander auf, wie es sie unter den Mitgliedern einer reinen Klasse von Objekten niemals gibt. Innere Kohäsion bedeutet dabei wohlgemerkt nicht, daß Individuen automatisch *physische* Kontinuität oder gar „Unzerlegbarkeit" zukommen müßte. Nach GHISELIN (1981, S. 274) sind ja auch unsere Erde und unser Sonnensystem Individuen, obwohl beide gleichzeitig als aus Einzelindividuen zusammengesetzte Ganze betrachtet werden können. Dies zeige, daß die Bezeichnung „Individuum" durchaus auf verschiedenen Niveaus gleichermaßen Anwendung finden könne. Was die Biowissenschaften betrifft, so ist zwar klar, daß sich hier die geläufige Auffassung vom „Individuum" in erster Linie auf das Einzelwesen, d.h. den einzelnen Organismus bezieht. „Individuen sind aber auch die ihn aufbauenden Zellen, und andererseits sind einzelne Organismen Teile eines noch umfassenderen Individuums, nämlich einer bestimmten biologischen Art" (WILLMANN, 1985, S. 57).[143] Für das Verhältnis zwischen Art und Einzelorganismus bedeutet dies, daß der Einzelorganismus nicht nur als *Mitglied* oder *Beispiel* einer Art zu verstehen ist. Dies wäre angemessen, wenn Arten Klassen wären. Wenn Arten jedoch Individuen sind, dann muß jeder Einzelorganismus als ein *Teil* seiner Art verstanden werden. Er ist integrativer Bestandteil einer übergeordneten Lebenseinheit, Manifestation einer dynamischen Lebenslinie mit einzigartiger biologischer und historischer Identität.

Nachdem damit einige für den vorliegenden Zusammenhang relevante biologische und wissenschaftstheoretische Erkenntnisse zum „Wesen" der Art zusammengetragen worden sind, läßt sich nun vielleicht etwas besser ermessen, was es *ethisch gesehen* bedeutet, eine Art auszulöschen: Die Ausrottung einer Art, so ist nun klar, stellt nicht etwa nur das Verschwinden eines „sekundären abstractums", also gewissermaßen die Annulierung eines menschlichen Gedankenkonstruktes, dar. Bei einer Ausrottung handelt es sich vielmehr um die irreversible Vernichtung einer *realen und zentralen* Einheit des Lebensprozesses. Eine biologisch aufgeklärte Ethik, die dem oben ausgeführten Befund Rechnung trägt, daß sich dieser Lebensprozeß auf mehreren zueinander komplementären Systemebenen vorantreibt – auf der Ebene der Gene, in Gestalt von Einzelorganismen und in Gestalt von Arten – wird dabei zu dem Schluß kommen, daß die moralische Signifikanz einer solchen Vernichtung (normalerweise) als ungleich gravierender zu bemessen ist als die Tötung eines Einzelorganismus. Zwar wird in beiden Fällen eine einzigartige „Individualität" ausgelöscht, doch handelt es sich beim Tod des *historischen* Individuums „Art" – *zusätzlich* zum Tod seiner organismischen Teile – um den Tod einer *ganzen Lebenslinie*. Biologisch gesehen geht dabei nicht nur ein einzelner Genotyp, d. h. eine mehr oder weniger ersetzbare Repräsentation dieser Lebenslinie, verloren, sondern es wird dabei ein kompletter, in Millionen von Jahren herangereifter Genpool vernichtet. Wie WILSON (1995, S. 33) ausführt, „[besteht] das Erbgut jeder einzelnen der meisten Arten, seien es Amöben oder Menschen, (...) aus ein bis zehn Milliarden Basenpaaren, den Buchstaben des Lebens. Mit dieser Information ließen sich sämtliche je erschienenen Ausgaben der Encyclopaedia Britannica füllen. Jede Art erreichte diese Komplexität an Vorschriften durch zahllose Mutationen und Akte natürlicher Auslese, die diese Art optimal an ihre spezielle Umgebung anpaßte und sie einfügte in die Vielzahl anderer Lebewesen, um ein Ökosystem zu bilden". Eine Art zu vernichten, heißt vor diesem Horizont, einen über Jahrmillionen unter unzähligen Herausforderungen und Gefahren erfolgreich verteidigten Prozeß des genetischen „Entdeckens" und des „Lernens" plötzlich niederzuschlagen. Es bedeutet, „eine einzigartige Geschichte des Lebens für immer abzubrechen" (ROLSTON, 1985, S. 723).

Doch war es nicht die Natur *selbst*, die im Laufe der Evolution immer wieder solche Geschichten abgebrochen hat? Wenn es stimmt, daß mindestens

98 Prozent aller je existierenden Arten auf *natürliche* Art und Weise ausgestorben sind, was sollte dann speziell am *menschlich* verursachten Artensterben verwerflich sein? Dieser Einwand taucht in der ökologischen Debatte und in der umweltethischen Literatur immer wieder auf,[144] doch ändert dies wenig daran, daß er als Argument für die moralische Relativierung des anthropogenen Artensterbens in zweifacher Hinsicht denkbar ungeeignet ist: Zum *einen* übersieht er, daß sich ein großer Teil der natürlichen Aussterbevorgänge von menschlichen Ausrottungen dadurch unterscheidet, daß er – von den großen Faunenschnitten einmal abgesehen – durch *Artaufspaltung* (Speziation) entsteht. Da eine durch Speziation ausgestorbene Art dabei aber zwei Nachfolgearten Platz macht, stellt ihr Verlöschen keinen Abbruch ihrer Geschichte dar, sondern diese Geschichte findet nun ihre „Fortschreibung" in den Lebenslinien ihrer Tochterarten. WILLMANN (1985, S. 120) spricht hier von „Auflösung" und macht damit den Gegensatz zum *nachkommenlosen* Aussterben und zur Ausrottung deutlich.

Zum *anderen* wird bei diesem Einwand vergessen, daß es nicht nur logisch anfechtbar, sondern auch ethisch gesehen gänzlich unakzeptabel ist, menschliches *Handeln* allein unter Hinweis auf natürliches *Geschehen* zu rechtfertigen („naturalistischer Fehlschluß"). So wenig der Befund, daß Menschen schon immer durch Naturkatastrophen ums Leben gekommen sind, als Rechtfertigung dafür dienen kann, nun seinerseits andere Menschen umzubringen, so wenig können die vergangenen großen Massensterben oder das normale „Hintergrundaussterben" dazu herangezogen werden, das derzeitige, vom Menschen zu verantwortende Artensterben ethisch zu relativieren. *Natürlich* bedingtes Aussterben von Arten verhält sich zum *menschlich* verursachten Artentod wie der natürliche Tod eines Lebewesens zu dessen Tötung; der natürliche Tod ist Schicksal, eine Tötung – zumindest *prima facie* – moralisches Unrecht. Dabei besteht bei aller Parallelität zwischen Tötung und Ausrottung freilich ein nicht zu übersehender Unterschied: Im ersten Fall handelt es sich „nur" um die Vernichtung einer *organismischen*, im letzteren Fall jedoch *darüber hinaus* um die Vernichtung einer *historischen* Individualität. Um die besondere Qualität dieses moralischen Übels zum Ausdruck zu bringen, hat ROLSTON (1985, S. 723) das Auslöschen einer Spezies als „Supertötung" bezeichnet: „Es tötet nicht nur Individuen, sondern Lebensformen (*species*). Es tötet nicht nur ‚Existenzen', sondern ‚Essenzen', die ‚Seele' genauso wie den ‚Körper'. Es tötet kollektiv, nicht nur einzeln". Dabei ist es nach ROLSTON nicht allein der Verlust potentieller Information für den Menschen, der diese Tötung zur Tragödie macht. Es ist der irreversible Verlust biologischer Information, ganz unabhängig davon, ob diese dem Menschen von Nutzen ist oder nicht. Oder um es mehr bildhaft zum Ausdruck zu bringen, es ist der Verlust eines einzigartigen Meisterwerkes der Natur.

Doch wenn ich nun weder feinsinniger Ästhet bin, noch mich für Naturgeschichte oder Biologie interessiere? Warum sollte mich dann dieser Verlust einer anderen Lebensform und der in ihr verkörperten biologischen Information kümmern? Es dürfte nach den vorangegangenen begründungstheoretischen Kapiteln klar sein, daß eine solche Frage zumindest dann als gegenstandslos gelten muß, wenn ich mich bei der „Urwahl" zwischen Egoismus und Altruismus zugunsten des moralischen Standpunktes entschieden habe. Der Respekt vor einer Art als einem „Meisterwerk der Natur" ist für mich dann nicht mehr *nur* eine Frage der Ästhetik oder des wissenschaftlichen Interesses, sondern er hat seinen letzten Grund in der ethischen Selbstgesetzgebung. Zwar ist die *ästhetische* Dimension, zumal wenn sie durch Wissen befruchtet ist, oft überaus hilfreich, um diese *ethische* Dimension emotional und damit auch motivational zu erschließen, doch reicht der objektive Anspruch der Ethik darüber hinaus: Betrachten wir die Welt aus holistischer Perspektive, so haben wir schlicht und einfach „genauso wenig Recht, Arten als individuelle Ausprägungen des Lebens zu vernichten, wie menschliche Individuen, gleich ob sie uns passen oder mißfallen" (REICHHOLF, 1996, S. 63). Freilich werden Verfechter eingeschränkter Moralkonzepte dieser parallelen Argumentation nicht folgen, weil für sie Pflichten allenfalls gegenüber Organismen, nicht aber gegenüber Arten vorstellbar sind. Bemerkenswerterweise scheint es jedoch bei vielen von ihnen immerhin *eine* Ausnahme zu geben, wo sie eine moralische Pflicht nicht nur gegenüber Einzelindividuen, sondern darüber hinaus gegenüber einem historischen Individuum anerkennen: gegenüber der Art *Homo sapiens*. Jedenfalls glaubt ROLSTON (1985, S.722) feststellen zu können: „Alle Ethiker sagen, daß in *Homo sapiens* eine Art erschien, die nicht nur existiert, sondern fortexistieren soll."[145]

Doch warum, so fragt ROLSTON (1985, S. 722/723) anschließend zu Recht, wird dies von den Vertretern eingeschränkter Moralkonzepte eigentlich nur in bezug auf unsere eigene Art postuliert? Warum die moralische Achtung vor einem historischen Individuum nicht allgemeiner fassen und auf die anderen Arten ausdehnen? Gewiß ist es zutreffend, daß es nur innerhalb der hochentwickelten Art Homo sapiens „moralische Akteure", also Wesen mit dem Phänomen des Gewissens und der Fähigkeit der Selbstreflexion, gibt. Doch erschiene es gerade vor diesem Hintergrund überaus paradox, wenn die *einzig moralfähige* Art zu nichts anderem imstande wäre, als gegenüber allen übrigen Arten ausschließlich im eigenen (kollektiven) Selbstinteresse zu handeln. ROLSTON (1988, S.157) bringt diese Paradoxie auf den Punkt, wenn er die heutige Situation der biologischen Vielfalt und ihre in der Regel ausschließlich *instrumentelle* Bewertung durch den Menschen mit den folgenden Worten kommentiert: „Die Errungenschaften eines sich über mehrere Milliarden Jahre hinweg vollziehenden kreativen Prozesses sowie die Lebensschicksale von mehreren Millionen Arten sind nun der Obhut dieser spät heraufkommenden Spezies anvertraut, in der der Geist erblühte und Moral entstand. Sollte diese einzig moralfähige Art nicht etwas weniger egozentrisch sein, als daß sie alle Schöpfungen einer sich evolvierenden Ökosphäre ausschließlich als Nieten in ihrem Raumschiff, Ressourcen in ihrer Speisekammer, Material für ihr Labor oder Erheiterung für ihre Freizeit betrachtet? Eine solche Haltung erscheint kaum biologisch informiert, geschweige denn ethisch angemessen. Ihre Logik ist zu provinziell für wahre Humanität. Oder um es in der Sprache des Biologen auszudrücken: Sie ist lächerlich territorial. Sollte *Homo sapiens*, um seiner spezifischen Gattungsbezeichnung wirklich gerecht zu werden, den Reichtum an Arten nicht als etwas wertschätzen, was Fürsorge *um seiner selbst willen* verdient?"

31. Güterabwägungen und Pflichtenkollisionen

„Dies hört sich *theoretisch* ja alles sehr schön an", mag ein Anhänger der anthropozentrischen Umweltethik zu der hier dargestellten Argumentation zugunsten eines Eigenwertes von Natur und Arten sagen, „aber in ihren *praktischen* Konsequenzen ist die ihr zugrunde liegende pluralistisch-holistische Ethik doch gänzlich unannehmbar. Wenn man *alles Natürliche*, also nicht nur alle Arten, sondern jeden Grashalm am Wegesrand, jedes Insekt, jeden Baum und jeden Tümpel unter den Schutz der Moral stellt und damit grundsätzlich für unantastbar erklärt, so bedeutet dies doch nichts anderes, als daß man den Menschen damit zur Handlungsunfähigkeit verurteilt. Man dürfte dann nämlich weder Wiesen mähen noch Ackerbau treiben noch Waldwege anlegen oder gar Tiere töten. Eine konsequente Befolgung einer Ethik, die gegenüber allem Existierenden moralische Rücksicht fordert, käme somit nicht nur dem Ende der menschlichen Kultur gleich, sondern würde schlicht und einfach zum Verhungern führen.[146] Wie kann ausgerechnet eine Ethik, die sich für ökologisch aufgeklärt hält, übersehen, daß der Mensch als Spitzenart innerhalb der Nahrungspyramide gar nicht anders kann, als ständig in die Abläufe der Natur einzugreifen und auf Kosten anderer Organismen zu leben?"

Bevor die damit angesprochene Problematik der *Güterabwägung* im Rahmen des hier vertretenen pluralistisch-holistischen Moralkonzeptes eingehender diskutiert werden kann, muß zunächst das Mißverständnis ausgeräumt werden, das dem hier dargestellten, häufig zu vernehmenden Einwand zugrundeliegt: die pauschale Gleichsetzung von *prima facie* bestehenden Pflichten mit *tatsächlich* bestehenden Pflichten (vgl. RICKEN, 1989, S. 186). Die *prima facie* bestehende Pflicht, die Unversehrtheit anderer Naturwesen- und Systeme zu achten, bedeutet nicht, daß in jedem Fall auch die *tatsächliche* Pflicht besteht, sich eines Eingriffes in die Natur zu enthalten. Nach FRANKENA (1986, S. 47) gilt eine moralische Regel *prima facie*, „wenn sie unter gewöhnlichen Umständen Anwendung findet, d. h. wenn sie zu einer tatsächlichen Pflicht führt, sofern keine anderen moralischen Gesichtspunkte im Spiel sind". Der praktische Grundsatz einer prima-facie-Regel ist dabei keiner Einschränkung unterworfen, weil er als solcher mit den Zielen aller anderen Teilnehmer der Moralgemeinschaft prinzipiell zu vereinbaren ist (vgl. RICKEN, 1987, S. 18). Daß man ein Versprechen einhalten soll, gilt z. B. prima facie uneingeschränkt: Es handelt sich in jedem Fall um eine Verpflichtung, der man versuchen muß nachzukommen. Aber diese uneingeschränkte Geltung der prima-facie-Regel bedeutet nun nicht, daß es nicht *andere* prima facie bestehende Verpflichtungen geben könnte, die mit ersterer in Konflikt treten und dabei unter bestimmten Umständen gegenüber dieser Vorrang verdienen. Die prima facie bestehende Verpflichtung, ein Versprechen einzuhalten, kann z. B. von der ebenfalls prima facie bestehenden Verpflichtung aus dem Felde geschlagen werden, einen unschuldig Verfolgten vor der Hinrichtung durch ein totalitäres Regime zu retten.

Was für dieses Beispiel aus dem zwischenmenschlichen Bereich gilt, läßt sich in entsprechender Weise für den Umgang des Menschen mit der Natur geltend machen: Hier besteht im Rahmen einer pluralistisch-holistischen Ethik zwar prima facie das uneingeschränkte Verbot, andere Naturwesen und Systeme in ihrer physischen oder ökologischen Integrität zu beeinträchtigen, doch kann dieses Verbot z. B. von der ebenfalls prima facie bestehenden Pflicht verdrängt werden, das eigene oder anderes menschliche Leben in seiner physischen und psychischen Existenz zu bewahren. Eine grundsätzliche Aufgabe des eigenen Lebens zugunsten der nichtmenschlichen Natur läßt sich aus einer holistischen Ethik also nicht nur nicht ableiten, sondern wäre – angesichts der ja ebenfalls geforderten moralischen Achtung gegenüber der eigenen Person – ganz im Gegenteil sogar unsittlich (vgl. GÜNZLER, 1990a, S. 97).

Wenn mit dem Beispiel des unschuldig Verfolgten deutlich gemacht werden sollte, daß Zielkonflikte zwischen verschiedenen prima-facie-Regeln nicht erst ein Problem der *holistischen* Ethik sind, sondern genauso in der *zwischenmenschlichen* Ethik auftreten können, so ist hier freilich zuzugeben, daß die *Anzahl* potentieller Zielkonflikte innerhalb einer holistischen Moralgemeinschaft ungleich größer ausfällt als in einer nur eingeschränkten. Dies kann aus zwei Gründen nicht verwundern: Zum *einen* ist ganz einfach die Zahl der zu berücksichtigenden Mitglieder größer, und zum *anderen* kann es der Mensch als „biologischer Konsument" selbst beim besten Willen nicht vermeiden, auf Kosten anderer Arten von Organismen zu leben, um zu überleben. Betrachtet man den menschlichen Umgang mit der Natur aus holistischer Perspektive, so ist man nahezu überall mit (zumindest für andere Organismen) existentiellen Zielkonflikten konfrontiert. Da es sich für den Handelnden dabei sehr häufig als notwendig erweist, das prima facie absolut geltende Verbot der Tötung nichtmenschlicher Individuen zu übertreten, liegt natürlich der Einwand nahe, daß ein solches prima-facie-Verbot sinnlos und die ihr zugrundeliegende Ethik unrealistisch und inkohärent sei. Anders formuliert: Was nützt eine moralische Regel, die mehr Ausnahmen erzwingt als Befolgungen ermöglicht? Die Antwort hierauf lautet: Sie lotet trotz aller Abstriche bei Güterabwägungen und trotz unvermeidlicher Zugeständnisse an das Eigeninteresse des Menschen das Maximum an Möglichkeiten zum Schutze der Natur aus und zwar insofern, als Eingriffe in die Natur nun prinzipiell unter Beweislast stehen. Im Gegensatz zur anthropozentrischen Ethik bedürfen Beeinträchtigungen nichtmenschlichen Lebens in einer holistischen Ethik *grundsätzlich* der Rechtfertigung. Entgegen der Behauptung vieler Kritiker erweiterter Moralkonzepte, spätestens bei Güterabwägungen würden anthropozentrische und nicht-anthropozentrische Moralkonzepte ja doch mehr oder weniger zum selben Ergebnis kommen („Konvergenzhypothese"), zeigt somit gerade die Güterabwägung, daß der Unterschied zwischen dem anthropozentrischen und dem holistischen Ansatz fundamentaler Art ist: Während aus anthropozentrischer Sicht die konkrete *Einschränkung* einer prinzipiell unbegrenzten Verfügung über die Natur zu rechtfertigen ist, steht aus holistischer Sicht die konkrete *Verfügung* über eine prinzipiell unverfügbare Natur unter Rechtfertigungszwang. Der „springende Punkt" nicht-anthropozentrischer Moralkonzepte ist ihre *Umkehr der Beweislast*.

Es wird freilich noch zu zeigen sein, daß und inwieweit diese Beweislastumkehr auch tatsächlich *praktische* Konsequenzen hat. An dieser Stelle muß zunächst der bereits erörterte Einwand wiederaufgegriffen werden, der hier behauptete Unterschied zwischen Anthropozentrik und Holismus in Sachen Güterabwägung sei schon auf der *theoretischen* Ebene nichts anderes als Augenwischerei: Auch im Rahmen eines holistischen Moralkonzeptes, so der Einwand, seien es ja doch immer wieder *wir Menschen*, die darüber entscheiden, ob der geforderte „Beweis" nun erbracht ist, der die Beeinträchtigung von Naturwesen- und Systemen zugunsten unserer Interessen rechtfertigt, oder nicht. Genauer betrachtet trage also auch die holistische Güterabwägung im Kern einen verkappten Anthropozentrismus in sich. In Kapitel 25.b („Ist Anthropozentrik hintergehbar?") habe ich diesen Einwand bereits diskutiert und dabei dargelegt, daß seine Berechtigung davon abhängt, wie man die für unvermeidlich gehaltenen Übertretungen der prima-facie-Regel in der betreffenden nicht-anthropozentrischen Ethik jeweils beurteilt. Im Hinblick auf die ethische Einordnung dieser Übertretungen standen dabei zwei ethiktheoretische Optionen zur Debatte: 1) relative bzw. gemäßigte und 2) absolute bzw. radikale nicht-anthropozentrische Ethikversionen. Während *gemäßigte* Ethikversionen von einer apriorischen Wertrangordnung alles Seienden („scala naturae") ausgehen, die es prinzipiell möglich macht, die Opferung „niederen" Lebens zugunsten „höherer" menschlicher Interessen ethisch zu rechtfertigen (z. B. ATTFIELD, 1983, S. 176; ROLSTON, 1988, S. 223f.; HÖSLE, 1990, S. 73), lehnen Vertreter *radikaler* nicht-anthropozentrischer Ethikversionen eine solche Hierarchisierung des Eigenwertkonzeptes ausdrücklich ab (z. B. SCHWEITZER, 1923; TAYLOR, 1986). Bei ihnen stellt der Zielkonflikt zwischen den Ansprüchen der Natur und den Interessen des Menschen ein ethisch prinzipiell nicht gänzlich auflösbares moralisches Dilemma dar. Obwohl ich nicht leugnen kann, daß unsere *unreflektierten* Alltagsintuitionen dazu neigen, eine Wertrangordnung aller Arten von Organismen mit dem Menschen an der Spitze und den Einzellern bzw. der unbelebten Materie am Schluß für selbstverständlich zu halten, werde ich im folgenden für eine modifizierte Form des zweiten, radikalen bzw. absoluten Verständnisses von Ethik plädieren. Meine Skepsis gegenüber einer apriorischen Abstufung des Eigenwertkonzeptes beruht dabei sowohl auf theoretischen als auch auf praktischen Überlegungen.

Von der *theoretischen* Seite her ist zunächst geltend zu machen, daß es für eine solche Rangordnung des Natürlichen keine wirklich überzeugende Begründung gibt. Wie SCHWEITZER (1991, S. 157) hierzu richtig bemerkt hat, läuft „das Unternehmen, allgemeine Wertunterschiede zwischen den Lebewesen zu statuieren, (...) darauf hinaus, sie danach zu beurteilen, ob sie uns Menschen nach unserem Empfinden näher oder ferner zu stehen scheinen, was ein ganz subjektiver Maßstab ist. Wer von uns weiß, was das andere Lebewesen an sich und in dem Weltganzen für eine Bedeutung hat?" Was die Stellung eines Organismus im *ökologischen* Ganzen betrifft, so ist klar, daß sich der subjektive Maßstab unserer Intuition zumindest nicht auf die Erkenntnisse der Ökologie berufen kann. Sieht man einmal vom *logischen* Problem des naturalistischen Fehlschlusses ab, so sprechen die *sachlichen* Befunde eher gegen als für diesen Maßstab: Nicht nur werden die „ökologisch bedeutsamsten" Arten wie z. B. die „Ökosystem-Ingenieure" (Regenwürmer, Bäume etc.) oder die in energetischer, trophischer und symbiotischer Hinsicht unverzichtbaren Mikroorganismen von unserem Empfinden eklatant unterbewertet. Eine intuitiv angenommene festgefügte Rangordnung kann auch der zeitlichen und räumlichen Variabilität ökologischer Zusammenhänge in keiner Weise gerecht werden. Wie die Diskussion im Zusammenhang mit dem Schlüsselartenkonzept gezeigt hat (vgl. Kapitel 22.b), ist eine dauerhafte „ökologische Bewertung" vieler Arten wegen der Raum- und Zeitabhängigkeit von Schlüsselartenprozessen oft unmöglich.

Wenn die Erstellung einer Rangordnung von Organismen unter Bezug auf *ihre Rolle* im (ohnehin hypothetischen) Ganzen also immer fragwürdig und widersprüchlich ausfallen wird, so müssen die verschiedenen Versuche, Organismen *als solche*, d. h. aufgrund ihrer inneren Eigenschaften oder Funktionsleistungen, zu bewerten, erst recht zweifelhaft erscheinen. Zwar wird von unserer Intuition hier vielfach eine Rangordnung für evident gehalten, innerhalb derer dem Menschen im Vergleich zu allen Tieren und Pflanzen der höchste Eigenwert zukomme, mit der Begründung, daß nur Menschen solch einzigartige Errungenschaften wie Rationalität, ästhetische Kreativität, Selbstbestimmung, Moral und Kultur hervorgebracht hätten. Doch ist bei unvoreingenommener Betrachtung keinesfalls klar, warum gerade *diese* (und nicht irgendwelche anderen einzigartigen) Eigenschaften von Lebewesen ihrem Besitzer *intrinsische* Höherwertigkeit verleihen sollten (vgl. TAYLOR, 1984). Wie TAYLOR (1981, S. 212) zu bedenken gibt, mag es sicherlich zutreffend sein, „daß ein Mensch ein besserer Mathematiker ist als ein Affe, aber der Affe dürfte ein besserer Bäumekletterer sein als der Mensch. Wenn wir Menschen Mathematik höher bewerten als Bäumeklettern, dann hat das seinen Grund allein darin, daß unsere Vorstellung von einem zivilisierten Leben die Entwicklung mathematischer Fähigkeiten wünschenswerter macht als die Fähigkeit, auf Bäume zu klettern". Mit *intrinsischer* Höherwertigkeit hat dies sicherlich nichts zu tun.

Im übrigen muß man sich bewußt sein, daß es überaus zweischneidig ist, den Eigenwert eines Lebewesens an das Vorhandensein, die Bandbreite oder das Ausmaß bestimmter Fähigkeiten und Leistungen zu koppeln: Wollte man diesbezüglich wirklich konsequent sein, müßte man den Eigenwert dann nämlich auch *innerhalb* der menschlichen Gattung abstufen, was auf die völlig unannehmbare Schlußfolgerung hinausliefe, daß gesunde, intelligente, erwachsene Menschen *in sich wertvoller* wären als beispielsweise Kranke, geistig Behinderte oder Kleinkinder. Gegen diese Konsequenz wird zwar häufig ins Feld geführt, daß es für die Zuordnung eines Eigenwertes nicht auf die *aktuell vorhandenen*, sondern allein auf die *potentiellen* Fähigkeiten ankäme (vgl. SKIRBEKK, 1995, S. 425), doch ist dieses Hilfsargument meines Erachtens nur wenig überzeugend. Ehrlicher wäre es hier zuzugeben, daß man die Höherwertigkeit im Grunde genommen an die Zugehörigkeit zur Art Homo sapiens gebunden wissen will.

Doch warum und inwiefern sollte allein dieses genetische Faktum einem Lebewesen einen überlegenen Wert verleihen? Mir scheint, daß es auf diese Frage ohne Rückgriff auf die bereits kritisierten metaphysischen Prämissen des anthropozentrischen Weltbildes keine überzeugende Antwort gibt. Nur wenn man annimmt, die Evolution des Lebendigen stelle einen Prozeß der *Höherentwicklung* mit dem Menschen als derzeitige oder gar endgültige Spitze dar, erschiene dieser Anspruch einigermaßen plausibel. Diese Annahme eines „Fortschritts" in der Evolution wird heute jedoch von den meisten Evolutionsbiologen als Ausdruck einer ideologischen Projektion abgelehnt (WUKETITS, 1995). Nach welchem „objektiven" Wertemaßstab sollte dieser „Fortschritt" auch zu bemessen sein? Gewiß, es kann nicht geleugnet werden, daß seit der Entstehung des Lebens beispielsweise die *Komplexität* zugenommen hat, daß etwa die relativ spät aufgetretenen Säugetiere ungleich komplexer organisiert sind als irgendwelche Milliarden Jahre alten Einzeller. Doch ist keinesfalls klar, warum und inwiefern gerade die Zunahme von Komplexität grundsätzlich einen „Fortschritt" darstellen sollte: „Von einem fortschrittlichen System erwarten wir nämlich eine hochgradige Effizienz und Robustizität. Besonders komplexe Systeme sind aber auch störanfällig; so effizient sie ihre Probleme zu lösen imstande sein mögen, so ineffektiv sind sie bei mehr oder minder dramatischen Änderungen ihrer Umwelt" (WUKETITS, 1995, S. 35).

Statt der Komplexität könnte man genauso gut den *Fortpflanzungserfolg* zum Maßstab des evolutiven Fortschritts heranziehen. Dann wären so manche Insekten „höher" entwickelt als Säugetiere, auch wenn dies den Intuitionen der meisten Menschen natürlich vehement widersprechen würde. Nach Ansicht von WUKETITS verkennen wir aber, wenn wir in naiv-intuitivem Sinne von „primitiven" und „hochentwickelten" Lebewesen sprechen, worum es in der Evolution, im Leben der Organismen, eigentlich geht: „Jedes Lebewesen muß sozusagen Probleme lösen, es muß sich in einer Umgebung, die ihm keineswegs freundlich gesinnt ist, bewähren. Wie die einzelnen Lebewesen diese Probleme lösen, ist gleichgültig, solange sie damit ihr Überleben sichern, genauer: ihren Reproduktionserfolg. Ein Maulwurf, der blind in der Erde herumwühlt, hat seine Lebensprobleme daher nicht schlechter gelöst als ein Primate mit den Fähigkeiten des räumlichen Sehens und des Farbensehens. Denn sonst dürfte es längst keine Maulwürfe mehr geben".

Würde man tatsächlich die *Lösung von Lebensproblemen* zum entscheidenden Bewertungskriterium für Arten erklären, dann hätte der Mensch den Nachweis der (von ihm selbst beanspruchten) wertmäßigen Überlegenheit freilich erst noch zu erbringen. Angesichts des derzeit begonnenen Großexperimentes mit dem Weltklima (Treibhauseffekt) und der Zerstörung der biologischen Vielfalt (Artensterben) ist keinesfalls ausgeschlossen, daß er sich in erdgeschichtlich allernächster Zeit den eigenen Ast abgesägt haben wird. Nicht von ungefähr fragt WUKETITS (1988, S. 172) deshalb: „Welche ‚Entwicklungshöhe' will man einer Spezies beiräumen, die zwar über die Evolution nachzudenken vermag, zugleich aber viel dazu tut, die Biosphäre zu vernichten!?" Wie auch immer man diese Frage beantworten möchte, sie scheint zumindest zu zeigen, daß es weder eine unumstrittene Bemessungsgrundlage für den evolutionären „Fortschritt" noch ein *objektives* Kriterium für eine Wertehierarchie der Lebewesen gibt.

Nachdem die Etablierung einer objektiven Wertrangordnung auf der *theoretischen* Ebene also als gescheitert bezeichnet werden muß, liegen die *praktischen* Einwände gegen gemäßigte Versionen nicht-anthropozentrischer Ethiken gleichsam auf der Hand: Wenn es einer Rangordnung schon an der begrifflichen Fundierung fehlt, so ist die Gefahr groß, daß ihre Anwendung zu willkürlichem, gedankenlosem und selbstgerechtem Gebrauch führt.

TEUTSCH (1990, S. 102) argwöhnt nicht ohne Grund, daß eine Differenzierung zwischen höchst-, mittel- und minderwertigem Leben in der Regel wohl dahingehend interpretiert werden würde, „daß dem Menschen als dem selbstverständlich höchstrangigen Wesen das Recht zukäme, alles minder-wertige Leben als verfügbares Mittel für eigene Zwecke anzusehen". Menschliches Verhalten, das zum Verlust von pflanzlichem oder tierischem Leben führt, wäre dann nur verwerflich, wenn der Wert dieses Lebens relativ hoch veranschlagt würde (VOSSENKUHL, 1993b, S. 10). Anstatt dem gesamten nichtmenschlichen Leben weitestgehenden Schutz zu bieten, würde eine gemäßigte, relative Nicht-Anthropozentrik also genau den entgegengesetzten Effekt nach sich ziehen: Sie würde mit ihrer Wertehierarchie die Beeinträchtigung eines großen Teils der Natur grundsätzlich legitimieren. Was auf den ersten Blick also als „realistische" und „lebensnahe" Handhabung des Güterabwägungsproblems erscheint, entpuppt sich bei genauerer Betrachtung als überaus zweifelhaftes Verfahren: Eine durch und durch subjektive und nicht zuletzt vom Selbstinteresse geleitete gängige Praxis wird mit Hilfe ihr angepaßter Kriterien in den Rang des Ethischen gehoben und für immer festgeschrieben (vgl. GÜNZLER, 1996, S. 165). Daß eine solche Strategie der wohlfeilen und pauschalen moralischen Selbstentlastung nicht der Sinn von Ethik sein kann, liegt auf der Hand. Wie GÜNZLER (1990a, S. 98) unter Bezug auf SCHWEITZER (1923) betont, „befriedigt [es zwar] den Willen zur Selbstbehauptung, wenn das eigene Leben gegen Schmerz oder Vernichtung erfolgreich verteidigt wird, doch dies berechtigt nicht zu dem Versuch, das dazu notwendige Opfer fremden Lebens anhand von Wertskalen als sittlichen Akt rechtfertigen zu wollen". Moralische Selbstzufriedenheit und Preisgabe moralischer Selbstreflexion wären die Folgen: Wenn die Entscheidungsfindung bei Güterabwägungen *von vornherein* mit einer pauschalen Parteinahme zugunsten des eigenen Interesses beginnt, besteht gar kein ernsthafter Anlaß mehr, erst einmal zu prüfen, ob die jeweilige Beeinträchtigung fremden Lebens denn zur Selbstbehauptung wirklich nötig ist. Bevor ein unausweichlicher Handlungskonflikt überhaupt als solcher wahrgenommen worden ist, ist er durch die Wertrangskala schon zu Lasten der Natur entschärft worden. VOSSENKUHL (1993b, S. 10) ist deshalb beizupflichten, wenn er resümiert: „Eine solche Moral dient nicht der Orientierung auf besseres Handeln, sondern der Entschuldigung der negativen Folgen des eigenen Handelns".

Freilich, wie lautet die ethiktheoretische Alternative zu dieser gemäßigten, relativen Version einer nicht-anthropozentrischen Umweltethik? Im Rahmen des absoluten Verständnisses von Ethik, für das ich im folgenden plädieren möchte, besagt das Konzept des pluralistischen Holismus, daß gegenüber allen Arten *prima facie* die gleiche Pflicht der moralischen Rücksichtnahme gilt. Diese Pflicht ist auch im Falle von Güterabwägungen nicht relativierbar, sondern führt im Fall eines Konfliktes mit anderen prima-facie-

Pflichten in die Situation des *moralischen Dilemmas*.[147] Erweist es sich aus Gründen des Selbstinteresses bzw. in der Folge einer Pflichtenkollision als notwendig, ein solches Dilemma auf Kosten der Natur aufzulösen, so muß diese Beeinträchtigung der Natur je nach Stärke der Notwendigkeit als mehr oder weniger große *Schuld* verstanden werden. Um es mit den Worten von SCHWEITZER (1991, S. 42) auszudrücken: „In dem Konflikt zwischen der Erhaltung meines Daseins und der Vernichtung und Schädigung anderen Daseins kann ich das Ethische und das Notwendige niemals zu einem relativ Ethischen vereinigen, sondern muß mich zwischen ethisch und notwendig entscheiden und, wenn ich das letztere wähle, es auf mich nehmen, durch Schädigung von Leben schuldig zu werden".

Gegen dieses Verständnis von Ethik werden meistens drei Einwände vorgebracht. Der *erste* kritisiert die mit ihm verbundene Häufung moralischer Dilemmata, der *zweite* eine unangemessene Dehnung des Schuldbegriffes und der *dritte* die Gefahr des Subjektivismus und Relativismus. Was das Problem *moralischer Dilemmata* betrifft, so ist natürlich klar, daß seine Häufung für all jene Ethiktheorien unannehmbar sein muß, die die Möglichkeit von Pflichtenkollisionen *überhaupt* leugnen. Pflichtenkollisionen werden beispielsweise in der scholastischen Ethik (im Anschluß an ARISTOTELES und PLATON), aber auch in der Ethik KANTS lediglich als Scheinkonflikte verstanden. Insofern die genannten Ethiktheorien von der Idee eines einheitlichen Systems der sittlichen Welt mit einer hierarchisch gestuften Güter- und Pflichtenordnung ausgehen, ist mit ihnen die Auffassung verbunden, daß sich alle solche Scheinkonflikte durch eine Entscheidung zugunsten des jeweils stärkeren Verpflichtungsgrundes objektiv auflösen lassen. Indes gibt es berechtigte Zweifel, daß das abstrakte Postulat einer gestuften Pflichtenordnung der Problematik konkreter Notsituationen wirklich in angemessener Weise gerecht wird. Insbesondere die Kontextabhängigkeit moralischer Anforderungen scheint hier nicht ausreichend berücksichtigt werden zu können. VOSSENKUHL (1993a, S. 145) macht im Anschluß an seine Zurückweisung der *theoretischen* Einwände gegen die Möglichkeit moralischer Dilemmata (1992c) auf die *praktische* Gefahr eines vom Kontext abgehobenen, formalistischen Verständnisses von Ethik aufmerksam: „Die Sicht der Dinge durch die hierarchische Struktur der Gebote und Verpflichtungen hindurch schränkt nicht nur die moralische Urteilsfähigkeit ein, sondern erzeugt auch eine trügerische Sicherheit im Urteilen selbst". Gerade unter pragmatischen Gesichtspunkten erscheint somit ein Verständnis von Ethik angemessener, das eine Pluralität irreduzibler Moralnormen bzw. nicht hierarchisierbarer Werte und Pflichten zuläßt – auch wenn dies in der Anwendungssituation häufig den unbequemen Preis moralischer Dilemmata mit sich bringen mag (vgl. FORSCHNER, 1992, S. 212).

Teilt man diese ethiktheoretische Einschätzung, gibt es freilich keinen Anlaß, an der Häufung moralischer Dilemmata im Rahmen des hier vertretenen Konzeptes des pluralistischen Holismus besonderen Anstoß zu nehmen. Wie VOSSENKUHL (1992b, S. 188) zeigt, sind moralische Dilemmata nämlich auch in der zwischenmenschlichen Ethik keineswegs auf Ausnahmesituationen (wie z. B. Abtreibung oder andere Entscheidungen über Leben und Tod) beschränkt, sondern geradezu „alltäglich, wenn etwa familiäre mit beruflichen Verpflichtungen und diese mit Pflichten gegen die eigene Person kollidieren". Wenn wir solche Dilemmata in der Regel nicht als solche erkennen, so liegt dies allein daran, daß die mit ihnen verbundenen, weitgehend gesellschaftlich vermittelten Normen unterschiedlich stark in unserem Bewußtsein präsent sind. Man wird sich beispielsweise nur selten des Dilemma-Charakters einer Situation bewußt sein, die VOSSENKUHL (1992c, S. 164) aus dem ökologisch-ethischen Bereich anführt: „Ich soll z. B. die Belastung der Natur durch Abfall und Schadstoffe verhindern, mich aber auch ernähren, heizen etc.; ich soll also Abfall und Schadstoffe verhindern und produzieren, weil ich mich nicht abfall- und schadstofffrei ernähren kann". Anhand dieses Beispieles läßt sich nicht nur gut zeigen, wie *alltäglich* moralische Dilemmata sind, es wird auch deutlich, wie sie *nicht* aufzulösen sind: Es genügt nicht, auf den deontischen Grundsatz zu verweisen, daß Sollen Können voraussetze und daß es deshalb absurd sei, die Freisetzung von Schadstoffen durch Ernährung und Heizung moralisieren zu wollen. Denn: Nicht-*alles*-Können ist kein Kriterium der Auswahl dessen, *was* ich soll: Aus der Tatsache, daß ich nicht *ohne* die Freisetzung von Abfall und Schadstoffen leben kann, kann ich nicht erschließen, *wieviel* und *unter welchen Umständen* ich Schadstoffe freisetzen darf. Die strukturelle Schwierigkeit, die der Beantwortung solcher Fragen entgegensteht, nennt VOSSENKUHL (1992c, S. 163) „normative Überbestimmtheit der moralischen Wahl": Wir verfügen nicht nur über keine eindeutige Rangordnung der Verpflichtungen, die uns die *konkrete* Entscheidung erleichtert, wir haben darüber hinaus auch keine generellen Kriterien, wie wir das Verhältnis zwischen unseren Verpflichtungen und dem jeweiligen Kontext zu beurteilen haben. Gerade der Kontext ist es aber, der die moralischen Anforderungen in entscheidendem Maße bestimmt: Ob ich während der Übergangszeit zwischen Sommer und Winter meine Heizung anwerfen soll, ob ich alle Zimmer oder nur eines heizen soll, ob dieses Zimmer auf 16 oder auf 24 Grad aufgeheizt werden soll, hängt unter rein umweltethischer Perspektive nicht nur davon ab, wie ich die Gefahr des Treibhauseffektes für Mensch und Natur und meinen diesbezüglichen Beitrag hierzu einschätze. Meine Entscheidung wird auch davon abhängen, wie kälteempfindlich ich bin, ob ich etwa an einer akuten oder chronischen Bronchitis leide, ob ich es für ästhetisch unzumutbar erachte, einen warmen Pullover überzuziehen und ob ich bereit bin, mich wegen der Zimmertemperatur mit meinen Mitbewohnern zu streiten etc. Stellt man die Komplexität dieses

Konglomerats aus Randbedingungen in Rechnung, erscheint es illusorisch, von der Ethik *generelle* bzw. *objektive* Handlungsanweisungen zu erwarten, die den gerade vorliegenden *Einzelfall* eindeutig bestimmen. So „nützlich" kann Ethik nicht sein. Sie kann auch nicht dazu dienen, nach der zwangsläufig subjektiven Wahl zugunsten des vermeintlich kleinsten Übels (also beispielsweise des Aufheizens eines einzigen Raumes auf 20 Grad) die damit verbundene Verletzung der konkurrierenden prima-facie-Pflicht (den Treibhauseffekt nicht unnötig zu verstärken) als moralisch gerechtfertigt erscheinen zu lassen. Die Verpflichtung, die aus dem Felde geschlagen wurde (bzw. werden mußte), bleibt als Verpflichtung nichtsdestotrotz bestehen: „Eine Verpflichtung löst sich nicht deswegen auf, weil ihre Einhaltung aus kontingenten Gründen nicht möglich ist" (VOSSENKUHL, 1992c, S. 166).

Die Frage ist freilich, wie die Nichteinhaltung der prima-facie-Verpflichtung nun zu interpretieren ist: als deren verantwortbare Einschränkung oder, wie oben vorgeschlagen, tatsächlich als *Schuld*? Gegen die Verwendung des Schuldbegriffes, wie sie etwa die Ethik SCHWEITZERS (1923) charakterisiert, werden in der Literatur meistens zwei Argumente ins Feld geführt: Zum *einen* wird geltend gemacht, daß der Schuldbegriff besser auf solche Fälle beschränkt bleiben solle, in denen Freiheit und damit Zurechenbarkeit gegeben sei. Ihn auf unabänderliche Tatbestände wie die Rolle des Menschen als biologischem Konsumenten auszudehnen, sprenge den Rahmen der Ethik und verwische damit den Unterschied zwischen mutwilligem und zwangsläufigexistentiellem Verstoß gegenüber der moralischen Regel. STREY (1989, S. 126) etwa hält es „für eine ungeeignete Position, vom Schuldig-werden zu sprechen, wenn und weil wir auf Kosten anderer Organismen leben". Eine solche Verwendung des Schuldbegriffs laufe darauf hinaus, „daß der Mensch allein aufgrund der Tatsache schuldig ist, daß er Mensch ist". Nach Ansicht von STREY kann diese Position leicht dazu dienen, „sich damit zu entschuldigen, daß man diese Schuld ja nicht tilgen oder gar vermeiden könne: Wenn es in diesen grundlegenden Existenzfragen keine Unschuld gebe, dann sei es sinnlos, sich über andere Formen des Schuldigwerdens lange Gedanken zu machen".

Ich will nicht leugnen, daß dieser entlastende Umgang mit dem Schuldbegriff eine gewisse Gefahr darstellt. Doch kann man STREY entgegenhalten, daß seine eigene Position einem nicht geringeren Interpretationsrisiko ausgesetzt ist: Wenn es im Hinblick auf die Rolle des Menschen als biologischem Konsumenten *grundsätzlich keine* Schuld gibt, dann läßt sich auch der derzeit *excessive* Naturkonsum der Menschheit nur schwerlich kritisieren. Denn Konsum ist Konsum. STREY (1989) würde hier zwar antworten, daß sein Freispruch des Menschen von Schuld nur diejenige Nutzung der Natur beträfe, die „wir brauchen, um leben zu können" (S. 131), doch räumt er an anderer Stelle selber ein, daß es „kein *sachliches* Argument" gibt, das es erlaube, eine

Grenze des Legitimierbaren im Bereich zwischen Leben und Wohlleben (Luxus) zu „objektivieren" (S. 133). Wie im Zusammenhang mit dem Problem moralischer Dilemmata deutlich geworden ist, gibt es hierzu auch kein *ethisches* Argument: Die Ethik sagt mir z. B. nicht, wie ich mich „ethisch einwandfrei" ernähren kann, d. h. ob, in welchem Ausmaß und unter welchen Voraussetzungen ich z. B. Fleisch konsumieren darf. Zwar kann sie zu diesen Dingen prima-facie-Regeln vorlegen (z. B. das Tötungsverbot, das Verbot der Tierquälerei, das Verbot der irreversiblen Beeinträchtigung natürlicher Systeme etc.), doch was deren Übertretungen betrifft, läßt sich keine *verobjektivierbare* Grenze zwischen „erlaubt" und „verboten" nachreichen. Stellt man somit in Rechnung, daß genau genommen nicht die Alternative „schwarz oder weiß", sondern stattdessen ein Kontinuum verschieden starker Graustufen *zwischen* schwarz und weiß zur Debatte steht, so erscheint es nicht unbedingt abwegig, dieses Kontinuum mit dem abgestuften Schuldbegriff zu kennzeichnen: Schuldlosigkeit („weiß") ist dann zwar wegen der Existenz moralischer Dilemmata nicht möglich, aber der „Grauwert" läßt sich immerhin minimieren, indem die prima-facie-Pflichten möglichst nur unter dem Druck existentieller Notwendigkeiten übergangen werden. Selbstredend, daß dies alles nur Sinn macht, wenn man als Handelnder auch wirklich daran interessiert ist, den diesbezüglichen Grauwert zu minimieren, d. h. wenn man den Schuldbegriff auch wirklich ernst und nicht auf die leichte Schulter nimmt.

Genau an diesem Punkt setzt freilich das *zweite* Argument gegen die Verwendung des Schuldbegriffes im Rahmen einer absoluten Ethik an: „Wenn Lebensschädigung und Lebenshemmung böse ist, ich andererseits aber selbst nicht leben kann, ohne fremdes Leben zu schädigen, dann könnte dies bei jemandem, der diese Ethik vorbehaltlos ernst nimmt, zu einem neurotischen Schuldbewußtsein führen, das das Handeln lähmt und nicht inspiriert" (GÜNZLER, 1990b, S. 120). Tatsächlich ist diese Gefahr insbesondere in der Umwelterziehung von Kindern und Jugendlichen nicht gänzlich von der Hand zu weisen und muß dort von Fall zu Fall sorgfältig berücksichtigt werden. „Umwelterziehung darf nicht mit dem Preis eines von Schuldgefühlen erdrückten, aller Lebensfreude beraubten Menschen erkauft werden" (GÜNZLER, 1990b, S. 120). Indes ist nicht zu erkennen, daß ein *übersteigertes* Schuldbewußtsein außerhalb dieses sensiblen Bereiches heutzutage wirklich eine große Gefahr darstellt.[148] Symptome wie das Artensterben, die industrielle Massentierhaltung oder die fortschreitende Versiegelung der Landschaft (120 Hektar pro Tag allein in der Bundesrepublik) scheinen vielmehr deutlich zu machen, daß es zumindest in den westlichen Industrienationen derzeit weniger der von Schuldgefühlen verfolgte Mensch als die vom Menschen verfolgte Kreatur ist, die mit dem Rücken zur Wand steht. Anlaß zur Sorge gibt derzeit in der Regel nicht ein *zu hohes* Schuldbewußtsein gegenüber der Natur, sondern im Gegenteil eine durch das anthropozentrische Weltbild bedingte weitgehende Blindheit gegenüber der Tatsache, daß es hier *überhaupt so etwas* wie Schuld geben könnte. Geht man von *diesen* Rahmenbedingungen aus und stellt man darüber hinaus die ohnehin dominierende Kraft des individuellen Selbstinteresses in Rechnung, so scheint das hier befürwortete absolute Verständnis von Ethik mit seiner Verwendung des Schuldbegriffes nicht übermäßig problematisch zu sein.

Im Gegenteil, meines Erachtens eröffnet es im Umgang mit der Natur wenigstens vier Chancen: *Erstens* mobilisiert es – zumindest mehr als ein nur relatives Verständnis von Ethik – das Verantwortungsgefühl und die sittliche Urteilskraft des Einzelnen. Da es ihm keine vorgefertigte Wertehierarchie und keine von Ethikexperten abgesegnete Grenze zwischen „erlaubt" und „verboten" präsentieren kann, ist der Einzelne gefordert, in jedem Konfliktfall für sich selber herauszufinden, wo für ihn die äußerste Grenze in der Erhaltung und Förderung von fremdem Leben liegt. In jedem einzelnen Falle hat er darum zu ringen, so viel Humanität gegenüber seiner Umgebung zu verwirklichen, wie ihm nur immer möglich ist (vgl. SCHWEITZER, 1991, S. 40/44). *Zweitens* übt die Vergegenwärtigung von „Schuld" nach Auflösung eines moralischen Dilemmas eine wichtige Orientierungsfunktion für zukünftige Handlungen aus. Wie MARCUS (1987, S. 200) zeigt, hält sie uns nämlich dazu an, dilemmatischen Situationen, wo immer möglich, aus dem Wege zu gehen. Man ist von vornherein bemüht, „so zu handeln, daß wenn man x und y tun sollte, man sowohl x als auch y tun kann". *Drittens* eröffnet das Bewußtsein der Schuld die Chance, nach Übertretungen der prima-facie-Regel so etwas wie Wiedergutmachungen, Sühneleistungen oder einfach nur Dankbarkeit gegenüber der Natur ins Auge zu fassen (vgl. SCHÜZ, 1990, S. 148/149). Wer Lebensschädigung grundsätzlich als Schuld empfindet, für den dürfte es folgerichtig erscheinen, diese Schuld wenigstens zu einem kleinen Teil dadurch abzutragen, daß man anderen Lebewesen, wo immer möglich, Hilfe leistet bzw. Förderung zukommen läßt. Möglichkeiten hierzu stellen z. B. Maßnahmen des Tier-, Arten- oder Biotopschutzes dar. *Viertens* erhöht ein absolutes Ethikverständnis die Aufmerksamkeit und Wahrnehmungsfähigkeit des Handelnden, indem es ihm die zahllosen, letztendlich unlösbaren Zielkonflikte zwischen Mensch und Natur immer wieder neu vor Augen führt. Anstatt ihn mit vorgefertigten Kompromissen und ethischen Patentlösungen abzustumpfen, befähigt es ihn, die Konflikte von Mal zu Mal tiefer zu erleben, sein Gewissen zu schärfen und dabei allmählich eine Haltung gegenüber Mensch und Natur zu verinnerlichen, die von größtmöglicher Rücksichtnahme und Sympathie geprägt ist.

Freilich muß hier der *dritte* Einwand gegen diese Art von Ethik zur Kenntnis genommen werden: der Einwand des Subjektivismus und praxisfernen Rigorismus. Überfordert es den Einzelnen nicht, wenn man die Bewältigung der oft äußerst komplexen ökologischen Dilemma-Situationen im Umgang mit der Natur *allein* seiner Urteilskraft überläßt? Ist es nicht unrealistisch und sogar schlicht unverantwortlich, die Ethik so eng zu fassen, daß sie darauf beschränkt bleibt, *ideale*, im praktischen Leben aber nicht durchgehend zu verwirklichende prima-facie-Regeln zu propagieren, daß man sie jedoch grundsätzlich für nicht mehr zuständig erklärt, wenn es darum geht, die *praktischen* Entscheidungen zu fällen, die die Verletzung der prima-facie-Regeln unumgänglich machen? Da ich diesen Einwand einerseits für berechtigt halte, andererseits aber die absolute Version des pluralistischen Holismus aus den genannten Gründen nach wie vor als die überzeugendere und produktivere ansehe, möchte ich hier einen Vorschlag von BURKHARDT (1981, S. 324f.; 1983, S. 426f.) aufgreifen und dafür plädieren, die oben dargestellte absolute Ethik auf der ersten Stufe durch eine relative Ethik auf der zweiten Stufe zu ergänzen. Nach BURKHARDTs doppelter Konzeption der Ethik ist die *absolute* Ethik die Basis, auf der die prima-facie-Pflichten gründen: „Sie sagt, warum etwas so und so sein *muß*, warum wir dies oder jenes *nicht dürfen*" (1983, S. 426). Falls unter dem Zwange der Notwendigkeit diese prima-facie-Pflichten jedoch verletzt werden müssen, kommt die *relative* Ethik zum Zuge. Auf ihrer untergeordneten Ebene kann die Verletzung der prima-facie-Pflicht zwar nicht mehr nachträglich *ethisch gerechtfertigt*, aber doch immerhin über deren Verletzung *transsubjektiv Rechenschaft abgelegt werden*. Ihre Aufgabe ist es des weiteren, dem Einzelnen Prinzipien zu vermitteln, die es ihm unter Bezug auf die wahrscheinlichen Folgen seines Handelns erleichtern, sein „Schuldkonto" so klein wie möglich zu halten. Den Vorteil dieser Doppelkonzeption aus absoluter und relativer Ethik sehe ich in zwei Dingen: Zum *einen* verhindert sie, daß die notgedrungen subjektiven Entscheidungen gänzlich aus dem Bereich der Ethik und damit der Rechtfertigungspflicht herausfallen, und zum *anderen* erlaubt sie es, sowohl deontologische als auch konsequentialistische Aspekte gleichermaßen in den ethischen Diskurs einzubringen. Letzteres erscheint um so wichtiger, als sich für eine kompetente „Ethik des technologischen Zeitalters" eine Kombination beider Ansätze als unabdingbar erwiesen hat (vgl. Kapitel 17; ZIMMERLI, 1991, S. 404).

Es ist im Rahmen dieser Untersuchung nun freilich nicht möglich, für die relative Ebene des pluralistischen Holismus so etwas wie einen Prinzipienkatalog auszuarbeiten. Welch umfangreiches Unterfangen dies wäre, dürfte die Einschätzung von NORTON (1987, S. 180) verdeutlichen, der die Entwicklung von Praxisregeln im Rahmen des pluralistischen Holismus als „monumentale Aufgabe" bezeichnet hat, „die noch nicht einmal begonnen worden ist". Die Hauptschwierigkeit besteht dabei darin, daß es beim pluralistischen Holismus ja nicht nur darum geht, die Interessen von organismischen Individuen (also Entitäten derselben Systemebene) miteinander in Ausgleich zu bringen, sondern daß dort darüber hinaus Zielkonflikte *quer* zu den Systemebenen (also z. B. zwischen Individuen, Populationen, Arten und Ökosystemen) thematisiert werden müßten. Wie diese Art von Konflikten ethisch bewältigt werden könnte, ist noch weitgehend unklar (NORTON, 1986, S. 179). Um es trotz dieser methodischen Probleme nicht bei abstrakten ethiktheoretischen Erörterungen bewenden zu lassen, möchte ich abschließend aber doch wenigstens fünf Praxisregeln („priority principles") diskutieren, die TAYLOR (1986, S. 263f.) im Rahmen seines *biozentrischen* Moralkonzeptes zur „fairen Lösung von Zielkonflikten" vorgeschlagen hat. In noch tastender Weise soll dabei angedeutet werden, ob und wie diese Prinzipien bis hin zum Verantwortungskreis des Holismus ausgedehnt werden könnten bzw. wie sie eventuell modifiziert werden müßten.

1) *Das Notwehr-Prinzip* (Principle of Self-Defense): Wie schon im zwischenmenschlichen Bereich, kann auch in der Auseinandersetzung mit der Natur die Tötung eines gefährlichen Aggressors dann als entschuldbar gelten, wenn es keine andere Möglichkeit gibt, das eigene Leben zu retten. Holistisch erweitert läßt sich dieses Prinzip auch auf die Bekämpfung und Auslöschung ganzer Arten ausdehnen, etwa wenn es um die Bedrohung durch gefährliche oder gar tödliche Viren und Bakterien geht. Die kontroverse Diskussion um die letzten Laborbestände des Pockenvirus (DIXON, 1976) hat dabei allerdings gezeigt, daß die Entscheidung zugunsten der *endgültigen* Ausrottung einer Art – selbst unter rein anthropozentrischen Gesichtspunkten – ungleich schwieriger zu treffen ist als bei einer individuellen Notwehrsituation. Denn weder das zukünftige Risiko einer Erregerart für die Menschheit noch ihr potentieller Nutzen für die medizinische Forschung sind wirklich sicher kalkulierbar. Wie man die Notwehrsituation in der Auseinandersetzung mit ganzen Arten nun auch immer einschätzen mag, zu betonen bleibt, daß der Eigenwert einer Spezies nicht impliziert, daß sie damit *in allen Kontexten* unantastbar bleibt. Anders als von Anhängern eingeschränkter Moralkonzepte gelegentlich behauptet wird, ist ein Verfechter des Eigenwerts von Arten keineswegs zum Schutze des Tuberkelbazillus verpflichtet. So wenig die Tötung eines Geiselgangsters aus Notwehr die Universalität der menschlichen Würde widerlegt, so wenig kann die Unerwünschtheit oder Gefährlichkeit des Tuberkelbazillus dazu dienen, die Zuschreibung eines Eigenwertes an andere Arten ad absurdum zu führen (vgl. hierzu TAYLOR, 1983, S. 241).

2) *Das Prinzip der Verhältnismäßigkeit* (Principle of Proportionality): Stehen *basale* Interessen von (harmlosen) Tieren und Pflanzen *nicht-basalen* des Menschen gegenüber, sollte den basalen Interessen gegenüber den nicht-basalen grundsätzlich Vorrang eingeräumt werden, unabhängig davon, von wem sie stammen. Nicht-basale menschliche Interessen sind nach TAYLOR (1986, S. 273) daran zu erkennen, daß sie von Person zu Person variieren, während basale Interessen, als essentieller Bestandteil der *personalen* Existenz, allen Menschen gemeinsam sind. TAYLOR differenziert die nicht-basa-

len menschlichen Interessen dabei in solche, die *intrinsisch* unvereinbar mit dem Respekt vor der Natur sind, und solche die diesbezüglich *extrinsisch*, d. h. nur in den Folgen, unvereinbar sind. Als Beispiele für intrinsisch unvereinbare Interessen, deren Durchsetzung seiner Meinung nach am wenigsten verzeihlich wäre, nennt er u. a.: Tötung von Elefanten, um deren Elfenbein an Touristen zu verkaufen, Abpflücken seltener Wildblumen für die eigene Privatsammlung sowie Jagd und Sportfischerei *allein* zum Zwecke des Vergnügens. Charakteristisch für all diese Fälle ist, daß andere Lebewesen bewußt und ohne Not *restlos* instrumentalisiert werden. Beispiele für nicht-basale Interessenverfolgungen, die nach TAYLOR (1986, S. 276) zwar nicht intrinsisch unvereinbar mit dem Respekt vor der Natur sind, aber für letztere doch verhängnisvolle Folgen haben, sind u. a. der Bau von Flughäfen, Autobahnen, öffentlichen Gebäuden oder Parkanlagen in Gebieten, die vorher kaum oder wenig genutzt wurden, das Aufstauen eines freifließenden Flusses zum Zwecke der Stromerzeugung sowie der Kahlschlag eines natürlich gewachsenen Waldes zugunsten einer Nutzholz-Monokultur. Es ist nun freilich klar, daß diese Differenzierung zwischen intrinsischer und extrinsischer Unvereinbarkeit wenig Sinn macht, wenn man die holistische Perspektive anlegt und damit nicht nur einzelnen Organismen, sondern auch Gesamtsystemen einen Eigenwert beimißt. Die Überflutung eines Tales durch den Bau eines Staudammes wäre dann zwar im Hinblick auf die betroffenen Organismen nur extrinsisch unvereinbar, aber im Hinblick auf das Tal als Ganzes wäre die Unvereinbarkeit um nichts weniger intrinsisch. Gegenüber dem Tal stellt die Überflutung ja ebenfalls eine restlose Instrumentalisierung dar. Was das Prinzip der Verhältnismäßigkeit betrifft, so bedeutet dies, daß unter holistischer Perspektive nicht nur den basalen Interessen nicht-menschlicher Organismen, sondern ebenso dem „Existenzrecht" unbelebter Entitäten (Flüssen, Bergen etc.) und kollektiven Ganzheiten (Ökosystemen, Arten etc.) Vorrang vor nicht-basalen menschlichen Interessen einzuräumen wäre. Die massive Beeinträchtigung übergeordneter Ganzheiten aufgrund nicht-basaler menschlicher Interessenverfolgung wäre dabei zweifellos am wenigsten verzeihlich.

3) *Das Prinzip der Schadensminimierung* (Principle of Minimum Wrong): TAYLOR (1986, S. 282) faßt es in etwa folgendermaßen zusammen: Glauben rationale, informierte und autonome Personen, *die sich die Haltung des „Respekts vor der Natur" bereits weitgehend zueigen gemacht haben*, daß bestimmte ihrer nicht-basalen Interessen unaufgebbar sind, obwohl sie extrinsisch unvereinbar mit den basalen Interessen anderer Arten sind, so sind diese Interessen auf eine Art und Weise zu verfolgen, die in der Natur weniger Übel hervorruft als jede andere Art und Weise. Beispiele für nicht-basale Interessen, die nach Ansicht von TAYLOR extrinsisch unvereinbar mit dem Respekt vor der Natur sind, habe ich bereits genannt. In solchen und

ähnlichen Fällen fordert das Prinzip der Schadensminimierung, daß vor der Durchsetzung der menschlichen Interessen zunächst überprüft wird, ob die mit diesen Projekten verbundenen Ziele nicht auch auf weniger destruktive Art und Weise verwirklicht werden könnten. Während TAYLOR (1986, S. 284) als Maßstab für die Destruktivität gemäß seines biozentrischen Ansatzes dabei ausschließlich die Zahl der beeinträchtigten Individuen („number of creatures harmed") herangezogen wissen will, muß eine pluralistisch-holistische Ethik hier natürlich, wie bereits bemerkt, die Auswirkungen auf übergeordnete Ganzheiten wie Populationen, Arten und Ökosysteme mitberücksichtigen. Schadensminimierung wird im Rahmen des Holismus dabei in der Regel bedeuten, daß das „Existenzrecht" übergeordneter Ganzheiten gegenüber dem Wohl einzelner Teile Priorität genießt. Die irreversible Auslöschung einer Art aufgrund nicht-basaler Interessen muß auf alle Fälle verhindert werden.

4) *Das Prinzip der Verteilungsgerechtigkeit* (Principle of Distributive Justice): Konkurrieren *basale* Interessen des Menschen mit denen anderer Arten um Lebensraum und natürliche Ressourcen, so muß allen Parteien möglichst ein gleicher oder doch zumindest fairer Anteil zugesprochen werden. Konkret heißt dies, daß ein angemessener Prozentsatz an Landgebieten und Wasserflächen möglichst nutzungsfrei gehalten werden sollte (Naturschutzgebiete, Nationalparks) und daß dort, wo Nutzung stattfindet, diese möglichst „naturverträglich" zu gestalten wäre.[149] Das Prinzip der Verteilungsgerechtigkeit fordert nach TAYLOR (1986, S. 293) dabei ganz allgemein, „daß wir uns Wege ausdenken, um Situationen der Konfrontation in Situationen der wechselseitigen Anpassung umzuwandeln, wo immer dies möglich ist". TAYLOR (1986, S. 296) macht darauf aufmerksam, daß eine konsequente Berücksichtigung der Verteilungsgerechtigkeit nicht zuletzt eine Umstellung unserer Ernährungsgewohnheiten zur Folge haben müßte: Wir könnten den Anteil an kultiviertem Land, der heutzutage zur Futtermittelproduktion benötigt wird und der für die meisten anderen Arten deshalb ausfällt, drastisch senken, wenn der übermäßige Fleischkonsum reduziert werden würde. Auch der Einsatz von Düngemitteln und Pestiziden – wesentliche Ursachen des mitteleuropäischen Artensterbens – würde dann sinken. Freilich, das moralische Dilemma des Konfliktes zwischen den basalen Interessen des Menschen und den basalen Interessen anderer Arten könnte damit zwar erheblich gemildert, aber doch nicht gänzlich aus der Welt geschafft werden: Während einige Völker (wie z. B. die Eskimos) gezwungen sind, sich überwiegend tierisch zu ernähren, kann niemand umhin, zumindest Pflanzen zu essen und zu diesem Zweck auch mehr oder weniger stark in die Dynamik natürlich gewachsener Ökosysteme einzugreifen. Um dieses Dilemma zu entschärfen, schlägt TAYLOR (1986, S. 304) ein letztes Prinzip vor:

5) *Das Prinzip der wiederherstellenden Gerechtigkeit* (Principle of Restitutive Justice): Es kommt zur Anwendung, wenn Arten beeinträchtigt wurden,

obwohl die Prinzipien der Schadensminimierung (3) und der Verteilungsgerechtigkeit (4) berücksichtigt worden sind. In solchen Fällen soll versucht werden, die Beeinträchtigungen durch Maßnahmen des Arten- und Biotopschutzes auszugleichen oder „wiedergutzumachen". Doch muß vor einem Mißverständnis in diesem Zusammenhang gewarnt werden: „Wiederherstellende Gerechtigkeit" kann nicht bedeuten, daß massive Eingriffe in die Natur nun mit dem Hinweis gerechtfertigt werden könnten, man schaffe für die vernichteten Flächen ja woanders „Ersatzbiotope". Eine solche Form des Ablaßhandels, auf die sich Naturschutzbehörden nicht selten zähneknirschend einlassen müssen („kompensatorischer Flächenkauf"; vgl. GERDES, 1996), wäre auf die Dauer fatal: Statt den Ausverkauf der Natur zu verhindern, würde sie ihn nicht nur nachträglich, sondern bizzarerweise sogar bereits *vorher* legitimieren. Anhand dieses Mißbrauchs der Idee der „Wiedergutmachung" wird meines Erachtens deutlich, wie wichtig es ist, die hier angeführten Prinzipien einer *relativen* Ethik nicht isoliert, sondern immer im Zusammenhang mit den übergeordneten prima-facie-Regeln der *absoluten* Ethik zu interpretieren. Dann versteht es sich nämlich von selbst, daß diese Regeln nicht dazu dienen können, den Menschen von der Schuld reinzuwaschen, die er mit oft durchaus verzichtbaren Eingriffen in die Natur auf sich lädt, sondern daß sie ihm eine Hilfe sein sollen, sein „Schuldkonto" so klein wie möglich zu halten. Die Bereitschaft, die eigene bzw. kollektive Schuld *tatsächlich* zu minimieren, d. h. auch sogenannte „Nullösungen" ernsthaft ins Auge zu fassen, muß dabei natürlich vorausgesetzt werden.

Wie sind die fünf Praxisregeln von TAYLOR (1986) im Rahmen des hier vorgeschlagenen zweistufigen Moralkonzeptes nun *insgesamt* zu bewerten? *Einerseits* sind sie sicherlich insofern nützlich, als sie zwei Dinge zeigen: zum *einen*, daß eine biozentrische oder pluralistisch-holistische Ethik keinesfalls sofort zusammenbrechen muß, wenn es zum Schwure der Güterabwägung kommt; zum *anderen*, daß ihr Schutz der Natur – auch wenn dies natürlich nicht für den Einzelfall streng deduktiv bewiesen werden kann – in der Regel weiter geht als der Schutz einer strikt anthropozentrischen Ethik. *Andererseits* läßt sich allerdings auch nicht verbergen, daß der Anwendbarkeit der fünf Prinzipien enge methodische Grenzen gesetzt sind: Weder sind diese Prinzipien so umfassend, daß sie alle denkbaren Zielkonflikte zwischen Mensch und Natur (geschweige denn die anthropogen bedingten Konfliktfälle zwischen Natur und Natur) abdecken. Noch sind sie so konkret, daß sie diejenigen Konfliktfälle, die sie umfassen, alle eindeutig und „sauber" auflösen könnten. Wie TAYLOR (1986, S. 263) selber betont, dürfen die fünf Prinzipien ja auch nicht so verstanden werden, als ob sie als Prämissen in einem deduktiven Argument fungieren könnten: „Es ist nicht möglich, aus ihnen und den Fakten der Sachlage eine normative Aussage zu folgern, die klar vorschreibt, was unter Berücksichtigung aller Randbedingungen zu tun ist".

Vielmehr verbleibt immer ein mehr oder weniger großes Maß an Entscheidungsunsicherheit oder sogar definitive Unentscheidbarkeit.

Erinnert man sich der Erläuterungen zum Problem moralischer Dilemmata, so kann dieser Befund nicht verwundern: Die Wirklichkeit ist schon in *deskriptiver* Hinsicht zu komplex und zu vielschichtig, als daß es in *normativer* Hinsicht gelingen könnte, ihr mit einfachen und generellen Lösungen beizukommen. Und wenn die „objektive" Analyse des Kontextes für die praktische Ethik schon im *zwischenmenschlichen* Bereich eine schwierige Hürde darstellt, so muß diese Hürde im Bereich der fundamental-komplexen, oft nichtlinearen und nur begrenzt verallgemeinerbaren *ökologischen* Zusammenhänge vollends als unüberwindbar gelten. Diese Tatsache gilt es in Rechnung zu stellen, wenn in Zukunft eine kompetente ökologische Ethik ausgearbeitet werden soll (vgl. MARIETTA, 1995, S. 167). Was den pluralistischen Holismus betrifft, so heißt dies, daß Hoffnungen auf *detaillierte* Pflichtenkataloge wahrscheinlich verabschiedet werden müssen. Ethische Machbarkeitsansprüche nach dem Vorbild anwendungsorientierter Wissenschaften kann diese Ethik sicherlich nicht befriedigen.

Indes würden Hoffnungen dieser Art – so verbreitet sie auch sein mögen – ohnehin ein tieferes Mißverständnis widerspiegeln: die Vorstellung nämlich, Ethik sei eine deduktiv bis ins einzelne und bis zu begründeten Wertrangfolgen durchgeführte systematische Disziplin für einzelne Handlungsanweisungen (vgl. GÜNZLER & LENK, 1990, S. 47). Die gegenteilige Ansicht, die SCHWEITZER (1923) vertreten hat, scheint da der ethischen Wirklichkeit schon näher zu kommen. Mehrfach hat SCHWEITZER das Bild vom Dschungel des Lebens verwendet, in dem die Ethik nur eine generelle Kompaßrichtung angeben könne. Dem Einzelnen nehme dieser Kompaß aber nicht die Pflicht ab, sich mit der Machete mühsam seinen Weg durch das Lianengestrüpp zu schlagen und immer wieder neue Einzelentscheidungen zu treffen und zu verantworten (GÜNZLER & LENK, 1990, S. 49). Was dies für die Frage der Güterabwägungen und Pflichtenkollisionen bedeutet, ist klar: Die Ethik kann nicht alles regeln, was ihrem Prinzip nach regelungsbedürftig wäre. Ethisches Denken kann eine wichtige Hilfe bei der Grundorientierung leisten, dem Handelnden aber letztlich nicht die Verantwortung bei der Urteilsfindung abnehmen. *Seine* Sachkenntnis, innere Einstellung, Urteilskraft und Fähigkeit, mit dem „Kompass Ethik" richtig umzugehen, sind nach wie vor unverzichtbar.

32. Schluß und Ausblick

Nach dem weiten Gang durch Ökologie, Wissenschaftstheorie, Naturphilosophie und Ethik gilt es nun, eine abschließende Bilanz zu ziehen. Wie lautet, in wenigen Sätzen, das Resultat der vorliegenden Untersuchung? Ausgangspunkt der Überlegungen war das weltweite Artensterben, das nicht nur als erdgeschichtlich herausragender Vorgang, sondern als beunruhigendes Symptom einer vom Menschen verursachten Krise, der ökologischen Krise, verstanden wurde. Als Lösungsansätze für diese Krise wurden zwei Thesen vorgestellt, die häufig, aber nicht zwangsläufig miteinander verflochten sind: 1. die Überzeugung, die Krise ließe sich rein *wissenschaftlich-technisch* lösen und 2. die Überzeugung, eine ökologische Ethik, wenn sie denn zur Lösung der Krise doch benötigt würde, könne und müsse gemäß der ethischen Tradition eine *anthropozentrische* bleiben. Beide Thesen habe ich in dieser Arbeit zurückgewiesen. Nachdem zunächst gezeigt worden war, daß die erste These mit den wissenschaftstheoretischen und normativen Grenzen der Ökologie unvereinbar ist, scheiterte die zweite These am „Prüfstein Artenschutz": Unter der zunächst nur intuitiv verankerten Prämisse, daß ein allgemeiner (d. h. prinzipiell *alle* Arten umfassender) Artenschutz gewährleistet werden soll, erwiesen sich die gängigen anthropozentrischen (ökonomischen, ökologischen und ästhetischen) Nutzenargumente als unzureichend und instabil. Ein allgemeiner Artenschutz kann nur im Rahmen einer holistischen Ethik sachlich überzeugend und psychologisch kohärent begründet werden. Nach dem Aufweis dieses *praktischen* Zusammenhangs habe ich anhand einer Kritik des anthropozentrischen Weltbildes und über eine formale Analyse des Moralbegriffs plausibel zu machen versucht, daß die holistische Ethik und mit ihr der allgemeine Artenschutz auch auf der *theoretischen* Ebene rechtfertigbar ist. Auf die in der Einleitung gestellte Frage, warum uns das derzeitige, vom Menschen verursachte Artensterben eigentlich kümmern sollte, kann somit die folgende Antwort gegeben werden: *Arten haben – analog zu menschlichen Individuen – einen Eigenwert (Selbstzweck); ihre Auslöschung ist nicht nur aus instrumentellen Gründen, sondern in erster Linie um ihrer selbst willen zu verhindern.*

Gegenüber dem „Ertrag" dieses knapp formulierten Ergebnisses mag Skepsis aufkommen. Was ist mit der These vom Eigenwert eigentlich gewonnen? Hilft sie den Arten wirklich weiter? Ist ihr theoretisch-abstraktes Argumentationsgerüst – auch wenn es in sich stimmig sein mag – nicht zu weit von der Alltagswirklichkeit der meisten Menschen entfernt? Mit solchen und ähnlichen Einwänden muß natürlich gerechnet werden (vgl. z. B. ERNST, 1996), doch glaube ich, daß sie die vorliegende Arbeit nur teilweise treffen können. Sie treffen sie *nicht*, wenn damit die pauschale Ansicht zum Ausdruck gebracht werden soll, daß ethisches Argumentieren „sowieso nicht viel nützt". Ethik habe gegenüber anderen Gesichtspunkten des Alltages, gegenüber der Logik des Eigennutzes sowie den ökonomischen und politischen „Sachzwängen", ohnehin meistens das Nachsehen. Diesen oft gehörten Einwand halte ich aus zweierlei Gründen für nicht besonders gewichtig: Zum *einen* kann die Gegenprobe nicht gemacht werden, d. h. niemand weiß, wie die gesellschaftliche Wirklichkeit aussehen würde, wenn es *keine* philosophische Ethik gäbe.

Es ist gut möglich, daß ihre indirekte Wirkung auf Wahrnehmung und Einstellung vieler Menschen regelmäßig unterschätzt wird. Zum *anderen* beruht dieser Einwand auf dem Mißverständnis, Ethik habe nur dann eine Berechtigung, wenn sie „nützlich" sei. Diese Gleichordnung der Ethik mit anderen, rein instrumentellen Disziplinen wie z. B. der Ökonomie, der Medizin oder den Ingenieurwissenschaften übersieht aber, daß Ethik nicht *primär* die Aufgabe hat, vorgegebene Ziele zu erreichen. Sie ist im Gegenteil diejenige Disziplin, die diese Ziele zuallererst zu bewerten und die Bewertungen zu begründen hat. Zwar ist richtig, daß die Ethik darüber hinaus immer auch an der Umsetzung ihrer Reflexionen und der Vermittlung eines entsprechenden Ethos interessiert sein muß, doch ist die Verwirklichung dieses Bestrebens keinesfalls auf ihren Zuständigkeitsbereich beschränkt: Pädagogik, Publizistik, Politik und Recht sind hier mindestens ebenso gefordert.

Wenn eine *pauschale* Ethikkritik die vorliegende Arbeit also nicht treffen kann, so haben die obigen Einwände in *ethikinterner* Hinsicht doch eine gewisse Berechtigung: Sie machen darauf aufmerksam, daß mit der hier vorgelegten Untersuchung zahlreiche für das Thema wichtige Fragen und Problemkreise offengeblieben sind. Im Rahmen dieser Arbeit konnten weder ein komplettes System ökologischer Ethik vorgelegt, noch auch nur annähernd alle relevanten Schnittstellen zu den empirischen Disziplinen untersucht, noch ins Detail gehende Lösungsvorschläge zum Problem des Artensterbens ausgearbeitet werden. Wie in der Einleitung dargelegt, war dies aber auch nicht beabsichtigt. Das Ziel dieser Untersuchung bestand vielmehr in dem eng begrenzten Unterfangen, die Sicht freizuräumen für die Erkenntnis, daß das Artensterben überhaupt eine *direkte ethische* (d. h. nicht nur auf spätere Generationen bezogene, instrumentelle) Dimension hat. Ihm zugrunde lag die Überzeugung, daß das Problem des Artensterbens *ohne* die hier propagierte veränderte Sichtweise nicht wirklich lösbar ist.

Nun mag die Einsicht in die ethische Dimension des Artensterbens zwar für dessen bestmögliche Bewältigung *notwendig* sein, doch bedarf es kaum einer Erwähnung, daß sie hierfür nicht *hinreichend* ist. Soll das Konzept des pluralistischen Holismus in die Praxis umgesetzt werden können – und daran muß dieser Ethik wie jeder anderen Ethik *auch* gelegen sein – bedarf es weiterer ethischer und empirischer Bemühungen. Von den zahlreichen *umweltethischen* Aspekten, die im Rahmen dieser Arbeit nicht näher untersucht werden konnten, die zum Zwecke einer Operationalisierung des pluralistischen Holismus aber unbedingt noch weiter verfolgt werden müßten, möchte ich an dieser Stelle nur *drei* nennen.

Der *erste* Aspekt betrifft den Zusammenhang zwischen Artensterben und *Alltagshandeln*. Hier besteht die Problematik darin, daß sich der moralische Konflikt zwischen dem menschlichen Eigeninteresse und dem „Existenzrecht" anderer Arten – zumindest in den modernen Industrieländern – nur äußerst selten in eindeutiger und klar aufzeigbarer Weise darstellt. So gut wie nie stellt sich im Alltag die Frage, ob ich zugunsten eines privaten Interesses ein Exemplar einer bedrohten Art umbringen darf oder nicht. In der Regel werden Arten vielmehr durch unbeabsichtigte, aber in Kauf genommene Nebenfolgen von isoliert betrachtet relativ harmlos erscheinenden Alltagshandlungen bedroht. Ein Beispiel für solches Alltagshandeln stellt das Autofahren und seine zahlreichen verhängnisvollen Auswirkungen auf die Natur dar (vgl. E. U. VON WEIZSÄCKER, 1992, S. 82 f.), von denen hier nur zwei genannt werden sollen: das „Aufheizen" der Atmosphäre durch CO_2 (Treibhauseffekt) mit allen damit verbundenen Konsequenzen für die globalen Ökosysteme (vgl. PETERS & DARLING, 1985; MCKIBBEN, 1992) und der flächendeckende Stickstoffeintrag durch Abgase des Verbrennungsmotors, dem viele Arten in der Kulturlandschaft inzwischen nicht mehr gewachsen sind (vgl. REICHHOLF, 1993, S. 181 f.). Nach REICHHOLF (1993, S. 205) düngen wir mit jeder Autofahrt empfindliche Schutzgebiete weitab von der Quelle der Stickstoffverbindungen. Der „Dünger" entsteht dabei insbesondere bei höheren Fahrgeschwindigkeiten durch Verbrennung von Luftstickstoff im Motor. „Dem Kraftfahrzeugverkehr muß daher ein erheblicher Anteil am Artenrückgang angelastet werden". Daß solche komplexen Zusammenhänge zwischen Handlung und Nebenfolgen ein neuartiges und schwieriges Problem für die Ethik darstellen, liegt auf der Hand: Nicht nur gerät die traditionelle Unterscheidung zwischen Handlungszweck und „Neben"-Wirkung plötzlich ins Wanken, ebenso verwirrend ist, daß ein Übergewicht der Nebenwirkung gegenüber der Hauptwirkung nur dann auftritt, wenn man die *akkumulierten* Nebenwirkungen in Betracht zieht. Denn in der Regel ist es ja erst die Akkumulation, die zu diesen Folgen führt. Nach SPAEMANN (1990, S. 190/191) ist das Selbstverständnis des Handelns durch diesen Umstand auf eine Weise gefährdet, die in der bisherigen Geschichte ohne Beispiel ist: „Die einzelne Handlung [scheint] in ihrem Eigengewicht überhaupt zu verschwinden. Es scheint ihr wesentlich zu sein, daß sie Teil eines Ensembles ist, das der Handelnde gar nicht im Auge hat. Und das reduziert das Eigengewicht der Handlung noch einmal".

Mit dieser grundsätzlichen Infragestellung individueller Zurechenbarkeit ist der *zweite* noch zu berücksichtigende umweltethische Aspekt angesprochen: der Zusammenhang zwischen Artensterben und *sozioökonomischen Rahmenbedingungen*. Will der Appell an die individuell-persönliche Verantwortung mehr sein als eine wohlfeile Sonntagspredigt, müssen politische und ökonomische Strukturen geschaffen werden, die ein eventuell entstehendes individuelles Verantwortungsbewußtsein abstützen, anstatt ihm ständig zuwiderzulaufen. Um bei dem obigen Beispiel des Autofahrens zu bleiben: Die Aufforderung, aus Rücksicht gegenüber anderen Arten und den globalen Ökosystemen möglichst häufig das Auto stehen zu lassen, muß lächerlich erscheinen, wenn sie gleichzeitig von einer politisch-ökonomischen Realität unterlaufen wird, die das Autofahren (gemessen an seiner volkswirtschaftlichen Schadensbilanz) nicht nur fortwährend subventioniert, sondern darüber hinaus nichts unversucht läßt, um auch noch einer Milliarde Chinesen die flächendeckende Motorisierung nahezubringen. Für eine am Artenschutz interessierte Umweltethik bedeutet dies – bei aller Skepsis, daß Ethik hier *überhaupt etwas* ausrichten kann – daß das offenbar unzureichende traditionelle Konzept *individueller* Verantwortung durch eine Konzeption *institutioneller* bzw. *kollektiver* Verantwortung ergänzt werden muß. Auch das kollektive Handeln, die Welt der Institutionen, bedarf moralischer Spielregeln, wenn das verantwortungsbereite Individuum nicht von vornherein auf verlorenem Posten stehen soll (GÜNZLER, 1996, S. 163; vgl. auch LENK, 1993). Freilich, die Einsicht in die Unabdingbarkeit politisch-kollektiver Lösungsstrategien ändert nichts an der Tatsache, daß alle ethischen Überlegungen letztendlich doch immer wieder zum Einzelnen und seiner individuellen Verantwortungsbereitschaft zurückführen: Nicht nur muß auch institutionelle Verantwortung stets von einzelnen Menschen getragen werden, es sind auch einzelne Menschen, die zunächst einmal in Wahlen dem Willen Ausdruck verleihen müßten, bestimmte, die individuelle Verantwortungsbereitschaft abstützende sozioökonomische Strukturen zu schaffen. Doch was, so läßt sich fragen, soll diese einzelnen Menschen nun eigentlich dazu bewegen, dem ethischen Impuls zu folgen und sich im Verhältnis zur Natur für den Weg des Altruismus statt für den Weg des Egoismus zu entscheiden?

Diese Frage führt zum *dritten* umweltethischen Aspekt, der für eine Operationalisierung der holistischen Umweltethik von Bedeutung wäre: zu der motivationalen Anbindung des ethischen Handelns an das *aufgeklärte individuelle Selbstinteresse*. Da ich diesen Aspekt unter den genannten drei für den wichtigsten halte, möchte ich ihn zum Abschluß dieser Arbeit etwas ausführlicher skizzieren. Ausgangspunkt der Überlegungen sind dabei zwei empirisch gewonnene Prämissen: *Erstens,* daß die ökologische Krise und mit ihr das weltweite Artensterben zu einem wesentlichen Teil eine Folge des verschwenderischen Lebensstils eines kleinen Teils der Menschheit sind.[150] Und *zweitens*, daß der Zusammenhang zwischen Wohlstand in den Industrieländern einerseits und dem weltweiten Artentod andererseits nicht kontingent, sondern zumindest bis zu einem gewissen Grade zwingend ist. Gegenüber der zweiten Prämisse werden Anhänger des in Kapitel 2 dargestellten technischen Optimismus natürlich Einspruch erheben. Sie werden zwar zugeben, daß ökonomisches Wachstum in der *Vergangenheit* zu erheblichen Naturzerstörungen geführt hat, doch werden sie gleichzeitig geltend machen, daß Naturverbrauch und materieller Wohlstand in der *Zukunft* mit Hilfe „intelligenter" technischer Lösungen entkoppelt werden könnten. Ökonomisches Wachstum stehe zu den Erfordernissen der „Ökologie" nicht notwendigerweise im Widerspruch, sondern stelle sogar die Voraussetzung für effizienten Umweltschutz und ökologische Forschung dar. Indes muß auch diese, ökonomische Version des technischen Optimismus als illusionäres Wunschdenken verabschiedet werden: Die empirischen Fakten sprechen deutlich *gegen* die Möglichkeit, den Zielkonflikt zwischen den aktuellen menschlichen Interessen und dem Wohl späterer Generationen und anderer Arten *allein* auf technische Art und Weise aufzulösen. Man denke hier nur an die prinzipielle Unvermehrbarkeit von Grund und Boden, die nahezu unvermeidlichen Nebenwirkungen der Energieerzeugung sowie den Zweiten Hauptsatz der Thermodynamik. Wie in Kapitel 11.d unter Bezug auf dieses fundamentale Gesetz der Natur ausführlich gezeigt, ist auch das Recycling nicht in der Lage, das Wachstumsdilemma einfach in Luft aufzulösen.[151] Ist man bereit, diesen Fakten ins Auge zu sehen, wird man der Schlußfolgerung nicht entkommen, daß die ökologische Krise und das Artensterben nur gestoppt oder wenigstens gemildert werden können, wenn die Menschen der reichen Industrienationen ihre materiellen Ansprüche und ihren unverhältnismäßig hohen Konsum deutlich zurückfahren. Sowohl moralische Erwägungen als auch langfristiges (menschheitsbezogenes) Eigeninteresse machen hier materiellen Verzicht unumgänglich. E. U. von Weizsäcker (1992, S. 258) schreibt hierzu: „Es ist absolut zwingend, daß wir im Norden uns auf geringe Verbräuche einstellen. Die jetzige Form von Wohlstand, den wir für erreicht, für die Ausgangslinie künftiger goldener Zeiten halten, ist *nicht durchhaltbar*. Wenn wir diese banale Tatsache verdrängen, bereiten wir einen politischen und ökologischen Weltenbrand vor, gegen den der Zweite Weltkrieg wie ein Scharmützel wirken würde".

Nun ist klar, daß diese Einsicht in die empirisch und moralisch aufzeigbare Notwendigkeit eines materiellen Verzichts *allein* so gut wie gar nichts ausrichten wird. Zu unpopulär und unerwünscht sind Hinweise und Forderungen dieser Art. Es wäre im Hinblick auf die Motivierung zugunsten des moralischen Standpunktes deshalb äußerst vorteilhaft, wenn gezeigt werden könnte, daß ein Rückgang des materiellen Konsums keine Einbuße an Lebensqualität mit sich bringen müßte, sondern daß er im Gegenteil mehr innere und langfristig auch äußere Möglichkeiten eröffnen würde, als durch ihn verlorenzugehen scheinen. Mit anderen Worten: Es wäre zu zeigen, daß auch in ökologischer Hinsicht das moralische das bessere Leben ist. Als Disziplin, die sich seit mehr als 2000 Jahren mit der Frage nach dem moralisch guten Leben und nach dem Glück beschäftigt hat, scheint mir die philosophische Ethik in besonderem Maße geeignet zu sein, hier grundlegende Zusammenhänge und Erfahrungen aufzuzeigen. Dabei wäre es lohnend, den folgenden Teilaspekten besonderes Augenmerk zu widmen: a) der Frage nach der Freiheit, b) den Chancen der Selbstbegrenzung und c) der moralischen Qualität von Bedürfnissen.

a) Zunächst zur *Freiheit*. Diese kann im Hinblick auf den Umgang mit der Natur auf zweierlei bezogen sein: zum *einen* auf die äußere Natur, also auf die Tier- und Pflanzenwelt, zum *anderen* auf die innere Natur, also auf die eigene Person. Was die Freiheit gegenüber der *äußeren* Natur betrifft, so ist offenkundig, daß dieser Begriff heute vielfach mißbräuchlich und irreführend verwendet wird. Während es inzwischen nahezu selbstverständlich erscheint, daß es absolute Freiheit (im Sinne von „tun, was man will") im zwischenmenschlichen und sozialen Bereich nicht geben kann, gilt gegenüber der außermenschlichen Natur oft immer noch ein Freiheitsbegriff, nach dem alles getan werden darf, wenn man es nur will und kann (MAURER, 1982, S. 21). Andere Lebewesen, Arten und Landschaften werden vielfach immer noch – wie seinerzeit Sklaven und fremde Völker – als bloße Ressourcen verstanden, an denen man sich nach Belieben bedienen kann (sofern dadurch nicht indirekt die Rechte anderer Menschen verletzt werden). Doch wie die Reichweite moralischer Rücksichtnahme und Verantwortung in der Geschichte der Ethik (von ARISTOTELES über das christliche Mittelalter bis zur modernen Sozialethik) immer weiter ausgeweitet wurde, um der zunehmenden Vernetzung zwischenmenschlicher und sozialer Systeme Rechnung zu tragen, so macht es das heutige Wissen über die Stellung des Menschen in der Natur meines Erachtens nun unausweichlich, den moralischen Radius ein weiteres (und letztes) Mal auszudehnen und die *gesamte* Natur in den Bereich direkter menschlicher Verantwortung aufzunehmen. Für den Begriff der Freiheit bedeutet dies eine erneute Relativierung – zugunsten einer Besinnung auf die Schicksalsgemeinschaft und Verbundenheit *alles Natürlichen*. Wie die soziale Umwelt, so muß auch die Natur nun als grundlegender *Bestandteil* des menschlichen Lebens verstanden werden, ohne den kein moralisch gutes Leben möglich ist. Einen Bestandteil seiner selbst zu verletzen und zu zerstören, kann nicht Ausdruck echter Freiheit sein.

Damit ist die *innere* Seite des Freiheitsbegriffs angesprochen, also das Verhältnis zur eigenen Natur, zu sich selbst. Hier kann die philosophische Analyse an eine Vielzahl klassischer ethischer Untersuchungen anknüpfen, die vielfach zu ähnlichen Schlußfolgerungen gelangen: Innere Freiheit ist nie Maßlosigkeit, sondern Anerkennung der eigenen Grenzen. Diese Anerkennung innerer und äußerer Grenzen schließt die Freiheit ein, sich selbst Grenzen zu setzen. Vernünftige Selbstbestimmung bedeutet freiwillige Selbstbegrenzung. Angesichts der sich abzeichnenden globalen Umweltprobleme scheint es zu einer solchen Selbstbegrenzung nur zwei Alternativen zu geben: Präventiver Zwangsverzicht in totalitärer Planung und zwangsläufiger Verzicht in der Folge von Katastrophen. Es liegt auf der Hand, daß beide Alternativen ethisch unannehmbar wären, da bei ihnen nicht nur die Freiheit, sondern darüber hinaus die Humanität verloren gingen (vgl. FURGER, 1976, S. 82 f.).

b) Einer *Selbstbegrenzung* aus ökologischen Gründen scheint freilich ein prinzipielles Problem der Ethik in verschärfter Form entgegenzustehen: Das Handeln nach moralischen Grundsätzen garantiert nicht, daß der mit dem

Grundsatz angestrebte moralische Gewinn dem Handelnden selbst zugute kommt. Konkreter: Wenn nur sehr wenige Menschen freiwilligen Verzicht üben, um Beeinträchtigungen der Natur oder gar eine ökologische Katastrophe zu vermeiden, so ist es vielleicht sogar wahrscheinlich, daß sie trotz ihres Verzichts (und zu diesem hinzu) auch noch die Katastrophe zu tragen haben. Es wäre deshalb eine Art von „Starthilfe" für einen diesbezüglichen Einstellungswandel, wenn gezeigt werden könnte, daß einer gewissen Form der Selbstbegrenzung neben ihrem *äußeren*, ursprünglich intendierten Gewinn ein zusätzlicher, *innerer* Gewinn zueigen wäre, daß äußeres und inneres Wohl also miteinander in Deckung zu bringen sind. Damit soll an eine Überzeugung angeknüpft werden, die für viele Philosophen von der Antike bis in die Neuzeit hinein selbstverständlich war: Sittliche Größe und erfüllte menschliche Existenz sind ohne Einüben von Verzicht („temperantia") nicht denkbar. Auch wenn äußere Güter eine Chance zu menschlicher Selbstverwirklichung sein können, gewinnen sie doch erst dann richtig an Wert, wenn sie mit Maß, d. h. distanziert und ohne inneren Zwang in Gebrauch genommen werden (FURGER, 1976, S. 81).[152]

Die Einsicht, daß fortwährende Steigerung des Konsums nicht unbedingt parallelen Zuwachs an Glück (d. h. subjektiver Zufriedenheit) mit sich bringen muß, läßt sich heute auch empirisch stützen. Wie die moderne Bedürfnisforschung festgestellt hat, wächst das Anspruchsniveau oft schneller als die Möglichkeiten, es zufriedenzustellen. Dies bedeutet, daß der Nettonutzen der Konsumsteigerung im günstigsten Fall gleich Null ist (vgl. BIRNBACHER, 1979b, S. 47). Hinzu kommt, daß in der Konsumspirale die Wünsche den Befriedigungsmöglichkeiten und dem Einkommen stets vorauseilen, so daß das subjektive Glücksgefühl nach Erfüllung eines Anspruches sofort durch neue Wünsche gefährdet oder verdrängt wird. Angesichts der Tatsache, daß eine solche „produktive Unzufriedenheit" ökonomisch erwünscht ist und mit Hilfe der Werbung geradezu provoziert wird, erscheint das derzeitige, an quantitativem Wachstum orientierte ökonomische System doppelt widersinnig – steht es doch offensichtlich nicht nur zu den äußeren, ökologischen Erfordernissen, sondern auch zur inneren, moralischen Natur des Menschen in Widerspruch. Nach meiner Meinung ist es dieser Doppelcharakter des Konflikts, der eine über Symptombekämpfung hinausgehende, *ethische* Lösung der ökologischen Krise so erschwert: Um der *inneren* Seite der Problematik, der Auseinandersetzung mit den eigenen Bedürfnissen und den ihnen zugrundeliegenden Motiven und Anschauungen aus dem Wege gehen zu können, wird die *äußere*, ökologische Seite zum rein technischen Problem erklärt. Indem sie diese vielfach unbewußte, oft allerdings auch strukturell begünstigte Immunisierungsstrategie aufzuzeigen versucht, könnte die ökologische Ethik mehr zur Lösung der Umweltkrise beitragen als so manches rein „sachbezogene" Forschungsprojekt im technischen Umweltschutz.

c) Mit dem quantitativen Aspekt der Wachstumsproblematik eng verbunden ist schließlich die Frage nach der *moralischen Qualität von Bedürfnissen* (vgl. MEYER-ABICH, 1979; MAURER, 1984). Gibt es eine Möglichkeit, gute von schlechten, echte von kompensatorischen Bedürfnissen zu unterscheiden? Auch wenn man bestreitet, daß solche Bewertungen im *intrinsischen* Sinne möglich sind, wird man zumindest einräumen, daß einige Bedürfnisse ohne nennenswerte, andere jedoch mit gravierenden Folgewirkungen für die Natur verbunden sind. Musizieren oder Segeln ist ökologisch gesehen beispielsweise weniger bedenklich als Rennfahren oder mit Öl beheizte Schwimmbäder. Treten Bedürfnisse der letzteren Art in größerem Umfang auf, kann ihre Befriedigung nicht nur die Daseinschancen späterer Generationen und anderer Lebewesen mindern, sondern auch zum Aussterben von Arten führen. Wenn dies nicht einfach in Kauf genommen werden soll und der derzeitige Stand der Technik nicht in der Lage ist, die unerwünschten Folgewirkungen wesentlich zu reduzieren, kann der Hebel der Veränderung nur noch an der Bedürfnisseite angesetzt werden. Umweltethik wird dabei nicht umhinkönnen darauf hinzuweisen, daß bestimmte Fragen der Bedürfnisbefriedigung (wie z. B. der Freizeitgestaltung) heute nicht mehr als moralisch neutrale Geschmacksfragen betrachtet werden können (SINGER, 1994, S. 362). Differenzierte *extrinsische* Bewertungen erscheinen hier unvermeidlich. Zu diesem Zweck müßte neben der Häufigkeit des Bedürfnisses und dem Stand der Technik eine ganze Anzahl ökologischer Parameter herangezogen werden, die den Nutzungsgrad und damit vor allem den irreversiblen Verbrauch von Natur spezifizieren. Auch hierbei dürfte die Zielvorgabe eines möglichst weitgehenden Artenschutzes die höchsten moralischen Ansprüche stellen. An dem empfindlichen Meßinstrument der Aussterberate von Arten wird abzulesen sein, ob und inwieweit die ökologische Krise tatsächlich als *ethische* Krise und damit auch als Krise der Kultur unserer Bedürfnisse erkannt worden ist. Wirkungsvoller als Kritik dürfte freilich der Hinweis auf jene Glücksmöglichkeiten geistiger, körperlicher und seelischer Art sein, die von technischer Vermittlung weitgehend unabhängig sind. Wie die Lebenskünstler aller Zeiten immer wieder bestätigt haben, sind sie die intensivsten und produktivsten.

33. Anmerkungen

Einleitung: Problemstellung und Lösungsansätze

1 Angesichts derart unterschiedlicher Annahmen über die Gesamtartenzahl auf der Erde ist es nicht verwunderlich, daß die in den Medien, aber auch in der Fachpresse publizierten Zahlen über die derzeitige Aussterberate ebenfalls erheblich voneinander abweichen. So behaupten einige Experten, jeden Tag stürbe 1 Art aus, während andere von über 100 Arten reden. Die hier angeführte, von WILSON (1995, S. 33) selbst als begründete Schätzung verstandene Aussterberate von 27 000 Arten pro Jahr geht von einer Gesamtartenzahl von 10 Millionen aus und liegt damit ziemlich in der Mitte der von STORK (1993, S. 217) genannten Bandbreiten von 5 bis 15 Millionen Arten bzw. 17 500 bis 35 000 jährlich aussterbenden Arten.

2 Z.B. ZISWILER (1965), WERNER (1978), EHRLICH & EHRLICH (1983), BAUER (1985), VERMEIJ (1986), WEHNERT (1988).

3 Z.B. TREPL (1991), PLACHTER & FOECKLER (1991), KIEMSTEDT (1991), BEIERKUHNLEIN (1994).

4 „Anthropozentrisch" ist nach dem DUDEN (1969) die „Denkweise, nach der allein der Mensch Mitte und Endzweck der Welt ist". In der philosophischen Diskussion wird der Begriff freilich in mindestens *drei* verschiedenen Bedeutungen verwendet: 1) Die *ontologische* (bzw. metaphysische) Anthropozentrik kennzeichnet die Weltanschauung, der Mensch sei von seiner Wesensbestimmung her, also „tatsächlich", Mitte und Endzweck der Welt. Auf diese Position werde ich in Kapitel 27 eingehen. 2) Die *erkenntnistheoretische* Anthropozentrik bezeichnet die Einsicht, daß wir die Dinge dieser Welt grundsätzlich nur aus unserer spezifisch menschlichen Perspektive heraus erkennen und beurteilen können. Einem Vorschlag von TEUTSCH (1989) folgend wird dieser Befund hier „Anthroponomie" genannt (vgl. Kapitel 25.b). 3) Die *ethische* Anthropozentrik schließlich postuliert, daß *ausschließlich* Menschen einen Eigenwert besitzen und damit Gegenstände *direkter* menschlicher Verantwortung sein können (siehe Kapitel 18). *Dies* ist die Version von Anthropozentrik, mit der sich die vorliegende Arbeit schwerpunktmäßig auseinandersetzt.

A. Die Hoffnung auf eine „ökologische Lösung"

I. Ökologie als Vollendung der Naturbeherrschung?

5 Ökologie wird hier nach der Definition ERNST HAECKELS (1886) als die Wissenschaft von den Beziehungen der Organismen untereinander und zu ihrer Umwelt verstanden. Sie ist in erster Linie Teildisziplin der Biologie, reicht jedoch über die Wechselwirkungen mit der abiotischen Welt auch in die meisten anderen Naturwissenschaften hinein. Wenn hier von der *wissenschaftlichen* Ökologie die Rede ist, soll damit zum Ausdruck gebracht werden, daß nicht die po-

puläre Verwendungsweise des Begriffs im Sinne einer Weltanschauung, eines naturschützerischen Programms oder einer politischen Richtung gemeint ist.

6 Vgl. POPPER (1971), ALBERT (1968), STEGMÜLLER (1969a), VOLLMER (1975, 1989).

7 So schreibt BERND NEUMANN, ehemals parlamentarischer Staatssekretär im Bundesministerium für Forschung und Technologie, im Vorwort der Broschüre *Ökosystemforschung im Wattenmeer* (BORCHARDT et al., 1989): „Derzeit kann nicht genau beurteilt werden, bis zu welchem Grade diese Belastungen vom Ökosystem aufgefangen werden können und wann eventuell irreparable Schäden auftreten. Obwohl das Wattenmeer bereits seit vielen Jahren von Wissenschaftlern verschiedener Fachdisziplinen intensiv untersucht wird, fehlt bis heute eine wissenschaftlich fundierte *Gesamtanalyse* dieses komplexen Ökosystems" (Hervorhebung von mir).

8 Einen solchen Standpunkt äußerte beispielsweise ARMIN GRÜNEWALD, der einstige Sprecher der Bundesregierung für Wirtschaftspolitik (zitiert aus SCHÜTZE, 1989, S. 52). Er antwortete auf eine Umfrage der Zeitschrift *Natur*, was er vom Entropiegesetz wüßte und was er davon hielte, es handle sich bei der Thermodynamik um eine Theorie und er habe von Theorien nie viel gehalten. Seine berufliche Denkweise sei von naturwissenschaftlichen Gesetzen wenig geprägt; sie seien ihm zu „mechanistisch, zu logisch".

9 Es wäre widersprüchlich, wenn der technische Optimist, der der Wissenschaft auf der einen Seite ja eine Menge zutraut, auf der anderen Seite so ohne weiteres an ihren derzeitigen Erkenntnissen vorübergehen würde.

10 Die allgemeine Formel zur Berechnung der Anzahl möglicher Beziehungen B von n Bausteinen lautet: $B = 2^{n(n-1)/2}$. Veranschaulichen lassen sich die möglichen Beziehungsstrukturen durch vier Punkte auf einem Blatt Papier, die durch Linien miteinander verbunden werden. Dabei ergeben sich folgende Möglichkeiten: einmal keine Linie, sechsmal eine Linie, fünfzehnmal zwei Linien, zwanzigmal drei Linien, fünfzehnmal vier Linien, sechsmal fünf Linien und einmal sechs Linien. Zusammengerechnet sind dies 64 Möglichkeiten, vier Punkte durch gerade Linien miteinander zu verbinden (KAFKA, 1989, S. 23).

11 Wie LUHMANN (1990, S. 33) zeigt, ist Reduktion von Komplexität freilich auch außerhalb von Wissenschaft grundlegend, insofern „alles, was überhaupt als Bestimmtes vorkommt, Komplexitätsreduktion" ist: „Jedes System muß Umweltkomplexität reduzieren – vor allem dadurch, daß es die Umwelt selbst nur beschränkt und kategorial vorformiert wahrnimmt".

12 Siehe z. B. WODZICKI (1950), KOWARIK & SUKOPP (1986), SUKOPP & SUKOPP (1993).

13 Vgl. DWYER & PEREZ (1983, S. 320), WEST & GOLDBERGER (1987, S. 354).

14 Ein weiteres Mißverständnis, auf das VOSSENKUHL (1992a, S. 98/99) aufmerksam gemacht hat, besteht in der Annahme, Risikoberechnungen gewährleisteten die Beherrschung der Wahrscheinlichkeit eines möglichen Schadens.

15 Folgt man einer Stellungnahme des WISSENSCHAFTSRATES (1994, S. 13) zur Umweltforschung in Deutschland, strebt die Ökosystemforschung tatsächlich ein solch hohes Ziel an: „Die Ökosystemforschung will (...) über das Verstehen der einzelnen Prozesse oder Prozeßketten hinausgehen und die komplexen Wechselwirkungen *möglichst aller Teile* eines Lebensraumes untereinander und mit der Umwelt erfassen" (Hervorhebung von mir).

16 *Kausalanalysen* von Bestandsschwankungen in der freien Natur haben freilich gezeigt, daß die Dichteregulationen der Räuber-Beute-Beziehungen oft nicht *wechselseitig* sind: „In Wirklichkeit sind es nicht die Luchse, welche die Hasen regulieren, sondern die Hasen, welche entscheiden, wie viele Luchse es gibt" (KURT, 1977, S. 139).
17 Die Autökologie untersucht die Beziehungen des Einzelorganismus zu seiner Umwelt.
18 Das Verhältnis von Realität und (nicht nur) wissenschaftlicher Erkenntnis läßt sich nach VOLLMER (1986c, S. 122/123) am Modell der graphischen Projektion illustrieren. Dabei entsprechen dem projizierten Gegenstand die „Wirklichkeit", dem Projektionsmechanismus die Signale, die unsere Sinnesorgane erreichen, dem Aufnahmeschirm unsere Erkenntnisapparatur und dem Bilde die Wahrnehmung oder einfache Erfahrung. Die Struktur eines durch Projektion entstandenen Bildes hängt somit von der Struktur des Gegenstandes, der Art der Projektion und der Struktur des auffangenden Schirmes ab.
19 Der Begriff wird dabei nicht immer einheitlich verwendet. LORENZ (1986, S. 87) z. B. versteht darunter den „Glauben, daß nur das Realität besitzt, was in der Terminologie der exakten Naturwissenschaften ausgedrückt und durch Quantifizierung bewiesen werden kann", während POPPER (1979, S. 83) damit „das Nachäffen dessen" bezeichnet, „was weithin fälschlich für die Methode der Naturwissenschaft gehalten wird". Hier wird „Szientismus" im Sinne GARAUDYS (1991) als eine Kombination aus erkenntnistheoretischem Positivismus und technischem Optimismus verstanden.
20 „Aberglaube ist es, das Absolute als Objekt zu sehen oder ein Objekt zum Absoluten zu machen. Wir sprechen daher auch von Wissenschaftsaberglauben, wenn auf Grund wissenschaftlicher Ergebnisse etwas als das Sein selbst aufgefaßt oder wenn von der Wissenschaft erwartet wird, daß sie alle Fragen des Menschen beantworten wird" (JASPERS, 1968, S. 65).

II. Ökologie als Wissenschaft zur Orientierung an der Natur?

21 Z. B. SEARLE (1967), TRANØY (1972), KADLEC (1976), NORDENSTAM (1982).
22 Eine ausführlichere Diskussion dieser Problematik nimmt BECK (1986) in seinem Buch *Risikogesellschaft* vor. GETHMANN & MITTELSTRASS (1992, S. 21) kritisieren eine Gleichsetzung von Akzeptanz (faktischer Geltung) und Akzeptabilität (normativer Geltung) indes als „Relativismus der Geltung" bzw. „Soziologismus".
23 So schreibt etwa BAUER (1985, S. 572): „Für jedes Ökosystem existiert im Gesamt-Naturhaushalt eine andersartige Zielbestimmung. Daran hat sich der Artenschutz auszurichten. Artenschutz bedarf keiner wie auch immer gearteten Begründung. Artenschutz ist die Sicherung des Sollziels der funktionstüchtigen Ökosysteme".
24 So ist Ökologie z. B. für SCHÖNHERR (1987, S. 318/332) „der systematische Ort, wo Heideggers Seinsphilosophie und die Schizoanalyse sich tangieren und sich dadurch die technische Herausforderung von Mensch und Natur weiter ausleuchten läßt. (...) Ökologie ist schwache Hermeneutik".

25 In einem streng deskriptiven Sinne kann es somit auch keine „ökologische Krise" geben. Wenn ich diesen Begriff in dieser Arbeit dennoch verwende, dann deshalb, weil er mir als hinreichend eingebürgert und wenig mißverständlich erscheint.
26 Nachdem alle Versuche, im Labor ein Gleichgewicht zwischen Räubern und Beute existieren zu lassen, trotz höchster technischer Perfektion nicht langfristig gelungen sind, gibt es inzwischen große Zweifel am Funktionieren eines solchen Gleichgewichts unter den stochastischen Bedingungen des Freilands. Nach der Mosaik-Zyklus-Hypothese (siehe Kapitel 11.b) wäre ein langfristiges Gleichgewicht zwischen Räubern und Beute auch nicht notwendig (REMMERT, 1990, S. 68).
27 Dies scheint auch die heutige Tendenz zu erklären, jede Naturkatastrophe oder extreme Wettersituation sogleich auf menschliche Einflüsse zurückführen zu wollen. Dabei mag ein Zusammenhang zwar durchaus bestehen, doch ist er aus den bereits genannten Gründen (Kapitel 4.e) prinzipiell nicht rechtzeitig aufweisbar.
28 Die Tatsache allein, daß ein ökologisches Phänomen neu und damit unvergleichlich ist, kann in einer Evolution, die laufend Neues schafft, kein Argument gegen dieses Phänomen sein: Einmal ist immer das erste Mal.
29 Vgl. die Definitionen von TISCHLER (1976, S. 116), ZWÖLFER (1978, S. 15), MARKL (1983, S. 74), REMMERT (1984, S. 260), PIMM (1984, S. 322) und KREBS (1985, S. 581).
30 Nach PETERS (1976, S. 7) ist die Klimax-Theorie ohnehin nur von geringem wissenschaftlichen Wert: Da ihre Basisargumente so formuliert sind, daß sie auf jeden denkbaren Fall passen, ist sie nicht widerlegbar und damit streng genommen auch keine wissenschaftliche Theorie.
31 Z. B. WEISSERT (1994), MARGULIS & HINKLE (1991), kritisch hierzu allerdings KIRCHNER (1991).
32 In Übereinstimmung mit vielen Philosophen gehe ich hier davon aus, daß es Sinn macht, *allen Lebewesen* Interessen zuzuschreiben (vgl. TEUTSCH, 1985, S. 49). In Kapitel 29.b werde ich dieser freilich nicht unumstrittenen Frage aber noch genauer nachgehen.
33 Um den zunächst vagen Begriff „viele Arten" genauer zu fassen, wird in der modernen Ökologie häufig mit dem Diversitätsindex nach Shannon-Weaver gearbeitet. In dessen Formel gehen sowohl die Zahl der Arten als auch ihre relative Häufigkeit ein. „Ein System mit einer sehr großen Zahl von Arten, in dem jedoch 99% der Individuen von einer Art gestellt werden, hat nach dieser Rechenmethode eine sehr geringe Diversität. Ein Ökosystem mit relativ wenigen Arten, die aber ungefähr gleich häufig sind, hat dagegen einen relativ hohen Diversitätsindex" (REMMERT, 1984, S. 203–206).
34 Zur Zeit gehen weltweit in jeder Minute 20 ha bzw. im Jahr 110 000 Quadratkilometer Regenwald unwiederbringlich verloren.
35 So bezeichnet etwa der DEUTSCHE RAT FÜR LANDESPFLEGE (1985, S. 547) solche Biotope als „schutzwürdig", „die entweder die ökologische Ausgewogenheit („Stabilität") des Naturhaushaltes und die Vielfalt des Landschaftsbildes fördern oder die sich durch *große Artenvielfalt* (Hervorhebung von mir) oder Vorkommen von seltenen oder gefährdeten Tier- und Pflanzenarten aus-

zeichnen". Neben der Artenvielfalt werden damit zwar immerhin weitere Kriterien der Schutzwürdigkeit genannt, die das Kriterium Artenvielfalt relativieren. Als generelle Richtschnur wird das Prinzip dadurch jedoch nicht tauglicher; zumindest solange nicht klar ist, wie und auf welcher Begründungsebene es mit den anderen – häufig gegenläufigen! – Kriterien der Schutzwürdigkeit in Ausgleich zu bringen ist.

36 Ob und in welcher Hinsicht „Naturnähe" aus sich heraus, d. h. ungeachtet ihres jeweiligen Bezugs zu ökologischer Stabilität oder Artenvielfalt, normativ relevant ist, wird im ethischen Teil der Arbeit (B.II) deutlich werden.

37 Dies erinnert an das Unvereinbarkeitstheorem von ARROW (1973) im Bereich der Sozialphilosophie. ARROW zeigt, daß die Aggregation von Präferenzen bei der Sozialwahl („social choice") mit Paradoxien behaftet ist.

38 Z. B. VON HAAREN (1988), TREPL (1991), KIEMSTEDT (1991), SCHWEPPE-KRAFT (1992), KAULE & HENLE (1992), BEIERKUHNLEIN (1993).

39 Diese Interpretation scheint mir dadurch gestützt zu werden, daß nicht wenige Vorschläge zur Behebung der Defizite in der Naturschutzforschung erneut allein auf die wissenschaftliche Empirie setzen. Nachdem nicht mehr zu leugnen war, daß Naturschutzprobleme in erster Linie *normative* Probleme sind, deren Lösung die Einbeziehung der Geistes- und Sozialwissenschaften erforderlich machen, wird die Funktion dieser Wissenschaften nun häufig allein darin gesehen, *deskriptive* Analysen dieser Probleme vorzulegen. So sehen KAULE & HENLE (1992, S. 134) in der Zusammenfassung ihres Aufsatzes „Forschungsdefizite im Aufgabenbereich des Arten- und Biotopschutzes" die spezifische Funktion der Sozial- und Geisteswissenschaften darin, diese müßten „sich vor allem mit den Fragen des Wertewandels auf das Umweltbewußtsein, mit der Akzeptanz von Naturschutzmaßnahmen und mit den Ursachen für die strukturelle Unterprivilegierung des Naturschutzes in der Administration und der Gesetzgebung befassen". Die in diesem Zusammenhang zentrale Frage der *Begründung* von Normen wird im Text nur am Rande erwähnt. Ebensowenig zur Notwendigkeit normativer Reflexion erfährt man bei BEIERKUHNLEIN (1994, S. 17), der zwar richtig bemerkt, daß „Leitbilder" im Naturschutz „gesellschaftlichen Prozessen unterliegen" und sich „daher verändern" können, der aber darüber hinaus keinen Bedarf zu sehen scheint, diese Leitbilder im Hinblick auf inhaltliche *Begründungen* hin zu diskutieren.

40 Würde man dieses Kriterium für die Definition des Begriffes „Abfall" zurückweisen, weil die entsprechenden Substanzen nach einer fundamentalen Wandlung des Systems *irgendwann* wieder in *irgendeinen* Kreislauf aufgenommen werden, wäre der Begriff „Abfall" weitgehend gegenstandslos. Denn auch bei den vom Menschen produzierten Abfällen ist eine solche Rückführung in ferner Zukunft (z. B. in die Stoffkreisläufe primitiver Bakterien-Ökosysteme nach dem Aussterben der Menschheit) nicht auszuschließen.

41 CLAPHAM, (1973, S. 229) schreibt: „Elastizität [resiliency] kann als die Fähigkeit des Ökosystems verstanden werden, sich trotz äußerer Störung in einem gesunden Zustand zu halten; (...) Gesundheit verweist auf die Nähe des Ökosystems zum normalen Gleichgewichtszustand im jeweiligen Gebiet."

42 Auf andere vorgeschlagene (und m. E. nicht überzeugende) Kriterien für die

Gesundheit von Ökosystemen wie „Naturbelassenheit" oder „Artenvielfalt" gehe ich hier nicht ein. Siehe dazu BAYERTZ (1986, S. 94–96).

43 „Wir *erkennen* einen Gegenstand, soweit wir ihn *machen* können" (HABERMAS, 1973, S. 32). In ähnlichem Sinne äußert sich C. F. v. WEIZSÄCKER (1960, S. 172): „Das Denken unserer Wissenschaft bewährt sich erst im Handeln, im geglückten Experiment. Experimentieren heißt Macht über die Natur ausüben. Der Besitz der Macht ist dann der letzte Beweis der Richtigkeit des wissenschaftlichen Denkens."

44 Zum Problem der „geistigen Gesundheit" siehe ENGELHARDT & SPICKER (1978). Nach BLEULER (1983, S. 120) läßt sich der Begriff „Geisteskrankheit" nicht objektivieren, nicht wissenschaftlich definieren und umschreiben: „Der Begriff ist eben nicht theoretisch konzipiert, sondern an der persönlichen Erfahrung mit sich selbst und den Mitmenschen geprägt worden."

45 Vgl. RICHARDSON (1980), O'NEIL et al. (1986), TREPL (1988; 1994, S. 139f.).

46 Insofern diese Unterschiede zwischen Ökosystemen und Organismen auch für das größte aller Ökosysteme, die Biospäre, gelten (also zumindest in den Punkten 1, 3 und 4), stellen sie auch einen Einwand gegen einen „planetarischen Gesundheitsbegriff" dar, wie er etwa im Rahmen der Gaia-Theorie von LOVELOCK (1993, S. 205 und 230–236) oder im Rahmen des naturphilosophischen Holismus von MEYER-ABICH (1991, S. 164) formuliert worden ist. In beiden Fällen ist völlig unklar, wie der Begriff der „Gesundheit des Ganzen" (MEYER-ABICH, 1991, S. 165) über das bescheidene Ziel eines Erhalts des Lebens *an sich* hinaus operationalisiert werden könnte.

47 Auf die *theoretischen* Einwände gegen die Zuschreibung von Interessen an „niedere" Tiere und Pflanzen gehe ich in Kapitel 29.b ein.

48 So hat beispielsweise HAECKEL (1924, S. 49), der Begründer des Begriffes „Ökologie", diese in seiner Antrittsvorlesung von 1869 als „die Lehre von der Ökonomie, von dem Haushalt der tierischen Organismen" bezeichnet. Auch KREEB (1979, S. 71) charakterisiert die Ökologie als „Haushaltslehre".

49 An diesen Unklarheiten krankt bis heute das umwelttechnische Instrument der *Ökobilanz*, d.h. der Versuch, Umweltschäden quantitativ und qualitativ zu bewerten. Nach LANG et al. (1994, S. 115) ist „ein objektives, wissenschaftlich fundiertes Maß für Umweltschädigung (...) nicht in Sicht".

III. Die Chancen der Ökologie

50 KANT (1785, S. 67) schreibt in der *Grundlegung zur Metaphysik der Sitten*: „*Empirische Prinzipien* taugen überall nicht dazu, um moralische Gesetze darauf zu gründen. Denn die Allgemeinheit, mit der sie für alle vernünftige Wesen ohne Unterschied gelten sollen, die unbedingte praktische Notwendigkeit, die ihnen dadurch auferlegt wird, fällt weg, wenn der Grund derselben von der *besonderen Einrichtung der menschlichen Natur* oder den zufälligen Umständen hergenommen wird, darin sie gesetzt ist."

51 Stellvertretend seien hier genannt: PLACHTER (1990), DIERSSEN (1994), BLAB & VÖLKL (1994), MÜLLER & MÜLLER (1992), ARNDT et al. (1987), MADER (1985), HEINRICH & HERGT (1990, S. 265f.).

52 Unter „Einstellung" wird hier die Tendenz verstanden, sich aufgrund einer

kognitiv wie emotional verankerten Werthaltung in bestimmten Situationen ähnlich zu verhalten oder ähnlich zu handeln. Sie bedeutet „keine starre Konditionierung, sondern ein noch immer anpassungsfähiges Denk- und Verhaltensschema", das es uns ermöglicht, in alltäglichen Situationen schnell und ohne detailliertes Nachdenken richtig zu handeln (TEUTSCH, 1985, S. 29).

53 Man denke an die erstaunliche Fähigkeit verschiedener „primitiver" Kulturen, ihre Bevölkerungsdichte relativ stabil zu halten (vgl. z. B. NORBERG-HODGE, 1993, S. 74/75).

54 Da dieser Feststellung ebenfalls der Vorwurf des Szientismus und damit der Widersprüchlichkeit zu sich selbst gemacht werden könnte, möchte ich hier anmerken, daß natürlich auch sie den Grenzen möglichen Wissens unterworfen, d. h. letztendlich nicht beweisbar ist. Zum verwandten Problem einer vermeintlichen Inkonsistenz des hypothetischen Realismus siehe VOLLMER (1985, S. 251/252).

55 Eine Kombination beider Arten von „Fehlerunfreundlichkeit" (Irreversibilität + Überdimensionalität) kennzeichnet der nach wie vor ungehemmte Verbrauch fossiler Energieträger in den Industrieländern, der letztendlich einem Großexperiment mit dem Weltklima gleichkommt. Nach KAFKA (1989, S. 103) müßte „schon der Verdacht, eine Handlungsweise könnte die Biosphäre wesentlich verändern", dazu führen, daß sie unterlassen wird. Zur ethischen Begründung des damit angesprochenen Vorrangs der schlechten vor der guten Prognose, auf die ich in diesem Zusammenhang nicht näher eingehen kann, verweise ich auf JONAS (1984, S. 70–83).

56 Nach FISCHBECK (1976) beruht die Ernährung der Menschheit heute im wesentlichen auf nur noch 12 Pflanzenarten – aus einer Vielfalt von mehreren 10 000 Arten! Wird eine der wenigen heute benutzten Hochleistungsarten überraschend von einer Seuche befallen (was nie gänzlich auszuschließen ist), besteht nur dann eine realistische Chance, spezifische „Robustheitsfaktoren" als Gegenmaßnahme einzukreuzen, wenn die natürlichen Formen vorher nicht völlig verdrängt worden sind, sondern in ihrer ursprünglichen Vielfalt noch zur Verfügung stehen (vgl. E. U. V. WEIZSÄCKER, 1992, S. 132).

57 Diese Einschätzung wird freilich nicht von allen Ethikern geteilt. V.D. PFORDTEN (1996, S. 101) beispielsweise hält die These von JONAS für „zu undifferenziert und zu stark". Er räumt dabei allerdings ein, daß es in der Neuzeit zu einer „Schwerpunktbildung und Verlagerung des Diskussionsspektrums in Richtung Anthropozentrik" gekommen sei.

B. Die Auseinandersetzung um eine ethische Lösung

58 Als fünften Grundtypus führt TEUTSCH (1985, S. 22) die „Egozentrische Umweltethik" an, die ausschließlich am Eigeninteresse des Einzelnen (bzw. von Gruppen mit demselben Interesse) orientiert ist. Da dieser Ethiktyp als eine Form des „ethischen Egoismus" leicht zu kritisieren ist (vgl. FRANKENA, 1986, S. 37 f.) und in der umweltethischen Diskussion auch keine große Rolle spielt, gehe ich hier nicht näher auf ihn ein.

59 KANT (1797, S. 83) unterscheidet hierbei zwischen Pflichten „*gegen*" etwas

und Pflichten *„in Ansehung von"* etwas: „Nach der bloßen Vernunft zu urteilen, hat der Mensch sonst keine Pflicht als bloß gegen den Menschen (sich selbst oder einen anderen); (...) und seine vermeinte Pflicht gegen andere Wesen ist bloß Pflicht gegen sich selbst; zu welchem Mißverstande er dadurch verleitet wird, daß er seine Pflicht *in Ansehung* anderer Wesen mit einer Pflicht *gegen* diese Wesen verwechselt".

60 BENTHAM (1789, S. 283), Begründer des Utilitarismus und einer der ersten abendländischen Vertreter einer pathozentrischen Ethik in der Neuzeit, formulierte den entscheidenden Grund dafür, daß Tiere als unmittelbare Objekte des moralischen Verhaltens anzusehen wären, in dem prägnanten Satz: „Die Frage ist weder: können sie *denken*?, noch: können sie *sprechen*?, sondern: können sie *leiden*?"

61 Es sei an dieser Stelle darauf hingewiesen, daß der Begriff „Holismus", wie er in der nun folgenden ethischen Diskussion verwendet wird, von dem *wissenschaftstheoretischen* Holismus in Kapitel 12 grundsätzlich zu trennen ist.

62 Z. B. HARTKOPF & BOHNE (1983, S. 68 f.), NORTON (1984), MEYER (1986, S. 155), PEARCE (1987, S. 9), HAMPICKE et al. (1991, S. 24).

I. Pragmatischer Ansatz: Ist Anthropozentrik ausreichend?

63 D.h. die Verwendung eines unbewiesenen, erst noch zu beweisenden Satzes als Beweisgrund für einen anderen Satz.

64 Diese Auffassung kann sich nicht zuletzt auf SCHOPENHAUER (1840, S. 587) berufen, der in seiner *Preisschrift über die Grundlage der Moral* erklärt: „ Man wird mir vielleich entgegensetzen wollen, daß die Ethik es nicht damit zu thun habe, wie die Menschen wirklich handeln, sondern die Wissenschaft sei, welche angiebt, wie sie handeln *sollen*. Dies ist aber gerade der Grundsatz den ich leugne (...). Ich setze hingegen der Ethik den Zweck, die in moralischer Hinsicht höchst verschiedene Handlungsweise der Menschen zu deuten, zu erklären und auf ihren letzten Grund zurückzuführen".

65 Zitat aus: DER SPIEGEL 10/1990, S. 248.

66 Daß es aus *praktischen* Gründen unmöglich ist, tatsächlich *alle* derzeit vom Aussterben bedrohten Arten zu retten (GIBBONS, 1992, S. 1386), kann hier nicht als Einwand geltend gemacht werden. Dieser kontingente Befund ändert nichts an der grundsätzlichen Verpflichtung, dem Ziel eines allgemeinen Artenschutzes so nahe wie möglich zu kommen.

67 Unter (positiver) Zeitpräferenz versteht man ganz allgemein „die Höherbewertung des zeitlich Näheren und die Minderbewertung des zeitlich Ferneren" (BIRNBACHER, 1988, S. 30). In den Wirtschaftswissenschaften wird diese Wertminderung zukünftigen Nutzens und Schadens in Form einer zeitlich konstanten Diskontrate dargestellt, die als eine Art umgekehrter Zinssatz aufgefaßt werden kann.

68 Da viele „Schädlinge" nicht nur häufig sind, sondern es bisher auch geschafft haben, allen menschlichen Bekämpfungsversuchen zu trotzen, könnte man annehmen, daß sie kein Thema für den Artenschutz zu sein bräuchten. Doch zeigt das Beispiel der Hausratte (Rattus rattus), die in Deutschland heute auf der Roten Liste geführt wird, daß diese Einschätzung voreilig ist.

69 Eine ähnlich skeptische Position hinsichtlich des ökonomischen Wertes der meisten Arten vertritt der Biologe EHRENFELD (1976, S. 648). Er bezeichnet Arten ohne Nutzen im herkömmlichen Sinne ausdrücklich als „Nicht-Ressourcen".
70 Vgl. VAN DERSAL (1972, S. 7), GUNN (1980, S. 24), NORTON (1987, S. 124).
71 Z. B. KURT (1982, S. 130), AMERY (1982, S. 128), WEHNERT (1988, S. 140).
72 So die nicht ganz entsprechende, aber in der deutschsprachigen Literatur gebräuchliche Übersetzung des Begriffes „keystone-species".
73 Vgl. JACKSON & KAUFMANN (1987), PALUMBI & FREED (1988) sowie GAUTIER-HION & MICHALOUD (1989).
74 „Klassische" Biologen, d. h. Zoologen und Botaniker mit breiten systematischen Kenntnissen und Freilandefahrung gehören selber schon zur Kategorie der vom Aussterben bedrohten Arten.
75 Natürlich soll damit nicht gesagt sein, daß die *Ursachen* für den Rückgang dieser Arten (wie z. B. die Schadstoffbelastung) systemökologisch gesehen ebenfalls bedeutungslos wären.
76 Für den Begriff der *Biodiversität* („biodiversity" bzw. „diversity of life") gibt es in der Literatur eine Fülle verschiedener Definitionen, die alle jeweils nur einen bestimmten Teilaspekt biologischer Vielfalt (z. B. entweder Artenvielfalt, Habitatvielfalt oder genetische Vielfalt) zum Ausdruck bringen (WHITTAKER, 1972; COUSINS, 1991; PLATNICK, 1992; WALKER, 1992, S. 19). Nach HENGEVELD (1994, S. 1) liegt bisher weder ein vereinheitlichender Ansatz noch ein konzeptueller Rahmen für diese Definitionen vor. Zu den praktischen Schwierigkeiten die sich für den Artenschutz hieraus ergeben, siehe z. B. WESTMAN (1990). NORTON (1986, S. 112) legt seiner Argumentation unter Bezug auf MACARTHUR (1965, S. 528 f.) den Begriff der „total diversity" zugrunde, also der „Artenmannigfaltigkeit, die innerhalb eines geographischen Raumes existiert".
77 Eine tabellarische Zusammenstellung der universalen und der (daraus abgeleiteten) endogenen System-Funktionen terrestrischer Ökosysteme findet sich in WOODWARD (1993, S. 272). Siehe auch die schematische Darstellung in SCHULZE & ZWÖLFER (1987, S. 417).
78 Nach Ansicht des Paläontologen STANLEY (1983, S. 226) wäre es eine „gröbliche Übertreibung", anzunehmen, „sämtliche Arten in sämtlichen Habitaten hingen dergestalt voneinander ab, daß wir eine Kettenreaktion, d. h. den Verlust einer Art nach der anderen, befürchten müssen, wenn nur eine einzige ausstirbt". Siehe hierzu auch die paläontologischen Befunde von SEPKOSKI (1992, S. 87 f.).
79 Das ist natürlich nicht von vornherein ein Argument gegen die Möglichkeit, daß das *derzeitige* vom Menschen verursachte Massensterben, das hinsichtlich seiner *Geschwindigkeit* wahrscheinlich einzigartig in der Geschichte der Evolution ist, dennoch positive Rückkoppelungsschleifen ohne ausreichende Gegensteuerungskräfte enthält. Nur kann die Möglichkeit eines solchen *Novums* dann nicht durch Verweis auf allgemeine ökologische oder evolutionsbiologische *Gesetzmäßigkeiten* gestützt werden.
80 Sowohl die Nieten- als auch die Redundanz-Hypothese habe ich hier zur Verdeutlichung der Standpunkte jeweils in ihrer *extremen* Form wiedergegeben.

Daß dazwischen zahlreiche Übergangsformen denkbar sind, zeigen die graphischen Darstellungen in Lawton (1994) und Vitousek & Hooper (1993).

81 Nach Ehrlich & Ehrlich (1983, S. 75) spricht einiges dafür, daß die bei vielen Menschen zu beobachtende unbewußte Bindung an die Natur das Ergebnis einer koevolutiven Anpassung des Menschen an seinen natürlichen Lebensraum darstellt. So gesehen sei „Naturgenuß ein ganz alltäglicher und lebensnotwendiger Teil unserer biologischen Bedürfnisse – wie etwa Ernährung oder Schlaf." Auch Schemel (1984, S. 191) hält das Bedürfnis nach ästhetischem Naturerleben für mehr als nur ein elitäres Ziel: „Die emotionale Beziehung des Menschen zur Natur gehört zum Wesen des Menschen, zum ‚ganzen Menschsein', zu seinen grundlegenden Bedürfnissen (...)."

82 Ein Beispiel für ein ästhetisches Urteil, das zwar erklärtermaßen Anspruch auf Allgemeingültigkeit erhebt, das aber kaum auf vertieften Kenntnissen beruhen dürfte, liefert Hegel (1832, S. 175/176) mit seiner Antipathie gegen bestimmte Tierarten. In seinen *Vorlesungen über die Ästhetik* heißt es beispielsweise, daß das Faultier, „das sich nur mühsam schleppt und dessen ganzer Habitus die Unfähigkeit zu rascher Bewegung und Tätigkeit dartut, durch diese schläfrige Tätigkeit mißfällt. Denn Tätigkeit, Beweglichkeit bekunden gerade die höhere Idealität des Lebens. Ebenso können wir Amphibien, manche Fischarten, Krokodile, Kröten, so viele Insektenarten usf. nicht schön finden; besonders aber werden Zwitterwesen, welche den Übergang von einer bestimmten Form zur anderen bilden und deren Gestalt vermischen, uns wohl auffallen, aber unschön erscheinen, wie das Schnabeltier, das ein Gemisch von Vogel und vierfüßigem Tiere ist".

83 In der philosophischen „Ästhetik der Natur" wird diese Position unter dem Stichwort *positive Ästhetik* diskutiert. Wie Norton (1987, S. 111 f.) zeigt, beziehen sich die Vertreter der positiven Ästhetik (z. B. Carlson, 1984; Callicott, 1983, S. 353) meistens mehr oder weniger ausdrücklich auf die wissenschaftlichen Erkenntnisse der Ökologie und der Evolutionsbiologie. Folgt man etwa Carlson (1984, S. 33), gibt die Darwinsche Sicht einer ungerichtet ablaufenden Evolution „keine Basis, einige Lebensformen als ästhetisch minderwertiger anzusehen als andere". Entsprechend äußert sich Gould (1977, S. 13): Im Lichte der Tatsache, daß Evolution nicht notwendig zu Höherentwicklungen führe, sei „die ‚Entartung' eines Parasiten ebenso perfekt wie der Lauf einer Gazelle." Demgegenüber vertreten z. B. Gunn (1984, S. 318) und Russow (1981, S. 109) die Auffassung, daß es Arten wie den Schnecken-Grundbarsch (Percina ranasi) oder die Houston-Kröte (Bufo houstonensis) gäbe, „die durch keine Dehnung der schöpferischen Einbildungskraft ästhetische Signifikanz" erlangen könnten. In diesen Fällen, so Russow (1981, S. 110), „scheinen wir ohne eine alternative Begründung zu der Schlußfolgerung kommen zu müssen, daß solche Arten es nicht wert sind, erhalten zu werden". Mannison (1980) schließlich vertritt im Gegensatz zu all diesen Urteilen den Standpunkt, daß die Natur *überhaupt nicht* Gegenstand eines ästhetischen Urteils sein könne, da ihr nicht wie einem Kunstwerk die Absicht eines Künstlers zugrundeliege, auf die dieses Urteil Bezug nehmen könnte.

84 Freilich würden einige Nicht-Biologen, die vom Verschwinden dieser Wanzenart erführen, diese Nachricht ebenfalls bedauern; meines Erachtens aber

nicht deshalb, weil sie (oder spätere Generationen) mit dem Verschwinden dieser Wanzenart einen *ästhetisch-intellektuellen Verlust* erlitten hätten, sondern weil sie dieser Art intuitiv einen *Eigenwert* zugestehen.

85 Vgl. KRIEGER (1973), TRIBE (1980), NORTON (1987, S. 127 f.), GERDES (1996).

86 Es wird oft geltend gemacht, daß es *vom Menschen unbeeinflußte* Natur heutzutage auf dem ganzen Globus nicht mehr gibt. Spätestens seit dem Eintreten des Treibhauseffektes ist diese Feststellung sicherlich richtig (vgl. MCKIBBEN, 1992; PETERS & DARLING, 1985). Dennoch halte ich es nicht für sinnlos, etwa zwischen „stark menschlich gesteuerten" und „weitgehend autonom ablaufenden" Naturprozessen zu differenzieren und letztere (in freilich abgeschwächtem Sinne) auch als „Wildnis" zu bezeichnen.

87 Es wird oft angeführt, daß man bei Güterabwägungen zwischen Werten verschiedener Wertekategorien letztendlich doch nicht um eine Kosten-Nutzen-Analyse herumkäme. Dieser Einwand übersieht jedoch einen wesentlichen Unterschied im Entscheidungsverfahren: Bei der Kosten-Nutzen-Analyse werden die Bezugsgrößen (z. B. der Geldwert) *im voraus* zugeteilt; das Ergebnis der Analyse ergibt sich rein nach den Regeln der Arithmetik. Bei der Güterabwägung hingegen steht für den Prozeß der Entscheidung kein allgemeines Maß zur Verfügung; lediglich *im nachhinein* lassen sich die Äquivalenzen rekonstruieren (vgl. KELMAN, 1981, S. 40).

88 Ein Beispiel für diese Rangordnung liefert die BUND-Informationsschrift *Aktiver Naturschutz* (THIELCKE, 1978), in der es heißt: „Artenschutz ist notwendig, weil Pflanzen und Tiere beteiligt sind 1. an der Ernährung, 2. an der Lieferung von Wirkstoffen (z. B. Arzneimittel) 3. an der Rohstoffversorgung, 4. an der Umweltindikation, 5. an der Stabilität der Ökosysteme". Ergebnis aus 1–5: „Naturschutz ist aktiver Menschenschutz". Nach diesem Resümee einer 25 Zeilen umfassenden knappen Argumentation folgen noch zwei Zeilen gewissermaßen als Anhang: 6. „Ethische Aufgaben" (zit. aus AMBERG, 1980, S. 76).

89 Vor dem Hintergrund dieses Zusammenhanges muß die im Artenschutz vorherrschende Praxis, zur Begründung des eigenen Anliegens *möglichst viele* Gründe aufzulisten (HEYDEMANN, 1985, S. 581), mit großer Skepsis betrachtet werden. Da sich die beiden Begründungstypen „materieller Nutzen" und „immaterieller Nutzen/Ethik" auf einer strukturellen Ebene eher widersprechen, als daß sie sich ergänzen (TREPL, 1991, S. 429), scheint es oft ratsam zu sein, die Argumente des zweitrangigen Begründungstyps (Nutzen) fallenzulassen, um die erstrangigen Argumente (Ethik) nicht zu schwächen.

90 Vgl. BARRY (1977), BAIER (1980), CALLAHAN (1981), BIRNBACHER (1988).

91 Vor dem Hintergrund der in Kapitel 20 aufgezeigten Beweislast auf Seiten des Skeptikers halte ich es für plausibler, das *Ausbleiben* dieser elementaren Intuition als (zumindest partiellen) „lack of moral sense" zu interpretieren, anstatt bei ihrem *Auftreten* von einem bloßen Mißverständnis auszugehen.

92 Hiervon berichten z. B. STERN (1976, S. 87 f.), TRIBE (1980, S. 40), BIERHALS (1984, S. 119), MEYER-ABICH (1984, S. 51) und STONE (1987, S. 68).

93 Daß STONE mit dieser Einschätzung richtig liegt, zeigt ein kleiner Absatz in dem bereits erwähnten Buch *Rettet die Vögel – wir brauchen sie* (SCHREIBER, 1978, S. 189), wo der Journalist und Naturschützer HORST STERN bemerkt:

"Wahrlich, wir haben es weit gebracht. Wer Tiere heute retten will, muß den Menschen einreden, die Rettung geschähe um des Heils der Menschen willen: ‚Rettet die Vögel, wir brauchen sie!' Rettet die Vögel, dies allein ist nicht genug. Nur was uns nützt, darf leben".

94 Beispiele hierfür sind die Publikationen von Thielcke (1978), Auhagen & Sukopp (1983, S. 9), dem Deutschen Rat für Landespflege (1985, S. 538) und Trepl (1991, S. 429).

95 Ob dieser rein artzentrierte Ansatz der richtige ist, steht auf einem anderen Blatt.

96 Dies postulieren z.B. Regan (1986, 1993), Wolf (1987) sowie die Theoretiker der utilitaristischen Tradition (z.B. Elliot, 1980; Feinberg, 1980; Birnbacher, 1988, S. 222 f.; Singer, 1994).

97 Z. B. Altner (1979, S. 124), Johnson (1991, S. 207 f.), Heffernan (1993, S. 402).

98 Z. B. Feinberg (1980, S. 158), Rescher (1980, S. 83), Attfield (1983, S. 150), Rolston (1985, S. 723), Norton (1987, S. 170 f.).

99 Ein Beispiel dafür, daß der Wert einer *Art* offenbar nicht nur im Gedankenexperiment, sondern auch in der Wirklichkeit höher gewichtet wird als das Leben von *Individuen*, liefert der Fall des Dickblattgewächses *Dudleya traskiae* auf der kalifornischen Insel Santa Barbara. Um einige Exemplare dieser gefährdeten Pflanzenart zu retten, tötete der U. S. National Park Service mehrere hundert Kaninchen, also höhere Wirbeltiere (Primack, 1995, S. 291).

100 Von dieser Konzeption deutlich zu unterscheiden ist der „*monistische* Holismus", wie ihn z.B. Callicott noch 1980 (z.B. S. 327) vertritt. In einem monistischen Holismus hat nur das Gesamtsystem einen Eigenwert, während der Wert seiner Mitglieder sich ausschließlich aus dem jeweiligen Bezug zum Ganzen ergibt. Es liegt auf der Hand, daß mit diesem extremen Verständnis von Holismus unakzeptable, totalitäre Konsequenzen für das Individuum verbunden sind (vgl. Marietta, 1993). In späteren Publikationen (z.B. 1993, S. 360) scheint Callicott deshalb vom monistischen Holismus wieder abgerückt zu sein.

101 So kommt beispielsweise im *Lexikon der Umweltethik* von Teutsch (1985) das Stichwort „Artenschutz" nicht vor.

II. Theoretischer Ansatz: Ist Holismus begründbar?

102 Dieser Einwand taucht in der Literatur oft mehr implizit als explizit auf. So antwortet z.B. Wolf (1987, S. 166) auf die selbstgestellte Frage, was denn für Pflanzen „schlimm wäre, wenn man mit ihnen dieses oder jenes tut", mit den folgenden Worten: „Daß sich diese Frage nicht beantworten läßt, zeigt, daß die Berücksichtigung dieser Wesen, auch wenn es dafür andere Gründe geben mag, jedenfalls nicht eine Frage der Moral wäre, weil deren Gegenstand die leidensfähigen Wesen sind". Da diese Definition von Moral für Wolf offenbar *a priori* feststeht, ist es nicht verwunderlich, daß bei ihr anschließend jeder erweiterte Ansatz, der z.B. auch gegenüber Pflanzen eine *direkte* Verantwortung in Betracht zieht, bei der theoretischen Prüfung „durchfällt". Wenn die etablierte Theorie *grundsätzlich* Vorrang vor der reflektierten In-

tuition hat, *kann* es gar keine Rechtfertigung geben, den Verantwortungskreis bis hin zu den Pflanzen auszuweiten.
103 So sieht z. B. ARISTOTELES (384–322 v. Chr.) in seiner *Nikomachischen Ethik* keinen Anlaß, die Sklaverei in Frage zu stellen. Sie erscheint ihm so naturgegeben wie allen seinen Landsleuten.
104 Die Fortexistenz von Krieg, Folter und Unterdückung ist dabei so wenig ein Argument gegen diesen Fortschritt, wie die Unauslöschbarkeit von Kriminalität ein Argument gegen die Existenz von Moral schlechthin sein kann.
105 Das hier dargestellte Verfahren einer Korrektur der ethischen Theorie durch die reflektierte Intuition entspricht weitgehend dem, was RAWLS (1971, S. 65) mit dem Begriff des „wohlüberlegten Urteils im Überlegungs-Gleichgewicht" bezeichnet hat: Ethische Theorie und wohlüberlegte Urteile bedingen und korrigieren sich gegenseitig in einem Prozeß wechselseitiger Rückkoppelung.
106 Der Begriff „Anthroponomie" wird bereits in der *Tugendlehre* von KANT (1797, A47) verwendet, allerdings mit anderer Zielsetzung. Er soll dort „die in Form einer Selbstgesetzgebung sich vollziehende Selbstbestimmung" des Menschen „in Abgrenzung gegen eine empirisch verfahrende Anthropologie" zum Ausdruck bringen (WENZEL, 1992, S. 5).
107 Man denke z. B. an die Rassenurteile im Amerika der sechziger Jahre oder das Problem einer angemessenen juristischen Bewertung von Abtreibung oder Vergewaltigung im Rahmen einer (meist) männlich dominierten Rechtsprechung.
108 Wer glaubt, dies sei ein konstruiertes und extrem unwahrscheinliches Beispiel, sei an die Asylproblematik erinnert.
109 Vgl. hierzu KRÄMER (1984), FRANKENA (1986, S. 37 f./S. 102 f.), SPAEMANN (1990, S. 45 f.).
110 Der Irrtum des Subjektivisten besteht darin, daß er nur das *Zufällige* an den verschiedenen Moralen sieht. Das *Nichtzufällige*, das er voraussetzen muß, um das Zufällige überhaupt erkennen zu können, übersieht er dabei. Wie TUGENDHAT (1989, S. 927) zeigt, ist der Subjektivismus indes auch kaum mehr als eine verbale Attitüde: „Im wirklichen Leben fällen wir dauernd objektive moralische Urteile: wir verurteilen es z. B. wenn gefoltert wird oder wenn jemand ein Versprechen nicht hält; wir drücken dabei nicht subjektive Gefühle aus, sondern wir fordern voneinander ein entgegengesetztes Verhalten. Wir müßten, wenn wir wirklich Subjektivisten würden, unser gesamtes intersubjektives Verhalten auf eine kaum vorstellbare Weise ändern". Zur Kritik des Subjektivismus vgl. auch SPAEMANN (1986, S. 11 f.).
111 Ein Nonkognitivist würde hier natürlich einwenden, daß der Begriff der Plausibilität nur bei *Tatsachenbehauptungen* Sinn mache, weil nur diese einen Anspruch auf Objektivität anmelden könnten. Doch ist nicht so leicht einzusehen, mit welchem Recht der Begriff der Objektivität im Gegensatz zum alltäglichen Vorverständnis auf Tatsachenbehauptungen eingeschränkt werden sollte.
112 SCHNÄDELBACH (1987, S. 82) spricht deshalb von der „Historizität der Vernunft": Vernunft ist ein „offener Begriff", der einem kulturellen und historischen Wandel unterworfen ist. Rationalität läßt sich nicht (ohne Zirkelschluß) definieren,

sondern allenfalls kontextabhängig explizieren. Der Rationalist, der an die apriorische und definitive Systematisierbarkeit von Rationalität glaubt, will dies nach Schnädelbach nicht wahrhaben: „[Er] muß an jener Offenheit verzweifeln, und wahrscheinlich ist er der eigentliche Irrationalist (...) der Vernunft, während die Tatsache, daß Rationalität eine Geschichte hat, gerade auch eine Chance für sie bedeutet". Schnädelbach betont freilich, daß es in dieser Geschichte auch etwas Kontinuierliches geben müsse, „sonst könnten wir sie gar nicht als Geschichte von Rationalität verstehen". Wolle man dieses Kontinuierliche beschreiben, komme man aber über „Minimalcharakterisierungen" nicht hinaus.

113 Zu einem analogen Ergebnis hat die Analyse zweier Disziplinen geführt, die weit mehr als die Ethik für Vernunft und Rationalität stehen: Logik und Mathematik. Auch deren philosophische Grundlagen sind nicht voraussetzungslos. So stellt der Wissenschaftstheoretiker Stegmüller (1969b, S. 307) fest: „Eine ‚Selbstgarantie' des menschlichen Denkens ist, auf welchem Gebiet auch immer, ausgeschlossen. Man kann nicht vollkommen ‚voraussetzungslos' ein positives Resultat gewinnen. Man muß bereits an etwas glauben, um etwas anderes rechtfertigen zu können."

114 Als geschichtliches Beispiel kann der religiöse Brauch des Menschenopfers angeführt werden. Ausgehend von den Prämissen, daß *nur auf diese Weise* die Götter versöhnt werden können und daß von gutgestimmten Göttern sämtliches Wohl und Wehe des Stammes abhängen, läßt sich diese Handlung nicht so leicht kritisieren. Wir kritisieren sie heutzutage vor allem *deswegen*, weil wir die Basisprämissen nicht mehr akzeptieren können. Umgekehrt zeigen die Naturreligionen mit ihrem tiefen Respekt gegenüber Tieren, Pflanzen und Landschaften, daß – aus unserer Sicht – überholte Basisprämissen auch zu erstrebenswerten Haltungen und Handlungen führen können.

115 Vgl. Godfrey-Smith (1980, S. 46), Meyer-Abich (1984), Taylor (1986), Strey (1989, S. 76), Marietta (1995, S. 102).

116 Regan (1980, S. 366) macht geltend, daß diese Voraussetzung ihrerseits bereits eine Vorentscheidung darstellt, nämlich eine Vorentscheidung zugunsten von Weltbildern, in denen Rationalität eine entscheidende Rolle spielt. Dieser Einwand ist natürlich richtig. Auch hier gilt der bereits zitierte Satz von Stegmüller (1969b, S. 307), wonach man „bereits an etwas glauben [muß], um etwas anderes rechtfertigen zu können". Indes halte ich die Vorentscheidung für Rationalität im vorliegenden Zusammenhang insofern für unproblematisch, als in der philosophischen Diskussion zwischen Anthropozentrik und Physiozentrik *beide Seiten* Rationalität für sich in Anspruch nehmen.

117 Ob es Evidenz tatsächlich gibt, ist unter Philosophen eine offene Frage. Nach Stegmüller (1969a, S. 168) ist diese Frage „absolut unentscheidbar": Wer *für* Evidenz argumentiert, begeht einen Zirkel, weil er vom ersten Augenblick seiner Argumentation an Evidenz bereits voraussetzen muß. Wer *gegen* Evidenz argumentiert, begeht einen Selbstwiderspruch, weil auch er voraussetzen muß, daß seine Argumentationen evident sind.

118 Man kann sich natürlich darüber streiten, ob man es bei den ontologischen Prämissen, die mit der Anthropozentrik, der Pathozentrik, der Biozentrik

und dem Holismus verbunden sind, tatsächlich mit ganzen Weltbildern und nicht nur mit einzelnen Elementen von Weltbildern zu tun hat. Da letzteres an dem weltanschaulichen Charakter dieser Elemente freilich nichts ändert, spreche ich hier der Einfachheit halber dennoch von Weltbildern.

119 So heißt es in seiner Schrift *Geschichte und Naturbeschreibung des Erdbebens, welches 1755 einen Teil der Erde erschüttert hat* (1756): „Der Mensch ist von sich so eingenommen, daß er sich lediglich als das einzige Ziel der Anstalten Gottes ansieht, gleich als wenn diese kein ander Augenmerk hätten, als ihn allein, um die Maßregeln in der Regierung der Welt darnach einzurichten. Wir wissen, daß der ganze Inbegriff der Natur ein würdiger Gegenstand der göttlichen Weisheit und seiner Anstalten sei. Wir sind ein Teil derselben und wollen das Ganze sein. Die Regeln der Vollkommenheit der Natur im Großen sollen in keine Betrachtung kommen, und es soll sich alles bloß in richtiger Beziehung auf uns anschicken. Was in der Welt zur Bequemlichkeit und dem Vergnügen gereicht, das, stellt man sich vor, sei bloß um unsertwillen da, und die Natur beginne keine Veränderungen, die [wie z. B. Erdbeben] irgendeine Ursache der Ungemächlichkeit für die Menschen werden, als um sie zu züchtigen, zu drohen oder Rache an ihnen auszuüben."

120 Den massivsten Einfluß hat heutzutage sicherlich das vorherrschende Weltbild der Ökonomie: Die Welt – ein riesiges Warenhaus, in dessen Zentrum der Verbraucher Mensch („homo oeconomicus") steht. Dieses Weltbild scheint seine Wurzeln indes ebenfalls in einer (oder mehreren) der genannten Traditionen zu haben.

121 Um die Größenordnung dieser Zahl etwas greifbarer zu machen, hat FERRIS (1983, S. 10) folgendes Gedankenszenario entworfen: „Wenn wir Expeditionen mit einer so phantastischen Geschwindigkeit aussenden würden, daß Tag und Nacht in jeder Stunde eine von ihnen einen neuen Stern in unserer Milchstraße erreichen würde, und das Jahr für Jahr, dann würden wir nach sechs Millionen Jahren etwas weniger als die Hälfte der Sterne in unserem Milchstraßensystem besucht haben; das ist eine Zeitspanne, die wesentlich größer ist als das heutige Alter der Menschheit."

122 Mathematische Analysen haben gezeigt, daß die *Baum- bzw. Strauchform selbst* kein menschliches Artefakt (im Sinne einer Tautologie) ist, sondern unter Heranziehung verschiedener Kriterien reproduziert werden kann. Die verschiedenen Taxa können im Einzelfall freilich unterschiedliche Positionen einnnehmen.

123 Ein Beispiel für diese Einschätzung gibt der bedeutende Theologe BULTMANN (1962, zitiert in LIEDKE, 1981, S. 73). Für ihn ist es keine Frage, „daß die Menschheitsgeschichte grundsätzlich vom Naturgeschehen unterschieden ist, daß in ihr im Laufe der Zeit nicht immer das Gleiche im ewigen Kreislauf geschieht, sondern stets Neues und Entscheidendes. Denn die Geschichte ist die Geschichte des Menschen. Der Mensch aber ist nicht (...) ein Glied des Kosmos, sondern er ist grundsätzlich von der Welt unterschieden". Ähnliche Ansichten sind nach Einschätzung von SCHMIDT (1975, S. 5) auch in der zeitgenössischen Philosophie nicht selten: „Die gängige These der hermeneutischen Philosophen von DILTHEY über GADAMER bis HABERMAS lautet: Naturwis-

Anmerkungen

senschaften beschäftigen sich mit ‚toten', d. h. geschichtslosen Objekten, Ereignissen und Sachverhalten in der Natur; Geisteswissenschaften dagegen haben es mit dem stets historisch bestimmten Menschen selbst und seinen Produkten zu tun."

124 In der Literatur schwanken die zeitlichen Angaben bei den verschiedenen Autoren, die sich dieser Projektionsmethode bedienen, in einer gewissen Bandbreite. Dies ändert freilich nichts an der qualitativen Aussage.

125 Seit der Erfindung der Atombombe und vor dem Horizont der ökologischen Krise muß man natürlich auch an die Möglichkeit einer Selbstauslöschung der menschlichen Zivilisation denken. Angesichts dieser auch in Zukunft ständig präsenten Gefahr wäre es für den Menschen eine „reife Leistung", wenn er sich auf dieser Erde auch nur ein Zehntel der Zeit behaupten könnte, die seinerzeit die Saurier auf ihr zubrachten. Diese zu Unrecht als „Fehlkonstruktion" verspottete Tiergruppe schaffte es immerhin, 145 Millionen Jahre auf dieser Erde zu überdauern (ELDREDGE, 1994, S. 139).

126 Beim Kosmos als größter Ganzheit läßt sich der unendliche Regress in der Sinnfrage nur abbrechen, indem ein Absolutes (Gott) postuliert wird, bei dem sich die Sinnfrage *per definitionem* nicht mehr stellt. Da dieser „Ur-Grund aller Wirklichkeit" (KÜNG, 1978, S. 622) mit der reinen Vernunft freilich nicht aufweisbar ist, kommt NAGEL (1990, S. 84) zu dem Schluß, daß das Leben „vielleicht nicht allein sinnlos, sondern *absurd*" ist.

127 So ist nach Einschätzung des Ökologen ZWÖLFER (1989, S. 27) das mit der Bevölkerungsentwicklung verbundene ökologische Dilemma überhaupt nur lösbar, wenn „der Mensch das Potential einsetzt, das seine *Sonderstellung* ausmacht, nämlich Vernunft (im Sinne einer Wahrnehmumg von Gesamtzusammenhängen), Altruismus und Solidarität".

128 Stellvertretend für die fast unüberschaubare Anzahl von Publikationen seien genannt: SCHELER (1927), PLESSNER (1928), GEHLEN (1940), MÜLLER (1974), LANDMANN (1976) sowie das siebenbändige Sammelwerk von GADAMER & VOGLER (1972).

129 „Bedenke ich die kurze Dauer meines Lebens, aufgezehrt von der Ewigkeit vorher und nachher; bedenke ich das bißchen Raum, den ich einnehme, und selbst den, den ich sehe, verschlungen von der unendlichen Weite der Räume, von denen ich nichts weiß und die von mir nichts wissen, dann erschaudere ich und staune, daß ich hier und nicht dort bin; keinen Grund gibt es, weshalb ich grade hier und nicht dort bin, weshalb jetzt und nicht dann. Wer hat mich hier eingesetzt?"

130 Ohne Anspruch auf Vollständigkeit werden in der umweltethischen Literatur folgende, sich z.T. überlappende Kriterien genannt: Menschsein, Personalität, potentielle Personalität, Rationalität, Sprachfähigkeit, Moralfähigkeit, Kooperationsfähigkeit, Preferenzautonomie, Subjekt eines Lebens, Bewußtsein, Leidensfähigkeit, Interesse, biologisches Interesse, Leben, Intentionalität („Telos"), Selbstidentität, kybernetische Selbstregulation, integraler Teil eines Ökosystems, Existenz.

131 Das folgende kleine Beispiel, das SINGER gegeben hat (zit. in LOMBARDI, 1983, S. 256), dürfte ausreichend illustrieren, daß der Gleichheitsgrundsatz kei-

nesfalls die pauschale Gleichbehandlung fordert: „Fürsorge um das Wohlergehen eines Kindes, das in Amerika aufwächst, bedeutet, daß wir es Lesen lehren; Fürsorge um das Wohl eines Schweins macht jedoch lediglich erforderlich, es zusammen mit anderen Schweinen an einem Ort in Ruhe zu lassen, wo genügend Futter und Bewegungsraum zur Verfügung stehen".

132 Vgl. McCloskey (1979), Passmore (1980), Kirschenmann (1978, S. 368/369), Godfrey-Smith (1980, S. 40), Lombardi (1983, S. 267 f.), Taylor (1986, S. 219 f.), Ricken (1987, S. 8). Taylor (1986, S. 251), ein führender Vertreter der Biozentrik, gibt zu bedenken, daß „all das, was normalerweise aus dem Besitz von Rechten gefolgert werden kann, also ein Großteil der Bedeutung, die den Status eines Rechtsträgers kennzeichnet, Unsinn wird, wenn moralische Rechte auf Tiere und Pflanzen übertragen werden". Zwar sei es theoretisch möglich, das Konzept der moralischen Rechte unter Bezug auf Tiere und Pflanzen zu modifizieren, doch hätten deren „Rechte" dann kaum mehr etwas mit dem zu tun, was im Hinblick auf *Menschen* mit diesem Begriff assoziiert wird. Da der Begriff des Rechts in der Ethik üblicherweise eng an den Begriff der Person gebunden sei, würde eine Modifikation mehr Verwirrung als Nutzen stiften. Überdies sei eine solche Modifikation auch nicht notwendig, da sie die Konzeption der „Ethik des Respekts vor der Natur" nicht signifikant erweitern würde (Taylor, 1986, S. 254/255). Dem ist hinzuzufügen, daß der moralische Rechtsbegriff für ökologische Probleme ohnehin meist irrelevant wäre: Da moralische Rechte nach Ansicht der meisten Ethiker das Vorhandensein von Interessen voraussetzen (Weber, 1990, S. 119), könnten nur Individuen, nicht aber Systeme oder Arten von ihrem Schutz profitieren. Auf einem anderen Blatt als die Frage nach *moralischen* Rechten (moral rights) steht die Frage, ob der Natur nicht *juridische* Rechte (legal rights) zugeschrieben werden könnten. Hier zeigen v.d. Pfordten (1996, S. 291 f.), Weber (1990), Stone (1987) und Varner (1987), daß dies nicht nur rechtslogisch und rechtstechnisch möglich, sondern aus der Sicht des Naturschutzes auch wünschenswert wäre.

133 Unter dieser Perspektive muß es merkwürdig anmuten, wenn Patzig (1983, S. 339) das Prinzip der „Ehrfurcht vor dem Leben" von Albert Schweitzer mit dem folgenden Argument kritisiert: „Die Tiere gehören nun einmal nicht zu den Partnern des hypothetischen Kontrakts auf Gegenseitigkeit, der menschlicher Moral zugrunde liegt. Sie verhalten sich auch untereinander nicht nach moralischen Grundsätzen und würden auch uns nicht schonen, wenn sie uns so überlegen wären, wie wir es ihnen gegenüber im allgemeinen sind". Soll dies heißen, daß wir als *moralfähige* Wesen unser Handeln gegenüber *moralunfähigen* Wesen daran orientieren sollen, wie diese – wenn sie uns überlegen wären – mit uns umgehen würden? Wie Teutsch (1985, S. 50) zu Recht betont, verlangt die Goldene Regel doch gerade, „auch den Unterlegenen so zu behandeln, wie man bei vertauschten Positionen wünschen würde, von ihm behandelt zu werden, und sie erlaubt gerade nicht, den Unterlegenen so zu mißhandeln, wie man bei vertauschten Rollen befürchten müßte, behandelt zu werden".

134 So z.B. Goodpaster (1978, S. 319), Kantor (1980, S. 169), Attfield (1983, S. 145), Ricken (1987), Varner (1990), v.d. Pfordten (1996).

Anmerkungen

135 Zwar ist es nach den Befunden der Neurophysiologie und der Evolutionsbiologie überaus naheliegend, zumindest bei den höheren Tieren (Säugetieren und Vögeln) Bewußtsein anzunehmen (ECCLES, 1991, S. 83). Doch „wie früh Vorläufer des Bewußtseins auftauchen, und ob es vielleicht ähnliche Zustände bei Pflanzen gibt, das scheinen Fragen zu sein, die (...) vielleicht für immer unbeantwortbar sind" (POPPER & ECCLES, 1982, S. 520). Nach Ansicht von POPPER (S. 54) können wir „über die Entscheidungsbedingungen des Bewußtseins nur spekulieren".

136 Der Charakter der *Setzung* wird dabei anhand der Antwort deutlich, die BIRNBACHER (1981, S. 312) auf die selbstgestellte Frage gibt: „Wer aber hat Interessen?" BIRNBACHER schreibt: „Während BARRY davon ausgeht, daß ‚wants' nur demjenigen zugesprochen werden können, der sie auch artikulieren kann, möchte ich den Interessenbegriff an weniger restriktive Bedingungen knüpfen. Ein Wesen, dem man Interessen zusprechen können soll, soll erstens Bewußtsein und zweitens Bedürfnisse haben, unter deren Versagen es leiden kann. Ähnlich wie LEONARD NELSONS Interessenbegriff bezieht dieser Begriff die höheren Tiere kraft ihrer Leidensfähigkeit in den Kreis der Interessensubjekte ein."

137 So spricht beispielsweise der Biochemiker CHARGAFF (1989, S. 232/233) von der „Hilflosigkeit der Naturwissenschaften vor dem Leben". Es sei kein Zufall, „daß es unter allen Wissenschaften die Biologie ist, die ihren eigentlichen Gegenstand nicht zu definieren vermag: wir besitzen keine wissenschaftliche Definition des Lebens. In der Tat werden die genauesten Untersuchungen an toten Zellen und Geweben vorgenommen". CHARGAFF weiter: „Ich sage es nur zögernd und furchtsam, aber es ist nicht ausgeschlossen, daß wir hier einer Art Ausschließungsprinzip gegenüberstehen: unsere Unfähigkeit, das Leben in seiner Wirklichkeit zu erfassen, mag der Tatsache zuzuschreiben sein, daß wir selbst am Leben sind. Wäre dies so, dann könnten nur die Toten das Leben verstehen; aber sie publizieren in anderen Zeitschriften."

138 Die dort gemachten Ausführungen lassen sich an folgendem Beispiel verdeutlichen, das RIEDL (1985, S. 107) gegeben hat: „Wenn wir sagen: das Fallen eines Gegenstandes erklärt sich aus dem Gravitationsgesetz, so muß man zugeben, daß uns nun das Fallen von Gegenständen gewiß wohl vertraut ist, wohingegen es noch nicht einmal gelungen ist, die von der Theorie geforderten Gravitationswellen auch nur in ihrer Existenz nachzuweisen. (...) Warum es Schwerkraft gibt, erfahren wir nicht". Vor dem Hintergrund solch offenkundiger Grenzen des Erklärens fragt CHARGAFF (1970, S. 815) zu Recht: „Verstehen wir denn die Welt? Wir nennen, was wir verstehen, die Welt. Die Menschheit hat eine enorme Fähigkeit, davon zu abstrahieren, was sie nicht versteht."

139 Tatsächlich ist eine vergleichbare Frage im Zusammenhang mit einem Thema aufgeworfen worden, das im Moment zwar ebenfalls noch utopisch klingt, von Planetenforschern der amerikanischen Weltraumbehörde NASA aber nichtsdestoweniger ernsthaft diskutiert wird: das sogenannte *Terraforming* (SAGAN, 1996, S. 345 f.). Darunter versteht man die Umgestaltung eines derzeit unbewohnten Himmelskörpers (z. B. des Mars oder bestimmter Monde von Jupiter und Saturn) in einen Ort, an dem sich Leben auf natürli-

che Weise entwickeln kann. Wäre ein solch massiver Eingriff in eine fremde Welt berechtigt? Oder mit den Worten von SAGAN (1996, S. 363): „Darf man uns, die wir unsere eigene Welt ruiniert haben, eine andere Welt anvertrauen"?

140 Um es an einem Beispiel zu illustrieren: Obwohl im Nationalpark Nordfriesisches Wattenmeer menschliche Eingriffe in die natürliche Dynamik eigentlich unterbleiben sollten („Regel erster Ordnung"), werden vom Nationalparkamt dennoch Küstenschutzmaßnahmen zum Erhalt der von Erosion bedrohten Vogelhallig Norderoog toleriert („Maßnahme zweiter Ordnung"). Gerechtfertigt werden kann diese Ausnahme mit der Tatsache, daß die dort brütenden Brandseeschwalben nach Verlust ihrer Brutstätte heutzutage kein vergleichbares Ersatzbiotop mehr finden würden. Während die Brandseeschwalben in früheren Zeiten, in denen noch nicht die gesamte Küstenregion vom Menschen in Besitz genommen worden war, auf geologische Veränderungen leicht mit Umsiedelungen reagieren konnten, ist die *natürliche* Dynamik für sie heute plötzlich zur existentiellen Bedrohung geworden.

141 Allerdings sind auch solche zu „Biotopverbundsystemen" vernetzten Naturschutzgebiete langfristig zum Scheitern verurteilt, wenn sie nur kleine Inseln in einem ansonsten lebensfeindlichen Meer der Zivilisation bleiben. Nach REMMERT (1990, S. 165) ist von entscheidender Bedeutung, „daß das Meer, welches die Inseln umgibt, nicht zu lebensfeindlich ist". Verhindert werden muß daher ebenso Überdüngung und übermäßiger Pestizideinsatz wie weiterer Fernstraßenbau.

142 Vgl. HULL (1976), WILEY (1980, S. 78), GHISELIN (1981), WILLMANN (1985, S. 56 f.), KLUGE (1990).

143 Es sei hier freilich angemerkt, daß mit der Bezeichnung der Art als „historisches Individuum" das „Speziesproblem" (also die Frage nach dem ontologischen Status der Art) nicht in jeder Hinsicht als gelöst bezeichnet werden kann. Die Anwendung des Begriffes Individuum auf Arten ist insofern etwas unbefriedigend, als sie die Unterschiede zwischen dem „singulären Individuum" des Organismus und dem „kollektiven Individuum" der Art einebnet. Die Beziehungen zwischen einem Organismus und seinen Zellen unterscheiden sich aber, was die Art der Organisation und die Enge des Zusammenhangs betrifft, zweifellos deutlich von den Beziehungen zwischen einer Spezies und ihren Einzelindividuen. Um Mißverständnisse zu vermeiden, plädiert MAYR (1991, S. 244 f.) deshalb dafür, den Begriff des Individuums entweder durch den Begriff „Population" zu ersetzen oder einen neuen Fachbegriff zu prägen. Indes sind dies überwiegend *terminologische* Streitfragen. An dem für den vorliegenden Zusammenhang allein entscheidenden Befund, daß Arten *keine Klassen*, sondern hypothetisch-reale Entitäten sind, ändert dies nichts.

144 So z. B. bei PATZIG (1983, S. 340), SCHÄFER (1987, S. 21); vgl. auch EHRLICH & EHRLICH (1983, S. 21 f.).

145 Über die Begründungsfähigkeit dieses Postulats herrscht unter den Ethikern freilich keine Einigkeit. Während nach PATZIG (1983, S. 341) hierfür kein rationales Argument in Sicht ist, läßt es sich nach AKERMA (1995) nur vor dem

Hintergrund starker metaphysischer Überzeugungen begründen. WENDNAGEL (1990, S. 32) hält den Wunsch, „Existenz und Wesen der Menschheit zu retten" für so „universal", daß er ihn der Notwendigkeit einer Begründung für enthoben hält.

146 In dieser Weise äußert sich z. B. BROCK (1924/1925, S. 266) gegenüber der biozentrischen Ethik von SCHWEITZER (1923).

147 Einen Überblick über die Diskussion um moralische Dilemmata gibt der Lexikonartikel von VOSSENKUHL (1992b, S. 188) sowie der Sammelband *Moral Dilemmas* von GOWANS (1987).

148 Dies mag in früheren Zeiten anders gewesen sein, als der Begriff der Schuld (nicht zuletzt auch von kirchlicher Seite) in kontraproduktiver Weise instrumentalisiert worden ist. Ein erheblicher Anteil des zeitgenössischen Widerstands gegenüber der Verwendung des Schuldbegriffs in der Ethik läßt sich aus dieser „traumatischen" Erfahrung heraus erklären. Indes sollte der Begriff der Schuld deshalb nicht vorschnell auf den Müllhaufen der Geschichte geworfen werden: „Vielleicht ist die Fähigkeit zu Schuld und Sühne – wesentliche Merkmale der *Verantwortung* – eine entscheidende Grundbefindlichkeit des Menschen, die ihn von anderen Lebewesen unterscheidet" (SCHÜZ, 1990, S. 149).

149 Was dies für die Landwirtschaft zu bedeuten hätte, diskutiert AIKEN (1984, S. 277 f.).

150 Nach E. U. VON WEIZSÄCKER (1992, S. 258) verbrauchen die Industrieländer im Norden rund zehnmal soviel Energie, Wasser, Land und Rohstoffe pro Kopf wie die Entwicklungsländer. 25 Prozent der Weltbevölkerung sind für etwa 80 Prozent des weltweiten Kohlendioxidausstoßes verantwortlich (LEISINGER, 1994, S. 138). „Die Entwicklungsländer, die wir heute zur Schonung der Regenwälder auffordern, kennen diese Relationen und sehen nicht ein, warum sie auf irgend etwas verzichten sollten, was ihnen in ihrer zum Teil verzweifelten Wirtschaftslage Vorteile bringen könnte." (E.U. VON WEIZSÄCKER, 1992, S. 202).

151 Es soll damit selbstverständlich nicht bestritten werden, daß die Effizienz durch den Einsatz intelligenter Technik noch erheblich gesteigert werden könnte. Es ist aber unwahrscheinlich, daß dies in einem Maße geschehen kann, wie es nötig wäre, um einer wachsenden Menschheit den derzeitigen Lebensstil der reichen Minderheit zu ermöglichen. Verdoppelt sich die Weltbevölkerung wie erwartet und soll das Einkommensniveau der Armen ohne zusätzliche Umweltbelastung auf das der Reichen gehievt werden, so müßte die technische Effizienz nach den Recherchen von VORHOLZ (1995, S. 27) innerhalb weniger Dekaden um den Faktor 46 wachsen: „Das heißt: Der Naturverbrauch pro Einheit des Sozialprodukts müßte auf gut zwei Prozent des heutigen Wertes schrumpfen". Selbst das vielzitierte Dreiliterauto wäre dann „jenseits von Gut und Böse".

152 Stellvertretend für viele antike Philosophen, die vom Gewinn freiwilliger Selbstbegrenzung überzeugt waren, sei hier SENECA (4 v. Chr.-65 n. Chr.) genannt. Unter den modernen Klassikern, die das einfache Leben gelobt (und auch gelebt) haben, ist besonders THOREAU (1854) zu erwähnen. Er fehlt zu Unrecht in fast allen Abhandlungen der Philosophiegeschichte (vgl. WIEDMANN, 1990, S. 19 und S. 109 f.).

34. Literatur

Adis, J. (1990): Thirty million arthropod species – too many or too few? Journal of Tropical Ecology 6: 115–118.
Aiken, W. (1984): Ethical issues in agriculture. In: Regan, T. (ed.): Earthbound. New introductory essays in environmental ethics. Temple University Press, Philadelphia: 247–288.
Akerma, K. (1995): Soll eine Menschheit sein? Eine fundamentalethische Frage. Junghans Verlag, Cuxhaven.
Albert, H. (1961): Ethik und Meta-Ethik. Das Dilemma der analytischen Moralphilosophie. Archiv für Philosophie 11: 28–63.
Albert, H. (1968): Traktat über kritische Vernunft. Mohr Verlag, Tübingen.
Altner, G. (1979): Wahrnehmung der Interessen der Natur. In: Meyer-Abich, K. M. (Hrsg.): Frieden mit der Natur. Herder Verlag, Freiburg: 112–130.
Altner, G. (1982): Alternative Wissenschaft und Mystik. In: Physik, Philosophie und Politik. Festschrift für C. F.v. Weizsäcker zum 70. Geburtstag. Carl Hanser Verlag, München, Wien: 430–439.
Altner, G. (1984): Umweltethik – Grundsätze und Perspektiven. Scheidewege 14: 36–43.
Altner, G. (1985): Ethische Begründung des Artenschutzes. Schriftenreihe des Deutschen Rats für Landespflege, Heft 46: 566–568.
Alvarez, L. W., Alvarez, W., Asaro, F. & Michel, H. V. (1980): Extraterrestrial cause for the cretaceous tertiary extinction. Science 208: 1095–1108.
Amberg, M. (1980): Naturschutz – die große Lüge. Kilda Verlag, Greven.
Amery, C. (1974): Das Ende der Vorsehung. Die gnadenlosen Folgen des Christentums. Rowohlt Verlag, Reinbek bei Hamburg.
Amery, C. (1982): Natur als Politik. Die ökologische Chance des Menschen. Rowohlt Taschenbuch Verlag, Reinbek bei Hamburg.
Apel, K.-O. (1973): Das Apriori der Kommunikationsgemeinschaft und die Grundlagen der Ethik. Zum Problem einer rationalen Begründung der Ethik im Zeitalter der Wissenschaft. In: Apel, K.-O.: Transformation der Philosophie, Bd. 2, Frankfurt: 359–435.
Apel, K.-O. (1976): Das Problem der philosophischen Letztbegründung im Lichte einer transzendentalen Sprachpragmatik (Versuch einer Metakritik des „Kritischen Rationalismus"). In: Kanitschneider, B. (Hrsg.): Sprache und Erkenntnis. Innsbruck: 55–82.
Apel, K.-O. (1987): Fallibilismus, Konsenstheorie der Wahrheit und Letztbegründung. In: Forum für Philosophie Bad Homburg (Hrsg.): Philosophie und Begründung. Suhrkamp Verlag, Frankfurt/M.: 116–211.
Aristoteles (384–322 v. Chr.): Nikomachische Ethik. Übersetzung und Nachwort von F. Dirlmeier. Reclam Verlag, Stuttgart 1980.
Armstrong, S. J. & Botzler, R. G. (eds.) (1993): Environmental ethics: divergence and convergence. McGraw-Hill, Inc., New York, London.

ARNDT, U., NOBEL, W. & SCHWEIZER, B. (1987): Bioindikatoren – Möglichkeiten, Grenzen und neue Erkenntnisse. Stuttgart.
ARROW, K. R. (1963): Social choice and individual values. Yale University Press, London.
ATTFIELD, R. (1983): The ethics of environmental concern. Basil Blackwell, Oxford.
AUER, A. (1985): Im Konfliktfall gilt der Vorrang der Ökologie vor der Ökonomie. Annäherungen an eine Umweltethik. In: Bürger im Staat 35(3): 174–179.
AUER, A. (1988): Anthropozentrik oder Physiozentrik? Vom Wert eines Interpretaments. In: BAYERTZ, K. (Hrsg.): Ökologische Ethik. Schnell & Steiner Verlag, München: 31–54.
AUER, M. (1992): Ökonomische Bewertung der Biologischen Vielfalt. Natur und Landschaft 67(9): 439–440.
AUHAGEN, A. & SUKOPP, H. (1983): Ziel, Begründungen und Methoden des Naturschutzes im Rahmen der Stadtentwicklungspolitik von Berlin. Natur und Landschaft 1: 9–15.
AYER, A. J. (1963): Sprache, Wahrheit und Logik. Stuttgart, 1970.
BACHMANN, K. (1990): Wenn Räuber Opfer ihrer Beute werden. In: GEO-Wissen Nr. 2. Chaos und Kreativität. Verlag Gruner & Jahr, Hamburg: 88–96.
BACON, F. (1609): Weisheit der Alten. Übersetzung von *De sapientia veterum* von M. MÜNKLER. Fischer Taschenbuch Verlag, Frankfurt/M. 1990.
BAIER, A. (1980): The rights of past and future persons. In: PARTRIDGE, E. (ed.): Responsibilities to future generations. Environmental ethics. Buffalo, New York: 171–183.
BARROW, J. D. & SILK, J. (1986): Die asymmetrische Schöpfung. Ursprung und Ausdehnung des Universums. Piper Verlag, München, Zürich.
BARROWCLOUGH, G. F. (1992): Systematics, biodiversity, and conservation biology. In: ELDREDGE, N. (ed.): Systematics, ecology, and the biodiversity crisis. Columbia University Press, New York: 121–143.
BARRY, B. (1977): Justice between generations. In: HACKER, P. M. S. & RAZ, J. (eds.): Law, morality, and society. Essays in honour of H. L. A. HART. Oxford: 268–284.
BAUER, H.-J. (1985): Welche Ursachen führten zu Gefährdung und Ausrottung von Arten? Schriftenreihe des Deutschen Rats für Landespflege, Heft 46: 572–580.
BAYERTZ, K. (1986): Technik, Ökologie und Ethik. Fünf Dialoge über die moralischen Grenzen der Technik und über die Schwierigkeiten einer nicht-anthropozentrischen Ethik. In: BECHMANN, G. & RAMMERT, W. (Hrsg.): Technik und Gesellschaft. Jahrbuch 4, Frankfurt/M.
BAYERTZ, K. (1987): Naturphilosophie als Ethik. Zur Vereinigung von Natur- und Moralphilosophie im Zeichen der ökologischen Krise. Philosophia Naturalis 24: 157–185.
BAYERTZ, K. (1988): Ökologie als Medizin der Umwelt? Überlegungen zum Theorie-Praxis-Problem in der Ökologie. In: BAYERTZ, K. (Hrsg.): Ökologische Ethik. Schnell & Steiner Verlag, München: 86–101.
BECK, U. (1986): Risikogesellschaft. Auf dem Weg in eine andere Moderne. Suhrkamp Verlag, Frankfurt/M.
BECK, U. (1988): Gegengifte. Die organisierte Unverantwortlichkeit. Suhrkamp Verlag, Frankfurt /M.

BEIERKUHNLEIN, C. (1994): Methodische Defizite in der Naturschutzforschung – aufgezeigt an Beispielen aus der Vegetationskunde. Naturschutzzentrum Wasserschloß Mitwitz – Materialien 1/94: 17–18.

BENTHAM, J. (1789): An introduction to the principles of morals and legislation. Ed. by BURNS, J. H. & HART, H. L. A., The Athlone Press, London 1970.

BENTON, M. J. (1985): Mass extinctions among non-marine tetrapods. Nature 316: 811–814.

BENTON, M. J. (1986): The evolutionary significance of mass extinctions. Trends in Ecology and Evolution 1(5): 127–130.

BERNDT, R., & HENSS, M. (1967): Die Kohlmeise, Parus major, als Invasionsvogel. Die Vogelwarte 24: 17–37.

BERTALANFFY, L. V. (1973): General system theory. Foundations, development, applications. Penguin University Books, Harmondsworth.

BEZZEL, E. & REICHHOLF, J. (1974): Die Diversität als Kriterium zur Bewertung der Reichhaltigkeit von Wasservogel-Lebensräumen. Journal für Ornithologie 115: 50–61.

BIBEL: Die ganze Heilige Schrift des Alten und Neuen Testaments. Nach der deutschen Übersetzung von MARTIN LUTHER. Württembergische Bibelanstalt, Stuttgart 1970.

BIERHALS, E. (1984): Die falschen Argumente? Naturschutz-Argumente und Naturbeziehung. Landschaft + Stadt 16(1/2): 117–126.

BIRCH, TH. H. (1993): Moral considerability and universal consideration. Environmental Ethics 15: 313–332.

BIRNBACHER, D. (1979a): Plädoyer für eine Ethik der Zukunft. Zeitschrift für Didaktik der Philosophie 1: 119–123.

BIRNBACHER, D. (1979b): Was wir wollen, was wir brauchen und was wir wollen dürfen. In: MEYER-ABICH, K. M. & BIRNBACHER, D. (Hrsg.): Was braucht der Mensch, um glücklich zu sein? Beck Verlag, München: 30–57.

BIRNBACHER, D. (1980): Sind wir für die Natur verantwortlich? In: BIRNBACHER, D. (Hrsg.): Ökologie und Ethik. Reclam Verlag, Stuttgart: 103–139.

BIRNBACHER, D. (1981): Sind die Normen der ökologischen Ethik universalisierbar? In: MORSCHER, E. & STRANZINGER, R. (Hrsg.): Ethik. Grundlagen, Probleme und Anwendungen. Akten d. 5. int. Wittgenstein-Symposiums 1980 in Kirchberg am Wechsel. Verlag Hölder-Pichler-Tempsky, Wien: 312–314.

BIRNBACHER, D. (1982): A priority rule for environmental ethics. Environmental Ethics 4: 3–16

BIRNBACHER, D. (1987): Ethical principles versus guiding principles in environmental ethics. Philosophica (Gent) 39(1): 59–76.

BIRNBACHER, D. (1988): Verantwortung für zukünftige Generationen. Reclam Verlag, Stuttgart.

BIRNBACHER, D. (1989): Ökologie, Ethik und neues Handeln. In: STACHOWIAK, H. (Hrsg.): Pragmatik. Handbuch pragmatischen Denkens, Band III, Hamburg: 393–417.

BIRNBACHER, D. (1991): „Natur" als Maßstab menschlichen Handelns. Zeitschrift für philosophische Forschung 45: 60–76.

BISCHOFF, M. (1993): Über einige Schwierigkeiten, ein neues Natur-Bewußtsein zu entwickeln. In: SCHÄFER, R. (Hrsg.): Was heißt denn schon Natur? Callwey Verlag, München: 49–60.

BLAB, J. (1985): Sind die Roten Listen der gefährdeten Arten geeignet, den Artenschutz zu fördern? Schriftenreihe des Deutschen Rats für Landespflege, Heft 46: 612–617.

BLAB, J. & VÖLKL, W. (1994): Voraussetzungen und Möglichkeiten für eine wirksame Effizienzkontrolle im Naturschutz. Schr.-R. f. Landschaftspflege und Naturschutz 40: 291–300.

BLEULER, E. (1983): Lehrbuch der Psychiatrie. Springer Verlag, Berlin.

BOND, W. J. (1993): Keystone species. In: SCHULZE, E.-D. & MOONEY, H. A. (eds.): Biodiversity and ecosystem function. Springer Verlag, Berlin, Heidelberg: 237–253.

BOOKCHIN, M. (1977): Die Formen der Freiheit. Aufsätze über Ökologie und Anarchismus. Telgte-Westbevern.

BORCHARDT, TH., SCHERER, B. & SCHREY, E., Hrsg. (1989): Ökosystemforschung Wattenmeer. Das Projekt im Überblick – Teil B. Herausgegeben von der Steuergruppe „Ökosystemforschung Wattenmeer Schleswig-Holstein" im Nationalparkamt.

BOSSEL, H. (1982): Ansätze einer ökologisch orientierten Wissenschaft. In: Der Fischer Öko-Almanach II. Frankfurt.

BRECKLING, B., EKSCHMITT, K., MATHES,K., POETHKE, H.-J., SEITZ, A. & WEIDEMANN, G. (1992): Gedanken zur Theorie in der Ökologie. Verhandlungen der Gesellschaft für Ökologie 21: 1–8.

BRENNAN, A. (1984): The moral standing of natural objects. Environmental Ethics 6(1): 35–56.

BRIGGS, J. & PEAT, F. D. (1990): Die Entdeckung des Chaos. Eine Reise durch die Chaos-Theorie. Carl Hanser Verlag, München, Wien.

BROCK, E. (1924/25): Rezension zu: ALBERT SCHWEITZER (1923): Kultur und Ethik. In: Logos 13: 264–269

BROWN, J. H., DAVIDSON, D. W., MUNGER, J. C. & INOUYE, R. C. (1986): Experimental community ecology: the desert granivore system. In: DIAMOND, J. L. & CASE, T. J. (eds.): Community ecology. Harper & Row, New York: 41–61.

BROWN, J. H. & HESKE, E. J. (1990): Control of a desert-grassland transition by a keystone rodent guild. Science 250: 1705-1707

BRUMBAUGH, R. S. (1978): Of man, animals and morals: a brief history. In: MORRIS, R. K. & FOX, M. (eds.): On the fifth day. Animal rights and human ethics. Acropolis Books Ltd., Washington: 5–25.

BUNDESMINISTER DES INNERN (1985): Umweltpolitik. Bilanz und Perspektiven. Kohlhammer Verlag, Stuttgart, Berlin.

BURKHARDT, A. (1981): Kant und das Verhältnis der relativen Ethik zur absoluten. Zur Begründung einer ökologischen Ethik. In: MORSCHER, E. & STRANZINGER, R. (Hrsg.): Ethik. Grundlagen, Probleme und Anwendungen. Akten d. 5. int. Wittgenstein-Symposiums 1980 in Kirchberg am Wechsel. Verlag Hölder-Pichler-Tempsky, Wien: 321–324.

BURKHARDT, A. (1983): Kant, Wittgenstein und das Verhältnis der relativen Ethik zur absoluten: Zur Begründung einer ökologischen Ethik. Zeitschrift für Evangelische Ethik 27(4): 391–431.

CAHEN, H. (1988): Against the moral considerability of ecosystems. Environmental Ethics 10: 195–216.
CALLAHAN, D. (1981): What obligations do we have to future generations? In: PARTRIDGE, E. (ed.): Responsibilities to future generations. Environmental ethics. Buffallo, New York: 73–85.
CALLICOTT, J. B. (1980): Animal liberation: a triangular affair. Environmental Ethics 2: 311–338.
CALLICOTT, J. B. (1983): The land aesthetic. Environmental Review 7: 345–358.
CALLICOTT, J. B. (1993): The search for an environmental ethic. In: REGAN, T. (ed.): Matters of life and death. New introductory essays in moral philosophy. McGraw-Hill, New York: 322–382.
CAMPBELL, D. (1974): „Downward causation" in hierarchically organised biological systems. In: AYALA, F. & DOBZHANSKY, TH. (eds.): Studies in the philosophy of biology. Reduction and related problems. Macmillan, New York.
CANGUILHEM, G. (1974): Das Normale und das Pathologische. Carl Hanser Verlag, München.
CAPRA, F. (1983): Wendezeit. Bausteine für ein neues Weltbild. Scherz Verlag, Bern, München, Wien.
CARLSON, A. (1984): Nature and positive aesthetics. Environmental Ethics 6(1): 5–34.
CAUGHLEY, G. (1976): The elephant problem – an alternative hypothesis. East African Wildlife Journal 14: 265–283.
CAUGHLEY, G. & LAWTON, J. H. (1981): Plant-herbivore systems. In: MAY, R. M. (ed.): Theoretical ecology. Principles and applications. Blackwell, Oxford: 132–166.
CICERO, M. T. (106–43 v. Chr.): Vom Wesen der Götter. Lateinisch-deutsche Ausgabe des Originals *De natura deorum*. Heimeran Verlag, München 1978.
CHAITIN, G. J. (1975): Randomness and mathematical proof. Scientific American 232: 47–52.
CHAPMAN, J. S. (1974): Environmental health, environmental deterioration. In: SARGENT, F. II (ed.): Human ecology. North-Holland Publishing Company, Amsterdam.
CHARGAFF, E. (1970): Vorwort zu einer Grammatik der Biologie. Hundert Jahre Nukleinsäureforschung. Experientia 26(7): 810–816.
CHARGAFF, E. (1989): Das Feuer des Heraklit. Skizzen aus einem Leben vor der Natur. Luchterhand Verlag, Frankfurt/M.
CHARGAFF, E. (1991): Erforschung der Natur und Denaturierung des Menschen. In: DÜRR, H.-P. & ZIMMERLI, W. CH. (Hrsg.): Geist und Natur. Über den Widerspruch zwischen naturwissenschaftlicher Erkenntnis und philosophischer Welterfahrung. Scherz Verlag, Bern, München, Wien: 355–368.
CHESSON, P. L. & CASE, T. J. (1986): Nonequilibrium community theories: chance, variability, history, and coexistence. In: DIAMOND, J. & CASE, T. J. (eds.): Community ecology. Harper & Row, New York: 229–239.
CLAPHAM, W. B., Jr. (1973): Resiliency and fitness of ecosystems. In: Natural ecosystems. Case Western Reserve University, New York: 229–238.
CLARK, C. W. (1973): Profit maximization and the extinction of animal species. Journal of Political Economy 81: 950–961.

CLEMENTS, F. E. (1936): Nature and the structure of climax. Journal of Ecology 24: 252–284.
COBB, J. B., Jr. (1972): Der Preis des Fortschritts. Umweltschutz als Problem der Sozialethik. Claudius Verlag, München.
CODY, M. L. & DIAMOND, J. M. (eds.) (1975): Ecology and evolution of communities. Harward University Press, Cambridge, MA.
COMMONER, B. (1972): The closing circle: nature, man, and technology. Alfred Knopf, New York.
COUSINS, ST. H. (1991): Species diversity measurement: choosing the right index. Trends in Ecology and Evolution 6(6): 190–192.
CRAMER, F. (1979): Fundamental complexity, a concept in biological science and beyond. Interdisciplinary Science Reviews 4: 132–139.
CRAMER, F. (1986): Die Evolution frißt ihre Kinder – der Unterschied zwischen Newtonschen Bahnen und lebenden Wesen. Universitas 41(2): 1149–1156.
CRAMER, J. & VAN DEN DAELE, W. (1985): Is ecology an „alternative" natural science? Synthese 65: 347–375.
DAHL, J. (1989a): Der unbegreifliche Garten und seine Verwüstung. Über Ökologie und über Ökologie hinaus. Klett-Cotta Verlag, Stuttgart.
DAHL, J. (1989b): Die Verwegenheit der Ahnungslosen. Über Genetik, Chemie und andere Schwarze Löcher des Fortschritts. Klett-Cotta Verlag, Stuttgart.
DARWIN, CH. (1859): On the origin of species by means of natural selection. John Murray, London.
DEANGELIS, D. L., POST, W. M. & TRAVIS, C. C. (1986): Positive feedback in natural systems. Springer Verlag, Berlin, Heidelberg.
DENNETT, D. (1994): Philosophie des menschlichen Bewußtseins. Verlag Hoffmann & Campe, Hamburg.
DERSAL, W. R. VAN (1972): Why living organisms should not be exterminated. Atlantic Naturalist 27: 7–10.
DESANTO, R. S. (1978): Concepts of applied ecology. Springer Verlag, New York.
DESCARTES, R. (1637): Discours de la méthode. Von der Methode des richtigen Vernunftgebrauchs und der wissenschaftlichen Forschung. Französisch-deutsche Herausgabe von L. GAEBE. Felix Meiner Verlag, Hamburg 1960.
DEUTSCHER RAT FÜR LANDESPFLEGE (1985): „Warum Artenschutz?" Schriftenreihe des Deutschen Rats für Landespflege, Heft 46: 537–559.
DIERSSEN, K. (1994): Was ist Erfolg im Naturschutz? Schr.-R. f. Landschaftspflege und Naturschutz 40: 9–23.
DITFURTH, H. VON (1991): Innenansichten eines Artgenossen. Meine Bilanz. Deutscher Taschenbuch Verlag, München.
DIXON, B. (1976): Smallpox-imminent extinction, and an unresolved dilemma. New Scientist 69: 430–432.
DÖRNER, D. (1993): Denken und Handeln in Unbestimmtheit und Komplexität. Gaia 2(3): 128–138.
DÜRR, H.-P. (1991): Wissenschaft und Wirklichkeit. Über die Beziehung zwischen dem Weltbild der Physik und der eigentlichen Wirklichkeit. In: DÜRR, H.-P. & ZIMMERLI, W. CH. (Hrsg.): Geist und Natur. Über den Widerspruch zwischen naturwissenschaftlicher Erkenntnis und philosophischer Welterfahrung. Scherz Verlag, Bern, München, Wien: 28–46.

Durrell, L. (1987): GAIA – Die Zukunft der Arche. Atlas zur Rettung unserer Erde. Fischer Verlag, Frankfurt/M.

Dwyer, R. L. & Perez, K. T. (1983): An experimental examination of ecosystem linearization. The American Naturalist 121(3): 305–323.

Eccles, J. C. (1970): Wahrheit und Wirklichkeit. Mensch und Wissenschaft. Springer Verlag, Berlin, Heidelberg.

Eccles, J. C. (1976): Das Gehirn des Menschen. Piper Verlag, München, Zürich.

Eccles, J. C. (1991): Der Ursprung des Geistes, des Bewußtseins und des Selbstbewußtseins im Rahmen der zerebralen Evolution. In: Dürr, H.-P. & Zimmerli, W. Ch. (Hrsg.): Geist und Natur. Über den Widerspruch zwischen naturwissenschaftlicher Erkenntnis und philosophischer Welterfahrung. Scherz Verlag, Bern, München, Wien: 79–89.

Eckschmitt, K., Mathes, K. & Breckling, B. (1994): Theorie in der Ökologie: Möglichkeiten der Operationalisierung des juristischen Begriffs ‚Naturhaushalt' in der Ökologie. Verhandlungen der Gesellschaft für Ökologie 23: 417–420.

Eddington, A. (1939): The philosophy of physical science. Cambridge University Press, London.

Eigen, M. & Winkler, R. (1975): Das Spiel. Naturgesetze steuern den Zufall. Piper Verlag, München.

Ehrendorfer, F. (1978): Geobotanik. In: Strasburger, E. (1978): Lehrbuch der Botanik für Hochschulen, 31. Auflage, Kapitel IV. Gustav Fischer Verlag, Stuttgart: 862–987.

Ehrenfeld, D. W. (1976): The conservation of non-resources. American Scientist 64: 648–656.

Ehrenfeld, D. W. (1992): Warum soll man der biologischen Vielfalt einen Wert beimessen? In: Wilson, E. O. (Hrsg.): Ende der biologischen Vielfalt? Der Verlust an Arten, Genen und Lebensräumen und die Chancen für eine Umkehr. Spektrum Akademischer Verlag, Heidelberg, Berlin: 235–239.

Ehrlich, P. R. (1991): Population diversity and the future of ecosystems. Science 254: 175.

Ehrlich, P. R. (1993): Biodiversity and ecosystem function: Need we know more? Foreword in: Schulze, E.-D. & Mooney, H. A. (eds.): Biodiversity and ecosystem function. Springer Verlag, Berlin, Heidelberg: XII-XI.

Ehrlich, P. R., Ehrlich, A. & Holdren, J. P. (1975): Humanökologie. Übersetzung und Bearbeitung von H. Remmert. Springer Verlag, Berlin, Heidelberg.

Ehrlich, P. R. & Ehrlich, A. (1983): Der lautlose Tod. Das Aussterben der Pflanzen und Tiere. Wolfgang Krüger Verlag, Frankfurt.

Ehrlich, P. R. & Mooney, H. A. (1983): Extinction, substitution, and ecosystem services. BioScience 33(4): 248–254.

Eilenberger, G. (1989): Komplexität. Ein neues Paradigma der Naturwissenschaften. In: v. Ditfurth, H. & Fischer, E. P. (Hrsg.): Mannheimer Forum 89/90. Boehringer Mannheim GmbH, Mannheim: 71–134.

Ekman, G. & Lundberg, U. (1971): Emotional reaction to past and future events as a function of temporal distance. Acta Psychologica 35: 430–441.

Eldredge, N. (1994): Wendezeiten des Lebens. Katastrophen in Erdgeschichte und Evolution. Spektrum Akademischer Verlag, Heidelberg, Berlin.

Literatur

ELLIOT, R. (1978): Regan on the sorts of beings that can have rights. Southern Journal of Philosophy 16: 701–705.
ELLIOT, R. (1980): Why preserve species? In: MANNISON, D. S., MCROBBIE, M. A. & ROUTLEY, R. (eds.): Environmental philosophy. Monograph Series, No.2, Department of Philosophy, Australian National University, Canberra: 8–29.
ELLIOT, R. (1982): Faking nature. Inquiry 25: 81–93.
ENGELHARDT, T., Jr. & SPICKER, S. (1978): Mental health: philosophical perspectives. D. Reidel, Dordrecht.
ENGELHARDT, W. (1996): Schutz der biologischen Vielfalt. Kosmos 3/96: 34–35.
ENGELS, E.-M. (1990): Erkenntnis als Anpassung? Eine Studie zur Evolutionären Erkenntnistheorie. Suhrkamp Verlag, Frankfurt.
ENGELS, E.-M. (1993): George Edward Moores Argument der „naturalistic fallacy" in seiner Relevanz für das Verhältnis von philosophischer Ethik und empirischen Wissenschaften. In: ECKENSBERGER, L. H. & GÄHDE, U. (Hrsg.): Ethische Norm und empirische Hypothese. Suhrkamp Taschenbuch Verlag, Frankfurt: 92–132.
ERBRICH, P. (1990): Natur- und Umwelterziehung als Aspekte des Religionsunterrichts – Philosophische Grundüberlegungen zum Thema. Berichte der ANL 14: 3–9.
ERNST, CHR. (1996): Rechte der Fauna. Rezension zu: DIETMAR VON DER PFORDTEN (1996): Ökologische Ethik. Zur Rechtfertigung menschlichen Verhaltens gegenüber der Natur. In: Süddeutsche Zeitung Nr. 242 vom 19.10.96: V.
ERWIN, D. H. (1989): The end-Permian mass extinction: what really happened and did it matter? Trends in Ecology and Evolution 4(8): 225–229.
ERZ, W. (1984): Zwischen Wissenschaft und Ideologie. Zur Akzeptanz eines neuen Begriffs. Das Parlament 34(19): 1–2.
ERZ, W. (1986): Ökologie oder Naturschutz? Überlegungen zur terminologischen Trennung und Zusammenführung. Ber. ANL 10: 11–17.
ESER, A. (1983): Ökologisches Recht. In: MARKL, H. (Hrsg.): Natur und Geschichte. Oldenbourg Verlag, München, Wien: 349–396.
FÄH, H. (1987): Biologie und Philosophie in ihren Wechselbeziehungen. Menschenbilder – Erkenntnisweisen – Weltbilder. Metzler Verlag, Stuttgart.
FARB, P. (1976): Die Ökologie. Rowohlt Taschenbuch Verlag, Reinbek bei Hamburg.
FEINBERG, J. (1980): Die Rechte der Tiere und zukünftiger Generationen. In: BIRNBACHER, D. (Hrsg.): Ökologie und Ethik. Reclam Verlag, Stuttgart: 140–179.
FERRIS, TH. (1983): Galaxien. Birkhäuser Verlag, Basel, Boston, Stuttgart.
FISCHBECK, G. (1976): Moderne Pflanzenproduktion und Umweltbeeinflussung. Bayer. Landw. Jahrbuch 53, Sonderheft 3: 60–67.
FISHER, A. & HANEMANN, M. (1984): Option values and the extinction of species. Working Paper No.269. Berkeley, Calif. (Giannini Foundation of Agricultural Economics).
FORSCHNER, M. (1992): Pflichtenkollision. In: HÖFFE, O., FORSCHNER, M. & VOSSENKUHL, W. (Hrsg.): Lexikon der Ethik. Beck Verlag, München: 211–212.
FORUM FÜR PHILOSOPHIE BAD HOMBURG (Hrsg.) (1987): Philosophie und Begründung. Suhrkamp Verlag, Frankfurt/M.
FRANKEL, O. H. (1974): Genetic conservation: our evolutionary responsibility. Genetics 78: 53–65.

FRANKENA, W. K. (1979): Ethics and the environment. In: GOODPASTER, K. E. & SAYRE, K. M. (eds.): Ethics and problems of the 21st century. University of Notre Dame Press, London: 3–20.

FRANKENA, W. K. (1986): Analytische Ethik. Deutscher Taschenbuch Verlag, München.

FREY, R. G. (1980): Interests and rights. The case against animals. Clarendon Press, Oxford.

FRIEDMANN, E. I., HUA, M. & OCAMPO-FRIEDMANN, R. (1988): Cryptoendolithic lichen and cyanobacterial communities of the Ross Desert, Antarctica. Polarforschung 58: 251–259.

FRITZ, E. C. (1983): Saving species is not enough. BioScience 33(5): 301.

FROMM, E. (1982): Psychoanalyse und Ethik. Bausteine zu einer humanistischen Charakterologie. Deutsche Verlags-Anstalt, Stuttgart.

FRÜCHTL, J. (1991): Der faule Kern der Handelsware Öko-Ethik. In: Die Neue Gesellschaft / Frankfurter Hefte 4/91: 344–348.

FURGER, F. (1976): Freiwillige Askese als Alternative. In: KALTENBRUNNER, G.-K. (Hrsg.): Überleben und Ethik. Die Notwendigkeit, bescheiden zu werden. Herder Verlag, Freiburg: 77–90.

GADAMER, H.-G. & VOGLER, P. (Hrsg.) (1975): Neue Anthropologie. 7 Bände. Stuttgart.

GARAUDY, R. (1991): Der Sinn des Lebens und der Dialog der Kulturen. In: DÜRR, H.-P. & ZIMMERLI, W. CH. (Hrsg.): Geist und Natur. Über den Widerspruch zwischen naturwissenschaftlicher Erkenntnis und philosophischer Welterfahrung. Scherz Verlag, Bern, München, Wien: 369–380.

GAUTIER-HION, A. & MICHALOUD, G. (1989): Are figs always keystone resources for tropical frugivorous vertebrates? A test in Gabon. Ecology 70: 1826–1833.

GEHLEN, A. (1940): Der Mensch. Seine Natur und seine Stellung in der Welt. Frankfurt 1966.

GERDES, A. (1993): Grimmige Klimakapriolen. In: DIE ZEIT Nr. 29 vom 16.7.93.

GERDES, J. (1993a): Die Verwaltung der Natur. Kosmos 4/93: 60–61.

GERDES, J. (1993b): Synthetische Natur? In: SCHÄFER, R. (Hrsg.): Was heißt denn schon Natur? Callwey Verlag, München: 135–146.

GERDES, J. (1996): Ist Natur ersetzbar? Kosmos 4/96: 74–75.

GERSTBERGER, P. (1991): Erarbeitung eines floristisch-vegetationskundlichen Verfahrens zur Bewertung der Schutzwürdigkeit von landwirtschaftlich genutzten Mähwiesen. In: KAULE, G. & HENLE, K.: Arten- und Biotopschutzforschung für Deutschland. Berichte aus der Ökologischen Forschung: 318–322.

GETHMANN, C. F. (1987): Letztbegründung versus lebensweltliche Fundierung des Wissens und Handelns. In: FORUM FÜR PHILOSOPHIE BAD HOMBURG (Hrsg.): Philosophie und Begründung. Suhrkamp Verlag, Frankfurt/M.: 268–302.

GETHMANN, C. F. (1993): Naturgemäß handeln? Gaia 2(5): 246–248.

GETHMANN, C. F. & MITTELSTRASS, J. (1992): Maße für die Umwelt. Gaia 1(1): 16–25.

GHISELIN, M. J. (1974): A radical solution to the species problem. Systematic Zoology 23: 536–544.

GHISELIN, M. J. (1981): Categories, life, and thinking. The Behavioural and Brain Sciences 4: 269–286.

GIBBONS, A. (1992): Mission impossible: saving all endangered species. Science 256: 1386.

GILBERT, L. E. & RAVEN, P. H. (eds.) (1975): Coevolution of plants and animals. University of Texas Press, Austin.
GLASAUER, H. (1991): Im Einklang mit der Natur? Über das Auseinanderklaffen von Umweltbewußtsein und Umweltverhalten. Eine Polemik. Garten + Landschaft 7/91: 9–12.
GLEICH, A. VON & SCHRAMM, E. (1992): Mathematische Modelle und ökologische Erfahrung. Verhandlungen der Gesellschaft für Ökologie 21: 15–21.
GLOBAL 2000 (1980): Der Bericht an den Präsidenten. Zweitausendeins Verlag, Frankfurt a. M.
GODFREY-SMITH, W. (1980): The rights of non-humans and intrinsic values. In: MANNISON, D. S., MCROBBIE, M. A. & ROUTLEY, R. (eds.): Environmental philosophy. Monograph Series, No.2, Department of Philosophy, Australian National University, Canberra: 30–47.
GOODPASTER, K. E. (1978): On being morally considerable. The Journal of Philosophy 75: 308–325.
GOODPASTER, K. E. (1979): From egoism to environmentalism. In: GOODPASTER, K. E. & SAYRE, K. M. (eds.): Ethics and problems of the 21st century. University of Notre Dame Press, London: 21–35.
GOODPASTER, K. E. (1980): On stopping at everything: a reply to W. M. HUNT. Environmental Ethics 2(3): 281–284.
GORKE, M. (1990): Die Lachmöwe in Wattenmeer und Binnenland. Ein verhaltensökologischer Vergleich. Seevögel 11, Sonderheft 3: 1–48.
GOULD, ST.J. (1977): Ever since Darwin. W. W. Norton, New York.
GOWANS, C. W. (1987): Moral dilemmas. Oxford University Press, New York, Oxford.
GÜNZLER, C. (1990a): Ehrfurchtsprinzip und Wertrangordnung. Albert Schweitzers Ethik und ihre Kritiker. In: GÜNZLER, C., GRÄSSLER, E., CHRIST, B. & EGGEBRECHT, H. H. (Hrsg.): Albert Schweitzer heute. Brennpunkte seines Denkens. Katzmann Verlag, Tübingen: 82–100.
GÜNZLER, C. (1990b): Ehrfurchtsethik und Umwelterziehung. Zur pädagogischen Fruchtbarkeit der Schweitzerschen Ethik. In: GÜNZLER, C., GRÄSSLER, E., CHRIST, B. & EGGEBRECHT, H. H. (Hrsg.): Albert Schweitzer heute. Brennpunkte seines Denkens. Katzmann Verlag, Tübingen: 110–124.
GÜNZLER, C. (1996): Albert Schweitzer. Einführung in sein Denken. Beck Verlag, München.
GÜNZLER, C. & LENK, H. (1990): Ethik und Weltanschauung. Zum Neuigkeitsgehalt von Albert Schweitzers „Kulturphilosophie III". In: GÜNZLER, C., GRÄSSLER, E., CHRIST, B. & EGGEBRECHT, H. H. (Hrsg.): Albert Schweitzer heute. Brennpunkte seines Denkens. Katzmann Verlag, Tübingen: 17–50.
GUGGENBERGER, B. (1986): Für einen ökologischen Humanismus. Die Erhaltung einer fehlerfreundlichen Umwelt als zukunftsethischer Imperativ. In: MEYER, TH. & MILLER, S. (Hrsg.): Zukunftsethik 1 (Zukunftsethik und Industriegesellschaft). J. Schweitzer Verlag, München: 52–58.
GUNN, A. S. (1980): Why should we care about rare species? Environmental Ethics 2: 17–37.
GUNN, A. S. (1984): Preserving rare species. In: REGAN, T. (ed.): Earthbound. New introductory essays in environmental ethics. Temple University Press, Philadelphia: 289–335.

HAAREN, C. VON (1988): Beitrag zu einer normativen Grundlage für praktische Zielentscheidungen im Arten- und Biotopschutz. Landschaft + Stadt 20(3): 97–106.
HAAREN, C. VON (1991): Leitbilder oder Leitprinzipien? Garten + Landschaft 2/91: 29–34.
HABER, W. (1984): Über Landschaftspflege. Landschaft + Stadt 16(4): 193–199.
HABER, W. (1986): Über die menschliche Nutzung von Ökosystemen – unter besonderer Berücksichtigung von Agrarökosystemen. Verhandlungen der Gesellschaft für Ökologie 14: 13–24.
HABER, W. (1993): Von der ökologischen Theorie zur Umweltplanung. Gaia 2(2): 96–106.
HABERMAS, J. (1973): Erkenntnis und Interesse. Frankfurt a. M.
HABERMAS, J. (1981): Theorie des kommunikativen Handelns. 2 Bände. Suhrkamp Verlag, Frankfurt/M.
HAECKEL, E. (1924): Über Entwicklungsgang und Aufgabe der Zoologie. In: Gemeinverständliche Werke, Band V. Leipzig, Berlin.
HAMPICKE, U., HORLITZ, T., KIEMSTEDT, H., TAMPE, K., TIMP, D. & WALTERS, M. (1991): Kosten und Wertschätzung des Arten- und Biotopschutzes. Schmidt Verlag, Berlin.
HAMPICKE, U. (1992): Kosten des Naturschutzes. Jahrbuch für Naturschutz und Landschaftspflege 45: 184–202.
HARE, R. (1952): Die Sprache der Moral. Suhrkamp Verlag, Frankfurt/M., 1972.
HARTKOPF, G. & BOHNE, E. (1983): Umweltpolitik 1. Grundlagen, Analysen und Perspektiven. Westdeutscher Verlag, Opladen.
HAVERBECK, W. G. (1978): Die andere Schöpfung. Technik – ein Schicksal von Mensch und Erde. Verlag Urachhaus, Stuttgart.
HAYEK, F. A. VON (1972): Die Theorie komplexer Phänomene. Mohr Verlag, Tübingen.
HEFFERNAN, J. D. (1993): The land ethic: a critical appraisal. In: ARMSTRONG, S. J. & BOTZLER, R. G. (eds.): Environmental ethics: divergence and convergence. McGraw-Hill Inc., New York: 398–411.
HEGEL, G. W. F. (1832): Vorlesungen über die Ästhetik I (Werke Bd. 13). Suhrkamp Verlag, Frankfurt, 1986.
HEIDEGGER, M. (1927): Sein und Zeit. Vierzehnte Auflage. Tübingen 1977.
HEINRICH, D. & HERGT, M. (1990): dtv-Atlas zur Ökologie. Deutscher Taschenbuch Verlag, München.
HEISENBERG, W. (1969): Der Teil und das Ganze. Gespräche im Umkreis der Atomphysik. Piper Verlag, München.
HELBING, C.-D. (1995): Naturschutz als touristischer Wirtschaftsfaktor – am Beispiel des Nationalparkes „Niedersächsisches Wattenmeer". Seevögel 16(4): 97–99.
HEMMINGER, H. (1986): Das Wirklichkeitsverständnis der Naturwissenschaft. Impulse Nr. 23(3) der Evangelischen Zentralstelle für Weltanschauungsfragen, Stuttgart.
HENGEVELD, R. (1994): Biodiversity – the diversification of life in a non-equilibrium world. Biodiversity Letters 2: 1–10.
HEYDEMANN, B. (1981): Das Ende der Menschheit – na und? In: Natur 11/81: 24–31.
HEYDEMANN, B. (1985): Folgen des Ausfalls von Arten – am Beispiel der Fauna. Schriftenreihe d. Dt. Rats f. Landespflege, Heft 46: 581–594.

HIMMELHEBER, M. (1974a): Rückschritt zum Überleben (Erster Teil). Scheidewege 4: 61–92.
HIMMELHEBER, M. (1974b): Die Entstehung des Krisenbewußtseins. In: SCHÄFER, H. (Hrsg.): Folgen der Zivilisation. Therapie oder Untergang? Bericht der Studiengruppe „Zivilisationsfolgen" der Vereinigung Deutscher Wissenschaftler. Umschau Verlag, Frankfurt/M.: 97–98.
HOEKSTRA, TH.W., TIMOTHY, F. H. A. & FLATHER, C. H. (1991): Implicit scaling in ecological research. BioScience 41(3): 148–154.
HÖFFE, O. (1981): Sittlich-politische Diskurse. Suhrkamp Verlag, Frankfurt.
HÖSLE, V. (1991): Philosophie der ökologischen Krise. Moskauer Vorträge. Beck Verlag, München.
HONNEFELDER, L. (1993): Welche Natur sollen wir schützen? Gaia 2(5): 253–264.
HSÜ, K. J. et al. (1982): Mass mortality and its environmental and evolutionary consequences. Science 216: 249–256.
HUBBELL, S. P. & FOSTER, R. B. (1986): Biology, chance, and history and the structure of tropical rain forest tree communities. In: DIAMOND, J. & CASE, T. J. (eds.): Community ecology. Harper & Row, New York: 314–329.
HUGHES, J. D. (1980): The environmental ethics of the Pythagoreans. Environmental Ethics 2(3): 195–213.
HULL, D. L. (1976): Are species really individuals? Systematic Zoology 25: 174–191.
HUME, D. (1748): Eine Untersuchung über den menschlichen Verstand. Übersetzt und herausgegeben von H. HERRING, Reclam Verlag, Stuttgart, 1967.
HUNT, W. M. (1980): Are mere things morally considerable? Environmental Ethics 2(1): 59–65.
HUTCHINS, M. & WEMMER, CH. (1987): Wildlife conservation and animal rights: are they compatible? In: FOX, M. W. & MICKLEY, L. D. (eds.): Advances in animal welfare science 1986/87. Humane Society of the United States, Washington, D. C.: 111–137.
IRRGANG, B. (1989): Hat die Natur ein Eigenrecht auf Existenz? Laufener Seminarbeiträge 4/89 der Akademie für Naturschutz und Landschaftspflege (ANL), Laufen/Salzach: 43–56.
JABLONSKI, D. (1991): Extinctions: a paleontological perspective. Science 253: 754–757.
JACKSON, J. B. C. & KAUFMANN, K. W. (1987): Diadema antillarum was not a keystone predator in cryptic reef environments. Science 235: 687–689.
JASPERS, K. (1968): Nikolaus Cusanus. Deutscher Taschenbuch Verlag, München.
JOHNSON, E. (1984): Treating the dirt: environmental ethics and moral theory. In: REGAN, T. (ed.): Earthbound. New introductory essays in environmental ethics. Temple University Press, Philadelphia: 336–365.
JOHNSON, L. E. (1991): A morally deep world. Cambridge University Press, Cambridge.
JONAS, H. (1973a): Organismus und Freiheit. Ansätze zu einer philosophischen Biologie. Göttingen.
JONAS, H. (1973b): Die Natur auf der moralischen Bühne. Überlegungen zur Ethik im technologischen Zeitalter. Evangelische Kommentare 6: 73–77.
JONAS, H. (1984): Das Prinzip Verantwortung. Versuch einer Ethik für die technologische Zivilisation. Suhrkamp Verlag, Frankfurt/M.

JONAS, H. (1988): Materie, Geist und Schöpfung. Kosmologischer Befund und kosmogonische Vermutung. Suhrkamp Verlag, Frankfurt/M.

JONES, C. G., LAWTON, J. H. & SHACHAK, M. (1994): Organisms as ecosystem engeneers. Oikos 69: 373–386.

JUNG, J. (1987): Subjektive Ästhetik. Lang Verlag, Frankfurt/M.

KADLEC, E. (1976): Realistische Ethik. Verhaltenstheorie und Moral der Arterhaltung. (Erfahrung und Denken 46) Duncker & Humblot Verlag, Berlin.

KAFKA, P. (1989): Das Grundgesetz vom Aufstieg. Vielfalt, Gemächlichkeit, Selbstorganisation: Wege zum wirklichen Fortschritt. Carl Hanser Verlag, München, Wien.

KANT, I. (1756): Geschichte und Naturbeschreibung des Erdbebens, welches 1755 einen Teil der Erde erschüttert hat. In: Geographische und andere naturwissenschaftliche Schriften. Herausgegeben von J. ZEHBE. Felix Meiner Verlag, Hamburg 1985: 43–80.

KANT, I. (1783): Prolegomena zu einer jeden zukünftigen Metaphysik, die als Wissenschaft wird auftreten können. Herausgegeben von K. VORLÄNDER. Felix Meiner Verlag, Hamburg 1976.

KANT, I. (1785): Grundlegung zur Metaphysik der Sitten. Unveränderter Nachdruck der dritten Auflage. Felix Meiner Verlag, Hamburg 1965.

KANT, I. (1787): Kritik der reinen Vernunft. Nach der ersten und zweiten Original-Ausgabe neu herausgegeben von R. SCHMIDT. Felix Meiner Verlag, Hamburg 1976.

KANT, I. (1788): Kritik der praktischen Vernunft. Felix Meiner Verlag, Hamburg 1974.

KANT, I. (1790): Kritik der Urteilskraft. Unveränderter Neudruck der Ausgabe von K. VORLÄNDER. Felix Meiner Verlag, Hamburg 1959.

KANT, I. (1797): Metaphysische Anfangsgründe der Tugendlehre (Metaphysik der Sitten, Zweiter Teil). Neu herausgegeben von B. LUDWIG. Felix Meiner Verlag, Hamburg 1990.

KANTOR, J. E. (1980): The „interests" of natural objects. Environmental Ethics 2(2): 163–171.

KATZ, E. (1979): Utilitarism and preservation. Environmental Ethics 1: 357–364.

KATZ, E. (1987): Searching for intrinsic value: pragmatism and despair in environmental ethics. Environmental Ethics 9: 231–241.

KAULE, G. (1986): Arten- und Biotopschutz. Verlag Eugen Ulmer, Stuttgart.

KAULE, G. & HENLE, K. (1992): Forschungsdefizite im Aufgabenbereich des Arten- und Biotopschutzes. Jb. Natursch. Landschaftspfl. 45: 127–136.

KELLER, H.-U. (1992): Der Tod der Dinosaurier – ein kosmischer Treffer? In: KELLER, H.-U.: Das Himmelsjahr 1993. Frankh-Kosmos Verlag, Stuttgart: 108–111.

KELLER, M. (1995): Zuviel Wald macht zornig. In: DIE ZEIT Nr. 33 vom 11.8.1995: 51.

KELMAN, ST. (1981): Cost-benefit analysis. An ethical critique. Regulation (AEI Journal on Government and Society) Jan./Feb. 1981: 33–40.

KETELHODT, F. VON (1992): Umweltschutz. Schutz des Menschen vor selbst verursachten Naturkatastrophen? Criticón 129(1/2): 13–14.

KIEMSTEDT, H. (1991): Leitlinien und Qualitätsziele für Naturschutz und Landschaftspflege. In: KAULE, G. & HENLE, K.: Arten- und Biotopschutzforschung für Deutschland. Berichte aus der Ökologischen Forschung: 338–342.

KING, A. W. & PIMM, S. L. (1983): Complexity, diversity, and stability: a reconciliation of theoretical and empirical results. The American Naturalist 122 (2): 229–239.

KIRCHNER, J. W. (1991): The Gaia hypotheses: are they testable? Are they useful? In: SCHNEIDER, S. H. & BOSTON, P. J. (eds.): Scientists on Gaia. MIT Press, Cambridge MA: 38–46.

KIRK, G. (1991): Naturschutz – warum? Bombina Nr. 1/2: 1–25.

KIRSCHENMANN, P. P. (1978): Ecology, ethics, science, and the intrinsic value of things. Sektionsvorträge des 16. Weltkongresses für Philosophie, Düsseldorf: 366–370.

KLUGE, A. G. (1990): Species as historical individuals. Biology and Philosophy 5: 417–431.

KNAPP, A. (1986): Biologie und Moral. Impulse Nr. 24(5) der Evangelischen Zentralstelle für Weltanschauungsfragen, Stuttgart.

KNAUER, R. H. (1992): Jobs oder Eulen? In: DIE ZEIT Nr. 20 vom 8. 5. 1992: 41.

KÖHLER, W. R. (1987): Zur Debatte um reflexive Argumente in der neueren deutschen Philosophie. In: FORUM FÜR PHILOSOPHIE BAD HOMBURG (Hrsg.): Philosophie und Begründung. Suhrkamp Verlag, Frankfurt/M.: 303–333.

KORNWACHS, K. & LUCADOU, W. VON (1984): Komplexe Systeme. In: KORNWACHS, K. (Hrsg.): Offenheit – Zeitlichkeit – Komplexität: Zur Theorie der offenen Systeme. Campus Verlag, Frankfurt/M.: 110–165.

KOWARIK, I. & SUKOPP, H. (1986): Unerwartete Auswirkungen neu eingeführter Pflanzenarten. Universitas 41(2): 828–845.

KRÄMER, H. (1984): Zum Problem einer hedonistischen Ethik. Allgemeine Zeitschrift für Philosophie 9(1): 11–30.

KREBS, C. J. (1985): Ecology. The experimental analysis of distribution and abundance. Harper & Row, New York.

KREEB, K. H. (1979): Ökologie und menschliche Umwelt. Geschichte, Bedeutung, Zukunftsaspekte. Gustav Fischer Verlag, Stuttgart, New York (Uni Taschenbuch 808).

KRIEGER, M. H. (1973): What's wrong with plastic trees? Science 179: 446–455.

KÜNG, H. (1978): Existiert Gott? Antwort auf die Gottesfrage der Neuzeit. Piper Verlag, München, Zürich.

KÜPPERS, B.-O. (1982): Der Verlust aller Werte. In: Natur 4/82: 65–79.

KUHLMANN, W. (1987): Was spricht heute für eine Philosophie des kantischen Typs? In: FORUM FÜR PHILOSOPHIE BAD HOMBURG (Hrsg.): Philosophie und Begründung. Suhrkamp Verlag, Frankfurt/M.: 84–115.

KUHN, TH. S. (1973): Die Struktur wissenschaftlicher Revolutionen. Suhrkamp Taschenbuch Verlag, Frankfurt/M.

KURT, F. (1977): Wildtiere in der Kulturlandschaft. Rentsch Verlag, Erlenbach-Zürich.

KURT, F. (1982): Naturschutz – Illusion und Wirklichkeit. Parey Verlag, Hamburg, Berlin.

LANDMANN, M. (1976): Philosophische Anthropologie. Menschliche Selbstdeutung in Geschichte und Gegenwart. Verlag Walter de Gruyter, Berlin.

LANDMANN, M. (1981): Ökologische und anthropologische Verantwortung – eine

neue Dimension der Ethik. In: EILDERMUTH, A. & JÄGER, A. (Hrsg.): Gerechtigkeit. Themen der Sozialethik. Mohr Verlag, Tübingen.
LANG, B., LUPI, C., OMLIN, M. & REINHARDT, I. (1994): Wo speist man ökologischer? Möglichkeiten und Grenzen von Ökobilanzen im Restaurant-Vergleich. Gaia 3(2): 108–115.
LAWS, R. M. (1970): Elephants as agents of habitat and landscape chance in East Africa. Oikos 21: 1–15.
LAWTON, J. H. (1992): Feeble links in food webs. Nature 355: 19–20.
LAWTON, J. H. (1994): What do species do in ecosystems? Oikos 71: 367–374.
LAWTON, J. H. & BROWN, V. K. (1993): Redundancy in ecosystems. In: SCHULZE, E.-D. & MOONEY, H. A. (eds.): Biodiversity and ecosystem function. Springer Verlag, Berlin, Heidelberg: 255–270.
LEE, K. (1993): Instrumentalism and the Last Person Argument. Environmental Ethics 15: 333–344.
LEHNES, P. (1994): Zur Problematik von Bewertungen und Werturteilen auf ökologischer Grundlage. Verhandlungen der Gesellschaft für Ökologie 23: 421–426.
LEISINGER, K. M. (1994): Bevölkerungsdruck in Entwicklungsländern und Umweltverschleiß in Industrieländern als Haupthindernisse für zukunftsfähige globale Entwicklung. Gaia 3(3): 131–143.
LEITZELL, T. L. (1986): Species protection and management decisions in an uncertain world. In: NORTON, B. G. (ed.): The preservation of species. The value of biological diversity. Princeton University Press, Princeton, New Jersey: 243–267.
LENK, H. (1977): Anforderungen an die Philosophie in der gegenwärtigen Situation. Universitas 32: 931–939.
LENK, H. (1983a): Erweiterte Verantwortung. Natur und künftige Generationen als ethische Gegenstände. In: MAYER-MALY, D. & SIMONS, P. M. (Hrsg.): Das Naturrechtsdenken heute und morgen. Berlin: 833–846.
LENK, H. (1983b): Verantwortung für die Natur. Gibt es moralische Quasirechte von oder moralische Pflichten gegenüber nicht-menschlichen Naturwesen? Allgemeine Zeitschrift für Philosophie 8(3): 1–17.
LENK, H. (1993): Über Verantwortungsbegriffe und das Verantwortungsproblem in der Technik. In: LENK, H. & ROPOHL, G. (Hrsg.): Technik und Ethik. Reclam Verlag, Stuttgart: 112–148.
LEOPOLD, A. (1949): The land ethic. In: LEOPOLD, A. (1949): A sand county almanac. Oxford University Press, New York: 201–226.
LEOPOLD, A. (1992): Am Anfang war die Erde. Plädoyer zur Umweltethik. Deutsche Übersetzung von Teil I und Teil III der amerikanischen Originalausgabe *A sand county almanach* von 1949. Knesebeck Verlag, München.
LIEDKE, G. (1981): Im Bauch des Fisches. Ökologische Theologie. Kreuz Verlag, Stuttgart, Berlin.
LIPPOLDMÜLLER, W. (1982): Schützen und leben lassen. Die in Bayern geschützten Tiere. Herausgegeben vom Bayerischen Staatsministerium für Landesentwicklung und Umweltfragen, München.
LOCKE, J. (1690): Über die Regierung. (Englischer Originaltitel: *The second treatease of government*). Übersetzt von D. TIDOW. Reclam Verlag, Stuttgart, 1980.

LOMBARDI, L. G. (1983): Inherent worth, respect, and rights. Environmental Ethics 5: 257-270.
LORENZ, K. (1973): Die Rückseite des Spiegels. Versuch einer Naturgeschichte menschlichen Erkennens. Piper Verlag, München.
LORENZ, K. (1986): Der Abbau des Menschlichen. Piper Verlag, München.
LOVEJOY, TH. (1976): We must decide which species will go forever. Smithsonian 7(4): 52-59.
LOVELOCK, J. E. (1982): Unsere Erde wird überleben: Gaia, eine optimistische Ökologie. Piper Verlag, München.
LOVELOCK, J. E. (1993): Das Gaia-Prinzip. Die Biographie unseres Planeten. Insel Verlag, Frankfurt a. M., Leipzig.
LÖW, R. (1989): Philosophische Begründung des Naturschutzes. Scheidewege 18 (1988/89): 149-167.
LÖW, R. (1990): Brauchen wir eine neue Ethik? Universitas 3/90: 291-296.
LUHMANN, N. (1990): Ökologische Kommunikation. Kann die moderne Gesellschaft sich auf ökologische Gefährdungen einstellen? Westdeutscher Verlag, Opladen.
MacArthur, R. M. (1965): Patterns of species diversity. Biological Review 40: 510-533.
MACINTYRE, A. (1984): Geschichte der Ethik im Überblick. Vom Zeitalter Homers bis zum 20. Jahrhundert. Hain Verlag, Königstein/Ts.
MACKIE, J. L. (1983): Ethik. Auf der Suche nach dem Richtigen und Falschen. Aus dem Englischen übersetzt von R. GINTERS. Reclam Verlag, Stuttgart.
MADER, H.-J. (1985): Welche Bedeutung hat die Vernetzung für den Artenschutz? Schriftenreihe d. Dt. Rats f. Landespflege 46: 631-634.
MANNISON, D. S. (1980): A prolegomenon to a human chauvinistic aesthetic. Comments stimulated by Reinhardt's remarks. In: MANNISON, D. S., MCROBBIE, M. A. & ROUTLEY, R. (eds.): Environmental philosophy. Monograph Series, No.2, Department of Philosophy, Australian National University, Canberra: 212-216.
MARC AUREL (121-180): Selbstbetrachtungen. Übersetzt von W. CAPELLE. Alfred Kröner Verlag, Stuttgart 1973.
MARCUS, R. B. (1987): Moral dilemmas and consistency. In: Gowans, C. W. (ed.): Moral dilemmas. Oxford University Press, New York, Oxford: 188-204.
MAREN-GRISEBACH, M. (1982): Philosophie der Grünen. Schriftenreihe: Geschichte und Staat - Kritisches Forum, Bd. 267, München, Wien.
MARGULIS, L. & HINKLE, G. (1991): The biota and Gaia - 150 years of support for environmental sciences. In: SCHNEIDER, S. H. & BOSTON, P. J. (eds.): Scientists on Gaia. MIT Press, Cambridge MA: 11-18.
MARIETTA, D. E., Jr. (1993): Environmental holism and individuals. In: ARMSTRONG, S. J. & BOTZLER, R. G. (eds.): Environmental ethics: divergence and convergence. McGraw-Hill, New York: 405-411.
MARIETTA, D. E., Jr. (1995): For people and the planet. Holism and humanism in environmental ethics. Temple University Press, Philadelphia.
MARKL, H. (1981): Das Ende der Menschheit - na und? In: Natur, 11/81: 24-31.
MARKL, H. (1983): Die Dynamik des Lebens: Entfaltung und Begrenzung biologischer Populationen. In: MARKL, H. (Hrsg.): Natur und Geschichte. R. Oldenbourg Verlag, München, Wien: 71-100.

MARKL, H. (1989): Natur als Kulturaufgabe. In: FRANKE, L. (Hrsg.): Wir haben nur eine Erde. Wissenschaftl. Buchgesellschaft, Darmstadt: 30–39.
MARKL, H. (1995): Pflicht zur Widernatürlichkeit. In: DER SPIEGEL 48/1995: 206–207.
MARSCH, W.-D. (1973): Ethik der Selbstbegrenzung. Theologische Überlegungen zum Umweltschutz. Evangelische Kommentare 6: 18–20.
MATTHIES, D., SCHMID, B. & SCHMID-HEMPEL, P. (1995): The importance of population processes for the maintenance of biological diversity. Gaia 4(4): 199–209.
MAURER, R. (1982): Ökologische Ethik? Allgemeine Zeitschrift für Philosophie 7(1): 17–39.
MAURER, R. (1984): Ökologische Ethik. In: BEER, W. & DE HAAN, G. (Hrsg.): Ökopädagogik: Aufstehen gegen den Untergang der Natur. Beltz Verlag, Weinheim, Basel: 57–68.
MAY, J. (1979): Fehlt dem Christentum ein Verhältnis zur Natur? Una Sancta 34(2): 159–171.
MAY, R. M. (1973): Stability and complexity in model ecosystems. Princeton University Press, Princeton.
MAY, R. M. (1980): Theoretische Ökologie. Verlag Chemie, Weinheim, Basel.
MAY, R. M. (1988): How many species are there on earth? Science 241: 1441–1449.
MAY, R. M., BEDDINGTON, J. R., CLARK, C. W., HOLT, S. J. & LAWS, R. M. (1978): Management of multispecies fisheries. Science 205, Nr. 4403: 267–275.
MAYR, E. (1942): Systematics and the origin of species. Columbia University Press, New York.
MAYR, E. (1984): Die Entwicklung der biologischen Gedankenwelt. Springer Verlag, Berlin.
MAYR, E. (1988): Die Darwinsche Revolution und die Widerstände gegen die Selektionstheorie. In: MEIER, H. (Hrsg.): Die Herausforderung der Evolutionsbiologie. Piper Verlag, München, Zürich: 221–249.
MAYR, E. (1991): Eine neue Philosophie der Biologie. Piper Verlag, München, Zürich.
MCCLOSKEY, H. J. (1979): Moral rights and animals. Inquiry 22: 23–54.
MCKIBBEN, B. (1992): Das Ende der Natur. Die Globale Umweltkrise bedroht unser Überleben. Piper Verlag, München, Zürich.
MEADOWS, D.+D., ZAHN, E. & MILLING, P. (1972): Die Grenzen des Wachstums. Bericht des Club of Rome zur Lage der Menschheit. Rowohlt Taschenbuch Verlag, Reinbek bei Hamburg.
MELCHART, D. & WAGNER, H. (1993): Naturheilverfahren: Grundlagen einer autoregulativen Medizin. Schattauer Verlag, Stuttgart.
MESAROVIC, M. & PESTEL, E. (1977): Menschheit am Wendepunkt. 2. Bericht an den Club of Rome zur Weltlage. Rowohlt Taschenbuch Verlag, Reinbek bei Hamburg.
MEYER, TH. (1986): Zur Begründung und Durchsetzung einer neuen Ethik. In: MEYER, TH. & MILLER, S. (Hrsg.): Zukunftsethik 1 (Zukunftsethik und Industriegesellschaft). J. Schweitzer Verlag, München: 154–156.
MEYER-ABICH, K. M (1979): Kritik und Bildung der Bedürfnisse. Aussichten auf Veränderungen der Nachfrage- und Bedarfsstruktur. In: MEYER-ABICH, K. M. & BIRNBACHER, D. (Hrsg.): Was braucht der Mensch, um glücklich zu sein? Beck Verlag, München: 58–77.

MEYER-ABICH, K. M. (1982): Vom bürgerlichen Rechtsstaat zur Rechtsgemeinschaft der Natur. Bedingungen einer verfassungsmäßigen Ordnung der menschlichen Herrschaft in der Naturgeschichte. Scheidewege 12: 581–605.
MEYER-ABICH, K. M. (1984): Wege zum Frieden mit der Natur. Praktische Naturphilosophie für die Umweltpolitik. Carl Hanser Verlag, München, Wien.
MEYER-ABICH, K. M. (1987): Naturphilosophie auf neuen Wegen. In: SCHWEMMER, O. (Hrsg.): Über Natur. Philosophische Beiträge zum Naturverständnis. Vittorio Klostermann Verlag, Frankfurt a. M.: 63–73.
MEYER-ABICH, K. M. (1989): Von der Umwelt zur Mitwelt. Unterwegs zu einem neuen Selbstverständnis des Menschen im Ganzen der Natur. Scheidewege 18 (1988/89): 128–148.
MEYER-ABICH, K. M. (1990): Aufstand für die Natur. Von der Umwelt zur Mitwelt. Carl Hanser Verlag, München, Wien.
MEYER-ABICH, K. M. (1991): Die holistische Alternative. In: SIEFERLE, R. P. (Hrsg.): Natur. Ein Lesebuch. Beck Verlag, München: 159–170.
MILL, J. ST. (1871): Der Utilitarismus. Reclam Verlag, Stuttgart 1976.
MILLS, L. S., SOULÉ, M. E. & DOAK, D. F. (1993): The keystone-species concept in ecology and conservation. BioScience 43: 219–224.
MISHLER, B. D. & BRANDON, R. N. (1987): Individuality, pluralism and the phylogenetic species concept. Biology and Philosophy 2: 397–414.
MITTELSTRASS, J. (1984): „Naturalismus". In: MITTELSTRASS, J. (Hrsg.): Enzyklopädie Philosophie und Wissenschaftstheorie, II. Bibliographisches Institut, Mannheim: 964.
MOHR, H. (1987): Natur und Moral. Ethik in der Biologie. Wissenschaftl. Buchgesellschaft, Darmstadt.
MOORE, G. E. (1903): Principia ethica. University Press, Cambridge. – Aus dem Englischen übersetzt von BURKHARD WISSER. Reclam Verlag (Universal Bibliothek 8375), Stuttgart 1970.
MOROWITZ, H. J. (1991): Balancing species preservation and economic considerations. Science 253: 752–754.
MORSCHER, E. (1986): Was ist und was soll Evolutionäre Ethik? (Oder: Wie man offene Türen einrennt). Ein Kommentar zu Gerhard Vollmers Programm einer Evolutionären Ethik. Conceptus 20, No. 49: 73–77.
MÜLLER, C. & MÜLLER, F. (1992): Umweltqualitätsziele als Instrumente zur Integration ökologischer Forschung und Anwendung. Kieler Geogr. Schr. 85: 131–166.
MÜLLER, M. (1974): Philosophische Anthropologie. Mit einem Beitrag „Zur gegenwärtigen Anthropologie" hrsgg. von W. VOSSENKUHL. Freiburg, München.
MÜLLER-CHRIST, G. (1995): Wirtschaft und Naturschutz. Von der technologischen zur humanorientierten Problemsicht. R. E. A.-Verlag Managementforschung, Bayreuth.
MÜLLER-HEROLD (1992): Umwelthygiene: Gesundheit für die Ethosphäre. Gaia 1(1): 26–33.
MÜLLER-MOTZFELD, G. (1991): Artenschwund und Artenschutz bei Insekten. Mitteilungen des Zoologischen Museums Berlin 67(1): 195–207.
MUTZ, M. (1992): Genormte Welt. Die abwechslungsreiche Natur wird zum Armenhaus. In: Greenpeace Magazin II/92: 8–14.

Myers, N. (1976): An expanded approach to the problem of disappearing species. Science 193: 198–202.
Myers, N. (1985): Die sinkende Arche. Bedrohte Natur, gefährdete Arten. Westermann Verlag, Braunschweig.
Naess, A. (1984): A defence of the deep ecology movement. Environmental Ethics 6: 265–270.
Naess, A. (1986): The deep ecological movement: some philosophical aspects. Philosophical Inquiry 8(1/2): 10–31.
Nagel, Th. (1979): Ethics without biology. In: Moral questions. Cambridge University Press, Cambridge: 142–146.
Nagel, Th. (1990): Was bedeutet das alles? Eine ganz kurze Einführung in die Philosophie. Reclam Verlag, Stuttgart.
Nash, R. (1977): Do rocks have rights? The Center Magazine 10(6): 2–12.
Nelson, L. (1932): System der philosophischen Ethik und Pädagogik. Gesammelte Schriften, Bd. 5. Felix Meiner Verlag, Hamburg 1970.
Nielsen, K. (1984): Why should I be moral? Revisited. American Philosophical Quarterly 21(1): 81–91
Nietzsche. F. (1886): Jenseits von Gut und Böse. Vorspiel einer Philosophie der Zukunft. Goldmann Verlag, Augsburg 1990.
Norberg-Hodge, H. (1993): Leben in Ladakh. Herder Verlag, Freiburg/Br.
Nordenstam, T. (1982): Vom „Sein" zum „Sollen" – Deduktion oder Artikulation? In: Kuhlmann, W. & Böhler, D. (Hrsg.): Kommunikation und Reflexion. Zur Diskussion der Transzendentalpragmatik. Antworten auf Karl-Otto Apel. Suhrkamp Verlag, Frankfurt.
Norton, B. G. (1984): Environmental ethics and weak anthropocentrism. Environmental Ethics 6: 131–148.
Norton, B. G. (1986): On the inherent danger of undervaluing species. In: Norton, B. G. (ed.): The preservation of species. The value of biological diversity. Princeton University Press, Princeton, New Jersey: 110–137.
Norton, B. G. (1987): Why preserve natural variety? Princeton University Press, Princeton, New Jersey.
Norton, B. G. (1992): Waren, Annehmlichkeiten und Moral: Die Grenzen der Quantifizierung bei der Bewertung der biologischen Vielfalt. In: Wilson, E. O. (Hrsg.): Ende der biologischen Vielfalt? Der Verlust an Arten, Genen und Lebensräumen und die Chancen für eine Umkehr. Spektrum Akademischer Verlag, Heidelberg, Berlin: 222–228.
Obermann, H. (1992): Eingreifen oder laufen lassen – was soll der Naturschutz wollen? NNA-Berichte 5(1): 34–36.
Odum, E. P. (1967): Ökologie. München, Basel, Wien.
Odum, E. P. (1977): The emergence of ecology as a new integrative discipline. Science 195: 1289–1293.
Odum, E. P. (1980): Grundlagen der Ökologie. Thieme Verlag, Stuttgart.
O'Neil, R. V., DeAngelis, D. L., Waide, J. B. & Allen, T. F. H. (1986): Hierarchical concept of ecosystems. Princeton University Press, Princeton.
Osche, G. (1978): Ökologie. Grundlagen, Erkenntnisse, Entwicklungen der Umweltforschung. Herder Verlag, Freiburg.

OTT, J. A. (1985): Ökologie und Evolution. In: OTT, J. A., WAGNER, G. P. & WUKETITS, F. M. (Hrsg.): Evolution, Ordnung und Erkenntnis. Verlag Paul Parey, Berlin, Hamburg: 47–68.

PAGE, T. (1978): A generic view of toxic chemicals and similar risks. Ecology Law Quarterly 7(2): 207–244.

PAINE, R. T. (1966): Food web complexity and species diversity. American Naturalist 100: 65–75.

PAINE, R. T. (1969): A note on trophic complexity and community stability. American Naturalist 103: 91–93.

PAINE, R. T. (1980): Food webs: linkage, interaction strength and community infrastructure. Journal of Animal Ecology 49: 667–685.

PALUMBI, S. R. & FREED, L. A. (1988): Agonistic interactions in a keystone predatory starfish. Ecology 69: 1624–1627.

PASCAL, B. (1623–1662): Gedanken. Übersetzung der *Pensées* von E. WASMUTH. Reclam Verlag, Stuttgart 1980.

PASSMORE, J. (1980): Den Unrat beseitigen. Überlegungen zur ökologischen Mode. In: BIRNBACHER, D. (Hrsg.): Ökologie und Ethik. Reclam Verlag, Stuttgart: 207–246.

PATE, J. S. & HOPPER, S. D. (1993): Rare and common plants in ecosystems, with special reference to the south-west Australian flora. In: SCHULZE, E.-D. & MOONEY, H. A. (eds.): Biodiversity and ecosystem function. Springer Verlag, Berlin, Heidelberg: 293–325.

PATZIG, G. (1983): Ökologische Ethik. In: MARKL, H. (Hrsg.): Natur und Geschichte. Oldenbourg Verlag, München: 329–347.

PEARCE, D. (1987): Foundations of an ecological economics. Ecological Modelling 38: 9–18.

PEINE, H. G. (1990): Die Vielfalt der Grenzwerte. In: Denken Planen, Handeln. Umweltbericht 1990 der BASF, Ludwigshafen.

PETERS, R. H. (1976): Tautology in evolution and ecology. American Naturalist 110: 1–12.

PETERS, R. L. & DARLING, J. D. S. (1985): The greenhouse effect and nature reserves. BioScience 35(11): 707–717.

PFORDTEN, D. VON DER (1996): Ökologische Ethik. Zur Rechtfertigung menschlichen Verhaltens gegenüber der Natur. Rowohlt Taschenbuch Verlag, Reinbek bei Hamburg.

PIANKA, E. (1985): A wild analogy. BioScience 35(11): 685.

PIMM, S. L. (1980): Food web design and the effect of species deletion. Oikos 35: 139–149.

PIMM, S. L. (1982): Food webs. Chapman & Hall, London.

PIMM, S. L. (1984): The complexity and stability of ecosystems. Nature 307: 321–326.

PIPPENGER, N. (1978): Complexity theory. Scientific American 238: 90–100.

PISTER, E. P. (1979): Endangered species: costs and benefits. Environmental Ethics 1: 341–352.

PITELKA, L. F. (1993): Biodiversity and policy decisions. In: SCHULZE, E.-D. & MOONEY, H. A. (eds.): Biodiversity and ecosystem function. Springer Verlag, Berlin, Heidelberg: 481–493.

PLACHTER, H. (1990): Naturschutz. Fischer UTB Verlag, Stuttgart.
PLACHTER, H. & FOECKLER, F. (1991): Entwicklung von naturschutzfachlichen Analyse- und Bewertungsverfahren. In: KAULE, G. & HENLE, K.: Arten- und Biotopschutzforschung für Deutschland. Berichte aus der Ökologischen Forschung, Band 4: 323–337.
PLATNICK, N. I. (1992): Patterns of biodiversity. In: ELDREDGE, N. (ed.): Systematics, ecology and the biodiversity crisis. Columbia University Press, New York: 15–24.
PLATON (427–347 v. Chr.): Sophistes. In: Sämtliche Werke, Band 4. Nach der Übersetzung von F. SCHLEIERMACHER. Rowohlt Verlag, Hamburg 1980: 183–244.
PLESSNER, H. (1928): Die Stufen des Organischen und der Mensch. Einleitung in die philosophische Anthropologie. Berlin 1963.
PLUHAR, E. B. (1983): The justification of an environmental ethic. Environmental Ethics 5: 47–61.
POPPER, K. R. (1971): Logik der Forschung. Mohr Verlag, Tübingen.
POPPER, K. R. (1973): Objektive Erkenntnis. Ein evolutionärer Entwurf. Verlag Hoffmann & Campe, Hamburg.
POPPER, K. R. (1979): Das Elend des Historizismus. Mohr Verlag, Tübingen.
POPPER, K. R. & ECCLES, J. C. (1982): Das Ich und sein Gehirn. Piper Verlag, München.
POSTMAN, N. (1992): Das Technopol. Die Macht der Technologien und die Entmündigung der Gesellschaft. Fischer Verlag, Frankfurt.
PRIGOGINE, I. & STENGERS, I. (1990): Dialog mit der Natur. Neue Wege naturwissenschaftlichen Denkens. Piper Verlag, München, Zürich.
PRIMACK, R. B. (1995): Naturschutzbiologie. Spektrum Akademischer Verlag, Heidelberg, Berlin.
PRIMAS, H. (1992): Umdenken in der Naturwissenschaft. Gaia 1(1): 5–15.
PSCHYREMBEL, W. (1986): Klinisches Wörterbuch (255. Auflage). Walter de Gruyter Verlag, Berlin.
QUINE, W. V. (1975): Ontologische Relativität und andere Schriften. Reclam Verlag, Stuttgart.
RANDALL, A. (1986): Human preferences, economics, and the preservation of species. In: NORTON, B. G. (ed.): The preservation of species. Princeton University Press, Princeton, New Jersey: 79–109.
RANDALL, A. (1992): Was sagen die Wirtschaftswissenschaftler über den Wert der biologischen Vielfalt? In: WILSON, E. O. (Hrsg.): Ende der biologischen Vielfalt? Der Verlust an Arten, Genen und Lebensräumen und die Chancen für eine Umkehr. Spektrum Akademischer Verlag, Heidelberg, Berlin: 240–248
RAWLS, J. (1975): Eine Theorie der Gerechtigkeit. Suhrkamp Verlag, Frankfurt/M.
REGAN, D. H. (1986): Duties of preservation. In: NORTON, B. G. (ed.): The preservation of species. The value of biological diversity. Princeton University Press, Princeton, New Jersey: 195–220.
REGAN, T. (1976): Feinberg on what sorts of beings can have rights. The Southern Journal of Philosophy 14: 485–498.
REGAN, T. (1980): On the connection between environmental science and environmental ethics. Environmental Ethics 2(4): 363–367.
REGAN, T. (1981): The nature and possibility of an environmental ethic. Environmental Ethics 3: 19–34.

Literatur

REGAN, T. (1993): The case for animal rights. In: ARMSTRONG, S. J. & BOTZLER, R. G. (eds.): Environmental ethics: divergence and convergence. McGraw-Hill, New York: 321–329.

REICHELT, G. (1979): Wurzeln der Umweltkrise – ethische Gesichtspunkte zum Umweltschutz. Veröffentlichungen der Aktionsgemeinschaft Natur- und Umweltschutz Baden-Württemberg e. V. Nr. 6, Stuttgart.

REICHHOLF, J. H. (1981): Verrostendes Wasser. Nationalpark (Grafenau) 31: 41–43.

REICHHOLF, J. H. (1993): Comeback der Biber. Ökologische Überraschungen. Beck Verlag, München.

REICHHOLF, J. H. (1996): Feuer im Genarchiv. Das Artensterben und seine Folgen. Bild der Wissenschaft 2/96: 60–64

REMMERT, H. (1984): Ökologie. Ein Lehrbuch. Springer Verlag, Berlin, Heidelberg.

REMMERT, H. (1990): Naturschutz: ein Lesebuch nicht nur für Planer, Politiker, Polizisten, Publizisten und Juristen. Springer Verlag, Berlin, Heidelberg.

REMMERT, H. (Hrsg.) (1991): The mosaic-cycle concept of ecosystems. Springer Verlag, Berlin, Heidelberg.

RESCHER, N. (1980): Why save endangered species? In: RESCHER, N. (1980): Unpopular essays on technological progress. University of Pittsburgh Press, Pittsburgh: 79–92.

RICHARDSON, J. L. (1980): The organismic community: resilience of an embattled ecological concept. BioScience 30(7): 465–471.

RICHTER, H. E. (1988): Der Gotteskomplex. Die Geburt und die Krise des Glaubens an die Allmacht des Menschen. Rowohlt Taschenbuch Verlag, Reinbek bei Hamburg.

RICKEN, F. (1987): Anthropozentrismus oder Biozentrismus? Begründungsprobleme der ökologischen Ethik. Theologie und Philosophie 62(1): 1–21.

RICKEN, F. (1989): Allgemeine Ethik. Kohlhammer Verlag, Stuttgart.

RIEDL, R. (1980): Biologie der Erkenntnis. Die stammesgeschichtlichen Grundlagen der Vernunft. Parey Verlag, Berlin, Hamburg.

RIEDL, R. (1985): Die Spaltung des Weltbildes. Die biologischen Grundlagen des Erklärens und Verstehens. Parey Verlag, Berlin, Hamburg.

RIFKIN, J. (1982): Entropie – ein neues Weltbild. Parey Verlag, Hamburg.

RING, I. (1994): Marktwirtschaftliche Umweltpolitik aus ökologischer Sicht. Möglichkeiten und Grenzen. B. G. Teubner Verlagsgesellschaft (Teubner-Reihe Umwelt), Stuttgart, Leipzig.

RIPPE, K. P. (1994): Artenschutz als Problem der praktischen Ethik. In: MEGGLE, G. & WESSELS, U. (Hrsg.): Analyomen 1. Proceedings of the 1st conference „Perspectives in Analytical Philosophy". Walter de Gruyter Verlag, Berlin, New York: 805–817.

ROBERTS, L. (1988): Hard choices ahead on biodiversity. Science 241: 1759–1761.

ROBINSON, J. V. & VALENTINE, W. D. (1979): The concepts of elasticity, invulnerability and invadability. Journal of Theoretical Biology 81: 91–104.

ROLSTON, H., III (1982): Are values in nature subjective or objective? Environmental Ethics 4: 125–151

ROLSTON, H., III (1985): Duties to endangered species. BioScience 35(11): 718–726.

ROLSTON, H., III (1988): Environmental ethics. Duties to and values in the natural world. Temple University Press, Philadelphia.

Rolston, H., III (1994): Value in nature and the nature of value. In: Attfield, R. & Belsey, A. (eds.): Philosophy and the natural environment. Royal Institute of Philosophy Supplement, Cambridge University Press, Cambridge: 13–31.

Routley, R. (1973): Is there a need for a new, an environmental ethic? In: Bulgarian Organizing Committee (ed.): Proceedings of XVth World Congress of Philosophy, vol.1, Sophia Press, Sophia: 205–210.

Routley, R. & Routley, V. (1979): Against the inevitability of human chauvinism. In: Goodpaster, K. E. & Sayre, K. M. (eds.): Ethics and problems of the 21st century. University of Notre Dame Press, London: 36–59.

Routley, R. & Routley, V. (1980): Human chauvinism and environmental ethics. In: Mannison, D. S., McRobbie, M. A. & Routley, R. (eds.): Environmental philosophy. Monograph Series No.2, Department of Philosophy, Australian National University, Canberra: 96–189.

Roweck, H. (1993): Zur Naturverträglichkeit von Naturschutz-Maßnahmen. Verhandlungen der Gesellschaft für Ökologie 22: 15–20.

Ruh, H. (1987): Zur Frage nach der Begründung des Naturschutzes. Zeitschrift für Evangelische Ethik 31: 125–133.

Russow, L.-M. (1981): Why do species matter? Environmental Ethics 3: 101–112.

Sachsse, H. (1967): Naturerkenntnis und Wirklichkeit. Verlag Vieweg, Braunschweig.

Sagan, C. (1996): Blauer Punkt im All. Unsere Zukunft im Kosmos. Droemer Knaur Verlag, München.

Sagoff, M. (1981): At the shrine of our Lady of Fatima, or Why political questions are not all economic. Arizona Law Review 23(4): 1283–1298.

Salthe, St.N. & Salthe, B. M. (1989): Ecosystem moral considerability: a reply to Cahen. Environmental Ethics 11: 355–361.

Scarre, G. (1981): On the alleged irrelevance of biology to ethics. The Journal of Value Inquiry 15: 243–252.

Schäfer, W. (1982): Soziale Naturwissenschaft. In: Der Fischer Öko-Almanach II. Frankfurt.

Schäfer, L. (1987): Selbstbestimmung und Naturverhältnis des Menschen. In: Schwemmer, O. (Hrsg.): Über Natur. Philosophische Beiträge zum Naturverständnis. Vittorio Klostermann Verlag, Frankfurt/M.: 15–35.

Schemel, H.-J. (1984): Wir brauchen rationale Argumente für den Naturschutz – Versuch einer Entgegnung auf den Beitrag von E. Bierhals. Landschaft + Stadt 16(3): 190–191.

Scheler, M. (1927): Die Stellung des Menschen im Kosmos. München 1962.

Scherzinger, W. (1991): Biotop-Pflege oder Sukzession? Garten + Landschaft 2/91: 24–28.

Schlick, M. (1984): Fragen der Ethik. Suhrkamp Verlag, Frankfurt/M.

Schlitt, M. (1992): Umweltethik. Philosophisch-ethische Reflexionen – theologische Grundlagen – Kriterien. Verlag Schöningh, Paderborn.

Schmidt, E. (1993): Der Naturgarten – ein neuer Weg? In: Schäfer, R. (Hrsg.): Was heißt denn schon Natur? Callwey Verlag, München: 11–24.

Schmidt, S. J. (1975): Zum Dogma der prinzipiellen Differenz zwischen Natur- und Geisteswissenschaft. Verlag Vandenhoeck & Ruprecht, Göttingen.

Literatur

Schmidt-Moser, R. (1982): Süßwasserspeicherbecken im Watt – eine Alternative für den Seevogelschutz? Das Beispiel Hauke-Haien-Koog. Seevögel 3(3): 110–111.

Schnädelbach, H. (1987): Über Rationalität und Begründung. In: Forum für Philosophie Bad Homburg (Hrsg.): Philosophie und Begründung. Suhrkamp Verlag, Frankfurt/M.: 67–83.

Schönherr, H.-M. (1985): Philosophie und Ökologie. Philosophische und politische Essays. Verlag Die Blaue Eule, Essen.

Schönherr, H.-M. (1987): Ökologie als Hermeneutik. Ein wissenschaftstheoretischer Versuch. Philosophia Naturalis 24: 311–332.

Schönherr, H.-M. (1989): Von der Schwierigkeit, Natur zu verstehen. Entwurf einer negativen Ökologie. Fischer Taschenbuch Verlag, Frankfurt.

Schopenhauer, A. (1840): Preisschrift über die Grundlage der Moral. In: Sämmtliche Werke in fünf Bänden, Bd.III. Inselverlag, Leipzig 1922: S. 493–672.

Schreiber, R. L. (Hrsg.) (1978): Rettet die Vögel – wir brauchen sie. Herbig Verlag, München, Berlin.

Schröder, W. (1978): Fauna in geänderter Landschaft. Tutzinger Studien (München), Heft 1: 19–35.

Schütze, Ch. (1989): Das Grundgesetz vom Niedergang. Arbeit ruiniert die Welt. Hanser Verlag, München, Wien.

Schüz, M. (1990): „Ehrfurcht vor dem Leben" in der industriellen Welt. Albert Schweitzers Ethik angesichts der verschärften Risikosituation von heute. In: Günzler, C., Grässler, E., Christ, B. & Eggebrecht, H. H. (Hrsg.): Albert Schweitzer heute. Brennpunkte seines Denkens. Katzmann Verlag, Tübingen: 125–153.

Schuh, H. (1994): Unbekümmerte Klima-Ingenieure. In: DIE ZEIT Nr. 10 vom 4.3.1994: 49

Schuh, H. (1995): Schöpfer und Zerstörer. Anmerkungen zu E. Wilsons Thesen: Die Rolle des Menschen in der Evolution. In: DIE ZEIT Nr. 26 vom 23.6.95: 34.

Schulze, E.-D. (1993): Ökologie und Ökosystemforschung. Zwei Begriffe im Wandel der Zeit. Biologie in unserer Zeit 23(5): 273–275.

Schulze, E.-D. & Zwölfer, H. (1987): Synthesis. In: Schulze, E.-D. & Zwölfer, H. (eds.): Potentials and limitations of ecosystem analysis. Springer Verlag, Berlin, Heidelberg: 416–423.

Schulze, E.-D. & Mooney, H. A. (1993): Ecosystem function of biodiversity: a summary. In: Schulze, E.-D. & Mooney, H. A. (eds.): Biodiversity and ecosystem function. Springer Verlag, Berlin, Heidelberg: 497–510.

Schurz, G. (1986): Ökologische Ethik. Thesen – Antithesen – Synthesen. In: Die Aufgaben der Philosophie in der Gegenwart. Akten des X. internationalen Wittgenstein-Symposiums 1985. Wien, 1986.

Schurz, G. (1991): How far can Hume's is-ought-thesis be generalized? An investigation in alethic-deontic modal predicate logic. Journal of Philosophical Logic 20: 37–95.

Schweitzer, A. (1923): Gesammelte Werke in 5 Bänden (zitiert mit 1923 a bis e). Beck Verlag, München 1974.

Schweitzer, A. (1991): Die Ehrfurcht vor dem Leben. Grundtexte aus fünf Jahrzehnten. Herausgegeben von H. W. Bähr. Beck Verlag, München.

Schweppe-Kraft, B. (1992): Bewertung des Arten- und Biotopschutzes mit Hilfe der

Zahlungsbereitschaftsanalyse. Ein Beitrag zur fachübergreifenden Abwägung bei Eingriffsregelung und UVP. Jb. Natursch. Landschaftspfl. 45: 114–126.

SEARLE, J. R. (1967): How to derive „ought" from „is". In: FOOT, P. (ed.): Theories of ethics. Oxford University Press, Oxford: 101–114.

SEEL, M. (1991): Ästhetische Argumente in der Ethik der Natur. Deutsche Zeitschrift für Philosophie 39(8): 901–913.

SENECA (4 v. Chr. – 65 n. Chr.): Vom glückseligen Leben und andere Schriften. Übersetzung nach L. RUMPEL. Reclam Verlag, Stuttgart 1990.

SEPKOSKI, J. J., Jr., BAMBACH, R. K., RAUP, D. M. & VALENTINE, J. W. (1981): Phanerozoic marine diversity and the fossil record. Nature 293: 435–437.

SEPKOSKI, J. J., Jr. (1992): Phylogenetic and ecological patterns in the Phanerozoic history of marine biodiversity. In: ELDREDGE, N. (ed.): Systematics, ecology, and the biodiversity crisis. Columbia University Press, New York: 77–100.

SINGELMANN, A. (1993): Natur als Symbol auf einem hohen Syntheseniveau. In: SCHÄFER, R. (Hrsg.): Was heißt denn schon Natur? Callwey Verlag, München: 103–114.

SINGER, P. (1979): Not for humans only: the place of nonhumans in environmental issues. In: GOODPASTER, K. E. & SAYRE, K. M. (eds.): Ethics and problems of the 21st century. University of Notre Dame Press, London: 191–206.

SINGER, P. (1984): Praktische Ethik. Reclam Verlag, Stuttgart.

SINGER, P. (1994): Die Umwelt. In: Praktische Ethik. 2. revidierte und erweiterte Ausgabe. Reclam Verlag, Stuttgart: 335–365.

SITTER-LIVER, B. (1994): Natur als Polis: Vertragstheorie als Weg zu ökologischer Gerechtigkeit. In: KOCH, H. J. et al. (Hrsg.): Theorien der Gerechtigkeit. Steiner Verlag, Stuttgart: 139–162.

SKIRBEKK, G. (1995): Ethischer Gradualismus: jenseits von Anthropozentrismus und Biozentrismus? Deutsche Zeitschrift für Philosophie 43(3): 419–434.

SLOBODKIN, L. B. (1986): On the susceptibility of different species to extinction: elementary instructions for owners of a world. In: NORTON, B. G. (ed.): The preservation of species. The value of biological diversity. Princeton University Press, Princeton, New Jersey: 226–242.

SMITH, FR. D. M., MAY, R. M., PELLEW, R., JOHNSON, T. H. & WALTER, K. R. (1993): How much do we know about the current extinction rate? Trends in Ecology and Evolution 8(10): 375–378.

SMITH, T. B., BRUFORD, M. W. & WAYNE, R. K. (1993): The preservation of process: the missing element of conservation programs. Biodiversity Letters 1: 164–167.

SOBER, E. (1986): Philosophical problems for environmentalism. In: NORTON, B. G. (ed.): The preservation of species. The value of biological diversity. Princeton University Press, Princeton, New Jersey: 173–194.

SOULÉ, M. E. (1985): What is conservation biology? BioScience 35(11): 727–734.

SPAEMANN, R. (1979): Die christliche Religion und das Ende des modernen Bewußtseins. Int. Kathol. Zeitschr. Communio 8(3): 251–270.

SPAEMANN, R. (1980): Technische Eingriffe in die Natur als Problem der politischen Ethik. In: BIRNBACHER, D. (Hrsg.): Ökologie und Ethik. Reclam Verlag, Stuttgart: 180–206.

SPAEMANN, R. (1984): Tierschutz und Menschenwürde. In: HÄNDEL, U. M. (Hrsg.): Tierschutz – Testfall unserer Menschlichkeit. Fischer Verlag, Frankfurt: 71–81.

Literatur

Spaemann, R. (1986): Moralische Grundbegriffe. Beck Verlag, München.
Spaemann, R. (1990): Glück und Wohlwollen. Versuch über Ethik. Klett-Cotta Verlag, Stuttgart.
Sprigge, T. L. S. (1979): Metaphysics, physicalism, and animal rights. Inquiry 22: 101-143.
Stanley, S. M. (1983): Der neue Fahrplan der Evolution. Fossilien, Gene und der Ursprung der Arten. Harnack Verlag, München.
Stanley, S. M. (1988): Krisen der Evolution. Artensterben in der Erdgeschichte. Spektrum der Wissenschaft, Heidelberg.
Stegmüller, W. (1969a): Probleme und Resultate der Wissenschaftstheorie und der analytischen Philosophie. Teil I: Wissenschaftliche Erklärung und Begründung. Springer Verlag, Berlin, Heidelberg, New York.
Stegmüller, W. (1969b): Metaphysik, Skepsis, Wissenschaft. Springer Verlag, Berlin, Heidelberg, New York.
Steinvorth, U. (1991): Wie eine Moralbegründung aussehen könnte. Deutsche Zeitschrift für Philosophie 39(8): 879-889.
Stern, H. (1976): Mut zum Widerspruch. Rowohlt Taschenbuch Verlag, Reinbek bei Hamburg.
Stevenson, Ch.L. (1937): The emotive meaning of ethical terms. Mind 46: 14-31.
Stöckler, M. (1986): Über die Schwierigkeiten und Aussichten einer Evolutionären Ethik. Conceptus 20, No.49: 69-72.
Störig, H. J. (1981): Kleine Weltgeschichte der Philosophie. Band 1. Fischer Verlag, Frankfurt/M.
Stone, Ch.D. (1987): Umwelt vor Gericht. Die Eigenrechte der Natur. (Übersetzung der Originalausgabe *Should trees have standing?*) Trickster Verlag, München.
Stone, Ch.D. (1993): Moral pluralism and the course of environmental ethics. In: Armstrong, S. J. & Botzler, R. G. (eds.): Environmental ethics: divergence and convergence. McGraw-Hill, New York: 76-85.
Stork, N. E. (1993): How many species are there? Biodiversity and Conservation 2: 215-232.
Strey, G. (1989): Umweltethik und Evolution. Herkunft und Grenzen moralischen Verhaltens gegenüber der Natur. Verlag Vandenhoeck & Ruprecht, Göttingen.
Stugren, B. (1978): Grundlagen der Allgemeinen Ökologie. Stuttgart.
Sukopp, U. & Sukopp, H. (1993): Das Modell der Einführung und Einbürgerung nicht einheimischer Arten. Ein Beitrag zur Diskussion über die Freisetzung gentechnisch veränderter Kulturpflanzen. Gaia 2(5): 267-288.
Swift, M. J. & Anderson, J. M. (1993): Biodiversity and ecosystem function in agricultural systems. In: Schulze, E.-D. & Mooney, H. A. (eds.): Biodiversity and ecosystem function. Springer Verlag, Berlin, Heidelberg: 15-41.
Tahvanainen, J. O. & Root, R. B. (1972): The influence of vegetational diversity on the population ecology of a specialized herbivore, Phyllotreta cruciferae (Coleoptera: Chrysomelidae). Oecologia 10 (4): 321-346.
Taylor, P. W. (1981): The ethics of respect for nature. Environmental Ethics 3(3): 197-218.
Taylor, P. W. (1983): In defense of biocentrism. Environmental Ethics 5(3): 237-243.

TAYLOR, P. W. (1984): Are humans superior to animals and plants? Environmental Ethics 6: 149–160.
TAYLOR, P. W. (1986): Respect for nature. A theory of environmental ethics. Princeton University Press. Princeton, New Jersey.
TEUTSCH, G. M. (1980): Umwelt oder Schöpfung? Vom ethischen Aspekt des Umgehens mit der Natur. In: Politische Studien, Sonderheft 1 (Energie, Umwelt, Ernährung): 119–129.
TEUTSCH, G. M. (1985): Lexikon der Umweltethik. Verlag Vandenhoeck & Ruprecht, Göttingen.
TEUTSCH, G. M. (1987): Mensch und Tier. Lexikon der Tierschutzethik. Verlag Vandenhoeck & Ruprecht, Göttingen.
TEUTSCH, G. M. (1989): Schöpfung ist mehr als Umwelt. In: BAYERTZ, K. (Hrsg.): Ökologische Ethik. Schnell & Steiner Verlag, München, Zürich: 55–65.
TEUTSCH, G. M. (1990): Ehrfurchtsethik und Humanitätsidee. Albert Schweitzer beharrt auf der Gleichwertigkeit alles Lebens. In: GÜNZLER, C., GRÄSSLER, E., CHRIST, B. & EGGEBRECHT, H. H. (Hrsg.): Albert Schweitzer heute. Brennpunkte seines Denkens. Katzmann Verlag, Tübingen: 101–109.
TEUTSCH, G. M. (1995): Die „Würde der Kreatur". Erläuterungen zu einem neuen Verfassungsbegriff am Beispiel des Tieres. Verlag Paul Haupt, Bern, Stuttgart, Wien.
THEILHARD DE CHARDIN, P. (1959): Der Mensch im Kosmos. Übersetzung von O. MARBACH. Deutscher Taschenbuch Verlag, München 1981.
THIELCKE, G. (1978): Aktiver Naturschutz. In: BUND-Information Nr. 2/78. BUND Verlagsgesellschaft, Freiburg. Zitiert aus AMBERG (1980, S. 76).
THIESSEN, H. (1988): Naturschutz durch Nichtstun? Bauernblatt / Landpost, 30. Januar 1988: 64–65.
THOMAS VON AQUIN (1225–1274): Summa theologica II-II, Qu.57–79, (Band 18: Recht und Gerechtigkeit). Hrsg.: ALBERTUS-MAGNUS-AKADEMIE WALBERBERG BEI KÖLN. Gemeinschaftsverlag Kerle und Pustet, Heidelberg 1953.
THOREAU, H. D. (1854): Walden oder Leben in den Wäldern. Übersetzung von E. EMMERICH & T. FISCHER. Diogenes Verlag, Zürich 1979.
TISCHLER, W. (1976): Einführung in die Ökologie. Gustav Fischer Verlag, Stuttgart.
TÖPFER, K. (1991): Wieviel ungestörte Natur können wir uns leisten? Umwelt Nr. 11/1991: 494–498.
TRANØY, K. E. (1972): „Ought" implies „can": a bridge from fact to norm? Ratio XIV (2).
TREPL, L. (1983): Ökologie – eine grüne Leitwissenschaft? Über Grenzen und Perspektiven einer modischen Disziplin. Kursbuch 74 (Zumutungen an die Grünen). Kursbuch Verlag, Berlin: 6–27.
TREPL, L. (1988): Gibt es Ökosysteme? Landschaft + Stadt 20(4): 176–185.
TREPL, L. (1991): Forschungsdefizite: Naturschutzbegründungen. In: HENLE, K. & KAULE, G.: Arten- und Biotopschutzforschung für Deutschland. Berichte aus der Ökologischen Forschung, Band 4: 424–432.
TREPL, L. (1994): Geschichte der Ökologie. Vom 17. Jahrhundert bis zur Gegenwart. Zehn Vorlesungen. Beltz Athenäum Verlag, Weinheim.
TRIBE, L. H. (1980): Was spricht gegen Plastikbäume? In: BIRNBACHER, D. (Hrsg.): Ökologie und Ethik. Reclam Verlag, Stuttgart: 20–71.

TÜGEL, H. & FETSCHER, C. (1988): Antarktis bald unterm Bohrer? In: Greenpeace-Nachrichten Nr. 1/88: 30–34.

TUGENDHAT, E. (1983): Retraktationen. In: TUGENDHAT, E. (1984): Probleme der Ethik. Reclam Verlag, Stuttgart: 132–176.

TUGENDHAT, E. (1989): Die Hilflosigkeit der Philosophen. In: Die Neue Gesellschaft / Frankfurter Hefte 10/89: 927–935.

TUGENDHAT, E. (1994): Vorlesungen über Ethik. Suhrkamp Verlag, Frankfurt/M.

VARNER, G. E. (1987): Do species have standing? Environmental Ethics 9: 57–72.

VARNER, G. E. (1990): Biological functions and biological interests. The Southern Journal of Philosophy 28(2): 251–270.

VAUK, G. & PRÜTER, J. (1987): Möwen. Arten, Bestände, Verbreitung, Probleme. Jordsand-Buch Nr. 6, Niederelbe-Verlag, Otterndorf.

VERMEIJ, G. J. (1986): The biology of human-caused extinction. In: NORTON, B. G. (ed.): The preservation of species. The value of biological diversity. Princeton University Press, Princeton, New Jersey: 28–49.

VESTER, F. (1980): Neuland des Denkens. Vom technokratischen zum kybernetischen Zeitalter. Deutsche Verlags-Anstalt, Stuttgart.

VESTER, F. (1984): Der Wert eines Vogels. Ein Fensterbilderbuch. Kösel Verlag, München.

VICO, G. (1709): De nostri temporis studiorum ratione. Wiss. Buchgesellschaft, Darmstadt 1963.

VITOUSEK, P. M. & HOOPER, D. U. (1993): Biological diversity and terrestrial ecosystem biogeochemistry. In: SCHULZE, E.-D. & MOONEY, H. A. (eds.): Biodiversity and ecosystem function. Springer Verlag, Berlin, Heidelberg: 3–14.

VOLLMER, G. (1975): Evolutionäre Erkenntnistheorie. Hirzel Verlag, Stuttgart.

VOLLMER, G. (1985): Über vermeintliche Zirkel in einer empirisch orientierten Erkenntnistheorie. In: VOLLMER, G. (1985): Was können wir wissen? Band 1: Die Natur der Erkenntnis. Beiträge zur Evolutionären Erkenntnistheorie. Hirzel Verlag, Stuttgart: 217–267.

VOLLMER, G. (1986): Was können wir wissen? Band 2: Die Erkenntnis der Natur. Beiträge zur modernen Naturphilosophie. Hirzel Verlag, Stuttgart.

VOLLMER, G. (1986a): Kann es von einmaligen Ereignissen eine Wissenschaft geben? In: VOLLMER, G. (1986): Was können wir wissen? Band 2: Die Erkenntnis der Natur. Beiträge zur modernen Naturphilosophie. Hirzel Verlag, Stuttgart: 53–65.

VOLLMER, G. (1986b): Die Einheit der Wissenschaft in evolutionärer Perspektive. In: VOLLMER, G. (1986): Was können wir wissen? Band 2: Die Erkenntnis der Natur. Beiträge zur modernen Naturphilosophie. Hirzel Verlag, Stuttgart: 163–199.

VOLLMER, G. (1986c): Jenseits des Mesokosmos. Anschaulichkeit in Physik und Didaktik. In: VOLLMER, G. (1986): Was können wir wissen? Band 2: Die Erkenntnis der Natur. Beiträge zur modernen Naturphilosophie. Hirzel Verlag, Stuttgart: 138–162.

VOLLMER, G. (1986d): Über die Möglichkeit einer Evolutionären Ethik. Conceptus 20, No.49: 51–68.

VOLLMER, G. (1987): Über die Chancen einer Evolutionären Ethik. Oder: Wie man Türen zuschlägt. Conceptus 21, No. 52: 87–94.

VOLLMER, G. (1989): Von den Grenzen unseres Wissens. Naturwissenschaftliche Rundschau 42, Heft 10: 387–392.
VOLLMER, G. (1990): Naturwissenschaft Biologie (I) – Aufgaben und Grenzen. Biologie heute, Nr. 371: 3–7.
VORHOLZ, F. (1995): Die letzte Party. Ohne Ökoumbau droht der Kollaps. In: DIE ZEIT Nr. 42 vom 13.10.95: 42.
VOSSENKUHL, W. (1974): Wahrheit des Handelns. Untersuchungen zum Verhältnis von Wahrheit und Handeln. Münchner Philosophische Forschungen, Bd. 8, Bouvier Verlag, Bonn.
VOSSENKUHL, W. (1983): Die Unableitbarkeit der Moral aus der Evolution. In: KOSLOWSKI, P., KREUZER, PH. & LÖW, R. (Hrsg.): Die Verführung durch das Machbare. Ethische Konflikte in der modernen Medizin und Biologie. Civitas Resultate, Band 3. Hirzel Verlag, Stuttgart: 141–154.
VOSSENKUHL, W. (1992a): Vernünftiges und unvernünftiges Wissen. Naturwissenschaften 79: 97–102.
VOSSENKUHL, W. (1992b): Moralische Dilemmata. In: HÖFFE, O., FORSCHNER, M. & VOSSENKUHL, W. (Hrsg.): Lexikon der Ethik. Beck Verlag, München: 188–189.
VOSSENKUHL, W. (1992c): Vernünftige Wahl, rationale Dilemmas und moralische Konflikte. In: HOLLIS, M. & VOSSENKUHL, W. (Hrsg.): Moralische Entscheidung und rationale Wahl. Oldenbourg Verlag. München: 153–173.
VOSSENKUHL, W. (1993a): Normativität und Deskriptivität in der Ethik. In: ECKENSBERGER, L. H. & GÄHDE, U. (Hrsg.): Ethische Norm und empirische Hypothese. Suhrkamp Taschenbuch Verlag, Frankfurt a. M.: 133–150.
VOSSENKUHL, W. (1993b): Ökologische Ethik. Über den moralischen Charakter der Natur. Information Philosophie Nr. 1/93: 6–19.
WALKER, B. H. (1992): Biodiversity and ecological redundancy. Conservation Biology 6(1): 18–23.
WARNOCK, G. J. (1971): The object of morality. Methuen and Co., London.
WATSON, R. A. (1983): A critique of anti-anthropocentric biocentrism. Environmental Ethics 5: 245–256.
WEBER, J. (1990): Die Erde ist nicht Untertan: Grundrechte für Tiere und Umwelt. Eichborn Verlag, Frankfurt/M.
WEBER, M. (1919): Wissenschaft als Beruf. In: Gesammelte Aufsätze zur Wissenschaftslehre. Herausgegeben von J. WINCKELMANN. Tübingen 1985.
WEBER, M., KÖRNER, CH., SCHMID, B. & ARBER, W. (1995): Diversity of life in a changing world. Gaia 4(4): 185–190.
WEHNERT, D. (1988): Noahs letzte Warnung. Artensterben und menschliche Zivilisation. Ullstein Verlag, Frankfurt/M.
WEIKARD, H.-P. (1992): Der Beitrag der Ökonomik zur Begründung von Normen des Tier- und Artenschutzes. Eine Untersuchung zu praktischen und methodologischen Problemen der Wirtschaftsethik. Duncker & Humblot, Berlin.
WEISS, P. A. (1969): The living system: determinism stratified. Stud. Gen. 22: 361–400.
WEISSERT, H. (1994): Erdgeschichtliche Treibhausepisoden. Fluchtpunkt Mutter Erde: die Gaia-Hypothese als Leitbild. Gaia 3(1): 25–35.
WEIZSÄCKER, C. F. VON (1960): Zum Weltbild der Physik. Stuttgart.

WEIZSÄCKER, C. F. VON (1977): Der Garten des Menschlichen. Hanser Verlag, München.
WEIZSÄCKER, C. F. VON (1979): Modelle des Gesunden und Kranken, Guten und Bösen, Wahren und Falschen. In: Die Einheit der Natur. Hanser Verlag, München: 320–341.
WEIZSÄCKER, C. F. VON (1991): Geist und Natur. In: DÜRR, H.-P. & ZIMMERLI, W. CH. (Hrsg.): Geist und Natur. Über den Widerspruch zwischen naturwissenschaftlicher Erkenntnis und philosophischer Welterfahrung. Scherz Verlag, Bern, München, Wien: 17–27.
WEIZSÄCKER, CH. VON & WEIZSÄCKER, E. U. VON (1984): Fehlerfreundlichkeit. In: KORNWACHS, K. (Hrsg.): Offenheit, Zeitlichkeit, Komplexität. Zur Theorie der offenen Systeme. Campus Verlag, Frankfurt: 167–201.
WEIZSÄCKER, CH. VON & WEIZSÄCKER E. U. VON (1986): Fehlerfreundlichkeit als Evolutionsprinzip. Universitas 41(483): 791–799.
WEIZSÄCKER, E. U. VON (1992): Erdpolitik. Ökologische Realpolitik an der Schwelle zum Jahrhundert der Umwelt. Wissenschaftliche Buchgesellschaft, Darmstadt.
WENDNAGEL, J. (1990): Ethische Neubesinnung als Ausweg aus der Weltkrise? Ein Gespräch mit dem „Prinzip Verantwortung" von Hans Jonas. Verlag Königshausen & Neumann, Würzburg.
WENZ, P. S. (1993): Minimal, moderate and extreme moral pluralism. Environmental Ethics 15: 61–74.
WENZEL, U. J. (1992): Anthroponomie. Kants Archäologie der Autonomie. Akademie Verlag, Berlin.
WERNER, H. (1978): Leben auf dem Aussterbe-Etat. In: SCHATZ, O. (Hrsg.): Was bleibt den Enkeln? Die Umwelt als politische Herausforderung. Styria Verlag, Graz: 133–164.
WEST, B. J. & GOLDBERGER, A. L. (1987): Physiology in fractal dimensions. American Scientist 75: 354–365.
WESTMAN, W. E. (1977): How much are nature's services worth? Science 197: 960–964.
WESTMAN, W. E. (1990): Managing for biodiversity. BioScience 40(1): 26–33.
WIEDMANN, FR. (1990): Anstößige Denker. Die Wirklichkeit als Natur und Geschichte in der Sicht von Außenseitern. Fischer Taschenbuch Verlag, Frankfurt/M.
WIENS, J. A., ADDICOTT, J. F., CASE, T. J. & DIAMOND, J. (1986): The importance of spatial and temporal scale in ecological investigations. In: DIAMOND, J. & CASE, T. J. (eds.): Community ecology. Harper & Row, New York: 145–153.
WIGNER, E. P. (1964): Two kinds of reality. The Monist 48: 248–264.
WILEY, E. O. (1980): Is the evolutionary species fiction? A consideration of classes, individuals and historical entities. Systematic Zoology 29(1): 76–80.
WILLARD, L. D. (1980): On preserving nature's aesthetic features. Environmental Ethics 2: 293–310.
WILLIAMS, M. (1980): Rights, interests, and moral equality. Environmental Ethics 2(2): 149–161.
WILLIAMSON, M. (1987): Are communities ever stable? In: GRAY, A. J., CRAWLEY, M. J. & EDWARDS, P. J. (eds.): Colonization, succession and stability. Blackwell Scientific Publication, Oxford: 353–371.

WILLMANN, R. (1985): Die Art in Raum und Zeit. Das Artkonzept in der Biologie und Paläontologie. Parey Verlag, Berlin, Hamburg.
WILSON, E. O. (1985): The biological diversity crisis. BioScience 35(11): 700–706.
WILSON, E. O. (1995): Jede Art ein Meisterwerk. In: DIE ZEIT Nr. 26 vom 23.6.1995: 33.
WIMMER, R. (1984): „Naturalismus (ethisch)". In: MITTELSTRASS, J. (Hrsg.): Enzyklopädie Philosophie und Wissenschaftstheorie, II. Bibliographisches Institut, Mannheim: 965–966.
WISSEL, CH. (1992): Mathematik – nur eine andere Sprache? Verhandlungen der Gesellschaft für Ökologie 21: 43–47.
WISSENSCHAFTSRAT (1994): Stellungnahme zur Umweltforschung in Deutschland. Kurzfassung. Köln.
WITTGENSTEIN, L. (1963): Tractatus logico-philosophicus. Logisch-philosophische Abhandlung. Suhrkamp Verlag, Frankfurt/M.
WHITE, L., Jr. (1970): Die historischen Ursachen unserer ökologischen Krise. In: LOHMANN, M. (Hrsg.): Gefährdete Zukunft. Prognosen amerikanischer Wissenschaftler. Deutscher Taschenbuch Verlag, München: 20–29.
WHITTAKER, R. H. (1972): Evolution and measurement of species diversity. Taxon 21(2/3): 213–251.
WODZICKI, K. (1950): Introduced mammals of New Zealand. An ecological and economical survey. Dept. Sc. and Industr. Res. Bull. 98, Wellington.
Wolf, U. (1987): Brauchen wir eine ökologische Ethik? Prokla 69: 148–173.
Wolf, U. (1988): Haben wir moralische Verpflichtungen gegen Tiere? Zeitschrift für philosophische Forschung 42: 222–246.
WOLGAST, E. (1981): The transcendence of ethics. In: MORSCHER, E. & STRANZINGER, R. (Hrsg.): Ethik. Grundlagen, Probleme und Anwendungen. Akten d. 5. int. Wittgenstein-Symposiums 1980 in Kirchberg am Wechsel. Verlag Hölder-Pichler-Tempsky, Wien: 144–147.
WOLTERS, G. (1995): „Rio" oder die moralische Verpflichtung zum Erhalt der natürlichen Vielfalt. Zur Kritik einer UN-Ethik. Gaia 4(4): 244–249.
WOODWARD, F. I. (1993): How many species are required for a functional ecosystem? In: SCHULZE, E.-D. & MOONEY, H. A. (eds.): Biodiversity and ecosystem function. Springer Verlag, Berlin, Heidelberg: 271–291.
WORSTER, D. (1993): The ecology of order and chaos. In: ARMSTRONG, S. J. & BOTZLER, R. G. (eds.): Environmental ethics: divergence and convergence. McGraw-Hill, New York: 39–51.
WUKETITS, F. M. (1981): Biologie und Kausalität. Biologische Ansätze zur Kausalität, Determination und Freiheit. Verlag Paul Parey, Berlin, Hamburg.
Wuketits, F. M. (1983): Biologische Erkenntnis: Grundlagen und Probleme. Gustav Fischer Verlag, Stuttgart (Uni Taschenbuch Nr. 1232).
WUKETITS, F. M. (1988): Evolutionstheorien. Historische Voraussetzungen, Positionen, Kritik. Wiss. Buchgesellschaft, Darmstadt.
WUKETITS, F. M. (1995): Evolution ohne Fortschritt. Kosmos 11/95: 34–35.
ZAHRNT, A. (1993): Zeitvergessenheit und Zeitbesessenheit der Ökonomie – und ihre ökologischen Folgen. In: HELD, M. & GEISSLER, A. (Hrsg.): Ökologie der Zeit. Vom Finden der rechten Zeitmaße. Hirzel Verlag, Stuttgart: 111–120.

ZIMMERLI, W. CH. (1991): Technik als Natur des westlichen Geistes. In: DÜRR, H.-P. & ZIMMERLI, W. CH. (Hrsg.): Geist und Natur. Über den Widerspruch zwischen naturwissenschaftlicher Erkenntnis und philosophischer Welterfahrung. Scherz Verlag, München, Wien: 389–409.

ZISWILER, V. (1965): Bedrohte und ausgerottete Tiere. Eine Biologie des Aussterbens und des Überlebens. Springer Verlag, Berlin, Heidelberg.

ZWÖLFER, H. (1978): Was bedeutet „Ökologische Stabilität"? Bayreuther Hefte für Erwachsenenbildung 3: 13–33.

ZWÖLFER, H. (1980): Artenschutz für unscheinbare Tierarten? Schriftenreihe Naturschutz und Landschaftspflege 12: 81–88.

ZWÖLFER, H. (1989): Die menschliche Bevölkerungsentwicklung aus zoologisch-populationsökologischer Sicht. In: RUPRECHT-KARLS-UNIVERSITÄT HEIDELBERG (Hrsg.): Bevölkerungsexplosion – Bevölkerungsschwund: Vorträge im Sommersemester 1988. Heidelberger Verlagsanstalt, Heidelberg: 21–27.

ZWÖLFER, H. & VÖLKL, W. (1993): Artenvielfalt und Evolution. Biologie in unserer Zeit 23(5): 308–315.

35. Personenregister

Adis, J. 12
Aiken, W. 332
Akerma, K. 331
Albert, H. 220, 314
Allen, T.F.H.
Altner, G. 49f., 116, 281, 324
Alvarez, L.W. 12, 68
Alvarez, W. 12, 68
Amberg, M. 178, 323
Amery, C. 80, 102, 232, 321
Anaximander 235
Anderson, J.M. 153
Apel, K.-O. 122, 220
Aristoteles 50, 294, 325
Armstrong, S.J. 275
Arndt, U. 129, 318
Arrow, K.R. 317
Attfield, R. 290, 324, 329
Auer, A. 223, 230, 232, 234, 238
Auer, M. 134
Auhagen, A. 81, 324
Ayer, A.J. 220

Bachmann, K. 32f.
Bacon, F. 230
Baier, A. 323
Barrow, J.D. 233
Barrowclough, G.F. 162
Barry, B. 323, 330
Bauer, H.-J. 313, 315
Bayertz, K. 96f., 208–211, 218, 225, 318
Beck, U. 59, 111, 315
Beierkuhnlein, C. 168, 313, 317
Bentham, J. 121, 320
Benton, M.J. 12, 153
Berndt, R. 40
Bertalanffy, L. von 27
Bezzel, E. 83
Bibelriether, H. 168
Bierhals, E. 125, 160, 183
Birch, Th.H. 127, 253, 254

Birnbacher, D. 56, 105, 107, 135, 139, 150, 158, 163f., 170f., 178, 180–183, 194, 212, 221, 260, 267, 272, 311, 320, 323f., 330
Bischoff, M. 169
Blab, J. 126, 278, 318
Bleuler, E. 318
Bohne, E. 15, 222ff, 320
Bond, W.J. 142f.
Bookchin, M. 102
Borchardt, Th. 31, 314
Bossel, H. 49
Botzler, R.G. 275
Brandon, R.N. 283
Breckling, B. 40, 44, 50
Brennan, A. 234
Briggs, J. 32, 35, 53
Brock, E. 332
Brown, J.H. 142f.
Brown, V.K. 138, 140, 145f., 152ff, 257, 262f., 267
Brumbaugh, R.S. 121
Bultmann, R. 327
Burkhardt, A. 252, 263, 299

Cahen, H. 269
Callahan, D. 323
Callicott, J.B. 196, 322, 324
Campbell, D. 52
Canguilhem, G. 92
Capra, F. 99
Carlson, A. 322
Case, T.J. 68
Caughley, G. 138, 145, 196
Chaitin, G.J. 28
Chapman, J.S. 91, 93, 385
Chargaff, E. 49, 54, 330
Chesson, P.L. 68
Chrysipp 230
Cicero, M.T. 230
Clapham, W.B. 29, 91f., 317
Clark, C.W. 139, 194

365

Personenregister

Clements, F.E. 95
Cobb, J.B., Jr. 178, 240
Cody, M.L. 195
Comte, A. 25
Cousins, St.H. 321
Cramer, F. 30
Cramer, J. 93

Daele, W. van den 93
Dahl, J. 35, 62, 65, 69, 75, 89, 99, 111, 157
Darling, J.D.S. 307, 323
Darwin, Ch. 235, 241
DeAngelis, D.L. 151
Dennett, D. 267
Dersal, W.R. van 147, 321
DeSanto, R.S. 93
Descartes, R. 29, 50, 227ff, 266
Diamond, J.M. 195
Dierssen, K. 318
Dilthey, W. 327
Ditfurth, H. von 109
Dixon, B. 300
Durham, J. 249
Dörner, D. 31
Dürr, H.-P. 46, 48
Durrell, L. 11
Dwyer, R.L. 314

Eccles, J.C. 51, 208, 330
Eddington, A. 46
Ehrendorfer, F. 50, 68
Ehrenfeld, D.W. 133, 184, 321
Ehrlich, A. 13, 67, 108, 113, 126, 128, 130f., 149, 152, 154, 156, 161, 184, 194, 313, 322, 331
Ehrlich, P.R. 13, 67, 108, 113, 128, 130f., 149, 152, 154, 156, 157, 161, 184, 194, 313, 322, 331
Eigen, M. 111
Eilenberger, G. 31f.
Ekman, G. 180
Ekschmitt, K. 101
Eldredge, N. 12ff, 96, 280, 328
Elliot, R. 165, 191, 265, 324
Empedokles 235
Engelhardt, T., Jr. 318
Engelhardt, W. 127

Engels, E.-M. 46, 57, 88, 105
Erbrich, P. 96
Ernst, Chr. 305
Erwin, D.H. 12
Erz, W. 58, 60f.
Eser, A. 125

Fäh, H. 246
Farb, P. 67
Feinberg, J. 263, 265f., 275, 324
Ferris, Th. 233, 236, 327
Fetscher, C. 184
Fichte, J.G. 220
Fischbeck, G. 319
Fisher, A. 138
Forschner, M. 294
Foster, R.B. 146
Frankel, O.H. 197
Frankena, W.K. 119, 121, 199f., 219, 223, 287, 319, 325
Freed, L.A. 321
Frey, R.G. 262
Friedmann, E.I. 153
Fritz, E.C. 278
Fromm, E. 256
Früchtl, J. 159, 170
Furger, F. 310f.

Gadamer, H.-G. 327f.
Galilei, G. 41, 50
Garaudy, R. 53, 315
Gautier-Hion, A. 321
Gehlen, A. 328
Gerdes, A. 68
Gerdes, J. 112, 167, 303, 323
Gerstberger, P. 60, 82
Gethmann, C.F. 58f., 220, 282, 315
Ghiselin, M.J. 283, 331
Gibbons, A. 142, 320
Gilbert, L.E. 195
Glasauer, H. 136
Gleich, A. von 50
Godfrey-Smith, W. 326, 329
Goethe, J.W. von 41
Goldberger, A.L. 314
Goodpaster, K.E. 197, 269, 329
Gorke, M. 40
Gould, St.J. 322

Gowans, C.W. 332
Grünewald, A. 314
Guggenberger, B. 109
Gunn, A.S. 137, 163f., 321, 322
Günzler, C. 210, 288, 293, 297, 304, 308

Haaren, C. von 83, 203, 317
Haber, W. 28, 98, 101f.
Habermas, J. 122, 252, 318, 327
Haeckel, E. 61, 313, 318
Hampicke, U. 131, 134ff, 158, 282, 320
Hanemann, M. 138
Hare, R. 220
Hartkopf, G. 15, 222ff, 320
Haverbeck, W.G. 108
Heffernan, J.D. 324
Hegel, G.W.F. 233, 322
Heidegger, M. 249
Heinrich, D. 23, 86, 318
Heisenberg, W. 37, 221
Helbing, C.-D. 135
Hemminger, H. 49
Hengeveld, R. 157, 281, 321
Henle, K. 317
Henß, M. 40
Heraklit 40
Hergt, M. 23, 86, 318
Heske, E.J. 142
Heydemann, B. 78, 80, 151, 323
Himmelheber, M. 85, 88, 243
Hinkle, G. 316
Hoekstra, Th.W. 71f.
Höffe, O. 103, 104
Honnefelder, L. 100
Hooper, D.U. 153, 322
Hopper, S.D. 147
Hösle, V. 93, 290
Hsü, K.J. 12, 68
Hubbell, S.P. 146
Huggins, W. 25
Hughes, J.D. 121
Hull, D.L. 331
Hume, D. 45, 56, 220
Hunt, W.M. 272
Hutchins, M. 197

Irrgang, B. 208, 258

Jablonski, D. 12
Janzen, D. 130
Jackson, J.B.C. 321
Jaspers, K. 53, 315
Johnson, E. 194
Johnson, L.E. 324
Jonas, H. 56, 57, 113, 150, 227, 251, 260, 319
Jones, C.G. 145
Jung, J. 160

Kadlec, E. 192, 315
Kafka, P. 29, 109f., 314, 319
Kant, I. 9, 45, 103, 120, 122, 159, 210, 231, 247, 250f., 294, 318f., 325
Kantor, J.E. 272, 329
Katz, E. 188, 250
Kaufmann, K.W. 321
Kaule, G. 16f., 317
Keller, H.-U. 12, 68
Keller, M. 167f.
Kelman, St. 175f., 323
Ketelhodt, F. von 203, 213
Kiemstedt, H. 313, 317
King, A.W. 76
Kirchner, J.W. 316
Kirk, G. 127
Kirschenmann, P.P. 329
Kluge, A.G. 331
Knapp, A. 105
Knauer, R.H. 136
Köhler, W.R. 219
Kopernikus, N. 232
Kornwachs, K. 27f., 30, 37, 243
Kowarik, I. 314
Krämer, H. 325
Krebs, C.J. 96, 147, 316
Kreeb, K.H. 29, 67f., 89, 91, 93, 101, 242, 318
Krieger, M.H. 323
Kuhlmann, W. 220
Kuhn, Th.S. 46
Küng, H. 328
Küppers, B.-O. 243f.
Kurt, F. 80, 196, 315

Landmann, M. 113, 233, 328

Personenregister

Lang, B. 318
Laplace, P.S. de 33
Laws, R.M. 196f.
Lawton, J.H. 138, 140, 145f., 152, 153f., 196f., 257, 262f., 267, 322
Lee, K. 183, 213
Lehnes, P. 60
Leisinger, K.M. 332
Leitzell, T.L. 279
Lenk, H. 114, 193, 260, 308
Leopold, A. 116, 136f., 147, 159, 161, 168, 186, 248
Liedke, G. 229, 327
Lippoldmüller, W. 126
Locke, J. 200, 201
Lombardi, L.G. 328, 329
Lorenz, K. 46, 47, 315
Lovejoy, Th. 142
Lovelock, J.E. 74f., 244, 318
Löw, R. 203
Lucadou, W. von 27f., 30, 37, 243
Luhmann, N. 314
Lundberg, U. 180

MacArthur, R.M. 281, 321
MacIntyre, A. 121
Mackie, J.L. 122, 248
Mader, H.-J. 167, 318
Mannison, D.S. 322
Marc Aurel 233
Marcus, R.B. 298
Maren-Grisebach, M. 102
Margulis, L. 316
Marietta, D.E., Jr. 225f., 304, 324
Markl, H. 11, 13, 74, 99, 242, 316
Marsch, W.-D. 177
Matthies, D. 278
Maurer, R. 64, 102, 310
May, J. 122, 229
May, R.M. 12, 26, 80f., 144, 146
Mayr, E. 52, 195, 237, 239, 269, 270f., 276, 281f., 283, 195, 331
McCloskey, H.J. 329
McKibben, B. 13, 74, 307, 323
Meadows, D. u. D. 26, 89
Melchart, D. 92
Mesarovic, M. 89
Meyer, Th. 320

Meyer-Abich, K.M. 91, 115, 119, 167, 183ff, 200f., 207, 211, 213, 215, 225, 235, 312, 318, 323, 326
Michaloud, G. 321
Mill, J.St. 143
Mishler, B.D. 283
Mittelstraß, J. 56, 58f.
Mohr, H. 17
Montaigne, M.E. 121
Mooney, H.A. 141, 154, 156f.
Moore, G.E. 56f.
Morowitz, H.J. 147
Morscher, E. 115
Moses 229
Müller, C. 318
Müller, F. 318
Müller, M. 328
Müller-Christ, G. 134
Müller-Herold 96
Müller-Motzfeld, G. 160
Mutz, M. 130
Myers, N. 128, 131, 142, 159

Naess, A. 181, 184
Nagel, Th. 103, 239, 328
Nash, R. 185, 201, 202
Nelson, L. 205, 261, 330
Neumann, B. 314
Newton, I. 41
Nielsen, K. 217, 219, 255
Nietzsche. F. 217
Norberg-Hodge, H. 319
Nordenstam, T. 315
Norton, B.G. 15, 36, 59, 114, 120f., 132, 137f., 148–152, 155f., 159, 177, 193f., 213f., 227, 278, 299f., 322, 323f.

Obermann, H. 112
Ockham, W. von 124, 190
Odum, E.P. 95, 101, 195
O'Neil, R.V. 157, 318
Osche, G. 37, 60, 73
Ott, J.A. 28, 29

Page, T. 149
Paine, R.T. 140, 142
Palumbi, S.R. 321
Pascal, B. 233, 249
Passmore, J. 122, 259, 329

Personenregister

Pate, J.S. 147
Patzig, G. 223, 329, 331
Pearce, D. 320
Peat, F.D. 32, 35, 53
Peine, H.G. 25
Perez, K.T. 314
Pestel, E. 89
Peters, R.H. 316
Peters, R.L. 307, 323
Pfordten, D. von der 15, 197, 199ff, 203, 211, 258, 260, 264, 270, 272, 274, 282, 319, 329
Pianka, E. 277
Pimm, S.L. 70, 76, 140f., 316, 321
Pippenger, N. 28
Pister, E.P. 249
Pitelka, L.F. 155
Plachter, H. 318
Platnick, N.I. 321
Platon 45, 218, 245, 294
Plessner, H. 328
Pluhar, E.B. 273
Popper, K.R. 46, 51, 110f., 314f., 330
Postman, N. 55
Prigogine, I. 51
Primack, R.B. 324
Primas, H. 50, 51
Prüter, J. 40
Pschyrembel, W. 92
Ptolemäus 233

Quine, W.V. 28

Rahner, K. 238
Randall, A. 132, 134f., 137, 139
Raven, P.H. 195
Rawls, J. 122, 325
Regan, D.H. 135, 324,
Regan, T. 215, 265, 326
Reichelt, G. 55
Reichholf, J.H. 24, 40, 67, 71, 74f., 78f., 83, 86f., 90f., 97, 101, 165f., 178f., 184f., 220f., 286, 307
Remmert, H. 19, 33, 36, 39, 40f., 43ff, 66f., 70ff, 77–81, 83, 91, 96, 100f., 112, 167, 194, 197, 201, 206, 228, 260, 263, 265, 280, 316, 331
Rescher, N. 259, 261, 324
Richardson, J.L. 318

Richter, H.E. 54
Ricken, F. 44, 47, 56, 122, 182, 209, 220, 269, 287f., 329
Riedl, R. 46, 47, 330
Rifkin, J. 23
Ring, I. 109
Rippe, K.P. 127, 151
Roberts, L. 13, 142
Robinson, J.V. 76
Rolston, H. 15, 20, 186, 258, 284ff., 290, 324
Root, R.B. 76
Rousseau, J.J. 121
Routley, R. 183, 213, 239, 263
Routley, V. 183,
Roweck, H. 279
Ruh, H. 251
Russow, L.-M. 322

Sachsse, H. 46
Sagan, C. 235, 240, 330f.
Sagoff, M. 176
Salthe, B.M. 274
Salthe, St.N. 274
Scarre, G. 103
Schäfer, L. 228, 231, 331
Schäfer, W. 49
Scheler, M. 328
Schelling, F.W.J. 220
Schelling, K. 54
Schemel, H.-J. 322
Scherzinger, W. 112, 281
Schlick, M. 216
Schlitt, M. 251
Schmidt, E. 165
Schmidt, S.J. 327
Schmidt-Moser, R. 82
Schnädelbach, H. 325f.
Schönherr, H.-M. 48, 64f., 108, 315
Schopenhauer, A. 121, 239, 320
Schramm, E. 50
Schreiber, R.L. 140, 155, 183, 323
Schröder, W. 141
Schuh, H. 54, 153
Schulze, E.-D. 107, 141, 154, 156f., 321
Schurz, G. 57, 181
Schütze, Ch. 90, 314
Schüz, M. 298, 332

369

Personenregister

Schweitzer, A. 181, 182, 191, 209f., 290, 293f., 296, 298, 304, 332
Schweppe-Kraft, B. 134f., 317
Searle, J.R. 315
Seel, M. 170
Seneca 332
Sepkoski, J.J., Jr. 153, 321
Silk, J. 233
Singelmann, A. 167
Singer, P. 73, 120, 158, 191, 256, 262ff, 266, 272, 312, 324, 328
Sitter-Liver, B. 208, 251f.
Skirbekk, G. 264
Slobodkin, L.B. 277
Smith, Fr.D.M. 13
Smith, T.B. 279
Sober, E. 191f., 270
Sokrates 107
Soulé, M.E. 197, 278f.
Spaemann, R. 125, 189, 211, 213, 218, 227, 239, 241, 250, 261, 266, 307, 325
Spicker, S. 318
Sprigge, T.L.S. 267
Stanley, S.M. 68, 146, 321
Stegmüller, W. 46, 314, 326
Steinvorth, U. 273
Stengers, I. 51
Stern, H. 184, 323
Stevenson, Ch.L. 220
Stone, Ch.D. 183, 217, 254, 323, 329
Stöckler, M. 115
Störig, H.J. 235
Stork, N. E. 12, 313
Strey, G. 224, 296, 326
Stugren, B. 65, 69, 73, 77
Sukopp, H. 81, 314, 324
Sukopp, U. 314
Swift, M.J. 153

Tahvanainen, J.O. 76
Taylor, P.W. 15, 191, 203, 209, 226, 228, 237, 265, 290, 291, 300–303, 326, 329
Teutsch, G.M. 76, 119, 201, 204, 229f., 251, 254, 258, 262, 293, 313, 316, 319, 324, 329
Theilhard de Chardin, P. 239
Thielcke, G. 183, 323f.
Thiessen, H. 112

Thomas von Aquin 230
Thoreau, H.D. 332
Tischler, W. 34, 39, 42ff, 78, 109, 316
Töpfer, K. 169
Tranøy, K.E. 315
Trepl, L. 49, 95, 138, 157, 159, 183, 313, 317f., 324
Tribe, L.H. 165, 175f., 185, 323
Tügel, H. 184
Tugendhat, E. 122, 125, 200, 220, 247ff, 254, 256f., 259f., 325

Valentine, J.W. 76
Varner, G.E. 264, 329
Vauk, G. 40
Vermeij, G.J. 313
Vester, F. 109, 133, 175
Vico, G. 93
Vitousek, P.M. 152f., 322
Vogler, P. 328
Völkl, W. 156, 158, 318
Vollmer, G. 25, 27f., 31, 40, 46ff, 267, 314f., 319
Voltaire 121
Vorholz, F. 177, 332
Vossenkuhl, W. 53, 56f., 93, 104, 113f., 195, 200, 209, 252, 293–296, 314, 332

Wagner, H. 92
Walker, B.H. 146, 152, 155, 321
Warnock, G.J. 119
Watson, R.A. 122
Weber, J. 329
Weber, M. (1919) 220
Weber, M. 278, 281
Wehnert, D. 13, 80, 128, 313, 321
Weikard, H.-P. 190
Weiss, P.A. 27
Weissert, H. 316
Weizsäcker, Ch. von 109
Weizsäcker, C.F. von 46, 92, 245, 318
Weizsäcker, E.U. von 11, 14, 109f., 128, 130f., 280, 307, 309, 319, 332
Wemmer, Ch. 197
Wendnagel, J. 332
Wenz, P.S. 254, 325
Wenzel, U.J. 325
Werner, H. 177, 313

West, B.J. 314
Westman, W.E. 155, 321
White, L., Jr. 241
Whittaker, R.H. 321
Wiedmann, Fr. 332
Wiens, J.A. 71
Wigner, E.P. 208
Wiley, E.O. 331
Willard, L.D. 169
Williams, M. 264
Williamson, M. 73
Willmann, R. 195, 282f., 285, 331
Wilson, E.O. 11f., 130, 132, 284, 313
Wimmer, R. 56
Winkler, R. 111

Wissel, Ch. 44
Wittgenstein, L. 220f.
Wodzicki, K. 314
Wolf, U. 122, 125, 180, 221, 223, 265, 324
Wolgast, E. 217
Wolters, G. 250, 253, 258, 274, 275
Woodward, F.I. 152ff, 272, 321
Worster, D. 33
Wuketits, F.M. 27, 47, 52, 235, 291, 292

Zahrndt, A. 238
Zimmerli, W.Ch. 107, 113f., 299
Ziswiler, V. 313
Zwölfer, H. 70, 72f., 156, 158, 160, 316, 328

36. Sachregister

Abwärtsspirale 150f., 155
Akzeptabilität 315
Akzeptanz, kulturelle 315, 317
Altruismus 178f., 216f., 247, 254f., 286, 308, 328
Anthropologie 246
Anthroponomie 204, 206ff., 313, 325
Anthropozentrik, Anthropozentrismus 8, 16, 20, 122, 124, 139, 165, 170, 174, 176, 179, 181–200, 209, 216, 218, 221, 223ff., 228–241, 244, 259, 262, 272, 275, 289, 293, 313, 319f., 326
Anthropozentrik, ethische 313
Anthropozentrik, erkenntnistheroretische 313
Anthropozentrik, ontologische 229, 231, 313
Anthropozentrik, teleologische 231
Anthropozentrismus s. Anthropozentrik
Artbegriff, Spezieskonzept 276, 282
Artenauslöschung 7, 108, 130, 131, 154f., 162, 173, 185

Artenauslöschung, global 130, 147
Artenauslöschung, regional 147
Artenmannigfaltigkeit s. Artenvielfalt
Artenreichtum s. Artenvielfalt
Artenschutz 8, 15, 17ff., 58ff., 73f., 84, 116, 122–200, 212, 250, 255, 276–281, 305, 308, 312, 315, 320, 321, 323f., 333
Artenschutz als „Prüfstein" für die ethische Theorie 123, 128, 186, 199, 212, 305
Artenspektrum 34
Artensterben, Artenverlust 7f., 11–16, 18, 20, 81, 91, 102, 106, 116, 130, 137, 141, 144, 149, 153, 155, 160, 175, 186f., 194, 276, 280, 285, 292, 297, 302, 304–308
Artensterben, Ursachen s. *Landwirtschaft, Lebensraumverlust, Massentourismus, Treibhauseffekt, Verfolgung*
Artenverlust s. Artensterben
Artenvielfalt, Artenmannigfaltigkeit 150, 153ff., 163, 166, 177, 212, 279, 316ff.

371

Sachregister

Artenvielfalt, überregionale 150, 281, 321
Artenvielfalt, überregionale s. Gesamtdiversität
Artenvielfalt s. a. Diversität
Artenzusammensetzung 34, 39, 68, 76, 144f.
Arterhaltung 192, 270
Artneubildung s. Speziation
Ästhetik der Natur 161, 164, 172, 286, 322
Astronomie 231ff., 238, 240f., 245
Aussterbegeschwindigkeit 11
Aussterberate 11, 280, 312f.
Aussterberate, anthropogene 280
Aussterberate, natürliche 280
Autopoiesis s. Selbstorganisation

Beitragswert, contributory value 150
Bestandsschwankungen 40f., 315
Bevölkerungsexplosion 14
Bewußtsein, ökologisches 107f., 181
Bewußtseinswandel 189, 191
Bibel 168
Biodiversität, biodiversity, diversity of life 14, 16, 130, 148, 150, 155, 321
Biodiversity s. Biodiversität
Biomass stability s. Stabilität der Biomasse
Biotopschutz 16, 134, 158, 171, 303, 317
Biozentrik 121, 190, 193ff., 198, 201, 210, 221, 228, 234, 253, 259, 262, 268, 271, 273, 326, 329
Bodenerosion 14
Brandrodung 187
Bundesartenschutzverordnung 126
Bundesminister des Inneren 16, 314

Chaostheorie 49, 112
Constancy s. Konstanz
Contributory value s. Beitragswert

Desaster, globales ökologisches 173
Desaster, globales ökologisches s. a. Katastrophe
Deutscher Rat für Landespflege 129, 316, 324
Dezisionismus 220, 225
Dinosaurier 12

Dinosaurier s. a. Saurier
Diskontinuität 235, 264, 282
Diskontinuität zwischen Mensch und restlicher Natur 235
Diskursethik 122, 203
Diversität 281, 316
Diversität s. a. Artenvielfalt
Diversität s. a. Vielfalt, biologische
Diversity of life s. Biodiversität
Downward causation s. Emergenz

Egoismus 201, 208, 214, 216, 247, 250, 255, 286, 308, 319
Egozentrik 200f., 208, 210
Einstellungswandel 107, 109, 172, 311
Elastizität, resilience stability, Umweltethik, pathozentrische 70, 76, 78, 80, 93, 317
Emergenz, downward causation, strukturelle Verursachung 51f., 244
Emotivismus 220
Erdgeschichte 234, 238
Erdgipfel Rio de Janeiro 127
Erkenntnistheorie 46, 207f., 231
Ethik, deontologische, Pflichtenethik 114, 119, 299
Ethik, evolutionäre 115
Ethik, evolutionistische 235
Ethik, individualistische s. Umweltethik
Ethik, ökologische 18f., 57, 104, 106, 113ff., 119, 122f., 171, 181, 186, 194f., 198, 204, 207, 247, 257, 260, 264, 282, 304f., 311
Ethik, ökologische s. a. Umweltethik
Ethik, teleologische, konsequentialistische 119, 299
Evolution 11f., 19, 31, 46, 48f., 56, 67f., 73f., 80, 88, 99, 100f., 109f., 115, 127, 130, 151, 157, 158, 162f., 195, 197, 201, 205, 226, 235–241, 244, 249, 267, 270f., 274, 277–282, 284, 291f., 321f.
Evolutionsbiologie 149, 195, 207, 232, 234, 240f., 245, 249, 270, 322, 330
Evolutionsgeschichte 321
Evolutionstheorie Darwins 240, 274
Existentialismus 231
Exoten, Auswilderung 13, 197

Sachregister

Faunenschnitt 67, 285
Fehleranfälligkeit 109
Fehlerfreundlichkeit, Prinzip 109f., 175
Fehlertoleranz biologischer Systeme 109
Fehlschluß, definitorischer 263
Fehlschluß, naturalistischer 18, 56, 57, 64, 70, 82, 88, 103, 105, 108, 258, 263, 285
Fehlschluß, normativistischer 18, 64, 103
Freilandbeobachtung 43
Freilandexperiment 43f.

Gaia-Theorie 74, 318
Gemächlichkeit als Prinzip eines Einstellungswandels 110, 327
Genetic engineering s. *Gentechnologie*
Gentechnologie, genetic engineering 276
Geo-Engeneering 54
Gesamtartenzahl 12, 313
Gesamtdiversität, total diversity 281, 321
Gesundheit, ökologische 18, 91ff., 95, 97f., 100, 156
Gleichgewicht, biozönotisches 65
Gleichgewicht, ökologisches 18, 39, 57, 64–70, 76, 141, 157
Gleichheitsgrundsatz 115, 254, 328
Global 2000 13, 14, 89
Grenzwerte 25, 58f.
Güterabwägung 19, 137f., 173, 187, 189, 208ff., 287, 289, 293, 304, 323

Habitatvielfalt 281, 321
Hedonismus 216
Herbizideinsatz 187
Hintergrundaussterben 12, 285
Holismus 8, 199–303, 305, 307, 309, 311, 320, 324, 327
Holismus, monistischer 121, 324
Holismus, naturphilosophischer 318
Holismus, pluralistischer 8, 121, 194, 198, 220, 249, 255, 257, 276, 293, 295, 299, 304, 306
Holismus, wissenschaftstheoretischer 320
Humanökologie 243
Humesches Gesetz, Humesche Regel 56f., 85

Idealismus 231
Individuendichte 68

Interessenrangordnung der Lebewesen s. *Wertrangordnung des Seienden*
Intuition, moralische 127, 182, 185
Intuition, naturschützerische 125, 182, 185f.

Katastrophe 7, 66, 87, 99, 109, 112f., 150ff., 155, 194, 239, 266, 285, 310f., 316
Katastrophe s. a. *Desaster, globales ökologisches; Klimakatastrophe*
Keystone-species s. *Schlüsselarten*
Klimakatastrophe 89, 194
Klimaschwankung 40, 68, 70, 99
Klimastörung 67f.
Klimaveränderung, Klimawandel 12, 41, 57, 68, 277
Klimawandel s. *Klimaveränderung*
Klimax-Konzept 73
Klimax-Modell 72
Klimax-Stadium 72, 83
Klimax-Theorie 316
Kompartimentierung 111
Komplexität 27–34, 37f., 43–47, 51, 80, 94, 96, 107, 111, 125, 141, 144, 284, 291f., 295, 314, 338
Komplexität des Lebens 27
Konstanz, constancy 70f., 76–80
Konvergenzhypothese 19, 186, 289
Kosten-Nutzen-Abwägung 155
Kosten-Nutzen-Analyse 131, 137–140, 155, 175, 176, 178, 185, 323
Kosten-Nutzen-Bilanz 135f., 148, 163, 172ff
Kosten-Nutzen-Kalkül 178, 184
Kreislauf der Materie s. *Stoffkreislauf*
Kreislauf, geschlossener 85
Kreislauf, künstlicher 90
Kreislauf, ökologischer 18, 85
Krise, ökologische 7, 14–26, 33, 42, 48, 50, 53, 57, 87, 102, 104, 106, 112f., 119, 124, 129, 159, 174f., 186f., 195, 200, 203, 222, 230, 242, 246, 248, 305, 308f., 311f., 316, 328
Krise, ökologische, Symptome s. *Bevölkerungsexplosion, Bodenerosion, Brandrodung, Herbizideinsatz, Müllnotstand, Ozonloch, Treibhauseffekt, Waldsterben, Waldvernichtung*

373

Sachregister

Kulturlandschaft, mitteleuropäische 63, 83, 168, 307
Kybernetik 49, 93

Laborexperiment 43, 111
Landschaftspflege 168
Landschaftsschutz 116
Landwirtschaft 13, 131, 332
Last-People-Example 183, 215, 239
Lebensraumverlust 13
Leitbilder im Naturschutz 84, 168, 317
Letztbegründung 219ff., 224, 255f.

Massensterben 12, 13, 285, 321
Massentourismus 13
Massenvermehrung 66f., 79, 80, 87
Massenvernichtung 12
Massenvernichtung, Ursachen s. Meteoriteneinschlag, Klimaveränderung
Menschenbild 19, 63, 107, 115, 173, 214, 222, 224f., 229, 243, 245f.
Menschheitsgeschichte 238, 327
Meßwertverfälschung 17, 35, 37, 44, 144
Meteoriteneinschlag 14, 237
Meteoritenschauer 74
Modelle in der Ökologie 25, 44, 45, 92, 106
Moral 7, 9, 16–20, 56–63, 103ff., 113–127, 135, 170, 176, 178, 180–206, 210, 215–229, 241, 246–274, 280–312, 318, 320, 323ff., 328f., 332f.
Moralgemeinschaft 196, 248, 259, 262, 264, 271ff., 288
Moralkonzept 19, 223, 257ff., 261, 268f., 271, 275, 286ff., 300, 303
Mosaik-Zyklus-Theorie 72, 74, 111
Müllnotstand 14
Multidisziplinarität, Interdisziplinarität 49
Mutualisten 151

Nahrungsnetz 35, 76, 77, 79f., 140
Nationalismus 200
Nationalparks 97, 166ff., 196, 280, 302
Naturalismus 56–63, 75, 82, 98f., 104f., 228, 267
Naturgesetz 26, 231, 246, 270
Naturhaushalt 16, 18, 81, 100ff., 140, 145, 156, 188, 197, 315f.

Naturphilosophie 227, 239, 304
Naturschutz 7, 8, 15f., 57–61, 64, 70, 73, 82–85, 98, 101, 106, 112, 122f., 126, 134f., 141–144, 152, 154, 158ff., 162, 164–168, 182–187, 193f., 197, 203, 207, 214, 229, 279ff., 303, 317, 329
Naturschutzbewegung 165
Naturschutzgebiete 74, 112, 166, 280, 281, 302, 331
Nepotismus 200
Nieten-Hypothese, rivet hypothesis 152f.
Nische, ökologische 157
Notwehr-Prinzip, principle of self-defense 300
Null-Unendlich-Dilemma 149f.
Nutzenpotential von Arten 130
Nutzwertanalyse 133f.

Ökologiebewegung 17, 82, 95, 99f., 141
Ökologismus 18, 98, 102, 197
Ökonomie 7, 100, 109, 124, 131, 135, 136, 216, 306, 318, 327
Ökosystem 16, 25, 28–49, 60, 63–67, 71–79, 82, 85f., 89, 91–100, 106, 111f., 116, 119, 121, 129, 132, 139, 140–147, 151–158, 173f., 187, 191–195, 206, 219, 237, 243, 248, 251, 258f., 269–290, 300ff., 307, 314–318, 321, 323, 328
Ökosystemschutz 116, 279, 281
Ökosystemtheorie, holistischer Ansatz, process-functional approach 95f., 156
Ökosystemtheorie, individualistischer Ansatz, population-community approach 95
Ozonloch 14, 15, 23

Paläontologie 153, 237
Pathozentrik 122, 190–198, 201, 221, 228, 234, 244, 259, 261–266, 272, 326
Pflicht prima facie 287, 293
Pflicht, tatsächliche 287f.
Pflichtenethik s. Ethik, deontologische
Phänomenologie 231
Philosophie 231, 240, 267, 315, 317, 327, 332
Physiozentrik 190, 201, 223ff., 268, 326
Planetarischer Kalender 238, 241

Sachregister

Population-community-approach in der Ökologie *s. Ökosystemtheorie, individualistischer Ansatz*
Populationsdynamik 71, 146, 196
Populationsökologie 45
Positivismus 47, 315
Principle of distributive justice *s. Verteilungsgerechtigkeitsprinzip*
Principle of minimum wrong *s. Schadensminimierungsprinzip*
Principle of proportionality *s. Verhältnismäßigkeitsprinzip*
Principle of restitutive justice *s. Wiederherstellung der Gerechtigkeit als Prinzip*
Principle of self-defense *s. Notwehr-Prinzip*
Process-functional approach in der Ökologie *s. Ökosystemtheorie, holistischer Ansatz*
Progressionismus 270
Psychologie 42, 55f., 94
Pythagoräer 201

Radiationen, adaptive 67
Räuber-Beute-System 44, 66
Reduktionismus 49, 51, 216, 266
Reduktionismus, äußerer 30
Reduktionismus, ethischer 217
Reduktionismus, innerer 30
Reduktionismus, methodischer 51, 266, 275
Reduktionismus, ontologischer 52f., 195, 267f., 275
Redundant species hypothesis *s. Redundanz-Hypothese*
Redundanz-Hypothese, redundant species hypothesis 152, 321
Resilience stability *s. Elastizität*
Ressourcen 16f., 62, 78–81, 88, 96, 130f., 136, 145f., 157, 171f., 175, 177, 244, 287, 302, 310, 321
Risikofolgenabschätzung 23, 33
Rivet hypothesis *s. Nieten-Hypothese*
Rote Liste der gefährdeten Tier- und Pflanzenarten 126, 278

Saurier 7, 67f., 237f.
Saurier *s. a. Dinosaurier*

Scala naturae *s. Wertrangordnung des Seienden*
Schadensminimierung als Prinzip, principle of minimum wrong 301ff
Schlüsselarten, keystone-species 80, 142–148, 151, 154, 157, 290, 321
Schlüsselartenkonzept 143ff., 290
Schraubenhändler-Parabel 108, 130, 149
Schuld, Schuldbegriff 177, 210, 288, 293f., 296–300, 303, 332
Schwellendosis *s. Toleranzdosis*
Schwellenzahl 153ff.
Selbsterhaltungstrieb 94, 210, 262, 265, 271f.
Selbstorganisation, Autopoiesis 111, 210f.
Skeptizismus 217, 219, 255
Sozialethik 114, 254, 310
Soziobiologie 216
Species deletion stability *s. Stabilität der Artenzusammensetzung*
Speziation, Artneubildung 12, 283, 285
Spezieskonzept *s. Artbegriff*
Stabiliät der Biomasse, biomass stability 76
Stabilität der Artenzusammensetzung, species deletion stability 76
Stabilität, ökologische 70, 72–76, 79f., 82, 364
Stabilität-Diversität-Hypothese 76–82, 140f., 152, 172
Stoffkreislauf, Kreislauf der Materie 43, 143, 145, 317
Stoiker 201
Sukzession 61, 66, 72f., 83f., 197, 280
System, chaotisches 32
System, lineares 32
System, nichtlineares 32, 34, 42, 47, 125
Systemtheorie 27, 49, 93, 96
Szientismus 16f., 20, 52f., 84, 134, 175, 246, 319

Technokratie 52, 55
Teleologie 100, 156, 263, 270, 274
Teleologie, kosmische 270
Teleomatik 269f., 273
Teleonomie 156, 269f., 273, 274
Temperantia 311
Theologie 229

375

Sachregister

Tierschutz 120, 122, 125, 197f., 201, 204
Toleranzdosis, Schwellendosis 58f.
Total diversity s. Gesamtdiversität
Treibhauseffekt 13ff., 23, 41, 54, 149, 194, 292, 295f., 307, 323

Übereinkommen über die biologische Vielfalt 127
Umweltethik 19, 64, 116, 120–128, 136, 139, 147, 158, 169, 172, 175f., 179, 185f., 191, 193, 199, 220, 222, 229, 293, 308, 312, 324
Umweltethik s. a. Ethik, ökologische
Umweltethik, anthropozentrische 120, 124, 128, 139, 147, 158, 169, 172, 175, 199, 229, 287, 293
Umweltethik, anthropozentrische s. a. Anthropozentrik
Umweltethik, biozentrische 120, 121, 122, 191, 193
Umweltethik, biozentrische s. a. Biozentrik
Umweltethik, egozentrische 319
Umweltethik, holistische 19, 120f., 123f., 193, 199, 220, 308
Umweltethik, holistische s. a. Holismus
Umweltethik, pathozentrische 120
Umweltethik, pathozentrische s. a. Pathozentrik
Umweltethik, physiozentrische s. a. Physiozentrik 121
Umweltstandards 58f.
Universalismus 139, 249
Utilitarismus 114, 121f., 264, 320

Variabilität biologischer Systeme 38

Variabilität, genetische 42, 278
Vatikanisches Konzil, II. 230
Verhältnismäßigkeit als Prinzip, principle of proportionality 300
Verteilungsgerechtigkeit als Prinzip, principle of distributive justice 302f.
Verum-factum-Prinzip 93, 156, 252
Verursachung, strukturelle s. Emergenz
Vielfalt s. Artenvielfalt, Habitatvielfalt
Vielfalt, genetische 197, 278, 281, 321

Waldsterben 14, 24
Waldvernichtung 57
Wandel, ökologischer 73
Washingtoner Artenschutzabkommen 126
Weltanschauung 18, 50ff., 222, 224, 246, 313f.
Weltanschauung s. a. Weltbild
Weltbild 14, 32f., 46, 51, 173, 195, 197, 224–248, 275, 279, 291, 297, 305, 326f.
Weltbild, atomistisches 195
Wertrangordnung des Seienden, Interessenrangordnung der Lebewesen, Scala naturae 121, 209, 289f., 292
Wiedereinbürgerung heimischer Arten 197
Wiederherstellung der Gerechtigkeit als Prinzip, principle of restitutive justice
Wildnis 166ff., 239, 277, 280, 323
Wirtsarten 151
Wissenschaftstheorie 23, 46, 195, 304
Wissensmangel als Argument für den Artenschutz 137f., 147f., 150, 154, 173, 180

Zeitpräferenz 135, 320
Zukunftsethik 180, 260